Geh/NORWEGEN selbst entdecken

Der Autor: Alexander Geh, Jahrgang 1961, lebt als freier Autor und Lektor in Offenbach am Main. Nach dem Studium (Germanistik, Sport sowie Film/Fernsehen) arbeitete er als Verlagsredakteur, bevor er auf das ereignisreiche Dasein als freischaffender Schriftsteller umstieg.

Skandinavien ist Alexander Gehs zweite Heimat geworden. Jahr für Jahr wandelt er auf nordischen Pfaden – und immer wieder schafft es ein Troll, sich in seinen Rucksack zu schmuggeln, um ihn beim Schreiben zu humorvoll ironischen Passagen zu verleiten.

Seine Bücher im Regenbogen Verlag:
Westnorwegen/Fjordland selbst entdecken
Dänemark selbst entdecken
Jütland selbst entdecken
Dänische Inseln und Kopenhagen selbst entdecken

Ein herzliches Dankeschön an: Knut Goksøyr, Petra Gran, Beate Hansen, Birger Holtermann, Kristin Kihle, Torunn Kjøk, Andreas Meisner, Snezana Pausak, Hanne Stake, Angela und Detlef Sundermann, Gerd Thomas, Oldie und an meine Zaubermaus.

Alexander Geh

NORWEGEN

Von Kap Lindesnes bis Trondheim

selbst entdecken

Regenbogen Reiseführer Stromer

Autor und Redaktion dieses Reiseführers haben alle veröffentlichten Angaben nach bestem Wissen erstellt. Obwohl die Redaktion die Fakten mit größtmöglicher Sorgfalt überprüft hat, sind inhaltliche Fehler nicht vollständig auszuschließen. Daher besteht auf die Angaben keinerlei Garantie seitens des Verlages oder des Autors – für alle Angaben übernehmen weder der Verlag noch der Autor Gewähr.

Dieser Umstand gilt besonders auch für die Preise; denn auch nach dem Recherchieren vor Ort dauert es einige Zeit, bis ein Reiseführer produziert ist und erscheinen kann. Hinzu kommt die schwer berechenbare Inflation.

Wenn man aber auf die in diesem Buch angegebenen Preise einen Erfahrungswert schlägt, kommt man auch in den folgenden Jahren noch auf das dann herrschende Preisniveau.

CIP-Kurztitelaufnahme der Deutschen Bibliothek

Geh, Aexander
Norwegen selbst entdecken / Alexander Geh
Zürich, Regenbogen Reiseführer Stromer 1995
ISBN 3-85862-225-7
NE:GT

Alle Rechte vorbehalten
© 1995 by Regenbogen Reiseführer Stromer

Reihenkonzept: Klaus Stromer
Reihengestaltung: Peter Zimmermann
Fotos: Alexander Geh
      Birger Holtermann u. a.
      (siehe Bildnachweis)
Gesamtherstellung: Fuldaer Verlagsanstalt

Inhalt

Vorwort	8
Vor der Reise	9
Information zu Hause	9
Information aus Norwegen	9
Einreisebestimmungen	10
Diplomatische Vertretungen	11
Klima und Reisezeit	11
Kleidung und Ausrüstung	13
Geld	14
Gesundheit	15
Körperbehinderte	15
Karten	15
Lektüre	16
Anreise	20
Mit dem eigenen Fahrzeug	20
Mit dem Flugzeug	23
Mit der Bahn	25
Mit dem Bus	26
Mitfahren	27
Unterwegs in Norwegen	28
Information vor Ort	28
Transport	28
Unterkunft	34
Jedermannsrecht	38
Essen und Trinken	40
Praktisches A–Z	45
Autoreisen	48
Von Alkohol bis Wintersperren	48
Wohnmobile im Trend	52
Ferien aktiv	54
Draußen vor der Tür	
Wandern	54
Angeln	58
Fahrradfahren	59
Golf	60
Kanu, Kajak, Rafting	60
Mineralogie	60
Reiten	60
Tauchen	60
Tiersafaris	62
Vogelkunde	62
Wassersport	62
Geschichte und Gegenwart	63
Eine Nation – zwei Sprachen	74
Norge und Noreg	74
Wörterkladde	76
Oslo	84
Hauptstadt am Fjord	
Südnorwegen	121
Kongsberg	121
In den Silbergruben	
Die Sørlandküste	131
Sommer in den Schären	
– Kragerø	132
– Risør	137
– Tvedestrand	140
– Arendal	147
– Grimstad	154
– Lillesand	158
Telemarkkanal	166
Seen und Wälder	
Rjukan	170
Im Schatten des Berges	

6 Inhalt

Kristiansand 181
Des Königs liebstes Quadrat
Setesdal 191
Mineralien und Silberschmieden
Mandal 206
Stranden in Sjøsanden
Kap Lindesnes 211
2518 Kilometer zum Nordkap
Flekkefjord 216
Klein-Holland mit acht Ecken

Westnorwegen – Fjordland ... 223
Jæren 223
Klein-Dänemark
Stavanger 229
Wiege nordischer Petrodollars
Bergen 245
Fjordland-Metropole mit Flair
Eidfjord 270
Wasserfall auf Zeit
Aurland – Flåm – Gudvangen . 280
Per Bahn vom Fjord aufs Fjell
Am Sognefjord 293
Zwischen Fjord und Gletscher
– Lærdal 294
– Årdal 303
– Luster 308
– Sogndal 318
– Fjærland 323
Stryn 328
Tor zum ewigen Eis
Geiranger 339
Der Bilderbuch-Fjord
Ålesund 348
Kaiser Wilhelms ferne Liebe
Sunndal 366
Täler und Schluchten

Jotunheimen 378
Im Reich der Bergriesen

Ostnorwegen 387
Die Ostküste 387
Weintrauben am Oslofjord
– Moss 388
– Fredrikstad 391
– Halden 394
Am Mjøsa-See 400
Olympisches Dreieck
– Hamar 403
– Gjøvik 408
– Lillehammer 410
Am Femund-See 422
Faszination Natur
Røros 438
Wo Liv Ullmann durch den Schnee stapfte
Trondheim 449
An der Schwelle zum Norden

Register 463

Das markante Romsdalshorn, an der Strecke Geiranger–Trollstigen–Ålesund ▶

Vorwort

Fjorde und Wasserfälle, Gletscher und Gebirge, Seen und Wälder, Flüsse und Felsenküste kreieren ein grandioses Schauspiel der Natur. Wer das Klischee vom Ausschlürfen der Kokosnuß unter dem Palmenwedel hinter sich gelassen hat, kann in Norwegen auf eine unendliche Entdeckungsreise gehen.

Das einzige Problem scheinen die großen Entfernungen zu sein: Zwischen seinem südlichsten Punkt, *Kap Lindesnes,* und der Grenze zu Rußland, hoch im Norden, mißt Norwegen mehr als 2700 Straßenkilometer, wie es die Karte auf Seite 83 veranschaulicht. Rund 70 % aller Norwegen-Urlauber fahren sinnvollerweise nicht über *Trondheim* hinaus und finden trotzdem alle Landschaftsformen vor, die Norwegen zu bieten hat. Sogar die Mitternachtssonne macht sich 1000 Kilometer südlich des Polarkreises bemerkbar und erhellt die Sommernächte.

Dieser Reiseführer versucht nicht das Unmögliche, das gesamte Land zwischen zwei Buchdeckel zu pressen. Vielmehr stellt er Regionen vor, die erstmals so ausführlich beschrieben werden: den stillen *Femund-See,* die in einer Schlucht verborgene Stadt *Rjukan* oder etwa *Eidfjord* und *Sunndal* im Fjordland; ohne daß der *Geirangerfjord, Bergen, Oslo, Sørlandküste, Setesdal* und all die anderen bekannteren Reiseziele vernachlässigt werden. Mit diesem Buch können Sie mindestens fünfmal zwischen Kap Lindesnes und Trondheim Ferien machen, bevor Sie sich den Lofoten oder dem Nordkap widmen. Der Autor selbst kam während seiner ersten zehn Norwegen-Reisen nur dreimal über Trondheim hinaus.

Bevor es losgeht, noch zwei generelle Hinweise: Sämtliche Namen, auch fast alle Museen, werden auf norwegisch genannt, weil Ihnen die deutsche Übersetzung vor Ort nicht weiterhelfen würde. Im allgemeinen sind Sehenswürdigkeiten in Natur und Kultur sowie Unterkünfte gut ausgeschildert und mit den international üblichen Symbolen gekennzeichnet. – Im Text wird Ihnen ab und zu das Wort *fylke* begegnen. Ein fylke kann man, grob vereinfacht, mit einem Bundesland vergleichen; es ist aber anders strukturiert.

Ein spezielles Kapitel zu Land und Leuten werden Sie vergeblich suchen: Der Autor setzt sich zum Ziel, daß Sie Norwegen und Norweger beim Lesen und Reisen kennenlernen.

Vor der Reise

Information zu Hause

■ **Norwegisches Fremdenverkehrsamt**, Mundsburger Damm 27, Postfach 760 820, 22058 Hamburg, Tel. 040 - 2271 0810, Fax 2271 0815.

Das zentrale Fremdenverkehrsamt für die deutschsprachigen Länder gab bis 1995 das »Offizielle Reisehandbuch Norwegen« heraus, ein flott aufbereitetes Gemisch aus Landeskunde in Merian-Manier, viel Information und noch mehr Werbung. Es war professionell gemacht; nur ein Teil der Fotos wiederholte sich seit Jahren. Trotz dieses Makels war das Reisehandbuch für die Urlaubsvorbereitung von Vorteil, und solange die 95er Ausgabe noch nicht ausverkauft ist, sei sie an dieser Stelle empfohlen. Preis 14,80 DM, zu beziehen im Buchhandel oder auf Bestellung (plus 5 DM für Versand); siehe folgende Adresse.

■ **Nortra Marketing Versandservice**, Christophstraße 18–20, 45130 Essen.

Die Vertriebsorganisation des Fremdenverkehrsamts verschickt Broschüren über Landesteile sowie einzelne Themen, wobei der Informationsgehalt recht unterschiedlich ausfällt. Hilfreich sind die (lückenhaften) Verzeichnisse von Hotels und Campingplätzen sowie das Heft »Fahrpläne«, das jedoch frühestens im März aus Norwegen eintrifft. Wer vorher bestellt, bekommt kommentarlos die Vorjahresausgabe zugeschickt. Für bis zu vier »Infopakete« werden 4 DM Unkostenbeitrag verlangt.

■ **Reisebüros**, die auf Skandinavien spezialisiert sind, haben diverse Rabattsysteme im Angebot, die Ermäßigungen für Transport und Unterkunft geben oder miteinander kombinieren. Die Adressen dieser Reisebüros sind im »Offiziellen Reisehandbuch« aufgelistet – es sind zu viele, um sie an dieser Stelle wiederzugeben.

Information aus Norwegen

Gezielte Fragen an die **Fremdenverkehrsämter in Norwegen** helfen bei der Urlaubsplanung. Die Adressen der lokalen Touristenbüros finden Sie in den einzelnen Kapiteln, gleich im Anschluß an die jeweilige Einleitung. Bestellen Sie rechtzeitig, denn diese Büros sind dünn besetzt und haben ab April eine Flut von Anfragen zu bewältigen.

Einreisebestimmungen

Reisedokumente

Urlauber aus dem deutschsprachigen Raum benötigen Personalausweis oder Reisepaß, um sich für maximal drei Monate in Norwegen aufzuhalten. Kinder bis 16 Jahre benötigen einen Kinderpaß (ab 10 Jahre mit Bild). Wer länger als drei Monate bleiben möchte, muß bei der Norwegischen Botschaft im eigenen Land ein Visum beantragen.

Wer mit dem eigenen Fahrzeug anreist, braucht offiziell nur Führerschein und Fahrzeugschein. Die grüne Versicherungskarte ist nicht vorgeschrieben, kann sich aber als nützlich erweisen. Das Nationalitätskennzeichen sollte am Heck kleben, die TÜV-Plakette noch drei Monate gültig sein.

Haustiere

Seit 1994 ist es möglich, Struppi, Garfield, Hansi & Co. in den Urlaub nach Norwegen (und Schweden) mitzunehmen. Das setzt allerdings eine langwierige und teure Prozedur voraus, weil allein zweimal Blutproben des Aspiranten an das Veterinäramt in Oslo zu schicken sind. Für Gebühren und Tierarztkosten müssen Sie mit mindestens 300 DM rechnen. Wen das nicht abschreckt, kann sich die notwendigen Unterlagen für 3 DM Unkostenbeitrag vom Norwegischen Fremdenverkehrsamt zusenden lassen.

Norwegen und Schweden sind tollwutfrei und wollen es bleiben; insofern möchte ich um ein wenig Verständnis für das aufwendige Verfahren werben.

Zoll

■ **Geld:** Norwegische Kronen können unbegrenzt mitgebracht werden; bei der Ausfuhr sind nur 5000 NOK erlaubt.

■ **Lebensmittel:** Verboten ist die Einfuhr von Frischfleisch und Wurst, Eiern, Milchprodukten, Kartoffeln, frischem Gemüse und anderen leicht verderblichen Lebensmitteln. Konserven sowie sterilisierte Milch- und Eiprodukte sind genehmigungsfrei (maximal 5 kg Fleisch und Wurst pro Person). Die mitgebrachten Lebensmittel sollen maximal 15 kg pro Erwachsenen ausmachen. Kinder scheinen demnach ohne Essen auszukommen.

■ **Alkohol:** zollfrei nur für Personen, die mindestens 20 Jahre alt sind. Entweder 1 l Spirituosen + 1 l Wein + 2 l Bier oder 2 l Wein + 2 l Bier. Zusätzlich können 4 l Wein und 10 l Bier verzollt werden, bei umgerechnet 7–10 DM für 1 l Wein aber kaum sinnvoll.

■ **Tabak:** zollfrei nur für Personen, die mindestens 16 Jahre alt sind. 200 Zigaretten oder 50 Zigarren oder 250 g Tabak inklusive 200 Zigarettenpapierchen.

■ **Ansonsten:** Kleidung und Reiseutensilien sind zollfrei, Medikamente nur in kleinen Mengen, die erkennbar für den Eigenverbrauch bestimmt sind, Benzin nur im 5-l-

Reservekanister. Verboten sind Rauschgifte, Angelnetze und Ausrüstung für den Krebsfang, Sprengstoffe, Waffen und Munition. Die Bestimmungen für Jäger mit Waffenschein erfahren Sie bei *Direktoratet for Naturforvaltning,* Tungasletta 2, N-7004 Trondheim, Tel. (Landesvorwahl) 0047 - 7358 0500.

■ **Kontrollen:** Die norwegischen Zöllner sind unbestechlich und gewissenhaft. In erster Linie interessieren sie sich dafür, ob die erlaubten Mengen an Alkohol und Tabakwaren überschritten werden. Dabei konzentrieren sie sich zwar auf ihre Landsleute, was aber nicht bedeutet, daß erwischte Ausländer mit Milde rechnen können. Die gängigsten Ausreden sind bekannt; die Zollverwaltung des Fährhafens Larvik hat sie sogar drucken lassen, um den Kandidaten die deftigen Bußgelder zu ersparen. Wer mit der Autofähre anreist und nicht kontrolliert werden mag, erhöht die Chancen, wenn sich das eigene Fahrzeug nicht unter den ersten zwanzig befindet, die von Bord rollen.

■ **Strafen:** 1 l Spirituosen zuviel 200 NOK, 2 l 400 NOK, 3 l 800 NOK, 4 l 1200 NOK. 2 l Wein zuviel 200 NOK, 4 l 400 NOK, 6 l 800 NOK, 8 l 1200 NOK. 400 Zigaretten zuviel 200 NOK, darüber die gleiche Staffelung bis 1200 NOK für 1000 Zigaretten. Wer eine der genannten Höchstmengen überschreitet oder wessen Strafe 3000 NOK übersteigt, wird bei der Polizei angezeigt.

Diplomatische Vetretungen

■ **Deutschland:** Kgl. Norwegische Botschaft, Mittelstraße 43, 53175 Bonn, Tel. 0228 - 819 970, Fax 0228 - 373 498. Konsulate in Berlin, Bremen, Dresden, Düsseldorf, Frankfurt am Main, Hamburg, Hannover, Jena, Kiel, Lübeck, München, Rostock und Stuttgart.

■ **Schweiz:** Kgl. Norwegische Botschaft, Dufourstraße 29, 3005 Bern, Tel. 031 - 444 676, Fax 031 - 435 381.

■ **Österreich:** Kgl. Norwegische Botschaft, Bayerngasse 3, 1037 Wien, Tel. 0222 - 715 6692, Fax 0222 - 712 6552.

Klima und Reisezeit

Temperaturen

Der Golfstrom und seine warmen westlichen Winde sorgen in Skandinavien für mildes Klima und weitaus höhere Temperaturen als in vergleichbar nördlich gelegenen Regionen der Erde, wie etwa Grönland und Sibirien. In Norwegen bleiben die Häfen im Winter bis weit über den Polarkreis hinaus eisfrei.

Zwei naturgegebene Grenzen sorgen für markante Unterschiede in den Temperaturen: zum ersten die zwischen den Küstenstrichen auf der einen sowie dem Binnenland und selbst dem inneren Fjordland auf der anderen Seite. Je weiter man sich von der Küste entfernt, desto wärmer, aber auch kälter kann es werden. An der maritim geprägten Küste fallen die Temperaturunterschiede zwischen Sommer und Winter wesentlich geringer aus als im Landesinneren: So liegt die Höchsttemperatur in den Küstenstädten Bergen und Stavanger um 26°C, im Lærdal hingegen, ganz im Inneren des Sognefjords, schon um 29°C, die Tiefsttemperatur in Bergen und Stavanger bei -5,5°C, im Lærdal bei -11,5°C. – Zum zweiten besteht ein Unterschied zwischen den Talregionen und dem Hochland. Während das südnorwegische Hallingdal mit knapp 35°C den landesweiten Wärmerekord vermeldet, werden im Hochland von Røros, nur etwa 300 Kilometer nordöstlich, kaum einmal 18°C erreicht. Dafür hält Drevsjø, südlich von Rorøs, mit -47,4°C den nationalen Kälterekord seit Beginn der Wetteraufzeichnungen.

Niederschläge

Für alle Küsten- und Gebirgsregionen Norwegens gilt, daß mehr Niederschlag fällt als im geschützten Landesinneren. An der Küste fällt er meist als Regen, in den Bergen von Oktober bis April als Schnee, in den rauhen Gebirgsgebieten und in Nordnorwegen jeweils 4–6 Wochen früher bzw. später.

Als Rekordhalter in Sachen Regen ist Bergen mehr berüchtigt als berühmt, denn die von den Nordseewinden landeinwärts gedrückten Wolken bleiben mit Vorliebe an den die Stadt umgebenden Hügeln hängen, um sich in aller Gemütsruhe abzuregnen: So vermeldet die Statistik 2100 mm Niederschlag im Jahresdurchschnitt, aber sogar 3000 mm sind möglich. Auch die Küstenstadt Stavanger (1015 mm) ist mit dem feuchten Element vertraut, während das Lærdal (410 mm) und Røros (480 mm) von ihrer Binnenlage profitieren. Wenn man die Zahlen mit München (mehr als 900 mm) und Frankfurt am Main (um 550 mm) vergleicht, erscheinen sie weniger bedrohlich. Und bevor Sie beim Lesen Ihren Regenschirm aufklappen, sei vermerkt, daß das Niederschlags-Gros in den stürmischen Monaten der dunklen Jahreshälfte fällt.

Reisezeit

Auf eine umfangreiche Klimatabelle wird hier bewußt verzichtet, da sie leicht Erwartungen wecken könnte, die ebenso rasch enttäuscht werden könnten. Wer in Norwegen drei Wochen Sonnen-Garantie erwartet und sich bevorzugt am Strand räkeln möchte, ist ohnehin fehl am Platze. Die Attraktivität dieses Landes ergibt sich aus der Vielfalt von Landschaft und Wetter: In einem Tal mag die Sonne scheinen, während der Talzug nebenan von dunklen Wolken beherrscht wird. Sonne und Regen können sich mehrmals am Tag abwechseln. Daß alle Statistiken nur bedingt aussagekräftig sind, beweisen die vielen Wochen in den vergangenen Jahren, in denen an sonst regenverwöhnten Orten kein Tropfen vom Himmel fiel. Es gibt auch Täler, die dermaßen geschützt liegen, daß die Landwirtschaft dort im Sommer nur mittels Bewässerungsanlagen möglich ist.

Als beste Reisezeit gilt der Zeitraum von Mai bis September, wenn die Tage am längsten sind. Im Mai und im Juni besteht die Aussicht auf nur spärlichen Regen und wenige Touristen, wobei es bis in den Juni hinein noch recht frisch sein kann. Ab Juli nimmt der Niederschlag allmählich zu; dafür steigen die Temperaturen spürbar, weil es selbst 1000 km unterhalb des Polarkreises nicht mehr richtig dunkel wird. Bleibt der Juli trocken, kann es sogar unangenehm heiß werden, zumindest wenn man aktiv sein möchte. Im Juli macht ganz Skandinavien Urlaub, wodurch es an einigen heftig beworbenen Orten wie Geiranger oder Flåm/Aurland zu ungewohntem Gedränge kommt. Der August ist zunächst ein eher wechselhafter Monat. Aber von Mitte August bis September, wenn die Hauptsaison vorüber ist, hat es zuletzt immer zwei, drei sonnenreiche Wochen gegeben. Dann schlägt die Stunde der Wanderer, zumal der Herbst mit seiner Farbsinfonie ab September Einzug hält, an der Küste bis zu drei, vier Wochen später als im zentralen und östlichen Hochland.

Kleidung und Ausrüstung

Sonne, Wärme und wenig Regen sind also, trotz aller Unkenrufe, ebenso möglich wie wechselhaftes Wetter. Wer mit Petrus nicht auf Du und Du steht und ein paar feuchte und kühle Tage erwischt, hat mehr von den Ferien, wenn folgende Tips berücksichtigt werden:

■ **Kleidung:** Shorts, T-Shirts, dünne Hemden und Blusen gehören ebenso ins Reisegepäck wie Regenzeug, ein Wollpullover, stabiles Schuhwerk und warme Unterwäsche. Gesellschaftskleidung ist selbst in gehobenen Restaurants nicht zwingend, doch wer auf ein feines Diner steht, wird sicher nicht unvorbereitet anreisen.

Die sogenannte »atmungsaktive« Regenkleidung erweist sich in der Tat als eine Verbesserung gegenüber Ölzeug und Daunenjacken. Körperliche Anstrengung setzt aber auch den Wunderfasern Grenzen, z. B. bei Rucksackträgern auf dem Rücken, was durch die direkte Auflage verständlich ist. Die Feuchtigkeit kommt zwar nicht rein, der Schweiß aber auch nicht raus. Gleiches erfährt, wer unter dem Regenzeug zu warm angezogen ist, während zu dünne Unterbekleidung rasch zum Frieren führt. Doch wer hat schon Variationen parat, die Temperaturen von 5-25°C meistern? Und wenn die Poren erst einmal durch den Schweiß verstopft sind, braucht der durch die Werbung verzauberte

14 Reisevorbereitungen

Benutzer eine Waschmaschine und Spezial-Waschmittel, um die »Atmungsaktivität« wiederherzustellen. Wie gesagt, die neuen Materialien sind gut, garantieren aber trotz Preisen von 350 bis 900 DM für eine Jacke und ab 250 DM für eine Hose keine Wunderdinge.

■ **Zelte** sollten regenfest, windstabil und mit tauglichen Heringen verankert sein. An der Küste können sich selbst im Sommer Stürme mit mehr als 100 km/h ein Stelldichein geben, wenn auch selten.

Ab Spätsommer muß man damit rechnen, daß Feuchtigkeit und Atemluft über Nacht das Außenzelt von innen anfeuchten. Deshalb sind Zelte anzuraten, deren Außenzelt vom Innenzelt zu trennen und nicht durch das Gestänge miteinander verbunden sind.

Zelte ohne robuste Bodenwanne können durch eine zusätzliche Unterlage vor Beschädigungen, etwa durch spitze Steine, geschützt werden. Ein englischer Rasen als Untergrund ist nämlich die Ausnahme.

■ **Schlafsäcke** aus Kunstfasern haben gegenüber den mit Daunen gefüllten den Vorteil, daß sie schneller trocknen, wenn sie nachts von außen feucht geworden sind. Als Unterlage empfehlen sich (aufblasbare) Isomatten, weil die gewöhnlichen Luftmatratzen aus der guten, alten Pfadfinderära ebenfalls anfällig für feuchte Luft sind, abgesehen von der unbequem spaltenreichen Liegefläche.

Geld

■ **Währung:** Währungseinheit ist die Norwegische Krone, in diesem Buch stets mit NOK abgekürzt. 1 Krone entsprechen 100 Øre. Die kleinste Münze ist 25 Øre wert; Wechselgeld wird dementsprechend auf- oder abgerundet. Der Wechselkurs lag zu Redaktionsschluß bei 22,50 DM für 100 NOK, das entspricht ungefähr 400 NOK für 100 DM. Schlechter Wechselkurs in Deutschland, hohe Umtauschgebühren in Norwegen.

■ Den besten **Wechselkurs** erzielt, wer sein Geld in Norwegen vom eigenen Postsparbuch abhebt. Das Geld wird in NOK ausgezahlt, immer im Gegenwert von runden Hunderter-Beträgen, maximal 1000 DM täglich und 2000 DM monatlich (anders als in Deutschland, wo man inzwischen 3000 DM im Monat abheben kann). Die Formulare halten die knapp 1200 Postämter bereit, die den Geldumtausch abwickeln. Nachdem die »Deutsche Post« registriert hat, daß ihre Kunden tatsächlich nach Norwegen reisen, hat sie nach einigen Jahren Unterbrechung wieder eine Liste mit den entsprechenden Postämtern gedruckt. Diese ist (theoretisch) in jedem deutschen Postamt zu bekommen.

■ Für **Reiseschecks** berechnen die Banken 1 % des Betrags, doch der Wechselkurs ist relativ günstig. – Der Höchstbetrag für **Euroschecks** liegt bei 1300 NOK, die Gebühren dafür halten sich in Grenzen. – **Kreditkarten** werden gewöhnlich akzeptiert, vorzugsweise »American Express« und »Visa«.

Gesundheit

Es ist vollbracht: Seit 1994 gelten die E-111-Formulare der bundesdeutschen Krankenkassen auch in Norwegen, womit Sie Anspruch auf kostenlose Behandlung in Krankenhäusern und bei allgemein praktizierenden Ärzten haben. Eventuell ausgelegte Honorare (u.a. Fachärzte, Zahnärzte) bekommen Sie zu Hause zurückerstattet, aber nur bis zu der Summe, die die Behandlung im Heimatland gekostet hätte. Da die Gebühren in Norwegen höher liegen, rentiert sich eine zusätzliche Reisekrankenversicherung. Gesetzlich wie privat Versicherte sollten sich vor Reiseantritt bei Ihrer Krankenkasse über die Modalitäten erkundigen.

Stellen Sie auf alle Fälle eine Reiseapotheke zusammen, weil die meisten Medikamente, selbst gegen kleinere Wehwehchen, in Norwegen nur auf Rezept zu bekommen sind.

Körperbehinderte

Der Standard in Hotels ist besser als in Jugendherbergen und auf Campingplätzen, wobei der Hotel-Buchungsservice den Urlauber von umständlicher Zimmersuche befreit. Rollstuhlgerechte Ferienhütten sind immer noch rar. Die Campingplätze sind weit schlechter auf Behinderte eingestellt, als offizielle Stellen rühmen. Erkundigen Sie sich über Reisebüro oder (besser) Reederei, welche Fähren behindertengerecht ausgestattet sind. Die beste Anlaufstelle für Informationen (in Norwegen) ist:

■ **Norges Handikapforbund**, Postboks 9217, N-1034 Oslo, Tel. 0047 - 2217 0255.

Karten

Das Angebot ist vielfältig, doch die Bezeichnung der einzelnen Kartenserien entspricht nicht unbedingt dem, was Sie bieten. Im Falle Norwegens, das von seiner Südspitze bis zur Grenze nach Rußland rund 2750 Straßenkilometer mißt, eignen sich Übersichtskarten bestenfalls als Wandschmuck, aber kaum zum praktischen Gebrauch. Sie bekommen die Karten sowohl in Deutschland als auch in Norwegen (Buchläden, Tankstellen und sogar Gemischtwarenläden).

■ **Cappelen Kart,** in Deutschland verlegt von »Kümmerly & Frey«: Straßenkarte in fünf Blättern, wird alle 4-5 Jahre zuverlässig aktualisiert und von den Norwegern gelegentlich unzuverlässig ausgeliefert, kann aber vor Ort fast an jeder Tankstelle gekauft werden. Blatt 1: Süd-Norwegen (Norwe-

16 Reisevorbereitungen

gen südlich der Bahnlinie Oslo-Bergen), Blatt 2: Mittel-Norwegen I (von Bergen bis Ålesund, von Oslo bis Røros), Blatt 3: Mittel-Norwegen II (mit Røros, Sunndalsøra und Trondheim), je 1:325.000.

Hervorragende Farbgebung, mit touristischen Zusatzangaben (z. B. Campingplätze, besser als jede Campingkarte), und wer einen Trip über die Grenze nach Schweden einschiebt, verliert sich nicht in weißem Land. Apropos: Das norwegische ø wird auf den Karten als ö geschrieben, weil die Blätter in Schweden gedruckt werden, wo das ö und nicht das ø geläufig ist. Je Blatt 16,80 DM.

■ **Vegkart,** herausgegeben von »Statens Vegvesen«, der staatlichen Straßenbehörde: nüchterne Karte mit nur wenigen Zusatzinfos, mit insgesamt 10 Blättern bis hinauf nach Trondheim schlicht zu teuer. Im Maßstab 1:250.000. Je Blatt 15,80 DM, komplette Mappe Norwegen (21 Karten) 229 DM.

■ **Wanderkarten,** verlegt vom norwegischen Landesvermessungsamt: sehr zu empfehlen, erstellt auf der Grundlage der topographischen Kartenblätter. Sind solche Karten im Rahmen dieses Buches von Interesse, wird ausdrücklich auf sie hingewiesen. Maßstab von 1:25.000 bis 1:200.000. Je Blatt 19,80 bis 29,80 DM.

■ **Topographische Karten,** ebenfalls verlegt vom norwegischen Landesvermessungsamt: eignen sich gut für Wanderer, was noch nicht bedeutet, daß alle Wanderwege eingezeichnet oder daß die eingezeichneten nicht inzwischen überwuchert sind. Das Datum der letzten Begehung ist auf dem unteren Blattrand aufgedruckt (field checked 19xx). Im Maßstab 1:50.000. Je Blatt 16,80 DM.

■ **Bezug:** Solch spezielle Karten bekommen Sie bestenfalls in Fachbuchhandlungen. Bücher wie Karten über ganz Skandinavien vertreibt der *Nordis Buch- und Landkartenhandel,* Postfach 100 343, D-40767 Monheim, Tel. 02173 - 500 95 und 566 65, Fax 02173 - 542 78. Bestellen Sie den Gesamtkatalog, der selbst Sonderwünsche wie »Fisch- und Jagdkarten« oder einen »Bergen-Stadtplan« aus dem Jahr 1760 zu befriedigen verspricht.

Lektüre

Geschichte, Gegenwart, Unterhaltung

■ **Asbjørnsen und Moe:** *Norwegische Märchen.* Immerhin Jacob Grimm soll geurteilt haben: »Die besten Märchen, die es gibt.« Teils international bekannte Märchen, die die Herausgeber mit Trollen u.a. norwegisierten.

■ **Hamsun, Knut:** *Victoria.* Die Geschichte der unmöglichen Liebe zwischen einem Müllerssohn und einer Tochter aus gehobenen Kreisen. Spielt Ende des letzten Jahrhunderts. 1920 ging der Literaturnobelpreis an Knut Hamsun; weitere bekannte

Werke sind »Hunger«, »Pan« und »Segen der Erde«.

■ **die horen:** *Norwegen*. Zeitgenössische Literatur aus Norwegen. Konkurrenzlose Zeitschrift zur internationalen Literatur und Kunst. Band 163. Im »Verlag für neue Wissenschaft«, Bremerhaven.

■ **Ibsen, Henrik:** *Nora*. Einer der ersten Autoren überhaupt, der die Gleichberechtigung und das Spießertum in der zweiten Hälfte des letzten Jahrhunderts thematisierte. Ibsen war der erste norwegische Schriftsteller, der außerhalb Skandinaviens den Durchbruch schaffte.

■ **Larsson, Vetle Lid:** *Mein scheußlicher Bruder, Onkel Harry und ich*. Nimmt die 68er Generation auf die Schippe, die gegen ihre Eltern rebellierte und nun aus dieser Rolle selbst genauso wenig zu machen versteht. Ein Lesevergnügen, köstlich und geistreich vom (damals) 31 Jahre jungen Autoren Larsson geschrieben.

■ **Laxness, Halldór:** *Salka Valka*. Spielt in der zweiten Hälfte des letzten Jahrhunderts und beschreibt die Abhängigkeit isländischer Fischer von dänischen Kaufleuten, kann aber ohne weiteres auf die damaligen Zuständen in Norwegen übertragen werden. Laxness, selbst Isländer, erhielt 1955 den Literaturnobelpreis.

■ **Merian:** *Norwegen*. Gelungene Mischung in bewährter Manier: mit traumhaft schönen Fotos sowie Texten zu Oslo und Bergen, Amundsen und Munch, zu Kunst, Geschichte und Stabkirchen, Land und Leuten, zu Umwelt, Sport und Politik.

■ **Moberg, Vilhelm:** *Die Auswanderer* und *In der neuen Welt*. Erzählt Gründe und den Verlauf der großen Auswanderungswellen zwischen 1850 und 1915. Zwar am Beispiel Schwedens, doch die Unterschiede sind unbedeutend.

■ **Staalesen, Gunnar:** *Bittere Blumen*. Wieder ein gelungener Krimi aus der Feder des populären Autoren, der Privatdetektiv Varg Veum mit Umweltkriminalität und Mord konfrontiert. Die Stadt Bergen dient nicht als Kulisse, sondern lebt in diesem Buch. Vorzüglich die Kombination aus Spannung und Ironie. Erschienen beim Butt Verlag, einem Spezialisten in Sachen nordischer Literatur.

■ **Thomsen, Knud:** *Speckseites Ostseefahrt*. Schildert die Wikinger nicht als blutrünstige Eroberer, und plötzlich, nicht durch den Heroenglanz der Sagas verzerrt, wirken sie menschlich. Thomsens Wikinger sind am dänischen Limfjord zu Hause, aber was macht das schon? Amüsant geschrieben – so macht Geschichte Spaß.

■ **Undset, Sigrid:** *Kristin Lavranstochter*. Erzählt den Konflikt zwischen Christentum und heidnisch geprägter Lebensanschauung; die Handlung spielt im 14. Jahrhundert. 1928 wurde Sigrid Undset mit dem Literaturnobelpreis ausgezeichnet; weitere bekannte Werke sind »Jenny« und »Frühling«.

Reise

■ **Adams, Karin:** *Norwegen mit dem Wohnmobil bis zum Nordkap.* Mehr zum Kennenlernen und Hineinschnuppern denn als harter Reiseführer gedacht. Wendet sich an Norwegen-Neulinge, die eine Reise mit dem Wohnmobil vorbereiten. Geschrieben aus der Sicht der Neugierigen, kein allwissender Reisebegleiter – mal eine Abwechslung.

■ **Betz, Klaus:** *Norwegen.* Wunderbare Fotos, und die Texte verraten den Landeskenner, der gekonnte Schwerpunkte zu setzen versteht. Nur die Gliederung, mit Routen und Reisetagen, ist schwierig zu handhaben und läßt ein bißchen zu viel außen vor, so den gesamten Süden und Stavanger. Trotzdem eine (46,80 DM teure) Bereicherung.

■ **Bucher's:** *Oslo.* Kenntnisreich und sprachlich elegant wird die Stadtgeschichte referiert, die jüngste Entwicklung jedoch, seit 1945, vernachlässigt. Dazu ein guter Infoteil und viele Fotos. Was aber soll das unhandliche Format? Den Leser, der mit einem DIN-A4-Stadtführer durch Oslo läuft, möchte ich kennenlernen.

■ **Freier, Ute & Peter:** *Wanderungen in Norwegen.* Mit guten Karten und Fotos aufwendig gestaltet, dazu Hintergrundinfos und präzise Routenbeschreibungen. Warum nur das unhandliche DIN-A5-Format und das abgedroschene Titelfoto vom Geirangerfjord? Trotzdem sehr zu empfehlen, das garantiert Beste in dieser Preisklasse (44 DM).

■ **Geh, Alexander:** *Westnorwegen selbst entdecken,* bei Regenbogen. Das Fjordland in 26 Kapiteln. Mit diesem Reiseführer können Sie 12 Wochen Urlaub in Norwegens schönstem, abwechslungsreichstem Landesteil machen. In bewährter Systematik, akkurat recherchiert. Die aktualisierte Neuauflage erscheint 1996.

■ **Geh, Alexander:** *Fjorde, Gletscher, Wasserfälle.* Beschreibt eine mehrmonatige Fahrradreise im Wechsel der Jahreszeiten, die bis zu Lofoten und Vesterålen führte. Kämpfe mit Wetter und Wegen, aber auch interessante Begegnungen mit Menschen, unvergeßliche Stunden in stiller, prächtiger Natur. Hilfreich zum Kennenlernen, Planen.

■ **Gläßer, Ewald:** *Norwegen.* Landschaftsführer aus ungewöhnlichem Blickwinkel. Portraitiert Küste und Fjordland, Bauerntäler und Gebirgsgebiete samt ihrer Kulturgeschichte. Viele Hintergründe, für die in üblichen Reiseführern kein Platz (und Wille) ist. Die teilweise überfrachteten Karten reichen selbst für Studienräte.

■ **Klauer, Bjørn:** *Norwegen zu Fuß und auf Ski.* 3500 km von Oslo nach Kirkenes. Hat wirklich viel zu berichten, spannend vor allem die Veränderung des Menschen durch den langen Aufenthalt in der Natur. Ein Kontrapunkt zur Konsumwelt, auch wenn der zähflüssige Nominalstil den Lesespaß ein wenig beeinträchtigt.

■ **Köhne, Gunnar** (Hrsg.): *Anders reisen Norwegen.* Schaut hinter die Kulissen, flotter Stil, breites Spektrum: von Wirtschaft und Wohlfahrt, Medien, Frauenalltag, Umweltschutz und Minderheiten – ideal zum Kennenlernen. Auch der Reiseteil ist lesenswert, als Begleiter vor Ort jedoch nicht konzipiert und bescheiden.

■ **Kraus, Gerhard:** *Trekking in Skandinavien*. Vorgestellt werden neun Wandergebiete, aus Norwegen nur Jotunheimen und Trollheimen. Gelungen die schwierige Kombination aus Streckenprotokoll und Erlebnisbericht, teilweise schöne Fotos. Durch das unpraktische Bildband-Format und den Preis (68 DM) etwas für Liebhaber-Regale.

■ **Kreutzkamp, Dieter** (Hrsg.): *Norwegen*. Ein facettenreiches Buch mit hochwertigen Fotos und Reportagen über Reisen zu unbekannten wie bekannten Zielen, so vielfältig wie Norwegen selbst. Sowohl für Nordland-Neulinge zum Schnuppern als auch für Wiederkehrer. Ein Teil der Texte entstammt übrigens meiner Feder.

■ **Mayr, Herbert:** *Norwegen*. Erlebnis Fernwandern. Sechs spannende Routenerzählungen, viele Fotos und informative Exkurse zu Kultur und Geschichte, fast zu schade für ein »Wanderbuch«. Der Infoteil ist etwas dünn geraten, das Format für unterwegs zu groß und der Preis (46 DM) zu hoch.

■ **Mayr, Herbert:** *Wildes Norwegen*. Mountain Bike Touren. Fünf sehr schöne Reisebeschreibungen mit Exkursen zu Kultur und Geschichte, durch die schnellere Fortbewegung mit dem Rad noch lebhafter als das Wanderbuch desselben Autors. Der Infoteil wieder etwas karg, der Preis (38 DM) wieder gesalzen.

■ **Pathe, Frank:** *Norwegen per Rad*. Mit ausgezeichnetem Infoteil zur Vorbereitung. Die 112 Etappen sind teilweise miteinander zu kombinieren; aber man darf nicht erwarten, daß alle auf zwei Rädern getestet werden konnten. Aus dem Verlag des Spezialisten Wolfgang Kettler, viele Karten, ein reeller Preis (24,80 DM).

■ **Plank, Roland:** *Telemark und Südnorwegen*. Erleben und Erholen zwischen Fyresdal, Hardangervidda und der Schärenküste. Nirgends lernen Sie Norweger in ihrem Landstrich intensiver kennen, indem der Autor gekonnt die vielfältige Telemark porträtiert. Mehr Lesebuch als minuziöser Reiseführer, sprachlich ein wahrer Genuß.

■ **Bezug:** siehe Karten.

Anreise

Mit dem eigenen Fahrzeug

Was gibt es Schöneres, als den Urlaub mit einer Schiffsreise einzuläuten? Wer mit dem eigenen Fahrzeug gen Norwegen unterwegs ist, kommt daran nicht vorbei.

Die meisten der eingesetzten Fähren sehen durchaus wie Schiffe aus, doch, der Kapazität wegen, gleichen sie eher schwimmenden, waagerecht konstruierten Hochhäusern. Anders wären die teilweise moderaten Preise nicht zu machen. 900–2600 Passagiere befördern die Fähren bei voller Auslastung; und die wollen essen, trinken, zollfrei einkaufen, sich vergnügen, sich waschen, schlafen und müssen auch mal. Die Zeit der kleinen Schiffe, als man nach dem zweiten Rundgang die anderen Passagiere bereits kannte, ist passé.

Sie werden bemerken, wie verschieden die persönliche Gestaltung der Überfahrt ausfallen kann. Gerade in der Hochsaison suchen die Ruhebedürftigen, oft erkennbar an den modischen Jacken der Outdoor-Generation, verzweifelt nach einem stillen Plätzchen und können gar nicht verstehen, warum die Norweger so lebhaft zu internationaler Schunkelmusik tanzen, in Hundertschaften die einarmigen Banditen malträtieren oder sich in einem irrsinnigen Tempo besaufen. Für die Norweger gehört die Fährfahrt zum Urlaub, und erst danach kehren sie in ihre scheinbar reglementierte Welt zurück. Doch wieso nicht das ein oder andere Angebot annehmen? Beispielsweise das zum warmen Buffet (um 150 NOK). Jedem seine Komposition, doch die diversen Fischhappen sind eine mehrfache Versuchung wert.

Wer zwar eine Nachtabfahrt, aber keine Kabine gebucht hat und die Nacht im Schlafsessel verbringen will, muß damit rechnen, daß unbequeme Sessel, Schnarcher, Betrunkene oder Schulklassen auf pubertären Streifzügen die ersehnte Nachtruhe stören. Spätestens beim morgendlichen Anblick der norwegischen Felsenküste ist das alles vergessen.

Die Fährrouten

Welche Fähre man wählt, hängt selbstverständlich vom Preis sowie von der eigenen Reiseroute ab. Bequem, aber auch teuer ist die einzige Direktverbindung zwischen Deutschland und Norwegen, Kiel-Oslo. Sie hat den großen Vorteil, daß man rund 500 Autokilometer spart. Denn alle anderen Fähren legen in norddänischen Häfen ab: Wer ins westnorwegische Fjordland will, kann von Hanstholm aus nach Egersund und Bergen übersetzen. Nach Südnorwegen empfehlen sich Hirts-

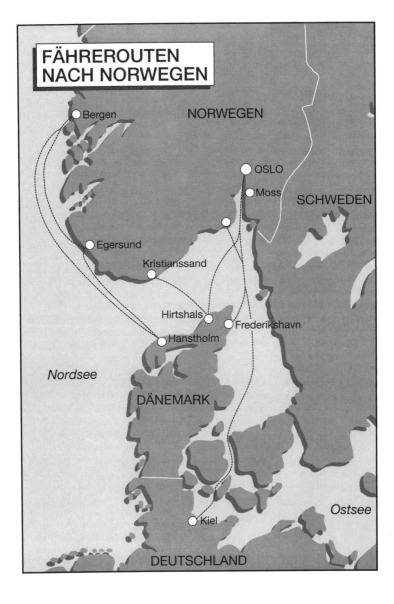

hals-Kristiansand und Frederikshavn-Larvik. Nach Oslo kann man, außer von Kiel, von Hirtshals und Frederikshavn aus übersetzen. Preiswerter ist die Verbindung von Frederikshavn nach Moss, das an der Ostküste des Oslofjords liegt. Bleibt noch die Route zwischen Kopenhagen und Oslo, die für Nord- und Ostdeutsche interessant ist, aber eine umständliche Autofahrt in die dänische Landeshauptstadt voraussetzt. Deswegen ist es eine Überlegung wert, eine Fähre nach Südschweden zu nehmen, um dort auf den gut ausgebauten Autostraßen gen Norwegen zu fahren.

Im folgenden werden die wichtigsten Fakten zu den Fährrouten nach Norwegen noch einmal gebündelt. Auf einen Preisvergleich wird dabei bewußt verzichtet, weil die unüberschaubare Anzahl von Kombinationstickets, Rabatten bei gleichzeitiger Buchung von Hin- und Rückreise, Tages- und Nachtabfahrten, Ermäßigungen für schwach ausgelastete Abfahrten oder bestimmte Personengruppen, Saisonzuschläge etc. Ihnen das genaue Studium der Prospekte nicht erspart.

■ **Kiel-Oslo:** bequem, entspannend, gediegen und teuer. Verkappte Erste Klasse unter dem Namen »Color Club«, aber in einem der beiden Schiffe auch billige Kabinen unter dem Autodeck, mit U-Boot-Atmosphäre; Übernachtung in Kabinen obligatorisch. Erspart viele Kilometer durch Dänemark. 20 Stunden unterwegs. Reederei *Color Line*.

■ Auf der Route **Hirtshals-Oslo** pendelt mit der »Color Festival« eines der neuesten und schönsten Schiffe. Ab Hirtshals meist Tages-, ab Oslo Nachtabfahrten. Ist also gut für die Rückreise, in Kombination mit einer anderen Route für die Hinfahrt, denkbar. Übernachtung in Kabinen obligatorisch. Bei Tagesabfahrten 8,5 Stunden unterwegs. Reederei *Color Line*.

■ **Frederikshavn-Oslo:** in der Hauptsaison ab Dänemark leider nur Tagesabfahrten, also ähnlich wie bei Hirtshals-Oslo. Preiswerte Übernachtung in 3- und 4-Bett-Räumen. Bei Tagesfahrten 9 Stunden unterwegs. Reederei *Stena Line*. (Von außen sind die Pötte dieser Reederei weniger ansehnlich, Inneneinrichtung und Service jedoch sind o.k.)

■ **Frederikshavn-Moss:** kommt um Mitternacht an der Ostseite des Oslofjords an, Rückfahrt nach Dänemark kurz vor 1 Uhr. Trotzdem gut frequentiert, weil billiger als die Fähren nach Oslo. Auf den Transport von Wohnmobilen und Caravans ausgerichtet. Das Nadelöhr Landeshauptstadt ist bei der Wahl dieser Route fast unumgänglich. Reederei *Stena Line*.

■ **Kopenhagen-Oslo:** Alternative für Ost- und Norddeutsche sowie Kopenhagen-Liebhaber, eine zusätzliche Fähre nach Lolland oder Falster ist dabei Voraussetzung. Früher die Fernfahrer-Linie mit rauhen Sitten, heute »normal«. Ab Kopenhagen nur Nachtabfahrten, das ist der Vorteil gegenüber den Oslo/Moss-Fähren ab

Norddänemark. Reederei *Scandinavian Seaways*.

■ **Frederikshavn-Larvik:** Larvik ist ein günstiger Ausgangspunkt, nicht nur für Reisen nach Südnorwegen oder ins zentrale Hochland. Fähre »Peter Wessel« als gut bürgerlicher Mittelweg zwischen Luxus und Massentransport. Preiswert sind die Nachtabfahrten in der Vor- und Nachsaison, auch im Schlafsessel möglich. Reederei *Larvik Line*.

■ **Hirtshals-Kristiansand:** mit gut 4 Stunden die flotteste Verbindung nach Norwegen. Bis zu vier Passagen täglich, darunter eine Nachtabfahrt mit 6 Stunden Dauer. »Schlafsessel« außer zur Hochsaison kostenlos, Kabine preiswert und anzuraten. Bei voller Auslastung laut und eng. Reederei *Color Line*.

■ **Hanstholm-Egersund-Bergen:** der schnellste Weg ins Fjordland, in der Nebensaison viermal wöchentlich nach Egersund, dreimal nach Bergen, in der Hauptsaison sechsmal nach Egersund, dreimal nach Bergen. Angenehme Überfahrt auf der »MS Bergen«, preiswerte Übernachtung in Schlafsessel oder, besser, auf Couchette möglich. Reederei *Fjord Line*.

Die Reedereien

Die Prospekte der Reedereien erhalten Sie in jedem Reisebüro, das über den Aloha-Standard hinaus sortiert ist. Teilweise kann auch direkt bei den Reedereien reserviert werden. Beim Buchen ab April erspart ein Fax die ständigen Wahlwiederholungen und Wartezeiten per Telefon.

■ **Color Line:** Postfach 2646, D-24025 Kiel, Tel. 0431 - 974 090, Fax 0431 - 974 0920. – Chemin des Grives, CH-1261 Le Vaud, Tel. 223 664 260, Fax 223 664 178. – Österreichisches Verkehrsbüro, Friedrichstraße 7, A-1043 Wien, Tel. 01 - 588 000, Fax 01 - 588 00 370.

■ **Fjord Line:** c/o Karl Geuther GmbH, Martinistraße 58, 28195 D-Bremen, Tel. 0421 - 1760 363, Fax 0421 - 18 575. – Kontiki Reisen, Wettingerstraße 23, CH-5400 Baden, Tel. 056 - 306 666, Fax 056 - 306 630. – Austria wie unter »Color Line«.

■ **Larvik Line:** Reisebüro Norden, Ost-West-Straße 70, 20457 Hamburg, Tel. 040 - 3600 1578, Fax 040 - 366 483. – Reisebüro Glur, Spalenring 11, CH-4009 Basel, Tel. 061 - 2716 733, Fax 2716 779. – Austria wie unter »Color Line«.

■ **Scandinavian Seaways:** Van-der-Smissen-Straße 4, D-22767 Hamburg, Tel. 040 - 38903 71, Fax 040 - 38903 120. Austria wie unter »Color Line«.

■ **Stena Line:** Schwedenkai, D-24103 Kiel, Tel. 0431 - 9090, Fax 0431 - 909 200. Austria wie unter »Color Line«.

Mit dem Flugzeug

Linienflug

Die Preise von Linienflügen sind inzwischen so flexibel wie die der

Ölpreise. Es gibt eine ganze Reihe von Spartarifen, die eine wirkliche Alternative zu den regulären Preisen darstellen und attraktive Angebote für diverse Zielgruppen umfassen. Wegen der wechselnden Preise und der Vielfalt der Zusatzbestimmungen können hier zwar die interessantesten Spartarife vorgestellt, nicht aber alle Preise aufgelistet werden. Ermäßigungen gibt es mit *Flieg & Spar,* wo Hin- und Rückflug gleichzeitig gebucht werden müssen, der Rückflug frühestens am Sonntag nach Reiseantritt möglich ist und eine Umbuchung nach dem Hinflug nur gegen Aufpreis angenommen wird. Mit *Super Flieg & Spar* gelten die gleichen Konditionen, wobei das Ganze mindestens eine Woche vor Reiseantritt gebucht werden muß. Für Flüge in der Hochsaison reicht diese eine Woche keinesfalls aus, weil nur wenige Plätze für die Spartarife vorgesehen sind. Jugendliche bis 24 Jahre und Studenten bis 26 Jahre erhalten noch einmal 25 % Nachlaß auf diese Spartarife. »SAS« bot zuletzt zusätzliche Rabatte für den Zeitraum 15.6.–15.8. an (nicht auf Jugendtarif). Bitte erkundigen Sie sich beim nächstliegenden Büro von »SAS« oder »Lufthansa«. »SAS« versorgt übrigens die Routen ab der Schweiz und Österreich.

■ **Nach Oslo:** mit »SAS« (Scandinavian Airlines System) entweder direkt oder über die SAS-Drehscheibe Kopenhagen. Direktflüge ab Düsseldorf, Frankfurt am Main, Hamburg, Genf, München, Zürich. – Ab Berlin, Hannover, Stuttgart, Wien mit Umsteigen in Kopenhagen. – Ab Innsbruck und Salzburg mit Umsteigen in Frankfurt oder Zürich, ab Klagenfurt mit Umsteigen in Zürich.

Mit »Lufthansa« direkt ab Berlin, Frankfurt am Main, Hamburg, München.

■ **Nach Bergen:** mit »SAS« und »Lufthansa« direkt ab Hamburg, sonst nur mit Umsteigen in Kopenhagen oder Oslo.

■ **Nach Stavanger:** mit »SAS«, umsteigen in Kopenhagen obligatorisch.

■ **Preisbeispiele:** wie gesagt, bestenfalls als Anhaltspunkte zu nehmen (F&S = Flieg & Spar, SF&S = Super Flieg und Spar): Berlin-Oslo mit F&S um 930 DM, mit SF&S um 620 DM. 15.6.–15.8. um 510 DM. – Frankfurt-Oslo mit F&S um 1220 DM, mit SF&S um 850 DM. 15.6.–15.8. um 665 DM. – München-Oslo mit F&S um 1375 DM, mit SF&S um 950 DM. 15.6.–15.8. um 765 DM. – Zürich-Oslo ab etwa 700 SFr.

Charterflug

Den klassischen Charterflug, ohne verpflichtende Inanspruchnahme zusätzlicher Leistungen wie etwa Übernachtungen, gibt es momentan nicht. Erkundigen Sie sich in einem ordentlichen Reisebüro nach günstigen Paketangeboten. Nur von der festen Buchung gerade von Unterkünften möchte ich abraten, weil sie in dem prädestinierten Rundreiseland Norwegen unflexibel macht – auch in bezug auf das Wetter. Denn wer mag schon bei Regen in der langfristig gebuchten Ferienhütte sitzen, um im TV eine allabendliche Wetterkarte zu bestaunen, die in den angrenzenden Landesteilen für die nächsten Tage Sonnenschein verheißt, nur nicht vor der eigenen Hüttentür?

Mit der Eisenbahn

Noch Anfang der 90er Jahre kostete die Bahnfahrt von Hamburg nach Oslo runde 400 DM, und das für mindestens 15 Stunden Reisezeit, weil unterwegs zwei Eisenbahnfähren in Anspruch genommen werden müssen. Seit Bahn-Card und die neuen Spartarife die unflexible Preispolitik ablösten, ist die Eisenbahn endlich zur gewünschten Alternative geworden. Mit einer deutlich entlasteten Reisekasse läßt sich die unverändert mühselige Reise leichter verschmerzen. Welchen Spartarif Sie innerhalb Deutschlands in Anspruch nehmen, hängt von den Reisetagen sowie von Ihrem Wohnort und damit von der Entfernung zur Grenze ab.

Dauerkarten

Wer mit der Bahn nach Norwegen reist, wird auch dort Bahn (und Bus) als Verkehrsmittel benutzen. Ab der Grenze lohnt sich eine Dauerkarte, mit der Sie über einen bestimmten Zeitraum hinweg in Dänemark, Schweden (als Transitländer) und Norwegen die Eisenbahn frequentieren können. Da die norwegische Geographie mit den tief ins Land reichenden Fjorden und vielen Gebirgszügen kein zusammenhängendes Gleisnetz zuläßt, müssen Sie zusätzliche Kosten für den Bustransport veranschlagen. Hinzu kommen die Platzkarten, die für alle Fernverkehrszüge erforderlich sind.

Zwei Dauerkarten für Vielfahrer sind derzeit im Angebot (alles weitere über den Inlandtransport im folgenden Kapitel »Unterwegs in Norwegen«):

■ Die **ScanRail-Karte** (früher Nordtourist-Ticket) gilt für Dänemark, Norwegen, Schweden und Finnland. Es gibt verschiedene Zeiträume: Für 5–15 Tage bzw. einen Monat (2. Klasse) zahlen Erwachsene 310/606 DM, Senioren (ab 60) 270/527 DM, Jugendliche (bis 25) 233/454 DM sowie Kinder (4–11) 155/303 DM. Die Benutzung der Eisenbahnfähren Puttgarden-Rødby und Helsingør-Helsingborg (auf der Strecke Hamburg-Oslo) sowie Warnemünde-Gedser (auf der Strecke Berlin-Oslo) und Saßnitz-Trelleborg (Weiterfahrt durch Schweden nach Oslo) ist mit der ScanRail-Karte kostenlos. Für die Fähren Frederikshavn-Oslo, Frederikshavn-Moss (bei beiden Linien sind Kabinen auf Nachtfahrten obligatorisch), Kopenhagen-Oslo und Frederikshavn-Larvik werden 50 % Rabatt gewährt.

Eine ausreichendes Info-Blatt bekommen Sie in Reisebüros mit Skandinavien-Programm oder bei

»Norden Tours«, Ost-West-Straße 70, 20457 Hamburg, Tel. 040 - 3600 1578, Fax 040 - 366 483.

■ Für Jungvolk bis 26 Jahre kommt weiterhin das **Inter-Rail-Ticket** in Frage. Das neue System, das sich in verschiedene Europazonen gliedert, ist zwar komplizierter, kommt aber denjenigen entgegen, die nicht kreuz und quer durch Europa hasten, sondern sich eine bestimmte Region aussuchen. Dänemark, Deutschland, Österreich und die Schweiz bilden zusammen eine Europazone, Norwegen, Schweden und Finnland eine weitere. Bei der Benutzung von zwei Europazonen ergeben sich 380 DM (für 15 Tage) und 500 DM (für einen Monat), wobei die Anfahrt aus dem Heimatland zur Grenze des Nachbarstaats mit 50 % des regulären Fahrpreises hinzukommt; deutsche Inter-Railer reisen mit einem der aktuellen Inland-Spartarife eventuell billiger an.

Auto und Fahrrad huckepack

■ **Autoreisezüge** direkt nach Norwegen gibt es zwar nicht. Trotzdem können sich Süddeutsche, Österreicher und Schweizer Streß und Autobahnkilometer ersparen, wenn sie einen Autoreisezug nach Hamburg nehmen. Der Pkw darf nicht länger als 6 m und nicht höher als 1,5 m sein, Dachgepäckträger inklusive. Autoreisezüge verkehren in der Regel nachts. Fragen Sie bei der Zugauskunft nach dem nächstgelegenen Startbahnhof. Erheblicher Rabatt bei gleichzeitiger Buchung von Hin- und Rückfahrt. Die Autoreisezüge verkehren nur in der Ferienzeit; deshalb rechtzeitig anmelden. Letztendlich kommt diese bequeme Reiseform nur für Wohlhabende in Frage, da etwa von München nach Hamburg deutlich mehr als 600 DM zu veranschlagen sind.

■ **Fahrradtransport:** ein leidiges Thema, da es auch im Zeitalter der Europäischen Union keine grenzüberschreitenden Gepäckwagen gibt. Sie müssen Ihren Drahtesel im voraus verschicken. Wann und in welchem Zustand er am Zielbahnhof eintrifft, sind die großen Unbekannten.

Mit dem Bus

Busse aus Deutschland fahren nach Oslo und Stavanger. In beiden Städten empfiehlt sich die Weiterreise mit Flugzeug, Eisenbahn oder Schnellbus, je nach Reiseziel. Die Anreise mit dem Bus ist preiswert, aber strapaziös.

■ **Eurolines Scandinavia**, Adenauer Alleé 78, 20097 Hamburg, Tel. 040 - 247 106, Fax 040 - 280 2127. Fahrplanauskunft und Buchung.

Nach Oslo ab Hamburg über Kopenhagen. Zubringer ab München, Nürnberg, Karlsruhe, Frankfurt am Main, Kassel, Köln, Hannover, Bremen. Preisbeispiele einfach/retour für München, Frankfurt, Köln, Hamburg: Erwachsene 250/430 DM, 240/425 DM, 195/340 DM, 155/270

DM. Senioren (ab 60), Jugendliche (bis 25) und Studenten mit gültigem Ausweis 230/395 DM, 225/390 DM, 180/315 DM, 150/260 DM. Kinder (4–11) 125/215 DM, 120/215 DM, 95/170 DM, 80/135 DM.

Nach Hirtshals/Dänemark (Anschluß Fähre) ab Hamburg. Zubringer wie oben, plus Berlin. Preisbeispiele einfach/retour für München + Frankfurt (gleich), Köln, Berlin, Hamburg: Erwachsene 155/260 DM, 110/175 DM, 105/165 DM, 85/130 DM. Senioren (ab 60), Jugendliche (bis 25) und Studenten mit gültigem Ausweis 145/235 DM, 100/160 DM, 100/155 DM, 70/100 DM. Kinder (4–11) 80/130 DM, 55/87 DM, 75/115 DM, 45/60 DM.

Der Rückfahrttermin muß nicht im voraus gebucht werden; das Ticket ist 6 Monate lang gültig und in den meisten Reisebüros zu erstehen. Die Rückfahrt können Sie in Norwegen buchen: *Nor-Way Bussexpress:* Tel. 2217 5290, Fax 2217 5922. In der Hauptsaison müssen Sie 2–4 Wochen vorher bestellen oder auf einen Abspringer hoffen. Kein Fahrradtransport.

■ **Deutsche Touring**, Am Römerhof 17, 60486 Frankfurt am Main, Tel. 069 - 79030, Fax 069 - 707 4721. Fahrplanauskunft und Buchung.

Nach Kristiansand, Mandal, Flekkefjord und Stavanger ab Hamburg über Flensburg und Hirtshals/Dänemark (Fähre): Preisbeispiele einfach/retour für Hamburg, Flensburg (16.6.– 20.8.): nach Kristiansand und Mandal 140/223 DM, 116/186 DM. Nach Flekkefjord 163/260 DM, 140/223 DM. Nach Stavanger 186/298 DM, 163/260. Außerhalb der Saison rund 15 % Rabatt. Konditionen ähnlich wie oben. Buchung Rückfahrttermin in Norwegen: *Nor-Way Bussexpress:* Tel. 2217 5290, Fax 2217 5922. Kein Fahrradtransport.

Mitfahren

Preisbeispiel: von Frankfurt am Main nach Oslo 96 DM plus Fährkosten ab Norddänemark, die natürlich in voller Höhe. Pro Kilometer werden 7 Pfennig für Fahrer/in und 3 Pfennig für die Vermittlung berechnet. Rufen Sie in der nächstgelegenen Mitfahrerzentrale an.

Unterwegs in Norwegen

finden Sie in jedem Kapitel Postadresse, Telefon- und Faxnummer, Öffnungszeiten und besondere Serviceangebote des Fremdenverkehrsamts.

Information vor Ort

Den Idealfall vorausgesetzt, erhalten sie im jeweiligen Fremdenverkehrsamt bzw. Touristenbüro eine (auch) deutschsprachige Broschüre über die Stadt oder Gemeinde, in der Sie sich gerade befinden. Die Broschüre stellt Sehenswürdigkeiten vor und enthält einen Stadtplan, Tips für Sightseeing-Touren, Wanderungen und andere Aktivitäten, Adressen von Unterkünften, Restaurants, Sportstätten, Postämtern, Banken und anderen Dienstleistungseinrichtungen. Sie erhalten in dem Büro Auskunft über Verkehrsverbindungen und Abfahrtzeiten, können Fahrräder und Ruderboote ausleihen und bekommen Privatquartiere vermittelt. Bitte halten Sie diesen Idealfall nicht für selbstverständlich; in kleineren Städten und Gemeinden wird die Betreuung der Touristen mehr oder weniger ehrenamtlich organisiert. Sie können aber davon ausgehen, daß die Info-Stellen (Turistinformasjon, Turistkontor) mit einem »i« gekennzeichnet und gut ausgeschildert sind.

Unter der Rubrik »Information«

Transport

Flugzeug

Unter der Rubrik »Weiterreise« finden Sie die Flughäfen inkl. Anfahrt (Bus oder Taxi) sowie die Direktverbindungen innerhalb Norwegens südlich von Trondheim.

■ Da die zerfurchte, unwegsame Landschaft eine rasche Verbindung auf dem Landweg ausschließt, gibt es von Kristiansand bis Trondheim **18 Flughäfen**, in Oslo, Fagernes, Geilo, Sandefjord, Kristiansand, Stavanger, Haugesund, Bergen, Sogndal, Førde, Florø, Sandane, Ørsta/Volda, Ålesund, Molde, Kristiansund, Røros und Trondheim.

■ **Information:** Fordern Sie zu Hause das Flugplanheft *Flyruter i Norge* an, das sämtliche Inlandflugverbindungen enthält; zu bekommen bei »Braathens SAFE«, Postboks 55, N-1330 Oslo Lufthavn, Tel. 0047 - 6759 7000, Fax 0047 - 6712 0139. Oder bei »Widerøe«, Postboks 82, Lilleaker, N-0216 Oslo, Tel. 0047 - 2273 6500, Fax 2273 6590.

■ **Preise:** Die Fluggesellschaften *SAS, Braathens SAFE, Widerøe, Coast Air* u.a. teilen sich das Inlandflugnetz. Das verschachtelte Preissystem (Wochentage, Rückflugbuchung, Senioren, Kinder usw.) erfordert die Nachfrage im Reisebüro oder am Flughafen, wo die beteiligten Fluggesellschaften Servicetelefone unterhalten.

Generell interessant sind folgende Rabattsysteme:

■ **Visit Norway Pass:** »Braathens SAFE«. Gilt einen Monat, nur für Nicht-Skandinavier. Ein Kurzstrecken-Coupon, darunter sind alle Flüge südlich von Trondheim zu verstehen, kostet 115 DM, Kinder zwischen 2 und 16 erhalten 50 % Rabatt. Der Coupon kann wahlweise zwischen zwei Flughäfen eingesetzt werden, gilt jedoch nur für den kürzesten Flugweg. Wer umsteigt, braucht einen zweiten Coupon. Deshalb ist es sinnvoll, sich rechtzeitig in »Flyruter i Norge« über mögliche Direktverbindungen zu erkundigen; die unter Weiterreise aufgelisteten Direktflüge können sich mit jedem neuen Flugplan ändern. »Braathens SAFE« bedient u.a. Oslo, Kristiansand, Stavanger, Bergen, Ålesund, Røros und Trondheim.

■ **Widerøe** bietet ein ähnliches System. Die Coupons gelten ebenfalls für festgelegte Bereiche, der Flugraum südlich von Trondheim ist einer davon. Ein Coupon kostet um 430 NOK, gültig nur 1.7.–15.8. Information auch »SAS«. »Widerøe« bedient u.a. Oslo, Sandefjord, Stavanger, Bergen, Sogndal und Trondheim.

■ **Visit Scandinavia Air Pass:** »SAS« bedient Oslo, Stavanger, Bergen und Trondheim. Wer mit »SAS« nach Skandinavien fliegt, kann zusammen mit seinem Ticket mindestens einen und höchstens sechs Coupons für innerskandinavische Flüge erstehen. Die Coupons kosten, je nach Entfernung, 70–80 US-Dollar. Da für innernorwegische Flüge 70 US-Dollar zusätzlich pro Pass berechnet werden, sind vor allem die Verbindungen ab Kopenhagen nach Bergen und Stavanger interessant. Von Oslo nach Trondheim fliegen Sie mit der Konkurrenz wesentlich billiger.

Eisenbahn

Für Rundreisen reicht das dünne Gleisnetz wegen der tief ins Land reichenden Fjorde nicht aus. Doch niemand sollte sich die Chance entgehen lassen, möglichst viele Etappen und Tagesausflüge mit Zügen der Norwegischen Staatsbahnen (NSB) zu unternehmen – die imposante Natur wird es lohnen. Die Hauptlinie zwischen Oslo und Trondheim teilt sich in Hamar in zwei Routen über Dombås sowie über Røros. Die drei Strecken nach Westnorwegen führen von Oslo aus entlang der Südküste nach Stavanger, über die karge Hochebene Hardangervidda nach Bergen sowie über Dombås und durch das enge, wilde Romsdal nach Åndalsnes. Ferner bedienen mehrere Lokalrouten den Großraum Oslo. Das übersichtliche Fahrplanheft *NSB Togruter* erhalten Sie in allen Bahnhöfen. Am Zielort können Sie von einer tadellosen Busanbindung ausgehen, was Sie nicht der rechtzeitigen Nachfrage enthebt.

Unterwegs in Norwegen

- Die **ScanRail-Karte**, die für Dänemark, Norwegen, Schweden und Finnland gilt, lernten Sie schon im Kapitel »Anreise« kennen.
- Die **NSB Kundekort** kostet 420 NOK, gilt ein Jahr und gewährt 30 % Rabatt auf normale Abfahrten sowie 50 % auf grüne Abfahrten, die im Fahrplanheft mit einem grünen Punkt gekennzeichnet sind. Kinder bis 11 Jahre können Sie umsonst begleiten, Kinder von 12 bis 15 Jahren zahlen 50 %. Nur 2. Klasse, Paßfoto obligatorisch.
- Die **Grønt Kort**, die grüne Karte, kostet 250 NOK, gilt ein Jahr und gewährt 50 % Rabatt auf alle grünen Abfahrten. Konditionen wie bei der Kundenkarte, aber kein Paßbild nötig.
- Auf allen Fernstrecken muß eine **Platzkarte** bestellt werden (20 NOK), vorsichtshalber am Tag zuvor. Anhand der Reservierungen setzt NSB nur soviel Waggons ein, wie benötigt werden. Die Fernzüge sind meist gut gefüllt, was bei Nachtfahrten wegen der schlechten Luft unangenehm werden kann.
- **Gepäck:** Wer ein Fahrrad dabei hat und eine Etappe mit dem Zug zurücklegt, zahlt für den Drahtesel 60 NOK, unabhängig von der Streckenlänge. Jedes Gepäckstück, das nicht getragen werden kann und im Gepäckwagen befördert wird, kostet noch einmal 30 NOK.
- **Barnetoget** heißen die »Kinderzüge« von Oslo nach Stavanger, Bergen und Trondheim (über Dombås), in deren Personenwaggons Spielräume für die Kleinen (2–12 Jahre) eingerichtet sind. Im Fahrplanheft sind diese Züge mit einem Teddybär-Symbol gekennzeichnet.

Hurtigrute

Der Werbeslogan lautet vielversprechend »Die schönste Seereise der Welt«. 11 Dampfer verkehren entlang der norwegischen Küste auf der Postschifflinie »Hurtigrute«, die seit 1893 besteht. Der südlichste Hafen ist Bergen, der nördlichste Kirkenes, 1250 Seemeilen entfernt, fast an der Grenze nach Rußland. Für die Hin- und Rückreise brauchen die Schiffe 11 Tage, wobei sie insgesamt 18 Häfen in jeder Richtung bedienen. Befördert werden Passagiere, Fracht und eben Post, was die Reise vor allzu steifem Kreuzfahrt-Charakter bewahrt. Das Be- und Entladen gleicht einem Ritual, an dem auch Bewohner der Küstenorte teilnehmen. Kräne hieven Container, Motorräder und Baumkübel an Bord der älteren Schiffe. Die neuen Kähne mit Namen *Nordlys, Kong Harald* und *Richard With*, 1993 und 1994 gebaut, haben riesige Bäuche, in denen Gabelstapler geschäftig hin- und herrollen und sogar 50 Autos Platz finden.

Unter den Mitreisenden überwiegen ältere Semester; nach einigen Tagen solch beschaulicher Ruhe werden die Jüngeren wohl schneller zappelig.

- **Häfen:** Zwischen Bergen und Trondheim laufen die Hurtigruten-Schiffe Florø, Måløy, Ålesund, Molde und Kristiansund an.

■ Die **Preise** sind deftig: Die Passage von Bergen nach Trondheim kostet im Sommer (1.6.–30.9.) 1093 NOK, plus 70–470 NOK pro Tag für ein Bett; in der Nebensaison sind die Tickets ungefähr 25–45 % billiger. Wer drei Mahlzeiten im Restaurant einnimmt, zahlt rund 400 NOK am Tag. Es gibt allerdings auch eine Kafeteria, deren Gerichte gleichermaßen preiswert wie durchschnittlich sind (Mikrowelle ahoi!).

Unter der Rubrik »Weiterreise« finden Sie die Anlegestellen und Etappenpreise zu den anderen Häfen zwischen Bergen und Trondheim.

Zur Orientierung: Die gesamte Reise Bergen-Kirkenes-Bergen in einer 2-Bett-Außenkabine mit Bad ab 3940 DM inklusive Mahlzeiten in der Hochsaison (11.5.–15.8.), sonst ab 2900 DM. Organisierte Landausflüge kosten extra.

■ **Buchungen** für die gesamte Reise sollten zu Hause vorgenommen werden, während auf kürzeren Teilstrecken eher Kapazität frei ist. Die Generalagentur für Deutschland und Österreich ist »NSA« (Norwegische Schiffahrts-Agentur), Kleine Johannisstraße 10, 20457 Hamburg, Tel. 040 - 376 930, Fax 040 - 364 177.

Personenfähren

Ihre Beinamen »Küstenexpreß«, »Fjordbus« oder »Schnellboot« geben ihre Funktion präzise wieder. Die Personenfähren verbinden die Küstenstädte miteinander und erreichen auch entlegene, auf dem Landweg nicht zugängliche Siedlungen im inneren Fjordland. Sie bringen die Menschen zur Arbeit oder zum Einkaufen in die Stadt, und Touristen lernen Küste und Fjorde auf dem Wasserweg kennen. In Küstenbooten kann es bei schwerem Seegang allerdings passieren, daß sich die Aufmerksamkeit von der Landschaft auf das schwindende Wohlbefinden verlagert. Boote, die länger unterwegs sind, haben gewöhnlich eine Kafeteria an Bord. Bezahlt wird an Deck oder im »Terminal« am Kai. Einziger Nachteil: Wegen der hohen Geschwindigkeit können die Passagiere nicht auf Deck.

Unter der Rubriken »Weiterreise« werden Fähranleger und direkte Verbindungen aufgeführt.

Autofähren

Fjordland-Urlauber kommen nicht um sie herum, und die meisten wollen es auch gar nicht. Im Gegenteil, sie strömen selbst bei Nieselregen und kühlem Wind auf das Deck, während die Norweger betont cool im Auto sitzen bleiben oder sich in die Kafeteria verziehen. Es sei denn, die Sonne strahlt – dann packen sie sich zielstrebig einen Stuhl und plazieren sich im günstigsten Einstrahlungswinkel auf Deck.

Fahrscheine bekommen Sie vom Personal oder, wenn es sich um eine stark frequentierte Linie handelt, am Kassenhäuschen vor dem Fähranleger. Dort reihen Sie sich in die numerierten Wartespuren ein; Schilder markieren die Zielorte. Steuert die Fähre mehr als zwei Orte an und Sie verlassen den Kahn nicht am Endpunkt, kann es passieren, daß sie rückwärts an Bord fahren müssen.

In der Hochsaison gibt es keine Garantie, daß auf der nächsten Fähre Platz für alle ist. Am Kai finden Sie immer einen Fahrplan. Handelt es sich um einen entlegenen Winkel, sind nur drei oder vier Abfahrten am Tag möglich. Im Zweifelsfall sollten Sie sich im voraus erkundigen.

Unter der Rubrik »Weiterreise« finden Sie Anlegestellen und Fährverbindungen. Die Fähren pendeln meistens zwischen 6 und 23 Uhr; aber Vorsicht: Ich habe schon einmal eine Nacht am Kai geschlafen, weil mein Fahrplanheft (siehe unter »Preise«) einen Fehler enthielt. Nachtabfahrten gibt es nur bei wenigen Linien, die für den Lkw-Verkehr einsatzbereit sein sollen.

Eine Preistabelle enthält das bereits erwähnte Heft »Fahrpläne«; siehe unter »Vor der Reise, Information zu Hause«. Die Preise müssen maßvoll sein, und das kostet den Staat im Jahr Millionen an Subventionen. Deshalb werden immer mehr Autofähren von Brücken abgelöst, die nicht unbedingt in die Natur passen, aber den Verkehr beschleunigen.

Bus

Gegenüber Schiff, Eisenbahn und Flugzeug sicher die profanste Art der Fortbewegung, doch der Bus verbindet viele abgelegene Siedlungen mit der Außenwelt, zum Teil nur einmal täglich und am Wochenende überhaupt nicht. Der Fahrplan für lokale Routen wird alljährlich ausgedünnt. Dabei geht es gerade auf diesen Strecken so schön gemütlich zu, wenn der Busfahrer unter Umständen Post in die Briefkästen steckt oder Pakete abgibt. Wenn Sie eine Wanderung unternehmen und unterwegs aussteigen möchten, dürfte das nach einer netten Anfrage kein Problem sein, ebenso wie der Transport eines Fahrrads. Überlandbusse bieten auf den gängigen Strecken ein flottes Vorwärtskommen und sind mit allen Schikanen ausgestattet, nehmen aber normalerweise keine Fahrräder mit.

Unter der Rubrik »Weiterreise« finden Sie Direktverbindungen und einzelne Preise von Fernverkehrsrouten. Normalerweise kostet ein Beförderungskilometer etwa 1,30 NOK. Kinder (4–16) zahlen meist 50 % des regulären Fahrpreises; für Studenten und Senioren gelten häufig eigene Tarife, je nach Strecke. Studenten brauchen einen internationalen Studentenausweis.

Trampen

Trampen ist in Norwegen nicht üblich. Verkehrsarme Straßen und unstetes Wetter fordern von Mitfahrwilligen viel Geduld. Das lose Anquatschen auf Fähren oder an Tankstellen paßt nicht zum eher zurückhaltenden Naturell der Norweger.

Autofähre und Eisenbahn sind der Touristen liebste Transportmittel ▶

Unterkunft

Hotel

Die norwegischen Hotels bieten hohen Standard für entsprechende Preise. Sie können in alten Holzvillen wohnen, die Ende des 19. Jhs. im verschnörkelten Schweizer Stil gebaut wurden und reichlich mit historischem Inventar ausgestattet sind. Wer auf ein Hallenbad, auf Sauna, Solarium, Disco und Pub nicht verzichten mag, findet diese eher in den modernen Bauten, deren Betonfassaden nicht immer schön anzuschauen sind, deren Zimmer aber in der Regel sehr wohnlich wirken. Viele Hotels arrangieren Ausflüge in die Natur und zu Sehenswürdigkeiten. Im allgemeinen ist der Standard entlang der Küste einen Tick höher als im Inland.

Hotelzimmer sind auf den ersten Blick ausgesprochen teuer, weil die Betreiber außerhalb der Reisesaison mit einem festen Kontingent an Tagungen und Konferenzen rechnen können. An den Wochenenden und in der Feriensaison, wenn solche Veranstaltungen brachliegen, gehen die Preise dann deutlich nach unten. Ab einer Aufenthaltsdauer von 3–5 Tagen gewähren die meisten Hotels Rabatte. Unter der Rubrik »Unterkunft« werden in den einzelnen Kapiteln Adressen, Preise, meist auch die Lage angegeben sowie in Einzelfällen Zimmer beschrieben. Alle Preise verstehen sich mit Frühstück und die Zimmer mit Bad, sofern nicht anders erwähnt. Aufpassen: In vielen Hotels mit Lage zum Meer oder zum Fjord kosten die Zimmer nach hinten genauso viel wie die mit Aussicht.

Seit den 80er Jahren haben sich verschiedene Hotelpässe auf dem Markt etabliert. Die angeschlossenen Hotels und Hotelketten gewähren in einem bestimmten Zeitraum feste Preisnachlässe und nehmen dem Gast die Buchung für die nächste Unterkunft ab. Allerdings weichen die tatsächlichen Preise öfters ein wenig von denen ab, die der Hotelpaß verspricht, bevorzugt nach oben. Die meisten Vorteile beinhaltet der *Fjord Pass,* dem eine große Zahl an Hotels angeschlossen sind, die in Standard und Stil sehr unterschiedlich ausfallen. Es kommt keine Langeweile in sich ähnelnden Zimmern auf, wie es bei Hotelketten bisweilen der Fall ist. Deshalb wird der Fjord Pass als einziger Hotelpaß in den einzelnen Kapiteln erwähnt. Beim Kauf eines Hotelpasses erhalten Sie generell die Liste mit den beteiligten Hotels.

■ Der **Fjord Pass** gilt in rund 250 Hotels und Pensionen, die, je nach Standard, in vier Kategorien unterteilt sind. Doppelzimmer (DZ) mit Bad 520–890 NOK, Einzelzimmer (EZ) mit Bad 410–605 NOK, DZ ohne Bad, 430–710 NOK, EZ ohne Bad 365–405 NOK, Extra-Bett 120 NOK, Kinder bis 2 Jahre gratis, Kinder von 3 bis 15 Jahre mit 50 % Rabatt. Der Fjord Pass kostet 75 NOK und gilt für 2 Erwachsene mit ihren Kindern unter 15 Jahren, je nach Hotel 1.5.–30.9. oder 1.6.–31.8. oder 15.6.–15.8.

■ Der **Scandinavian Bonus Pass** gilt in den »Inter Nor Hotels«, das sind mehr als 31 Hotels südlich von Trondheim sowie 180 weitere in Rest-Skandinavien. Anspruch auf nobles Wohnen. DZ 590–900 NOK, EZ (mit oder ohne Kinder) 430–580 NOK, Kinder bis 15 Jahre im Extra-Bett gratis, ab 16 Jahre im Extra-Bett 85 NOK. Der Paß kostet 41 DM oder 90 NOK und gilt für 2 Erwachsene und die mitreisenden Kinder, etwa 5.5.–25.9. und an allen Wochenenden.

■ Die Hotelschecks von **Best Western** gelten in mehr als 45 Hotels südlich von Trondheim bzw. in rund 170 Hotels in Skandinavien und im Baltikum. Hotelschecks für 340 NOK pro Person im DZ, Kinder bis 14 Jahre 50 % im Extra-Bett, meist gratis im Bett der Eltern. Vom 15.5. bis zum 15.9. Wie die »Inter Nor Hotels« erfüllt »Best Western« gehobene Ansprüche. Einige Hotels dieser Kette sind auch dem Fjord Pass angeschlossen.

■ Weitere Hotelpässe führen die Ketten **Scandic** (DZ ab 645 NOK in nur 6 Hotels), **Rica** (DZ ab 550 NOK in 17 Hotels) und **Rainbow** (DZ ab 480 NOK in 10 Städten, auch dem Fjord Pass angeschlossen).

■ **Kauf und Information:** in spezialisierten Reisebüros oder bei »Nortra Marketing«, Postfach 760 820, D-22058 Hamburg, Tel. 2271 0810.

Pension

Pensionen sind zwar preiswerter als Hotels, aber nur dünn gesät, so daß in Städten telefonisch vorbestellt werden muß, in der Hochsaison bis zu zwei Wochen im voraus. Die Preise reichen von 200 bis 600 NOK für ein Doppelzimmer (DZ), je nach Standort und Einrichtung, Extra-Bett mit Preisnachlaß kein Problem. EZ werden ungerne vermietet, da die Kapazität begrenzt ist und ein DZ mehr einbringt. Die Zimmer (bis 450 NOK) sind gewöhnlich nur mit einem Waschbecken ausgestattet; Gemeinschaftsbad und WC befinden sich auf dem Flur. Das Frühstück ist in der Regel nicht im Zimmerpreis inbegriffen. Etwa die Hälfte der Pensionen verfügt über einen gemeinsamen Aufenthaltsraum, in dem der eingeschaltete Fernseher manchmal gesprächstötend wirken kann.

Unter der Rubrik »Unterkunft« werden in den einzelnen Kapiteln Adressen, Preise, meist auch die Lage angegeben sowie in Einzelfällen Zimmer beschrieben.

Jugendherberge

Jugendherbergen heißen auf norwegisch »*Vandrerhjem*« (Wanderer-Heim). Der Standard ist äußerst unterschiedlich, reicht von komfortablen Einzelzimmern, die manche Pension in den Schatten stellen, bis zu spartanischen 6-Bett-Zellen für Klosterschüler. Manche bieten Mahlzeiten rund um die Uhr und vermieten Fahrräder, Boote u. a. Kochgelegenheiten haben fast alle. Verkehrsanbindungen sind dagegen nicht obligatorisch. Es ist faszinierend, wo man überall eine

Jugendherberge entdeckt. In der Hauptsaison sollte man sein Bett telefonisch bestellen, um unliebsame Überraschungen zu vermeiden.

Wichtig ist, daß man nicht im heimatlichen Jugendherbergswerk organisiert sein muß, um im vandrerhjem übernachten zu dürfen. Deshalb werden sie auch häufig von jungen Familien frequentiert, die sich die Hotelpreise nicht leisten wollen oder können. Für diese Zielgruppe halten die Jugendherbergen oft Mehrbett-Zimmer als Familienzimmer frei.

■ **Preise:** Wer einen deutschen Jugendherbergsausweis dabei hat, erhält als Mitglied Rabatt. Die Preisspanne reicht derzeit von 60 bis 175 NOK pro Bett im Mehrbett-Zimmer, von 75 bis 295 NOK für ein EZ und von 150 bis 525 NOK für ein DZ; normal sind 85 bis 140 NOK für das billigste Bett. Dazu kommen 40–50 NOK für Bettzeug, falls der Gast keinen Leinenschlafsack dabei hat, da die üblichen Schlafsäcke aus »hygienischen Gründen« verboten sind. Nicht-Mitglieder zahlen 25 NOK Aufschlag pro Bett. Kinder von 4 bis 15 Jahre zahlen 50 % des regulären Preises für Bett (im Zimmer der Eltern) und Mahlzeiten.

Ein Frühstück schlägt mit rund 50 NOK zu Buche, ein Lunch-Paket mit 35–50 NOK und ein Abendessen (middag) mit rund 75–95 NOK.

Unter der Rubrik »Unterkunft« finden Sie in den einzelnen Kapiteln Preise und die wichtigsten Daten, wie Öffnungszeiten.

■ **Information:** Bestellen Sie am besten das Gesamtverzeichnis der Dachorganisation: *Norske Vandrerhjem,* Dronningensgate 26, N-0154 Oslo, Tel. 0047 - 2242 1410, Fax 2242 4476. Kostenlos erhalten Sie die aktuelle Preisliste. Besser ist das Handbuch mit allen hilfreichen Angaben, vor allem zu Selbstverpflegung, Aktivitäten wie Fahrradvermietung, Öffnungszeiten, Verkehrsanbindungen u.a. Zu bekommen für 25 NOK (am besten Euroscheck beilegen).

Campingplatz

Wer sich am liebsten ständig in der Natur aufhält, ist auf dem Campingplatz gerade recht. Zelten an der Küste, am Fjord, See, Fluß oder Wasserfall – fast immer vernimmt man rauschendes oder plätscherndes Wasser im Hintergrund, ab und zu rahmen steil aufragende Berge die Plätze in stillen Tälern. Rund 90 % aller Campingplätze werden als Nebenerwerb betrieben, und da scheidet sich rasch die Spreu vom Weizen. Der typische Durchgangsplatz liegt direkt an der Straße, bietet nur den nötigsten Service und manchmal nicht mal das. Doch es gibt sie, die hübschen Plätze mit Sitzbänken, zusätzlichen Anpflanzungen, sauberer Sanitäranlage, gemütlicher Camperküche und eventuell einem Panorama als Krönung. Den Zeltplatz können Sie sich generell selbst suchen; Parzellen sind nicht üblich. Stromanschlüsse sind zwar vorhanden, doch eine 50-m-Kabeltrommel kann von Nutzen sein. Auf manchen Plätzen kommt der Eigentümer abends zum Kassieren.

Unter der Rubrik »Unterkunft« finden Sie in den Kapiteln alle notwendigen Angaben: Öffnungszeiten, Preise, W & T (Waschmaschine und Trockentrommel), falls vorhanden, ebenso Kiosk und Spielplatz sowie Vermietung von Booten, Fahrrädern etc.

■ Die **Öffnungszeiten** sind Richtzeiten. Öffnet ein Platz offiziell am 1.6., legen die meisten Besitzer den tatsächlichen Termin auf das Wochenende vor oder nach dem 1.6. – je nach Wettervorhersage und Nachfrage. Gleiches gilt für das Ende der Saison, wobei mehr als zwei Wochen Zuschlag bei entsprechenden Voraussetzungen keine Ausnahme sind.

■ Die offizielle **Klassifizierung** nach Sternen (*,**,***,****,) können Sie getrost vergessen. Ein toller Platz, der nicht Tag und Nacht beaufsichtigt wird, bekommt keinen dritten Stern. Doch zählen Sie einmal die 3-Stern-Plätze, auf denen Sie nachts eine Aufsicht antreffen. Und über den Zustand der Sanitäranlage sagen drei Sterne noch gar nichts aus. Dafür können Sie davon ausgehen, daß 4 Sterne mit einem fürstlichen Honorar zu entlohnen sind.

■ Wer eine feste Unterkunft bevorzugt, findet auf fast allen Plätzen **Hütten** *(hytter)* in diversen Ausführungen. »Campinghütten« bestehen aus einem Raum, Etagenbetten mit 2-4 Betten, Tisch und Stühlen, Kochplatte sowie Kühlschrank. Bettzeug, Geschirr und Kleiderschränke sind die Ausnahme. Kostenpunkt 150-350 NOK. – »Ferienhütten« haben mehrere Schlafräume, sind mit Küche und Bad »autark« eingerichtet und kosten für 4-6 Personen 400-800 NOK aufwärts. Der Trend geht zur komfortablen Hütte.

■ **Campingpreise:** In diesem Buch wird in drei Kategorien unterschieden: Kategorie 1 reicht bis 65 NOK, Kategorie 2 von 70 bis 95 NOK und Kategorie 3 beginnt mit 100 NOK. Fast alle Betreiber berechnen den Preis nach Zelt mit/ohne Auto, ungeachtet die Personenzahl. Für Alleinreisende ist diese Regelung eine Bestrafung, für vier Personen in einem Zelt oder Wohnmobil ein glücklicher Umstand. Wohnmobile und Autos plus Zelt kosten normalerweise den gleichen Preis. Zudem sind bei Wohnmobilen 10-25 NOK für den Stromanschluß zu veranschlagen; ein deftiger Aufschlag, weiß man um die niedrigen Energiepreise in Norwegen. Deshalb sind auch die 5-10 NOK, mit denen die Duschautomaten (2-10 Minuten pro Einheit) zu füttern sind, mehr unverhohlene Zusatzeinnahme als Notwendigkeit. Wanderer und Fahrradfahrer mit Zelt dürfen mit 30-60 NOK rechnen, Motorradfahrer mit etwa 10 NOK mehr, wenn überhaupt.

■ **Information:** Der *Norsk Camping Guide* erscheint jedes Jahr. Die Liste der Campingplätze ist nicht vollständig: Aufgenommen werden nur diejenigen, die dafür bezahlen. Der Info-Gehalt ist mehr als bescheiden: keine Preise, kaum Öffnungszeiten, informativ nur die Symbole zur Ausstattung, aber die dürfen die Betreiber persönlich auswählen. Immerhin sind die Entsorgungsstationen für Wohnmobile auf der beiliegenden Karte eingezeichnet. Für Zeltschläfer reicht die »Cappelen Kart« aus; siehe unter »Vor der Reise, Karten«.

Bezug des Norsk Camping Guide: Nortra Marketing Versandservice, Christophstraße 18–20, 45130 Essen. 4 DM für Versand.

Ferienhütte

Oft handelt es sich um das ehemalige Wohnhaus von Familien, die neu gebaut haben oder weggezogen sind.

Feriehytter können Sie bereits zu Hause im voraus bestellen. Außer dem Nachteil, daß man die Qualität der Unterkunft nicht bei der Bestellung einschätzen kann, macht eine solche feste Buchung unflexibel. Welch Freude, die Wetterkarte im TV zu verfolgen, die für halb Norwegen frohe Botschaften verkündet, nicht aber für den Fleck, an den man sich gebunden hat. Vor allem ist Norwegen wegen seiner landschaftlichen Vielfalt ein klassisches Rundreiseland. Hat man nicht gerade eine Kante gefunden, in die man immer wieder zurückkehren möchte – eigentlich Frevel –, kann ich vom Buchen einer Ferienhütte nur abraten.

■ Die größten **Anbieter** sind *Norsk Hytteferie,* Boks 3404 Bjølsen, Kierschowsgt. 7, N-0406 Oslo, Tel. 0047 - 2235 6710, Fax 2271 9413. – Und *Fjordhytter,* Lille Markevei 13, N-5005 Bergen, Tel. 0047 - 5523 2404, Fax 5523 2404. Nur für Westnorwegen. – Auch in Wochenzeitungen und Wochenendausgaben von Tageszeitungen werden Hütten, von Privatleuten, angeboten.

Privatquartier

Keine Scheu vor Schildern am Straßenrand, die Aufschriften wie »hytte« (Hütte) oder »rom« (Zimmer) tragen. Privatquartiere können komfortabel, gemütlich und billig ebenso wie schlicht, schmuddelig und übertreuert sein. Anschauen lohnt sich.

Jedermannsrecht

Das Jedermannsrecht ist ein ungeschriebenes Gesetz, das den Aufenthalt in freier Natur regelt. Es stammt aus einer Zeit, als Reisende selten zu ihrem Vergnügen unterwegs waren und sich niemand mit den Problemen großer Touristenzahlen befassen mußte. Wer die dünn besiedelte Weite in Norwegen, Schweden oder Finnland schon einmal erlebt hat, wird die Notwendigkeit solch einer Regelung verstehen. Das Jedermannsrecht erlaubte, über das Land anderer zu gehen, wenn es keine Wege gab. Wurde der Reisende von Dunkelheit oder schlechtem Wetter überrascht, durfte er auf dem Grund anderer übernachten und sich auch von der Natur ernähren. Obwohl sich die Zeiten geändert haben, wird die Regelung in

Norwegen unverändert großzügig ausgelegt.

Plötzlich gerät das Jedermannsrecht in die Diskussion: In den letzten Jahren mehren sich die Klagen über Umweltsünder. Bäume müssen als Brennholz herhalten, Entenküken als Braten auf dem Lagerfeuer, Rastplätze als Müllhalden. Die meisten Schlagzeilen liefern heute jene Wohnmobil-Touristen, die mitten in Ortschaften oder auf Grundstücken parken, um dort zu übernachten, und die ihre chemischen Toiletten in Seen, Müllcontainer und öffentliche WCs entleeren, um die Kosten für Campingplatz (und Entsorgung) zu sparen. Sicher stellen diese Simpel nicht die Mehrheit, aber sie bringen die Masse der Wohnmobilisten in Verruf.

Zuerst sei einmal betont, daß das Jedermannsrecht ohnehin nicht für Autofahrer und Gruppen gilt, außer im Notfall. Die gehören ins Hotel, in die Hütte oder auf den Campingplatz. Wenn Negativ-Meldungen überhand nehmen, werden sich diejenigen durchsetzen, die die Aufhebung des Jedermannsrechts befürworten.

Wenn das Jedermannsrecht Bestand haben soll, verlassen Sie eine Raststelle prinzipiell sauberer, als Sie sie vorgefunden haben. Und scheuen Sie sich nicht, Übeltäter bei der Polizei anzuzeigen.

Es ist erlaubt:

■ freies Gelände ohne Erlaubnis zu durchqueren, als Wanderer, Reiter oder Skiläufer.

■ wildwachsende Blumen zu pflücken sowie Beeren und Pilze zu sammeln, außer auf Privatgrundstücken oder im Bereich von Anpflanzungen.

■ eine Nacht lang in freier Natur zu zelten, wobei ein paar hundert Meter Distanz zur nächsten Siedlung eingehalten werden sollten. Ist das Grundstück einer Siedlung zuzuordnen, muß dort um Erlaubnis gefragt werden.

■ mit herumliegenden Ästen und Reisig unter größter Vorsicht ein Feuer zu machen, wenn keine Brandgefahr besteht und wenn es nicht ausdrücklich verboten ist. Bei längerer Trockenheit ist offenes Feuer im Freien grundsätzlich verboten.

■ an Ufern zu baden, die nicht erkennbar zu einem Grundstück gehören.

Es ist nicht erlaubt:

■ ohne Erlaubnis Höfe, Häuser oder Siedlungen zu betreten bzw. zu durchqueren.

■ bestellte Äcker, eingezäuntes oder anderweitig abgegrenztes Terrain zu betreten.

■ Bäume und Büsche zu fällen, Zweige oder Äste abzubrechen, Borke oder Rinde abzuschälen. Das gilt auch für entwurzelte Bäume.

■ Pflanzen, die unter Naturschutz stehen, zu pflücken oder auszugraben.

■ auf Felsgestein ein Feuer zu entfachen, da es bei großer Hitze zerspringen kann. Der jahrtausendealte Stein muß nicht einer kurzfristigen Vergnügung zum Opfer fallen.

- Vogelnester zu beschädigen oder Vogeleier zu entnehmen.
- Abfall an Raststellen zu hinterlassen. Das Vergraben ist eine schlechte Lösung, weil es Tiere gibt, die diesen Abfall wieder ausgraben und sich, z. B. an scharfkantigen Konservenbüchsen, verletzen können.
- Toilettentanks außer an den ausgewiesenen Entsorgungsstationen zu entleeren. Wanderer sollten ihre Exkremente vergraben.
- störenden Lärm zu verursachen.
- Zäune zu beschädigen oder geschlossene Gatter offen zu lassen.
- mit dem Pkw die befestigten Wege zu verlassen.

Essen und Trinken

Während man Franzosen oder Dänen bescheinigen möchte, daß sie leben, um zu essen, scheint auf die Norweger eher das Gegenteil zuzutreffen. Noch vor zehn Jahren konnte man die bezahlbaren Restaurants in der Innenstadt Oslos an den Fingern einer Hand abzählen. Da aber Norwegen, auch wenn das den Einheimischen suspekt scheinen mag, nicht der Nabel der Welt ist, haben inzwischen ein paar kulinarische Ideen aus dem Ausland Einzug gehalten.

In Großstädten und entlang der Küste hat sich in den letzten Jahren eine Szene entwickelt, die sich oft schmecken und sehen lassen kann, während sich das Angebot im Landesinneren nicht selten noch auf Hotelrestaurants und Kafeterien beschränkt. Die Norweger treffen den feinen Unterschied zwischen Café auf der einen und Kafe und Kafeteria auf der anderen Seite. Während Cafés sich zum Teil als urige Kneipen mit origineller Einrichtung entpuppen, dominieren in den Kafes und Kafeterien Holzmöbel-Imitationen aus Kunststoff, Selbstbedienungstresen und Mikrowellen-Kost. Diese Ausgabe der zugegeben preiswerten Gastronomie findet sich in den städtischen Einkaufszentren oder bildet für die Jugendlichen in ländlichen Gebieten oft den einzig möglichen Treffpunkt. Steht eine gute Köchin oder ein guter Koch am Herd, läßt sich auch in scheinbar öden Etablissements gut oder zumindest deftig essen. Einen großen Bogen empfehle ich um die Imbißbuden mit Namen *gatekjøkken:* Das Repertoire der »Straßenküche« beschränkt sich auf Pommes frites, pampige Hamburger, fade Hot-Dogs und Internationales aus dem Tiefkühlfach, zum Beispiel Mikrowellen-Lasagne.

Gutes Essen hat wie fast alles in Norwegen seinen (hohen) Preis. Ein gepflegter Restaurantbesuch erreicht rasch Dimensionen von 150–250 NOK pro Person – selbstverständlich sind nach oben keine Grenzen gesetzt. Preiswert sind dagegen die Mittagstische, die sowohl in Restaurants als auch in rustikaleren Kneipen feilgeboten werden: *Dagens rett* und *Dagens lunch* sind entweder Tellergerichte oder zwei- bis dreigängige Menüs. Portionen, Qualität, aber auch die Preise fallen verschiedener aus, als es von den Initiatoren der Mittagstisch-Alternative beabsichtigt war. In Kneipen werden immerhin wohlschmeckende Tagesgerichte für 60 – 90 NOK auf den Tisch gestellt. Die Konkurrenz ist groß, was zwar zu niedrigen Preisen, aber auch zu ständigen Schließungen und Neueröffnungen führt.

Deshalb wird unter der Rubrik »Essen und Trinken« in einzelnen Kapiteln nur ein kurzer Querschnitt der Gastronomie gezeichnet. Wo es neben den Hotelrestaurants nur Kafeterien gibt, entfällt die Rubrik, ebenso in Regionalkapiteln; der »kostbare« Platz soll nicht dieser schnellebigen Szene geopfert werden. Ungewöhnliche Speisetempel werden nicht verschwiegen.

Im folgenden widme ich mich den Eß- und Trinkgewohnheiten sowie der »typisch norwegischen Küche«, skizziere die gängigen Gerichte aber nur kurz, da die Erfahrung zeigt, daß genüßliche Schlemmer-Reportagen leicht falsche Erwartungen wecken.

Frokost

Das Frühstück nimmt der Tourist in Form eines reichhaltigen Buffets ein. Zu Kaffee, Tee, Milch und wässrigem Orangensaft gibt es mehrere Brot-, Marmelade- und Käsesorten, darunter den milden *Gudbrandalsost* aus Kuh- und Ziegenmilch, den hellbraunen Ziegenkäse *Geitost,* der nach Karamel schmeckt und nur in dünnen Scheiben auf Knäckebrot verzehrt werden sollte, sowie den scharfen *Gammelost* aus geronnener Milch. Wurst gehört nicht zu den Stärken der Norweger; doch wer den blassen, saftlosen Schinken und die geschmacksarme, farbstoffgetränkte Salami liegenläßt und die kräftig rote oder schwärzliche Schafswurst probiert, mag doch noch auf seine Kosten kommen. Mitunter werden auch geräucherter Lachs, Krabbencocktail und Heringshappen zum Frühstück gereicht; die Marinaden schmecken süßlich bis scharf, nicht zu vergleichen mit den zurückhaltenden mitteleuropäischen Kompositionen. Joghurt, Müsli und Obst sind nicht obligatorisch.

Lunsj / Lunch

Lunsj oder Lunch wird zwischen 12 und 15 Uhr serviert. Wer kein Menü oder Tellergericht vorzieht, die vor allem in Kneipen und einem Teil der Restaurants angeboten werden, steht wieder vor einem Buffet, diesmal kalt und warm. Neu sind die kräftig gewürzten Fischfrikadellen, *fiskekaker,* und die weißen, faden Fischbällchen, *fiskeboller,* denen die diversen Lachssalate vorgezogen werden sollten, auch wenn sie mit schweren Saucen angemacht sind. Es lohnt sich, hier den größten Hunger zu stillen, denn den kalten und warmen Braten, ebenfalls Bestandteil des Mittagsbuffets, kennen wir aus heimischen Gefilden. Als Beilagen überwiegen Kartoffeln und Gemüse. Interessanter scheinen da die Cremespeisen aus Mult- und anderen Beeren, die bunten Puddingsorten, Torten und warmen Waffeln mit Sahne und Marmelade. Bei diesem Teil des Buffets scheinen sich die Norweger etwas von den Dänen abgeschaut zu haben – zum Vorteil aller Beteiligten. Jene Multbeere wächst hauptsächlich in arktisch geprägten Regionen, vereinzelt aber auch südlich des Polarkreises.

Middag

Gibt es nicht mittags, sondern zwischen 17 und 21 Uhr. Das Buffet ist out; Menüs oder Tellergerichte sind in. Natürlich beginnen wir mit dem Fisch. Als Delikatessen gelten neben Lachs, *laks,* Seewolf, *steinbit,* gedünstete oder gebratene Dorschzungen, *torsktunger,* Seeteufel, *breiflabb,* und gelaugter, anschließend gekochter Stockfisch, *lutefisk.* Dem Besitzer schmalerer Geldbeutel seien Dorschfilet, *torsk,* oder Scholle, *rødspette,* empfohlen. Wer Fleisch vorzieht, hält es entweder norwegisch mit Elch, *elg,* Schneehuhn, *rype,* und Rentier, *reinsdyr,* das als Filet, Kotelett oder geschnetzelt serviert wird. Als Garnierung für Elch und Ren schätzen Kenner Preiselbeeren. Wer keine Experimente wagt, vertraut bekannten Namen wie Entrecote, Lammkotelett oder Steak. Vegetarier-Teller sind keine Seltenheit mehr und kosten nur gut die Hälfte eines Fisch- oder Fleischgerichts. Ein Hinweis: Die Bezeichnung *Dagens middag* erweist sich, anders als Dagens rett, selten als billige Alternative.

Norwegische Eigenheiten

■ Gehört **Kaffee** zum bestellten Gericht, bekommen Sie so lange Nachschub, wie Sie wollen.

■ **Rømmegrøt** ist eine fette Sauerrahmgrütze, die mit Zimt, Zucker oder süßem Johannisbeersaft schmackhaft gemacht wird. Rømmegrøt, in manchen Gegenden auch *rømmegraut* (nynorsk), ist eine billige Speise zum Sattwerden, nicht für verwöhnte Gaumen, aber urnorwegisch und deshalb einen Versuch wert.

Skål

■ **Alkohol** ist extrem teuer und nur umständlich zu erwerben. Wein, *vin,* und Spirituosen bekommen Sie nur in den Läden der staatlichen Monopolgesellschaft mit dem eindeutigen Namen *Vinmonopolet*. Das Netz dieser Alkoholläden ist keineswegs flächendeckend. Wo eine Filiale von »Vinmonopolet« steht und ob Bier im Supermarkt verkauft werden darf, entscheiden die fylker und Gemeinden. Die ersten drei Vinmonopolet-Zweigstellen im westnorwegischen fylke Sogn og Fjordane öffneten sage und schreibe am 1.10.1991 ihre Pforten! Solch einschneidenden Ereignissen gehen meist zähe öffentliche Diskussionen voraus, in denen die alkoholabgeneigten Pietisten nur millimeterweise zurückweichen, bis sich das inzwischen schlechte Gewissen der Mehrheit durchsetzt. Und so wirken manche Läden von »Vinmonopolet« denn auch wie Fluchtpunkte von lichtscheuem Gesindel: unscheinbare Fas-

Prima für Selbstversorger: preiswertes Gemüse am Straßenrand (oben); Lachs stammt fast immer aus den Aufzuchtanstalten (Aquakultur) an der Küste wie auf dem Land ▶

sade, heruntergezogene Rollos, Werbung nicht erlaubt. Wer sich trotzdem hinein traut, steht vor einem Tresen, damit kein Unbefugter die Flaschen berühren kann. Eine Flasche Wein kostet 45 NOK, eine Flasche Aquavit 270 NOK. Skål!

Bier, *øl,* gibt es mancherorts in speziellen Bierläden, mitunter auch in Lebensmittelläden. Sie werden neben dem alkoholfreien Bier drei weitere »Klassen« bemerken: lettøl, Leichtbier (bis 2,5 %), Pils (bis 4,75 %) und Gulløl (bis 7 %). Eine Halbliterflasche Pils kostet um 20 NOK. Skål!

In der Gastronomie besitzen Restaurants und Hotelpubs oft die vollen Schankrechte, während Kneipen nur Bier verkaufen dürfen. Für einen halben Liter Bier (heißt *halvliter,* oft aber 0,4 l) muß der Gast 35–50 NOK berappen, für ein Glas Wein mindestens 40 NOK. Skål!

■ **Ohne Prozente:** Neben alkoholischen Getränken bekommen Sie natürlich Cola und andere international bekannte Brausen sowie Mineralwasser. Die einzige einheimische Marke heißt *Farris;* genauso gut mundet *Ramløsa* aus Schweden. Auf Wunsch wird Ihnen in Restaurant oder Kneipe gratis ein Glas Wasser gebracht; damit hat kein Kellner ein Problem. Die Geschäfte führen eine große Auswahl an süßen, künstlich schmeckenden Limonaden. Wohlschmeckend ist die norwegische Milch, die es in einem halben Dutzend Versionen zu kaufen gibt; siehe im Anschluß unter »Selbstversorgung«.

Selbstversorgung

Südlich von Trondheim ist die Besiedlung noch so dicht, daß die Selbstversorgung mit Lebensmitteln keine Probleme aufwirft. Selbst abgelegene Siedlungen überraschen durch einen kleinen Gemischtwarenladen. Die Tendenz geht aber zu betonierten, häufig unansehnlichen Dienstleistungsburgen, die an den Ausfallstraßen der Städte und größeren Ortschaften plaziert werden. Friseur, Zahnarzt, Kafeteria, Bank – die unterschiedlichsten Läden sind hier unter einem Dach vereint. Lebensmittel bilden nur einen kleinen Teil des Angebots, sind wegen der hohen Mieten nicht durchweg billiger. Die Lebensmittel-Ketten locken mit Dumping-Preisen für echte und vermeintliche Grundnahrungsmittel, oft Brot, Obst und Cola. Die kleinen Tante Emma-Läden verbreiten wesentlich mehr Atmosphäre, doch ihr Schicksal dürfte besiegelt sein, da Touristen wie Norweger den Trend zum Supermarkt bitter beklagen, zu 90 % aber dort einkaufen gehen. Ein Grund dafür sind die hohen Standardpreise (nicht nur) für Lebensmittel, die routinierte Nordlandfahrer dazu bewegen, die Grundversorgung bereits zu Hause sicherzustellen – was keineswegs als Plädoyer für übertriebene Planwirtschaft verstanden werden soll, denn wer ein fremdes Land kennenlernen will, sollte sich ein wenig ausliefern und nicht die Rosinen herauspicken. Die billigste (und in ihren Läden am sterilsten wirkende) Lebensmittelkette heißt »Rema«.

■ **Milch:** Die Norweger sind große Milchtrinker, und das Angebot ist ausgesprochen vielfältig: Bei der »H-Melk« handelt es sich nicht etwa um H-Milch deutscher Prägung, sondern um frische Vollmilch. – Gaumenfreude pur ist die »Kultur Melk«, eine Mischung aus Kefir und Dickmilch, die das Müsli zum kulinarischen Traum befördert. (Komme ich aus Norwegen zurück, kann ich wochenlang kein Müsli essen, weil mir die hochgeschätzte Kultur Melk fehlt.) »Skummet Kultur Melk« ist die Fettspar-Version. – »Kefir« gibt es zudem, hat aber nicht den Eigengeschmack der Kultur Melk. – »Lett Melk« schließlich ist die übliche fettarme Milch.

Praktisches A–Z

Abkürzungen
In diesem Buch ersetzen Abkürzungen acht häufig genannte Wörter. DZ: Doppelzimmer. – EZ: Einzelzimmer. – HS: Hochsaison. – NS: Nebensaison. – W & T: Waschmaschine und Trockentrommel (auf Campingplätzen). – WM: Wohnmobil. – Ww: Wäschewaschbecken (auf Campingplätzen). ZS: Zwischensaison.

Diplomatische Vertretungen
■ **Botschaft Deutschlands**, Oscarsgate 45, 0258 Oslo, Tel. 2255 2010, Fax 2244 7672. – Konsulate in Bergen, Haugesund, Kristiansund, Skien, Stavanger, Trondheim und Ålesund.
■ **Botschaft der Schweiz**, Bygdøy Allé 78, 0268 Oslo, Tel. 2243 0590, Fax 2244 6350. – Konsulate in Bergen und Stavanger.
■ **Botschaft Österreichs**, Thomas Heftyesgt. 19–21, 0244 Oslo, Tel. 2255 2348, Fax 2255 4361. – Konsulat in Bergen.

Einkaufen
■ **Tax Free** heißt die Zauberformel, die Touristen die 16,7 % Mehrwertsteuer zurückbeschert, abzüglich einer Gebühr, worauf 10–15 % Ersparnis bleiben. Voraussetzungen: Geschäft mit dem rot-blau-weißen Tax-Free-Schild, Einkauf im Wert von mindestens 300 NOK, Versiegelung der Ware und Tax Free-Scheck, auf dem Sie Name, Anschrift und Adresse eintragen, Ausreise spätestens einen Monat nach dem Einkauf, ungebrauchte Ware und Scheck sowie Ausweispapiere bei der Ausreise vorlegen, am Flughafen, an Bord der Fähre oder an größeren Grenzübergangen. Der Zoll ist nicht zuständig.

An den genannten Punkten gibt es Broschüren, die Sie auf das Angebot einstimmen und eine Auswahl der Tax Free-Geschäfte auflisten.
■ Geeignete **Souvenirs** sind Norweger-Pullis, die endlich auch in lebhaften Farben gestrickt werden, handgearbeitete Latex-Trolle, eigenwilliger Schmuck, Kunsthandwerk, Glas und Käsehobel; die kommen nämlich aus Norwegen. Porzellan und Keramik

machen einen recht altbackenen Eindruck, und den Kitsch dürfen Sie selbst entlarven.

Eintrittspreise

Die Eintrittspreise zu Sehenswürdigkeiten werden in diesem Buch wie folgt gegliedert: Eintritt Erwachsene/Kinder. Welche Altersgrenzen für Kinder gelten, ist sehr verschieden. Die untere Grenze liegt häufig bei 3–5 Jahren, die obere bei 11, 13 oder 15 Jahren. Familien mit Kindern erhalten ab und zu vergünstigte Tarife, die in diesem Buch gesondert aufgeführt werden. Fragen Sie deswegen immer nach.

Feiertage und Feste

■ Am Nationalfeiertag, dem **17. Mai**, wird der nichtsahnende Tourist durch ein farbenprächtiges Schauspiel überrascht. Umzüge mit Musikkapellen, Fähnchen schwenkende Kinder, Erwachsene und Jugendliche in Trachten und allerorts fröhliche Stimmung. Der Trubel gilt dem 17. Mai 1814, als Norwegens Verfassung unterzeichnet wurde.

■ **Weitere gesetzliche Feiertage** sind der Neujahrstag, die Ostertage von Gründonnerstag bis Ostermontag, der 1. Mai, Christi Himmelfahrt, Pfingstsonntag und -montag sowie der Erste und Zweite Weihnachtstag.

■ Typisch skandinavisch ist hingegen der **Mittsommertag**, der in Norwegen *Jonsok* oder *St.Hans* genannt wird und stets auf den 24. Juni fällt. Am Vorabend, *St.Hansaften,* wird die kürzeste Nacht des Jahres traditionsgemäß mit einem großen Feuer, Musik und Tanz gefeiert. Die Jugendlichen, die weder Ideen noch etwas für das Althergebrachte übrig haben, freuen sich auf den offiziellen Anlaß für ein weiteres Besäufnis.

■ Am 29. Juli feiern die Norweger ihren Nationalheiligen Olav mit dem **Olsokfest**, an traditionsbeladenen Orten proben sich Laiendarsteller in Originalkostümen an einem historischen Schauspiel; siehe auch unter »Trondheim, Ausflüge, Stiklestad«.

Öffnungszeiten

Es existiert kein einheitliches Ladenschlußgesetz; im Sommer gelten teilweise verkürzte Öffnungszeiten.

■ **Banken:** 15.5.–15.9. Mo–Fr 8.30–15 Uhr, Do bis 17 Uhr, sonst Mo–Fr 8.30–15.30 Uhr, Do bis 17 Uhr.

■ **Geschäfte und Warenhäuser:** Mo–Fr 9–16/17 Uhr, Do bis 18/20 Uhr, Sa 9–13/14 Uhr.

■ **Museen:** Die Öffnungsperioden (in diesem Buch) sind Richtzeiten.

Viele Museen öffnen am Wochenende vor oder nach dem offiziellen Termin, wenn der auf einem Werktag liegt. Gleiches gilt für das Saisonende.

■ **Post:** 20.6.–20.8. Mo–Fr 8–16.30 Uhr, Sa 9–12 Uhr, sonst Mo–Fr 8–17 Uhr, Sa 9–13 Uhr.

■ **Supermärkte** (Lebensmittel): Mo–Fr 9–20/21 Uhr, Sa 10–16/18 Uhr.

■ **Vinmonopolet:** Mo–Mi 10–16/17 Uhr, Do 9–17/18 Uhr, Fr 9–16/17 Uhr, Sa 9–13 Uhr.

Post

■ **Porto:** Briefe oder Postkarten nach Mitteleuropa kosten derzeit 4,50 NOK (bis 20 g) oder 6 NOK (bis 50 g). Die nächste Gebührenerhöhung kann nicht mehr weit sein.

■ Beim Briefmarkenkauf bekommen Sie blaue Aufkleber mit dem Kürzel **A-Post**. Diese, auf Briefumschlag oder Postkarte geklebt, sorgen für den schnellstmöglichen Transport.

■ **Poste Restante** heißt die Zauberformel, um Post aus der Heimat, um das Päckchen mit der vergessenen Badeente entgegenzunehmen. Wer keine feste Adresse hat, kann postlagernd erreicht werden. Solche Post wird zwei Monate aufbewahrt. Holt sie niemand ab, geht sie kostenfrei an den Absendet zurück. Der Standardbriefkopf sieht für solche Sendungen folgendermaßen aus:
- Name
- Poste Restante
- N-Postleitzahl mit Ortsname
- Norwegen

Radio

Je nach Standort empfangen Sie über Kurz- und Mittelwelle deutschsprachige Sender.

■ Vor Ort versorgen Sie einige Lokalstationen in den Sommermonaten mit Nachrichten, bevorzugt auf englisch. Achten Sie auf Schilder mit der Aufschrift **Turistradio**, denen Sie die jeweilige Frequenz entnehmen können.

■ Ein interessantes Programm ist übrigens **Radio Schweden**, das auf MW 1179 kHz und KW 6065 kHz zu empfangen ist und abends eine halbe Stunde Informationen aus ganz Skandinavien in deutscher Sprache ausstrahlt. Der Beginn dieser Sendung wechselt von Jahr zu Jahr, liegt mal auf 20.30 Uhr, mal auf 22 Uhr.

Sprachprobleme

Werden selten auftreten. Das Deutsche ist zwar neben Französisch zweite Fremdsprache in den Schulen, aber nicht so verbreitet wie in Dänemark oder Holland. Dafür sprechen wesentlich mehr Norweger Englisch, als wir es aus Mitteleuropa kennen. Im Notfall hilft die internationale Zeichensprache, denn es gibt zwar norwegische Wörter, die dem Deutschen ähneln, durch die (schnelle) Aussprache aber nur schwer verständlich ankommen. Mehr in dem Kapitel »Eine Nation – zwei Sprachen«.

Telefon

■ Für **Auslandsgespräche** wählen Sie 095, die Landeskennzahl, die Ortsnetzkennzahl (Vorwahl) ohne 0 und die Rufnummer. Landeskennzahlen: Deutschland 49, Österreich 43, Schweiz 41, Luxemburg 352, Niederlande 31, Belgien 32, Norwegen 47.

Sie müssen für Auslandsgespräche kein Postamt aufsuchen, sondern können das von jeder Telefonzelle aus tun. Mittlerweile gibt es drei Generationen von Apparaten, deren älteste doch spürbar in die Jahre gekommen sind. Diese Apparate haben noch Wählscheiben und schlucken maximal

5-NOK-Münzen; das ständige Nachrollen von 1-NOK-Münzen ist nervenaufreibend, mitunter auch die Verbindung. Die mittlere Generation, silberne Apparate mit Tastatur, nimmt manchmal 10-NOK-Münzen, manchmal nicht. Zuverlässiger sind die modernen, schwarzen Apparate, die generell 10-NOK-Münzen akzeptieren und über ein Restbetrag-Display verfügen.

■ **Inlandsgespräche** unterscheiden sich vom international gängigen Muster. In ganz Norwegen gelten achtstellige Telefonnummern, ohne Vorwahl. Egal, ob Sie in Oslo eine Nummer in Stavanger, Bergen, Spitzbergen oder Oslo anwählen: Alle acht Ziffern sind notwendig, die Gebühren selbstverständlich nicht identisch.

Toiletten (öffentliche)

Selten erwähnt, häufig gebraucht. Die besten Chancen haben Sie an Verkehrsstationen, also Fähranlegern, Bahnhöfen und Busbahnhöfen, in Einkaufszentren und Rathäusern.

Zeit

■ In Norwegen gelten, wie in Deutschland, Mitteleuropäische Zeit (**MEZ**) und Mitteleuropäische Sommerzeit (**MESZ**).

Zeitungen

■ Internationale Presse verkaufen die blauen **Narvesen**-Kioske, die mit zudem einem bunten, stilisierten »N« gekennzeichnet sind.

Autoreisen

Von Alkohol bis Wintersperren

■ **Alkohol:** Die erlaubte Promillegrenze liegt bei 0,5 %. Bevor Sie das erste »skål« aussprechen und die Stimmung steigt, lesen Sie unter dem Stichpunkt »Bußgeld« weiter.

■ **Anschnallpflicht:** gilt auf Vorder- und Rücksitzen, sofern Gurte vorhanden sind. Kinder unter vier Jahren sollten, nicht nur in Norwegen, in passenden Kindersitzen plaziert sein.

■ **Autovermietung** (Bilutleie): Der Wochentarif für einen Mittelklassewagen der unteren Kategorie liegt über 4000 NOK; eine exklusive Art der Fortbewegung, auch wenn in der Sommersaison und an den Wochenenden Rabatte möglich sind. Die meisten Firmen vermieten, Führerschein und Personalausweis vorausgesetzt, nur an Personen, die älter als 25 Jahre sind.

■ **Benzin:** An den Tankstellen gibt es bleifreies Normalbenzin (95 Oktan) und Superbenzin (98 Oktan), grün gekennzeichnet, bleihaltiges Superbenzin (98 Oktan) sowie Dieselkraftstoff. Das schwach verbleite *Lavbly* (97 Oktan), entsprechend dem deutschen Super plus, befindet sich auf dem Rückzug und war an den großen Tankstellen Anfang 1995 kaum noch zu bekommen; eventuell dreimal bleifreies und einmal bleihaltiges Superbenzin tanken oder drei Viertel zu einem Viertel auf einmal, aber ohne Gewähr.

Die Preise schwanken auch in Norwegen, liegen im Sommer meist höher als im Winter: normal bleifrei um 7,70 NOK, super bleifrei um 7,95 NOK, super bleihaltig um 8,25 NOK, Diesel um 6,50 NOK.

■ **Bußgeld:** Die norwegischen PolizistInnen gelten als freundlich und hilfsbereit, aber kompromißlos in Sachen Verkehrsverstöße. *Politi* kennt alle Ausreden; die drastischen Bußgelder haben so manche Urlaubskasse geplündert: Parken im Halteverbot kostet 300 NOK, bei abgelaufener Parkzeit 100 NOK, nicht eingeschaltetes Abblendlicht 400 NOK, 20 km/h Geschwindigkeitsübertretung in geschlossenen Ortschaften 2000 NOK, außerhalb geschlossener Ortschaften 400 NOK für je 5 km/h zuviel. Zu viel Alkohol im Blut wird mit anderthalb Bruttomonatsgehältern oder Gefängnisstrafen ohne Bewährung geahndet. Bußgelder sind sofort zu bezahlen. Der Strafenkatalog verschlägt deutschen Auto-Lobbyisten die Sprache.

■ **Geschwindigkeit:** Sofern sie nicht eingeschränkt ist, beträgt die zugelassene Höchstgeschwindigkeit außerhalb geschlossener Ortschaften 80 km/h. Ausnahmen bilden die wenigen Autobahnen und Autostraßen mit 90 km/h als Höchstgrenze. Busse und Wohnwagen-Gespanne dürfen nicht schneller als 80 km/h sein, Gespanne mit ungebremsten Anhängern sogar nur 60 km/h. Innerhalb geschlossener Ortschaften gilt Tempo 50 km/h.

■ **Karten:** 1992 wurden das norwegische Straßennetz teilweise neu numeriert. Wer mit veralteten Karten oder Atlanten unterwegs ist, hat ohnehin nicht viel Freude, weil in jedem Jahr neue Tunnel und Straßen über ehemals unzugängliches Terrain freigegeben werden. Die Cappelen Kart (siehe unter »Vor der Reise, Karten«) markiert solche Verbindungen als gestrichelte Linien und versieht sie mit der Jahreszahl der geplanten Eröffnung. Die Karte selbst wird ca. alle 4–5 Jahre überprüft. Das Jahr der letzten Drucklegung finden Sie unten links am Blattrand.

■ **Licht:** Abblendlicht tagsüber vorgeschrieben.

■ **Maße:** Die zulässige Wagenbreite beträgt 2,50 m, für Wohnwagen 2,30 m. Zugfahrzeug und Wohnwagen dürfen zusammen nicht mehr als 18,50 m messen.

Im fylke Rogaland gilt für die Brücke über die Meerenge *Skjoldastraumen* als maximale Breite 2,40 m; Straße 515. – Auch für die Straße 461 in Vest-Agder gilt auf den Streckenabschnitten *Konsmo-Kvås* und *Moi-Førland* 2,40 als maximale Breite.

■ **Maut:** Stoßen Sie vor Gebirgspässen, Brücken und Tunneln auf ein Schild mit der Aufschrift »Bomstasjon«, »Bompenger« oder »Avgift«, wird Maut verlangt. Die Straßenbenutzungsgebühr dient der Refinanzierung von kostspieligen Bauprojekten oder deren Instandhaltung.

An stark befahrenen Straßen zahlen Sie an (bedienten oder automatisierten) Kassenhäuschen, während auf einsamen Wegen eine Schranke die Weiterfahrt versperrt. Bevor Sie den Schlagbaum heben, legen Sie den fälligen Betrag, der sichtbar angeschrieben steht, in einen vorbereiteten Umschlag, versehen den mit Autokennzeichen und Datum und stellen sich selbst die Quittung aus. Den geschlossenen Umschlag werfen Sie in eine Art Briefkasten.

Die Preise für die meisten Privatstraßen und/oder älteren, kaum benutzten Hochlandpisten liegen bei 10–20 NOK für einen Pkw. Für moderne Straßenbauprojekte wie Meeres- und Fjordtunnel oder lange Brücken sind rasch mehr als 50 NOK für einen Pkw und 90 NOK für ein Wohnmobil zu berappen. Neuer Spitzenreiter ist der praktische Tunnel zwischen Sogndal und Fjærland, am Sognefjord, der mit 110 NOK für einen Pkw zu Buche schlägt. Dagegen sind Oslo, Bergen und Trondheim »Waisenknaben«, die für den Mautring um ihre geplagten Innenstädte 5–20 NOK verlangen; natürlich sind diese Gebühren vor allem wegen des hohen Verkehrsaufkommens moderat. Es gibt jedoch auch Straßen, wo die Maut tatsächlich entfiel, als sie bezahlt waren, so etwa die Ost-West-Verbindung 11 über das Haukelifjell.

■ **Notruf** seit 1994 einheitlich: Feuerwehr unter Tel. 110, Polizei unter Tel. 112, Krankenwagen unter Tel. 113.

■ **Pannenhilfe:** Der norwegische Automobilverband *NAF* betreut etwa vom 20.6. bis zum 25.8. die Hauptverkehrsrouten. Vor allem an den Paßstraßen stehen (in unregelmäßigen Abständen) Notruftelefone am Straßenrand. Die NAF-Alarmzentrale in Oslo ist 24 Stunden besetzt: Tel. 2234 1600.

Mit einem gültigen Auslandschutzbrief erhalten Sie zu Hause die Kosten für die Hilfe am Straßenrand und für den Transport in eine Werkstatt zurück; vorher aber das Kleingedruckte studieren.

■ **Rauchen:** ist am Steuer im Ortsbereich verboten.

■ **Schneeketten:** im Gebirge bei schneebedeckter oder vereister Fahrbahn vorgeschrieben.

■ **Spikes:** erlaubt vom 1.11. bis zum ersten Sonntag nach Ostern. Vermietung von Spikesreifen: In *Oslo* »Ulrich Gummiservice« (keine Kondomerie), Bygdøy Allé 135, Einfahrt ab Messeveien, Tel. 2255 7718, Fax 2244 8252. – In *Kristiansand* »Parko«, Vestre Strandgt. 13, Tel. 3802 1332, Fax 3802 2668. – In *Larvik* vermittelt durch die Reederei »Larvik Line«, siehe unter »Anreise, Reedereien«. Bestellung bei der Buchung der Fährpassage.

■ **Tiere:** Verkehrsschilder, die auf Tiere hinweisen, sollten Sie ernst nehmen. Der Zusammenstoß mit einem Elch bedeutet zumindest für das Auto oft, nicht selten aber auch für die Passagiere, den Friedhof. Die Kolosse

Typische Mautstation im Gebirge (oben); ohne Tunnel oft kein Durchkommen ▶

sehen schlecht und traben unbeeindruckt vom Verkehr auf die Fahrbahn. Rentiere und Damwild sind flinker auf den Beinen, haben jedoch nie gelernt, die Geschwindigkeit eines Automobils einzuschätzen. Am häufigsten sind Begegnungen mit Ziegen und Schafen, die die Straße als leicht gangbares Terrain schätzen, sich bei Sonnenschein bevorzugt auf dem warmen Asphalt niederlassen, auch in Kurven, oder in Tunneleinfahrten Schutz vor Regen suchen. Ist trotz aller Vorsicht ein Unfall geschehen, sind Sie verpflichtet, die Polizei zu verständigen, um den Schaden zu regulieren.

■ **Tunnel:** waren und sind die Lösung, um den aufwendigen Bau und Erhalt von Paßstraßen zu umgehen oder lawinengefährdete Trassen zu verlegen. Der klassische Abenteuertunnel ist auf dem Rückzug: unbeleuchtet oder kümmerliche Reflektoren, unbelüftet, eine Fahrspur mit Ausweichbuchten, Wasser von der Decke tropfend. Die neue Generation ist beleuchtet und mit Ventilatoren, Haltebuchten und Nottelefonen ausgestattet.

Die Hitliste der längsten Tunnel für das in diesem Reiseführer vorgestellte Gebiet: *Gudvangentunnel* (Gudvangen-Undredal, Straße 50) 11,4 km. – *Høyangertunnel* (am Sognefjord, Straße 55) 7,522 km. – *Vallaviktunnel* (am Eidfjord, Straßen 7 und 13) 7,511 km. – *Fjærlandstunnel* (Sogndal-Fjærland, Straße 5) 6,7 km, der mit den 110 NOK. – *Haukelitunnel* (Haukelifjell, Straße 11) 5,688 km. – *Flenjatunnel* (Undredal-Flåm, Straße 50) 5,024 km.

■ **Werkstätten:** sind gut ausgerüstet und besorgen Ersatzteile von nicht allzu exotischen Modellen. Immens die Lohnkosten. Besorgen Sie sich zu Hause das aktuelle Register mit Vertragswerkstätten Ihrer Automarke.

■ **Wintersperren:** Die angegebenen Zeiträume können sich durch das Wetter verschieben. Straße 13 (Vikafjell) von Mitte Januar bis Ende März. – Straße 45 (Hunnedal) von Anfang Januar bis Ende Februar. – Straße 45 (Sirdal-Setesdal) von Mitte November bis Mitte Mai. Straße 337 (Lysebotn-Sirdal) von Dezember bis Mitte Mai. – Straße 51 (Valdresflya/Jotunheimen) von Mitte November bis Mitte Mai. – Straße 55 (Sognefjell/Jotunheimen) von November oder Dezember bis Mitte Mai. – Straße 63 (Geirangerveien zur Str. 15) von November bis Mitte Mai. Straße 63 (Trollstigen) von November bis Mitte Mai. – Straße 252 (Tyin-Eidsbugarden/Jotunheimen) von Mitte Oktober bis Mitte Juni. – Straße 258 (Strynefjell, alter Weg parallel zur Straße 15) von Oktober bis Mitte Juni.

Die Straße 7 über die Hardangervidda soll offengehalten werden, wird bei zu viel Schnee eventuell (in den Nachtstunden) gesperrt.

Wohnmobile im Trend

■ **Pro und Kontra:** Für das Wohnmobil sprechen die Unabhängigkeit von Wetterlaunen und der Platz für das Reisegepäck. Dagegen sprechen die hohen Kosten für das Anmieten und, je nach Größe, für Sprit und Fähre. Als Konsequenz fahren viele Wohnmobilisten »autark« durch Norwegen, Lebensmittel gebunkert und möglichst jede Krone für Übernachtungskosten sparend; darunter leidet der Kontakt mit den Norwegern, aber auch das Einvernehmen, denn es gibt es seit einiger Zeit Probleme, zum Teil aus Unkenntnis:

■ **Nicht wohl gelitten** unter vielen Norwegern ist die Karawane an Wohnmobilen, die mittlerweile im Sommer durch das Land zieht. Das größte Problem stellt die falsch ausgelegte Regelung dar, überall in freier Natur übernachten zu dürfen. Dieses »Jedermannsrecht« gilt nicht für Autofahrer; mehr darüber im Kapitel »Unterwegs in Norwegen«. Wohnmobile gehören auf den Campingplatz. Wenn weit und breit keiner in Sicht ist, hat kaum jemand etwas dagegen, wenn das Fahrzeug unauffällig für die Nacht geparkt wird; aber nicht in Grundstückseinfahrten, halb auf der Straße, sogar in Städten oder in Sichtweite von Campingplätzen, wie es häufig geschieht. In manchen Landesteilen kursieren Unterschriftenlisten, um den Wohnmobilisten das Übernachten unterwegs generell zu verbieten; manche Hartgesottene befürworten bereits die offizielle Aufhebung des Jedermannsrechts, auch für »Unschuldige«. Verstärkt wird die Abneigung durch die verbreitete Praxis, die Dosenkost dem Einkauf im norwegischen Supermarkt prinzipiell vorzuziehen – vor allem aber durch die extrem Sparwilligen, die ihre chemischen Toiletten in Seen und Flüsse, öffentliche WCs oder sogar in Abfallcontainer entleeren. »Einzelfälle«, meinen Sie? Mitnichten. Die Anzahl der durch Norwegen pilgernden Wohnmobilisten ist immens, desto größer auch die Zahl der Verantwortungslosen, die, zum Schaden der Verantwortungsbewußten, die ganze Zunft unmöglich machen. Sicher haben die Norweger den Wohnmobil-Trend etwas verschlafen, sind spezielle Stellplätze immer noch rar, Entsorgungsstationen jedoch schon lange nicht mehr.

Ich persönlich habe nichts gegen Wohnmobilurlaub, und für eine Familie mit Kindern ist das geräumige Gefährt eine segensreiche Alternative. Doch schon häufig habe ich bei Kontakten ein bißchen den Leitfaden herausgehört, die hohen Mietkosten für sich selbst wieder ins Lot zu bringen. Wer mehr als 125 DM am Tag für ein Wohnmobil hinblättert, muß vielleicht nicht an der Museumskasse über den hohen Eintrittspreis lamentieren oder über die 5 NOK, die der Duschautomat auf dem Campingplatz verlangt. Auch wenn es in der Sache stimmig sein mag, scheint mir manchmal die Relation verlorenzugehen. Übrigens: Wer die Wohnmobilkosten einspart, kann sich einen prima Hüttenurlaub leisten – und macht urnorwegisch Ferien in Norwegen.

■ **Straßen:** Kurvenreiche, schmale Sträßchen, niedrige Tunnel machen vor allem das westnorwegische Straßennetz für Urlauber mit Wohnwagen-Gespannen und großen Wohnmobilen schon mal zum Abenteuer. Übung und Geschick sind gefragt, um heikle Situationen zu meistern. Eine Karte, auf der die kniffligsten Verkehrswege markiert sind, gibt es momentan nicht (mehr). Das Offizielle Reisehandbuch 1995, obwohl Auslaufmodell, listet sämtliche vakanten Verbindungen auf; siehe unter »Vor der Reise, Information zu Hause«. Sie kommen genauso gut zurecht, wenn Sie vor Ort Einheimische nach den Wegen fragen.

■ **Information:** Das Norwegische Fremdenverkehrsamt verschickt eine Karte, auf der Entsorgungsstationen sowie (ein Teil der) Campingplätze eingezeichnet sind; 4 DM für Versand. Bezug: Nortra Marketing Versandservice, Christophstraße 18–20, 45130 Essen.

Ferien aktiv

Draußen vor der Tür
Unter der Rubrik »Verschiedenes« finden Sie in den einzelnen Kapiteln Vorschläge für die Aktivitäten, die hier aufgeführt sind – Wanderungen erhalten eine eigene Rubrik.

Wandern
Wanderungen sind das Nonplusultra, um Norwegens Natur möglichst nah kennenzulernen. Spätestens in der Einsamkeit des Gebirges läßt sich der Alltag von zu Hause abstreifen. Die Tageszeit, das Wetter und das Streckenprofil übernehmen die Gestaltung des Tagesablaufs, bestimmen, wann und wo gegessen (und geschlafen) wird. Wasserfälle, Seen und Wildbäche, Schluchten und Täler, schneebedeckte Gipfel und Gletscher gewöhnen Augen und Ohren an eindrucksvolle Stimmungen. Um etwas von diesen Stimmungen mitzubekommen, muß man nicht unbedingt eine mehrtägige Wanderung absolvieren, sondern kann sich auch für (mehrere) Tagestouren entscheiden.

Wanderungen werden in einer eigenen Rubrik innerhalb der Kapitel vorgestellt. Es überwiegen Tagestouren, die eher im Interesse von Rundreisenden liegen. Enthalten sind Angaben zu

Startpunkt, Schwierigkeitsgrad, Anreise, Dauer und meistens auch zum Streckenprofil.

■ **Saison:** Juni, August und September bieten die günstigsten Voraussetzungen zum Wandern. Der Juli ist der Ferienmonat in Norwegen, die Übernachtungskapazität in den klassischen Wandergebieten ist ausgelastet. Im Juni können Schnee sowie reißende Bäche und Sümpfe infolge der Schneeschmelze manche Passage erschweren oder auch unmöglich machen. Im September beleben herbstliche Farben die Landschaft, fällt in den Hochlagen der erste Schnee. Eine Winterwanderung muß keine Spinnerei sein, stellt aber enorme Anforderungen an die Teilnehmer und ist nur mit entsprechender Vorbereitung durchzuführen.

■ **Vorsichtsmaßnahmen:** Da in einsamen Gegenden nicht sicher ist, ob man unterwegs andere Wanderer trifft, sollte dort niemand allein aufbrechen. Ein Partner kann im Fall einer Verletzung immer noch Hilfe holen. Generell empfiehlt es sich, am Ausgangspunkt jemand über die geplante Route und die voraussichtliche Dauer der Wanderung zu unterrichten. Ein Zettel unter der Windschutzscheibe des Autos erfüllt ebenfalls diesen Zweck. Falls tatsächlich etwas passiert, können die Helfer gleich im richtigen Gebiet suchen. Wanderkleidung in auffälligen Farben erweist sich im Notfall als große Hilfe.

■ **Ausrüstung:** Im Kapitel »Vor der Reise« bin ich bereits auf das Thema Kleidung eingegangen. Generell dabei haben sollte der Wanderer festes Schuhwerk, eventuell ein Paar Turnschuhe zum Durchwaten von Wasserläufen, leichte Bekleidung ebenso wie taugliches Regenzeug, Wollpullover, Mütze, Handschuhe und warme Unterwäsche, ferner Karten, Kompaß, Streichhölzer, Schnellverband, Sonnencreme und ein Regencape für den Rucksack. Der Schlafsack sollte Minusgrade vertragen, das Zelt, sofern Übernachtungen geplant sind, nicht mehr als 3 kg wiegen und wenig Stauraum beanspruchen.

■ **DNT:** »Den Norske Turistforening« konstituierte sich 1868, um dem Wandervolk eine Infrastruktur zu schaffen. Wege wurden angelegt und markiert, Hütten für die Übernachtung gebaut. Als landesweite Dachorganisation, der die lokalen Wandervereine angeschlossen sind, ist DNT theoretisch der Ansprechpartner für alle, die eine mehrtägige Wanderung planen. Das zentrale Büro in Oslo informiert allerdings nur Mitglieder über Öffnungszeiten der Hütten, Preise und Routen, und selbst das nur schleppend. Nicht-Mitglieder erkundigen sich deshalb besser vor Ort.

Wer sich für längere Wanderungen interessiert und dabei zwangsläufig in Hütten übernachten muß, sollte sich überlegen, Mitglied in der DNT zu werden, um einmal Ermäßigungen für Mahlzeiten und Übernachtungen in Anspruch zu nehmen und zum anderen reichlich mit Informationsmaterial und Karten versorgt zu werden;

dies zwar nicht kostenlos, aber aus erster Hand. Die Mitgliedschaft kostet jährlich 290 NOK, für Senioren (ab 67) und Jungvolk (bis 25) 155 NOK und für jedes weitere Familienmitglied 95 NOK (Stand 1995). Wer das Norwegische beherrscht und die gut aufgemachte Mitgliedszeitschrift »Fjell og Vidde« sowie das Jahrbuch beziehen möchte, muß 60 NOK zulegen. Die Mitgliedschaft verlängert sich nicht automatisch. Hat man die Nachricht über die neuen Mitgliedsbeiträge erhalten, sendet man im Januar am besten einen Euroscheck über die gewünschte Beitragssumme (mit oder ohne Publikationen). Bei allen anderen Zahlungsverfahren sind die Gebühren exorbitant.

Adresse: DNT, Postboks 1963 Vika, N-0125 Oslo, Tel. 0047 – 2283 2550, Fax 2283 2478.

■ **Übernachtung:** Die Hütten, die von DNT und den Suborganisationen betrieben werden, unterteilen sich in drei Kategorien: bediente, unbediente mit Proviant und unbediente ohne Proviant. Fast jede Hütte hat ihre eigene Öffnungszeit, meist zwischen Ende Juni und Mitte September. Viele unbediente Hütten sind generell abgeschlossen und nur mit dem DNT-Standardschlüssel zu öffnen. So können Nicht-Mitglieder nur in bedienten oder offenen unbedienten Hütten übernachten, es sei denn, ein DNT-Mitglied hält sich in einer sonst verschlossenen Hütte auf oder Sie bringen vorher in Erfahrung, ob und wo Sie den Schlüssel ausleihen können.

DNT-Mitglieder haben immer Vorrang, doch es ist noch niemand schutzlos der Nacht preisgegeben worden. In unbedienten Provianthütten legt man das Geld für die entnommenen Waren in einen Umschlag, der seinerseits in einem speziellen Kasten deponiert wird. Vertrauen ist unter Wanderern Ehrensache. Wer Holz verfeuert, muß für Nachschub sorgen, sofern ein Anbau mit Axt und Stämmen vorhanden ist. Ebenso ist das Putzen der Hütte selbstverständlich. Wer lieber im Zelt übernachtet, kann dies in einer Entfernung von 150 m tun und zahlt nur einen kleinen Solidarbeitrag für die Benutzung von Toilette, Aufenthaltsraum und Dusche, sofern vorhanden.

■ **Preise für Kost und Logis:** Preise in bewirtschafteten Hütten (Mitglieder/Nicht-Mitglieder). Übernachtung in EZ, DZ oder 3-Bett-Zimmer 140/190 NOK, im 4- bis 6-Bett-Zimmer 100/150 NOK, im Schlafsaal 70/120 NOK, Matratzenlager 50/100 NOK, Zelt 30/45 NOK pro Person. Bettwäsche 55 NOK, Leinenschlafsack 25 NOK. Frühstück 60/80 NOK, Hafergrütze oder müsliähnliche Mischung 22/32 NOK, Tellergerichte 58–72/73–87 NOK, Abendessen (3 Gänge) 120/150 NOK, Kinderteller 33/43 NOK, Thermoskanne Kaffee oder Tee 16/21 NOK, belegtes Brot 8/10 NOK.

Preise in unbedienten Hütten. Logis inklusive Verbrauch von Brennmaterial 90/140 NOK, Matratzenlager 50/100 NOK, Zelt pro Person 20/30

Das T ist die häufigste Wegemarkierung (oben); Alternative zum Zelt: die Hütten der Wandervereine ▶

NOK, Tagesaufenthalt 20/30 NOK. Entweder befindet sich in der Hütte eine Geldkassette mit Einwurfschlitz, in den Sie den Betrag samt ausgefülltem Zettel stecken, oder es liegen Formulare aus, mit denen Sie das Geld nach der Rückkehr in die Zivilisation bar auf einem Postamt einzahlen. Tragen Sie sich ins Hüttenbuch ein.

■ **Wegenetz:** Über 18.000 Kilometer hat DNT inzwischen markiert, in der Regel mit rot an Steine und Bäume gemalten T's oder, die althergebrachte Methode, mit aufgeschichteten Steinhaufen. Trotzdem sollten Sie eine Karte mitnehmen, um zusammen mit einem Kompaß doppelt gewappnet zu sein. Den markierten und eingezeichneten Pfaden sollten Sie unbedingt folgen; wer abseits der markierten Wege in unüberschaubarem Terrain wandert, begibt sich unnötig in Gefahr.

■ **Organisierte Wanderungen:** Sowohl die DNT als auch lokale Wandervereine bieten (auch für Nicht-Mitglieder) geführte Wanderungen an, zu denen sich kleine Gruppen nach Anmeldung zusammenfinden. Vor allem bei Ausflügen und Kursen auf den Gletschern, in Eigenregie nicht zu machen, profitieren die Teilnehmer von der Erfahrung ihrer Bergführer.

Angeln

Angler finden entlang der Küste und an den Fjordufern ebenso vorzügliche Bedingungen wie an vielen Flüssen und ungezählten stillen Gebirgsseen. Im Mittelpunkt des Interesses stehen Lachs und Meerforellen, während an den Seen vor allem Forellen und Saiblinge aus dem Wasser gezogen werden. Einheimische Fischer verdienen sich etwas nebenbei, indem sie Touristen mit ihren Kuttern aufs Meer oder auf den Fjord hinaus schippern.

■ **Angelscheine:** Wer in Norwegen angeln möchte, muß zunächst die staatliche Angellizenz erwerben. Einzahlungsscheine gibt es auf jedem Postamt; der Preis liegt momentan bei 90 NOK, für Lachs, Meerforelle und Meersaibling bei 180 NOK. Angelplätze an Flüssen und Seen muß man zusätzlich bezahlen; die *fiskekort* bekommen Sie entweder im lokalen Touristenbüro, in Sportgeschäften, auf Campingplätzen, in Hotels oder direkt bei den Eigentümern und Pächtern, die ihre Rechte weiter vermieten. Zur Wahl stehen Tages-, Wochen- und Saisonkarten. Für Lachse darf man mit 50–300 NOK für eine Tageskarte rechnen. Wer am Meer oder im Fjord angeln möchte, muß außer der Angellizenz nichts bezahlen.

■ Da in den vergangenen Jahren Parasiten, Krankheiten und saurer Regen den Fischbeständen arg zusetzten, gelten strenge **Bestimmungen** für die Einfuhr von Angelausrüstungen. Prinzipiell sind nur ungebrauchte oder desinfizierte Angeln erlaubt; einige Eigentümer und Pächter von Fischgründen verlangen die Desinfektion vor Ort, um sicherzustellen, daß das Angelgerät nicht bereits zuvor in gefährdeten Gewässern benutzt wurde. Die Regelungen bezüglich der einzelnen Gewässer sind dermaßen unterschiedlich, daß sie hier nicht detailliert aufgeführt werden können. – Gleiches gilt für die **Schonzeiten**, die von Fluß zu See verschieden sein können. Manche Flüsse sind sogar ein ganzes Jahr lang für Angler tabu, damit sich der Bestand von Überfischung und Krankheiten erholen kann. Die Lachssaison beginnt meist am 1.6. und endet zwischen Mitte August und Mitte September. Auch hier sind lokal abweichende Regelungen möglich.

■ Das Buch **Angeln in Norwegen** enthält alle notwendigen Informationen, stellt die einzelnen Angelgebiete vor und verrät, wo Sie die Angelscheine kaufen können. Herausgeber ist der Verlag »Nortrabooks«, der zur norwegischen Tourismusindustrie gehört und meist schönfärberische Bücher veröffentlicht, was bei einem nüchternen Angelführer nicht funktioniert. Der Preis (39,80 DM) ist happig, zumal man nur einen kleinen Ausschnitt der angegebenen Gebiete bereisen kann, doch vielleicht können sich mehrere passionierte Angelfreunde ein Buch teilen? Bezug siehe unter »Karten« im Kapitel »Vor der Reise«.

Fahrradfahren

Für Radwanderungen spricht die langsame Fortbewegung, die die Landschaft intensiver erfahren läßt. Jederzeit und überall kann der Radler einen Halt einlegen, schauen, genießen. Der eigene Rhythmus einer Fahrradreise bestimmt so alltägliche Dinge wie Übernachtung und Verpflegung, indem man nicht ohne weiteres einem Schlechtwettergebiet entfliehen oder die Packtaschen mit x-beliebig vielen Waren auffüllen kann. Der Kontakt zur Natur ist unmittelbar, der Bruch mit der Zivilisation ebenso. Wer das ohne Wehklagen verkraften kann, wird seinen Spaß haben.

Ein klassisches Radlerland ist Norwegen jedoch nicht. Die mitunter häufigen Wetterwechsel können mürbe machen. Die gebirgige Geographie mit ihrem anstrengenden Auf und Ab erfordert schon eine gewisse Fitneß. Unbeleuchtete oder schlecht belüftete Tunnel durchkreuzen so manchen Routenwunsch. Im westnorwegischen Fjordland bleiben nur wenige Straßen, auf denen sich der Verkehr konzentriert. Zwar gibt es Nebenstraßen, auf denen Radler ohne Verkehrsstreß vorwärtskommen, doch sind sie nicht so miteinander verknüpft wie in anderen Landesteilen.

Die günstigsten geographischen Voraussetzungen bieten die waldreichen Gebiete Telemark und Ostnorwegen, beide von vielen schmalen Sträßchen abseits der Hauptverkehrsrouten durchzogen. Im Gegensatz zu den abgeschiedenen Gebirgsregionen kann es hier jedoch Schwierigkeiten bereiten, einen Zeltplatz für die Nacht zu erspähen, weil die schönsten Seen oft von Ferienhäusern okkupiert sind. Auch für Radwanderer gelten die Regeln des Jedermannrechts. Ein nett gelegener Campingplatz ist allemal einem ungemütlichen Wildcamping vorzuziehen.

Die Schokoladenseiten des Radlerlebens kann auch erfahren, wer den eigenen Drahtesel im oder am Auto verstaut, um sich auf Tagestouren zu begeben. In Unterkünften, Sportgeschäften und Touristenbüros können geländegängige Fahrräder gemietet werden. Eine der spannendsten Routen, auch für Tagesausflügler, führt auf einem alten Transportweg aus der Zeit des Eisenbahnbaus über die Hardangervidda; siehe unter »Flåm, Rallarvegen«.

Golf

Golfplätze sind auch in Norwegen im Kommen, obwohl die Saison auf Mai bis September begrenzt ist und sich solche Investitionen erst allmählich amortisieren. In den einzelnen Kapiteln sind unter »Verschiedenes« Adressen und Telefonnummern von Golfplätzen vermerkt. Eine Gastkarte kommt auf etwa 100–250 NOK. Doch nicht überall können Sie ohne weiteres mitmischen. Deshalb empfiehlt es sich, vor Reiseantritt den Dachverband anzuschreiben.

■ **Information:** *Norges Golfforbund,* Hauger Skolevei 1, N-1351 Rud.

Kanu, Kajak, Rafting

Zahlreiche an Seen und Flüssen gelegenen Campingplätze vermieten Kanus, Kajaks, Ruderboote. Raftingtouren bieten professionelle »Erlebniszentren« an, die auch mehrtägige Wildnis-Ferien sowie andere modische Aktivitäten wie Paragliding und Freeclimbing in ihren Programmen führen.

■ **Information:** *Norges Kajakkforbund,* Hauger Skolevei 1, N-1351 Rud.

Mineralogie

Im südlichen Setesdal verteilen sich Dutzende ehemaliger Gruben und Steinbrüche über ein ausgedehntes Gebiet. Einige davon sind passionierten Steinklopfern zugänglich. Mit dem »Setesdal Mineral Park« bei Evje hat man die rechte Form der Vermarktung gefunden. Mehr im Setesdal-Kapitel.

Reiten

Die genannten Vereine und Gestütsbesitzer organisieren Ausritte und stellen erfahrenen Reitern Pferde zur Verfügung. Wegen der Imagepflege besitzen die meisten natürlich Fjordpferde. Wer nicht zum ersten Mal auf einem Pferderücken sitzt, kann sich einer mehrtägigen Tour ins Hochland anschließen, das Nonplusultra in nordischen Landen. Für solche Ausflüge sind meist langfristige Anmeldungen erforderlich. Eine der attraktivsten Wochentouren führt auf die Hardangervidda; siehe unter »Rjukan«.

■ **Information:** *Norsk Rytterforbund,* Hauger Skolevei 1, N-1351 Rud.

Tauchen

Die rauhe Küste Norwegens hat viele Schiffe in die Tiefe gezogen. Wracks und die (an der Westküste eher als an der Südküste) intakte Unterwasserwelt bilden ein spannendes Revier für Taucher. Entlang der Küste bieten Tauchklubs Kurse für Anfänger sowie

Anglerfreuden (oben); der Kontakt zur Natur ist unmittelbar, aber anstrengend: Radwandern in Norwegen ▶

Exkursionen für Fortgeschrittene an, teilweise auch Quartiere. Die Ausrüstung kann gemietet werden. Es gibt Klubs, die sich auf Gruppen konzentrieren und Individualtouristen abblitzen lassen; deshalb vorher anfragen. Wer seine Luftflaschen mitbringt, muß ein Zertifikat vorweisen, damit sie aufgefüllt werden.

■ **Information:** *Norsk Dykkerforbund,* Hauger Skolevei 1, N-1351 Rud.

Tiersafaris

Fotosafaris spüren im Rahmen einer organisierten Tour die Protagonisten der nordischen Tierwelt auf. Hoch im Kurs stehen Elche, Biber und die Moschusochsen auf dem Dovrefjell. Diese Exkursionen schaden der Natur normalerweise weniger, als wenn ungenügend informierte Touristen auf eigene Faust durch die Botanik streifen.

Vogelkunde

Die Insel Runde gilt als größtes norwegische Vogelparadies unterhalb des Polarkreises. Sie wird als Ausflug im Kapitel über Ålesund ausführlich vorgestellt.

Wasserfreuden

An der Küste verteilen sich zwar viele Sandstrände, doch zum Baden dürfte es der Mehrzahl der mitteleuropäischen Touristen meist etwas zu frisch sein. Am wärmsten ist das Wasser von Juli bis Mitte August. Alternativ finden sich in in jeder Gemeinde Schwimmbäder, in Einzelfällen sogar mit Meerwasser gespeist.

An Küste und Fjorden vermieten Vereine wie Hotels Segelboote und Surfbretter oder stellen Motorboote zum Wasserskilaufen zur Verfügung.

Geschichte und Gegenwart

Die älteste Spuren menschlicher Besiedlung stammen aus der älteren Steinzeit, als die Gletscher der letzten Eiszeit zu schmelzen begannen (10.000 bis 9.000 v. Chr.). Es handelt sich um Schädelfunde und ausgegrabene Flintsteine – Kieselgestein aus Quarz oder verwandten Gesteinsarten, das leicht zu bearbeiten ist und aus dem sich, typisch für diese Epoche, Gebrauchsgegenstände herstellen ließen. Jene Urnorweger, streng genommen Indogermanen, gingen entlang der Südküste auf Rentierjagd, später auf Fischfang.

In der jüngeren Steinzeit (4000 bis 1500 v. Chr.) wurden die bis dahin ortsungebundenen Sippen seßhaft. Sie hielten sich nun domestiziertes Vieh und bauten Kulturpflanzen wie Gerste und Weizen an, wenn der felsige Boden auch nur spärliche Zonen preisgab. Aus Jungsteinzeit und Bronzezeit (1500 bis 500 v. Chr.) stammen die ältesten Felszeichnungen. Sie zeigen Boote, Bäume, Symbole sowie schematisierte Darstellungen von Menschen und Tieren. Felszeichnungen (norwegisch: helleristninger) waren Bestandteile von Riten, sollten z. B. die Götter beschwören, damit den Jägern das Glück hold sei oder daß die Ernte gut ausfalle. Ein anderes Relikt dieser Zeit sind die Grabhügel, die Macht und Reichtum des Sippenführers dokumentierten.

Parallel mit dem Übergang von der Bronze- zur Eisenzeit (500 v. Chr.) wurde es kälter und feuchter in Nordeuropa. Der Klimaumschwung erzwang den Bau fester Unterkünfte, die von der Schlafstätte bis zum Viehstall alles unter einem Dach vereinten. Als Baumaterialen bewährten sich Holz und Grassoden. Klimawechsel, Übervölkerung, Streit zwischen den einzelnen Stämmen und Abenteuerlust gelten als die Ursachen der Völkerwanderung, die noch vor dem Beginn unserer Zeitrechnung einsetzte. Als Germanen und Römer ihre ersten Kämpfe ausfochten, waren noch keine Stämme aus dem Norden beteiligt. Die Haruden, die wahrscheinlich aus dem heutigen Hardanger stammten, gehörten um 450 n.Chr. zu den ersten Urnorwegern, die es nach Mitteleuropa zog. In der Regel kamen die reisefreudigen Nor(d)mannen gut mit der angestammten Bevölkerung aus. Sie trieben Handel oder nahmen sich (unbesideltes) Land, zum Beispiel Inseln vor der Küste Schottlands, die sich gut für die Schafzucht eigneten.

Wie schrecklich war Hägar?

Als Wendepunkt gilt das Jahr 793, als eine Horde Normannen die kleine Holy Island vor der Ostküste Englands heimsuchte. Sie plünderten das

Kloster Lindisfarne, brannten es nieder und erschlugen die Mönche. In der Folgezeit häuften sich solche Vorkommnisse, verbreiteten die Wikinger, wie sich die Normannen auf Beutezug nannten, Angst und Schrecken. Sie bildeten keine Volksgemeinschaft, und der Name »Wikinger« galt nicht nur für Norweger, sondern auch für Südschweden und Dänen. Gleichzeitig betätigte sich nicht jeder Normanne als Wikinger: Während sich die einen auf Beutezug begaben, segelten andere zu den Handelsplätzen, gründeten Siedlungen oder kombinierten diese Lebensformen miteinander. Auf Handels- oder Beutefahrten segelten Normannen nach Colonia (Köln) und Parisia (Paris), nach England und Irland, zum Mittelmeer oder über die Wolga. Sie verdingten sich als Leibwachen der Kaiser von Byzanz und überquerten mit ihren Booten auf dem Landweg enorme Entferungen bis zum Schwarzen Meer. Ob Händler oder Räuber — daß sie relativ unangefochten Meere und Flüsse beherrschten, verdankten sie ihrer Schiffsbaukunst. Die wendigen, solid gebauten Drachenboote waren den anderen Konstruktionen überlegen.

Ein Grund für die aggressive Expansion in der Fremde waren die Zustände zu Hause, wo Zwist und Landnot zunahmen und die Axt immer häufiger als Argumentationshilfe eingesetzt wurde. Norwegen bestand um 850 aus vielen kleinen Fürstentümern, die nichts Besseres zu tun hatten, als miteinander um die Macht zu konkurrieren. Einer dieser Potentaten war *Harald Hårfagre* (um 850 – 933), dessen Beiname »Schönhaar« auf eine stattliche Erscheinung schließen läßt. Nachdem Harald mit einer Reihe anderer Kleinherrscher Bündnisse geschlossen hatte, stellte er sich in der Schlacht von Hafrsfjord seinen ärgsten Widersachern. Es muß ein fürchterliches Gemetzel gewesen sein, das sich da draußen in dem kleinen Fjord ganz in der Nähe von Stavanger abspielte. Haralds Sieg vereinte Norwegen erstmals zu einem Reich und machte ihn selbst zum König. Er festigte seine Macht, indem er die »gewonnenen« Landstriche unter seinen zahlreichen Nachkommen verteilte, führte eine Art Steuersystem in Naturalien ein und stellte die Bauern dafür unter seinen Schutz.

Da Schönhaars Versöhnungswillen begrenzt war, mußten viele der Unterlegenen ihr Glück anderswo versuchen. Sie besannen sich auf ihre Tugenden als Siedler, Händler und Räuber. Zu den bekanntesten neuen Siedlungen gehörten 875 die Hebriden, Shetlands, Orkneys und die Insel Man. Doch Harald Schönhaar säuberte die britischen Inseln von allen Wikingern, die ihm nicht treu ergeben waren. Bereits 874 hatten sich die ersten Normannen auf Island niedergelassen, wo nur ein paar irische Mönche lebten. Die Neu-Isländer unterhielten zwar enge Handelsbeziehungen mit dem norwegischen Mutterland, blieben aber unabhängig. Der Händler *Gunnbjørn*, den ein Sturm

875 an Island vorbeitrieb, sichtete weiter östlich ein gebirgiges Land, kam wegen des Eises aber nicht weiter voran. Auf diese Überlieferung besann sich 982 *Erik der Rote*, ein streitbarer Wikinger, der aus Norwegen nach Island verbannt worden war, aber auch dort keine friedliche Atmosphäre verbreitete. Erik segelte los zu neuen Ufern – und entdeckte Grönland. Um 1000 stießen Grönland- oder Island-Wikinger nach Nordamerika vor; manche Quellen sprechen von Eriks Sohn *Leif*. Ausgrabungen, die norwegische Archäologen in den 1960er Jahren auf Neufundland vornahmen, förderten Reste von Siedlungen zutage, die denen der grönländischen und isländischen Normannen entsprachen.

Festigung und Zerfall

Um die Jahrtausendwende ebbten die Wikingerzüge auf dem europäischen Kontinent ab. Ob das mit dem Christentum zu tun hatte, das sich zum selben Zeitpunkt zu Hause durchsetzte? Haralds einst geschlossenes Reich bröckelte wieder, und sein getaufter Urenkel, König *Olav Tryggvasson*, hatte zwar die Kleinherrscher im südlichen und westlichen Norwegen bekehrt, starb aber im Kampf gegen die »unheilige« Allianz aus Dänen, Schweden und Trøndelager Fürsten. Erst König *Olav Haraldsson* gelang es, den neuen Glauben endgültig durchzusetzen. Daß seine Überzeugungsarbeit auf Feuer und Schwert basierte, gereicht ihm nicht zu Ehren, entsprach aber der christlichen Praxis im Mittelalter. So verwundert es auch nicht, daß Olav 1030 in der Schlacht von Stiklestad sein Ende fand. Im Jahr darauf wurde er heilig gesprochen. *Magnus Olavsson*, der von 1035 bis 1047 regierte, konsolidierte Reich und Königshaus und behauptete sich gegen die Besitzansprüche der dänischen und schwedischen Nachbarn.

Die neue Stabilität zeigte erste Auswirkungen: 1048 wurde *Oslo* gegründet, 1070 *Bergen*, dank der verkehrsgünstigen Lage an der Westküste die wichtigste Stadt nach dem Bischofssitz und Königshof *Nidaros*, dem heutigen *Trondheim*. 1250 erteilte König *Håkon IV.* der Lübecker Hanse eine Art Handelszuschlag für Bergen. Die straff geführte Kaufmannsgilde organisierte ein Handelsnetz, das halb Europa umspannte, und trat sozusagen die Nachfolge der Normannen an. Die Koggen der Hanse erwiesen sich als die bestgebauten Schiffe seit den Drachenbooten der Wikinger. 1262 wurden Island und Grönland in das norwegische Königreich integriert. Island hatte seit Eriks Zeiten mehr oder weniger unter dem Einfluß der norwegischen Herrscher gestanden. Erpressungen, Intrigen sowie Streit unter den Isländern bereiteten den Boden, um die »Kolonie« zu binden und folgsame Leute in weltliche und geistliche Positionen zu hieven, auf die sich die Herrscher im fernen Nidaros verlassen konnten. Norwegen befand sich auf dem Höhepunkt seiner Macht und in einer Phase relativen Wohlstands, der freilich nur den privilegierten Schichten vorbehalten blieb. Bauern und Fischer lebten in Abhängigkeit und finanzierten direkt oder indirekt Gesetzmäßigkeiten und Launen des Feudalsystems.

1349 brach die Pest über Norwegen herein und raffte mehr als die Hälfte der Bevölkerung dahin. Eine eindrucksvolle Schilderung finden Sie in Sigrid Undsets Romantrilogie »Kristin Lavranstochter«. Eine weitere Katastrophe, wenn auch ganz anderer Art, hatte 1319 begonnen, ohne daß die Konsequenzen vorherzusehen waren. Da *Håkon V.* keine männlichen Erben hinterließ, sahen sich die Patrizier nach einem neuen König um und entschieden sich für den Schwedenkönig *Magnus Eriksson*, der die Krone 1343 seinem Sohn *Håkon VI.* überließ. Nach dessen Tod 1380 war es mit der Selbständigkeit Norwegens plötzlich vorbei. Håkons dänische Witwe, *Margarethe I.*, durfte zwar den Thron nicht besteigen, zog aber geschickt die Fäden und betrieb die Vereinigung von Dänemark und Norwegen, die 1387 mit der Krönung Margarethes als kleinskandinavische Königin offiziell besiegelt wurde – Erbfolgeregelung hin oder her. Aus klein machte sie groß, indem sie 1397 die Verflechtung der nordischen Königshäuser nutzte und die Kalmarer Union gründete, in der sich nun auch Schweden wiederfand. Die umtriebige Margarethe strebte mit ihrem jetzt großskandinavischen Reich nach Höherem, doch das ist mehr dänische als norwegische Geschichte.

Während Schweden ständig gegen die Zwangsunion rebellierte und 1523 unter Gustav Vasa die Unabhängigkeit erkämpfte, verkümmerte Norwegen zur dänischen Provinz. Die fernen Herrscher in Kopenhagen besetzten die entscheidenden Verwaltungsposten mit eigenen Leuten und machten das Dänische zur Amtssprache. Sie verschacherten die Shetlands und Orkneys als Mitgift an das schottische Königshaus. Die Handelsrechte verkauften sie an ausländische Geschäftsleute, neben den Deutschen von der Hanse meist Engländer, Schotten und Holländer. Was die dann in ihren Machtbereichen trieben, berührte die Dänenkönige wenig. Kaum einen adligen Lehensherrn hielt es länger als notwendig dort draußen an der Peripherie. Das Schicksal der Bauern und Fischer werden Sie in den einzelnen Kapiteln dieses Buches kennenlernen.

Union mit Schweden

Mit dem Kieler Frieden 1814 wurde Europa neu aufgeteilt. Dänemark, das als Verbündeter Napoleons zu den Verlierern gehörte, verlor Norwegen an Schweden. Norwegen hatte unter den Napoleonischen Kriegen schwer gelitten: Zum einen legte die englische Seeblockade den Handel lahm, zum anderen mußten viele Norweger als Soldaten ihr Leben lassen. Um so verständlicher, daß sich 1814 die Stimmen mehrten, die die Unabhängigkeit forderten und die Union mit Schweden verwarfen. Der dänische Statthalter in *Christiania*, wie Oslo inzwischen hieß,

Die Trolle haben ihre Spuren in der Geschichte hinterlassen –
nur nachzuweisen ist ihnen nichts ▶

war ein Neffe des aktuellen Dänenkönigs. Er engagierte sich für die Bildung einer Verfassunggebenden Versammlung, ohne insgeheim das Ziel einer Wiedervereinigung von Norwegen und Dänemark aus den Augen zu verlieren. In Eidsvoll, nördlich von Christiania, trafen sich im April 1814 112 Abgeordnete zur Nationalversammlung. Am 17. Mai verabschiedeten sie die neue Verfassung und wählten den dänischen Prinzen *Christian Fredrik* zum König. Die Schweden zeigten sich allerdings nicht bereit, auf die Union zu verzichten. Nach erfolglosen Verhandlungen zwangen sie Christiania mit militärischem Druck zum Nachgeben. Immerhin erkannte Schwedens König *Karl Johan* die Nationalversammlung und ihre Verfassung an, setzte allerdings Änderungen durch, die die Union bestätigten und die Außenpolitik den Schweden unterstellte. Trotzdem bedeutete der Unionsvertrag eine wesentliche staatsrechtliche Verbesserung für Norwegen. Die neue Verfassung hatte nationale Rechte institutionalisiert, die den Auftakt zum langen Marsch in die Unabhängigkeit bildeten. Der 17. Mai war fortan Nationalfeiertag. Die Nationalversammlung konstituierte sich in Christiania. Die Mitglieder verlegten sich auf eine Taktik der kleinen Schritte, um mehr Freiheiten zu erreichen. Das norwegische Parlament, das *Storting*, sollte noch bis 1884 auf sich warten lassen.

Bedeutsamer war die nationale Bewegung in Teilen der Bevölkerung, die in Eidsvoll ihren Anfang nahm: 434 Jahre zur geschichtslosen Randlage Europas degradiert, besannen sich Intellektuelle, Künstler und gewöhnliche Bürger auf alles, was sie als urnorwegisch einstuften: Wikinger, Stabkirchen, Kunsthandwerk wie die bäuerliche Rosenmalerei, bestimmte Darstellungsformen von Kunst und, ganz wichtig, Sprache und Literatur. 1872 wurde der tausendste Jahrestag der Schlacht am Hafrsfjord mit Gedächtnisfeiern und der Enthüllung eines Haralds-Denkmals in Haugesund gewürdigt. Der Rest der typisch norwegischen Stabkirchen, die seit dem Mittelalter zu Hunderten verfallen waren, geriet allmählich in den Mittelpunkt der Denkmalspflege. Der Bergenser *Johan Christian Dahl* (1788–1857) malte wirklichkeitsnahe Bilder nordischer Landschaften und traf den Nerv der Zeit. Die Sagas feierten Wiederauferstehung, und die norwegischen Märchen, die *Asbjørnsen und Moe* 1842 herausgaben, sind noch heute ein gefragtes Geschenk. Zu den glühendsten Patrioten gehörten viele Schriftsteller, darunter *Henrik Wergeland* (1808–1845), der sich auch als Politiker betätigte. Um die Sprache von allem Dänischen zu reinigen, engagierten sich Wissenschaftler wie Hobby-Sprachforscher: Einer von ihnen, der Bauer *Ivar Aasen* (1813–1896) aus Møre in Westnorwegen, schuf aus den Dialekten der ländlichen Gebieten eine neue alte Sprache und gilt als Urheber der kuriosen Situation, daß im heutigen Norwegen zwei Schriftsprachen gleichberechtigt nebeneinanderstehen; siehe nächstes Kapitel.

Auch wenn nicht alle Norweger einen solch missionarischen Eifer an den Tag legten, stieß die Suche nach nationaler Identität meist auf offene Ohren. Der Nachholbedarf war enorm, und seine Umsetzung glich ein wenig die ökonomischen Probleme aus, denen sich das Land damals gegenübersah. In den ersten dreißig Jahren der Union stand Norwegen ständig am Rand der Pleite. Doch die Gesundung der Staatsfinanzen bedeutete noch keine Verbesserung des allgemeinen Lebensstandards. Bauern und Fischer lebten unverändert in Abhängigkeit von Abnehmern und Grundeigentümern und trugen das Risiko einer schlechten Saison. Die landwirtschaftlichen Produktionsmethoden waren überholt. Und obwohl die Bauern künftig mehr Viehhaltung und Milchwirtschaft betrieben, obwohl sich mit der Erfindung der Harpunenkanone der Walfang als Wirtschaftszweig etablierte, obwohl die Fortschritte in der Schiffbautechnik den Fischfang erleichterten und den Grundstein zu einer der größten Handelsflotten überhaupt legten und obwohl die Industrialisierung einsetzte, reichten die vorhandenen Arbeitsplätze und Wirtschaftsstrukturen nicht aus, um die stetig wachsende Bevölkerung zu ernähren. Zwischen 1825 und 1915 verließen rund 800.000 Menschen das Land auf der Suche nach einem besseren Leben. Die meisten Schiffe brachen gen Nordamerika auf. Der schwedische Autor Vilhelm Moberg schildert in »Die Auswanderer« und »In der neuen Welt« das harte Schicksal der Emigranten.

Endlich unabhängig

Das nadelstichartige Taktieren des Stortings führte zum Ziel: 1905 entschieden sich die Norweger in einer ersten Volksabstimmung für die vollständige Souveränität, in einer zweiten für die konstitutionelle Monarchie als Staatsform. Landeshauptstadt wurde Christiania. Schweden verzichtete auf eine militärische Intervention – wenn man bedenkt, mit welcher Hingabe die Völker Mitteleuropas neun Jahre später in den Krieg zogen, verdient diese Entscheidung Anerkennung.

Den König mußte sich Norwegen von außerhalb besorgen. Der dänische Prinz Carl wurde als *Håkon VII.* im Nidaros-Dom zu Trondheim gekrönt. 1913 beschloß das Storting das fällige Frauenwahlrecht. Zur selben Zeit begann der Bau von Anlagen für die Wasserkraftgewinnung, die das Land heute zusammen mit dem Öl energieunabhängig macht. Im Ersten Weltkrieg erklärte sich Norwegen neutral. Da die Handelsflotte, inzwischen die drittgrößte überhaupt, überwiegend Versorgungseinsätze für die Alliierten fuhr, verloren die Reeder im U-Boot-Krieg beinahe die Hälfte ihrer Schiffe. Trotzdem verdienten sie prächtig am Krieg und schufen sich eine starke Position auf dem internationalen Markt. 1924 erhielt *Kristiania*, nachdem die Schreibweise bereits norwegisiert worden war, seinen ursprünglichen Namen Oslo zurück.

Auch auf anderen Gebieten machten NorwegerInnen von sich reden: Bereits 1903 hatte *Bjørnstjerne Bjørnson* (1832–1910), Wegbereiter des literarischen Realismus im eigenen Land, für sein Lebenswerk den Literaturnobelpreis erhalten. Ihm folgten 1920 der geniale Erzähler *Knut Hamsun* (1859–1952, »Hunger«, »Pan«, »Victoria«, »Segen der Erde«) sowie 1928 *Sigrid Undset* (1882–1949, »Jenny«, »Frühling«, »Kristin Lavranstochter«). 1911 erreichte *Roald Amundsen* als erster Mensch den Südpol. 1924 wurde sein Ex-Kollege *Fridtjof Nansen*, mittlerweile Hochkommissar beim Völkerbund, mit dem Friedensnobelpreis ausgezeichnet, nachdem er sich erfolgreich um die Rückführung von Kriegsgefangenen nach dem Ersten Weltkrieg bemüht hatte.

Der Zweite Weltkrieg

Der Zweite Weltkrieg ist das finsterste Kapitel der jüngeren norwegischen Geschichte. Am 9. April 1940 besetzte Hitlers Wehrmacht das Land, um den nordnorwegischen Erzausfuhrhafen Narvik zu kontrollieren, Flottenstützpunkte an der Küste zu postieren und eine Nordflanke für den Angriff auf die Sowjetunion zu schaffen. Der Überfall mit Namen »Weserübung« verlief planmäßig – abgesehen von einer Ausnahme: Im Oslofjord versenkte eine altertümliche Kanone den Kreuzer »Blücher«, verzögerte so die Einnahme Oslos und ermöglichte König und Parlament die Flucht nach England. Håkon VII. lehnte jede Verhandlung mit den Deutschen ab und übertrug dem Storting die Vollmacht für den Widerstand. Die Deutschen bombardierten ebenso gezielt wie willkürlich norwegische Städte. Im Norden gelang es britischen, französischen, polnischen und einheimischen Verbänden, Narvik zurückzuerobern; der Kriegsausbruch in Frankreich bewog die Alliierten dann aber zur Einstellung des Kampfes. In den ersten Besatzungstagen verloren schätzungsweise 7500 Menschen das Leben.

Die Deutschen setzten den Norweger *Vidkun Quisling* in Oslo als Statthalter ein, der allerdings den Weisungen aus dem militärischen Oberkommando unterstand. Quisling, früher Verteidigungsminister, war bereits im Dezember 1939 zu vorbereitenden Gesprächen nach Berlin gereist; sein Name entwickelte sich zum Synonym für Kollaborateur.

Der Widerstand zeigte sich in verschiedenen Formen: Der Großteil der Handelsflotte war bei Kriegsausbruch 1939 vorsichtshalber in Großbritannien stationiert worden und nun für die Alliierten unterwegs, Juden wurden heimlich über die Grenze nach Schweden geschleust, und zahlreiche Norweger beteiligten sich unter britischem Oberbefehl an Überfällen und Sabotageakten oder kämpften als Partisanen. Viele mußten ihren Einsatz mit dem Leben bezahlen. In Gefangenen- und Arbeitslagern fristeten

Widerstandskämpfer neben slawischen und anderen Kriegsgefangenen ein kümmerliches Dasein. Als sich 1943 die Niederlage der Deutschen auf dem Kontinent abzeichnete, nahmen die Grausamkeiten zu. Bei ihrem Rückzug hinterließ die Wehrmacht in Nordnorwegen verbrannte Städte, Siedlungen und Fabriken.

Am 7. Mai 1945 kapitulierte das deutsche Oberkommando in Norwegen. Der König kehrte aus dem Exil zurück und wurde für seine hartnäckige Haltung mit Jubel in den Straßen Oslos empfangen. Vidkun Quisling wurde zum Tode verurteilt und hingerichtet. Ungefähr 20.000 Norweger, darunter der betagte Schriftsteller Knut Hamsun, erhielten Gefängnisstrafen wegen Kollaboration. Die Abrechnung mit der Vergangenheit führte zu tragischen Szenen innerhalb der Bevölkerung. Frauen, die mit deutschen Soldaten befreundet gewesen waren, mußten Beschimpfungen und in Einzelfällen auch Mißhandlungen über sich ergehen lassen – die Selbstjustiz und ihre Ursachen galten lange Zeit als Tabuthema.

Der plötzliche Reichtum

Als im Herbst 1945 das Storting neu gewählt wurde, erreichte die sozialdemokratische Arbeiterpartei erstmals die absolute Mehrheit, die sie erst 1961 wieder abgeben sollte. In ihre Amtszeit fielen die Wiederaufbauphase, die Beitritte 1960 zur Europäischen Freihandelszone EFTA und 1949 zur NATO, das Resultat der Besatzungszeit im Zweiten Weltkrieg. Offiziell blieben die Stationierung fremder Truppen und die Lagerung von Atomwaffen untersagt. Bis in die 60er Jahre sollten die traditionellen Erwerbssparten Fischerei und Landwirtschaft die tragenden Säulen der Wirtschaft bleiben.

1957 folgte *Olav V.* seinem verstorbenen Vater als König. Die Aufgaben der Königsfamilie beschränken sich gemäß der Verfassung auf Repräsentation. Olav V. starb 1991, worauf sein Sohn als *Harald V.* den Thron bestieg.

1964 begann eine neue Ära für Norwegen, als in der Nordsee die ersten Probebohrungen nach Öl aufgenommen wurden. Fünf Jahre dauerte es, bis Rentabilität versprechende Vorkommen feststanden. Die Ausbeutung des Ekofisk-Feldes, südwestlich von Stavanger, startete 1971, und ein Jahr später folgte die Gründung der staatlichen Ölgesellschaft Statoil. Stavanger etablierte sich als Ölmetropole, in der das Zusammenprallen von Alt und Neu heute am deutlichsten zu verfolgen ist.

1972 entschieden sich die Norweger per Volksabstimmung gegen die Mitgliedschaft in der Europäischen Gemeinschaft. Für nordische Verhältnisse verlief die Diskussion ungewöhnlich heftig und hinterließ Gräben in Familien wie Parteifraktionen.

Die Erdölförderung verhalf Norwegen zu außerordentlichen Einnahmen. Die einheimische Wirtschaft war so stark, daß sie sich von den internationalen Krisen vorerst freihielt. Nach schwedischem Vorbild entstand ein Wohlfahrtsstaat, der seit 1945 im Kleinen vorbereitet worden war, nun aber im Großen finanziert werden konnte. Doch obwohl es das erklärte Ziel aller Regierungen war, die anderen Wirtschaftszweige möglichst unabhängig von der Ölförderung zu halten, ist es genau umgekehrt gekommen. Die Ölwirtschaft hat den Norwegern hohe Löhne und hohe Preise beschert. Facharbeiter zogen und ziehen in die Ölzentren entlang der Westküste; viele junge Menschen wanderten in die Städte ab, unterstützt durch die unselige Zentralisierungspolitik der frühen 70er Jahre. Die traditionellen Wirtschaftszweige hatten das Nachsehen, wie das Beispiel Fischerei zeigt: Vom Fischfang ohne finanzielle Unterstützung oder Nebenjob zu leben, ist heute eigentlich unmöglich. Die radikale Dezimierung der Fischbestände und die industrialisierte Fangtechnik haben ganze Küstenstriche nahezu entvölkert, zumal die Städte ein komfortableres und weniger hartes Leben versprechen. Inzwischen korrigierte das Parlament seine frühere Leitlinie, indem es steuerliche Anreize für diejenigen beschloß, die in spärlich besiedelten Landstrichen bleiben oder dort hinziehen. Die unheilvolle Bindung der Gesamtwirtschaft an die Kapriolen des Ölpreises hat jedenfalls ihre Spuren hinterlassen, Anfang der 90er zum Beispiel die höchste Arbeitslosigkeit seit Jahrzehnten.

Trotzdem stärkte die Parlamentswahl 1993 überraschend der regierenden Arbeiterpartei unter *Gro Harlem Brundtland* den Rücken (36,9 %). Den drei konservativen Parteien Høyre (17 %), Zentrum (16,8 %) und Christliche Volkspartei (7,9 %) trauten die Bürger keine langfristigen Perspektiven zu. Zweimal, 1985 und 1989, hatten die zuvor die Parlamentswahlen gewonnen, waren sich innerhalb eines Jahres in die Haare geraten und danach jeweils von einem Minderheitskabinett Brundtland abgelöst worden – die Verfassung schließt Neuwahlen aus.

Schreckgespenst EU

Seit sie im Konzert der großen Wirtschaftsnationen mitsingen, haben die Norweger viele Segnungen und Mißgriffe der modernen Zeit nachgeahmt. Leider haben sie die Tendenz, der Welt beweisen zu wollen, wie toll ihr Land ist. Anstatt die Natur für sich sprechen zu lassen, wurden Betonburgen, Einweg-Verpackungen und Hamburger-Ketten wie selbstverständlich importiert. Anders bei den gelungenen Olympischen Winterspielen 1994 in Lillehammer, als sich das Organisationskomitee, das Betonspektakel von Albertville noch vor Augen, rechtzeitig darauf besonnen hatte, »grüne Spiele« zu präsentieren. Die internationale Anerkennung hat die Norweger in ihrem unerschütterlichen Glauben an sich selbst bestärkt; oder ist der gar nicht so unerschütterlich?

Die Debatte um den Beitritt zur EU verlief ähnlich heißblütig wie die erste 1972. Die Debatte war sehr von Emotionen geprägt, die selbst abstruse Argumente nicht aus den Schlagzeilen hielt. So war manchen Gegnern allein die Bezeichnung »Europäische Union« suspekt, da die unfreiwillige Zweisamkeit mit Schweden 1814–1905 ebenfalls unter dem Namen Union vollzogen worden war. Ähnlich den bayerischen Bauern, die Wahlsiege der SPD mit der Verstaatlichung ihrer Höfe gleichsetzen, beschworen die norwegischen EU-Gegner die Gefahr, daß alle nationalen Errungenschaften an die Brüsseler Machthaber zu übereignen seien. Eine Karikatur zeigte, vor dem Hintergrund der Lofoten, eine Tafelrunde, an der ein fetter Kohl den besten Platz an der Stirnseite eingenommen (und damit die geliebte Heimat symbolisch übernommen) hat. Die Argumentation der EU-Befürworter war allerdings auch nicht gerade geschickt. Da wurden wirtschaftliche Horrorszenarien entworfen, falls Norwegen nicht den Sprung in die europäische Gemeinschaft wagen würde – dieselbe Strategie hatten die Beitrittswilligen 1972 gefahren, worauf sich die ökonomische Situation trotz Ablehnung blendend entwickelte. (Pikanterweise befand sich die Konjunktur schon vor der Abstimmung im November '94 im Aufwind.) Auch 1994 geisterten ständig Zahlen und Statistiken durch die Medien, was ein Beitritt nun finanziell bringe und was nicht. Daß die EU-Gegner die Abstimmung mit knapp 53 Prozent für sich entschieden, lag letztlich an der unsicheren Antwort auf die Frage: »Was passiert, wenn?« Ein bißchen mehr Selbstsicherheit hatte ich erhofft von einer Nation, die ihr Land unverändert für den Nabel der Welt hält.

Sie hätte sicher viel Positives in die EU eingebracht, diese fortschrittliche Gesellschaft, in der etwa die Gleichberechtigung nicht nur ein Lippenbekenntnis ist. Im Storting sitzen heute 65 Frauen und 100 Männer. Im öffentlichen Dienst sollen mindestens 40 % der Beschäftigten Frauen oder Männer sein, die erforderliche Qualifikation der Berwerber vorausgesetzt. In Einrichtungen wie Krankenhäuserm, Altersheimen und Kindergärten ist der Anteil der Frauen überproportional groß, in Führungspositionen von Firmen (noch) ausgesprochen gering. Der freie Markt tut sich mit der Gleichberechtigung schwer. Und wer kann abschätzen, wie viele Ehemänner und Lebenspartner von mehr als 70 % berufstätiger Frauen im Haushalt aktiv sind? Die hohe Quote an Teilzeitjobs läßt vermuten, daß die traditionellen »Nebenaufgaben« wie Kindererziehung und Haushalt auch in Norwegen vorwiegend von den Frauen betreut werden. Auf dem Ausbildungssektor herrscht dagegen Parität. Wohltuend ist die selbstverständliche Akzeptanz der Gleichberechtigung in der Öffentlichkeit. Es ist belustigend zu verfolgen, wenn ein Tourist aus den südeuropäischen Macho-Hochburgen eine Norwegerin entdeckt, die im Straßenbau, als Baggerführerin oder Busfahrerin arbeitet, wenn derjenige den

Eine Nation – zwei Sprachen

Kopf ungläubig schüttelt oder ein verräterisch überlegenes Lächeln aufsetzt.

Sie zeigen zwei Seiten, die norwegischen Otto Normalverbraucher mit Namen *Ola* und *Kari Nordman*. Während sie werktags die Gesetzmäßigkeiten des freien Marktes widerspruchslos hinnehmen, fahren sie am Wochenende hinaus zum Angeln oder Wandern, treffen sich zum Orientierungslauf, ziehen sich in die eigene Hütte zurück, die irgendwo im Gebirge oder an der Küste steht, und finden das *hyggelig*, was etwa mit gemütlich oder angenehm übersetzt werden kann. Jeder dritte Haushalt besitzt angeblich eine solche Hütte – Tendenz steigend. Trotz Kreditkarten sind sie ein naturverbundenes Völkchen geblieben, und wer als Tourist die Zurückhaltung auf der anderen und der eigenen Seite überwindet, wird freundliche und hilfsbereite Menschen kennenlernen, die in einer rauhen, aber prächtigen Natur leben und einiges zu erzählen haben.

Norge und Noreg

Knapp 4,2 Millionen Norweger leisten sich den Luxus, gleich zwei offizielle Sprachen zu verwenden. Wie im letzten Kapitel bereits dargelegt, war Norwegen von 1380 bis 1814 dänische Provinz und wurde von Kopenhagen aus regiert. Als der »Kieler Frieden« 1814 die Union zwischen Schweden und Norwegen festlegte, regten sich infolge der Verfassunggebenden Versammlung von Eidsvoll erste national ausgerichtete Strömungen, die sich mehr Eigenständigkeit zum Ziel setzten.

Eine heftige Diskussion entbrannte um die offizielle Schriftsprache, die mit dem Dänischen nahezu identisch war. Gemäßigte Sprachforscher und Schriftsteller setzten sich dafür ein, die Schriftsprache allmählich zu »norwegisieren«. Der profilierteste Befürworter dieser Linie war der Lehrer *Knud Knudsen* (1812–1895), der als sprachlicher Berater am 1850 gegründeten Bergenser Theater großen Einfluß besaß.

Die radikaleren Kollegen hatten anderes im Sinn: Zum einen wollten sie alle dänischen Elemente ihrer Sprache ausmerzen, zum anderen durch die

Vermischung ländlicher Dialekte einen nationalen Grundwortschatz bilden. Der wichtigste Vertreter dieser Gruppe war *Ivar Aasen* (1813–1896). Der Bauernsohn und Autodidakt aus Westnorwegen hatte sich Griechisch und Latein sowie die aktuellen europäischen Kultursprachen beigebracht. Aasen betrachtete die Dialekte der ländlichen Bevölkerung als »lebendige Nachkommen des Urnorwegischen« und machte sie zum Gegenstand seiner Forschung. Von 1842 bis 1846 war er im Land unterwegs und sammelte Erkenntnisse, die er in einer Grammatik und einem Wörterbuch für die neue Sprache umsetzte.

Nicht alle Norweger teilten Aasens missionarischen Eifer. Sein Versuch, aus einem »Dialektsubstrat« eine eigenständige Sprache zu entwickeln, stieß vor allem in den Städten auf wenig Gegenliebe. Das Bürgertum schrieb nicht nur »danonorwegisch«, es sprach auch so – und sah nicht ein, nun eine völlig neue Sprache lernen zu müssen. Auch anerkannte Schriftsteller wie *Henrik Ibsen* (1828–1906) und *Bjørnstjerne Bjørnson* (1832–1910), die sich durchaus für nationale Symbole engagierten, reagierten verhalten und bevorzugten die gemäßigte Variante.

Die mit Leidenschaft geführten Auseinandersetzungen um dieses Thema führten schließlich dazu, daß beide Sprachvarianten 1885 offiziell anerkannt und seitdem durch mehrere Reformen einander angeglichen wurden. Die gemäßigte, danonorwegische Variante heißt heute *bokmål* (Buchsprache), die radikale in Aasens Tradition *nynorsk* (Neunorwegisch). Den Grundschulen wird freigestellt, ob sie in bokmål oder nynorsk unterrichten; die Lehrer sollen sich dabei nach ihren Schülern richten. In Radio und Fernsehen müssen mindestens 25 % der Beiträge in nynorsk verfaßt sein. In Postämtern und Behörden liegen Formulare in beiden Sprachen aus.

Nynorsk wird vor allem in den ländlichen Gebieten des Westens und Südwestens verwendet. Die Verstädterung entzieht dem Neunorwegischen dabei mehr und mehr die Basis. Weniger als ein Fünftel der Grundschulkinder lernen heute nynorsk. Gleichzeitig wurde 1991 die erste Gymnasialklasse vermeldet, die ihren Unterricht auf neunorwegisch hält.

Der Sprachenstreit schwelt unverändert; er war und ist auch sozial motiviert. Nynorsk-Anhänger beklagen ein verstecktes Taktieren der anderen Seite, um das Neunorwegische unter den gesetzlich garantierten Anteil in Presse und Rundfunk zu drücken. Die Gegenseite erzählt von Rundfunkredakteuren, die gefeuert worden seien, weil sie Angleichungen abgelehnt hätten und nicht auf die bis dahin gültige bokmål-Version verzichten wollten. Es gibt radikale bokmål-Anhänger, die die »primitive Bauernsprache« einfach ignorieren und ihr vorwerfen, zu wenig adäquate Begriffe für Abstrakta zu beinhalten. Ein weiterer Beleg für die soziale Komponente ist die Nachahmung der »gehobenen Sprache«, wenn unterschiedliche soziale Schichten aufeinandertreffen. Ein Kenner der Debatten schildert den Fall eines Dorfes, in dem ein größeres Bauvorhaben anstand. Die Ingenieure kamen von außerhalb und brachten ihr bokmål mit, das die ihnen direkt unterstellten Mitarbeiter aus dem Dorf mit der Zeit übernahmen. So kletterte bokmål auf der sozialen Leiter nach unten und spaltete die Gemeinde, die zuvor einheitlich nynorsk gesprochen hatte.

Als Tourist in Norwegen stoßen Sie zwangsläufig auf die Spuren der Zweisprachigkeit. Milchtüten tragen entweder den Aufdruck »melk« (bokmål) oder »mjølk« (nynorsk). Das Krankenhaus heißt »sykehus« (bokmål) oder »sjukehus« (nynorsk), die Kirche »kirke« (bokmål) oder »kyrkja« (nynorsk), in manchen Gemeinden, die ihren eigenen Dialekt pflegen, auch »kirkje« oder »kyrkje«. Die Straßennamen werden unter bokmål und nynorsk aufgeteilt: So kann in einer x-beliebigen Stadt die Kongensgate (gate = bokmål) von der Strandgata (gata = nynorsk) abzweigen. An westnorwegischen Tunneln werden Sie »ved raud blink« (nynorsk) aufgefordert, bei rotem Blinklicht vor der Einfahrt zu warten, während der Hinweis andernorts bevorzugt »ved rød blink« (bokmål) geschrieben wird.

Selbst für den Landesnamen Norwegen existieren zwei Versionen, wie Sie auf Briefmarken und Banknoten bemerken werden: »Norge« (bokmål) und »Noreg« (nynorsk). Letzteres bereitete einem deutschen Urlauber Unannehmlichkeiten, als er zu Hause einen der frisch herausgegebenen 50-Kronen-Scheine zurücktauschen wollte. Der aufmerksame Bankbeamte hielt den Schein mit dem Aufdruck »Noreg« für eine Fälschung und alarmierte die Polizei. Sollten das Ihnen passieren, können Sie die Situation jetzt selbst aufklären.

Wörterkladde

Wer sich als Besucher eines kleinen Landes die Mühe gibt, das ein oder andere Wort in der Sprache der Gastgeber zu verwenden, steigt automatisch in der Achtung, wird mit (nicht unbedingt ernst gemeinten) Schmeicheleien hofiert und mag davon in verschiedener Hinsicht profitieren. Der gute Wille schafft eine positive Verbindung zum Gesprächspartner.

Die Kladde ordnet mal die deutschen, mal die norwegischen Wörter auf der linken Seite nach dem Alphabet, je nachdem, wie Sie es vor Ort vorwiegend gebrauchen können; damit es Ihnen nicht so ergeht wie einer Leserbriefschreiberin: »Gegessen haben wir manchmal Sachen, von denen wir erst hinterher oder gar nicht erfuhren, was es war.«

Auf Karten und Hinweisschildern werden Sie gelegentlich bemerken, daß Namen ein »et«, »en« oder »a« angefügt ist. Es handelt sich hierbei um direkte Artikel, die, anders als im

Deutschen, an das Substantiv angehängt werden. »et« und »en« stammen aus dem bokmål, »a« aus dem nynorsk. Die hier aufgeführten Wörter und Begriffe geben in der Regel die bokmål-Version wieder — oder statt dessen der Neuschöpfung, im Rahmen der Angleichungsreformen kreiert —, werden aber manchmal durch den entsprechenden nynorsk-Ausdruck (in Klammern) ergänzt.

Übrigens: Die drei nordischen Buchstaben Æ und æ, Ø und ø, Å und å stehen am Ende des norwegischen Alphabets, dementsprechend auch im Register am Ende dieses Buches. Bis auf die Anrede »De« (Sie) und Eigennamen gilt die Kleinschreibung.

Aussprache

Æ und æ wie ä.
Ø und ø wie ö.
Å und å wie o.
D und d: stumm vor s, nach n, l und meist als Endkonsonant.
G und g: vor j, y, selten vor i wie j.
H und h: stumm vor j und v
K und k: vor j und y wie Mischung aus k und ch
O und o: meist wie u
rs: wie sch
S und s: stimmlos
sj: meist wie sch
sk: meist wie sch (Ski)
sl: meist wie sch
U und u: meist wie ü

■ **Betonung** meist auf der ersten Silbe, bei dreisilbrigen Wörtern mitunter auf der zweiten Silbe (Har<u>dang</u>er). Ausnahmen bestätigen die Regel.

Natur

blåbær Heidelbeere
bjørn Bär
bjørnebær Brombeere
bre Gletscher(zunge)
bringebær Himbeere
busk Busch
bukt Bucht
bær Beere
dal Tal
eid Landzunge
elg Elch
elv Fluß
fjell Berg, Gebirge
fonn Gletscher
foss Wasserfall
fugl Vogel
gjedde Hecht
haug Hügel
hav Meer
jordbær Erdbeere
kirsebær Kirsche
kyst Küste
laks Lachs
li Abhang
nibba Gipfel
nype Hagebutte
odd Landzunge
reinsdyr Rentier
rips rote Johannisbeere
rødspette Scholle
røye Saibling
seter Alm
skjell Muschel
skjær Schäre
skog Wald
sjø See, Meer
sjøaure Meerforelle
solbær schwarze Johannisbeere
sund Meerenge

tange Landzunge
tind Gipfel
topp Gipfel
tre Baum
tyttebær Preiselbeere
ur Geröll
vann Wasser, See
vatn See
vidde (vidda) weite Ebene
vik Bucht
våg Bucht
ø Insel
øy (øya) Insel
ørret (aure) Forelle
å Fluß
åbbor Barsch

Wetter

is Eis
regn Regen
regn av og til ab und zu Regen
regnbyger Regenschauer
skyet bewölkt
snø Schnee
snøbyger Schneeschauer
sol (sola) Sonne
storm Sturm
tåke Nebel
vind Wind
vær Wetter
værmelding Wetterbericht

Transport

Abfahrt *avgang*
Abteil *kupé*
Ankunft *ankomst*
Ausland *utland*
Bahnhof *jernbanestasjon*
Bahnsteig *perrong*
Boot *båt*
Bus *buss, rutebil*
Busbahnhof *busstasjon*
Eisenbahn *jernbane*
Fähre *ferge (ferje)*
Fahrkarte *billett*
Fahrplan *ruteplan*
Fahrpreis *billettpris*
Flug *fly*
Flughafen *flyhavn, flyplass*
hin und zurück *retur*
Kai *kai, brygge*
Nichtraucher *ikke-røker*
reisen *reise*
Schiff *skip*
Schnellboot *hurtigbåt*
Sitzplatz *sitteplass*
Sommerfahrplan *sommerrute*
täglich *daglig*
Taxi *taxi, drosje*
von...nach *fra...til*
werktags *hverdager (kvardager)*
Winterfahrplan *vinterrute*
Zug *tog*

Unterkunft

Bett *seng*
Campingplatz *campingplass*
Doppelzimmer *dobbeltrom*
Dusche *dusj*
Einzelzimmer *enkeltrom*
frei *ledig*
Frühstück *frokost*
Halbpension *halvpension*
Hotel *hotell* – hotel ist international
Hütte *hytte (hytta)*
Jugendherberge *vandrerhjem*
Küche *kjøkken*
mit *med*
ohne *uten*
Schlafsack *sovepose*

Speisesaal *spisesal*
Tag *dag*
Tag und Nacht (24 Stunden) *døgn*
Toilette *toalett*
Trinkwasser *drikkevann*
Trockentrommel *tørketrommel*
Übernachtung *overnatting*
Vollpension *helpension*
Waschmaschine *vaskemaskin*
wie viele? *hvor mange?*
Zimmer *rom*
Zelt *telt*

Essen und Trinken

Tiere/Beeren unter »Natur«
asparges Spargel
bord Tisch
brød Brot
fisk Fisch
flatbrød Fladenbrot
fløte Sahne
frokost Frühstück
frukt Frucht
gaffel Gabel
glass Glas
grønnsaker Gemüse
gulrøt Karotte
kaffe Kaffee
kake Kuchen
kjøtt Fleisch
kjøttedeig Hackfleisch
knekkebrød Knäckebrot
kniv Messer
kop Tasse
kål Kohl
loff Weißbrot
lunsj Mittagessen
mat Essen
matvarer Lebensmittel
melk (mjølk) Milch
middag Abendessen
oksekjøtt Rindfleisch
ost Käse
pølse Wurst
regning Rechnung
rett Gericht
ris Reis
rundstykke Brötchen
røkt geräuchert
rømme Sauerrahm mit sehr hohem Fettgehalt (= Schmant)
salt Salz
skje Löffel
smør Butter
spise essen
stekt gebraten
stol Stuhl
sukker Zucker
svampe Pilz
svin Schwein
syltetøy Marmelade
tallerken Teller
te Tee
vann Wasser
vin Wein

Autoreisen

Abblendlicht *nærlys*
Abschleppdienst *redningstjeneste*
Achse *aksel*
Anlasser *selvstarter*
Auspuff *eksosrør*
Auto *bil*
Autobahn *motorvei*
Batterie *batteri*
Benzin *bensin*
Blinker *blinklys*
Dichtung *pakning*
Ersatzrad *reservehjul*
Ersatzteil *reservedel*

Fehler *feil*
Fernlicht *fjernlys*
Frostschutzmittel *frostvæske*
Führerschein *førerkort*
Getriebe *gir*
Handbremse *håndbremse*
Hupe *horn*
Keilriemen *kilerem*
Kofferraum *bagasjerom*
Kühler *kjøler*
Lenkrad *ratt*
Leihwagen *leiebil*
Moped *moped*
Motor *motor*
Motorrad *motorsykkel*
Normalbenzin *vanlig bensin*
Öl *olje*
Panne *uhell*
Reifen *dekk*
Rücklicht *baklys*
Scheinwerfer *lykt*
Sicherheitsgurt *sikkerhetsbelte*
Sicherung *sikring*
Spikes *pigger*
Straße *gate (gata)*
Unfall *ulykke*
Ventil *ventil*
Vergaser *forgasser*
Verteiler *fordeler*
Warndreieck *varseltrekant*
Werkstatt *bilverksted*
Windschutzscheibe *frontrute*
Winterreifen *vinterdekk*
Zündkerze *tennplugg*
Zündschlüssel *tenningsnøkkel*
Zündung *tenning*
Zylinder *sylinder*
Zylinderkopfdichtung *topp-pakning*

Verkehrsschilder

avgift Straßenbenutzungsgebühr
barn leker Kinder spielen
blindvei Sackgasse
bomveg (bomvei) Mautstraße
bompenger Straßenbenutzungsgebühr
dårlig veidekke schlechte Fahrbahn
forbikjøring forbudt Überholen verboten
gjennomkjøring forbudt Durchfahrt verboten
glatt veibane vereiste Fahrbahn
kjør sakte langsam fahren
lekeplass Kinderspielplatz
omkjøring Umleitung
parkering forbudt Parken verboten
parkeringsplass Parkplatz
privat veg (vei) Privatweg
stengt gesperrt
stopp forbudt Halten verboten
svake kanter Fahrbahnrand nicht befahrbar
toll Zoll
veiarbeid Straßenarbeiten, Baustelle

Autofahrer-Latein

Es ist ein Unfall passiert!
Det er skjedd en ulykke!
Mein Auto hat eine Panne
Bilen har en motorskade
Der Motor springt nicht an
Motoren vil ikke starte
Mein Auto hat eine Reifenpanne
Bilen har punktert
Wo ist die nächste Tankstelle?
Hvor er nærmeste bensinstasjon?
Darf ich hier parken?
Kan jeg parkere her?
Wie komme ich nach?

Hvordan kommer jeg til?
Wie weit ist das?
Hvor langt er det?
Können Sie mir das auf der Karte zeigen? *Kan du vise meg det på kartet?*

Ferien aktiv

angeln *fiske*
baden *bade*
Boot *båt*
klettern *klatre*
Motorboot *motorbåt*
Pferd *hest*
reiten *ride*
Ruderboot *robåt*
schwimmen *svømme*
segeln *seile*
wandern *vandre*
zu Fuß *til fots*

Wochentage

Montag *mandag*
Dienstag *tirsdag*
Mittwoch *onsdag*
Donnerstag *torsdag*
Freitag *fredag*
Samstag *lørdag*
Sonntag *søndag*

Grundzahlen

eins *en, ett*
zwei *to*
drei *tre*
vier *fire*
fünf *fem*
sechs *seks*
sieben *syv (sju)*
acht *åtte*
neun *ni*
zehn *ti*
elf *elleve*
zwölf *tolv*
dreizehn *tretten*
vierzehn *fjorten*
fünfzehn *femten*
sechzehn *seksten*
siebzehn *sytten*
achtzehn *atten*
neunzehn *nitten*
zwanzig *tyve (tjue)*
fünfundzwanzig *tjuefem*
dreißig *tretti*
vierzig *førti*
fünfzig *femti*
sechzig *seksti*
siebzig *sytti*
achtzig *åtti*
neunzig *nitti*
hundert *hundre*
tausend *tusen*

Ordnungszahlen

der erste *første*
der zweite *andre*
der dritte *tredje*
der vierte *fjerde*
der fünfte *femte*
der sechste *sjette*
der siebte *sjuende*
der achte *åttende*
der neunte *niende*
der zehnte *tiende*
der dreizehnte *trettende*
der vierzehnte *fjortende*
der fünfzehnte *femtende*
der achtzehnte *attende*
der zwanzigste *tjuende*
der fünfundzwanzigste *tjuefemte*
der hundertste *hundrede*
der tausendste *tusende*

Verschiedenes

Arzt *lege*
Notdienst (Arzt) *legevakt*
blau *blå*
braun *brun*
Brief *brev*
Briefkasten *postkasse*
Briefmarke *frimerke*
Briefpapier *brevpapir*
Briefumschlag *konvolutt*
deutsch *tysk*
Deutschland *Tyskland*
Drucksache *trykksak*
du *du*, De (Siezform)
dunkel *mørk*
Erkältung *forkjølelse*
erwarten *forvente*
Farbe *farge (farve)*
Feiertag *helligdag*
Formular *blankett*
Frau *kvinne*
Frau (Anrede) *fru*
Frühling *vår*
ganz *hel*
gelb *gul*
Geld *penger*
Geschäft *butikk*
geschlossen *stengt*
groß *stor*
grün *grønn*
Hafen *havn*
Herbst *høst*
ich *jeg*
ja *ja*
Jahr *år*
kaufen *kjøpe*
Kind *barn*
klein *liten, små*
Krankenhaus *sykehus (sjukehus)*
Licht *lys*
links *venstre*
Mann *mann*
Minute *minutt*
Münze *mynt*
nein *nei*
offen *åpen, åpent*
Paß *pass*
Pflaster *plaster*
Polizei *politi*
Postamt *postkontor*
Postkarte *postkort*
Quittung *kvittering*
rechts *høyre*
rot *rød (raud)*
schwarz *svart*
Sekunde *sekund*
Sohn *sønn*
Sommer *sommer*
Stadt *by*
Stunde *time*
Tag *dag*
Telefon *telefon*
Tochter *datter*
umtauschen (Geld) *veksle*
Verbindung *forbindelse*
verboten *forbudt*
wahrscheinlich *sannsynligvis*
weiß *hvit*
Winter *vinter*
Woche *uke*
Zahnarzt *tannlege*
Zeitung *avis*
Zoll *toll*

Standard-Floskeln

Auf Wiedersehen. *Ha det. På gjensyn.*
Bitte... *Vær så snill...*
Entschuldigung *unnskyld*
Guten Tag. *God dag.*
Hallo! *Hei!*

Ich möchte... *Jeg vil gjerne ha...*
Ich verstehe nicht. *Jeg forstår ikke.*
Ist dieser Platz frei?
Er denne plassen ledig?
Kann ich...haben? *Kan jeg få...?*
Sprechen Sie deutsch? *Snakker De tysk?*

Was kostet das? *Hva koster det?*
welcher hvilken, *hvilket*
Wo ist..? *Hvor er..?*
Wo ist der/die/das nächste..?
Hvor er nærmeste..?

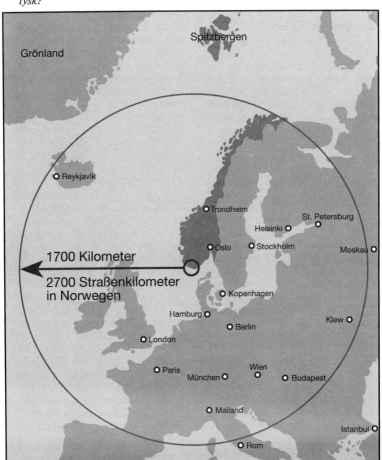

Oslo

Ankunft im Fjord

Die Fährfahrt nach Oslo ist die schönste Art, die erste eigene Norwegenreise zu beginnen. Früh muß aufstehen, wer die Einfahrt in den 100 km langen *Oslofjord* miterleben will. Allmählich rücken die sanften, leicht bewaldeten Felsrücken auf beiden Seiten näher, bevor die Sonne am Ostufer fragend über die Kante lugt. An der ersten Fjordenge, zwischen den Städten *Moss* im Osten und *Horten* im Westen, pendelt eine Autofähre. Ein paar Frischluft-Fanatiker sind in kleinen Booten aufgebrochen, um ihre Angel ins Wasser zu halten und darauf zu warten, daß die Sonnenstrahlen glitzernd über den Fjord tanzen und die frühmorgendliche Kühle vertreiben.

Hinter der schmalen Durchfahrt bei *Drøbak* zeichnet sich, linker Hand, auf einer kleinen Insel die Festung *Oscarsborg* ab: Von hier aus beschossen die Norweger 1940 die deutsche Invasionsflotte und brachten sie zum Stillstand, indem sie mit ihren Kanonen von anno dazumal das Kriegsschiff »Blücher« versenkten. Der erfolgreiche Beschuß ermöglichte es König und Regierung, sich dem Zugriff der Okkupanten zu entziehen.

Der Fjord verbreitert sich wieder, und die Fähre hält auf die Großstadt zu, die sich direkt an das Ufer schiebt, rundherum von Höhenzügen eingerahmt. Im Hintergrund hebt sich die *Holmenkollen*-Schanze leuchtend weiß von dem gebirgigen Band ab, während unten am Ufer ein klobiges, rötliches Ungetüm mit zwei Quadertürmen die Fjordfahrer willkommen heißt – Oslos Rathaus. Welche Überlegungen die Stadtherren einst zu diesem ungehobelten Klotz bewegten? Die Fähre passiert einen niedlichen Leuchtturmfels und die Halbinsel *Bygdøy* – dort wo die Wikingerschiffe, das Polarschiff »Fram« und die »Kon-Tiki« Thor Heyerdahls gewürdigt werden – zur Linken, bevor sie sich behutsam dem Kai nähert. Oslo (sprich: uslu), die norwegische Landeshauptstadt, ist erreicht.

Aus der Stadtgeschichte

Die ersten Spuren menschlichen Lebens im Gebiet um Oslo sind etwa 7000 Jahre alt. Es handelte sich um Jäger und Sammler, die vermutlich aus dem Süden kamen. In umliegenden Mooren entdeckte man Kohleschichten, die darauf hinweisen, daß dort 3000–4000 Jahre v. Chr. Ackerland durch Brandrodung geschaffen wurde. Dann wurde das Klima kühler und feuchter, und Nadelhölzer verdrängten den Laubwald. Die Menschen lernten, aus Erz Eisen zu gewinnen. Nach und nach ersetzte das Eisen die nun überkommenen Rohmaterialien wie Stein, Knochen und Bronze. Werkzeuge und Waffen gewannen an

Tauglichkeit, und eine höhere Kulturstufe begann.

Während der Völkerwanderung und im frühen Mittelalter wuchs die Bevölkerung Norwegens rapide an. Oslo war dank Fjordlage und dem Hafen ein Verkehrsknotenpunkt; die Menschen lebten von Handel, Schiffbau und Landwirtschaft. Es war eine kleine Siedlung am Oslofjord entstanden, die auch einen religiösen Sinn für ihre heidnischen Bewohner besessen haben muß: Oslo (As-lo) bedeutet Ebene der Götter.

Die »48« spielt eine große Rolle im mittelalterlichen Oslo: Als »Geburtsjahr« vermutet man 1048; Stadtvater soll der König Harald Hardråde gewesen sein. Doch erst Håkon Magnusson machte Oslo 1248 zur regulären Hauptstadt mit festem Regierungsapparat, Kanzlei und Reichsarchiv, worauf die Festung *Akershus* auf der Landzunge Akersneset als Amtssitz errichtet wurde. Die Steuern und Abgaben der Untertanen sammelten sich damals in den größeren Städten, die über die entsprechenden Handelsprivilegien verfügten, auch in Oslo. Die eingetriebenen Waren wurden ausgeführt sowie gegen Getreide und Luxusgüter für die geistlichen und weltlichen Oberen eingetauscht. Die Osloer Kaufleute bevorzugten den Handel mit dem deutschen Ostseeraum, besonders mit der Hansestadt Rostock. Viele deutsche Kaufleute erhielten unter Håkon Magnusson Privilegien (siehe auch Bergen). Nachdem die Pest Norwegens Bevölkerung 1348 um schätzungsweise mehr als die Hälfte dezimiert hatte, sicherten sich die Kaufleute der Hanse die Oberhand im Handel. Als Zentrum erkoren sie Bergen aus. In dieser Zeit wechselte unter den nordischen Königreichen Norwegen, Dänemark und Schweden mehrfach die verwandtschaftliche und machtpolitische Konstellation. Mit der Kalmarer Union 1397 wurden die Norweger für über 400 Jahre zu Befehlsempfängern Kopenhagens. Die entscheidenden Positionen besetzten die Dänen mit Landsleuten, die von Oslo aus regierten.

1624 brannte Oslo nieder, worauf der dänische König *Christian IV.* den Bau einer neuen Stadt, unterhalb der Festung Akershus, befahl. In unnachahmlicher Bescheidenheit verlieh er ihr den Namen *Christiania*. Die Bürgerschaft, die Beamten und die reichen Handwerker durften innerhalb der Wälle wohnen, die anderen davor. Auf diese Weise dienten die Wälle als Klassenschranke. Obwohl sie Ende des 17. Jhs. verfielen, blieb diese soziale Grenze bestehen.

Im 17. und 18. Jh. handelten die Kaufleute in Christiania vor allem mit Holz, das sie nach Holland und England verschifften. Die Holländer benötigten das Holz für ihre Werften und Deiche, die Engländer brauchten es zum Wiederaufbau des brandzerstörten London und, später, als Material für ihre Gruben. Viele Deutsche, Dänen, Engländer und Holländer ließen sich in der Stadt nieder. Familiennamen wie Collett, Ancher, Treschow und Marselis wurden in Christiania geläufig.

Die kleinen Handwerker, Tagelöhner, Bediensteten, Fuhrleute und Prostituierten mußten in die Vorstädte ziehen: *Vaterland, Grensen* und *Grønland, Pipervigen* und *Ruseløkken*. Von der alten Bebauung ist kaum etwas übrig (siehe unter »Verschiedenes, Architektur«).

Die Union mit Schweden ab 1814 und der nationalromantische Aufbruch in Kunst und Geistesleben bereicherten das Stadtbild mit repräsentativen Bauten, wie dem Schloß und dem Parlamentsgebäude. Noch mehr aber beeinflußte Oslos Geschick die Industrialisierung, die in der zweiten Hälfte des 19. Jhs. Einzug hielt. Am Flußufer des *Akerselv* entstanden bis 1885 gut 30 Webereien und Spinnereien sowie rund 50 metallverarbeitende Betriebe, die hauptsächlich für den Binnenmarkt produzierten. Ebenso stieg die Produktivität in der Landwirtschaft. Die Menschen strömten vom Land in die großen Städte – Hunderttausende aber auch, wegen fehlender Perspektiven, nach Nordamerika. 1900 zählte Oslo schon 250.000 Einwohner. Die Klassengegensätze waren stark ausgeprägt: Ungenügende sanitäre Einrichtungen und schlechte Arbeitsbedingungen bedingten eine nur geringe Lebenserwartung, und die Cholera forderte viele Opfer.

Eine wichtige Maßnahme war der Aufbau eines Verkehrsnetzes, das eine schnelle Verbindung zwischen Wohngebieten und Arbeitsplätzen herstellte. 1875 war die erste, von Pferden gezogene Straßenbahn in Betrieb genommen worden. Um die Jahrhundertwende besaß die Gesellschaft 244 Pferde und 25 Wagen, die 15 Millionen Fahrgäste im Jahr transportierten. Durch das Verkehrsnetz war eine Trennung von Wohnvierteln und Arbeitsplätzen möglich; die soziale Trennung teilte die Stadt in den Osten, wo die Arbeiter wohnten, und den Westen, die Adresse der Reicheren und Feinen. Dies hat sich, grob betrachtet, bis heute erhalten. Im Zentrum selbst dominieren eher Verwaltungs- und Geschäftshäuser, Hotels und Restaurants, Theater und Kinos usw. Diese zentralen Einrichtungen haben die Wohnungen verdrängt sowie Grundstücks- und Mietpreise in die Höhe getrieben.

1925 erhielt Oslo, das schon 1877 von Christiania in Kristiania norwegisiert worden war, seinen ursprünglichen Namen zurück. Die Stadtgrenzen wurden mittlerweile auf 453 km² erweitert, von denen über ein Fünftel bebaut sind. Der geographische Mittelpunkt aber liegt im Wald, in der *Oslomarka,* die sich oberhalb der Stadt nach Norden erstreckt und ein ausgezeichnetes Freizeitgebiet abgibt: Dort oben treffen sich Wanderer, Angler und im Winter Skifahrer. Inzwischen leben ca. 450.000 Menschen in Norwegens Hauptstadt und über 850.000 in ihrem Einzugsgebiet. Die Trabantenstadt *Sandvika,* im Westen, ist mit über 92.000 Einwohnern annähernd so groß wie die Ölmetropole

Stavanger. Rund 70 % der Arbeitstätigen sind in Dienstleistung, Handel und Fremdenverkehr beschäftigt, nur noch etwa 15 % in der Industrie.

Wo, bitte, ist die Hauptstadt?

Diese Frage stellte nicht nur der Autor dieses Buches, als er 1982 erstmals in Oslo weilte. Einzig die *Karl Johansgate,* die Schloß und Hauptbahnhof miteinander verbindet, vermittelte dank ihrer opulenten Bauten und der Straßenkünstler einen Hauch von großstädtischem Flair. Aber Kneipen? Erschwingliche Restaurants? Fehlanzeige! Immerhin eine Pizzeria gab es – welch internationale Atmosphäre – die ihre norwegisierten Resultate für umgerechnet 30 DM je Versuchsobjekt feilbot.

Wie und warum es geschah, ist schwer nachzuvollziehen, aber es hat sich einiges verändert seitdem. Osloer Restaurants sind immer noch teuer, aber das Angebot an gastronomischen Betrieben – an Cafés, Bars, Kneipen und Musikschuppen – ist nun vielfältig, wenn auch von großer Fluktuation gezeichnet. Das auffälligste Beispiel von der Wandlung Oslos ist zweifellos *Aker Brygge,* ein umgebautes Fabrikareal zwischen den Anlegern der Auslandsfähren, das Kneipen und Restaurants, exklusive Läden und sündhaft teure Wohnungen in Glas, Stahl und Beton gefaßt hat. Aker Brygge pulsiert. Denn das Interesse gilt nicht nur den Kleiderbügeln, seitdem Musikkneipen und Kleinkunst, etwa das »Blackbox-Theater«, das Erscheinungsbild bereicherten. Und ohnehin zieht es die Norweger zum Hafen, zu den Garnelen-Verkäufern *(ferske reker* sind frische Garnelen), zu den Cafés direkt am Fjordufer, wo jeder Sonnenstrahl zelebriert wird. Aker Brygges Hafenzeile wirkt geradezu südländisch und trägt den unvermeidlichen Namen *Stranden.* Zwischen Aker Brygge und Akershus, vor dem klobigen Rathaus, legen die Personenfähren, Ausflugsboote und die Sommerfähre nach Bygdøy ab. Die Bucht *Pipervika* mit ihrem Kai *Rådhusbrygge* ist die Drehscheibe im Fjordverkehr.

In anderer Hinsicht ist Oslo seit jeher absolut großstädtisch: Der Autoverkehr ist ein Trauma. Daran haben auch die engen Tunnel wenig geändert, die den Verkehr der Ost-West-Achse E 18 unter die City verbannen. Der erste Eindruck, soeben von der Fähre gerollt, bleibt präsent. Wer Oslo mit dem eigenen Fahrzeug erobern möchte, erntet ein mitleidiges Lächeln, zumal der öffentliche Nahverkehr gut funktioniert (siehe unter »Transport«).

Oslos Zentrum am Fjord sind eben geographische Grenzen gesetzt. Die Zahl der Einwohner und der Pendler nahm bis in die 70er Jahre jedoch beständig zu. Die hektische Bautätigkeit ließ selten Zeit zum Nachdenken, so daß neue Verkehrswege und Wohngebiete fast das gesamte historische Oslo unter sich begruben. Was die Architektur betrifft, ist Norwegens Landeshauptstadt keine Zier, trotz

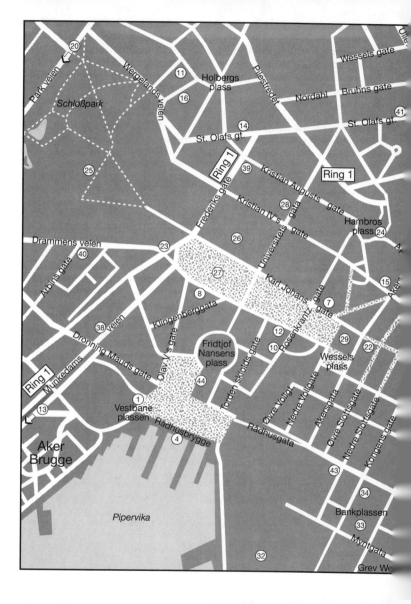

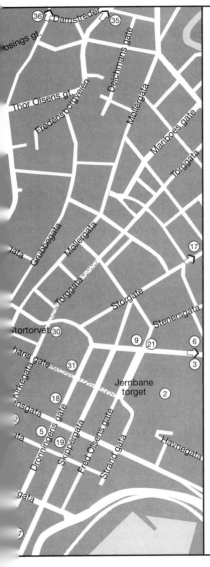

OSLO ZENTRUM

1 Touristenbüro
2 Hauptbahnhof
3 Busbahnhof
4 Boote Bygdøy und Oslofjord
5 Hauptpostamt
6 Oslo Plaza
7 Grand Hotel mit Grand Café
8 Hotel Continental mit Theatercafeen
9 Royal Christiania Hotel
10 Victoria Hotel
11 Imi Oslo
12 Cecil Hotel
13 Vika Atrium Hotel
14 Hotel Europa
15 Norrøna Hotell
16 Slottsparken Appartment
17 zum Anker Hotel
18 Hotel Fønix
19 City Hotel
20 zu Carlton Hotel und Cochs Pensjonat
21 T-Bahn-Halt Jernbanetorget
22 T-Bahn-Halt Stortinget
23 T-Bahn-Halt Nationaltheatret
24 Parkhaus (Rabatt mit Oslo-Karte)
25 Schloß
26 Alte Universität
27 Nationaltheater
28 Nationalgalerie
29 Parlament (Stortinget)
30 Dom (Vår Frelsers Kirke)
31 Basarhallene
32 Akershus mit Festung, Schloß, Hjemmefrontmuseet, Forsvarsmuseet
33 Museum für zeitgenössische Kunst
34 Architekturmuseum
35 Damstredet
36 zu Telthusbakken und Gamle Aker Kirke
37 Astrup Fearnley Museum of Modern Art
38 Stenersenmuseum
39 Historisches Museum
40 Ibsen Museum
41 Kunstgewerbemuseum
42 Postmuseum
43 Theatermuseum
44 Rathaus

ihrer Karl Johansgate, trotz einzelner repräsentativer Bauten aus dem 19. Jahrhundert, die klassizistische, barocke und renaissancene Tupfer im Funktionalismus hinterlassen.

In den anderen Landesteilen steht die Kapitale nicht hoch im Kurs. Obwohl sie wieder ihren urnorwegischen Namen trägt, war sie eben doch der Amtssitz der dänischen Statthalter. Die Bergenser nehmen es übel, daß Oslo Bergen den Rang als Hauptstadt ablief. Weniger die Bergenser als die anderen Westnorweger wiederum mögen den Kreuzzug der konservativen Osloer Presse nicht vergessen, der ihr Nynorsk zur abstraktionsunfähigen Bauernsprache erklärt, wenn auch wesentlich nuancierter ausgedrückt. Und einzig der Großraum Oslo hat es sich herausgenommen, mehrheitlich für den EU-Beitritt zu stimmen – ja, diese abgehobenen, geldgeilen Großstadtangeber. Man kann es aber auch anders sehen: Oslo ist kontinentaler, zeigt weniger Berührungsängste – etwa doch die richtige Hauptstadt?

Oslo-Karte

Die Oslo-Karte, im folgenden »OK« abgekürzt, gewährt freien oder ermäßigten Eintritt für die meisten Museen sowie Preisnachlaß auf Sightseeing-Touren. Kostenlos sind auch der Transport mit allen öffentlichen Verkehrsmitteln im erweiterten Stadtgebiet (bis Zone 4) und die Hafenrundfahrt. Auf Hin- und Rückfahrten per Bahn gibt es 30 % Rabatt (nur mit 3-Tages-Karte). Die städtischen Parkplätze können gratis benutzt werden; den Parkschein erhalten Sie zusammen mit der OK (ausfüllen). Einige Hotels bieten im Sommer ermäßigte Übernachtungen mit Frühstück an. Der Eintritt in die beiden städtischen Freibäder ist frei. Und schließlich beinhaltet die Oslo-Karte Rabatte für Kinobesuche (im Sommer) und diverse Aktivitäten im Freien.

Einige Museen und Sehenswürdigkeiten haben montags geschlossen. Für diesen Tag lohnt sich die OK also nicht unbedingt.

Sie bekommen die Oslo-Karte im Touristenbüro, in den meisten Hotels und auf den Campingplätzen, in den Postämtern und in den Narvesen-Kiosken im City-Bereich ebenso wie im Hauptbahnhof. Dazu gehört ein Heftchen, das die Leistungen sowie die Anfahrtswege mit den öffentlichen Verkehrsmitteln auflistet. Preise 1995: 120/55 NOK (1 Tag), 190/80 NOK (2 Tage), 240/110 NOK (3 Tage).

Information

■ **Oslo Turistinformasjon**, Vestbaneplassen 1, N-0250 Oslo, Tel. 820 60 100 (aus Norwegen), 2283 0050 (aus dem Ausland), Fax 2283 8150. 1.7.–31.8. täglich 9–20 Uhr, Juni Mo–Sa 9–18 Uhr, So 9–16 Uhr, Mai und September Mo–Sa 9–18 Uhr, 1.2.–30.4. und 1.10.–30.11. Mo–Sa 9–16 Uhr, sonst Mo–Fr 9–16 Uhr. An Feiertagen geschlossen.

Hier bekommen Sie den jährlich erscheinenden Oslo Guide, die Oslo-Karte, den aktuellen Veranstaltungskalender u.a. Sie können Sightseeing-Touren buchen, ebenso Hotelzimmer und Geld wechseln.

■ **Oslo Sentralstasjon** (Hauptbahnhof), Jernbanetorget 2, N-0154 Olso, Tel. 2217 1124, Fax 2217 6613. 1.5.–30.9. täglich 8–23 Uhr, sonst Mo–Mi 8–23 Uhr, Do–So 8–15 und 16.30–23 Uhr.

Vermittlung von Unterkünften aller Art, auch schriftlich im voraus aus dem Ausland.

■ **Oslo Promotion**, Grev Wedels plass 4, N-0151 Oslo, Tel. 2233 4386, Fax 2233 4389. Beantwortet schriftliche Anfragen.

■ **Oslos Mautring:** Straßenbauprojekte, wie der E-18-Tunnel, werden durch Benutzungsgebühren refinanziert. An den Einfallstraßen sind Mautstationen plaziert: Wer seinen Obolus bar in passenden Münzen entrichtet, benutzt die Fahrspur(en) mit den gelben Schildern und der Aufschrift »mynt« und wirft das Geld in den unübersehbaren Trichterkorb. Wer wechseln muß, nimmt die bediente Station an der »manuell«-Fahrspur in Anspruch, ganz rechts. Die Benutzungsgebühr wird nur stadteinwärts erhoben.

Unterkunft

Wer als Tourist in Oslo eintrifft, wird kaum am selben Tag wieder abreisen, sondern sich eine Bleibe suchen. Das kürzeste Verfahren und die größten Vorteile bietet die Zimmervermittlung des Touristenbüros am Hauptbahnhof. Hier sind alle freien Zimmer von Hotels, Pensionen und privaten Anbietern registriert, die sich diesem Servicering anschließen. Ist eine Unterkunft ausgebucht, weiß man hier Bescheid.

Sprechen Sie bei der Zimmervermittlung vor, äußern Sie Ihre Wünsche, und Sie werden erfahren, was für wieviel zu haben ist. Je früher Sie in der Hochsaison da sind, desto besser die Chance. Achten Sie darauf, daß Ihre Unterkunft so zentral wie möglich liegt und fragen Sie (bei Bedarf) nach den Parkmöglichkeiten und nach der Anbindung an die öffentlichen Verkehrsmittel.

Sie zahlen keine Vermittlungsgebühr, dafür aber Ihr Zimmer im voraus – eine Art Depositum, damit es sich die Gäste unterwegs nicht anders überlegen und die Anbieter auf leeren Zimmern sitzen bleiben.

Mit der Oslo-Karte bekommen Sie in einigen Hotels erhebliche Rabatte, die aber nicht unbedingt höher sind als die gewöhnlichen Sommer- und Wochenendpreise oder die Tarife mit den Hotelpässen.

Natürlich besteht die Möglichkeit, Hotelzimmer per Telefon im voraus zu buchen; mit dem Vorteil, ein Zimmer sicher zu haben, mit dem Nachteil, vom Termin her festgelegt, unflexibel zu sein und einen eventuell höheren Preis als nötig zu löhnen.

Nobelhotels

■ **Reso Oslo Plaza**, Sonja Henie plass 3, 0134 Oslo, Tel. 22171000, Fax 2217 7300. Mit OK EZ 825 NOK, DZ 1110 NOK, sonst EZ 1195–1645 NOK, DZ 1395–1845 NOK. Dieser hochaufgeschossene Turm mit seinem durchsichtigen Außenaufzug verleiht Oslo einen Tick Weltstadt-Flair. Deshalb das bevorzugte Ziel des coolen Bankers aus Mainhattan wie des Yuppies aus Essen-Rüttenscheid. Zentral nahe Hauptbahnhof. Hallenbad.

■ **Grand Hotel**, Karl Johansgt. 31, 0159 Oslo, Tel. 2242 9390, Fax 2242 1225. Mit OK EZ 830 NOK, DZ 1140 NOK, 25.6.–15.8. mit Rica Hotel Pass EZ 605–665 NOK, DZ 910–1010 NOK, sonst EZ 1450 NOK, DZ 1850 NOK. Zentral an Oslos Prachtstraße. Hallenbad.

■ **Hotel Continental**, Stortingsgt. 24–26, 0161 Oslo, Tel. 2282 4000, Fax 2242 9689. Mit OK EZ 830 NOK, DZ 1140 NOK, 15.6.–15.8. mit Fjord Pass EZ 745 NOK, DZ 990 NOK, sonst EZ 1065–1550 NOK, DZ 1900 NOK. Zentral nahe Schloß und Parlament. Hallenbad.

■ **Holmenkollen Park Hotel**, Kongeveien 26, 0390 Oslo, Tel. 2292 2000, Fax 2214 6192. Mit OK EZ 765 NOK, DZ 990 NOK, 25.6.–15.8. mit Rica Hotel Pass EZ 605–665 NOK, DZ 910–1010 NOK, sonst EZ 1295–1595 NOK, DZ 1495–1695 NOK. Schöne Aussicht am Holmenkollen. Holzpalast im verschnörkelten Schweizer Stil. Hallenbad.

■ **Royal Christiania Hotel**, Biskop Gunnerus'gt. 3, 0155 Oslo, Tel. 2242 9410, Fax 2242 4622. Mit OK EZ 825 NOK, DZ 1110 NOK, im Sommer DZ 830 NOK, sonst EZ 1195 NOK, DZ 1395 NOK. Zentral am Hauptbahnhof. Hallenbad.

Hotels mit hohem Preisniveau

■ **Rica Victoria Hotel**, Rosenkrantz'gate 13, 0160 Oslo, Tel. 2242 9940, Fax 2242 9943. 25.6.–15.8. mit Rica Hotel Pass EZ 570–620 NOK, DZ 840–940 NOK, sonst EZ 815–995 NOK, DZ 995–1240 NOK. Zentral nahe Parlament.

■ **West Hotel**, Skovveien 15, 0257 Oslo, Tel. 2255 4030, Fax 2255 7504. Im Sommer EZ 545 NOK, DZ 695 NOK, sonst EZ 895 NOK, DZ 995 NOK. In Frogner, westlich des Schlosses, außerhalb des Rummels.

■ **Imi Oslo**, Staffeldtsgt. 4, 0166 Oslo, Tel. 2220 5330, Fax 2211 1749. 15.6.–15.8. mit Fjord Pass EZ 475 NOK, DZ 595 NOK, sonst EZ 800 NOK, DZ 950 NOK. Am westlichen Cityrand, nahe Schloßpark.

■ **Rainbow Cecil Hotel**, Stortingsgt. 8, 0161 Oslo, Tel. 2242 7000, Fax 2242 2670. Mit OK EZ 605 NOK, DZ 860 NOK, 15.6.–15.8. mit Fjord Pass EZ ab 435 NOK, DZ ab 630 NOK, sonst EZ 765 NOK, DZ 995 NOK. Zentral nahe Parlament.

■ **Vika Atrium Hotell**, Munkedamsveien 45, 0121 Oslo, Tel. 2283 3300, Fax 2283 0957. 15.6.–15.8. mit Fjord Pass EZ 450 NOK, DZ 650 NOK, sonst EZ

755 NOK, DZ 955 NOK. Zentral nahe Aker Brygge, viel Verkehr.

Hotels mit gemäßigtem Preisniveau

■ **Norum Hotel**, Bygdøy Allé 53, 0265 Oslo, Tel. 2244 7990, Fax 2244 9239. Mit OK EZ 570 NOK, DZ 740 NOK, im Sommer Rabatt bis EZ 500 NOK, DZ 600 NOK, sonst EZ 750 NOK, DZ 870 NOK. Nicht auf Bygdøy, Bus zur City oder nach Bygdøy nötig.

■ **Carlton Hotel**, Parkveien 78, 0254 Oslo, Tel. 2269 6170, Fax 2269 6170. Mit OK EZ 600 NOK, DZ 860 NOK, im Sommer Rabatt bis EZ 480 NOK, DZ 650 NOK, sonst EZ 490–750 NOK, DZ 770–910 NOK. Direkt westlich der Schloßanlage.

■ **Hotel Europa**, St. Olavsgt. 31, 0166 Oslo, Tel. 2220 9990, Fax 2211 2727. Im Sommer mit Fjord Pass EZ 495 NOK, DZ 630 NOK, sonst EZ 790 NOK, DZ 890 NOK. Am westlichen Cityrand, nahe Schloßpark.

■ **Norrøna Hotell**, Grensen 19, 0159 Oslo, Tel. 2242 6400, Fax 2233 2565. Mit OK EZ 605 NOK, DZ 810 NOK, im Sommer Rabatt bis EZ 600 NOK, DZ 700 NOK, sonst EZ 715 NOK, DZ 815 NOK. Zentral, parallel zur Karl Johansgt.

■ **Slottsparken Appartment**, Staffeldtsgt. 3, 0166 Oslo, Tel. 2211 6510, Fax 2211 6515. Im Sommer EZ 560 NOK, DZ 710 NOK, sonst EZ 660 NOK, DZ 810 NOK. Am westlichen Cityrand, nahe Schloßpark.

Preiswerte Hotels und Pensionen

■ **Anker Hotel**, Storgt. 55, 0182 Oslo, Tel. 2211 4005, Fax 2211 0136. Mit OK EZ 470 NOK, DZ 670 NOK, sonst EZ 580 NOK, DZ 680 NOK. Etwas abseits, nördlich des Hauptbahnhofs.

■ **Hotel Fønix**, Dronningensgt. 19, 0154 Oslo, Tel. 2242 5957, Fax 2233 1210. EZ 400–475 NOK, DZ 600–750 NOK, Rabatte möglich. Zentral nahe Hauptbahnhof.

■ **City Hotel**, Skippergt. 19, 0152 Oslo, Tel. 2241 3610, Fax 2242 2429. Mit OK EZ ohne Bad 445 NOK, EZ mit Bad 545 NOK, DZ ohne Bad 590 NOK, DZ mit Bad 790 NOK, sonst EZ 380–450 NOK, DZ 500–650 NOK. Zentral nahe Hauptbahnhof.

■ **White House Hotel**, President Harbitzgt. 18, 0259 Oslo, Tel. 2244 1960, Fax 2255 0430. EZ 525 NOK, DZ 675 NOK. Weiße Villa, nordwestlich des Schlosses, nahe Frognerpark.

■ **Cochs Pensjonat**, Parkveien 25, 0350 Oslo, Tel. 2260 4836, Fax 2246 5402. EZ 380 NOK, DZ 510 NOK, Rabatte möglich. Direkt westlich des Schlosses.

■ **Ambiose Bed'n Breakfast**, Østbyfaret 9 d, 0690 Oslo, Tel. 2227 8509, Fax 6713 5218. EZ 200 NOK, DZ 370 NOK. Bad auf dem Flur.

■ **Bella Vista**, Årrundveien 11 b, 0588 Oslo, Tel. 2265 4588. EZ 200 NOK, DZ 350 NOK, Rabatt auf DZ möglich. Bad auf dem Flur.

Jugendherbergen

■ **Oslo Vandrerhjem Haraldsheim**, Haraldsheimveien 4, 0409 Oslo, Tel. 2222 2965, Fax 2222 1025. 2.1.–22.12. Für Mitglieder EZ 250–320 NOK, DZ 350–420 NOK, im Mehrbett-Zimmer EZ 145–165 NOK, teils mit Bad. DZ und 4-Bett-Zimmer. Frühstück inklusive, Lunchpaket 40 NOK, Abendessen 80 NOK.

■ **Oslo Vandrerhjem Holtekilen**, Micheletsvei 5, 1320 Stabekk, Tel. 6753 3853, Fax 6759 1230. 1.6.–20.8. Für Mitglieder EZ 240 NOK, DZ 395 NOK, im Mehrbett-Zimmer 145 NOK. EZ bis 10-Bett-Zimmer. Frühstück inklusive, keine weiteren Mahlzeiten.

Camping

Ein leidiges Thema: Es gibt nur zwei Campingplätze in Oslo, und der zweite ist von bescheidener Qualität. Das wilde Campen mit Zelt oder Wohnmobil ist auch in der Umgebung und erst recht in der Stadt nicht gestattet. Die Campingplätze bieten Möglichkeiten zur Entsorgung von chemischen Toiletten, auch für Durchreisende.

■ **Bogstad Camping**, Ankerveien 117, Tel. 2250 7680, Fax 2250 0162. Ganzjährig geöffnet. Preisniveau Camping: 3. Campinghütten für 4 Personen 295–490 NOK, Ferienhütten für 4 Personen 550–750 NOK. Wiesengelände unterhalb der Oslomarka, durch Bäume aufgelockert. Service komplett, jedoch recht einfach. Schlecht ausgeschildert, über Str. 160 und 168 noch die besten Chancen.

■ **Ekeberg Camping**, Ekebergveien 65, Tel. 2219 8568. 1.6.–31.8. Preisniveau Camping: 3. Hütten. Hat den Vorteil, daß es auf einem Hügel liegt und eine schöne Aussicht freigibt; außerdem nahe der Kreuzung von E 6 und E 18, im Osten, und gut ausgeschildert. Damit haben sich die positiven Seiten erschöpft, denn der Platz ist in der Hauptsaison schlichtweg überfüllt und außerhalb der Saison geschlossen. Zuletzt gab es (immer noch) keine Stromanschlüsse.

Essen und Trinken

Speis und Trank sind teuer in Oslo, besonders entlang der Karl Johansgate. Unter 125 NOK für eine Mahlzeit mit Getränk werden Sie in einem Restaurant kaum wegkommen, es sei, Sie erwischen einen (auch qualitativ) akzeptablen Mittagstisch. Eine günstige Alternative sind diverse Cafés ebenso wie Kafeterias von Museen: hoch im Kurs stand zuletzt die des Museums für Gegenwartskunst (»Akershus, Museet for Samtidskunst«). Essen in Norwegen kann etwas Feines sein, aber die Tagesroute braucht man nicht danach zu richten. Andererseits ist abends eine Tischreservierung von Vorteil. Die folgende kleine Auswahl konzentriert sich auf die norwegische Küche, wegen der schnellebigen Szene unter Vorbehalt.

■ **Engebret Café**, Bankplassen 1, Tel. 2233 6694. Soll das älteste Restaurant der Stadt sein (1857). Norwegische wie internationale Gerichte. Gediegen eingerichtet, jedoch ungezwungene Atmosphäre. Mo–Fr 11–23 Uhr, Sa 12–23 Uhr.

■ **Lofotstua**, Kirkeveien 40, Tel. 2246 9396. Rezepte vom Archipel, Gerichte nach Lofoten-Manier. Hier muß es nun wirklich kein Lachs sein. Variationen an Scholle, Dorsch u.a. Nahe Frognerpark und T-Bahn-Station Majorstuen. So–Fr 15–22 Uhr.

■ **Holmenkollen Restaurant & Kafeteria**, Holmenkollveien 119, Tel. 2214 6226. Gutes Essen mit Aussicht auf Oslo. Mo-Sa Buffet: 11.30 bis 14.30 Uhr. Erschwinglich, und dank Kafeteria ebenso einfache wie preiswerte Gerichte. Bis 22 Uhr.

■ **Frognerseteren**, Holmenkollveien 200, Tel. 2214 3736. Rustikaler Holztempel mit Stabkirchen-Flair, dank Drachen an den Firstenden. Lokale Küche nicht nur für Ausflügler in die Oslomarka. An einem Tisch mit Aussicht schmeckt's besser.

■ **Vegeta Vertshus**, Munkedamsveien 3 b, Tel. 2283 4020. Angeblich in der »New York Times« empfohlen. Vegetarische Küche, gerade in Norwegen eine Ausnahme, zu reellen Preisen. Buffet für 98 NOK. Täglich 10–23 Uhr.

■ **Theatercafeen**, Hotel Continental, Stortingsgaten 24–26, Tel. 2233 3200. Klassisches Kaffeehaus mit Jugendstildekor, an den Wänden prominente Stammgäste der Vergangenheit. Promis kommen auch heute, doch das Tagesgericht ist zivil.

■ **Cappuccino**, Basarhallene, Dronningensgate 27, Tel. 2233 3430. Schöne Atmosphäre dank der Basarhallen. Das »Cappuccino« soll in den 80er Jahren der Prototyp der norwegischen Cafészene gewesen sein; allerdings eine Zierde, die mehrfach beansprucht wird.

■ **Café Blitz**, Pilestredet 30. Preiswert, einfach, unkonventionell dank der Kundschaft: Das »Blitz« ist der Kulturtreff der autonom-alternativen Szene.

Transport

Oslo ist ein gutes Beispiel dafür, wie U-Bahn, Straßenbahn und Busse ein umfassendes öffentliches Verkehrsnetz bilden können. Die drei Verkehrsmittel tragen sinnvollerweise unterschiedliche Liniennummern, um Verwechslungen auszuschließen; siehe die beigefügten Routenpläne für U-Bahn (= T-Bahn) und Straßenbahn.

Mit der Oslo-Karte können Sie diese Verkehrsmittel kostenlos benutzen.

■ Die U-Bahn heißt in Norwegen **T-Bahn** *(Tunnelbana).* Das T-Bahn-Netz Oslos gliedert sich in acht Linien, die außerhalb der City zumeist oberirdisch verlaufen. Die zentrale Haltestelle, an der sich alle T-Bahn-Linien einfinden, befindet sich am Storting, dem Parlament. Von hier aus verkehren jeweils vier Routen in den Westen und in den Osten der Stadt. Die bekannteste Linie ist die 15 hinauf zum Holmenkollen; siehe dort.

■ Vieles hat man aus Oslos Stadtbild getilgt, doch die gute, alte **Straßenbahn** hat bisher alle Konzepte der Erneuerung überstanden – oder lag es an der Konzeptionslosigkeit? Während die T-Bahn weit hinaus in die Trabantenstädte fährt, erschließt die Straßenbahn – im Volksmund *Trikk* gerufen – die zentralen Stadtgebiete sowie die citynahen Vororte.

■ Die **Busse** ergänzen das Netz der öffentlichen Verkehrsmittel und fahren überall dorthin, wo keine Gleise (mehr) liegen. Eine zentrale Anlaufstelle gibt es nicht; vielmehr korrespondieren die Buslinien mit den (End-)Haltestellen bzw. Verkehrsknotenpunkten von T-Bahn und Straßenbahn. Im City-Bereich halten die meisten Busse vor dem Hauptbahnhof.

■ **Taxi:** Tel. 2238 8090. Auch Sightseeing-Touren.

Sightseeing

Im jährlich erscheinenden »Oslo Guide« stehen sämtliche Angebote mit den aktuellen Daten und Preisen. Von Tagesausflügen mit kilometerfressenden Busfahrten muß ich abraten. Die Aufenthalte unterwegs fallen in der Regel zu kurz aus. Bei diversen Fahrten werden die Teilnehmer an den großen Hotels abgeholt. Hier eine Auswahl:

Mit dem Bus

Abfahrt am Touristenbüro, Vestbaneplassen.

■ **Oslo Highlights:** 1.4.–15.10. täglich um 10 und 13 Uhr, sonst täglich um 10 sowie Di, Do, So um 13 Uhr. Dauer: rund 3 Stunden. Ticket 185/90 NOK (mit OK Rabatt). City, Holmenkollen, Vigeland-Skulpturen im Frognerpark, Wikingerschiffmuseum, entweder Kon-Tiki Museum oder Fram Museum.

Oder Tagestour 1.6.–31.8. täglich um 10 Uhr. Ticket 340/170 NOK (mit OK Rabatt). Wie oben, plus Rathaus, Akershus, Munch-Museum, Stabkirche im Norsk Folkemuseum, Fram Museum, Spaziergang am Telthusbakken (siehe unter »Verschiedenes, Architektur«), Zeit für Mittagessen.

■ **Oslo Kunst & Geschichte:** 1.6.–31.8. täglich um 10 Uhr. Dauer: rund 3 Stunden. Ticket 185/90 NOK, mit OK Rabatt. City, Rathaus, Akershus, Munch-Museum, Stabkirche im Norsk Folkemuseum sowie ein Spaziergang am Telthusbakken (siehe unter »Verschiedenes, Architektur«).

Mit dem Boot

Abfahrt am Kai Rådhusbrygge 3, vor dem Rathaus. Im Programm auch längere Touren mit kulinarischen Einlagen und/oder Rückfahrt per Bus. Zu Anfang und Ende der Saison können die letzten Touren bei schwacher Nachfrage entfallen.

■ **Hafenrundfahrt:** 20.5.–20.8. stündlich von 10 bis 20 Uhr. Dauer: 50 Minuten. Ticket 60/30 NOK (mit OK frei).

■ **Fjord-Sightseeing:** 1.5.–25.9. täglich um 10.30, 13, 15.30 und 17.45

Die Straßenbahn hat alle Modernisierungspläne überstanden (unten) ▶

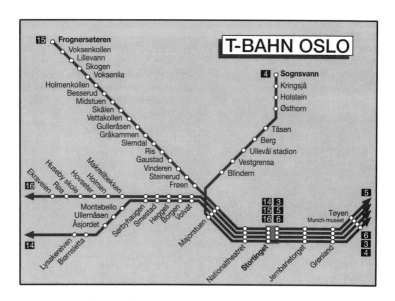

Uhr. Dauer: 2 Stunden. Ticket 120/60 NOK, mit OK 100/50 NOK.

Sehenswertes

Wer Oslo an einem Tag durchforsten will, dem ist nicht zu helfen. Mit zwei oder drei Tagen Aufenthalt lohnt sich bereits die Oslo-Karte, und mit dem Besitz der Oslo-Karte lohnt sich die Benutzung öffentlicher Verkehrsmittel, will man nicht im Verkehrsgewühl der Hauptstadt die Ferienruhe einbüßen. Zur Karte gehört ein Heftchen mit allen inbegriffenen Leistungen, auch den Sehenswürdigkeiten, ihren Öffnungszeiten und dem Anfahrtsweg. Je nach Startpunkt kann das eine kleine Liste sein; deshalb hier, aus Platzgründen, keine Anfahrtswege, die Sie, übersichtlicher, dem Heftchen entnehmen.

Auf Bygdøy

Bygdøy ist vor allem als Oslos Museumspark bekannt. Aber Bygdøy ist auch eine noble Wohnadresse, auf der sich stattliche Villen konzentrieren, zum Teil von ausländischer Botschaften angemietet. Ein Spaziergang durch die (bewohnten) Straßen der Halbinsel ist immer zu empfehlen.

Sie erreichen Bygdøy entweder mit der Personenfähre ab der Rådhusbrygge 3 (Rathauskai, April bis September) oder mit Bus 30, der die Museen abklappert. Der Busfahrer wird Ihnen ebenso gerne wie einheimische Fahrgäste helfen.

Wem nach drei, vier Museen allmählich die Luft ausgeht und das eventuelle Geschiebe leid ist, kann auf das Seefahrtsmuseum noch am ehesten verzichten, da es an der Westküste, etwa in Stavanger, vergleichbare Einrichtungen gibt.

■ **Norsk Folkemuseum**, Museumsveien 10, Tel. 2243 7020. 15.5.–14.9. täglich 11–17 Uhr, sonst 12–16 Uhr; die ersten zwei Januarwochen geschlossen. Eintritt 50/10 NOK (mit OK frei).

Das umfangreichste Freilichtmuseum neben Lillehammers Maihaugen – fast wie ein kultureller Querschnitt Norwegens; das meiste wird Ihnen unterwegs wieder begegnen. Mehr als 150 Gebäude wurden auf dem Gelände, das einst zum königlichen Gutshof gehörte, seit 1884 zusammengetragen.

Die Stabkirche aus Gol (um 1200) war mit die erste Erwerbung; wie fast alle Gebäude, kann sie von innen besichtigt werden. Auch diese Stabkirche überrascht durch ihre Drachen an den Firstenden sowie andere geschnitzte heidnische Symbole, die die Vorsicht der Erbauer dokumentieren: »Sicher ist sicher«, dachten die sich, dem neuen, aufgezwungenen Glauben noch nicht recht vertrauend.

Hofgebäude aus halb Norwegen, von Südnorwegen bis Trøndelag, sind nach ihrer Herkunft angeordnet und aufgestellt. Meist stehen Aufsichtspersonen dabei – gekleidet in den zugehörigen Trachten – und haben sachkundige Informationen parat. Mit der

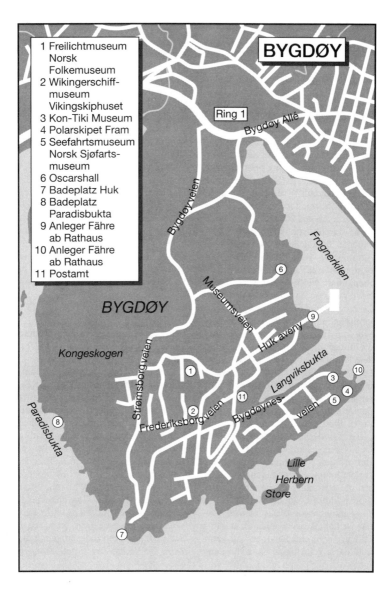

entsprechenden originalen Einrichtung erzählt dieses Dorf von bäuerlicher Kultur und Lebensweise seit dem Mittelalter.

Clever war es, im 20. Jh. ein paar Häuser des Osloer Stadtteils *Enerhaugen* nach Bygdøy zu versetzen, als sich abzeichnete, daß die alte Bebauung der Landeshauptstadt im Zeichen der Erneuerung großflächig plattgemacht werden würde. Im Stadtgebiet sind Häuser aus dem 18. und 19. Jh. nämlich beinahe mit der Lupe zu suchen.

Aber auch das 20. Jh. ist vertreten, etwa durch eine historisch angehauchte Tankstelle, Werkstätten und Automobile. Ferner beherbergen die Hauptgebäude Sammlungen über Kirchenkunst, Möbel, Textilien, Trachten, Spielzeug u.v.a. Erst in den 50er Jahren hat man die Abteilung über die samische Bevölkerungsgruppe in das Museum integriert; ein Hinweis auf die unbewußte Geringschätzung, die dem Naturvolk bis weit in unser Jahrhundert entgegenschlug. Und wenn man in manchen offiziellen Broschüren immer noch von der »Lappischen Sammlung« spricht, beweist das, wie unsensibel selbst heute bisweilen mit dieser Minderheit umgegangen wird. Den Namen »Lappen« empfinden die Betroffenen beleidigend; korrekt spricht man von den Samen, oder besser, in Anlehnung an die schwedische Nomenklatur, von den Sami.

Abgesehen von dieser kleinen Kritik, ist das Museum allemal zu empfehlen: Wohl einen halben Tag kann man darin verbringen, ohne von Langeweile heimgesucht zu werden. Haustiere, wie Ziegen und Schafe, bevölkern die Höfe, und im Sommer treten Volkstanzgruppen auf. In den Werkstätten – Goldschmiede, Spinnerei, Käserei u.a. – werden die hausgemachten Produkte verkauft; Kinder können einen Webkurs belegen. Obwohl die Aktivitäten zum Teil sehr touristisch wirken, überwiegt der authentische Eindruck. Einzig die Fischerei bleibt – denkt man an den Anspruch, den der Name »Norwegisches Volksmuseum« einbezieht – unterrepräsentiert. Die Ausstellung im nahen Seefahrtsmuseum geht nicht gerade in die Tiefe. Für dieses Thema sollte man schon die Konkurrenz in Westnorwegen aufsuchen, zum Beispiel in Stavanger oder Molde.

■ **Vikingskiphuset**, Huk Aveny 35, Tel. 2243 8379. 2.5.–31.8. täglich 9–18 Uhr, September 11–17 Uhr, April und Oktober 11–16 Uhr, sonst 11–15 Uhr. Eintritt 20/10 NOK (mit OK frei).

Einmalig in Norwegen (nur im dänischen Roskilde gibt es etwas Vergleichbares): drei originale Wikingerschiffe aus dem 9. Jh. Um die Jahrhundertwende hat man diese wertvollen Schiffe gefunden; sie waren als Grabbeigaben in der Erde versenkt worden. In der Wikingerzeit war es Brauch, verstorbenen Mitgliedern bedeutender Familien Schmuck, Waffen und Werkzeuge, Lebensmittel, Tiere, manchmal getötete Sklaven und, wenn es ein ganz Wichtiger gewesen war, eben sogar Schiffe in ihr Grab zu legen, damit die Reise ins Reich der Toten gelingen möge. Die Abdeckung mit Gestein und/oder Grassoden bewahrte den Inhalt solcher Gräber vor allzu schnellem Verrotten.

Die drei Schiffe repräsentieren unterschiedliche Typen, die den jeweiligen Anforderungen gerecht wurden:

Das *Gokstad*-Schiff ist ein ozeantüchtiges Handelsschiff von der Art, mit dem die Wikinger lange vor Kolumbus bis nach Nordamerika gelangten. (In Dänemark, wo ein etwas feinerer Humor als in Norge gepflegt wird, erschien zum Kolumbus-Rummel 1992, als sich dessen angebliche Erstentdeckung Amerikas zum 500. Mal jährte, eine Karikatur, die Indianer und Wikinger im Gespräch zeigt: Auf die Frage des Wikingers »Kann ich mit Kolumbus sprechen?« antwortet der Indianer: »Nein, er ist noch nicht gekommen.«)

Das elegante *Oseberg*-Schiff gleicht den Typen, die entlang der Küste und in den Fjorden zu Besuchen und Repräsentationszwecken unterwegs waren. Reiche Verzierungen sprechen dafür, daß das Boot durchaus als Statussymbol aufgefaßt war. Das Oseberg-Schiff, das ebenfalls solche Verzierungen trägt, dürfte allerdings niemals Wasser unter den Kiel bekommen und seine Bestimmung in dem Grab (angeblich der Königin Åsa) gefunden haben. Das Grab war übrigens geplündert worden, das Schiff in Teilen stärker beschädigt, als es der Zersetzungsprozeß unter der Erde zustande gebracht hätte.

Das kleinere *Tune*-Schiff blieb nur in Fragmenten erhalten. Die Fachleute halten es für ein Handelsschiff, wie sie auf Skagerrak und Ostsee unterwegs waren.

Die Wikinger verdankten ihre Überlegenheit auf den Weltmeeren primär ihrer Schiffsbaukunst. 1984 bis '86 umsegelte der Norweger *Ragnar Thorseth* mit einem nachgebauten Wikingerschiff, der »Saga Siglar«, die Erde.

Komplettiert wird das Museum durch die Ausstellung jener Funde, die ebenfalls aus den Gräbern zu Tage gefördert wurden. Sie geben beredtes Zeugnis über die handwerklichen wie auch künstlerischen Fähigkeiten der Wikinger; hervorzuheben der kunstvoll verzierte Schlitten, der zusammen mit dem Oseberg-Schiff »bestattet« worden war.

Das Museum wirkt wegen seiner Architektur und der hellen Wände eher wie ein Klostergewölbe. Vorteilhaft, daß man von Balkons die Schiffe auch von oben einsehen kann.

■ **Kon-Tiki Museum**, Bygdøynesveien 36, Tel. 2243 8050. 1.6.–31.8. täglich 9.30–17.45 Uhr, 1.4.–31.5. und September 10.30–17 Uhr, sonst 10.30–16 Uhr. Eintritt 25/10 NOK (mit OK frei).

Im Mittelpunkt des Museums stehen die Forschungsreisen von *Thor Heyerdahl*, vor allem aber seine Boote: Mit dem Balsa-Floß »Kon-Tiki« segelte er 1947 in 97 Tagen von Peru nach Polynesien, mit dem Papyrus-Boot »Ra II« 1970 in 57 Tagen von Marokko über den Atlantik nach Barbados und mit dem Schilffrohr-Floß

»Tigris« 1977 bis '78 vom Südirak durch den Arabischen Golf nach Dschibuti. Mit diesen Unternehmungen wollte er die frühzeitigen Verbindungen zwischen entfernten Kulturen auch über Ozeane hinweg beweisen. Da er in einem primitiven Boot von Nordafrika nach Mittelamerika übersetzen konnte, hatten das die Erfinder solcher Boote auch gekonnt, so seine Thesen, die im Einzelfall aber wissenschaftlich umstritten sind.

Unabhängig vom wissenschaftlichen Wert seiner Expeditionen ist Heyerdahl eine schillernde Figur und dank seiner Bücher und Filme international bekannt. 1994 moderierte der Neunundsiebzigjährige, zusammen mit der Schauspielerin Liv Ullman, die Eröffnungs- und Schlußfeier der Olympischen Winterspiele in Lillehammer.

Im Kon-Tiki Museum sind die drei oben gennanten Boote zu sehen, ferner Ausrüstungsgegenstände, Funde und Filme, die von Heyerdahls Expeditionen erzählen. In der Unterwasser-Abteilung ist u.a. ein 10 m langer, konservierter Walhai zu bestaunen.

■ **Polarskipet Fram**, Bygdøynes, Tel. 2243 8370. 18.5.–31.8. täglich 9–17.45 Uhr, 1.5.–15.5. und September 10–16.45 Uhr, 1.3.–30.4. und 1.10.–30.11. Mo–Fr 11–14.45 Uhr, Sa,So 11–15.45 Uhr, sonst Mo geschlossen. Eintritt 20/10 NOK (mit OK frei).

Das Polarschiff »Fram« (auf deutsch »Vorwärts«), 1892 von *Colin Archer* gebaut, nahm insgesamt an drei Polarexpeditionen teil. Als erster startete *Fridtjof Nansen* 1893 mit ihr ins Nordpolarmeer, von 1898 bis 1902 stieß *Otto Sverdrup* mit ihr in die Eisgefilde nordwestlich Grönlands vor, um diese erstmals zu kartieren, während sie von 1910 bis 1912 *Roald Amundsen* vor seiner Südpoleroberung bis an den Rand des ewigen Eises brachte. Damit war die »Fram« – betrachtet man die Entfernung zwischen Arktis und Antarktis – das weitestgereiste Schiff ihrer Zeit. Eine anerkennenswerte Leistung, wenn man bedenkt, daß das massive Holzschiff in einer Zeit gebaut wurde, als die Eisenpötte sich gerade durchgesetzt hatten. Archer war daran gelegen, ein Schiff zu konstruieren, daß angehoben und nicht zerdrückt werden würde, sollte es das Eis einschließen.

1936 ging der Dreimaster in Bygdøy für immer vor Anker. Die markante Schiffshalle, eine Mischung aus Kirche und Sarkophag, stimmt ernsthafter, als es der Heldenkahn verdient hat. Schön, daß die Besucher auf das Schiff dürfen, auf Ober- und Unterdeck Kajüten, Maschinenraum, Navigationsinstrumente und Gegenstände der Ausrüstungen (das Gros jedoch im »Skimuseum«, Holmenkollen) besichtigen dürfen. Jahrelang waren die Expeditionsteilnehmer auf dem Schiff, lebten eng beieinander. Der Alltag im Maschinenraum wird akustisch simuliert. Eisbär, Pinguine, Eskimos sorgen rund um das Schiff für Eismeer-Atmosphäre.

■ **Norsk Sjøfartsmuseum**, Bygdøynesveien 37, Tel. 2243 8240. 16.5.–30.9. täglich 10–19 Uhr, sonst Mo,Mi,Fr,Sa 10.30–16 Uhr, Di und Do 10.30–19 Uhr, So 10.30–17 Uhr. Eintritt 20/10 NOK, Familien 40 NOK (mit OK frei).

Das Seefahrtsmuseum huldigt dem jahrhundertelang wichtigsten Fortbewegungsmittel, dem Schiff. Ohne seinen Einsatz entlang der Küste Norwegens waren Reisen oder Transporte in diesem unwegsamen Land beschwerlich bis unmöglich. In Modellen, Karten, Dokumenten, originalen Gegenständen wie auch anhand moderner Medien geht das Museum auf Bootsbautechnik, Seefahrt und Fischerei u. a. ein. Vor dem Museum liegt das Polarschiff »Gjøa« auf Trockendock. *Amundsen* bewältigte mit ihr 1903 als erster die legendäre Nordwestpassage, jene Verbindung zwischen Atlantik und Pazifik über den kanadisch-arktischen Archipel.

■ **Oscarshall**, Oscarshallveien, Tel. 2243 7749. Etwa 20.5.–15.9. Di,Do,So 12–16 Uhr. Nur im Rahmen einer Führung. Eintritt 15/5 NOK.

Lustschlößchen im neugotischen Stil, 1847–52 für König *Oscar I.* fertiggestellt. Drinnen viele Gemälde – es war die große Zeit der Nationalromantiker. Draußen Springbrunnen, Park mit Pavillon und eigener Bootsanleger.

Holmenkollen

■ Die attraktivste Straßenbahnlinie, die 15, führt ab Stortinget über *Majorstuen* hinauf zur Alm *Frognerseter*. Die **Holmenkollbahn** durchquert einige feine Wohnviertel und passiert die Hügel *Holmenkollen* (364 m) und *Voksenkollen* (500 m), wo sich Sprungschanze und Fernsehturm erheben. Wer mit Fortuna im Bunde ist, mag einen der historischen Holzwaggons erwischen, die seit der Jahrhundertwende auf der 15er Linie pendeln.

Einer dieser Holzwaggons schrieb Filmgeschichte, als Anfang des Jahrhunderts der dänische Hoffotograf *Peter Elfelt* in Kristiania weilte. Er stellte seine Filmkamera hinter der Windschutzscheibe auf und drehte die Fahrt hinunter Richtung Fjord. Es war eine innovative künstlerische Aufnahme aus der Bewegung heraus; zu einer Zeit, als Filme fast ausnahmslos aus der statischen Totale gedreht wurden.

■ **Holmenkollbakken**, Kongeveien 5, Tel. 2292 3200. Öffnungszeiten wie »Skimuseum«, gleich im Anschluß. Eintritt frei.

Holmenkollbakken dürfte die bekannteste aller Skisprungschanzen sein. 1892 feierte sie ihren ersten Wettbewerb, wobei es der Sieger auf 21 Meter brachte, während der Schanzenrekord heute bei 120 Metern liegt. Unverwüstlich die Holmenkollen-Spiele, zu denen sich Skispringer und -langläufer alljährlich in Oslo einfinden – seit Anfang der 90er Jahre, als die Spiele zum ersten Mal wegen Schneemangels ausfielen, hat man das Ereignis auf den (bisher noch) schneesicheren Februar vorverlegt. Unvergeßlich der verstorbene König Olav V., der die Sprungwettbewerbe in seiner Loge verfolgte und die Resultate akribisch notierte – in den 30er Jahren hatte er als Aktiver an den Spielen teilgenommen.

Per Lift können Sie den Sprungturm erklimmen, der mit 56 Metern Höhe einen famosen Blick auf Stadt und Oslofjord freigibt. Ob der Blick über den Anlauf hinunter zum Schanzentisch famos ist, wird Ihr Magen befinden; da hinabzufahren ist die größte Mutprobe, die ich mir vorstellen kann. Wohl ein Dutzend mal hat man die Schanze seit 1892 den Anforderungen moderner Sportereignisse angepaßt. Damals bestand fast alles aus Holz, heute überwiegend aus Beton, die Anlaufspur gar aus Porzellan, womit es auch ohne Schnee geht. Die letzte bedeutende Veranstaltung war die Skiweltmeisterschaft 1982. Der Auslauf endet auf einem See, der im Sommer eine schwimmende Bühne für Konzerte und andere Veranstaltungen trägt – mit den umliegenden Tribünen das perfekte Amphitheater. Steht nichts auf dem Programm, fungiert *Besserudtjernet* als Badeteich.

■ **Skimuseum**, Kongeveien 5, Tel. 2292 3200. 1.7.–31.8. täglich 9–22 Uhr, Juni 9–20 Uhr, Mai und September 10–17 Uhr, sonst Mo–Fr 10–15 Uhr, Sa,So 10–16 Uhr. Eintritt für Museum und Turm 50/25 NOK (mit OK frei).

Das Skimuseum ist in einem ansehnlichen Pavillon neben dem Schanzentisch untergebracht. Vorgestellt wird die Entwicklung von Skilauf, Ski und Zubehör. Auf rund 4000 Jahre alten Felsritzungen sind die ältesten Hinweise auf den Gebrauch skiähnlicher Fortbewegungsmittel gesichert. Als Erfinder des neuzeitlichen Ski gilt *Sondre Norheim* (1825–95) aus Morgedal in der Telemark, der 1868 erstmals seine feste Fersenbindung vorführte und damit kontrollierte Richtungswechsel vollziehen konnte. Seitdem ist der »Telemarkschwung« ein Begriff.

Das Skimuseum umfaßt auch Ausrüstungsgegenstände, die von den Expeditionen der Polarforscher Fridtjof Nansen und Roald Amundsen stammen. Eine Ausstellung über die Olympischen Winterspiele 1952 (Oslo) und 1994 (Lillehammer) ist die neueste Errungenschaft.

■ **Ski-Simulator Holmenkollen**, Kongeveien 5. Öffnungszeiten wie »Skimuseum«, gleich im Anschluß. Eintritt 35/20 NOK (mit OK 20 % Rabatt).

Das computertechnische Zeitalter ermöglicht den waghalsigen Parforceritt über die Abfahrtspiste ebenso wie den Sprung von der Schanze u.a.

■ Aussichtspunkt **Tyrvannstårnet**, Voksenkollen, Tel. 2214 6711. 1.10.–30.4. Mo–Fr 10–15 Uhr, Sa,So 11–16 Uhr, Mai und September täglich 10–17 Uhr, Juni 10–19 Uhr, Juli 9–22 Uhr, August 9–20 Uhr. Eintritt 30/15 NOK, Familien 60 NOK (mit OK frei). Mit der Holmenkollbahn bis »Voksenkollen«.

Der Fernsehturm Tyrvannstårnet

Blick von Akershus auf die Bucht Pipervika, im HIntergrund die Hafenzeile von Aker Brygge (oben); Vigelands-Anlage im Frognerpark ▶

liegt bereits eine »Etage« über Holmenkollen; auf der Aussichtsplattform stehen Sie bereits 588 Meter über dem Oslofjord. Bei guter Sicht blicken Sie westwärts bis zum Gaustatoppen – Südnorwegens höchster Berg, der im Rjukan-Kapitel ausführlich vorgestellt wird – und ostwärts bis weit über die schwedische Grenze hinaus.

Westlich des Schlosses – rund um den Frognerpark

Der große Umsteigebahnhof im Stadtwesten ist Majorstuen. Dort ausgestiegen, befindet man sich knapp 500 Meter nördlich des Frognerparks, der bekanntesten und meist besuchten Grünanlage Oslos. Doch zuvor lohnt sich ein Kurztrip hinüber auf die andere Seite der Valkyriegata, die parallel zur T-Bahn-Linie verläuft:

■ **Sporveismuseet**, Gardeveien 15, Tel. 2260 9409. 1.4.–30.9. Sa und So 12–15 Uhr, sonst nur So 12–15 Uhr. Eintritt 10/5 NOK (mit OK frei).

Gleich nördlich der T-Bahn-Linie: das Museum für ausrangierte Straßenbahnen und Busse. Ein Exemplar der Holmenkollbahn (siehe oben) ist ebenso vertreten wie eine von Pferden gezogene Straßenbahn aus dem Jahr 1875.

■ Über Valkyriegata und rechts auf Kirkeveien gelangen Sie zum Frogner Stadion, an dessen anderem Ende sich das Eislaufmuseum *Skøytemuseet* befindet (siehe unter »Weitere Museen«). In dem Stadion holte sich *Sonja Henie* ihren ersten Weltmeistertitel. Nebenan das Freibad *Frognerbadet*. Jetzt noch ein Stück weiter auf Kirkeveien, und Sie stehen vor dem Haupteingang zum **Frognerpark** (750 Meter ab Majorstuen, von dort auch Straßenbahn 2 möglich).

Daß der Park mißverständlich auch Vigelandspark genannt wird, liegt an den Skulpturengruppen, auf die man vom Haupteingang aus in gerader Linie zusteuert. Diese Anlage ist das Lebenswerk des Bildhauers *Gustav Vigeland* (1869–1943), der 1921 seine künstlerischen Arbeiten der Stadt Oslo überschrieb und dem dafür Atelier (siehe unten) und angemessene materielle Absicherung zugesagt wurden. Und so werkelte er ab 1923 bis zu seinem Tode an der Gestaltung des Frognerparks. Die komplett aufgestellten Skulpturen hat er nicht mehr erlebt.

Die sogenannte Vigelandsanlage, Vigelandsanlegget, umfaßt 192 Skulpturen, die insgesamt 650 Figuren aus Stein, Bronze und Eisen zeigen. Ihren Mittelpunkt bildet ein 17 m hoher Granit-Monolith, der aus 121 ineinander verschlungenen Menschenleibern besteht. Die nackten, dicklichen Figuren sind durchaus gewöhnungsbedürftig und in ihrem künstlerischen Wert heftig umstritten. Vor allem die Gigantomanie rief viel Kritik hervor. Kollege Kamphausen schrieb 1983 in seinem Norwegen-Reiseführer: »...die Nacktheit, die er hier vorführte, ist auch kaum die des Paradieses, eher die eines überfüllten Hallenbades.« Die Stadt Oslo jedenfalls steht zu dem Skulpturenpark und schleust Jahr für

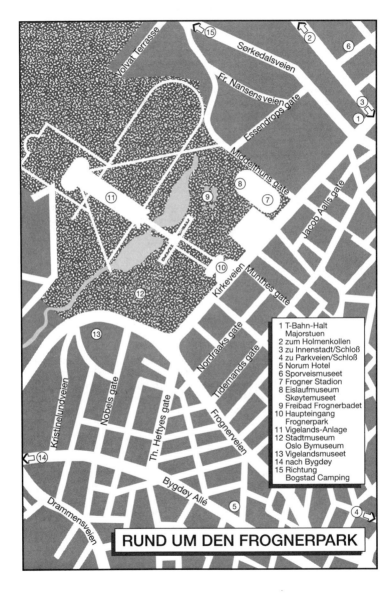

Jahr über 1 Million Besucher durch die schmiedeeisernen Hauptpforten. Enthält man sich einer Bewertung der Skulpturen, ist der Frognerpark mit seinem See eine der schönsten Grünanlagen der Landeshauptstadt. Die Osloer lassen alle Diskussionen kalt; sie treffen sich in dem Park zum Joggen, Spielen, Flanieren und genießen Mußestunden bei Sonnenschein.

■ Stadtmuseum **Oslo Bymuseum**, Frognerveien 67, Tel. 2243 0645. 1.6.–31.8. Di–Fr 10–18 Uhr, Sa,So 11–17 Uhr, sonst Di–Fr 10–16 Uhr, Sa,So 11–16 Uhr. Eintritt 20/10 NOK (mit OK frei).

Im Süden des Frognerparks steht das Stadtmuseum, der prächtig ausschauende Herrenhof Frogner (um 1790), seinerzeit einer der größten im Land. Fotografien, Zeichnungen, Dokumente und Modelle begleiten durch die Stadtgeschichte. Ausstellungen zeigen Möbel, Textilien und weitere Gegenstände, vornehmlich aus gehobener Wohnkultur.

■ **Vigelandsmuseet**, Nobelsgate 32, Tel. 2244 1136 und 2244 2306. 1.5.–30.9. Di–Sa 10–18 Uhr, So 12–19 Uhr, sonst Di–Sa 12–16 Uhr, So 12–18 Uhr. 1.5.–30.9. Eintritt 20/10 NOK, sonst frei (mit OK generell frei).

Das Gebäude, das von außen eher an ein Gefängnis erinnert, ließ die Stadt Vigeland eigens als Wohnsitz und Atelier bauen. Wem die Vigelands-Anlage im Frognerpark nicht ausreicht, wird vor Ort mit Skulpturen, Zeichnungen und anderen Arbeiten des unermüdlichen Künstlers eingedeckt. Skizzen, Entwürfe und Modelle belegen, wie aufwendig Vigeland die Gestaltung des Frognerparks vorbereitete.

Rund um die Karl Johansgate

Oslos schnurgerade Prachtstraße, die das Schloß im Westen mit dem Hauptbahnhof im Osten verbindet, flankieren viele Zeitzeugen der norwegischen Geschichte, vor allem zwischen Schloß und Parlament. Der anschließende Abschnitt bis zum Bahnhof ist Fußgängerzone und Einkaufsmeile zugleich.

■ Das Königliche **Schloß** wurde 1825 vom schwedischen-norwegischen König Karl Johan in Auftrag gegeben. 1848 war der klassizistische Bau fertig. Gemessen an den prunkvollen Schlössern in England und Dänemark wirkt er bescheiden, im Konzert der anderen Großbauten an der Karl Johansgate fast unauffällig. Ohne meterhohe Mauern als »Schutzwall vor dem Volk«, passend zu der geringen Distanz, zur Herzlichkeit, die zwischen Monarchie und Bürgern zu spüren ist, verfolgt man die Reisen der Königsfamilie durch das Land. Das Schloß ist ihre Heimatadresse, und weilt der König zu Hause, ist die Fahne oben auf dem Dach aufgezogen. Bestimmt zu Hause ist er am 17. Mai, dem Nationalfeiertag, wenn halb Oslo unterwegs zum Schloß ist und fähnchenwedelnd an dem Balkon vorüberzieht, von dem König Harald V., Königin Sonja, Prinzessin Märtha Louise und Kronprinz Håkon herabwinken. Die heitere, ausgelassene Stimmung zeigt, wie unbeschwert man mit »wichtigen« Daten umgehen kann.

Zugänglich ist das Schloß nicht, dafür aber der Schloßpark zur Rechten. Um 13.30 Uhr findet täglich die Wachablösung der Garde statt.

■ Bei den ersten zwei auffälligen Gebäuden, die den Stadtwanderer auf dem Weg hinab zur City empfangen, handelt es sich um die Alte **Universität** zur Linken sowie um das **Nationaltheater** zur Rechten.

Die Aula (1911) der klassizistischen Universität (1854), hinter den mächtigen Säulen, schmücken Wandgemälde von Edvard Munch. In der Aula nahm Willy Brandt 1972 den Friedensnobelpreis entgegen (inzwischen im Rathaus). – Das Nationaltheater (1899) bewachen, ähnlich wie in Kopenhagen das Königliche Theater, zwei Größen der einheimischen Dichtkunst: Henrik Ibsen und Bjørnstjerne Bjørnson. Das leidlich interessante Ibsen-Museum befindet sich ganz in der Nähe; siehe unter »Weitere Museen«.

■ Hinter der Universität ist das Historische Museum mit mehreren Abteilungen beheimatet; siehe unter »Weitere Museen«. Daneben die **Nationalgalerie**, *Nasjonalgalleriet,* die die größte Kunstsammlung Norwegens beherbergt, obwohl sie 1990 viele zeitgenössische Werke an das neue Museum für Gegenwartskunst abgeben mußte; siehe unter »Akershus, Museet for Samtidskunst«. Die internationale Galerie umfaßt Gemälde von Cezanne, Delacroix, Gauguin, van Gogh, Manet, Picasso, Rodin u. a. Auch dänische und schwedische Kunst, Ikonen aus Rußland, antike Skulpturen. Mo,Mi,Fr,Sa 10–16 Uhr, Do 10–20 Uhr, So 11–15 Uhr. Eintritt frei. Tel. 2220 0404.

■ Auf der anderen Seite der Karl Johansgate ist **Stortinget**, das Parlament, in einem monumentalen Steingebäude (1866) beheimatet; im Inneren mit Werken norwegischer Künstler ausgeschmückt, dabei das Wandgemälde von *Oscar Wergeland,* das die Nationalversammlung zeigt, die 1814 in Eidsvoll die norwegische Verfassung beschloß. Eine Bannmeile um das Parlament, wie in Deutschland, kennt man in Norwegen nicht. 1.7.–15.8. Führungen (auch auf deutsch), aktuelle Zeiten am Anschlag beachten.

■ Gegenüber des Parlaments steht das Grand Hotel. Im **Grand Café** trafen sich Ende des letzten Jahrhunderts die Künstler. Henrik Ibsen fand sich zur Mittagszeit ein, um zu speisen und Kaffee zu schlürfen; seinen angestammten Platz kennzeichnete ein Stuhl mit Namensschild. Und so findet man ihn auf einem Gemälde verewigt, zusammen mit Bjørnstjerne Bjørnson, Christian Krohg, Edvard Munch u.a. Das Interieur erinnert an die gute alte Zeit, das Essen aber stand zuletzt in keinem guten Ruf mehr.

■ Nun beginnt die Einkaufsmeile der Karl Johansgate. Nicht mehr weit zum Bahnhof erhebt sich linker Hand **Vår**

Frelsers Kirke: Der Dom von Oslo stammt ursprünglich aus dem Jahr 1697 (Kanzel und Altartafel 1699, Orgelfassade 1727). Mitte des 19. Jhs. wurde die Kirche in Teilen umgebaut. Die Deckenmalereien (1936–50) von *H.L. Mohr* entstanden im Rahmen der letzten Restauration, ebenso die modellierten Bronzetüren (1938) von *Dagfin Werenskiold*. Die Glasmalereien (1910–16) stammen von *Emanuel Vigeland,* ein Bruder des uns inzwischen bekannten Gustav Vigeland. Verglichen mit weiteren Kirchen, gibt es eindrucksvollere Gotteshäuser im Land. Geöffnet täglich 10–16 Uhr, Hinweise auf Gottesdienste und andere Veranstaltungen beachten, die nicht gestört werden sollen.

■ Wesentlich interessanter, weil einzigartig, sind **Basarhallene**, die Basarhallen mit ihren Arkadengängen, die um 1850 entstanden. Früher bildeten die kleinen Läden einen Lebensmittelmarkt; heute werden hier vorwiegend Kunsthandwerk, Schmuck und Errungenschaften aus Omas Antiquitäten-Truhe feilgeboten. Ein Juwel der Architektur, neben den Straßenkünstlern auf der Karl Johansgate der multikulturelle Tupfer Nr. 2: Die Bezeichnung Basar könnte treffender nicht sein.

Akershus und Umgebung

Aufgeführt sind die Sehenswürdigkeiten unterhalb der Rådhusgate: ab Bahnhof und Karl Johansgt. über Skippergt. oder Dronningensgt. südwärts gen Oslofjord.

■ **Akershus Festning,** Festung Akershus, Tel. 2240 3917. Gelände täglich 6–21 Uhr. Info-Zentrum 2.5.–31.8. 10–16 Uhr, Sa,So 11–16 Uhr, sonst Mo–Fr 10–15 Uhr, Sa,So 11–16 Uhr. Führungen um 12, 14, 16 Uhr. Wachablösung der Königlichen Garde um 13.30 Uhr. Eintritt frei.

Die einstige mittelalterliche Burg soll um 1299 fertig gewesen sein; Teile ihrer Mauern sind erhalten. Von den Wällen hat man einen schönen Blick auf Oslofjord, Hafen und Rathausplatz.

Christian IV. galt im heimischen Dänemark als baufreudiger König. Als seine Schatulle trotzdem noch ein paar Taler enthielt, ließ er Akerhus in der ersten Hälfte des 17. Jhs. zu einem Schloß im Renaissancestil umbauen. Seine Nachfolger jedoch bedachten die Provinz oberhalb des Skagerraks mit gewohnter Ignoranz, und so verfiel das Schloß wieder, mußte als Archiv, Magazin und Zuchthaus herhalten. Während des Zweiten Weltkriegs bezog die Wehrmacht ihr Hauptquartier in Akershus. Auch heute befindet sich das Gelände unter militärischer Verwaltung, ist aber frei zugänglich und wird aufgrund seiner Grünanlagen gerne für eine Mußestunde aufgesucht. Die norwegische Regierung besitzt hier Repräsentationsräume. Im Info-Zentrum vollzieht eine Ausstellung Akershus' Historie nach.

■ **Akershus Slott,** Festung Akershus, Tel. 2241 2521. 2.5.–15.9. Mo–Sa 10–16 Uhr, So 12.30–16 Uhr, sonst So

12.30–16 Uhr, Führungen Mo–Sa um 11,13,15 Uhr, So um 13,15 Uhr. Eintritt 20/10 NOK, mit OK frei.

Was im Schloßinneren seit 1900 restauriert werden konnte: jene Repräsentationsräume der Regierung, das Königliche Mausoleum, die Schloßkirche, das Arbeitszimmer des nationalromantischen Dichters *Henrik Wergeland* (1808–1845), der im Reichsarchiv angestellt war, u.a.

■ **Norges Hjemmefrontmuseum**, Festung Akershus, Tel. 2240 3138. 15.6.–31.8. Mo–Sa 10–17 Uhr, So 11–17 Uhr, 15.4.–14.6. und 1.9.–30.9. Mo–Sa 10–16 Uhr, So 11–16 Uhr, sonst Mo–Sa 10–15 Uhr, So 11–16 Uhr. Eintritt 15/5 NOK, mit OK frei.

Das Norwegische Widerstandsmuseum ist in einem Festungsgebäude untergebracht – unweit der Stelle, an der während des Krieges norwegische Widerstandskämpfer hingerichtet wurden. Dokumentiert werden die Besatzungszeit 1940–45 und die verschiedenen Formen des Widerstands. Fotografien, Plakate, (Ton-)Dokumente wie auch Gegenstände erinnern an dieses dunkelste Kapitel der jüngeren norwegischen Geschichte, das das Verhältnis zwischen den Menschen beider Nationen bis in die 70er Jahre mitunter beeinflußte; kein Wunder, wenn ehemalige Wehrmachtssoldaten auf Urlaub lautstark auf irgendeinem Marktplatz kundtaten, wo sie damals untergebracht waren und wo sie ihre Brötchen geholt hatten. Längst trifft man als Deutscher auf keine Ressentiments mehr; aber die Gelegenheit, sich über die gemeinsame Geschichte zu informieren, sollte schon in den Ferienkalender passen.

■ **Museet for Samtidskunst**, Bankplassen 4, Tel. 2233 5820. Di–Fr 11–19 Uhr, Sa,So 11–16 Uhr. Führungen Di–Fr um 12 Uhr, sonst um 14 Uhr.

Das Museum für zeitgenössische Kunst bestätigt die Redewendung von Kunst und Kommerz auf eigene Weise: Bei seiner Eröffnung 1990 bezog es den ehemaligen Sitz der Norwegischen Zentralbank. Mit Gemälden und Skulpturen aus Nationalgalerie und Reichsgalerie als Grundausstattung, sorgten seitdem üppige Etats für Zuwachs. Der Schwerpunkt liegt, in dieser Reihenfolge, auf Gegenwartskunst aus Norwegen, aus Skandinavien und dem Rest der Welt. Neuerwerbungen werden im steifen Säulen-Kuppelsaal im Erdgeschoß ausgestellt.

Im Osten der Stadt

■ **Munch-Museet**, Tøyengata 53, Tel. 2267 3774. 1.6.–15.9. täglich 10–18 Uhr, sonst Di,Mi,Fr,Sa 10–16 Uhr, Do und So 10–18 Uhr. Eintritt 40/15 NOK (mit OK frei).

Munchs umfangreicher Nachlaß, den er der Stadt Oslo vermachte, um sein Werk nicht in alle Himmelsrichtungen zu verstreuen. Durch Spenden und Tauschgeschäfte konnte die 1961 eingeweihte Sammlung bereits vergrößert werden. Allerdings ist nur ein Bruchteil der zigtausend Gemälde, Zeichnungen und Aquarelle, Grafiken und sogar Skulpturen zu besichtigen.

Gelungen die Idee, die Exponate ab und zu auszuwechseln.

■ **Botanischer Garten**, Sarsgate 1. 15.4.–14.9. Mo–Fr 7–20 Uhr, Sa,So 10–20 Uhr, sonst bis 17 Uhr. Gewächshauser mit exotischen Pflanzen: Di–So 11–16 Uhr. Eintritt frei. Wer sich mehrere Tage für Oslo gönnt, kann sich in dem Landschaftspark bestens vom Sightseeing erholen.

■ **Naturhistorische Museen**, Sars gate 1, Tel. 2285 1600. Di–Sa 11–16 Uhr, So 10–16 Uhr. Eintritt frei. T-Bahnen 3–6 bis Tøyen, oder Bus 20 bis Munch-Museum.

Drei Museen auf dem erweiterten Areal des Botanischen Gartens, in denen sich Naturfreunde stundenlang vergnügen können.

Zoologisk Museum, das Zoologische Museum, mit präparierten und ausgestopften Tieren der nordischen Fauna wie vom halben Erdball, teilweise in naturgetreu nachgebildeter Umgebung. – *Mineralogisk-Geologisk Museum,* das Museum über Mineralogie und Geologie, mit Mineralien, Edelsteinen und anderem Gestein. Dazu die Ausstellung über die Erdölförderung in der Nordsee. – *Paleontologisk Museum,* das Paläontologische Museum, präsentiert Fossilien satt, erzählt von der Entwicklung des Lebens auf der Erde.

Unterhaltung

■ Musikkneipen und -cafés und ist kein langes Leben beschieden in Oslo. Deshalb sind solche Tips nach schon einem Jahr mit Vorsicht zu genießen. »In« und »out«? Immer etwas los ist auf Aker Brygge, dem Zeitgeist folgend. Am besten informieren Sie sich in »**What's on in Oslo?**« über Konzerte, Veranstaltungen, aktuelle Adressen; erscheint monatlich, to get im Touristenbüro, am Narvesen-Kiosk.

■ **Musik und Szene:** *Oslo Jazzhus,* Stockholmsgt. 12, Tel. 2238 5963. Die erste Adresse in Sachen Jazz: Do bis Sa abends Live-Konzerte, verschiedene Stilrichtungen. – *Oslo Jazzhus,* Toftes gate 69, Tel. 2238 5963. – *Smuget,* Rosenkrantz gate 22, Tel. 2242 5262. Jeden Abend Live-Musik: Jazz, Blues oder Rock. Auch Diskothek. Mo–Sa 20–4 Uhr. – *Gamle Christiania,* Grensen 1, Tel. 2242 7493. »New Orleans Workshop«. – *Cosmopolite Jazz & Roots Life,* Industrigata 36, Tel. 2269 0198. – *Warehouse Diner & Music Bar,* Aker Brygge, Stranden 1, Tel. 2283 0330. – *Woodstock Music Café,* Karl Johansgate 13 b, Tel. 2233 4511. – *Blitz,* Pilestredet 30. Treff der alternativ-autonomen Szene, konservativen Zirkeln seit jeher ein Dorn im Auge. Auch Live-Musik, aber ohne festes Programm. – *Sentrum Scene,* Arbeidersamfunnets plass 1, Tel. 2220 6040. – *Stortorvets Gjestgiveri,* Grensen 1, Tel. 2242 8863. Jazz-Anlaufstelle eher für die älteren Semester. – Nightclubs in der Universitetsgate 26: *Barock* und *Humla,* beide mit Restaurant, das »Humla« mit Show, bis 4 Uhr morgens. Im Haus auch das *New*

Orleans Restaurant mit kreolischer Küche.
■ **Feste und Veranstaltungen:** *Holmenkollen Skifestival,* meist im Februar. – *Nationalfeiertag* am 17. Mai; siehe »Karl Johansgate«. – *Oslo Jazzfestival,* Anfang bis Mitte August. – *Oslo Kammermusikfestival,* Mitte August. – Ab und zu *Freiluftkonzerte* in Akershus. – *Rockfestivals* in unregelmäßigen Abständen.

Verschiedenes

■ **Baden:** Freibäder *Frognerbadet* und *Tøyenbadet,* Eintritt mit der OK frei, sonst 36/16 NOK. Frognerbadet: T-Bahnen 4, 14, 15, 16 nach Westen bis Majorstuen. Tøyenbadet: T-Bahnen 3–6 nach Osten bis Tøyen.

Badeplätze am Oslofjord: *Huk* und *Paradisbukta* auf Bygdøy (Bus 30). Weiter westlich, nahe Flughafen Fornebu, *Rolfstangen* (hin mit eigenem Fahrzeug).

Seen: *Bogstadvannet,* nahe »Bogstad Camping« (Parkplätze direkt am See). *Sognsvatnet,* in der Oslomarka (Parkplätze, T-Bahn 4 bis zur Endhaltestelle, plus kurzer Fußweg den Sognsveien hinauf). *Besserudtjernet,* am Fuße der Holmenkollen-Schanze (Parkplätze, T-Bahn 15 bis Holmenkollen).

■ **Fahrradvermietung:** *Den Rustne Eike Sykkel-Tur og Utleie,* Vestbaneplassen 2, Tel. 2283 7231. Mit OK 15 % Rabatt. Karten und Tourenvorschläge. Beim Touristenbüro gelegen. Aber ehrlich: Oslo ist alles andere als ein gutes Fahrradterrain, der Straßenverkehr viel zu aufdringlich. Wer die eigenen Räder im Gepäck hat, kann, ausgerüstet mit entsprechendem Kartenmaterial, sich die Oslomarka erfahren; mögliche Startpunkte siehe unter »Wandern«.

■ **Golf:** *Oslo Golfklubb,* Bogstad, Tel. 2250 4402.

■ **Wandern:** Wer vom Asphalt auf Waldboden wechseln möchte, begebe sich in die weitläufige *Oslomarka,* nördlich der Stadt, die ein engmaschiges, (blau) markiertes Wanderwegenetz durchzieht.

Günstige Ausgangspunkte sind die Alm *Frogneseter* und der Fernsehturm *Tyrvannstårnet* (siehe oben), zu erreichen mit der Holmenkollbahn, der T-Bahn 15; ein Pfad führt sogar von der Holmenkollen-Schanze hinauf zum Fernsehturm. Oder die Endstation der T-Bahn 4 in *Sognsvatn,* wo mehrere Wege das Gebiet zwischen den beiden Seen Sognsvatnet und Maridalsvatnet durchstreifen.

Besorgen Sie sich in einer der großen City-Buchhandlungen, oder schon vor der Anreise zu Hause, die »Turkart Nordmarka«, die sich in einen westlichen Teil, »Vestre del«, und einen östlichen Teil, »Østre del«, gliedert; Bezug siehe unter »Vor der Reise, Karten«.

■ **Architektur:** Am Ostrand des Friedhofs »Vår Frelsers Gravlund« beginnen mit *Damstredet* und *Telthusbakken* zwei Gassen, in denen Bebauung aus dem 18. Jh. die Modernisierungswut der Stadtplaner überstanden hat; neben den Basarhallen die schönsten historisch geprägten Häuserzeilen.

Bei Telthusbakken steht auch die *Gamle Aker Kirke:* Um 1110 gebaut, ist die Steinkirche Oslo ältestes Gebäude. Akersveien 25, Tel. 2269 3582. Mo–Sa 12–14 Uhr. Bus 37 ab Hauptbahnhof bis Aker Kirke.

Norsk Arkitekturmuseum, Kongens gate 4, Tel. 2242 4080. Di–Fr 11–16 Uhr, Sa,So 12–16 Uhr. Eintritt frei. Nahe Akershus. Die norwegische Architektur seit 1900, in wechselnden Ausstellungen.

■ **Oslos Rathaus:** von innen genau so bombastisch wie von außen, trotz der riesigen Fresken nicht unbedingt einen Besuch wert. 1.5.–31.8. Mo–Sa 9–17 Uhr, So 12–16 Uhr, sonst Mo–Sa 9–15.30 Uhr. Führungen um 10, 12, 14 Uhr. Teilnahme 1.5.–31.8. 15/5 NOK, sonst frei.

■ **Henie-Onstad Kunstsenter,** Høvikodden, Tel. 6754 3050. 1.6.–31.8. Mo 11–17 Uhr, Di–Fr 9–21 Uhr, Sa, So 11–19 Uhr, sonst Mo–Fr gleich, Sa,So nur bis 11 Uhr. Eintritt 30/10 NOK (Änderungen, je nach Ausstellung, möglich), mit OK 50 % Rabatt.

Einer der Kulturtempel der Landeshauptstadt, mit der landesweit größten Sammlung internationaler zeitgenössischer Kunst. Außerdem werden fortlaufend Konzerte, Theater- und Tanzdarbietungen, Filmabende, Autorenlesungen und Sonderausstellungen durchgeführt. Das futuristische Gebäude liegt auf der Landzunge Høvikodden im Oslofjord, 12 km westlich vom Zentrum, ausgeschildert ab E 18.

Der Name **Sonja Henie** ist den älteren Semestern unter uns sowie allen Sportstatistikern ein Begriff. Die Eislaufprinzessin war von 1927 bis 1936 ununterbrochen Weltmeisterin und gewann bei den Olympischen Winterspielen 1928, 1932 und 1936 die Goldmedaille und die Herzen der Zuschauer, die ihr den Spitznamen »Häseken« verliehen; des Eislaufstars Trophäen sind ebenfalls zu bewundern. Mit ihrem Ehemann, dem Reeder *Niels Onstad,* stiftete sie das 1968 eröffnete Kulturzentrum. Ein Jahr später kamen beide bei einem Flugzeugabsturz nahe Oslo ums Leben.

■ **Weitere Kunstmuseen** (alphabetisch geordnet): *Astrup Fearnley Museum of Modern Art,* Dronningensgt. 4, Tel. 2293 6065. Di–So 12–16 Uhr, Do bis 19 Uhr. Eintritt 30/15 NOK. Norwegische wie internationale Malerei seit 1945. – *Barnekunstmuseet,* Lille Frøensvei 4, Tel. 2246 8573. 26.6.–15.8. Di–Do und So 11–16 Uhr, 20.1.–25.5. und 10.9.–15.12. Di–Do 9.30–14 Uhr, So 11–16 Uhr, sonst geschlossen. Eintritt 30/15 NOK. Kinderkunst: Textilien, Malerei, Bildhauerei. Programm mit Musik und Tanz. Anfahrt: mit der T 15 zur Station Frøen, die erste ab Majorstuen in Richtung Holmenkollen. – *Stenersenmuseum,* Munkedamsveien 15, Tel. 2283 9560. Di und Do 11–19

Uhr, Mi und Fr–So 11–17 Uhr. Eintritt 20/10 NOK. Ältere wie zeitgenössische norwegische Kunst. Auch in Bergen gibt es ein Kunstmuseum, das den Namen des Kunstmäzens Rolf Stenersen (1899–1978) trägt, der u. a. eine Biographie über Edvard Munch verfaßte.

■ **Galerien:** Wer sich mit all den vorgestellten Kunsttempeln nicht begnügen mag, orientiere sich im aktuellen »Oslo Guide«. Der Sitz der *Oslo Kunstforening* befindet sich in der Rådhusgate 19, Tel. 2242 3265.

■ **Weitere Museen** (alphabetisch geordnet): *Forsvarsmuseet,* Festung Akershus, Bygning 62, Tel. 2240 3582. 1.6.–31.8. Mo–Fr 10–18 Uhr, Sa,So 11–16 Uhr, sonst Mo–Fr 10–15 Uhr, Sa,So 11–16 Uhr. Eintritt frei. Die norwegische Militärgeschichte. – *Historisk Museum,* Frederiks gate 2, Tel. 2285 9300. 15.5.–14.9. Di–So 11–15 Uhr, sonst Di–So 12–15 Uhr. Eintritt frei. Drei Abteilungen, basierend auf Uni-Sammlungen: das Etnographische Museum (außereuropäische Kulturen, auch der Arktis), die Frühgeschichtliche Abteilung (bis zur Reformation, darunter Portale von Stabkirchen, die teilweise nicht mehr existieren) und das Münzkabinett (seit der Antike). – *Ibsen Museum,* Arbiens gate 1, Tel. 2255 2009. Di–So 12–15 Uhr, Führungen zu jeder vollen Stunde. Eintritt 30/10 NOK (mit OK frei). Des Schriftstellers letzte Wohnung (1895–1906) wurde nach originalen Vorlagen restauriert, sein Arbeitszimmer von »Norsk Folkemuseum«, zwischenzeitlich dort ausgestellt, zurückgegeben. Trotz aller Würdigung: Die Wohnung eines Schriftstellers, sei er auch noch so berühmt, gibt optisch nun mal weniger her als etwa das Atelier eines Malers. – *Kunstindustrimuseet,* St. Olavsgate 1, Tel. 2220 3578. Di–Fr 11–15 Uhr, Sa,So 12–16 Uhr. Eintritt 20/10 NOK (mit OK frei). Einheimisches wie ausländisches Kunsthandwerk aus mehreren Jahrhunderten: Glas, Keramik, Kleidung, Möbel u.v.a. 1876 gegründet und damit eines der ältesten Museen Norwegens, mit entsprechendem Fundus; auch eine Ausstellung über skandinavisches Design. – *Postmuseet,* Kirkegaten 20, Tel. 2240 8059. 1.7.–31.8. Mo–Mi und Fr 10–15 Uhr, Do 10–18 Uhr, So 12–16 Uhr, sonst auch Do 10–15 Uhr. Eintritt frei. Historische Fundgrube, die Geschichte der Post über 350 Jahre: Uniformen und Posthörner, Briefwaagen und Briefkästen, schön die historischen Fotografien von Postämtern, außerdem die umfangreichste Briefmarkensammlung im Land u.a. – *Skøytemuseet,* Frogner Stadion, Middelthunsgt. 26 (Majorstuen), Tel. 2243 4920. Di und Do 10–14 Uhr, So 11–14 Uhr. Eintritt 25/10 NOK (mit OK frei). Die Kufen-Heroen von Mathisen bis Koss, Schlittschuhe aus allen Epochen. – *Teknisk Museum,* Kjelsåsveien 143, Tel. 2222 2550. 20.6.–20.8. Di–So 10–18 Uhr (im Juli auch Mo), sonst Di 10–21 Uhr, Mi–Sa 10–16 Uhr, So 10–17 Uhr. Eintritt 30/15 NOK. Wissenschaft und Technik, in der Abteilung Telemuseum spannende Sammlung zum Thema Kommunikation. – *Theatermuseum,* Nedre Slottgate 1, Tel. 2241 8147. Mi, Do 11–15 Uhr. So 12–16 Uhr. Eintritt 15/10 NOK. Fotografien, Bühnenbilder, Kostüme u.a. – Zollmuseum *Tollmuseum,* Tollbugaten 1 a, Tel. 2286 0999. Di und Do 12–15 Uhr. Eintritt frei. Das Inventar im alten Zollamt. Verstecke von Schmugglerware.

■ **Botschaften:** siehe »Unterwegs in Norwegen, Praktisches A–Z«.

■ **Hauptpostamt:** Dronningensgate 15.

■ **Notarzt:** Tel. 2211 7070. Zahnarzt, Tel. 2267 3000.

■ **Parken:** Mit der Oslo-Karte entfallen zwar die Gebühren auf städtischen Parkplätzen, aber die Höchstparkdauer gilt trotzdem.

Die Parkhäuser sind ein teures Vergnügen: 24 Stunden geöffnet ist das Parkhaus auf Aker Brygge. Im Ibsen-Parkhaus gibt es mit der Oslo-Karte Rabatt: C. J. Hambross plass 1. Mo–Sa 6–0.30 Uhr, So 8–22 Uhr. 15 NOK je Stunde, 12 NOK mit der Oslo-Karte. Anfahrt über Ring 1; siehe Stadtplan.

Weiterreise

■ **Flug:** Flughafen *Fornebu,* 7 km westlich von Oslo. Flughafenbus 6–21.45 ab Hauptbahnhof und Nationaltheater alle 10–15 Minuten, ab Oslo Bus Terminal alle 10–20 Minuten. Fahrpreis 30 NOK, mit dem Taxi 100–120 NOK. Da die Kapazität in Fornebu begrenzt ist, wird in den nächsten Jahren der Flugplatz *Gardermoen* (rund 50 km nordöstlich, bisher nur Militär- und Charterflughafen) zu Oslos Hauptflughafen ausgebaut. Doch bis der Wechsel stattfindet, ist noch ein Weilchen Zeit.

Direktverbindungen nach Bergen, Evenes, Fagernes, Florø, Førde, Haugesund, Kristiansand, Kristiansund, Molde, Røros, Sandane, Sandefjord, Sogndal, Stavanger, Trondheim und Ålesund.

■ **Bahn:** *Oslo Sentralstasjon,* Jernbanetorget 1, Tel. 2236 8000. Am Ostende der Karl Johansgate.

Sørlandsbanen (Linie 51): nach Stavanger über Lysaker/Fornebu, Drammen, Hokksund, Kongsberg, Bø, Nelaug (umsteigen nach Arendal), Kristiansand, Sira, Moi, Egersund, Bryne und Sandnes. – Nach Skien (Telemarkkanal, Linie 61) über Lysaker/Fornebu, Drammen, Tønsberg, Sandefjord, Larvik (Fähre nach Dänemark) und Porsgrunn. – Bergensbanen (Linie 41): nach Bergen über Lysaker/Fornebu, Drammen, Hokksund, Hønefoss, Nesbyen, Gol, Ål, Geilo, Finse, Myrdal (umsteigen nach Flåm), Voss und Arna. – Nach Gjøvik am Mjøsa-See (Linie 31). – Nach Trondheim entweder rascher mit Dovrebanen (Linie 21) über Lillestrøm, Eidsvoll, Hamar, Brumunddal, Moelv, Lillehammer, Hunderfossen, Ringebu, Vinstra, Otta, Dovre, Dombås (umsteigen nach Åndalsnes), Hjerkinn, Kongsvoll, Oppdal, Støren. Oder langsamer mit Rørosbanen (Linie 25) ab Hamar über Elverum, Rena, Koppang, Tynset, Os, Røros und Støren. – Nach Kongsvinger (Linie 82) mit dem Zug nach Stockholm über Lillestrøm. – Nach Halden (Linie 1) über Ski, Moss, Rygge, Fredrikstad und Sarpsborg.

■ **Bus:** *Oslo Rutebilstasjon,* Galleri Oslo, Schweigaardsgt. 8–10, Tel. 2217 5290. Buchung, ebenso für Fernreisen innerhalb anderer Landesteile: Mo–Fr 8–22 Uhr, Sa 8–17.30 Uhr. (Nahverkehrsrouten können hier aus Platzgründen nicht aufgeführt werden.)

Nach Kristiansand (330 NOK) über Risør, Tvedestrand, Arendal, Fevik, Grimstad und Lillesand. – Nach Stavanger (461 NOK) über Fornebu, Drammen, Hokksund, Kongsberg, Notodden, Bø, Seljord, Brunkeberg, Morgedal, Høydalsmo, Åmot, Dalen (Telemarkkanal), Valle, Brokke, Svartevatn und Sandnes. – Nach Rjukan (200 NOK) über Fornebu, Drammen, Hokksund, Kongsberg (88 NOK), Ormemyr, Austbygd und Miland. – Nach Bergen entweder (522 NOK) zunächst, wie nach Stavanger, bis Åmot, ab dort über Haukeligrend, Røldal, Seljestad, Odda (umsteigen nach Haugesund oder Voss), Utne (Fähre nach Kvanndal), Øystese, Norheimsund, Arna. Oder (471 NOK) über Drammen, Åmot, Vikersund, Krøderen, Nesbyen, Gol, Ål, Aurland (328 NOK), Flåm, Gudvangen, Stalheim, Voss, Dale und Arna. – Zum Sognefjord entweder nach Årdalstangen (290 NOK) über Hønefoss, Fagernes (175 NOK) und Lærdal. Oder nach Sogndal (329 NOK) über Fornebu, Drammen, Hokksund, Vikersund, Krøderen, Nesbyen, Gol, Hemsedal (197 NOK), Borlaug, Lærdal und Revsnes (Fähre nach Kaupanger), in Sogndal Anschluß nach Balestrand und Fjærland; auch Nachtbus nach Sogndal über Fagernes. – Nach Stryn (461 NOK) über Flugplatz Gardermoen, Eidsvoll, Hamar, Lillehammer, Ringebu, Vinstra, Otta (umsteigen in den Zug nach Trondheim), Vågåmo, Lom und Grotli, ab Stryn mögliche Weiterfahrt nach Nordfjordeid und Måløy; auch Nachtbus nach Stryn, weiter nach Volda und Ørsta. – Nach Gjøvik am Mjøsa-See (132 NOK) über Flugplatz Gardermoen. – Nach Trysil (200 NOK) über Elverum (130 NOK).

■ **Auto: Nach Kongsberg.** Zunächst flott, sofern es der Verkehr zuläßt, auf der E 18. Westlich der City möglicher Abstecher nach Høvikodden, dort **Henie-Onstad Kunstsenter;** siehe »Verschiedenes« (ausgeschildert). Ein außergewöhnlicher Trip erwartet Sie in **Drammen,** wo Sie durch den 1,65 km langen Felsentunnel *Spiralen* in sechs Schleifen den Stadthügel *Bragernesåsen* erklimmen können. Oben finden Sie ein beliebtes Naherholungsgebiet mit Wander- und Spazierwegen vor, in dem nun auch ein Freilichtmuseum entsteht. Der Tunnel ist nur mit Autos befahrbar. Drammen ist übrigens die Heimatstadt des »Linie Aquavit«: 1840 stellten Verantwortliche einer Brennerei fest, daß ihr Schnaps nach einer Weltumsegelung ein erstklassiges Aroma erhalten hatte. Seitdem wird dieser Reifeprozeß gepflegt, indem der Schnaps (auf den Schiffen der Reederei »Wilhelmsen«) in Sherryfässern zweimal über den Äquator schippert; daher der Name. Ab Drammen weiter westwärts auf Straße 11 nach Kongsberg. Unterwegs, in *Vestfossen,* möglicher Abstecher zum stattlichen Herrenhof **Fossesholm Herregård**, der weitgehend noch mit seinem Originalinterieur aus dem 18. Jh. eingerichtet ist; wechselnde Ausstellungen, eine Abteilung mit Kunstgewerbe sowie ein kleines Museum, das sich dem Widerstand im Zweiten Weltkrieg widmet, komplettieren die Anlage. 17.5.–1.10. täglich 12–18 Uhr, Führung nach Absprache.

An die Sørlandküste. Entweder über Kongsberg (siehe oben), ab dort auf Straße 40 südwärts nach zum internationalen Fährhafen Larvik, ab dort weiter auf der Europastraße 18, vorbei an der Industriehochburg Porsgrunn/Skien (Beginn des Telemarkkanals). Bei *Stathelle* überquert der 677 m lange Bogen der **Brevik-Brücke** einen Sund. Unterwegs mehrere Abstecher zur Küste, zum Beispiel nach *Langesund*. Spätestens auf Straße 38 abbiegen und nur noch wenige Kilometer bis Kragerø, dem ersten Höhepunkt entlang der Schärenküste. – Oder in Drammen auf der E 18 bleiben und südwärts auf der Westseite des Oslofjords entlang, nur streckenweise in Ufernähe. Die E 18 passiert **Tønsberg**, Norwegens angeblich älteste Stadt (soll bereits vor der Schlacht am Hafrsfjord 872 bestanden haben) und Stammsitz der Reederei »Wilhelmsen«, die den berühmten »Linie-Aquavit« in Sherryfässern zweimal über den Äquator bringt (siehe oben unter »Drammen«); schön der Blick vom Aussichtsturm (1888) auf dem Schloßberg über Stadt und Fjord; im Süden ziehen sich die Inseln **Nøtterøy** und **Tjøme** in den Oslofjord, deren Ufer mehrere Strände zieren: *Fjærholmen* (mit Campingplatz), *Stranda, Øra, Mostranda,* von Nord nach Süd; ab Tønsberg führt die Straße 308 nahe an die Südspitze von Tjøme, genannt **Verdens Ende,** »das Ende der Welt«; an dieser Stelle wurde um 1700 Norwegens erster Leuchtturm eingeweiht, ein Wippfeuer nach dänischem Vorbild; vom Parkplatz führt ein Fußweg hinaus zum Schärengarten. Ab Tønsberg weiter auf der E 18 nach Südwesten. Der interessanteste Stopp auf der Fahrt gen Kragerø mag die Stadt **Sandefjord** sein, wie Tønsberg kein architektonisches Wunder, aber mit einer unverwechselbaren Geschichte, dokumentiert durch das faszinierende Walfangmonument, *Hvalfangstmonumentet:* Sandefjord war die Basis der norwegischen Walfangindustrie, die in den 20er Jahren rund 90 Fangboote und 15 Trankochereien umfaßte; nach dem Höhepunkt in den 50ern, als fast 3000 Menschen direkt und indirekt vom Walfang lebten, endete die Epoche 1968, als auch die letzten Außenposten im arktischen Meer aufgegeben werden mußten; die internationale Massentötung hatten nicht allzu viele Wale überlebt; das Hvalfangstmuseum widmet sich dieser Ära, freilich aus einem strikt wohlgesonnenen Blickwinkel: Museumsgt. 39, 1.6.–31.8. täglich 11–17 Uhr, Mai und September 11–16 Uhr, sonst Fr–So 12-16 Uhr; nahe Sandefjord wurde das Gokstad-Wikingerschiff ausgegraben, das auf Bygdøy in Oslo seine Heimat gefunden hat; die »Gaia«, ein originalgetreuer Nachbau, liegt im Sommer am Kai; 1991 segelte die Gaia über den Atlantik, um an das 1000jährige Jubiläum von *Leif Erikssons* Nordamerika-Entdeckung zu erinnern, ein Jahr vor dem Kolumbus-Rummel; die dritte Besonderheit Sandefjords ist das Kurbad, in dem von 1837 bis 1939 vor allem hochwohlgeborene Persönlichkeiten eintrafen, die sich von dem schwefelhaltigen Quellwasser die Linderung ihrer diversen Leiden versprachen: Prominente Gäste waren König Oscar II. und *Henrik Ibsen;* das hölzerne Hauptgebäude wurde in den 80er Jahren aufwendig restauriert, um heute als Bühne für Konzerte und Theater zu fungieren; die tiefrote Farbe des Holzpalastes gleicht dem Falu-Rot, das in Schweden so viele Häuserwände kleidet; 1995 feiert Sandefjord, das eine Fährverbindung mit dem schwedischen Strömstad unterhält, seinen 150. Geburtstag. Ab Sandefjord weiter auf der E 18 nach **Larvik,** wo die einzige Mineralwasserquelle im Land entspringt, in den Restaurants serviert als »Farris«-Wasser. Ab Larvik weiter, wie auf der alternativen Route über Kongsberg beschrieben.

Zum Mjøsa-See, nach Norden, flott auf der E 6, die eigens für die Olympiade großzügig begradigt und ausgebaut wurde; unterwegs trotz der Zäune auf Elch-Warnungen achten, da die E 6 der Tiere angestammtes Terrain durchschneidet. Elche sind kurzsichtig und generell nicht verkehrstauglich, und ein Zusammenstoß endet nicht selten tödlich, auch für Pkw-Passagiere. In **Eidsvoll**, am Südende des Mjøsa-Sees, möglicher Besuch des alten Reichstagssaals, in dem 1814 die norwegische Verfassung proklamiert wurde, der erste Schritt zur Unabhängigkeit. Seitdem wird das Gebäude mit Namen *Eidsvollbygningen* gehegt und gepflegt; der Saal blieb in seinem Originalzustand erhalten. Jedes Jahr im Juni wird vor dem Gebäude das Theaterstück »Spillet om Eidsvold 1814« aufgeführt, das neben der Reichstagsversammlung und den politischen Geschehnissen auch auf die damalige soziale Realität eingeht. Spannend, romantisch und versöhnlich soll es sein. Eidsvollbygningen, Eidsvoll verk, Carsten Ankers vei, Tel. 6395 1304. 16.6.–15.8. täglich 10–17 Uhr, 2.5.–15.6. und 16.8.–30.9. 10–15 Uhr, sonst 12–14 Uhr. Eintritt 2/1 NOK.

Zur Ostküste, nach Süden (!), kurz und schmerzlos auf der E 6.

Kongsberg

In den Silbergruben

Kongsberg ist westlich von Oslo die erste Station, die einen längeren Stopp verdient. Nicht wegen ihres Angesichts: Wer sich, angekommen mit dem Zug, eines Blickes in das »Bahnhofsrestaurant« nicht geniert, erhält einen trefflichen Eindruck von der Ausstrahlung dieser Stadt, ohne nach einem ausgiebigen Rundgang zum gleichen Ergebnis kommen zu müssen.

Seinen Reiz verdankt Kongsberg den nahen Silbergruben, die das westlich angrenzende *Knutefjell* durchziehen und die Stadt, neben Røros mit seinen Kupfergruben, zum für Touristen interessantesten Bergwerksstandort machen. So können Besucher in die größte dieser Gruben einfahren und/oder – welch ein Trek – an einer 5 km langen Wanderung durch Stollen, Schächte und mehrere Gruben teilnehmen; kein Höllentrip, sondern dank der kundigen Führung spannende, aus nächster Nähe erlebte Industriegeschichte.

Es war im Juli 1623, als die beiden Kinder Helga und Jakob vom Schafehüten im Hochland nach Hause kamen und ihren Eltern Steine mitbrachten, die gar silbrig schimmerten. Die beglückten Väter versuchten den Fund gewinnbringend abzusetzen, was dem Landvogt zu Ohren kam. Da in der Gegend Silbervorkommen vermutet wurden, hatten die hohen Herren für den Fall der Fälle einen Finderlohn in Aussicht gestellt, die private Vermarktung aber verboten. Daß die Väter weder für ihre Eigeninitiative bestraft noch für ihren Fund belohnt wurden, mag ein salomonisches Urteil des Landvogts gewesen sein. Doch der hatte bald ganz anderes im Kopf, denn der Silberfund erwies sich als vielversprechend.

Schon im Oktober 1623 begann der Probelauf des Silberbergwerks Kongsberg. Ein halbes Jahr später wurden in Norwegen und Dänemark Gottesdienste abgehalten, die dem Herrn für die Bescherung danken sollten. Noch 1624 bemühte König Christian IV. aus der Weltstadt Kopenhagen in die Provinz, um die Grube in Augenschein zu nehmen. Als kluger Geist mit pekuniärem Gespür entwarf er einen Plan, wie das Silberbergwerk denn am meisten für die Krone abwerfen könne. Ein wichtiges Anliegen war die Anwerbung deutscher Fachleute, die die entwicklungsbedürftigen Nordmannen in den Bergbau einweisen sollten. Daß sie gut versorgt, keine Steuern bezahlen und vom Militärdienst befreit werden sollten, war den Umworbenen Anreiz genug. Gruben- und Ortsnamen wie »Haus Sachsen« und »Gottes Hülfe in der Noth« erinnern an die deutsche Präsenz. In den Folgejahren entstand eine isolierte Bergwerkskolonie, die ihre eigenen Regeln und ihre eigene Justiz hatte. Die Einwohner lebten zwar in einer steuerfreien Zone, waren aber gleichzeitig vom Bergwerk abhängig. Der Handel mit dem gewonnenen Silber unterstand dem Staat. 1673, in Zeiten schlechter Erträge, übertrug man das Silberbergwerk in private Hände, doch zehn Jahre später, als es wieder besser lief, übernahm der Staat erneut die Leitung. Die Verluste wurden also privatisiert – und die Gewinne auch, denn der Staat kümmerte sich vor Ort in erster Linie um das Wohlergehen seiner Repräsentanten.

1350 Tonnen reines Silber lautete die Bilanz bis zur Stillegung des Silberbergwerks 1957. Während die Bergleute in den ersten Jahren zunächst mit Hammer und Brecheisen auskommen mußten, wurde ab 1670 die Feuertechnik eingesetzt: An den Stollenenden steckte man aufgeschichtetes Holz in Brand, worauf das erhitzte Gestein schlagartig mit Wasser abgekühlt und allmählich spröde wurde. 1,5 m kamen die Kumpel mit dieser Methode im Monat voran, 18–20 m im Jahr. Es war Knochenarbeit in den kalten, feuchten Stollen voller Rauch, und die Lebenserwartung betrug kaum mehr als 40 Jahre. Mit dem Schwarzpulver, dem Dynamit bis hin zur Preßlufthammer-Epoche wurde der Alltag etwas leichter, stiegen die geförderten Mengen. In der zweiten Hälfte des 18. Jhs. war Kongsberg mit fast 10.000 Einwohnern nach Bergen die zweitgrößte Stadt des Landes. Heute leben rund 14.000 Menschen in der Stadt am Fluß *Numedalslågen,* von Verwaltung, Dienstleistung, Ausbildungsstätten, militärischen Ansiedlungen sowie gestandenen und neueren Industriezweigen, etwa Holzverarbeitung, Elektronik und Waffentechnik – bis 1987 hatte die Waffenschmiede »Kongsberg Våpenfabrikk« ihr Unheil auch ins Ausland verfrachtet, bevor sie dann auf mehrere kleine Betriebe verteilt wurde.

Information

■ **Kongsberg Turistinformasjon**, Storgaten 35, N-3600 Kongsberg, Tel. 3273 5000, Fax 3273 5001. 20.6.–20.8. Mo–Sa 8.30–19 Uhr, So 12–19 Uhr, 20.5.–19.6. sowie 21.8.–20.9. Mo–Fr 8.30–17 Uhr, Sa 10–14 Uhr, sonst Mo–Fr 9–15 Uhr. Gut organisiert, kompetente Auskunft.

Unterkunft

■ **Gyldenløve Hotell**, Hermann Fossgt. 1, Tel. 3273 1744, Fax 3272 4780. 1.6.–31.8. EZ 525 NOK, DZ 675 NOK, sonst EZ 645–925 NOK, DZ 795–1075. Zentral am Bahnhof. Kaum für einen Architekturpreis nominiert, paßt aber in das Straßenbild.

■ **Grand Hotel**, Christian Augustsgt. 2, Tel. 3273 2029, Fax 3273 4129. Im Sommer EZ ab 440 NOK, DZ ab 590 NOK, sonst EZ ab 975 NOK, DZ 1140 NOK. Ebenfalls keine angenehme Erscheinung. Immerhin flußnah und mit Hallenbad.

■ Jugendherberge **Kongsberg Vandrerhjem**, Vinjesgt. 1, Tel. 3273 2024, Fax 3273 0534. Ganzjährig geöffnet. Für Mitglieder EZ ab 320 NOK, DZ ab 398 NOK, im Mehrbett-Zimmer 165 NOK. Familienraum für 460 NOK. 22 Zimmer mit 92 Betten, hoher Standard. Frühstück inklusive, Lunchpaket 35 NOK, Abendessen 65 NOK.

■ **Lågdalsmuseets Camping**, Gamle Drammensvei, Tel. 3273 2228. 1.6.–31.8. Preisniveau Camping: 2. Hütten ab 210 NOK. Teilt sich das Terrain brüderlich mit dem Freilichtmuseum. Kuriose Dusche mit viel Durchblick – Exhibitionisten können den Mantel zu Hause lassen.

■ **Skavanger Camping**, Numedalsveien 86, Tel. 3273 2031. 1.6.–31.8. Preisniveau Camping: 2. 9 Hütten für 2–4 Personen 180 NOK. 1 km nördlich von Kongsberg, an der Str. 37, gegenüber vom Sportpark. Spielplatz. Kiosk.

Sehenswertes

■ **Norsk Bergverksmuseum**, Hyttegata 3, Tel. 1.7.–15.8. Mo–Fr 10–18 Uhr, Sa,So 10–16 Uhr, ab 18.5. und bis 31.8. täglich 10–16 Uhr, 1.9.–30.9. 12–16 Uhr. Eintritt 30/10 NOK, Familien 70 NOK.

Passend, in einer alten Schmelzhütte unterhalb der Kirche, ist dieser Museumskomplex am Flußufer beheimatet. Er umfaßt neben dem Bergwerksmuseum ein Skimuseum sowie eine Sammlung von Münzen und Medaillen.

Das Bergwerksmuseum erzählt die Geschichte des norwegischen Bergbaus nach, ergänzt durch umfangreiche Sammlungen von Erzen, Mineralien, Edelsteinen: die schönsten Dinge, die das norwegische Gebirge hergegeben hat. Der Museumskiosk bietet neben Mineralien alle Variationen an Steinschmuck feil. Die Abteilung »Sølvverkets Samlinger« widmet sich speziell den einst 60 Kongsberger Gruben, vom Abbau des Silbererzes bis zu Auswaschen und Verarbeitung des gewonnenen Silbers; toll die bizarren, voluminösen Silberbrocken.

Die Präsentation des **Skimuseums** wirkt ein wenig steril. Gezeigt werden eine Skimacherwerkstatt, natürlich jede Menge Skier, die zeitgemäße Bekleidung ihrer Benutzer inbegriffen. Originell der Skispringer, der oben im Raume schwebt – ganz in der Haltung, wie sie in den 30er Jahren die größte Weite versprach; das Rudern der Arme muß man sich eben dazu denken. Eher peinlich die unendliche Vitrinen-Sammlung an Pokalen und Medaillen, die die erfolgreichsten Skiathleten aus Kongsberg im Laufe der Jahre zusammenwedelten und -sprangen. Hier bricht einmal die norwegische »Guck-mal-wie-toll-wir-sind«-Mentalität hervor.

Die Exponate im Königlichen **Münzmuseum** reichen von Silbertalern aus dem 4. Jh. n. Chr. über profane Nickelmünzen bis zu Medaillen, wie sie an die Nobelpreisträger vergeben werden. Daß historische Methoden von Münzprägung und -gravur vorgestellt werden, bedeutet nicht, daß man Anregungen für eine geheime Fälscherwerkstatt mit nach Hause nehmen könnte.

■ **Lågdalsmuseet**, Glitregata, Tel. 3273 3468. 18.5.–31.8. täglich 11–17 Uhr, im Juli Mi bis 19 Uhr, 25.6.–15.8. täglich Führungen um 11, 13.30, 15.30 Uhr, sonst Führungen nur für Gruppen und nach Absprache. Eintritt 20/10 NOK.

Die Geschichte von Numedal und Kongsberg ist hier in sorgsamen Händen. Die Freilichtabteilung umfaßt bisher mehr als 30 Gebäude, dabei nicht nur landwirtschaftliche Gehöfte, sondern auch ein von gutbürgerlichen Häusern flankierter kleinstädtischer Marktplatz. Eher modern ist das große Ausstellungsgebäude, das neben Kleidung und Möbeln, Gerätschaften aller Funktionen und Dokumenten sogar Läden und komplette Werkstätten beherbergt. Als einzigartig in Norwegen wird das »Optikermuseum« bezeichnet.

Das weitläufige Gelände mit seinen ausgedehnten Grünflächen, die auch einem Campingplatz Raum lassen, ist durchaus auf einige Neuankömmlinge vorbereitet. Im Sommer beleben Kunsthandwerker, Volkstanzdarbietungen, gemeinschaftliche Rømmegrøt-Mahlzeiten und wechselnde Ausstellungen zu historischen Themen die Szenerie, wenn zum Beispiel Rosenmaler ihre Kunstfertigkeit demonstrieren. Von Mai bis August So und Mi.

■ **Kongsberg Kirke**, Kirketorget. 18.5.–31.8. Mo–Fr 10–16 Uhr, Sa 10–13 Uhr, So (mit Führung) 14–17 Uhr, sonst Di–Fr 10–12 Uhr. Eintritt 10/5 NOK.

Die 1761 fertiggestellte Kongsberg Kirke ist Norwegens größte Barockkirche, in der bis zu 3000 Menschen Platz finden. Architekt war der damalige »Bergwerkshauptmann« Joachim Stuckenbrock, der nebenbei für die Ausbildung der Lehrlinge und den Bau der Dämme oben im Gebirge verantwortlich war – ein vielseitiger Mann also.

Die große Kirche ist aufwendig und prachtvoll ausgeschmückt, so zum Beispiel Altar, Kanzel und Orgel. Die Logen und Galerien dokumentieren die (damals) räumliche Trennung zwischen den sozialen Schichten während des Gottesdienstes. Und falls der König in Kongsberg weilt und am Gottesdienst teilnimmt, wartet ein eigens für ihn reservierter Stuhl auf ihn.

Ausflüge

■ Die **Silbergruben** bei Saggrenda sind das spannendste Ziel unter Tage in Norwegen. Führungen 1.7.–15.8. täglich um 11, 12.30, 14, 15.30 Uhr, ab 18.5. und bis 31.8. täglich um 11, 12.30, 14 Uhr, 1.9.–30.9. So um 14 Uhr. Eintritt 50/20 NOK, Familien 120 NOK. (Bei großem Andrang werden zusätzliche Führungen eingeschoben.)

Der Grubenbesuch beginnt auf

Gleisen: Die Grubenbahn durchfährt den 2,7 km langen Christian-VII.-Stollen, eine fast unheimliche, über 10minütige Reise durch diesen nicht enden wollenden, dunklen Gang, pointiert dank dem Gepoltere der Schmalspurbahn und Diesel-Gestank. In der *Kongens gruve* angekommen, mit Einführungsvortrag und Schutzhelm versehen, geleitet der Guide seine Schäfchen durch Schächte und Gruben, in denen gestellte Szenen die verschiedenen Abbaumethoden wiedergeben. Der aufgeschichtete Holzstoß erinnert an die schwierige, nicht ungefährliche Variante der Feuertechnik, der wasserkraftbetriebene Kompressor versorgt den Preßlufthammer der langzeitangestellten Puppe. Besonders beeindruckend wirkt die 300 m hohe Aufzugskonstruktion, auf der die Arbeiter zum rechten Zeitpunkt von Trittbrett zu Trittbrett wechseln mußten, um aufoder abzusteigen. Kongens gruve ist übrigens die größte im Gebiet von Kongsberg. Sie reicht von ihrem höchsten Punkt 1070 m in die Tiefe. Während der Führungen haben die Teilnehmer immerhin noch 300 m Gestein über sich.

Die ganze Unternehmung dauert 1,25 Stunden. Anfahrt: Saggrenda liegt 7 km südwestlich von Kongsberg, zu erreichen über die Str. 11 oder mit dem Lokalbus nach Notodden. Ziehen Sie warme Kleidung an: In der Grube herrschen konstante 6°C. Eine noch spannendere Form der Begehung lernen Sie gleich unter »Wanderungen« kennen.

Wanderungen

Auf den Spuren der Bergarbeiter

Sie müssen nicht die Straße von Kongsberg zur Silbergrube von Saggrenda benutzen – Sie können die Strecke ebenso unterirdisch zurücklegen:

■ Die **Grubensafari** ist die spektakulärste Art, auf den Spuren der Vergangenheit zu wandeln. 5 km lang ist die Wegstrecke durch den gut 270 Jahre alten *Underbergstollen*. Ein Guide führt Sie durch Stollen, Schächte und Gruben, weiß alle Geschichten zu erzählen, die sich hier zugetragen haben, kennt alle Besonderheiten entlang der Strecke: so den Lichtschein, der aus 150 m Höhe in die Grube »Fräulein Christiane« fällt, oder die Felsinschrift in der Grube »Heilige Dreifaltigkeit«, die von einem Brandunglück berichtet, das 1794 zwei Menschen das Leben kostete. Drei Stunden sind die Teilnehmer unterwegs, Zeit genug, um sich zumindest ein wenig in die Bedingungen unter Tage hineinversetzen zu können. In Kongens gruve angekommen, wartet ein reich gedeckter Tisch auf die Helden der Grubenwanderung. Die letzte Passage, die 2,3 Kilometer durch den Christian-VII.-Stollen, nehmen sie mit dem altbekannten Zug in Angriff. Je nach Absprache, kann die Grubenwanderung um eine Besichtigung der Kongens gruve verlängert werden; dann dauert es 5,5 Stunden, bis die Teilnehmer das Tageslicht wieder erblicken.

Wichtig: Für die Ausrüstung, abgesehen vom Schutzhelm, müssen die Teilnehmer selbst sorgen: d.h. Taschenlampe mit kräftigem Lichtschein und genügend Batterien, warme Kleidung (Temperatur 6°C), Gummistiefel, möglichst 40 cm hoch (streckenweise steht Wasser in den Gängen), Reserve-Strümpfe (falls doch einmal Wasser in die Stiefel gelangt), Wegzehrung und Fotoapparat (mit Blitz). Und Kondition sollten Sie haben, um mindestens drei Stunden unter den beschriebenen Bedingungen mitzumischen.

1.7.–15.8. Di und Do um 17 Uhr. Teilnahme 240 NOK, Mindestalter 16 Jahre. Treffpunkt Norsk Bergverksmuseum. Nur mit Anmeldung.

■ »Auf den Spuren der Bergarbeiter«, I *Bergmannens fotspor,* heißt das zweite, kürzere Tourenangebot des Norsk Bergverksmuseums. Die Wanderung geht hinauf ins **Knutefjell**, vorbei an vielen Zeitzeugen der langen Kongsberger Bergwerkshistorie. Gruben, Stollen, Dämme, Wasserleitungen liegen an der Route, manchmal auch nur die Ruinen davon; etwa die Reste des aufwendigen Wasserleitungssystems, für das 1740 über 30 Seen oben im Gebirge gestaut wurden: Das Wasser schnellte durch kilometerlange Rinnen in Laufräder, die ihre Energie wiederum auf einen kniffligen Hebemechanismus übertrugen, mit dem das Silbererz aus den Gruben an die Erdoberfläche gezogen werden konnte. Machen Sie diese Wanderung organisiert; der Guide kennt die interessantesten Stellen, an denen Unkundige mitunter achtlos vorbeimarschieren würden.

1.7.–15.8. Mo um 18 Uhr. Teilnahme 30/15 NOK. Treffpunkt Norsk Bergverksmuseum.

Verschiedenes

Genauere Informationen zu Reitausflügen und Paddelmöglichkeiten hält das Touristenbüro bereit.

■ **Angeln:** Lachsangeln im Fluß *Lågen,* Juli bis September, für 110 NOK Tageskarte bei Brufoss Feriesenter. – Angelkarten für einige bestimmte Seen in der Umgebung beim Touristenbüro, Tageskarte 20 NOK, Saisonkarte (Mitte November bis Anfang September) 100 NOK.

■ **Baden:** *Kjennerudvannet,* nordöstlich der Stadt, *Saggrendadammen, Numedalslågen.*

■ **Fahrräder vermietet** das Touristenbüro für reichliche 150 NOK (Tagespreis) bzw. 100 NOK (für einen halben Tag).

■ **Wandern auf eigene Faust:** Leider sind die organisierten Touren auf sieben Wochen in der Hauptsaison begrenzt. Wer früher oder später kommt, muß auf die unterirdische Wanderung von Kongsberg nach Saggrenda zwar verzichten, kann sich aber an einem Ausflug hinauf zum *Knutefjell* versuchen: Ein guter Ausgangspunkt ist das »Kongsberg Skisenter«, westlich der Stadt (mit Parkplatz). Auf der Rückseite des Stadtplans, den Sie im Touristenbüro bekommen, sind grob einige Wege eingezeichnet, die an Gruben, Stollen usw. vorbeiführen. – Parkplätze finden Sie auch an der »Knutehytta« (722 m) vor, von wo aus Sie den Aussichtspunkt Jonsknuten (904 m) erwandern; siehe oben. Weitere Wanderwege führen nach Liseter, im Westen, oder in einem weiten Bogen um den See Helgevatn, südlich von Jonsknuten. Anfahrt über Saggrenda, dort Abzweig nach rechts zur Knutehytta.

■ **Veranstaltungen:** *Kongsberg Jazzfestival,* Anfang Juli. Seit mehr als 30 Jahren versammeln sich nationale und internationale Größen des Jazz in Kongsberg. – Das ganze Jahr über geht das Programm im *Norsk Bergverksmuseum,* seien es Aktivausflüge, Goldwaschtage für Kinder, Orgelkonzerte in der Schmelzhütte, Vorträge zum Bergbau in alten Zeiten oder Ausstellungen von Mineralien, Silberwaren usw. Die Teilnahme an Ausflügen kostet rund 30/0 NOK.

■ **Hauptpostamt:** Skolegt.
■ **Notarzt:** Tel. 3273 0300.
■ **Taxi:** Tel. 3273 1312.

Weiterreise

■ **Bahn**: *Kongsberg Jernbanestasjon,* Schwabesgt., Tel. 3273 1178.

Sørlandsbanen (Linie 51): Oslo, Lysaker/Fornebu, Drammen, Hokksund, Kongsberg, Bø, Lunde, Drangedal, Neslandsvatn (Bus nach Kragerø), Gjerstad (Bus nach Risør), Vegårshei (Busse nach Risør und Tvedestrand), Nelaug (umsteigen nach Arendal), Kristiansand, Sira, Moi, Egersund, Bryne, Sandnes, Stavanger.

■ **Bus:** *Kongsberg Rutebilstasjon* am Bahnhof, Tel. 3273 1690.

Nach Oslo (88 NOK) über Hokksund, Drammen, Fornebu (Flughafen Oslo), Lysaker. – Nach Rjukan (110 NOK) über Bolkesjø, Ormemyr, Gransherad, Hovin, Austbygd, Atrå, Miland. – Nach Notodden (37 NOK), dort Anschluß nach Sauland, Hjartdal, Seljord (99 NOK). – Durch das Numedal nach Geilo (163 NOK) über Lampeland, Flesberg, Norefjord, Rødberg, Uvdal, Dagali. – Zum Fährhafen Larvik. – Außerdem Lokalbusse nach Drammen und Notodden, letzterer hält in Saggrenda, u.a.

■ **Auto: Nach Oslo** flott, sofern es der Verkehr zuläßt, auf Str. 11 und E 18. Unterwegs zwei kurze Abstecher möglich, der erste eventuell, der zweite unbedingt. Der erste führt ab *Vestfossen* zum stattlichen Herrenhof **Fossesholm Herregård,** der weitgehend mit seinem Originalinterieur aus dem 18. Jh. eingerichtet ist. Wechselnde Ausstellungen, eine Abteilung mit Kunstgewerbe sowie ein kleines Museum, das sich dem Widerstand im Zweiten Weltkrieg widmet, komplettieren die Anlage. 17.5.–1.10. täglich 12–18 Uhr, Führung nach Absprache. – Eine außergewöhnliche Tour erwartet Sie in **Drammen,** wo Sie durch den 1,65 km langen Felsentunnel *Spiralen* in sechs Schleifen den Stadthügel *Bragernesåsen* erklimmen können. Oben finden Sie ein beliebtes Naherholungsgebiet mit Wander- und Spazierwegen vor, in dem nun auch ein Freilichtmuseum entsteht. Der Tunnel ist nur mit Autos befahrbar. Drammen ist übrigens die Heimatstadt des »Linie Aquavit«: 1840 stellten Verantwortliche einer Brennerei fest, daß ihr Schnaps nach einer Weltumsegelung ein erstklassiges Aroma erhalten hatte.

Nach Rjukan entweder wenige Kilometer nordwärts auf der Str. 40, dann links auf die Str. 37 nach Rjukan, unterwegs ein neuer Abschnitt am Westufer des Sees **Tinnsjø** entlang. Früher mußte man in Ormemyr auf die Str. 364 abbiegen, die im Osten oberhalb des Sees verläuft und erst an seinem Nordende an das Ufer heranführt; dort wunderbar gelegener, aber teurer Campingplatz »Sandviken«. Wer Spaß an ungewöhnlichen Dingen oder an Stabkirchen hat, sollte ein paar Kilometer dranhängen und ab Kongsberg die Str. 11 über Notodden nehmen; dort lohnt es sich, für ein kurzes Stück auf die Straße nach Bø abzubiegen, die, man glaubt es kaum, die **Landebahn** des Kleinflughafens überquert; am Flughafen schöner Campingplatz. Ab Notodden bleiben wir auf der Str. 11 Richtung Westen, um nach 3 Kilometern an der größten norwegischen Stabkirche einzutreffen: Die **Heddal Stavkirke** stammt aus dem 13. Jh. Sie ist 24 m lang, 14 m breit und repräsentiert, gerade wegen ihrer Größe, die Kunst ihrer Erbauer wie keine andere Stabkirche – wenn man bedenkt, daß die verschachtelten Giebel und Türme über mehrere Etagen nur von den Säulen im Innenraum getragen werden. Reich die Verzierungen an Portalen und Firstenden, Drachen und Schlangen, diese Rückversicherung an die heidnischen Götter, falls der neue Glaube nicht das halten sollte, was die Priester versprachen. Der Innenraum aber trägt jüngere Züge, vor allem die Wände, die im 18. Jh. großzügig mit Rosenmalereien überpinselt wurden. Die Kirche ist ganzjährig geöffnet, sonntags, wegen des Gottesdienstes, erst ab 13 Uhr. In *Ørvella* zweigt rechts die Str. 361 zur 37 ab; siehe oben.

Ins Fjordland über die Str. 40 nordwärts durch das **Numedal**, die »Silberstraße«. Vor Svene zweigt links eine mautpflichtige Piste zu den **Vinoren**-Silbergruben ab; wie auf dem Knutefjell verläuft hier ein (gekennzeichneter) Pfad an Gruben, Stollen, Dämmen und sogar an den Resten von Pferdegöpeln vorbei, jene Konstruktionen, die die braven Pferde pausenlos umkreisten, um das gebrochene Erz aus den Gruben zu ziehen; die Vinoren-Gruben schienen im 18. Jh. dermaßen vielversprechend, daß man sich überlegte, hier oben eine zweite Bergwerksstadt ähnlich Kongsberg anzusiedeln; die »Norske Gruva« war eine der letzten, 1957 stillgelegten. In *Svene* können Sie sich entscheiden, ob Sie die Fahrt auf der schmalen, weniger stark befahrenen Straße am West-

Die größte Stabkirche steht in Heddal ▶

ufer des Lågen fortsetzen. In **Flesberg** (Brücke über den Fluß) steht eine Stabkirche (12. Jh.), die 1735 zu einer Kreuzkirche umgebaut wurde. Bei Stærnes beginnt erneut eine ältere Parallelstraße zur 40, diesmal am Ostufer. Sie passieren mehrfach alte Bauernhöfe mit den typischen Speichern, *stabbur* und *loft*. Auch die Stabkirche in **Rollag** (vermutlich 14. Jh.) wurde umgebaut und erweitert (1697). In **Rødberg** knickt die Str. 40 nach Westen ab. Das Tal verengt sich schluchtartig; die bewaldeten Hänge rücken zusammen. Das Wasserkraftwerk »Nore I« ist eines der leistungsfähigsten im Land, angelegt in den 20er Jahren; das unübersehbare neoklassizistische Hauptgebäude mag darauf hinweisen, daß Wasserkraftwerke auch als Statussymbole konzipiert wurden (Kraftwerksbesichtigung gratis, im Sommer Mo–Fr um 10, 12, 14 Uhr). Vor Geilo klettert die 40 aufs Hochland und erreicht mit 1010 m ihren höchsten Punkt. Bei der Abfahrt nach Geilo können Sie sich die Schneisen der Skipisten einprägen, die zum Wohle des Wintersports in den Höhenzug gegenüber eingekerbt wurden. In Geilo gibt es nun zwei Möglichkeiten der Weiterfahrt. Entweder die Str. 7 über 11 km ostwärts nach Hol, ab dort über die spannende, tunnelreiche Gebirgsstraße 50 nach Aurland an dem gleichnamigen Fjord. Oder auf der Str. 7 westwärts über die rauhe Hardangervidda nach Eidfjord, einem unvergeßlichen Einstieg ins Fjordland, mit abschüssigen Bergen und dem Vøringfoss, Norwegens prächtigstem Wasserfall.

An die Südküste am schnellsten auf der Str. 40 zum Fährhafen *Larvik,* dort entweder ostwärts nach *Sandefjord* oder nach Westen die Küste entlang. Oder in Steinsholt, noch vor Larvik, auf die Str. 32 zu den Industriehochburgen *Skien* und *Porsgrunn* abbiegen; ab dort auf Str. 353 an die Küste bei *Stathelle* und *Langesund* und auf der E 18 oder den küstennahen Nebenstraßen an die klassische Sørlandküste, beginnend mit Kragerø; siehe dort.

Die Sørlandküste

Sommer in den Schären

Ein warmes Klima, die meisten sommerlichen Sonnenstunden im Land und die felsige Küste mit ihren zahllosen, häufig waldbestandenen Inseln, Schären und Holmen, eingerahmt vom verspielt im Licht der Sonne glitzernden Wasser, dazwischen pittoreske Hafenstädtchen – wie Perlen einer Kette aneinandergereiht, so die liebgewonnene Selbstdarstellung.

In keinem anderen Landesteil machen so viele Norweger Urlaub in Norwegen. Hier finden sie ihren Süden, ohne eine Reise durch halb Europa auf sich nehmen zu müssen. Und falls es ein guter Sommer ist, wird niemand den südeuropäischen Traumstränden nachtrauern. Nur den Traum vom trauten Ferienheim, mit Boot und Badesteg, auf einer Insel mitten in den Schären, den können sie sich nicht alle erfüllen. Obwohl – oder weil? – inzwischen Tausende von schmucken Hütten die Inselchen bevölkern. Die Menschen frönen den üblichen Sommerfreuden, gehen baden, angeln, tauchen, surfen und segeln.

Die Südküste ist, zusammen mit dem Oslofjord, Norwegens bestes Seglerrevier. Während der Einfahrt in die Häfen leuchten einem weiß gestrichene, durchaus stattliche Holzhäuser entgegen: Symbole des 19. Jahrhunderts, als die Segelschiffepoche ihren Höhepunkt erreichte, als Handel und Werften vielen Kaufleuten und Reedern goldene Nasen und ihren Angestellten und den zuliefernden Handwerkern immerhin noch bescheidenen Wohlstand einbrachten. Aus der Phalanx der Hafenorte seien sechs ausgewählt, die schönsten selbstverständlich, ohne dies Prädikat nur ihrer Küstenlage wegen zu vergeben. Im Hinterland ermöglichen stillgelegte Gruben, Seen und Wälder eine abwechslungsreiche Freizeitgestaltung. Die Küste selbst braucht keine Werbung mehr; der durchgehende Streifen von *Kragerø* im Norden bis *Lillesand* im Süden – im folgenden Kapitel vorgestellt – wird gerne als klassische Sørlandküste tituliert. (Wobei es westwärts, bis nach Flekkefjord, immer wieder herrliche Ecken gibt, die in nichts nachstehen und ebenfalls zum Sørland gehören. Aber es sind nur einzelne, geschützt liegende Flecken, die sich vor den rauhen Nordseewinden jenseits von Kap Lindesnes verbergen. Mehr darüber erfahren Sie in den Kapiteln über Mandal, Kap Lindesnes und Flekkefjord.)

Unterkunft allgemein

Von Ende Juni bis Anfang August werden Sie Schwierigkeit haben, ein preiswertes Zimmer oder eine Hütte zu bekommen. Entgegen dem Landestrend sind die Zimmerpreise hier im Sommer eher teurer als sonst, während

Hütten bevorzugt wochenweise vermietet werden. Den »stillen, verträumten« Campingplatz werden Sie vergeblich suchen. Beachten Sie Hinweise am Straßenrand, auch wenn sie hausbacken, unprofessionell wirken und sehen Sie sich das angepriesene Objekt an: Bei Privatquartieren können Sie ein gemütliches, persönlich eingerichtetes Haus für wenig Geld ebenso entdecken wie klägliche Hundehütten, deren Besitzer ohne Anstrengung an dem großen Kuchen teilhaben wollen.

Bitte haben Sie Verständnis, daß in solch einem Regionalkapitel nicht alle Unterkünfte bis ins Detail aufgeführt werden; ein Reisebuch und kein Übernachtungsführer soll dies sein.

Kragerø

Inspiration für Künstler

Und gleich das erste Küstenstädtchen erfüllt all die Hoffnungen, Träume und Klischees, die mit dem Sørland verbunden werden. Denn Kragerø liegt weniger an als bereits im Schärensaum, umgeben von *Kilsfjord* im Süden und *Hellefjord* im Norden, die noch ein paar Kilometer ins Landesinnere ausholen. Der Küstenort verteilt sich auf Festland und Insel *Kragerøya*, das Zentrum auf drei Seiten von Wasser umgeben. Die vielen schmalen und verwinkelten Gassen waren einst für Pferdefuhrwerke und nicht für den Automobilgegenverkehr gedacht. Holzhäuser drücken sich in Felsnischen oder stehen stolz auf steinernen Fundamenten, die freilich in mühevoller Arbeit auf den unebenen Fels gesetzt werden mußten. Von verheerenden Bränden verschont, hat sich Kragerø ein bißchen 18. und 19. Jh. bewahrt, als man störrisches Gestein noch nicht nach Belieben wegsprengen konnte, als man sich mit Naturgegebenem zu arrangieren verstand. Und so wirkt Kragerø ein wenig unübersichtlich, was dem Städtchen seinen besonderen, südländischen Charme verleiht.

Der hübsche Fleck im Schärengarten blieb nicht lange verborgen: Schon im 18. Jh. fanden sich die ersten gut Betuchten ein, um in der Welt aus Wasser und Felsküste, Sonne und mildem Klima von den banalen Dingen Abstand zu nehmen. Reeder und Bürgermeister, Ärzte und vermögende Künstler, darunter viele aus Christiania, wie Oslo damals hieß, ließen sich in den folgenden Jahrzehnten standesgemäße Sommerhäuschen auf stattlichem Grund bauen, die so edle Namen wie »Sanssouci« oder »Lovisenberg« erhielten. Etwa 20 dieser Refugien sind heute noch rund um Kragerø aufzuspüren. Zu den illustren Gästen zählten die Künstler *Christian Krohg, Frits Thaulow* und *Edvard Munch,* der 1909 ein Haus im Ortsteil *Skrubben* bezog, um sich von einer schweren Krankheit zu erholen. Vom Flair Kragerøs inspiriert, blieb er bis 1915 und schuf in dieser Zeit – er hatte sich ein Gartenatelier mit Meeresblick zugelegt – u. a. seine Werke »Klippen in Kragerø«

(1910–14) und »Winterlandschaft von Kragerø« (1915). Sein Kollege *Theodor Kittelsen* (1857–1914) ist ein Sohn der Stadt, sein Geburtshaus im Kittelsens vei 5 als kleines Museum zu seinen Ehren hergerichtet.

Kragerøs Geschichte wird mit dem Jahr 1666 interessant, als der Ort die begehrten Handeslprivilegien erhielt. Mit der Holzausfuhr kam die Seefahrt in Schwung, lange die wichtigste Einnahmequelle, zu der sich im 19. Jh. vorübergehend der Natureisexport gesellte, den Sie im nahen *Berg Museum* dokumentiert finden. Die Bedeutung von Handwerk und Industrie hat nachgelassen – als Gemeindezentrum (10.700 Einwohner) sind die Sparten Verwaltung und Dienstleistung Kragerøs ökonomische Basis; wichtig dabei der Tourismus, aber die Saison ist kurz. Seit den 20er Jahren, als ein breiteres Publikum die Sørland-Idylle entdeckte, hat sich Kragerø zu einem der beliebtesten inländischen Reiseziele gemacht: Rund 3000 bis 3500 Ferienhäuser sollen es sein, die Küste, Inseln und Schären bevölkern und die norwegische Sehnsucht, traute Hütte am Wasser, widerspiegeln. Viele Gäste kommen per Boot: Der gesamte Ostrand Kragerøs – rund um den Kai, von dem die Fähren nach *Stabbestad, Skatøy* und *Jomfruland* ablegen – gleicht einem einzigen Gasthafen. Wer mit dem Auto anreist und einen Parkplatz erobert hat, begebe sich entweder direkt ans Wasser, etwa, am Südostzipfel der Stadt, auf den winzigen *Gunnarsholmen,* einst eine Schanze zum Schutz vor Seeräubern und anderen ungebetenen Gästen. Die niedlich wirkenden Kanonen überzeugten 1808, als Dänemark-Norwegen sich mit England im Kriegszustand befand, die Besatzung einer englischen Fregatte, sich besser nicht in den *Kragerøfjord* zu wagen. Heute ist Frieden auf Gunnarsholmen, das als beliebter Badeplatz gilt. Oder auf den 145 m hohen Aussichtspunkt *Storkollen,* von dem man eine prächtige Aussicht auf Kragerø, den Schärengarten und das Meer genießt, bei Nacht dank der Lichter ebenso schön wie am Tage.

Information
■ **Kragerø Turistinformasjon**, Jernbanetomta, N-3771 Kragerø, Tel. 3598 2335, Fax 3598 3177. 25.6.–15.8. täglich 10–20 Uhr, sonst Mo–Fr 10–14 Uhr. Im alten Bahnhofsgebäude, zentral am Ende der Zufahrtstraße. Vermittlung von Unterkünften.

Unterkunft
■ **Victoria Hotel**, Storgata, Tel. 3598 1066. DZ 760 NOK. Zentral gelegen, nahe Gasthafen.
■ **Kragerø Sportell**, Lovisenbergveien 20, Kilen, Tel. 3598 3333, Fax 3598 2152. EZ ab 360 NOK, DZ ab 460 NOK. Halbpension im DZ ab 3 Tage 265 NOK pro Person. Ferienhütten für 2–4 Personen ab 450 NOK. Am Schärengarten von Kragerø. Angeln, Angeltouren, Baden und Bootsvermietung. 2 km ab Zentrum, nahe Strand von Kilen.

■ Jugendherberge **Kragerø Vandrerhjem**, Lovisenbergveien 20, Tel. 3598 1866, Fax 3598 2152. 15.6.–21.0. Mitglieder EZ 285 NOK, DZ 350 NOK, im 4-Bett-Zimmer 175 NOK. 34 Zimmer mit 106 Betten, alle mit Bad. Frühstück inklusive, Lunchpaket 35 NOK, Abendessen 75 NOK. Identisch mit »Kragerø Sportell«, siehe oben.
■ **Portør Pensjonat**, Stabbestad, Tel. 3598 7130. 15.6.–15.8. EZ 410 NOK, DZ 520 NOK, sonst EZ 350 NOK, DZ 450 NOK. Stabbestad liegt auf der anderen Seite des Kragerøfjords; Fähre.
■ **Lovisenberg Familiecamping**, Kilen, Tel. 3598 8777. 1.6.–31.8. Preisniveau Camping: 2–3. 9 Hütten. Schöner Platz an der Schärenküste, nördlich von Kragerø. W & T. Kiosk. Spielplatz. Badesteg, Bootsvermietung.
■ Weitere Campingplätze landeinwärts, so **Kragerøfjorden Camping**, drüben in Stabbestad, auf der anderen Seite des Fjords, Tel. 3598 2683. – Oder **Støa Camping**, nahe der Straße 38 zwischen Kragerø de E 18, Tel. 3599 0261. An lieblichem, waldgesäumten See, Baden und Bootsvermietung, Angeln, und, vor allem, schöne Sonnenuntergänge: unter der Brücke der stillgelegten Eisenbahntrasse hindurch; Züge fahren hier seit den 80er Jahren nicht mehr.

Sehenswertes
■ **Berg Museum**, Tel. 3598 1453. 15.5.–31.8. täglich 12–18 Uhr.

Am Hellefjord, 4 km nördlich des Zentrums, steht ein niedliches Sommerhaus aus der Zeit um 1800; eingerichtet mit Originalmöbeln mehrerer Stilrichtungen (1650–1950), überwiegend Schenkungen der vornehmen, weit gereisten Gesellschaft, die sich in Kragerø verguckt hatte und dem Schärenörtchen so zu einem Museum verhalf, das den Standard gewöhnlicher Heimatmuseen deutlich übertrifft. Die Sammlung an Trachten, Damast und Klöppelspitzen, Silberwaren und Schmuck, Glas und Porzellan, Möbeln und feinem Drechslerwerk sind von hohem kulturhistorischem Wert. Die Seefahrt wird in dem Neubau repräsentiert, ebenso weitere Themen wie auch wechselnde Ausstellungen und historische Fotografien.

Berg, welch treffender Name für diese hügelige Landschaft der Wälder, Wiesen und sanften Kuppen. Im Museumspark stehen Buchen und Linden, Kastanien und Walnußbäume, Eschen und Birken, Fichten und Kiefern, wachsen Rosen- und Haselnußsträucher u. v. a. Ein Besuch auf Berg mit seiner friedlichen Stimmung ist nicht nur ein netter Ausflug, sondern auch Kontrast zur eher kargen Vegetation der Schären.

Jomfruholmen
Wie ein Schutzschild liegt die langgezogene Insel Jomfruholmen draußen vor dem Schärengarten. 7,5 km lang ist sie, aber gerade mal 1 km an ihrer breitesten Stelle. Unter Wasser setzt sich die Insel fort, eine Endmoräne der letzten Eiszeit. Begünstigt durch den

Die Sørlandküste: Kragerø 135

fruchtbaren Moränenboden und das milde Klima, hat sich eine bemerkenswerte Vegetation auf Jomfruholmen entwickelt, die ihre Vielfalt in die Gegenwart hinüber rettete: Laubwälder ebenso wie Sümpfe und ausgedehnte Strandzonen, Felder und Wiesen. Die alten Feldsteinmauern sind ein Relikt aus dem 17. Jh. Damals wurde die Erde auf Jomfruholmen urbar gemacht. Heute sind es vier Höfe, die von der Milch- und Fleischproduktion leben. Ein Problem dabei ist die Wasserversorgung, denn hier draußen vor der Küste fällt wenig Niederschlag, und so muß das Wasser aus häufig genug aus Kragerø herübertransportiert werden. Im Sommer ist zudem noch die Schar der Urlauber zu versorgen, die die Reize Jomfruholmens entdeckt haben. Die Insel zählt übrigens rund 65 ständige Bewohner.

■ Die Feriengäste kommen in erster Linie zum Baden und Sonnen, wobei die Infrastruktur auch Reiter und Wanderer anspricht. Unter der zweiten Zielgruppe befinden sich viele (Hobby-) Ornithologen: Der Südzipfel Jomfruholmens sowie ein paar Schären und Holmen im Westen sind als **Vogelschutzgebiete** ausgewiesen. 300 Arten hat man gezählt, an einem Tag bis zu 50.000 Vögel auf der Durchreise. 60 bis 70 Arten etwa brüten auf der Insel, darunter viele Singvögel, die sich in den Laubwäldern wohl fühlen.

■ Der **Natur- og Kultursti** durchquert die Nordhälfte der Insel. Das begleitende Faltblatt erhalten Sie im Touristenbüro, leider bisher nur auf norwegisch. Doch mit der Karte und den Ergänzungen an dieser Stelle ist ein Naturerlebnis versprochen – allzeit im Hinterkopf, daß wir uns eigentlich draußen auf dem Meer befinden, und plötzlich stehen wir auf einer Wiese voller Buschwindröschen.

Der Weg startet am 22 m hohen Leuchtturm *Jomfruland fyr* (1839), passiert mit *Tårntjernet* den größten See und die alte Schule, die gelegentlich noch benutzt wird, wenn die Winterstürme die Fähre zur Schule auf der benachbarten Insel *Skatøy* nicht aus dem Hafen lassen. Der Hof *Hovedgården* war der erste Bauernhof vor Ort; erst im 19. Jh. wurden die Parzellen auf zehn Gehöfte verteilt. Unser Pfad beschreibt einen Abstecher zur Küste, wo blank geschliffenes Gestein an die Urgewalt des Eises erinnert. Erst der Rückgang der Gletscher hob Jomfruland über die Meeresoberfläche. Wir streifen durch einen Eichenwald, dessen Protagonisten um 100 Jahre zählen, und weiter östlich durch einen Forst mit Haselnußbäumen, der der großen Eichhörnchen-Population als Nahrungsquelle dient. Auch die typischen Feldsteinmauern liegen entlang der Strecke, zuerst als Flurbereinigung aufgeschichtet, jedoch ebenso vonnutzen, um das Vieh der Landwirte voneinander zu trennen. Gegen Ende der Strecke passieren wir einen Vogelbeobachtungsturm, erkunden die nördliche Inselspitze und können, auf der Inlandseite bei *Øitangen,* aus der Nähe verfolgen, wie der Wind den

Flugsand zu Dünen auftürmt. Wer es bis Øitangen ausgehalten hat, wird nun mit einem der schönsten Inselstrände belohnt. Mit etwas Muße sind zwei Stunden Wanderzeit zu veranschlagen.

■ **Orientierung:** mit der erwähnten Karte null problemo. Die Fähre steuert zwei Anleger an, die zentrale *Tärnbrygga,* wo sich Kiosk und »Haga Kafé« befinden, und den Kai bei Campingplatz und Laden.

■ **Leuchtturm:** Der alte Leuchtturm, 1839 unter Verwendung von rund 250.000 Ziegelsteinen gebaut, steht im Sommer offen: 20.6.–20.8. Mo–Sa 12–16 Uhr, So 12–18 Uhr.

■ **Baden:** *ØØitangen, Tärnbrygga, Bucht* am Campingplatz.

■ **Reiten:** bei *Ivar Gundersen,* der Hof nördlich vom Campingplatz. Während der Saison täglich 10–19 Uhr.

■ **Wandern:** bequem auf den Inselwegen; der höchste naturgegebene Hügel mißt 14 m. Als Einstieg am besten der *Natur- og Kultursti;* siehe oben.

Verschiedenes

■ **Baden:** *Gunnarsholmen, Veten, »Lovisenberg Familiecamping«, Berg Museum, Jomfruholmen* u. a.

■ **Gunnarsholmen:** Am 17. Mai, dem Nationalfeiertag, dürfen die alten Kanonen beweisen, was noch in ihnen steckt.

■ **Kittelsenshuset,** Theodor Kittelsens vei 5, Tel. 3598 0315. 1.6.–31.8. Mo–Sa 11–14 Uhr.

■ **Kunsthandwerk:** *Compagniet,* Nordraaksgate 1, Tel. 3598 1020. Glasblasen, Töpferei, Textilien. Demonstration und Verkauf.

■ **Veranstaltungen:** *Gospelfestival,* mehrere Termine in Juni und Juli. Im Museumspark Berg, in der Stadt und in der Kirche.

■ **Hauptpostamt:** Storgata.

■ **Transport:** Den Fahrplan für Lokalbusse hat das Touristenbüro. Verbindungen nach Helle, Tangen, Kjølebrand. Nach Dalsfoss. Nach Fossing, Froste. – Fähren nach Stabbestad und nach Jomfruholmen.

Weiterreise

■ **Bahn:** per Bus zum Bahnhof Neslandsvatn, ab dort weiter mit der Sørlandsbahn. Entweder westwärts nach Stavanger über Gjerstad, Vegårshei, Nelaug, Vennesla, Kristiansand, Sira, Moi, Egersund, Bryne und Sandnes. Oder nach Oslo über Drangedal, Lunde, Bø, Nordagutu, Kongsberg, Hokksund, Drammen, Fornebu (Flughafen).

■ **Bus:** Nach Kristiansand (mit dem Bus aus Porsgrunn) über Tangen, Søndeled, Vinterkjær (umsteigen nach Risør), Tvedestrand, Arendal, Grimstad und Lillesand. – Nach Neslandsvatn (Bahnhof), Drangedal. – An die Ostküste über Porsgrunn (umsteigen in den Zug nach Oslo möglich), Larvik, Sandefjord, Tønsberg, Horten (Fähre nach Moss), Fredrikstad nach Sarpsborg.

■ **Auto:** Weiter die **Südküste** entlang auf der E 18, unterwegs immer wieder Abstecher ans Wasser, zum Beispiel auf der Straße 351 über die wald- und seenreiche Halbinsel zwischen Kragerø und Risør, wo gute Bedingungen für Aktivferien bestehen; mehr im Risør-Kapitel. In *Øysang* erwischen Sie eventuell die Fähre direkt **nach Risør.**

In die **Telemark** auf Straße 38 nach *Drangedal,* ab dort, entweder weiter auf Straße 38 oder auf Straße 358, zum *Nisser-See,* einem der Badeparadiese bei Schönwetter.

Nach Oslo. In umgekehrter Richtung beschrieben unter »Oslo, Weiterreise«.

Risør

Von Plebs und Patriziern

Das Städtchen Risør liegt an der Spitze der Halbinsel, die sich zwischen *Søndeledsfjord,* im Norden, und *Sandnesfjord,* im Süden, ins Skagerrak tastet. Kragerø und Risør eint die Geschichte, und doch gibt es viele Unterschiede zwischen den benachbarten Orten: Auch Risør verdankt seine Entwicklung der Holzausfuhr, vor allem nach Holland, im 16. und 17. Jh. eine aufstrebende europäische Macht, die Unmengen an Holz für Deiche und Schiffsbau benötigte, nachdem die eigenen Ressourcen niedergemacht worden waren. Risør bekam es ab 1648 mit dem königlichen Zögling Kristiansand zu tun; doch alle Protektion nutzte nichts: Nachdem Risørs Zolleinnahmen Anfang des 18. Jhs. höher waren als die Kristiansands, bekam die Kleinstadt 1723 endlich die ersehnten Handelsrechte zugebilligt. Auch Risør befand sich in den Kriegsjahren 1808–14 an exponierter Stelle, aber, ebenso wie Kragerøs Gunnarsholmen, war es in Risør das *Kastell Tangen,* das englischer Aufdringlichkeit mit ein paar Kanonen zu widerstehen verstand. Auch Risør mauserte sich zum Heimathafen einer ansehnlichen Segelschiffflotte, die mit dem Übergang zur Dampfschifffahrt in der Versenkung verschwand. Soviel zu den Gemeinsamkeiten zwischen Risør und Kragerø.

Der Unterschied beginnt mit dem Jahr 1861, als ein Großbrand fast die ganze Stadt in Schutt und Asche legte. Außer der Kirche überstanden nur wenige Häuser das Inferno; die Flekken um die Kirche und auf Tangen sind demnach die einzigen, die nicht in die Neuplanung einbezogen wurden. Diese sah breite, möglichst gerade Straßen samt einer großzügigen Bebauung vor, und das Resultat ist augenfällig. Von der Architektur ausgehend, könnte man Kragerø als Stadt des Plebs und Risør als Stadt der Patrizier bezeichnen, betrachtet man die stattlichen Holzhäuser, die sich hinter dem geschäftigen Bootshafen erheben. Während der Reiz Kragerøs von der uneinheitlichen, bunten Häuserwelt ausgeht, leuchtet einem in Risør das allgegenwärtige Weiß entgegen, das die wohlgeordneten Häuserzeilen von dem felsigen Untergund abhebt.

Risør vermittelt ebenso südländisches Flair, aber mehr aus dem Bilderbuch als über Jahrhunderte gewachsen. Die Wirkung ist gleichermaßen schön.

Herauszuheben sei noch der Nachtwächter, der, ausgerüstet mit historischer Uniform, Mütze und Morgenstern, im Juli seine Runden durch Risør dreht und den mitlaufenden Touristen Geschichten und Anekdoten zu erzählen weiß. Herauszuheben sei auch das *Øyfjell*, die seendurchsetzte und bewaldete Halbinsel zwischen Kragerø und Risør, die für alle Geschädigten des Sørland-Rummels ein ideales Rückzugsgebiet darstellt, schnell zu erreichen mit der Fähre nach *Øysang*.

Information
■ **Risør Turistinformasjon**, Strandgate, Tel. 3715 2270. Von Mittsommer bis 15.8. täglich 10–20 Uhr. Am Kai der Øysang-Fähre. Beantwortet keine schriftlichen Anfragen.

Unterkunft
■ **Risør Hotel**, Tangensgate 16, Tel. 3715 0700, Fax 3715 2093. DZ ab 650 NOK. Am Ufer, Zimmer mit Blick auf die Schären verlangen. Bei Sonnenschein füllt sich die Außenterrasse.

■ **Furumo Gjeste- og Hybelhus**, Sirisvei 13, Tel. 3715 0233. EZ ab 175 NOK, DZ 275 NOK. Bad auf dem Flur.

■ **Åsmundhavn Hytteutleie**, Åsmundhavn, Tel. 3715 4065. Hütten ab 220 NOK, 20.6.–5.8. nur wochenweise. Direkt am Meer, Sandstrand.

■ **Risør Camping**, Tel. 3715 0267. 15.6.–15.8. Einfacher Platz am nördlichen Ortsrand, hübsche Lage auf Wiese zwischen Fels.

■ **Sørlandet Camping**, Sandnesfjord, Tel. 3715 4080. Der Nobelplatz liegt auf der südlichen Seite des Sandefjords, im Süden; Anfahrt über die Str. 416, 411 und die Küstenstraße hinaus nach Sandnes. Nett am Schärenfjord, von Wald eingerahmt. 1.5.–30.9. Preisniveau Camping: 3. Hütten zu teuer: Ferienhütten etwa 600 NOK, im Juli 750 NOK, Appartements ab 500 NOK. W & T und Service total. Kiosk. Spielplatz. Baden. Kanu- und Bootsvermietung, Beachvolleyball und Bolzplatz. Tolle Lage, tolle Ausstattung, aber viel Rummel.

Sehenswertes
■ **Hellige Ånds Kirke**: Die Heilig-Geist-Kirche (1647) setzt einen kulturgeschichtlichen Akzent inmitten all der lieblichen Natur. Den barocken Innenraum schmückt reich verziertes Schnitzwerk aus dem 17. und 18. Jh. Die Altartafel zeigt ein Motiv des »Heiligen Abendmahls«, dem Vorbild Rubens' nachempfunden. Zu ihrer Herkunft heißt es, sie sei eine Arbeit von Rembrandt und seinen Lehrlingen und sei nach einem Schiffbruch vor Risør an Land gespült worden – heißt es. Führungen in den Sommermonaten; die aktuellen Termine finden Sie am Tor vermerkt, oder Absprache mit Tel. 3715 0666.

Im Juni ist die Holzkirche alljährlich ein Schauplatz des weit bekannten Kammermusikfestivals.

Ab Fähranleger (Havnegata) stadteinwärts, zuerst rechts, dann links und die Prestegata bis zur Kirche.

Ausflüge

■ **Bootsfahrten:** Schärenkreuzfahrten, Angeltouren mit dem Kutter und einiges mehr bietet die kleine Flotte an Ausflugsbooten, die zur Sommerzeit im Hafen von Risør aufbricht. Das Programm und die Abfahrtzeiten sind vielfältig; die Boote können ebenso gechartert werden und behalten sich daher einen flexiblen Fahrplan vor. Auch Touren nach Lyngør sind im Angebot; siehe unter »Tvedestrand«. Im Touristenbüro erhalten Sie Aufschluß über den aktuellen Fahrplan.

■ Das Taxiboot »Østerfjord« versorgt im Sommer die **Baderute**, indem es mehrmals täglich die besten Badeplätze draußen in den Schären ansteuert. 23.6.–31.8. täglich 9.30–17.30 Uhr zu jeder vollen Stunde. Ticket 30/10 NOK retour. Ab Indre Havn.

Verschiedenes

■ **Stadtwanderung** mit dem Nachtwächter: im Juli jeden Mittwoch von 20 bis 21 Uhr. *Risør Vektervandring*, Tel. 3715 0666.

■ **Angeln:** Forellen und Barsche im *Skarvann*, nahe Øysang, auf der nördlichen Seite des Søndeledfjords; Fähre. Angelscheine u.a. bei »Jegertunet« in Øysang, Tel. 3715 4690, und in Risør unter Tel. 3715 1130. Tageskarte 50 NOK, Wochenkarte 100 NOK. – Angeltouren mit der »Østerfjord«, 23.6.–31.8. um 19 Uhr ab Indre Havn. Bis zu 4 Stunden ist das Boot draußen, 280 NOK je Stunde, Vermietung von Angelausrüstung 50 NOK. Tel. 3715 2112 und 9458 7937.

■ **Baden:** *Ranvikstranda*, langer Sandstrand, familienfreundlich; an der Kirche mit Doppelturm rechts nach Viddefjell, dann Ranvik. – *Mindalen*, kleiner Sandstrand mit Badesteg; hinter besagter Kirche links, Hinweis »Camping« folgen, kurz danach Mindalen. – Ab Indre Havn mit der »Østerfjord« zu jeder vollen Stunde zu den tollsten Badeplätzen im Schärengarten; siehe oben unter »Ausflüge«.

■ **Kanuvermietung:** *Risør Fritidssenter*, Øysang, Tel. 3715 4695. Tagespreis 200 NOK. Øysang liegt auf der nördlichen Seite des Søndeledfjords, im Norden; Fähre. – *Sørlandet Camping*, Sandnes, Tel. 3715 4080. Pro Stunde 25 NOK, Tagespreis 125 NOK. Anfahrt siehe oben, »Unterkunft«.

■ **Reiten:** *Hest i Villmark*, Kontakt über Bjørn Brokeland, Tel. 3715 4182. Ausritte: eine Stunde 100 NOK, Tagestour 500 NOK, am Wochenende 1200 NOK. Die Touren gehen in das Øyfjell, auf der Nordseite des Søndeledfjords; Anfahrt unter »Transport«.

■ **Galerien:** *Galleri Branntårnet*, Tel. 3715 0587. 15.6.–15.8. Im alten Brandwachturm (1888). – *Galleri Buene*, Tel. 3715 3077. 15.6.–15.8. In einem alten Lagerhaus, die Galerie in der ersten Etage. – *Galleri Hødnebø,* Tel. 3715 1926. Malerei und Textilien. – *Galleri Villvin,* Tel. 3715 0508. Kunst und Kunsthandwerk aus ganz Norwegen. – *Risør Kunstpark,* Tel. 3715 2034. Großer Komplex mit 15 Werkstätten und Ateliers. Ganzjährig geöffnet.

■ **Norsk Steinsenter**, Havnegata 2, Tel. 3715 0096. Mo–Fr 8.30–16.30 Uhr, Sa 8.30–13 Uhr. Mineralien und Steine, unbearbeitet wie bearbeitet, als Schmuck, Souvenir etc.

■ **Veranstaltungen:** *Kammermusikfestival* in Heilig-Geist-Kirche und Rathaus, eine Woche lang zur Mittsommerzeit. Mit internationalen Gastmusikern. – *Kunsthandwerksmarkt,* Vorführung unterschiedlicher Handwerkstechniken, am zweiten Juliwochenende. – *Holzbootfestival* mit Regatta, Ausstellung und Verkauf, am ersten Augustwochenende. Mit Konzerten und Jahrmarktatmosphäre und vielen drallen Weibern; gemeint sind die Galionsfiguren.

■ **Postamt:** Strandgate.

■ **Transport:** Die kleine Autofähre nach Øysang schafft vier Autos. Sommerfahrplan ab Risør Mo–Fr siebenmal zwischen 8.15 und 16.15 Uhr, ab Øysang zwischen 7.45 und 15.45 Uhr, Sa zweimal ab Risør um 9.30 und 14 Uhr, ab Øysang um 8.45 und 11 Uhr. Tel. 3715 4774. – Auch ein Bus verkehrt zwischen Risør und Øysang.

Weiterreise

■ **Bahn:** per Bus zu den Bahnhöfen Gjerstad oder Vegårshei, ab dort weiter mit der Sørlandsbahn. Entweder westwärts nach Stavanger über Nelaug, Vennesla, Kristiansand, Sira, Moi, Egersund, Bryne und Sandnes. Oder nach Oslo über Neslandsvatn, Drangedal, Lunde, Bø, Nordagutu, Kongsberg, Hokksund, Drammen, Fornebu (Flughafen).

■ **Bus:** Nach Kristiansand über Tvedestrand, Arendal, Grimstad und Lillesand. – Nach Gjerstad oder Vegårshei (jeweils Bahnhof). – Mit Lokalbus nach Vinterkjær, dort Anschluß nach Porsgrunn über Søndeled und Kragerø; in Vinterkjær auch Anschluß zur Ostküste, über Porsgrunn (umsteigen in den Zug nach Oslo möglich), Larvik, Sandefjord, Tønsberg, Horten (Fähre nach Moss), Fredrikstad nach Sarpsborg.

■ **Auto: Nach Tvedestrand**. Besser als die E 18 die Straße 411 über *Gjeving,* dort Fähre nach Lyngør, und Dypvåg an der Küste entlang. Dieser Küstenstrich samt seinen Ortschaften und Inseln kommt im folgenden Kapitel ausführlich zur Sprache.

Nach Kragerø. Statt auf der E 18 mit der Fähre nach Øysang und auf Straße 351 die Küste entlang über die wald- und seenreiche Halbinsel zwischen Risør und Kragerø; siehe oben.

Tvedestrand

Sprungbrett nach Lyngør

Tvedestrand hat etwas von Risør und etwas von Kragerø: von Risør die wei-

Die Sørlandküste: Tvedestrand

ßen, großzügigen Holzhäuser oberhalb der Hafenzeile ebenso wie enge, kopfsteingepflasterte Gassen im Stadtteil *Østerkleiv,* wie wir sie aus Kragerø kennen. Von einem großen Feuer verschont, gehört Tvedestrand zu den norwegischen Städten mit besterhaltener Holzbebauung, darunter das angeblich schmalste Haus im Land, das in der Fußgängerzone aufzuspüren ist; wegen seiner Form trägt es den ungewöhnlichen Namen *Styrkejernet,* das Bügeleisen. Nur 2000 Einwohner finden Platz in der adretten Kleinstadt, die sich auf ein welliges, bewaldetes Terrain am Ende eines verzweigten Fjords verteilt.

Die Stadtrechte erhielt Tvedestrand 1836, als die expandierende Eisen- und Stahlproduktion im nahen *Næs Jernverk* nach einem Exporthafen verlangte. Die Ware ging hauptsächlich nach Dänemark, Schleswig und Holstein. Die einstigen Lagerhäuser haben eine neue Funktion gefunden, so wie etwa das Rathaus vor dem quirligen Bootshafen. Hier starten auch die Ausflugsboote in die Schärenwelt. Das beliebteste Ziel ist die Inselgruppe *Lyngør,* die man schon auf der Anreise von Risør aus besuchen kann, indem man statt der E 18 die küstennahe Straße 411 und in *Gjeving* die Fähre nach Lyngør nimmt. Das Auto muß allerdings am Kai zurückbleiben – Lyngør ist autofrei.

Information

■ **Tvedestrand Turistkontor,** Fritz Smithgt. 1, N-4900 Tvedestrand, Tel. 3716 1101, Fax 3716 1171. 1.6.–31.8. Mo–Sa 10–19 Uhr, So 14–19 Uhr, sonst Mi–Fr 10–16 Uhr, Sa 10–14 Uhr. Beantwortet die schriftlichen Anfragen zur Region.

Unterkunft

■ **Tvedestrand Vandrerhjem** c/o Ditt Motell, Sogne, Tel. 3716 4109. Ganzjährig geöffnet. Für Mitglieder EZ 300 NOK, DZ 350 NOK, im 4-Bett-Zimmer 140 NOK, sonst EZ 375 NOK, DZ 500 NOK. Frühstück inklusive, Lunchpaket 35 NOK, Abendessen 80 NOK. Normales Motel, kooperiert mit »Norske Vandrerhjem«, deshalb die saftigen Preise. Sogne liegt an der E 18, halber Weg von Risør nach Tvedestrand.

■ **Tvedestrand Hotell,** Brygga, Tel. 3716 2655, Fax 3716 2210. EZ 420–540 NOK, DZ 550–690 NOK. In standesgemäßem Sørland-Weiß, enstprechend schöne Aussicht. Zentral am Kai. Im Juli werden Tagesausflüge nach Lyngør organisiert.

■ **Holt Camping,** Holt, Tel. 3716 0265. Ganzjährig geöffnet. Preisniveau Camping: 2–3, 15 Campinghütten 10.6.–15.8. 300 NOK, sonst 200 NOK. W & T. Kiosk. Spielplatz. Nahe E 18 und Jernverk, für eine Nacht akzeptabel.

Rund um Tvedestrand

■ **Næs Jernverksmueum,** Nes, Tel. 3716 0237. So 11.30–16 Uhr, im Juli täglich, samt Filmvorführung und Rundgang zu jeder vollen Stunde. Eintritt 30/15 NOK.

Ursprünglich befand sich das Eisenwerk bei Arendal. 1665 wurde fast die komplette Anlage nach Nes versetzt, 1738 dann endgültig an das Flußufer der *Storelva,* wo man einen mächtigen Schmelzofen baute, der bis 1910 in Betrieb war. Seine große Zeit erlebte das Werk im 19. Jahrhundert, als bis zu 400 Männer hier arbeiteten. Obwohl die norwegische Eisen- und Stahlproduktion mit dem Beginn des 20. Jhs. weitgehend ihr Ende fand, wurde Nes bis 1959 weiter betrieben, weshalb sich die Anlage in einem verhältnismäßig guten Zustand befindet.

Anfahrt: E 18 ab Tvedestrand südwärts bis Ausfahrt Fiane, dann Straße 415, ausgeschildert.

Das schmucke Rathaus von Tvedestrand war übrigens das Lagerhaus des Stahlwerks, wo die bestellten Waren auf die Ausfuhr warteten. 1936 wurde es anläßlich des 100jährigen Stadtjubiläums umgebaut.

■ Von der Küstenstraße nach Gjeving geht es zur schön gelegenen Steinkirche **Dypvåg Kirke**, deren Wurzeln bis ins 13. Jh. reichen, die 1759–60 aber zu einer Kreuzkirche erweitert wurde. Von der alten Kirche blieb lediglich das Taufbecken erhalten. Beim Umbau erhielt der Innenraum ein barockes Gepräge, typisch die Wand- und Deckenmalereien. In der Sommerzeit ertönt die Orgel gelegentlich zum Konzert. Besichtigung (15 NOK) nach Absprache, Kontakt sowie Konzertplan im Touristenbüro Tvedestrand.

Ausflüge

■ **Sightseeing:** Schärenkreuzfahrten, Touren für Angler und für Taucher bietet die kleine Flotte an Fähr- und Ausflugsbooten, die im Hafen von Tvedestrand und in Gjeving beheimatet sind. Auch die Fähren können gechartert werden: Die »M/S Søgne« etwa verkehrt das ganze Jahr über zwischen Gjeving, den Inseln Lyngør, *Askerøy, Sandøya* sowie *Hagefjordbrygga* auf *Tverrdalsøya,* das durch eine Straße mit dem Festland verbunden ist. Im Sommer wird die Route wegen der Touristen bis nach Tvedestrand verlängert; etwa 25.6. bis 12.8. Dann besteht auch die Möglichkeit, mit der »M/S Søgne« vormittags nach Lyngør zu schippern, nachmittags die Fähre nach Gjeving und dort den Bus zurück nach Tvedestrand zu nehmen. Der Aufenthalt auf Lyngør dauerte dabei zuletzt allerdings nur drei Stunden. Oder Sie nehmen die »M/S Søgne« nur bis Hagefjordbrygga und dann den Bus entweder zurück nach Tvedestrand oder auch nach Gjeving.

Fragen Sie im Touristenbüro nach dem aktuellen Fahrplan und dem Programm für Ausflugsfahrten.

■ **Bibersafari:** im Juli Di um 19 Uhr, ab Kiosk in *Fiansvingen* (ab E 18 Fiane/Holt). Fotosafari im Wald von Holt, Dauer 2 Stunden. Teilnahme 40/20 NOK, Familien 100 NOK. Sonst nach Absprache, Tel. 3716 0441. Der Arendal-Bus hält in Fianesvingen.

Sørland-Impressionen: Grimstad (oben) und Lillesand ▶

Lyngør

Der autofreie Mini-Archipel Lyngør liegt fünf Fährminuten vor der Küste bei Gjeving. Er setzt sich aus vier Inseln zusammen: *Odden, Holmen, Steinsøya* und *Lyngørsiden*. Diese größte Insel liegt als Schutzschild dem Skagerrak zugewandt.

Der Schutz, den der Sund zwischen den Inseln bietet, schuf die Grundlage für die erste dauerhafte Siedlung auf Lyngør (17. Jh.). Die Landwirtschaft gab zu wenig her, dafür war der Sund als Hafen gefragt. Wenn auf dem Skagerrak die Stürme tobten, steuerten die Kapitäne ihre Segelschiffe nach Lyngør, um auf besseres Wetter zu warten. Der Nothafen entwickelte sich zu einer Servicestation mit Leuchtturm, Gasthäusern und Lotsenbasis. Dank der Lotsen war die Schiffahrt in der Lage, vom windigen, oft rüden Skagerrak auf die ruhigen Fahrwasser entlang der Schärenküste auszuweichen. Lyngør bekam seine eigene Zollstation, und als der Schiffsverkehr im 19. Jh. beständig zunahm, lebte man nicht schlecht auf dem Archipel.

Bestes Zeugnis sind die ansehnlichen Holzhäuser, die am Sundufer entstanden, die ersten im Empirestil, ab ca. 1860 bevorzugt im verschnörkelten Schweizer Stil, je nach dem momentanen Geschmack. Bequeme Wege und opulente Gärten mit bunten Zierpflanzen dokumentierten einen bescheidenen Wohlstand, während andernorts in Skandinavien die Auswanderung in vollem Gange war. Anders auf Lyngør, das 1826 seine eigene Schule bekam, einen Metzger, Schuster oder gar Friseur und zeitig seinen Anschluß an das Telegrafennetz. Lyngør war »autark«, doch mit dem Aufkommen der Dampfschiffe, die sich von einem Sturm auf See kaum beeindrucken ließen, geriet die verwöhnte Siedlung außen vor. Der neue Anleger für die Dampfschiffe verwaiste, und die ersten Leute wanderten ab. Da half es wenig, daß um 1910 Ausflügler aus Oslo die Inseln als Reiseziel entdeckten. Diese eigene Welt aus Sonne und Wind, Schären und Meer, aus nackten Felsen und doch fruchtbaren Nischen hat sich bis heute zu einem Wallfahrtsort für viele Nordländer gemacht, die ihre Sehnsucht nach südländischem Ambiente nicht bis ans Mittelmeer tragen wollen. Wegen der bewußt begrenzten Übernachtungskapazität handelt es sich überwiegend um Tagesausflügler, darunter viele Reisegruppen und gerade Rentner, als seien sie, wie in Florida, auf der Suche nach einem Domizil für den Winter. Gut zu verstehen, betrachtet man die Holzhäuser in leuchtendem Weiß, teils umgeben von idyllischen Gärten. 1991 heimste Lyngør einen europäischen Preis ein, der die Bewahrung der ursprünglichen Wohn- und Baukultur würdigt. Im Winter stehen allerdings viele Gebäude leer: Rund 80 % der Häuser auf Lyngør gehören Familien, die nicht mehr ganzjährig auf dem Archipel wohnen.

Heute leben rund 100 Menschen das ganze Jahr über auf Lyngør – Schule, Postamt und Lebensmittelladen haben

Die Sørlandküste: Tvedestrand

sie erhalten können, was in Anbetracht der Zentralisierungsbestrebungen, gerade in den 70er Jahren, nicht immer einfach war. Ihr Einkommen verdienen sie mit etwas Fischerei, in der Dienstleistungsbranche (Post, Laden, Tourismus) oder vom Austausch mit dem Festland (Fähre, Telenetz). Einige hat es in ihrem klassischen Gewerbe gehalten und sind als Seeleute unterwegs, andere als Arbeiter auf Bohrinseln tätig. Die Bevölkerung denkt nicht daran, ihre Heimat zu verlassen und ihre gewachsene Gemeinschaft aufzugeben.

■ **Unterkunft:** *Lyngør Appartementshotell,* Tel. 3716 6544, Fax 3766 6666. 1.5.–1.9. 34 Ferienhütten und Appartements 20.6.–30.6. 750 NOK, im Juli 1000 NOK, sonst 600 NOK. Im Restaurant Menüs 55–115 NOK, z. B. Fischsuppe und gekochten Lachs. Arrangiert Bootstouren und Inselwanderungen mit Guide, Tauchkurse und -exkursionen. Auf Holmen.

■ **Essen und Trinken:** *Den Blå Laterne* auf Holmen, berühmt für seine Fischsuppe; siehe oben. Im Sommer 11–23.30 Uhr, Tel. 3716 6480. – *Kafe Sunniva* auf Holmen, eher für den kleinen Hunger. Im Sommer Mo–Sa 9–17 Uhr, So 12–17 Uhr. – *Lyngør Appartementshotell;* siehe oben. Restaurant täglich 17–22 Uhr.

■ **Insel-Sightseeing** inklusive Bootsfahrt zum Leuchtturm: die aktuellen Termine erfragen beim Touristenbüro Tvedestrand, im »Kafe Sunniva« auf Holmen oder unter Tel. 3716 6748.

■ **Baden:** Die besten Stellen lassen Sie sich auf einer Karte vor Ort zeigen. Seit 1993 verkehrt ein Boot zu den schönsten Plätzen im äußeren Schärengürtel, vormittags raus und nachmittags zurück. Tel. 3716 6888.

■ **Tauchen:** *Lyngør Dykkersenter,* Gjeving, Tel. 3716 3151. Kurse und Exkursionen.

■ **Lyngør kulturhistoriske samlinger:** über »Den Blå Laterne«, im ersten Stock. Ausstellungen zur Inselgeschichte. Täglich 11–18 Uhr.

■ **Lyngør Seilmakerverksted** auf Lyngørsiden: Segelmacherwerkstatt und Schiffshandel, untergebracht in einer alten Heringssalzerei, ganzjährig geöffnet, Mo–Fr ab 7.30 Uhr. Auch Service für Segler auf der Durchreise. Tel. 3716 6500.

■ **Veranstaltungen:** *Lyngørdagene,* ein Wochenende Mitte Juli: mit Inselwanderungen, Leuchtturmausflug u.a.

■ **Postamt** auf Holmen: Mo–Fr 11–14.30 Uhr, Sa 9–12 Uhr.

■ **Anreise:** siehe unter »Verschiedenes, Transport«.

Verschiedenes

■ **Stadtwanderung:** nur im Juli; die aktuellen Termine erfahren Sie im Touristenbüro. Teilnahme um 15 NOK.

■ **Angeln:** Forellen, Hechte, Lachs und Meerforellen im Fluß *Storelva,* Lachs und Meerforellen nur 15.7.–15.8. Angelkarte an der Tankstelle in Amtmannsvingen, Tel. 3716 2321. Tageskarte 40 NOK, Wochen-

karte 100 NOK. – Hochseeangeln ab Tvedestrand, Infos unter Tel. 3715 8560.
■ **Baden:** *Tjenna,* 100 m Sandstrand mitten im Ort. – *Bertesnes,* an der Str. 411 Richtung Sagesund, Sandstrand nach 2 km. – *Hagefjordbrygga,* weiter auf der Str. 411 Richtung Gjeving, Schild »Hagefjordbrygga«, Sandstrand, Zugang für Rollstühle. – *Hanto,* an der Str. 410 nach Arendal, bei Kvastadkilen.
■ **Bootsvermietung:** *Ditt Motell,* siehe »Unterkunft«. – Auf Lyngør *Lyngørfjorden Marina,* Tel. 3716 6800. – *Gjeving Marina & Camping,* Tel. 3716 6367. Auch Kanus.
■ **Golf:** *Nes Verk Golfpark,* 7 km westlich von Tvedestrand. 18-Loch-Platz, geöffnet Mitte April bis Oktober. Tageskarte 150 NOK. Tel. 3706 0360.
■ **Tauchen:** Exkursionen bei *Tvedestrand Sportsdykkerklubb,* Tel. 3716 2655, und *Tvedestrand Undervannsklubb,* Tel. 3716 2197. Auch Wracktauchen.
■ **Galerie:** *Galleri Sagesund,* Tel. 3716 5346. 20.6.– 20.8. Mo – Fr 10 – 15 Uhr, sonst nach Absprache. Aquarelle, Zeichnungen, auch Seidenmalerei. An der Str. 411 nach Gjeving.
■ **Glasbläserei:** *Glashytta,* am Hafen in Tvedestrand, Tel. 3716 1375. Ganzjährig geöffnet, 1.6.– 31.8. für Publikum Mo – Fr 10 – 16 Uhr, Sa 10 – 14 Uhr. Auch Verkauf.
■ **Stadtmuseum:** *Forvaltergården / Tvedestrand Museum.* Das Museum befindet sich im Aufbau, beheimatet im ehemaligen Wohnhaus des Direktors von »Næs Jernverk«, errichtet Ende des 18. Jhs. Einen altgedienten Krämerladen hat es schon, diverse Ausstellungen sind in Arbeit. Ca. 20.6.– 20.8. Mo – Fr 9 – 15 Uhr, aktuelle Informationen im Touristenbüro.
■ **Transport:** mit »M/S Søgne« ab Tvedestrand über Hagefjordbrygga bis nach Gjeving, durchgehend nur im Sommer. – Fähre von Gjeving nach Lyngør. 7 mal täglich, in der Hauptsaison bis zu 14 mal. – Lokalbusse: nach Songe und Vinterkjær, nach Dypvåg und Gjevik.

Weiterreise

■ **Personenfähre:** mit »Sørlandcruise« nach Arendal oder über Gjeving nach Oslo.
■ **Bahn:** per Bus zu den Bahnhöfen Nelaug oder Vegårshei, ab dort weiter mit der Sørlandsbahn. Entweder westwärts nach Stavanger über Vennesla, Kristiansand, Sira, Moi, Egersund, Bryne, Sandnes. Oder nach Oslo über Gjerstad, Neslandsvatn, Drangedal, Lunde, Bø, Nordagutu, Kongsberg, Hokksund, Drammen, Fornebu (Flughafen).
■ **Bus:** Nach Kristiansand über Arendal, Grimstad und Lillesand. – Nach Nelaug und Vegårshei (jeweils Bahnhof). – Mehrere Lokalbusse nach Arendal. – Nach Porsgrunn über Vinterkjær (umsteigen nach Risør), Søndeled und Kragerø. – An die Ostküste über Porsgrunn (umsteigen in den Zug nach Oslo möglich),

Larvik, Sandefjord, Tønsberg, Horten (Fähre nach Moss), Fredrikstad nach Sarpsborg.

■ **Auto: Nach Arendal.** Besser als die E 18 die küstennahe Straße 410. Unterwegs mindestens zwei empfehlenswerte Abstecher: zuerst nach **Narestø**, einem Hafenort, dessen Bebauung aus dem 18. und 19. Jh. weitgehend erhalten blieb: schmale Wege, alte Häuser, hübsche Gärten. Kurz vor Arendal erreicht man *Eydesand,* siehe mehr unter »Arendal, Verschiedenes, Weitere Museen«.

In die Telemark. Straße 415 bis Åmli, weiter auf Straße 41 zum *Nisser-See* und nach *Vrådal,* unterwegs, in Tjønnefoss, Alternative ins *Fyresdal* mit dem schönen See *Fyresvatn.*

Nach Risør. Statt auf der E 18 die Straße 411 über Dypvåg und Gjeving; siehe oben.

Arendal

Auf und Ab
der Segelschiffära

Mit gut 13.000 Einwohnern ist Arendal die größte Stadt entlang unserer Sørland-Route und gleichzeitig die Hauptstadt des fylke Aust-Agder. Die architektonischen Schönheiten, die Kragerø, Risør und Tvedestrand auszeichnen, sind in Arendal mit der Lupe zu suchen. Dafür haben Großfeuer zu viel an alten Gebäuden hinweggerafft, und dafür ist die Stadt einfach zu schnell gewachsen.

Bereits im 15. Jh. war an der Flußmündung der Nidelva in den Schärensund ein Hafen entstanden, über den Holz zu den Anrainern der Nordsee verschifft wurde. Geschützt durch die vorgelagerten Inseln *Hisøy* und *Tromøy,* kann man die günstigen Hafenbedingungen mit denen von Lyngør vergleichen, nur daß Arendal direkt auf dem Festland entstand und der Sund eine größere Kapazität hergab. Vor allem aber konnte das gefällte Holz über die *Nidelva* bis kurz vor die Flußmündung geflößt werden. Die Entwicklung ging auch voran, als ab 1648 das königlich protegierte Kristiansand in Konkurrenz zu den gewachsenen Häfen entlang der Sørlandküste trat. Seefahrt, Schiffbau und zulieferndes Handwerk ließen Arendal expandieren; 1723 erhielt man endlich die überfälligen Handelsrechte. Schiffe aus Arendal befuhren inzwischen Ostindien-Routen und brachten die große, weite Welt in die Heimat mit. In den stattlichen Häusern der vermögenden Reeder und Kaufleute häuften sich Souvenirs aus allen Kontinenten. Im 19. Jh. erreichte die Segelschiffahrt auch in Arendal ihren Höhepunkt. Die Menschen pilgerten, auf der Suche nach Arbeit, in das neue regionale Zentrum. Allein zwischen 1830 und 1880 verdoppelte sich seine Einwohnerzahl.

Bis Mitte des 19. Jhs. verteilte sich der Ortskern über sieben, durch Kanäle getrennte Inselchen. Von 1798 bis 1868 hatten vier große Brände mehr als zwei Drittel der Stadt zerstört. Nach dem vierten Feuer beschloß man nicht nur, die neuen Gebäude aus Stein zu errichten, sondern auch die verdreckten, übelriechenden Kanäle mit dem Schutt der Brandruinen aufzufüllen und den welligen Boden auszugleichen. Breite, gerade Straßen und rechtwinklig angelegte Stadtviertel entstanden; viele Gebäude wurden nach kontinentalem Vorbild verputzt. Einzig auf der winzigen Landzunge *Tyholmen,* die die verheerenden Brände verschont hatten, blieb die Holzbebauung erhalten. Dieses kleine Viertel mit dem imposanten Rathaus an der Hafenzeile kann es, von der Optik her, mit den anderen Perlen des Sørlands aufnehmen. Seine ältesten Häuser stammen aus der Zeit um 1700. 1992 erhielt Tyholmen den »Europa-Nostra«-Preis für seine geschlossen erhaltene Architektur.

Das neue Arendal war keine zehn Jahre fertig, als um etwa 1880 die Dampfschiffe ihre segelnden Kollegen abzuhängen begannen. Die Reeder Arendals reagierten verhalten auf die neue Entwicklung. Sie konnten sich nicht vorstellen, daß ihre Segler auf einmal überflüssig sein würden. Daß die ersten Dampfschiffreedereien wegen der hohen Anschaffungskosten pleite gingen, verringerte den Anreiz, in das Geschäft einzusteigen, zumal die neuen Schiffe aus verschiedenen Gründen nicht in Norwegen gefertigt werden konnten. Trotzdem kam der Umbruch, und er kam jäh und heftig: Ein Konkurs jagte den nächsten, und selbst aus der wenige Jahre zuvor reichen Stadt Arendal schlossen sich Menschen den Auswanderungswellen gen Westen an. Erst als Unternehmer und Banken neue Wege beschritten, um die kostspieligen Investitionen für neue Tonnage mit Teil- und Mischfinanzierungen zu decken, ging es um die Jahrhundertwende wieder bergauf. Als die neuen Wasserkraftwerke es vor dem Ersten Weltkrieg ermöglichten, große Industriebetriebe anzusiedeln, war Arendal nicht mehr allein auf die Seefahrt angewiesen. Trotzdem hat sich die Tradition als Handels- und Seefahrtsstadt bis heute gehalten, im Gegensatz zu den kleineren Sørlandstädten.

Das Zeitalter der Flößerei ging 1970 allerdings zu Ende. Eine kurze Reise in die Vergangenheit erlaubt das kleine Museum in *Bomsholmen,* wo einst die Holzstämme aus dem Fluß gefischt wurden.

Information
■ **Sørlands Info**, Friholmsgt. 1, N-4800 Arendal, Tel. 3702 2193, Fax 3702 5212. 15.6.–15.8. Mo–Sa 9–18 Uhr, So 12–18 Uhr, sonst Mo–Fr 8.30–16 Uhr. In der Fußgängerzone (Gågate). Anmeldung zur Stadtwanderung.

Unterkunft
■ **Tyholmen Hotel**, Teaterplassen 2, Tel. 3702 6800, Fax 3702 6801. 15.6.–15.8. EZ 680 NOK, DZ 890 NOK, sonst EZ 990 NOK, DZ 1090 NOK, weekend EZ 590 NOK, DZ 770 NOK. Zentrale Lage, wunderbar in die

Architektur Tyholmens eingepaßt. Fahrradvermietung.

■ **Phönix Hotel Arendal**, Friergangen 1, Tel. 3702 5160, Fax 3702 6707. 15.6.–15.8. mit Fjord Pass (C) EZ 530 NOK, DZ 660 NOK, sonst EZ 875 NOK, DZ 1080 NOK. Fahrradvermietung.

■ **Arendal Hotel**, Vestregt. 11, Tel. 3702 5500, Fax 3702 5551. 15.6.–15.8. EZ 495 NOK, DZ 640 NOK, sonst EZ 590 NOK, DZ 780 NOK, weekend EZ 495 NOK, DZ 640 NOK.

■ **Ting Hai Hotel**, Østregate 5, Tel. 3702 2201, Fax 3702 2325. 15.6.–15.8. EZ 420 NOK, DZ 570 NOK, sonst EZ 520 NOK, DZ 670 NOK, weekend EZ 420 NOK, DZ 570 NOK.

■ **Breidablikk Gjestegård**, Færvik, Tel. 3708 5127, Fax 3703 6376. 15.6.–15.8. EZ 450 NOK, DZ 650 NOK, sonst EZ 400 NOK, DZ 600 NOK. Færvik liegt draußen an der Küste (Str. 409). Fahrradvermietung.

■ **Hove Familiecamping**, Færvik, Tel. 3708 5221. Etwa 10.6.–20.8. Preisniveau Camping: 3. Hütten 210–270 NOK. Liegt draußen an der Schärenküste, am Südende von Tromøy, 12 km ab Arendal. Wald und Sandstrand. W & T. Kiosk. Spielplatz. Baden, Surfen, Ruderboote.

■ **Nidelv Brygge og Camping**, His, Tel. 3701 1425. Etwa 10.6.–20.8. Preisniveau Camping: 2–3. 12 Hütten 250–350 NOK. Auf der Insel Hisøy, 5 km ab Arendal. Kombi für Camper und Wassersportler dank Flußlage. W & T. Kiosk. Spielplatz. Baden, Vermietung von Kajaks Kanus, Ruderbooten und Fahrrädern.

■ **Vippa Camping**, Nedenes, Tel. 3709 5679. Etwa 10.6.–20.8. Preisniveau Camping: 2. Hütten 200–375 NOK. Jenseits von Hisøy, im Schärengarten, 6 km ab Arendal, Anfahrt über Str. 420. W & T. Spielplatz. Badestrand.

Sehenswertes

■ Der Rundgang durch **Tyholmen** mag, wegen der umliegenden Moderne und dem Verkehr, nicht jenes authentische Gefühl vermitteln, das Kragerø, Risør und Lillesand auszeichnet; doch wer sich ohnehin in Arendal befindet, sollte sich die Altstadt anschauen, um den eher dürftigen Eindruck von der Sørland-Metropole zu objektivieren.

Blickfang ist die Hafenzeile, geprägt von dem mächtigen Rathaus (1812–15), das als Privathaus (!) einer Reeder-Familie gebaut wurde. Der Empirestil und das vertraute Weiß verleihen ihm einen ebenso würdevollen wie frischen Anstrich. Den Festsaal schmücken Landschaftsgemälde von *Ludvig Skramstad,* zu besichtigen im Rahmen einer organisierten Stadtwanderung (die generell die günstigste Art ist, um Tyholmen kennenzulernen; oder Sie holen sich im Touristenbüro den »Arendal Guide«, in dem ein Stadtplan eingezeichnet ist). Unweit vom Rathaus starten die Fähren nach Tromøy und Hisøy. Daneben belegt das »Tyholmen Hotel«, wie sensibel Architekten sein können; kaum zu glauben in Anbetracht dessen, was uns ein paar hundert Meter stadteinwärts in die Gegenwart zurückholt. Vom Hotel ist es nicht weit zur Kirche mit ihrer unübersehbaren grünen Turmspitze:

■ Die Dreifaltigkeitskirche, **Trefoldighetskirke**, auf Tyholmen ist schon die dritte Kirche an dieser Stelle. Die Vorgänger (1670 und 1832) brannten nicht etwa nieder, sondern mußten weichen, weil sie die sprunghaft wachsende Bevölkerung nicht mehr hatten fassen können. Erhalten blieben u. a. ein mittelalterlicher Kupferstich (um 1500), das Gemälde »Heilige Drei Könige« (um 1620) im Chor und ein protziger Kronleuchter, der inzwischen aber in einem Nebengebäude verwahrt wird.

Die Kirche war 1886 fertig. Als Symbol einer selbstbewußten, aufstrebenden Kleinstadt ragt der Kirchturm 87 Meter hoch in den Himmel. Zu jeder vollen Stunde ertönt aus ihm ein Glockenspiel. Di – Fr 10 – 11 Uhr, Führung nach Absprache mit Tel. 3701 3380.

■ **Aust Agder Museet**, Parkveien 2, Tel. 3702 2422. Mo – Fr 9 – 15 Uhr, Sa 9 – 13 Uhr, So 12 – 15 Uhr. Eintritt 15/5 NOK.

Ein Freilichtmuseum an der Sørlandküste dürfen Sie sich antun; sollten Sie sich für das Museum des fylke Aust-Agder entscheiden, begeben Sie sich auf edlen Grund und Boden. Das Gehöft *Langsæ*, auf dem das Museum beheimatet ist, war bis 1832 Wohnsitz einer gehobenen Bürgerfamilie. Die Sammlungen im Hauptgebäude widmen sich den archäologischen Funden aus der Region, der Seefahrt und der bäuerlichen Kultur, dokumentiert in Trachten, Silberwaren, den allseits zitierten bemalten Truhen u. a. Kirchenkunst, Möbel aus verschiedenen Stilepochen und Kunstgewerbe sind ebenfalls zu sehen. Gerade die Möbel verraten den wechselseitigen Einfluß, der sich zwischen Kontinent, England und Norwegen entwickelte – frühe Beispiele multikultureller Arbeit. Die Mineraliensammlung endlich weist auf die rege Grubentätigkeit hin, die sich ab dem 16. Jh. von Arendal bis hinüber zum Setesdal ausbreitete (siehe dort). Für eine Gruben-Besichtigung müssen Sie allerdings ein paar Kilometer weit fahren, falls Sie das »Næs Jernverk« bei Tvedestrand verpaßt haben; siehe unten.

Die Freilichtabteilung umfaßt weitere Gebäude, die abgetragen und vor Ort wieder zusammengesetzt wurden. Sie geben die Wohnverhältnisse der sozialen Schichten seit Mitte des 18. Jhs. wieder und beherbergen teils ein Sammelsurium einzelner bewahrter Gegenstände, wie etwa historische Fahrzeuge.

Anfahrt: ab City (Vestregate) die Straße 420 stadtauswärts, vor der Kreuzung mit der Straße 410 rechter Hand.

Ausflüge

■ **Bomsholmen** bewahrt die landesweit aufgegebene Flößerei vor dem Vergessen: Die Nidelva reicht mit ihren

Nebenflüssen weit in die waldreiche Telemark, seit jeher ein Revier der Forstwirtschaft. Die gefällten Stämme transportierte man auf dem Wasserweg bis vor Arendal, wo sie entweder verarbeitet oder gen Holland verschifft wurden. Bei Bomsholmen, wenige Kilometer westlich Arendals, ist die Nidelva schmal genug, so daß man Barrieren für die geflößten Stämme errichten konnte. Hier wurde das Holz aufgesammelt (und ab 1789 an die Eigentümer verteilt – vorher hatte sich jeder um sein eigenes Holz kümmern müssen). 1970 stellte man das Flößen auf der Nidelva nach über 400 Jahren ein. Erhalten blieben die massige Betonbarriere und drei Gebäude, in denen Fotografien, Modelle und Gerätschaften aus der Flößerzeit untergebracht sind. Es wird auch auf andere Themen eingegangen, die mit dem Fluß zu tun haben, wie der Bootsverkehr, die Wasserkraftnutzung oder die Lachsfischerei.

Geöffnet ist das Bomsholmen Museum im Sommer So 13–18 Uhr, oder nach Absprache mit Touristenbüro oder »Arendal Bymuseum«; siehe »Verschiedenes, Weitere Museen«, Tel. 3702 5925. Anfahrt über die Straße 420 nach Fevik.

■ Nicht weit von Bomsholmen wartet die nächste Station, die ein Kapitel der regionalen Geschichte aufblättert: **Lerestvedt Gruver**, die Gruben von Lerestvedt, in denen von 1690 bis 1850 Eisenerz gefördert wurde. Die Gruben rund um Arendal waren insgesamt von 1574 bis 1975 in Betrieb. Als die Arbeit in Lerestvedt im Gange war, gab es noch kein Dynamit: Die Männer mußten das Gestein mit Feuer erhitzen, bis es mürbe wurde und kleine Risse zeigte, denen man mit Hammer und Meißel zusetzte. Mit dieser Technik kamen die Kumpel nur langsam vorwärts, wenige Meter im Jahr. Das gewonnene Eisen wurde übrigens im *Froland Verk,* an der Straße 42 Richtung Evje gelegen, u. a. zu Kanonen, Kanonenkugeln und Öfen verarbeitet und über Grimstad nach Dänemark ausgeführt.

Im Sommer Führungen Mi, Fr und Sa um 12 und um 16 Uhr, So um 13, 15, 18 Uhr. Teilnahme 30/15 NOK. Tel. 3709 4402. Schutzhelm und Licht werden gestellt; feste Schuhe und warme Kleidung müssen Sie mitbringen: Im Berg herrscht eine konstante Temperatur von nur etwa 6°C. Lerestvedt liegt an der E 18, von Arendal aus nach Süden, kurz vor Rykene.

■ **Bootsfahrten:** Schärenkreuzfahrten, Angeltouren mit dem Kutter und einiges mehr bietet die kleine Flotte an Ausflugsbooten, die zur Sommerzeit im Hafen von Arendal auf Kundschaft wartet. Das Programm und die Abfahrtzeiten sind vielfältig; die Boote können ebenso gechartert werden. Fragen Sie im Touristenbüro nach den aktuellen Angeboten.

■ Die Inseln **Tromøy**, **Hisøy** und **Merdø** werden von Fähren mit festem Fahrplan angelaufen; siehe unter »Transport«. Sowohl Tromøy als auch Hisøy sind ebenso über Brücken mit

152 Südnorwegen

dem eigenen Fahrzeug zu erreichen. Erhaltene Bebauung aus den vergangenen Jahrhunderten finden Sie auf Merdø, auf Tromøy in *Torjusholmen* (im Westen), in *Revesand* und *Rægevik* (im Südosten) und auf Hisøy in *Kolbjørnsvik* (im Nordosten). Auf allen drei Inseln gibt es zudem Badeplätze; siehe unter »Verschiedenes«. Nach Revesand Busverbindung.

Verschiedenes

■ **Stadtwanderung:** Anmeldung im Touristenbüro, Tel. 3702 2193.

■ **Baden:** auf Tromøy *Hove* (kinderfreundlicher Sandstrand) und *Spornes,* auf Hisøy zwischen *Vrengen* und *Hølen* (kinderfreundlich), auf *Merdø* (kinderfreundlich) und in den Buchten rund um *Eydehavn*.

■ **Fahrradfahren:** Es besteht die Möglichkeit, das Fahrrad mit dem Lokalzug nach Nelaug zu transportieren und ab dort auf Nebenwegen zurück nach Arendal zu radeln. Das Ticket inklusive Radtransport kostete zuletzt 60/30 NOK, für Familien 150 NOK. Für die Radtour zurück sind mindestens 3 Stunden zu veranschlagen. Mehr, auch zu Streckenprofil und -verlauf, im Touristenbüro.

■ **Golf:** *Arendal og Omegn Golfklubb,* siehe »Nes Golfpark« unter »Tvedestrand«. Die Anlage befindet sich 22 km nördlich Arendals, nahe der E 18.

■ **Kanu:** Am Bahnhof in Nelaug warten 10 Kanus auf Benutzer, die die Nidelva flußabwärts paddeln können. Tagespreis mit 2 Westen: 100 NOK. Streckenbeschreibung für die Nidelva im Touristenbüro zu kaufen.

■ **Kajakvermietung:** *Agder Båtutleie,* Vikaveien 85, Kolbjørnsvik auf Hisøy, Tel. 3701 1218.

■ **Reiten:** *Arendal og Grimstad Rideklubb,* Birkeitveit bei Fevik, Tel. 3704 7494. 9–17 Uhr, telefonische Anmeldung erbeten. Pferd pro Stunde 100 NOK. – Ausritte ab *Nedenes* oder *Rykene,* südlich von Arendal. Für 1,5 Stunden 150 NOK, 8-Stunden-Tour 300 NOK usw. Informationen unter Tel. 3704 7808, 9411 1790, 3709 6209.

■ **Tauchen:** *Arendal Sjøsport,* Langbrygga 17 b, Tel. 3702 7630. Service und Exkursionen.

■ **Galerien:** *Arendal Kunstforening,* Det Lindvedske Hus, Tyholmen, Tel. 3702 2647. Sitz der Künstlervereinigung, Ausstellungstermine im Touristenbüro bekannt. – *Tyholmen Galleri,* Teaterplassen 1, Tel. 3702 2643. 1.2.–23.12. Mi–Fr und So 12–17 Uhr, Sa 12–15 Uhr. Eintritt 10 NOK. Kunst und Kunsthandwerk, monatlich wechselnde Ausstellungen. – *His Galleri,* Kirkeveien 182, Tel. 3701 1611. Mo–Fr 9–16 Uhr, Do bis 18 Uhr, Sa 10–13 Uhr. Eintritt frei. Zeitgenössische Kunst. Auf Hisøy.

■ **Arendal Internasjonale Kultursenter,** Munkegate 4, Tel. 3701 3350. Mo–Fr 10–19 Uhr. Kulturtreff mit verschiedenen Aktivitäten.

■ **Weitere Museen:** Stadtmuseum *Arendal Bymuseum,* Nedre Tyholmsvei 14, Tel. 3702 5925. Di–Fr 9–15 Uhr, Sa 10–14 Uhr. Eintritt 25/10 NOK, Familien 50 NOK. Beheimatet in *Kløckers Hus,* 1826 als Wohnhaus des Zollinspektors von Arendal errichtet, ein dänisch-deutscher Adliger. Die Einrichtung zeigt denn auch den Wohnstil vermögender Bürger vor der Jahrhundertwende. In dem Krämerladen, der aus Nesgrenda bei Tvedestrand hierher umzog, wird samstags, von 11 bis 14 Uhr, frisches Brot verkauft, das im museumseigenen Ofen gebacken wird. Das Museum ist für die Filialen in Bomsholmen (siehe unter »Ausflüge«) und Eydehavn (siehe unten) zuständig. – *Steenhuset,* Teaterplassen 1, Tel. 3702 2643. Mi–So 12–17 Uhr, Sa nur bis 15 Uhr. Eintritt 10 NOK. Privatmuseum, noch einmal Möbel und einzelne Gegenstände aus dem Besitz wohlhabender Familien aus Arendal. Im selben Haus »Tyholmen Galleri«; siehe oben. – Bleibt das *Eydehavn Museum* in Eydehavn, an der Küste nördlich Arendals. Zu besichtigen ist eine Arbeiterwohnung aus dem Jahr 1913, als vor Ort eine Aluminium- und eine Siliciumfabrik in Produktion gingen, nachdem das energieliefernde Wasserkraftwerk Bøylefoss fertiggestellt war. Etwa 25.6.–10.8. Mi 17–19 Uhr, Do 11–14 Uhr, Fr 11–13 Uhr, sonst nur Mi 17–19 Uhr. Eintritt 5/5 NOK.

■ **Veranstaltungen:** *Sommerkonzerte,* etwa 20.6.–15.8. Programm im Touristenbüro. An den Samstagen ab Ende Juni auch Nachtkonzerte auf Poppes Plass, Tyholmen. 23 bis 1 Uhr. – Über die weiteren Angebote und Termine informieren Sie sich am besten im aktuellen »Arendal Guide«.

■ **Hauptpostamt:** Friergangen 4.
■ **Notarzt:** Tel. 3702 4590.
■ **Transport:** Personenfähren von Arendal nach Skilsøy auf Tromøy, nach Hilsøy und nach Merdø, auch über Hisøy und Tromøy. Fahrplan-Infos unter Tel. 3702 2193. – Lokalbusse nach Hisøy, Tromøy, Eydehavn, Froland Verk u. a. Den Fahrplan hält das Touristenbüro bereit.
■ **Taxi:** Tel. 3702 2046.

Weiterreise
■ **Personenfähre:** mit »Sørlandcruise« über Tvedestrand und Gjeving nach Oslo.
■ **Bahn:** *Arendal Jernbanestasjon,* Tel. 3702 2003.

Lokalzug nach Nelaug, ab dort weiter mit der Sørlandsbahn. Entweder westwärts nach Stavanger über Vennesla, Kristiansand, Sira, Moi, Egersund, Bryne, Sandnes. Oder nach Oslo über Vegårshei, Gjerstad, Neslandsvatn, Drangedal, Lunde, Bø, Nordagutu, Kongsberg, Hokksund, Drammen, Fornebu (Flughafen).
■ **Bus:** Nach Kristiansand über Grimstad und Lillesand. – Nach Grimstad entweder über Fevik oder über Rykene. – Ins Setesdal nach Evje, Valle, Hovden. – Mehrere Lokalbusse nach Tvedestrand. – Nach Porsgrunn über Vinterkjær (umsteigen nach Risør), Søndeled und Kragerø. – An die Ostküste über Porsgrunn (umsteigen in den Zug nach Oslo möglich), Larvik, Sandefjord, Tønsberg, Horten (Fähre nach Moss), Fredrikstad nach Sarpsborg.

- **Auto: Nach Grimstad.** Besser als die E 18 die küstennahe Straße 420 über *Fevik*. Unterwegs möglicher Abstecher nach Bomsholmen, siehe oben unter »Ausflüge«; oder, falls auf der E 18, zu den Gruben von Lerestvedt, siehe ebenfalls unter »Ausflüge«.

  In die Telemark. Straße 42 Richtung Evje, unterwegs mehrere Abzweigungen nach Norden; siehe auch »Froland Verk«, im folgenden Absatz.

  Ins Setesdal. Straße 42 nach Evje, unterwegs, hinter Blakstad, möglicher Aufenthalt im **Froland Verk**, wo von 1763 bis 1867 das in den umliegenden Gruben geförderte Eisenerz u. a. zu Öfen, Kanonen und Kanonenkugeln verarbeitet wurde. Die Waren transportierte man auf der Nidelva nach Grimstad, wo sie im Hafen verladen wurden. Froland Verks Hauptgebäude überrascht durch den in Norwegen eher seltenen Rokokostil (1791). Im alten Stall wurden ein Restaurant und ein Souvenirladen mit Kunstgewerbe eingerichtet. Im Garten erinnert ein Bautastein an das norwegische Mathematik-Genie *Niels Henrik Abel,* der 1829 die letzten Tage vor seinem Tod in Froland verbrachte. 1.6.–31.8. täglich 12–18 Uhr, sonst Mo–Fr 9–15 Uhr, So 12–18 Uhr. Eintritt 10 NOK.

  Nach Tvedestrand. Statt auf der E 18 die küstennahe Straße 410, oben beschrieben unter »Tvedestrand, Weiterreise«, in umgekehrter Richtung.

Grimstad

Nur die zweite Geige

Grimstad ist ein Sørland-Städtchen, das im Konzert der Großen mitfiedelt, obwohl es mit der zweiten Geige eigentlich treffender bedacht wäre. Seine unbestrittene Bekanntheit verdankt es Henrik Ibsen zum einen und der Beharrlichkeit der Tourismusindustrie zum anderen.

Norwegens erster Schriftsteller, der außerhalb Skandinaviens bekannt wurde, war *Henrik Ibsen* (1828–1906). Von 1844 bis 1850 weilte er in Grimstad, um eine Lehre als Apotheker zu absolvieren. Während dieser Zeit schrieb er mit »Catilina« sein erstes Drama, das 1850 erschien. Worauf es ihn aus der Provinz nach Kristiania, wie Oslo damals hieß, und nach Bergen zog. Sein Gastspiel beseelt Grimstad zu geschäftsmäßigem Eigenlob – und wer sich von dieser Lektüre nicht abschrecken läßt, mag das Ibsen-Haus mit der Ibsen-Büste in der Ibsen-Straße als Sehenswürdigkeit empfinden.

Die beharrlichen Tourismusstrategen preisen Grimstad ebenso als die Perle des Südens, wie es die Kollegen in ihren Nachbarstädten tun. Tatsächlich findet man rund um den Hafen einige ansehnliche historische Gassen, aber ein einheitliches Ortsbild, wie es etwa Risør und Tvedestrand vermitteln, gibt es nicht. Die Küste, nach *Fevik* im Norden und zum *Kaldvellfjord* im Süden, kann allerdings mithalten; mehr als die Hälfte des umliegenden Schärengartens ist waldbedeckt. Und so wurden auch in Grimstad Appartementsiedlungen mit astronomischen Preisen hochgezogen, obwohl die Vielfalt der Feriengestaltung zu wünschen übrig läßt. Steter Tropfen höhlt den Stein. Deshalb nur das wichtigste über Grimstad.

Die Geschichte sei hier verkürzt dargestellt, da sie über weite Strecken der Arendals ähnelt: Holzausfuhrhafen seit dem 16. Jh., ab dem 18. Jh. auch für Eisenprodukte aus dem »Froland Verk« bei Arendal; siehe dort unter »Weiterreise«. 1816 Stadtrechte und Handelsprivilegien, Ende des 19. Jhs. Karriereknick nach dem Aus für die Segelschiffahrt, ab 1913 erste größere Industriebetriebe, heute ein breites Spektrum an Branchen.

Interessanter scheint die Geschichte von *Nørholm* zu sein, das sechs Kilometer südwestlich von Grimstad liegt. Kein Geringerer als Literaturnobelpreisträger *Knut Hamsun* (1859–1952) kaufte sich 1918 dieses Gehöft, um seinen »Segen der Erde« am eigenen Leib zu erfahren. Sein Erfolg auf der kargen Parzelle blieb jedoch hinter dem seiner Bücher zurück. Hamsun starb in Nørholm als geächteter, Mann. Seine Landsleute verziehen ihm nicht, daß er die nationalsozialistische Diktatur positiv beurteilt hatte und auch während seines Prozesses, der ihm in Grimstad wegen Landesverrats gemacht wurde, nicht von seiner Position abgerückt war. Bis heute gibt es keine Straße in Norwegen, die nach dem unbestritten genialen Erzähler benannt ist. Die Stichstraße nach Nørholm können Sie sich sparen. Der Hof in Privatbesitz ist nicht zu besichtigen.

Information
■ **Grimstad Turistkontor**, Smith Petersensgt. 3, N-4890 Grimstad, Tel. 3704 4041 und 3709 1651, Fax 3704 9377. 1.5.–31.8. täglich 10–20 Uhr, sonst Mo–Fr 9–15.30 Uhr. Vermittelt Unterkünfte, vermietet Fahrräder, Kanus und Ruderboote. Arrangiert Sightseeing und für Kinder Seeräuberfahrten im Schärenpark.

Unterkunft
■ **Grimstad Hotell**, Kirkegt. 3, Tel. 3704 4744, Fax 3704 4733. 15.6.–15.8. mit Fjord Pass (C-D) EZ 530–630 NOK, DZ 760–890 NOK, sonst EZ 725 NOK, DZ 890 NOK, weekend 425 NOK, DZ 680 NOK. Zentral am Marktplatz, in einem altehrwürdigen, modernisierten Holzhaus. Schicke Zimmer.

■ **Helmershus Hotel**, Vesterled 23, Tel. 3704 1022, Fax 3704 1103. 15.6.–15.8. mit Fjord Pass (C) EZ 530 NOK DZ 760 NOK, sonst EZ 695 NOK, DZ ab 795 NOK. Schöner, in die Landschaft eingepaßter Flachbau vor Bootshafen. Wald und Wiese, gut zum Relaxen. Nette Zimmer, teils etwas eng geschnitten. Bootsvermietung.

■ **Sørlandet Hotell**, Televeien 5, Tel. 3709 0500, Fax 3704 9770. Zimmer und Appartements: im Juli EZ 400 NOK, DZ 450 NOK, App. 625–700 NOK, Juni und August EZ 325 NOK,

DZ 400 NOK, App. 550–600 NOK, sonst mit Nachlaß. Nicht direkt am Wasser, mit umfangreichem Aktivitätsangebot. Riesige Anlage, aber gute Appartements.

■ **Grimstad Vertshus**, Grimstadtunet, Tel. 3704 2500. EZ 400 NOK, DZ 550 NOK, App. 850 NOK. Nahe der E 18, nur für die Durchreise.

■ **Strand Hotel Fevik**, Tel. 3704 7322, Fax 3704 7951. 25.6.–31.8. EZ ab 690 NOK, DZ ab 790 NOK, sonst EZ ab 785 NOK, DZ ab 790 NOK.

■ **Ekely Gjestgivergård**, Fevik, Tel. 3704 7149. 15.6.–15.8. EZ 250 NOK, DZ 500 NOK, sonst EZ 225 NOK, DZ 450 NOK. Bad auf dem Flur.

■ Zwei Campingplätze an der Küste zwischen Grimstad und Fevik, Anfahrt über Str. 420: zuerst **Marivold Camping**, Tel. 3704 4623. Dann **Moysand Camping**, Tel. 3704 0978. Geöffnet 15.5./1.6.–31.8. Preisniveau Camping: 3. Wenige, dafür teure Hütten um 400 NOK. Typische Sørland-Plätze mit Dauercamper-Legionen und Strand. W & T. Kiosk. Spielplatz. Baden, Vermietung von Kanus und Booten, bei »Marivold« auch Fahrräder.

Sehenswertes

■ **Ibsenhuset og Grimstad Museum**, Henrik Ibsensgate 14, Tel. 3704 4653. 15.4.–15.9. Mo–Sa 11–17 Uhr, So 13–17 Uhr. Eintritt 25/10 NOK.

Das Museum verteilt sich über die Stadt: In *Ibsenhuset* in der Henrik Ibsensgate befand sich Ibsens (zweites) Zimmer, wo er sein erstes Drama mit Namen »Catilina« verfaßte.

Reimanngården, in der Tverrstredet, beherbergte die Apotheke, in der Ibsen zur Lehre ging und wo er anfangs auch wohnte. 1950 abgetragen, wurde das Haus später hier wieder aufgebaut. Beide Gebäude sind mit Gegenständen von und um Ibsen versehen, wobei im Reimanngården wechselnde Kunstausstellungen durchgeführt werden.

Dort steht auch *Matroshuset,* in dem zahlreiche Fotografien die Stadtgeschichte seit etwa 1850 nacherzählen. Die Sammlung basiert auf dem Archiv eines umtriebigen Bürgers der Stadt.

Auf der Halbinsel *Biodden,* gleich nördlich des Gasthafens, war einst eine große Werft für Segelschiffe in Betrieb. Im ehemaligen Verwaltungsgebäude (1841) wurden Exponate für ein Seefahrtsmuseum zusammengetragen: *Grimstad Sjøfartsmuseum* in Hasseldalen. Im Juli Mo–Sa 11–17 Uhr, So 13–17 Uhr. Eine Abteilung des Stadtmuseums.

■ Im nördlichen Stadtgebiet liegt **Dømmesmoen**, eine anheimelnde Parklandschaft, die zur Schule für angehende Gartenbauarchitekten gehört. Spazierwege und Pfade führen über das Gelände, auf dem sich auch ein (restauriertes) Gräberfeld mit 45 Grabhügeln, einer Steinsetzung und Bautasteinen befindet, alle aus der Eisenzeit.

Anfahrt: 5 Minuten mit dem Bus nach Taule; vor der Fjære Kirke.

Ausflüge

■ **Bootsfahrten:** Schärenkreuzfahrten, Angeltouren, Taucherausflüge und einiges mehr bietet die kleine Flotte an Ausflugsbooten, die in Grimstad beheimatet ist; darunter der stattliche Zweimaster »SJ Anne Margrethe«, 1880 am Hardangerfjord gebaut und 1986 als ein hochmodernes Kreuzfahrtschiff mit gemütlichen, ansprechenden Kabinen restauriert, das bevorzugt zu längeren Touren aufbricht. Eine Seereise mit Anne Margrethe reißt ein Loch in die Kasse. Preiswerter sind die Schärentouren mit der »M/S Bibben« (1942), die zu allen oben genannten Unternehmungen ausläuft.

Das Programm und die Abfahrtzeiten sind vielfältig; die Boote können ebenso gechartert werden. Information und Buchung deshalb im Touristenbüro.

■ Der schmale **Reddalskanal**, westlich von Grimstad, wurde in den 1870er und 1880er Jahren angelegt. Er verbindet die beiden Seen *Reddalsvatnet* und *Landviksvatnet* mit dem *Strandfjord*. Rund um den Kanal erstreckt sich eine grüne, leicht hügelige und weitgehend ungestörte Landschaft, die am Reddalsvatnet nun unter Naturschutz steht. Kleinboote dürfen den Kanal befahren; an einigen Stellen ist er allerdings nur etwa 1 m tief. Der Fahrrad- und Wanderweg von Dalholt nach Kaldvell überquert den Kanal auf einer Brücke; siehe unter »Verschiedenes, Fahrradfahren« und »Wandern«.

Verschiedenes

■ **Stadtwanderung:** Anmeldung im Touristenbüro, Tel. 3704 4041.

■ **Angeln:** Forellen, Barsche und Aale in den Seen der Umgebung. Angelschein und Übersichtskarte im Touristenbüro, ebenso Infos über die aktuellen Angeltouren auf dem Skagerrak.

■ **Baden:** *Kjellvika,* nördlich des Zentrums. Mehrere Strände bei Gross, südlich des Zentrums. *Marivold* und *Moysanden,* siehe unter »Unterkunft, Camping«.

■ **Fahrradfahren:** *Vestlandske Hovedvei* von Dalholt/Grimstad nach Kaldvell/Lillesand auf historischem Verkehrsweg. 8 km lang, neue Brücke über den Reddalskanal, Schautafeln. Karte und Vermietung von Rädern im Touristenbüro; siehe auch »Lillesand, Wanderungen«.

■ **Kanuvermietung:** im Touristenbüro.

■ **Reiten:** *Arendal og Grimstad Rideklubb,* Birketveit bei Fevik, Tel. 3704 7494. 9–17 Uhr, telefonische Anmeldung erbeten. Pferd pro Stunde 100 NOK.

■ **Tauchen:** *Grimstad Dykkerklubb,* Tel. 3704 0324. – Die *M/S Bibben* startet zu Tauchtouren nach Absprache, Tel. 3704 3185.

■ **Wandern:** Zwischen *Dalholt/*Grimstad und *Kaldvell/*Lillesand wurde 1994 der historische Verkehrsweg *Vestlandske Hovedvei* wieder für Spaziergänger und Radfahrer hergerichtet. 8 km lang, Schautafeln, neue Brücke über den Reddalskanal. Karte

158 Südnorwegen

im Touristenbüro; siehe auch »Lillesand, Wanderungen«.

■ **Galerien:** *Reimanngården,* Tverrstredet, Tel. 3704 7851. Gehört zu »Ibsenhuset« und Stadtmuseum; siehe oben. Hier residiert die lokale Künstlervereinigung. Wechselnde Ausstellungen. – *Galleri Kulturhuset,* Hestetorvet, Tel. 3704 4007.

■ **Kirchen:** *Grimstad Kirke,* angeblich die zweitgrößte Holzkirche Norwegens (1881–83), steht auf dem begrünten Hügel Kirkeheia, mit schöner Aussicht auf Stadt und Schärenküste. Besichtigung nach Anmeldung im Touristenbüro. – *Fjære Kirke,* eine Steinkirche (um 1150), steht 3 km östlich Grimstads, nahe Dømmesmoen. Wertvolles Inventar. Der Bautastein erinnert an Terje Vigen, einen tapferen Seemann, den Ibsen in einem Drama und der schwedische Regisseur Victor Sjöström in einem aufsehenerregenden Stummfilm verewigte. 1.5.–31.8. Mo–Fr 8–14.30 Uhr.

■ **Werksbesichtigung:** *Fuhr-Vinstua,* Storgaten 60, Tel. 3704 0611. Norwegens größte Weinkelterei (seit 1885) ist zu besichtigen. Führungen: Juli Mi–Fr 17–20 Uhr, zu jeder vollen Stunde. Ticket 15 NOK. Weinstube: Mai bis September 17–23 Uhr.

■ **Postamt:** Storgt. 3.
■ **Notarzt:** Tel. 3704 1301.
■ **Taxi:** Tel. 3704 0242.
■ **Transport:** Lokalbusse nach Reddal und Landvik, nach Dømmesmoen und Fjære Kirke, nach Groos u. a.

Weiterreise

■ **Bus:** Nach Kristiansand über Lillesand. – Nach Arendal entweder über Fevik oder über Rykene. – Nach Porsgrunn über Arendal, Tvedestrand, Vinterkjær (umsteigen nach Risør), Søndeled und Kragerø. – An die Ostküste über Porsgrunn (umsteigen in den Zug nach Oslo möglich), Larvik, Sandefjord, Tønsberg, Horten (Fähre nach Moss), Fredrikstad nach Sarpsborg.

■ **Auto: Nach Lillesand**. Durchgehend auf der E 18, unterwegs aber Abstecher an die Schärenküste möglich.

Ins Setesdal oder in die Telemark unter »Arendal, Weiterreise«.

Nach Arendal. Statt auf der E 18 die küstennahe Straße 420 über Fevik, beschrieben unter »Arendal, Weiterreise« in umgekehrter Richtung.

Lillesand

Schärenparadies Blindleia

Südlich von Lillesand beginnt bzw. endet der schönste zusammenhängende Teil der Sørlandküste zwischen Kristiansand und dem Großraum Oslo. Im Schärengarten verläuft die Blindleia, eine spektakuläre Fahrrinne zwischen den zahllosen Felsen hindurch, in die der Schiffsverkehr schon frühzeitig auswich, zeigte sich das Wetter garstig gelaunt. Sieht man von der vielzitierten einsamen Insel mit Häuslein, Boot und Badesteg ab, die es ohnehin nicht mehr gibt, ist es die Bootsfahrt auf der Blindleia, die den Traum vom Schärenparadies am ehesten verwirklichen hilft.

Die Kleinstadt Lillesand präsentiert sich als architektonisches Schmuckstück, haben hier doch Dutzende typisch weiß gestrichener Patrizierhäuser aus dem 18. und 19. Jh. den Einzug der Moderne überstanden. Am häufigsten sind der Empirestil und der verspielt-verschnörkelte Schweizer Stil anzutreffen. Entstandene Lücken in der historischen Bebauung wurden mit Fingerspitzengefühl gefüllt. Auffallend die (schon damals) großzügige Stadtplanung, die Gärten und Grünflächen Platz ließ. Und so sind es die Rosen und Geranien in den Gärten, die bunte Akzente in das kräftige, allgegenwärtige Weiß der Häuser setzen. Während Kragerø und Teile Tvedestrands in engen Gassen verwinkelt sind, erinnert Lillesand eher an Risør, oder umgekehrt?

Allen anderen Sørland-Perlen voraus hat es ein Hinterland, das eine abwechslungsreiche aktive Tagesgestaltung ermöglicht. Wer zwischendurch einmal keine Schärenbuckel sehen mag, kann sich auf Wander- und Radfahrwegen in das satte Grün der umliegenden Wälder zurückziehen. Und wenn er oder sie diesen Frevel im Angesicht der Sonne und der glitzernden See bereut, laden zahlreiche Badeplätze zum Büßen ein, etwa auf der vorgelagerten Insel *Skauerøya,* eines der populären Naherholungsgebiete vor Ort. Oder *Brekkestø,* ein nahegelegenes Küstennest mit einem unverwechselbaren Hafenmilieu, das bereits um 1900 von Sommerfrischlern entdeckt wurde.

Wie Brekkestø blickt Lillesand auf eine bewegte Geschichte als Sørlandhafen zurück. Ab dem 15. Jh. bestand ein regelmäßiger Warenverkehr über die Nordsee, der an Norwegens Südküste einen fleißigen Handel in Gang setzte. Neue Siedlungen entstanden; das Leben an der Küste versprach ein besseres Auskommen als auf den kargen Parzellen im Inland. Obwohl das nahe Kristiansand ab 1648 den Handel in dieser Kante an sich zog, entwickelte sich Lillesand zu einem gefragten Hafen, auch dank seiner Lage an der Blindleia. 1688 mit den Handelsrechten privilegiert, kamen holländische und englische Schuten, um (zugeschnittenes) Holz zu laden. Es dauerte nicht lange, bis auch norwegische Schiffe über die Weltmeere segelten. Im späten 19. Jahrhundert, auf dem Gipfel der Segelschiffahrt, rentierten sich sechs Werften am Kai von Lillesand; euphorische Quellen sprechen sogar von acht bis neun. Das Fiasko, das die Dampfschiffe in der Branche auslösten (siehe unter »Arendal«), steckte das kleine Städtchen erst nach dem Zweiten Weltkrieg weg, als eine zaghafte Industrialisierung einsetzte. Heute leben rund 4050 Menschen in Lillesand, 700 davon in jenem gutgehaltenen Stadtteil rund um die Hafenbucht, die den Blick auf das Meer freigibt. Dort, am *Sanden Torv,* trifft sich

Alt und vor allem Jung, wenn die Stühle von Restaurant, Pub u. a. bei Sonnenschein nach draußen wandern.

Information
■ **Lillesand Turistinformasjon**, Sanden Torv, N-4790 Lillesand, Tel. 3727 2377, Fax 3727 2980. 1.6.–31.8. Mo–Fr 10–19 Uhr, sonst Mo–Sa 10–16 Uhr.

Unterkunft
■ **Lillesand Hotel Norge**, Strandgata 3, Tel. 3727 0144, Fax 3727 3070. 20.6.–31.8. EZ 495 NOK, DZ 790 NOK, sonst EZ 545 NOK, DZ 870 NOK. Zentrale Lage. Seit 1870 ein Hotel, seit 1994 wieder im traditionellen Schweizer Stil.
■ **Gryten Motel**, Nygårdsgata 34, Tel. 3727 2444, Fax 3727 3333. 1.6.–31.8. EZ 430 NOK, DZ 610 NOK, sonst EZ 380 NOK, DZ 590 NOK. Fahrradvermietung.
■ **Høvåg Gjestehus**, Vestre Vallesverd, Tel. 3727 5335, Fax 3727 5747. EZ 390 NOK, DZ 580 NOK, Rabatte möglich. 10 km südwestlich an der Küste.
■ **Tingsaker Familiecamping**, Tel. 3727 0421. 1.5.–30.9. Preisniveau Camping: 3. 16 Ferienhütten ab 300 NOK. Der einzige stadtnahe Campingplatz, nordöstlich des Zentrums an der Küste. W & T. Kiosk. Spielplatz. Baden leidlich, Kanus und Ruderboote.
■ **Justøy Bibelcamping**, Justøy, Tel. 3727 5100. 20.6.–20.8. Preisniveau Camping: 2. 25 Hütten um 250 NOK. Strandnaher Platz auf der Insel Justøy, Abfahrt von der Straße nach Brekkestø. »Bibel« bedeutet alkoholfrei.
■ **Skottevig Familiecamping**, Høvåg, Tel. 3727 4600. 1.4.–15.10. Preisniveau Camping: 3. 31 Ferienhütten zu fürstlichen Preisen, in der Hochsaison nur wochenweise, sonst ab 600 NOK, unpersönlich eingerichtet. 5-Sterne-Küstenplatz mit Service total, Aktivferien total, Rummel total. Baden, Tauchen, Kanus und Ruderboote, Angeln draußen auf dem Skagerrak, Schwimmbecken für Meeresscheue.

Sehenswertes
Das Touristenbüro hat ein Heft zusammengestellt, das im Rahmen einer Stadtwanderung 36 sehenswerte Gebäude und Orte vorstellt. Das Heft ist recht hübsch, mit vielen historischen Fotografien, aufgemacht, liegt aber, bis auf einen kurzen historischen Abriß, bisher nur in norwegischer Sprache vor. Doch wenn möglichst viele deutsche Touristen danach fragen, mag es bald übersetzt werden...
■ Vom Bootshafen geht es zum alten **Bahnhof** im Schweizer Stil (2). Bevor die Eisenbahngleise nach Lillesand bis 1896 gelegt wurden, schwappte an dieser Stelle noch das Wasser gegen die Felsen; für den Bahnhof wurde der Platz aufgefüllt, so daß das Wrack eines holländischen Handelsschiffes unter dem Bahnhofsgebäude zu liegen kam. Die Jernbanegata verläuft auf der alten Schienentrasse.

Die Sørlandküste: Lillesand

■ Mehrere stattliche Patrizierhäuser liegen an der Strecke, etwa das **Rathaus** (10), 1734 gebaut, 1976 abgebrannt, wieder aufgebaut und 1984 dafür mit dem »Europa-Nostra-Preis« etikettiert. Einer angesehenen Familie zu Ehren, zwischenzeitlich (1850–1948) Besitzer des Hauses, trägt es den Namen **Henschiengården**. Geöffnet 15.5.–14.9. Mo–Fr 8–15 Uhr, sonst 8–16 Uhr. Østregate.

■ In der Nygårdsgate steht das Stadt- und Seefahrtsmuseum. Das Holzhaus im Empirestil wurde 1827 für einen wohlhabenden Kaufmann gebaut. Den Namen **Carl Knudsen-Gården** (11) erhielt es durch den Reeder und Schiffskapitän Knudsen, der das Anwesen 1884 übernahm. Das Museum umfaßt die Werkstätten eines Schiffszimmermanns, eines Schmieds und eines Segeltuchmachers, eine Ausstellung zur stolzen Seefahrtsgeschichte Lillesands u. a. 15.5.–15.8. Mo–Sa 11–14 Uhr.

■ **Sandra Svendsens Hus** (12), Baujahr 1724, gilt als das älteste Haus der Stadt. Die Fassade und die Rokoko-Fenster werden dieser Zeit zugeschrieben. Sandra Svendsen wohnte über 50 Jahre hier, in der Strandgate, und verstarb 1974 im Alter von 101 Jahren.

■ Wer hinunter zur Bucht geht, steht auf industriegeschichtlichem Gebiet: Auf **Kokkenesstranda** (14) bauten zwischen 1870 und 1900 acht Werften Segelschiffe zusammen. Nachdem die Aufträge um die Jahrhundertwende spürbar zurückgegangen waren, hielten sich die Betriebe bis in die 20er Jahre mit Reparaturen über Wasser. Ein Großbrand bedeutete 1922 das Ende des hiesigen Schiffsbaus. Auf der anderen Seite der Kokkenesgata sind einige Häuser erhalten, in denen sowohl leitende als auch einfache Arbeiter wohnten, erbaut in den 1850er Jahren (15).

■ In **Østregate, Vestergate** (22) und deren Verlängerung, **Øvregate** (26), lebten überwiegend Handwerker, Handelsleute sowie ein paar Schiffskapitäne. Die Architektur fällt dementsprechend eine Nummer bescheidener aus, ist aber in Anbetracht ihres Alters (19. Jh.) beeindruckend genug.

■ Die **Baptistenkirche** (29) in der Øvregate, zur Rechten vom Hafen aus, hebt sich etwas aus der gängigen Architektur hervor: einmal als einziges steinernes Gebäude in dieser Straße, zweitens durch ihren Jugendstil. Gestiftet von zwei norwegischen Exilanten, die, mit ihrem neuen Glauben im Gepäck, aus den USA zurückkamen, wurde das Gotteshaus 1903 errichtet, darum der (zeitgemäße) Jugendstil.

■ Über die Jernbanegata, im Westen Parallelstraße zur Øvregate, und Bellevue erreicht man das Naherholungsgebiet **Springvannsheia**. Die künstlichen Seen vor Ort legte man in den 1860er Jahren als Trinkwasserquelle an. 1933 war die Kapazität zu gering geworden, so daß man ein neues Wasserwerk, weiter westlich, baute. Seitdem ist Springvannsheia als nahe grüne Lunge beliebt, im Sommer gut zum Baden, im Winter zum Schlittschuhlaufen.

■ In der **Oddekleiva** (36), unterhalb von Springvannsheia, blieben die meisten Wohnhäuser aus der Zeit ab 1820 bewahrt, viele davon im Empirestil. Hier lebten hauptsächlich Seeleute und Handwerker, während in der südlichen Verlängerung, der **Sandsmyra** (34), die kleinen und ärmlichen Häuser der Werft- und Hafenarbeiter standen. Als Nord-Süd-Achse in Hafennähe von Abgasen und Lärm geplagt, hat man Sandsmyra vor kurzem endlich verkehrsberuhigt.

■ In der nördlichen Verlängerung der Oddekleiva, der Strandgate, steht linker Hand das ehrwürdige **Hotel Norge** (3), das erst 1994 wieder seinen ursprünglichen Schweizer Stil zurückerhielt. Seit den 1870er Jahren wird das Gebäude, früher aus zwei Häusern bestehend, als Hotel genutzt. In den 30er Jahren suchte und fand hier Knut Hamsun – der ja nicht allzu weit entfernt, in Nørholm bei Grimstad, wohnte, das aber bereits im Inland liegt – den Reiz der Südküste. Das Anwesen entstand übrigens 1838 als Gerberei.

Nun ist es nur ein Sprung zum Bootshafen, dem Ausgangspunkt der Stadtwanderung. Wie gesagt, Sie werden auch ohne schriftlichen Wegbegleiter fündig.

Ausflüge

■ **Bootstouren** durch den Schärenpark mit der »M/S Øya«, die vom 15.6. bis zum 15.8. zudem eine feste Route zwischen Lillesand und Kristiansand versieht; siehe mehr unter »Blindleia«. Der Bootskai in Lillesand befindet sich an der Havnegata.

1. Kreuzfahrt durch die Blindleia. 15.6.–15.8. Di–So 18 Uhr ab Lillesand. Ticket 80/40 NOK.

2. Nächtliche Kreuzfahrt durch die Blindleia. 15.6.–15.8. Sa 22–1 Uhr ab Lillesand. Ticket 100 NOK.–

3. Route Lillesand-Kristiansand. 16.6.–15.8. Mo–Sa 10 Uhr ab Lillesand, an Kristiansand 13 Uhr, ab Kristiansand 14 Uhr, an Lillesand 17 Uhr. Ticket 100/50 NOK retour, 80/40 NOK einfacher Weg, Rückfahrt mit dem Bus null problemo.

■ Der Höhepunkt an der Sørlandküste ist der Abschnitt durch die **Blindleia**, auf dem die Skipper ihre Boote zwischen Tausenden Inseln, Schären und Holmen hindurchsteuern – eben das Abziehbild des Südküsten-Klischees, ein unvergeßliches Erlebnis.

Die »M/S Øya« läuft unterwegs mehrere kleine Häfen an; ganz wie in alten Zeiten, denn bereits im späten Mittelalter zogen viele Skipper die geschützte Route der rauhen See auf dem Skagerrak vor. In den Häfen konnten die Besatzungsmitglieder Frischwasser und Proviant aufnehmen, konnten Passagiere in Gasthäusern etwas komfortabler als an Bord nächtigen. Die Route zwischen Ostsee und Nordsee wurde stark frequentiert: Ständige Gäste waren Engländer und Holländer, die Eichen- und Kiefernholz für ihre aufgeblähten Flotten und andere Bauprojekte benötigten. Auf alten englischen und holländischen Seekarten finden sich diverse Kleinhäfen an der Blindleia verzeichnet.

Um das Schärengewimmel zu meistern, brauchten die ortsfremden Kapitäne kundige Männer, die sie in die Häfen führen konnten. Das Lotsen war ein einträgliches, aber hart umkämpftes Geschäft. Die Männer postierten sich auf Aussichtspunkten, um auf Kundschaft zu warten. Mit den meterhohen, kurzen Steinmauern, die vielerorts zu sehen sind, schützten sie sich vor dem beständigen Wind. Wenn die Schuten draußen Bedarf signalisierten, ging es nur darum, wer als erster zur Stelle war. Ab 1720 wurde das Lotsenwesen organisiert, wurden Schutzhütten und Warten auf den höchsten Erhebungen in den Schären errichtet, bekamen die Lotsen bessere Boote, die nicht so leicht kenterten wie jene abenteuerlichen Schüsseln aus der Anfangsära. Im 19. Jh. teilte man die Fahrwasser der Blindleia in drei Etappen, für die kleine Lotsengruppen verantwortlich waren.

Eine Kurzgeschichte aus Onkel Nordmanns Flora-Lexikon kreist um den Ballast, den die leeren Schuten zu Hause an Bord nehmen mußten, um auf hoher See stabil zu liegen. Steine, Sand und Erde erfüllten diesen Zweck. Bevor man die neue Ladung nun in Norwegen verfrachtete, mußte der Ballast an eigens dafür eingerichteten Stellen entsorgt werden. Auf diese Weise hat manche Pflanze aus südlicheren Gefilden den Sprung in den hohen Norden geschafft.

■ Die Insel **Justøy** mit ihrem lieblichen Hafenörtchen **Brekkestø** liegt südlich von Lillesand. Kurz nach der Abfahrt von der unvermeidlichen E 18 überquert eine einspurige Bogenbrücke den Sund zwischen Festland und Insel und erlaubt eine herrliche Sicht auf den inneren Schärengarten. Die Brücke wurde 1949 eingeweiht – ihre Pfeiler waren noch von den deutschen Besatzern produziert worden; sie sollten das Dach eines U-Boot-Bunkers tragen.

Die Hauptstraße endet am Kai von Brekkestø. Um 1900 entdeckten Künstler aus Kristiania, wie Oslo damals hieß, den pittoresken Fleck mit dem typischen Hafenmilieu als Sommerwohnsitz, so wie in Kragerø. Der Schriftsteller *Gabriel Scott* ließ sich zu mehreren seiner Romane inspirieren; er logierte im heutigen Postgebäude. Der Maler *Christian Krohg,* ebenfalls ein Dauergast, verewigte die Einwohner auf seinen Gemälden. Als Station im Sommerfahrplan der »M/S Øya« liegt Brekkestø unverändert mitten im Geschehen; zudem schauen viele Bootsurlauber auf ihren Schärentrips vorbei. Früher war der Kai als Winterliegeplatz sowie, bei Sturm, als Warte- und Nothafen für Segelschuten begehrt.

Wanderungen

■ Nördlich von Lillesand, am *Kaldvellfjord,* standen einst ein Kartonagefabrik (um 1890–1917) und eine Sägemühle (um 1870–1960) am Fjordufer. Ein paar Lagerhäuser sind noch da. Um Holz zu flößen und Energie zu gewinnen, wurde der Kaldvell-Fluß, der hier in den Fjord mündet, zu einem Kanal verbreitert und mit drei Staustufen versehen. Flußaufwärts errichtete man 1889 eine Holzschleiferei, die in den 20er Jahren zu einer Kartonagefabrik umgerüstet wurde und bis 1962 in Betrieb war. Sie ist inzwischen abgebrannt, aber mit dem Ende der industriellen Tätigkeit ist **Kaldvell** plötzlich als Naherholungsgebiet interessant geworden. Seit Anfang der 90er Jahre hat man ein paar Wanderwege markiert, die die waldreiche Landschaft durchkreuzen und streckenweise am Kanal entlangführen. Der Rundwanderweg ist 5,4 km lang, kann aber abgekürzt werden; der beste Ausgangspunkt ist der Rastplatz der E 18 am Fjord, wo auch eine Informationstafel steht. Ein prima Naturerlebnis einmal ohne Schären.

■ In Kaldvell beginnt auch ein restaurierter Teil des **Vestlandske Hovedvei**, die älteste Landverbindung zwischen Oslo und Stavanger, von der allerdings nur noch wenige »historische Etappen« erhalten sind, seit sich die E 18 und andere Straßen ihrer bemächtigten. Im 17. Jh. als Reitweg angelegt, wurde er um 1800 verbreitet, um Platz für die Postkutschen zu schaffen. Die nun restaurierte, für Radler und Wanderer gedachte 8 km lange Strecke nach *Landvik,* bei Grimstad, führt durch eine grüne, ungestörte Landschaft und überquert unterwegs den Reddalskanal. Sie beginnt an der unteren Staustufe des Kaldvell-Flusses (siehe oben), der restauriert und mit einer Lachstreppe versehen wurde.

Der beste Ausgangspunkt ist wieder der Fjord-Rastplatz an der E 18. Den Vestlandske Hovedvei begleiten Informationstafeln, und in den Touristenbüros von Lillesand und Grimstad können Sie eine spezielle Karte erstehen. Ab Grimstad mögliche Rückfahrt mit dem Bus.

Verschiedenes
■ **Biber-Safari:** Juli täglich 21–24 Uhr, Fahrt zum See *Grimevatnet* mit anschließender Kanufahrt zu den vielversprechendsten Stellen, Teilnahme 90 NOK. Abfahrt am Touristenbüro.

■ **Angeln:** Angeltouren vor der Küste mit der »M/S Øya«. 1.7.–15.8. Di und Do um 18 Uhr, Tel. 3727 2377. Kontakt auch über das Touristenbüro. – Forellen, Barsche und Aale im See *Grimevatnet;* das Touristenbüro sagt ihnen, wer die Angelscheine verkauft.

■ **Baden:** ab Lillesand nordwärts *Tingsaker* (leidlich), besser der See *Langedalstjønna* und der *Kaldvellfjord.* Auf Justøy *Saltvika, Maurvika, Hudholmen* und *bei Brekkestø*. Wunderbar auf der Ostseite der vorgelagerten Insel *Skauerøya* (Boot).

■ **Fahrradfahren:** siehe *Vestlandske Hovedvei* unter »Wanderungen«.

■ **Segeltörns:** mit der Schute »S/Y EOS« (1920), Kontakt über das *Skottevig Maritime Senter,* Høvåg, Tel. 3727 4515 und 3727 2130.

Die Sørlandküste: Lillesand 165

■ **Tauchen:** *Sørlandets Dykkersenter*, Nygårdsgt. 22, Tel. 3727 2130. Kurse und Exkursionen. – *Skottevig Maritime Senter*, Høvåg, Tel. 3727 4515 und 3727 2130. Kurse und Exkursionen, auch nachts.

■ **Veranstaltungen:** *Lillesanddagene*, eine Woche mit Konzerten und Tanz, Ausstellungen u.a. Ende Juni, Anfang Juli.

■ **Hauptpostamt:** Storgata 2.

■ **Notarzt:** Tel. 3727 6300.

■ **Taxi:** Tel. 3727 7222.

Weiterreise

■ **Bus:** Nach Kristiansand. – Nach Porsgrunn über Grimstad, Arendal, Tvedestrand, Vinterkjær (umsteigen nach Risør), Søndeled und Kragerø. – An die Ostküste über Porsgrunn (umsteigen in den Zug nach Oslo möglich), Larvik, Sandefjord, Tønsberg, Horten (Fähre nach Moss), Fredrikstad nach Sarpsborg.

■ **Auto: Nach Kristiansand** flott auf der E 18, unterwegs Abstecher zur Küste anzuraten, zum Beispiel nach **Høvåg** (siehe »Unterkunft« und »Verschiedenes«, jeweils »Skottevig«), Basis für Badefreunde und Wassersportler. Eine Abwechslung von Fels und Wasser bietet *Bronsegården,* wo man Wohnstätten aus der Bronzezeit (vor rund 3000–4000 Jahren) rekonstruiert hat. 20.6.-20.8. Di–Fr 10–17 Uhr, sonst So 12–16 Uhr, Tel. 3727 4169.

Ins Setesdal unter »Kristiansand, Weiterreise«.

In die Telemark unter »Arendal, Weiterreise« oder auf Straße 402 nach Birkeland, ab dort nordwärts auf Straße 41 durch wald- und wasserreiche Landschaft am See *Herefossfjord* vorbei und in ständiger Flußnähe über Åmli zum *Nisser-See*.

Nach Grimstad. Durchgehend auf der E 18, unterwegs allerdings Abstecher an die Schärenküste möglich.

Telemarkkanal

Seen und Wälder

Die Telemark ist ein Querschnitt durch die meisten norwegischen Landschaften: die liebliche Schärenküste bei Kragerø im Süden, rauhes Hochland dagegen im Norden, wo die Stadt *Rjukan* an den Felsrand der weiten Hardangervidda grenzt. Der Region um Rjukan, das zudem exemplarisch für die interessante Industriegeschichte der Telemark steht, widmet sich das folgende Kapitel.

Die innere Telemark prägt eine sanft gewellte Landschaft, in der Wälder, Flüsse und Seen die Akzente setzen und ein kleines Paradies für Badelustige, Wanderer, Angler, Paddler, aber auch für Fahrradfahrer schaffen. Es gibt keine größeren Städte, so daß die stark befahrenen Lkw-Routen an der inneren Telemark vorbeiführen. Die Industriestädte *Skien, Porsgrunn* und *Notodden* liegen im Osten.

Wie keine andere Landschaft, die dieser Reiseführer vorstellt, eignet sich die Telemark zum Selbst-Entdecken, zum Durchstreifen der Täler, zum Aufspüren von Badeplätzen und stillen Wanderwegen. Mit erhobenem Zeigefinger auf ein paar Orte zu verweisen, riefe bei Telemark-Liebhabern nur ein müdes Lächeln hervor: »Da kenne ich noch ganz anderes«, würde die Antwort lauten. Und so ist die Zahl der Wiederkehrer in dieser Kante relativ groß, begünstigt auch durch die nahegelegenen Fährhäfen Larvik und Kristiansand. Der Rahmen dieses Buches läßt es nicht zu, der Telemark gerecht zu werden. Deshalb empfehle ich allen, die sich den Reizen dieser Landschaft hingeben wollen, von Herzen das Büchlein »Telemark und Südnorwegen« von Roland Plank, der schon vor Jahren einen alten Bauernhof bei Fyresdal pachtete und (nicht nur) die Telemark wie seine Westentasche kennt. Er weiß fast zu jedem Ort interessante Geschichten zu erzählen, die nicht nur den Landstrich, sondern auch seine Bewohner mit ihren Traditionen kennenlernen helfen.

Wer seine Reiseplanung trotz dieses Appells nicht ändern und auch noch Bergen, die Fjorde und Gletscher in seinen drei Wochen Ferien sehen möchte, mag die Telemark als »Durchgangsstation« am eindrucksvollsten auf dem Telemarkkanal erleben.

Auf den Spuren der Flößer

In der waldreichen Telemark war die Forstwirtschaft im 19. Jh. eine wichtige Einnahmequelle. Die gefällten Stämme ließen sich nur mühsam auf dem Landweg transportieren, so daß man das Holz über Flüsse und Seen zu den Sägewerken an der Küste flößte, wo es schließlich verschifft wurde. Die Flößerei war in der Regel aufwendig, weil sich die langen Baumstämme häufig in Flußengen verhakten und nur unter dem ständigen, gefährlichen Einsatz der Flößer wieder zu entwirren waren.

Von 1854 bis 1861 wurde der erste Teil des heutigen Kanals, zwischen Skien und dem See *Norsjø (Skien-Norsjø-Kanal),* gebaut, von 1886 bis 1892 dann die Verlängerung bis hinauf nach *Dalen (Bandakkanal),* 105 Kilometer landeinwärts. Die Wasserstraße stand von Anfang an im Dienst des Fracht- und Personenverkehrs. Bereits um die Jahrhundertwende entdeckten betuchte Ausflügler den Kanal als Ferienziel. Nachdem der Linienverkehr in unserem Jahrhundert, als sich der Frachttransport auf Schienen und Straßen verlagerte, mehrmals unterbrochen war, steht der Telemarkkanal seit 1963 ganz im Zeichen des Fremdenverkehrs.

Die abwechslungsreiche Fahrt durch Wälder, schmale Täler sowie an breiten, landwirtschaftlich genutzten Flächen vorbei hat sich herumgesprochen. Höhepunkt aber sind die acht handbedienten Schleusenanlagen, die die Ausflugs- und Privatboote in insgesamt achtzehn Kammern von Skien an auf 72 Meter ü.d.M. hieven. Die größte Schleuse mit fünf Kammern (23 m) befindet sich bei *Vrangoss,* nördlich von *Ulefoss,* wo eine weitere Schleuse auf die Ausflügler wartet. Viele nutzen die Gelegenheit und verlassen an den Schleusen das Boot, um sich den Vorgang von Land aus zu betrachten.

1995 wurde der Telemarkkanal mit dem Europa-Nostra-Preis als »bewahrenswertes architektonisches Kulturgut« ausgezeichnet.

■ Zwei Ausflugsboote verkehren von Anfang Mai bis Mitte September auf dem Kanal: die altehrwürdige **»M/S Victoria«** (1882), liebevoll die alte Dame genannt, und die **»M/S Henrik Ibsen«** (1907).

■ **Fahrplan:** Die Schiffe starten morgens um 8 bzw. 8.30 Uhr in beiden Richtungen und treffen abends um 17.50 (in Skien) und um 19.20 (in Dalen) ein. Für Tagesausflügler stehen Busse für den Rücktransport bereit.

■ **Tickets:** Skien-Dalen 250/125 NOK. Es sind auch Etappen möglich; die Boote legen unterwegs elfmal an.

Verschiedenes

■ **Information:** *Telemark Reiser,* N. Hjellegt. 18, N-3702 Skien, Tel. 3553 0300, Fax 3552 7007. – *Vrådal* Hotel, N-3853 Vrådal (am Nisser-See), Tel. 3505 6127, Fax 3505 6300. Wanderkarten, zusammen mit dem »Straand Hotel« in Vrådal (ein Besitzer, Eigner der »Larvik Line«) Organisation von Ausritt und Kutschfahrt, von Bootstouren auf dem Nisser-See; zudem Tickets für die Boote auf dem Telemarkkanal.

■ Die **Heddal Stavkirke** ist Norwegens größte Stabkirche. Sie steht nahe Notodden, im Nordosten der Telemark, an der Ost-West-Achse Straße 11 (Anreise aus oder Weiterreise nach Kongsberg).

Die Heddal Stavkirke stammt aus dem 13. Jh. Sie ist 24 m lang, 14 m breit und repräsentiert, gerade wegen ihrer

Größe, die Kunst ihrer Erbauer wie keine andere Stabkirche – wenn man bedenkt, daß die verschachtelten Giebel und Türme über mehrere Etagen nur von den Säulen im Innenraum getragen werden. Reich die Verzierungen an Portalen und Firstenden, Drachen und Schlangen, diese Rückversicherung an die heidnischen Götter, falls der neue Glaube nicht das halten sollte, was die Priester versprachen. Der Innenraum aber trägt jüngere Züge, vor allem die Wände, die im 18. Jh. großzügig mit Rosenmalereien überpinselt wurden. Die Kirche ist ganzjährig geöffnet, sonntags wegen des Gottesdienstes erst ab 13 Uhr.

■ **Angeln:** Die Broschüre »Fiske i Fyresdal« mit einer Karte über die Angelgewässer der Region, zu erstehen bei im »Fyresdal Hotel« und bei den örtlichen Campingplätzen. Der Angelschein gilt für alle verzeichneten Gewässer. Broschüre auch auf deutsch.

■ **Baden:** an den Seeufercampingplätzen von *Nisser, Seljordvatnet, Norsjø* u. v. a. – *Telemark Sommarland* in Bø, siehe unten.

■ **Golf:** *Telemark Golfpark,* Jønnevald, Tel. 3559 0300 und 3559 0703. Neuer 9-Loch-Platz. Am nordöstlichen Stadtrand von Skien, nahe der Gjerpen-Kirche (Straße 32).

■ **Kanu:** Paddeln auf den Seen der Region. Kanuvermietung zum Beispiel bei »Nisser Camping«, Tel. 3504 7867, am Westufer des Nisser. Oder bei »Garvikstrondi Camping«, Tel. 3505 2912, am See Seljordvatnet. Oder bei »Norsjø Ferieland«, Tel. 3595 8430, am See Norsjø, im Osten der Telemark bei Gvarv.

■ **Reiten:** *Borgja Gård,* Bø, Tel. 3595 0120. 15.6.-15.8. täglich 10-14 und 16-20 Uhr. Ausritte auch auf eigene Faust. – Reiten und Kutschfahrten auch in Vrådal, Kontakt über das »Straand Hotel« in Vrådal; siehe oben unter »Information«.

■ **Wandern:** Ein günstiger Ausgangspunkt für Wanderungen ist das »Vrådal Hotel«, am Nordende des Nisser-Sees. Eine Holztafel informiert über acht markierte Hochlandpfade, die, miteinander kombiniert, sowohl kürzere Touren als auch mehrstündige stille Wanderungen ermöglichen. Da bei zwei der Touren anspruchsvolle Kletterpassagen zu meistern sind, lohnt es sich auf jeden Fall, im Hotel (siehe auch »Information«) die Wanderkarte zur Region zu erstehen. Eine halbe Stunde vom Hotelrummel entfernt, haben Sie beste Chancen, unterwegs keine Menschenseele mehr anzutreffen.

■ **Telemark Sommarland,** Bø, Tel. 3595 1699. Geöffnet von Anfang Juni bis Mitte August. Freizeitpark mit allen Schikanen, auch künstlich erzeugten Surferwellen. Eintritt 125 NOK.

Die alte Dame Victoria pendelt seit 1882 auf dem Telemarkkanal (oben); in Telemarks Wäldern fühlen sich die Elche wohl ▶

Rjukan

Im Schatten des Berges

Das Städtchen Rjukan zwängt sich auf gut zehn Kilometer Länge in das schmale *Vestfjorddal,* eingeklemmt zwischen unüberwindliche, steil aufragende Felswände, begrenzt im Norden vom südlichen Rand der gewaltigen Hochebene Hardangervidda und im Süden ausgerechnet von höchstem Berg weit und breit, dem 1881 m hohen *Gaustatoppen.* Ausgerechnet im Süden: Der breit auslaufende Gipfel verweigert es der Sonne in der kalten Jahreszeit monatelang, mit ihren Strahlen den Talboden zu erhellen. Warum nur haben sich Menschen in solch einer unwirtlichen Gegend, im Schatten des Berges niedergelassen?

Industriepioniere

Ausschlaggebend für die großflächige Besiedlung des Vestfjorddals waren ökonomische Gründe: Der Wasserfall *Rjukanforsen,* ganz im Osten des Tals, war einer der ersten, die in den Dienst der Wasserkraftnutzung gezwungen wurden. Der erste Boß des 1905 gegründeten, heutigen Energie-Multis »Norsk Hydro«, *Sam Eyde* höchstpersönlich, hatte den prachtvollen Wasserfall auf einer Wanderung entdeckt und – als aufstrebender Ingenieur immer pflichtbewußt – in seinem Notizbuch vermerkt. 1907 begannen die Bauarbeiten, und schon 1911 lieferte das Wasserkraftwerk *Vemork Kraftstasjon* Strom an die benachbarte, ebenfalls neu errichtete Salpeterfabrik. Hatten 1907 noch rund 50 Familien in dem abgeschiedenen Tal von ein wenig Landwirtschaft gelebt, zählte die junge Norsk-Hydro-Stadt 1917 bereits 9000 Einwohner. Industriegebäude, Wohnhäuser für die gehobenen Angestellten und Barackensiedlungen für die Arbeiter hatten das Tal verwandelt.

Wanderarbeiter waren gekommen, um an Verkehrswegen sowie neuen Wasserkraftprojekten zu bauen. Aus ganz Südnorwegen zog es die Menschen in die jungen Industriezentren wie Rjukan, Notodden und Skien, um Arbeit zu finden. Man muß sich vergegenwärtigen, daß zu dieser Zeit bereits Hunderttausende nach Nordamerika ausgewandert waren, weil das Land seine rasch gewachsene Bevölkerung nicht mehr hatte ernähren können. Die Industrialisierung befreite viele von den Existenzsorgen. Da interessierte es niemanden, ob man die Sonne im Winterhalbjahr zu Gesicht bekam. Obwohl die Hoffnungen auf Lohn und Brot erfüllt wurden, waren die Lebensumstände in der Anfangszeit hart genug. Während der regen Bautätigkeit passierten ständig Arbeitsunfälle, doch jahrelang mußten Talbewohner mit nur einem Arzt und drei Hebammen auskommen; einen Zahnarzt gab es vorerst nicht. Erbärmlich die hygienische Situation: Aller Dreck aus Industrie und privaten Haushalten landete im Fluß *Måna,* so daß häufiger kleine Epidemien sowie Todesfälle durch Tuberkulose auftraten. Erst 1920 bekamen die Talbewohner ein Krankenhaus, das einigermaßen den Anforderungen genügte.

1920 warf die Salpeterfabrik längst Gewinn ab, hatten sich die Investitionen rentiert. Der in »Norsk Hydros« Salpeterfabriken produzierte Kunstdünger behauptete sich auf dem Weltmarkt. In der obersten Konzernetage beschloß man, den Talbewohnern sogar eine Seilbahn zu spendieren, die sie im Winter auf die Hardangervidda ans Sonnenlicht bringen würde. Doch es sollte acht Jahre dauern, bis die Kabinenseilbahn *Krossobanen* zwischen Vestfjorddal und der Bergstation *Gvepseborg* pendelte.

Denn noch 1920 zeichnete sich der erste Einbruch für Rjukans Industrie ab. Die Kunstdüngerproduktion war exportabhängig, und die sinkende Nachfrage auf dem kriegsgebeutelten deutschen Markt zum Beispiel bedingte Entlassungen und Kurzarbeit, denen Streiks, Aussperrungen und eine erneute Auswanderungswelle folgten. In den 20er und 30er Jahren formierten sich die Gewerkschaften als Sprachrohr der neuen Gesellschaftsklasse, der Industriearbeiter. In dem industriell geprägten Rjukan läßt sich ihre Entwicklung, ebenso die ihrer Kultur, recht gut nachvollziehen (siehe unten).

Mitten im Krieg

Vemork war auch dafür verantwortlich, daß Rjukan ab 1940 mitten in das Geschehen des Zweiten Weltkriegs rückte. Seit das »schwere Wasser« 1933 in den USA entdeckt worden war, beschäftigten sich die Forscher mit seinen Verwendungsmöglichkeiten, in Norwegen Professor *Leif Tronstad* in Vemork. Ersparen Sie mir den chemischen Exkurs – auf jeden Fall war das schwere Wasser für die Atomwaffenherstellung von Bedeutung. Deshalb setzte sich Tronstad sofort nach England ab, als die Deutschen 1940 in Norwegen einrückten. Die bauten, bestens informiert, die Anlagen in Vemork aus, um schweres Wasser in großem Stil zu produzieren. Wohl wissend, welche Gefahr Europa drohte, bildete sich in London ein Kreis aus englischen Militärs und norwegischen Partisanen, um Sabotageakte zu planen. Professor Tronstad stand der Gruppe mit seiner Ortskenntnis zur Seite. Nach einigen mehr oder weniger geglückten Aktionen machten englische Bomber Wasserkraftwerk und Fabrik im November 1943 den Garaus. Die Besatzer wollten die geretteten Mengen an schwerem Wasser nach Deutschland schaffen, doch auch die Eisenbahnfähre, die die Passage auf dem nahen See *Tinnsjø* überbrückte, sprengten die Widerstandskämpfer in die Luft. Damit war das Thema »Schweres Wasser« für die Deutschen erledigt. Bei all diesen Aktionen kamen ungefähr 100 Menschen ums Leben. Tronstad wurde kurz vor

Kriegsende nahe Rjukan erschossen.

Perspektive Tourismus

Bis heute steht Rjukan im Zeichen der Industrie, auch wenn nun Ammoniak statt Kunstdünger hergestellt wird. Das alte Kraftwerk Vemork hat den Betrieb eingestellt: Drinnen im Berg erreicht eine neue Anlage die vielfache Kapazität; der Strom geht vorwiegend in die Fabriken rund um die Industriehochburg Skien/Porsgrunn. In der Vemork-Station fand das Industriearbeitermuseum eine Heimat, das Spannendes über die Industriegeschichte Rjukans ebenso wie über die Ereignisse im Zweiten Weltkrieg zu erzählen weiß. Die meisten Touristen zieht es auf das umliegende Hochland, etwa aufden Gaustatoppen. Ausgangspunkt ist die Straße nach Sauland, die sich in verwegenen Kehren in die Höhe schraubt. Sie zweigt an der westlichen Stadteinfahrt von der Durchgangsstraße 37 ab, die in Rjukan den Namen Sam Eydes trägt und an der alle Einrichtungen des alltäglichen Bedarfs liegen. Im Osten steigt sie gemächlicher als die Gaustafjell-Straße empor. Direkt vor der Einfahrt in den Maristi-Tunnel können Sie linker Hand, auf dem alten Fahrweg um den Berg herum, zum Aussichtspunkt auf den Wasserfall gehen. Doch mehr als die markante Schlucht Maristijuvet werden Sie selten zu sehen bekommen, da der 105 m hohe Rjukanfossen nur Wasser führt, wenn die Rückhaltebecken im Gebirge gefüllt sind, und selbst dann entfaltet er nur einen Bruchteil seiner einstigen Pracht.

Der Wasserfall war, zusammen mit dem Gaustatoppen, der große Anziehungspunkt, als in den 30er Jahren der Tourismus im Gebiet von Rjukan zunahm. Wegaufwärts steht zur Rechten die *Krokan Turisthytte* (1869), die älteste DNT-Hütte überhaupt. Die langen Parkplatzflächen auf den anschließenden Kilometern werden im Winter von Skiläufern frequentiert, die sich auf 4 Skilifte und 80 km Loipen verteilen. Ein weiterer Höhepunkt ist der 900 m hoch gelegene See *Møsvatn,* damals einer der ersten Stauseen, über den im Sommer ein Boot verkehrt; siehe unter Wanderungen. Auf der Hardangervidda – über die Seilbahn oder am Tinnsjø, rund 30 km östlich, beginnende Hochlandstraßen zu erreichen – werden im Sommer Wander- und Reitferien angeboten.

Wer weiß, wie lange die teils veralteten Industrieanlagen noch zu erhalten sind; die Einwohnerzahl Rjukans ist bereits auf rund 4000 gesunken. Insofern ist die Natur rund um die Stadt ihr bestes Kapital. Für 1995 ist die Wiederaufnahme der stillgelegten Eisenbahnstrecke von Rjukan nach *Mæl* am Tinnsjø geplant, ehemals als Norsk-Hydro-Privatbahn eröffnet. Die letzte Fähre (1956) ist noch gut in Schuß, und zudem soll die altehrwürdige Dampferfähre »Ammonia« (1929) wieder flottgemacht werden.

Information

■ **Rjukan Turistkontor**, Torget 2, N-3600 Aurland, Tel. 3509 1290, Fax 3509 1450. 20.6.–20.8. Mo–Fr 10–19 Uhr, Sa,So 10–18 Uhr, sonst Mo–Fr 9–15.45 Uhr (1.5.–19.6. nur bis 15 Uhr). Hier u. a. die aktuellen Fahrpläne von Krossobanen und Møsvatn-Boot.

Unterkunft

Es gibt einige schöne Unterkünfte in der weiteren Umgebung, die allerdings eine weite Anreise nach Rjukan erfordern.

■ **Park Hotel**, Sam Eydes gate 67, Tel. 3509 0288, Fax 3509 0505. Mit Halbpension EZ 635 NOK, DZ 750 NOK. Das einzige Hotel in der Stadt, mit Restaurant, Pub, Diskothek »autark«. Zentrale Lage, der Name »Park Hotel« angesichts des Beton-Vierecks irreführend.

■ **Rjukan Gjestehus**, Såheimsveien 11, Tel. 3509 0305. Günstigere Pension, Zimmer mit/ohne Bad, Küche, Bettwäsche. EZ/DZ ohne Komfort 150–250 / 200–350 NOK, EZ/DZ mit Küche und/oder Dusche 350–400 / 450–500 NOK. Frühstück 60 NOK. Nahe Zentrum, ab »Park Hotel« über Flußbrücke gegenüber, dann links.

■ Jugendherberge **Rjukan Vandrerhjem**, Birkelandsgate 2, Tel. 3509 0527. 1.5.–31.10. Für Mitglieder EZ 170 NOK, DZ 210 NOK, im Mehrbett-Zimmer 90 NOK. Frühstück 50 NOK, Lunch-Paket 35 NOK, Abendessen 75 NOK. 26 Zimmer mit 2–5 Betten, darunter 9 DZ, alle mit Waschbecken. Parallelstraße zur Sam Eydes gate, zentral.

■ **Rjukan Hytteby**, Brogata 9, Tel. 3509 0122. 10 Ferienhütten, für 6 Personen, den ersten Arbeiterbaracken vor Ort nachgebaut, wie diese nebeneinander aufgereiht. Viel Holz und helle Möbel, nett die Schlafplätze im Speicher. Ab 490 NOK für 2 sowie 590 NOK für 4 Personen, stattliche Preise. Abbiegen gegenüber der Kirche.

■ **Rjukan Fjellstue**, Tel. 3509 5162. Schon 11 km westlich von Rjukan, oberhalb der Serpentinen Richtung Møsvatn. Mehr als Basis für Skiausflügler gedacht. Ab 290 NOK pro Person mit Frühstück, 400 NOK mit Halbpension. Die Zimmer mit Waschbecken ausgestattet. 850 m ü. d. M.

■ **Skinnarbu Høyfjellshotell**, Tel. 3509 5461, Fax 3509 5455.15.3.–31.12. geöffnet. 1.5.–30.9. EZ 460 NOK, DZ 680 NOK, ferner günstige Halbpensionstarife (Minimum drei Tage, 400 NOK pro Nase im DZ) und Wochenendpreise (Vollpension), sonst Preis nach Saison und Nachfrage. Hallenbad. Nahe Møsvatn und damit doch weitab von Rjukan, 1000 m ü.d.M.

■ **Gaustablikk Høyfjellshotell**, an der Straße nach Sauland, Tel. 3509 1422, Fax 3509 1975. EZ 690 NOK, 900 NOK, 1.5.–30.9. günstige Halbpensionstarife (Minimum drei Tage, bei DZ 980 NOK) und Wochenendpreise (Vollpension) für Familien. Schöne Lage in seenreichem Hochland, Gaustatoppen im Blickfeld, jedoch abseits aller anderen Unternehmungen in Rjukan. Hallenbad und Fahrräder. Angeltips. 960 m ü.d.M.

■ **Rjukan Hytte- og Caravanpark**, an der Straße 37 (8 km östlich von Rjukan), Tel. 3509 6353. Etwa 10.6.–31.8. Einladender, dank Bäumen aufgelockerter Wiesenplatz, famoser Blick auf den Gaustatoppen. Servicegebäude o.k. W & T. Kiosk. Spielplatz. Und trotzdem sei empfohlen:

■ **Sandviken Camping**, Tinn Austbygd, Tel. 3509 8173. Ganzjährig geöffnet. Preisniveau Camping: 3. 13 Camping- (230–320 NOK) und Ferienhütten (450–675 NOK), Preise je nach Saison. Einer der besten Plätze, die ich kenne, was Service und Lage betrifft: vor der Nase der unendlich lange See Tinnsjø, die Bänke am Seeufer laden zum selbstbereiteten Abendessen. Baden, Angeln, Vermietung von Fahrrädern, Kanus und Ruderbooten. Sanitärgebäude tiptop. W & T. Kiosk. Spielplatz. Selbst der häßliche Mini-Golf-Platz sei den Gastgebern verziehen. Allerdings gut 35 km östlich von Rjukan.

Die hohen Preise freilich sind zu bedenken; wer seinen schmalen Geldbeutel nicht überrumpeln kann, begnüge sich mit dem nebenan gelegenen »Sjøtveit Camping«: zwar anspruchsloser, aber immerhin auch am Tinnsjø-Ufer. Etwa 10.6. bis 31.8. Tel. 3509 8196.

Sehenswertes

■ Die Kabinenseilbahn **Krossobanen** unternahm im Januar 1928 ihre Jungfernfahrt, als Geschenk von »Norsk Hydro« an die Talbewohner, die von Oktober bis März annähernd sechs Monate auf Sonnenschein verzichten mußten.

Die extrem steile Felswand hinauf zur Hardangervidda stellte die Konstrukteure vor manches Problem: Wie sollten die massigen Kabeltrommeln (2,5 t schwer und 3,2 m im Durchmesser) hinauf zur Bergstation Gvepseborg gelangen? Schließlich lud man die Ungetüme auf einen eigens angefertigten Wagen, spannte sechs Pferde davor und machte sich auf den schmalen Pfad, der über 22 spitze Kehren emporklettert. Unterwegs mußte so manch hinderlicher Baum dran glauben. Nach zwei Tagen war die Arbeit geschafft und das Material oben. Dieser Weg ist übrigens erhalten, aber im Hinblick auf gesunde Knie- und Fußgelenke keinesfalls anzuraten.

In knapp fünf Minuten überwindet die Krossoban auf 951 m Länge den Höhenunterschied von 394 auf 886 m ü. d. M. Was die Passagiere oben für eine Aussicht erwartet, versuche ich hier gar nicht in Worte zu fassen. 1987 sah es so aus, als habe die letzte Stunde der defizitären Seilbahn geschlagen: Der Betrieb wurde eingestellt. Ihrer 60jährigen Tradition war es wohl zu verdanken, daß sie nicht als Alteisen-Ruine von der Bildfläche verschwand, sondern restauriert und 1991 mit einem großen Fest wiedereröffnet wurde. In Gvepseborg können Sie eine Stärkung zu sich nehmen, den Gaustatoppen durch ein Münzfernglas heranholen oder ein Fahrrad mieten und über die Hochlandpiste gen *Kalhovd* aufbrechen (31 km).

Besorgen Sie sich den aktuellen Fahrplan im Touristenbüro; er füllt eine DIN-A4-Seite, deshalb hier Auszüge: etwa 10.6.–10.9. täglich 10–17/18/19 Uhr, sonst Fr 16–17 Uhr (für die Wanderer) und am Wochenende 10–16/17 Uhr. Ticket 25/10 NOK, retour kein Rabatt.

■ **Industriarbeidermuséet Vemork**, Tel. 3509 5153. 1.5.–14.6. täglich 10–16 Uhr, 15.6.–14.8. täglich 10–18 Uhr, 15.8.–30.9. Mo–Fr 10–16 Uhr, Sa,So 10–18 Uhr, Oktober Mo–Fr nach Absprache, So 11–16 Uhr, sonst nach Absprache. Eintritt 40/25 NOK, Rabatte für Familien. Filmbillett 15 NOK. »Vemorkpakke« mit Museum, Film und dagens rett im Museumscafé 108/70 NOK.

Sie begegnen den Anfängen, wie die Menschen angesiedelt wurden, wo sie herkamen, wie sich die Stadt entwickelte. In der zweiten Abteilung wird die Zeit des Widerstands zurückgeholt. Zeitungen, Radiosendungen, Wurfzettel, ein Hetzplakat gegen Juden oder ein Klassenzimmer, in dem die Kinder linientreues Liedgut trällern mußten, versetzen ein wenig in den damaligen Alltag. Die andere Seite wird gezeigt, wie die Widerständler geheime Zeichen trugen, an denen sie sich erkannten, auch eine Hütte, in der sie sich im Hochland verbargen. Das Museum ist informativ, wirkt ebenso durch die Stimmungen, die es einfängt, indem es etwa die Zerstörung der Eisenbahnfähre inszeniert. Diese Abteilung ist das Herzstück des Museums, bereichert durch den britischen Dokumentarfilm, der sich mit den Sabotageaktionen vor Ort beschäftigt.

Der dritte Schwerpunkt liegt auf der Stromgewinnung durch die Wasserkraft. Die Besucher können sich in der Maschinenhalle die Generatoren anschauen, die das in oberirdischen, auf dem Berghang verlaufenden Röhren herabstürzende Wasser bis 1971 in elektrische Energie umwandelten.

Wanderungen

■ Der Klassiker ist die Wanderung auf den **Gaustatoppen**. Es gibt drei Ausgangspunkte, von denen zwei an der Straße nach Sauland liegen. Der erste ist von der Straße kaum auszumachen, im Profil steiler und von der Dramaturgie des Aufstiegs her ereignisärmer. Also fahren Sie besser zum Parkplatz am Kiosk *Stavsrobua*. Die Wanderzeit beträgt 2–2,5 Stunden für die einfache Wegstrecke. Der mittelschwere, markierte Pfad führt von 1170 auf 1850 m, zuletzt über bloßes Gestein.

Es geht, anfangs noch unterbrochen von halbwegs ebenen, schräg zum Gipfel verlaufenden Kurzetappen, stetig aufwärts. Unterwegs ergeben sich immer wieder schöne Blicke, zuerst nach Osten, dann ebenso ins Månadal nordostwärts Richtung Tinnsjø. Der erste Pfad trifft auf unsere Route (über diese Strecke stellte der Norweger *Tore Nyløkken* 1991 mit 203 km/h einen Geschwindigkeitsrekord auf Skibrettern auf). Kurz darauf gibt die steil abfallende Seite nach Südwesten eine herrliche Sicht auf das seenreiche Gausdal frei (siehe unten). Von dort kommend, vereinigt sich schließlich auch der dritte Pfad mit unserem Weg, kurz vor dem Gipfel. Die Vegetationsgrenze liegt längst unter uns. Unterhalb des Gipfels erwartet die emsigen Wanderer die kleine, steinerne *Gaustahytta,* die 1893 als Tribut an den aufkommenden Wandertourismus entstand. (Damals gab es keine Straße nach Sauland, so daß die Aspiranten im Vestfjorddal aufbrechen mußten.) Im Juli und im August ist die Gaustahytta bewirtschaftet, werden Kaffee und Waffeln, kalte Getränke und deftige Snacks serviert. Bei unserem letzten Besuch gab es eine Schafswurst, die vorzüglich schmeckte, obwohl sie nach Fisch roch – für ein ausgeklügeltes Speisekammer-System ist eben kein Platz.

Im Gastraum liegt auch das Hüttenbuch aus, in dem sich die Neuankömmlinge eintragen; an einem schönen Sommertag kann es aber recht eng werden in der Gaustahytta. Versorgt wird sie durch eine 1030 m lange Zahnradbahn, deren Tunnel von Rjukan durch den Berg getrieben wurde, als die NATO den Gipfel als idealen Horchposten ausgemacht hatte. Die Reichweite des Gaustatoppen ist enorm, egal was man wie beobachten möchte. Bei klarer Sicht soll angeblich ein Sechstel Norwegens zu überschauen sein, soll der Blick bis nach Schweden (akzeptiert) und Dänemark (behauptet der Skagerrak-Troll) reichen. Die Hardangervidda mit der mächtigen Eiskappe des Hardangerjøkulen ist beeindruckend genug. Erwarten Sie aber nicht zu viel – die Wetterwechsel rund um den Gipfel sind berüchtigt: Haben Sie den Aufstieg noch bei herrlichem Sonnenschein gefeiert, kann sich, oben angekommen, eine Nebelglocke über Ihr Haupt legen und hartnäckig bis zum Abstieg und darüber hinaus behaupten.

Der Gipfel liegt übrigens auf dem langgestreckten Kamm, der an der Gaustahytta beginnt. Es wirkt wie ein Katzensprung, und doch sind meterhohe Felsblöcke mit tiefen Spalten zu überwinden, für Ungeübte eher eine Tortur als ein vergnügliches Gipfelstürmen, wofür durchaus eine knappe halbe Stunde zu veranschlagen ist, je nach Trittsicherheit. Bei feuchter Witterung ist dieser Kurztrip nicht anzuraten.

■ Das **Gausdal** zieht sich westlich des Gaustatoppen entlang, eine versteckte Bilderbuch-Landschaft aus verzweigten Seen, Wald und Almwiesen, wobei die meisten der Almgebäude zu Wochenendhäusern umfunktioniert worden sind. Der Pfad ist nicht markiert; die Dauer der Wanderung kann selbst bestimmt werden.

Die Anfahrt erfolgt über die brüchige, mautpflichtige Piste, die hinter dem Maristi-Tunnel Richtung Møsvatn links abzweigt, am steil abfallenden Hang entlang zurück führt, um an der Alm *Selstali* in 930 m Höhe zu enden. Von Selstali müssen Sie schräg zurück nach Norden, bis zur Stromleitung, an der Sie sich fortan orientieren können, jetzt nach Südosten, taleinwärts. Der Pfad begleitet die Seenplatte des Gausdals, führt zwischen ihr hindurch, hält sich aber vorwiegend an die linken, östlichen Seeufer. Dem Talverlauf folgend, stehen keine nennenswerten Höhenunterschiede bevor. Der steile, blau markierte Pfad zum Gaustatoppen zweigt links ab.

Das Gausdal auf einem Rundweg zu erwandern ist nur theoretisch möglich. Noch vor der Abzweigung zum Gausta-Gipfel müßte man vor der Seenspitze auf dessen rechte Seite wechseln, ein Feuchtgebiet durchqueren und ab dem Gehöft Børbekk am Hang entlang zurück nach Selstali gehen können. Doch erst verliert sich der Pfad im Sumpf, und oben am Hang war er zuletzt völlig überwuchert. Also bleibt nur, die Länge der Wanderung selbst zu bemessen und irgendwann einfach umzukehren. Das Tal ist dermaßen schön, daß sich keine Langeweile einstellen wird.

■ Auf den Spuren der Widerstandskämpfer wandelt die **Sabotørruta**, die an der »Rjukan Fjellstue« beginnt und, an Info-Tafeln vorbei, zum Industriearbeitermuseum Vemork führt. Um Mittsommer herum findet alljährlich eine Volkswanderung auf diesem Weg statt. Sie können Ihr Fahrzeug auf dem Parkplatz unterhalb Vemorks abstellen und den Bus nach Åmot bis zur Rjukan Fjellstue nehmen.

■ Auf der **Hardangervidda** sind nur mehrtägige Wanderungen möglich; es sei denn, Sie benutzen die Krossoban und folgen ab Gvepseborg ein Stück dem Pfad nach Kalhovd, oder Sie fahren mit dem kleinen, feinen Ausflugsboot »M/S Fjellvåken« ab *Skinnarland* über den See Møsvatn zur *Mogen*-Hütte und drehen dort eine kleine Runde. Beide Unternehmungen setzen voraus, daß Hin- und Rückfahrt identisch sind, wobei die Fahrpläne von Seilbahn und Boot zu beachten sind. Der Fahrplan der Seilbahn finden Sie in Auszügen unter der Rubrik »Sehenswertes«, den des Bootes unter »Verschiedenes, Transport«.

Wer sich tatsächlich für eine Rundwanderung entschiedet, kann das Boot über den Møsvatn nehmen, ab dort zur Hütte *Stordalsbu* laufen (5 h), ab dort weiter nach Kalhovd (5 h), und zurück nach Gvepseborg (9 h), wo die Krossoban gen Rjukan niederschwebt. Die marternd lange Etappe von Kalhovd nach Gvepseborg wurde 1993 mit der neuen *Helberghytta* – benannt nach einem Widerstandskämpfer im Zweiten Weltkrieg – verkürzt, 9 km nördlich von Gvepseborg. Mit der Übernachtung in der Helberghytta kann man nun am nächsten Tag bequem die Krossoban erreichen. Wer nicht Mitglied der DNT ist, wird allerdings keinen Schlüssel für Stordalsbu und Helbergshytta bekommen, muß sich also selbst verpflegen. Die Hütte in Kalhovd ist während der Sommermonate bewirtschaftet, Tel. 3509 7105.

Verschiedenes

■ **Tinn Guideservice:** Tel. 3509 0760 und 3509 5500. Fremdenführer erzählen über die Geschichte des Industriestandortes Rjukan, die Ereignisse im Zweiten Weltkrieg, die wirtschaftlichen Grundlagen der Gegenwart und die Anfänge des Tourismus in der Tinn-Gemeinde, alles im Rahmen von Ausflügen zu den lokalen Sehenswürdigkeiten: eine Überlegung wert, wenn sich mehrere Touristen zusammenfinden.

■ **Angeln:** Das Touristenbüro gibt das Faltblatt *Sports Fiske i Tinn* heraus; es listet Flüsse und vor allem Seen in der näheren Umgebung auf, sowohl im Tal als auch auf der Hardangervidda und rund um den Gaustatoppen. Die Angelscheine, für alle Gewässer, bekommen Sie im Touristenbüro; für nähere Auskünfte sind auf dem Faltblatt Kontaktpersonen angegeben.

■ **Fahrradfahren:** »Sandviken Camping« in Tinn Austbygd vermietet Fahrräder. Wer nichts gegen stramme Anstiege einzuwenden hat, kann von dort aus hinauf ins *Tessungdal* radeln, oder ab Åtra, ein paar Kilometer weiter westlich, die *Hardangervidda* erobern. – Oder Sie transportieren die Räder mit dem Auto hinauf und drehen dort oben Ihre Runde, zum Beispiel ab *Kalhovd,* von wo aus Sie an die Felskante bei Gvepseborg gelangen, Bergstation der Krossoban. – Oder Sie nehmen die Krossoban (plus 20 NOK für das Fahrrad) und radeln Richtung Kalhovd und zurück. Oder ab Kalhovd über *Breisetdal, Gausetdal* und *Åtra* (Straße 364) zurück (rund 100 km).

■ **Reiten:** »Reittouren auf der Hardangervidda« heißt die magische Formel, auch für Pferdefreunde aus dem Ausland. Angeboten werden Ausritte für Stunden oder Tage, aber auch Wochentouren, wobei Unterkunft (Hütten wie Zelt) und Verpflegung organisiert werden. Anmeldungen für Wochentouren (3500 NOK) nimmt das Touristenbüro entgegen. Diese Ausflüge finden nur zwischen Ende Juni und Anfang August statt. Für kürzere Ausritte können Sie sich direkt an die Pferdebesitzer wenden, zum Beispiel: *Åsberg Dyregård,* Tel. 3509 7388 und 3509 7345. 100 NOK für 1,5 h, 200 NOK für 3 h sowie 400 NOK für 6 h. An der Straße nach Kalhovd, auf der Hardangervidda. – *Fjellhest,* Kalhovd Turisthytte, Tel. 3509 7105 und 9431 8830.

■ **Galerien:** *Galleri Vemork,* Vemork Kraftstasjon, Tel. 3509 5153. Öffnungszeiten wie »Industriarbeidermuséet«.

■ **Freilichtmuseum:** *Rjukan og*

Tinn Museum, Rjukan, Tel. 3509 4112. Ende Juni bis Anfang August Mo–Fr 12–18 Uhr, Sa,So 10–16 Uhr. Knapp 30 Hofgebäude aus der ganzen Region (die jüngsten aus der Zeit um die Jahrhundertwende), weitgehend original eingerichtet, ferner Trachten, andere Textilien und Kunsthandwerk, ausgestellt in einer alten Schulstube. Am östlichen Stadtrand von Rjukan, die Innenräume zu besichtigen nur im Rahmen einer Führung. Im Sommer, wenn das Museum geöffnet ist, Mi abends diverse Veranstaltungen, u. a. Musik und Tanz (18–21 Uhr).

■ **Museumseisenbahn:** Rjukan-Mæl-Tinnsjø. Informationen: *Stiftelsen Tinnosbanen,* Tel. 3501 2930, oder im »Industriearbeitermuséet Vemork«, Tel. 3509 5153.

■ **Veranstaltungen:** »Volkswanderung« *Sabotørmarsjen,* der Saboteur-Marsch, an einem Samstag um Mittsommer. An Info-Tafeln entlang von der Rjukan Fjellstue zum Industriearbeitermuseum Vemork. – Volkstümliches im Freilichtmuseum *Rjukan og Tinn Museum,* von Ende Juni bis Anfang August jeden Mittwoch, 18–21 Uhr.

■ **Kraftwerksbesichtigung:** *Mår Kraftverk,* Rjukan, am östlichen Stadtrand von Rjukan, nahe Freilichtmuseum. 20.6.–20.8. Mo–Fr 10 und 14 Uhr. Die Kraftwerksturbinen speisen Stauseen oben auf der Hardangervidda; der erste, der 1918 fertiggestellte Mårdamm, ist einer der wenigen aus Naturstein, doch es dauerte 30 Jahre, bis das Kraftwerk ans Netz ging: Wirtschaftskrise und Weltkrieg hatten den Ausbau verzögert. 820 Meter tief schießt das Wasser in zwei Röhren Tunneln bergab; die zuleitenden Tunnelröhren auf dem Gebirge sind insgesamt 17,3 km lang. Zum Rundgang gehört auch ein Diavortrag. – *Vemork Kraftstasjon,* siehe unter »Sehenswertes«.

■ **Postamt:** Sam Eydes gt. 93, an der Durchgangsstraße.

■ **Notarzt:** Tel. 5309 0535, nur Mo–Fr 7.30–14 Uhr. Sonst Tel. 3509 1511.

■ **Taxi:** Tel. 3509 1400.

■ **Transport:** Stadtbus von Strøm (im Osten) nach Krosso oder Våer (im Westen). – Lokalbusse von Rjukan nach Møsvatn, nach Mæl, nach Gøystdal, nach Åtra und Tinn Austbygd, nach Åtra und Gauset sowie ins Tessungdal.

»M/B Fjellvåken« über den Møsvatn: etwa von 23.6. bis 15.9. zwischen DNT-Hütte Mogen und dem Skinnarland Landhandel. Hin- und Rückfahrt ab Skinnarland an einem Tag nur 23.6.-31.8. Mi, Fr-So um 11 Uhr (retour 15.30 Uhr); bei 140 Minuten Fahrt bleiben gut zwei Stunden Aufenthalt in Mogen. Ticket 120/60 NOK, retour 185 NOK.

Weiterreise

■ **Bus:** Nach Dalen (Telemark) über Møsvatn, Rauland, Åmot und Nesland. – Nach Skien (Telemarkkanal,

149 NOK) entweder über Notodden, Nordagutu (Anschluß Sørlandsbahn) und Ulefoss. Oder über Møsvatn, Rauland, Åmot, Høydalsmo, Morgedal, Brunkeberg, Seljord, Bø und Ulefoss. – Nach Oslo (200 NOK) über Miland, Åtra, Tinn Austbygd, Ormemyr, Kongsberg (110 NOK), Drammen und Fornebu (Flughafen Oslo).

■ **Auto: Ins Setesdal**. Straße 37 bis zum Verkehrsknotenpunkt *Rauland,* kein Ort zum Verweilen, ab dort auf abgelegener Straße 362 am Nordufer des *Totak*-Sees entlang, wie in Rjukan wieder den südlichen Rand der Hardangervidda begleitend, nach *Haukeligrend,* ab dort auf Straße 39 südwärts ins obere Setesdal nach Hovden. Unterwegs, noch vor Haukeligrend und kurz hinter dem höchsten Punkt der Straße 362 (900 m), schöne Aussicht nach Südosten.

Ins Fjordland. Zunächst wie ins Setesdal bis Haukeligrend, ab dort weiter auf der Straße 11 stramm auf den Folgefonn-Gletscher zu, beschrieben unter »Setesdal, Weiterreise«.

In die südliche **Telemark**. Entweder über die Gaustafjell-Straße (Wintersperre) nach *Sauland,* ab dort entweder ostwärts auf Straße 11 nach *Notodden* und weiter auf Straßen 360 und 36 nach *Bø* oder *Ulefoss* oder *Skien;* oder westwärts auf Straße 11 nach *Seljord* und *Brunkeberg,* ab dort südwärts auf Straße 41 nach *Vrådal* und an den *Nisser-See*. – Oder auf Straße 37 über Møsvatn und Rauland nach *Åmot,* ab dort auf Straße 45 südwärts nach *Dalen* (Telemarkkanal), mögliche Weiterfahrt in alle Himmelsrichtungen, über die Straßen 38 und 355 etwa zum See *Fyresvatn*.

Nach Kongsberg. Beschrieben unter »Kongsberg, Weiterreise«, in umgekehrter Richtung.

Kristiansand

Des Königs liebstes Quadrat

Wer mit der Fähre in Südnorwegens größter Stadt eintrifft, sich vom Schärengürtel, den bewaldeten Felsen draußen hat faszinieren lassen, um fjordeinwärts auf Schornsteine und Industriebauten zu blicken, auf Verkehrsgewühl und eine zersiedelte Stadt – mag die Entscheidung treffen: »Schnell weg hier, etwas Besseres als dies werden wir überall finden«. Stimmt, und stimmt nicht ganz.

Kristiansand ist in der Tat kein anheimelnder Ort. Einen guten halben Tag füllt der Stadtrundgang – bei schönem Wetter. Wer den Stadtrundgang ausläßt, hat allerdings etwas versäumt: ein bißchen Schärenfreude, Holzhausambiente und eine ausgesprochen hübsche Parklandschaft.

Die Fähre macht an historischem Boden fest. Die kleine Landnase ist der Kern Kristiansands, wo Christian IV. 1641 ein Städtchen anlegen ließ, das als Basis der umliegenden Festungen und Forts gedacht war. Die Landnase neben der Flußmündung der *Otra* erhielt einen schachbrettförmigen, streng reglementierten Grundriß, der sich an den modernen Prinzipien der Renaissance orientierte. Der Beiname *Kvadraturen,* die Quadratur, ist bis heute ein geläufiger Begriff für den Stadtkern. Das Straßennetz ist nämlich erhalten; im Gegensatz zur Bausubstanz, die weitgehend den Stadtbränden zum Opfer fiel. Nur im Nordwesten der Quadratur ist ein annähernd geschlossenes Holzhausviertel überlebt, während die Architektur sonst eher uneinheitlich und mit viel Häßlichem gespickt ist und wenig einladend wirkt. Hier, in der Quadratur, beginnt jedoch der Stadtrundgang, der unter »Sehenswertes« vorgestellt wird. Warten Sie also damit, gleich zur nahen Rennstrecke E 18 zu hasten.

Auch die Entwicklung raste lange Zeit an Kristiansand vorbei, das wohl zu sehr auf seine strategisch günstige Lage fixiert war. Die Segelschiffahrt und der Schiffbau im 19. Jh. verliehen erste wirtschaftliche Impulse, in der Folge die Holzwirtschaft. Mit der Industrialisierung im 20. Jh. expandierte Kristiansand. So wurden die gewonnenen Nickelerze aus den Gruben bei Evje, dem Tor zum Setesdal, in einer 1910 fertiggestellten Fabrik verarbeitet. Den hohen Energiebedarf deckten neue Wasserkraftwerke im Hinterland, deren Kapazität die Ansiedlung weiterer Industriesparten begünstigte. Die Verkehrswege wurden besser, die Zeiten für Reise und Frachttransporte kürzer. Schon 1896 war die Setesdalsbahn gen Norden eröffnet worden, doch mit der Gleisanbindung an Oslo 1938 und Stavanger 1944 lag Kristiansand auf einmal im Zentrum des Südens; was, wenn die kürzere

Bahntrasse durch das Inland gebaut worden wäre, die mit der Küstenroute um den Zuschlag rang? Statt dessen nahm eine Eisenbahnfähre nach Dänemark ihren Dienst auf, Vorläufer der heutigen Verbindung mit Hirtshals. Erst ab den 60er Jahren und später mit den Ölmilliarden gelang es, das Straßennetz spürbar zu verbessern. Bis heute transportiert die Sørlandsbahn, die Verbindung zwischen Oslo und Stavanger, aus beiden Richtungen Fracht zum Exporthafen Kristiansand. Übrigens: Jene Nickelgruben bei Evje sind zwar versiegt, doch die Nickelfabrik »Falconbridge Nikkelverk« besteht unverändert; kurios die Situation, daß die Rohstoffe importiert und die Produkte wieder exportiert werden. Als Wirtschaftsstandort ist Kristiansand demzufolge gefragt, als Hauptstadt des fylke Vest-Agder ein Zentrum von Dienstleistung, Verwaltung und Ausbildungsstätten. Rund 66.000 Menschen leben in den Stadtgrenzen.

Das Gros der Einwohner wohnt in Trabantenstädten, die ebenfalls keine Augenweide darstellen. Allerdings gibt es in der näheren Umgebung einige Ausflugsziele, die letztlich doch die Überlegung rechtfertigen, vor Ort Quartier zu nehmen: Norwegens größter Zoo sei genannt, die Museumseisenbahn von *Grovane* nach *Beihølen,* die verbliebene Strecke der einstigen »Setesdalsbahn«, und natürlich die zerfurchte Schärenküste, die, abseits der Nickelwerke, zum Baden, Surfen, Tauchen, Bootfahren und zu Ausflugsfahrten mit den Küstenkreuzern auffordert. Immerhin billigt die Wetterstatistik Kristiansand die durchschnittlich meisten Sonnenstunden im Land zu, im Juni angeblich 10 am Tag.

Information

■ **Kristiansand Turistkontor**, Dronningensgate 2, N-4601 Kristiansand, Tel. 3802 6065, Fax 3802 5255. 1.6.–31.8. Mo–Sa 7–19.30 Uhr, So 12–19.30 Uhr, sonst Mo–Fr 8–16 Uhr. – Filiale am Markplatz, Torvet: Juni bis August Mo–Fr 10–17 Uhr (im Juli bis 19 Uhr), Sa 10–14 Uhr.

Unterkunft

Hotels und Pensionen

Zentral liegen sie, die Hotels und Pensionen, zumeist in der Vestre Strandgate, aber auch vom Straßenverkehr heimgesucht.

■ **Reso Hotel Caledonien**, Vestre Strandgate 7, Tel. 3802 9100, Fax 3802 5990. 20.6.–10.8. EZ 600–665 NOK, DZ 710–790 NOK, sonst EZ 1045 NOK, DZ 1245 NOK. Der Hotelkomplex meldet allein schon durch sein Äußeres Ansprüche auf Luxusferien an. Nahe Odderøya, deshalb nicht ganz so deftig vom Durchgangsverkehr geplagt.

■ **Hotel Christian Quart**, Markensgate 39, Tel. 3802 2210, Fax 3802 4410. 15.6.–15.8. mit Fjord Pass (C) EZ ab 530 NOK, DZ ab 760 NOK, sonst EZ 665–995 NOK, DZ 795–1095 NOK.

Mittels Fjord Pass Wohnen in feinem Hotel zu akzeptablem Preis. Zentral.
- **Ernst Park Hotel**, Rådhusgaten 2, Tel. 3802 1400, Fax 3802. 25.6.–10.8. EZ 620 NOK, DZ 830 NOK, sonst EZ ab 895 NOK, DZ 1095 NOK. Beim Ernst wohnen Sie keineswegs im Park, dafür jedoch in einem schönen, alten Eckhaus mit Stuckdecken – zentral und fein.
- **Hotel Norge**, Dronningensgate 5, Tel. 3802 0000, Fax 3802 3530. 15.6.–15.8. mit Fjord Pass (B) EZ 490 NOK, DZ 690 NOK, sonst EZ 660 NOK, DZ 760 NOK. Total zentral an der Quadratur-Hauptstraße, Zimmer nach hinten empfehlenswert. Fahrradvermietung.
- **Bondeheimen Hotel**, Kirkegata 15, Tel. 3802 4440, Fax 3802 7321. 15.6.–31.8. EZ 410 NOK, DZ 660 NOK, sonst EZ 450 NOK, DZ 620 NOK, auch preiswerte Zimmer ohne Bad um 330/550 NOK. Zentrale Lage an der Fußgängerzone.
- **Hotel Sjøglott**, Østre Strandgate 25. Tel. 3802 2120, Fax 3802 1882. EZ 350–450 NOK, DZ 490–550 NOK. Bad auf dem Flur. Kochgelegenheit für Selbstversorger. Fahrradvermietung.
- **Kristiansand Pensjonat**, Frobusdalen 2, Tel. 3807 0515. EZ 350 NOK, DZ 500 NOK. Bad auf dem Flur. Die Hauptverkehrsstraße mit dem Monsterkreisel vor der Nase, das grüne Land von Baneheia im Rücken.
- **Oldemors Hus**, Setesdalsveien 229, Øvre Strai, Tel. 3811 9180. EZ 140 NOK, DZ 280 NOK, ohne Frühstück. Bad auf dem Flur. An der Str. 39 gen Norden.

Jugendherbergen
- **Kristiansand Vandrerhjem Tangen**, Tangen 1, Tel. 3802 8310. 2.1.–22.12. Mitglieder im EZ 235 NOK, DZ 350 NOK, im Mehrbett-Zimmer 140 NOK, Nicht-Mitglieder 300/450/160 NOK. 55 Zimmer mit 196 Betten, auch reine EZ und DZ mit Bad. Frühstück inklusive, Lunchpaket 35 NOK. Neu, 1994 eröffnet. Otra-Westufer, Quadratur.
- **Kristiansand Vandrerhjem**, Kongsgård Allé 33 c, Tel. 3809 5369. Mitglieder 125 NOK, Nicht-Mitglieder 150 NOK. 7 Zimmer mit 42 Betten (4–8). Frühstück im Preis inbegriffen. Bus 15, 16, 19 bis »Lund«. Im Ostteil der Stadt, ab Østerveien, der Fortsetzung der Donningensgate.

Camping und Wohnmobil
- **Roligheden Camping & Apartments**, Framnesveien, Tel. 3809 6722. 1.6.–15.9. Preisniveau Camping: 3. 21 Appartements ab 450 NOK. Im Ostteil der Stadt, 3 km zum Zentrum. Schön an kleinem Bootshafen und am Badeplatz Bertesbukta gelegen. Platz mit allen Schikanen, einfache Verpflegung inklusive. Auch Vermietung von Ruderbooten.
- **Stellplatz für Wohnmobile:** *Tangen Bobilparkering*, Skansen, Tel. 3802 6065. Entsorgung, Duschen und WC, Grillplatz, Boote. Schön auf Skansen (Schanze), der Florida-gleichen Spitze

der Quadratur gelegen, unmittelbar am Wasser.

■ 12 km nordöstlich vom Zentrum liegt *Hamre* mit seinem bekannten Strand **Hamresanden** am Topdalsfjord. Hier verteilen sich mehrere Campingplätze, alle mit Zugang zum Wasser (Baden, Ruderboote, und hohem Standard und entsprechenden Preisen. Die Öffnungszeiten beziehen sich aufs Camping; Hütten und Appartements können Sie auch in der Vor- und Nachsaison mieten. Achtung: Der Flughafen befindet sich gleich nördlich von Hamre, in hörbarer Entfernung!

»Hamretun Camping«, Tel. 3804 6991. 15.6.–15.8. 7 Hütten für 4 Personen 300–350 NOK. Der kleinste Platz, noch überschaubar. Mit neuer Sanitäranlage. – »Hamre Familiecamping«, Tel. 3804 6857. 15.6.–20.8. 15 Hütten für 4 Personen, teils mit Bad 700–1000 NOK, in Vor- und Nachsaison (1.4.–1.11.) 300–650 NOK. – Noch weitere Appartementanlagen vor Ort, die in der Hauptsaison aber bevorzugt wochenweise vermieten (ab 3500 NOK aufwärts).

■ **Dvergsnestangen Senter,** Dvergsnes bei Randesund, Tel. 3804 7155. 20.6.–20.8. Preisniveau Camping: 3. Appartements und Hütten ab 375 NOK, die »billigen« ohne Bad. Herrliches Sommercamp an der Schärenküste südöstlich der Stadt. Service total. Baden, Surfen, Ruderboote, Angeln. Feste Unterkünfte ganzjährig zu mieten.

■ **Åros Motell Camp,** Åros bei Søgne, Tel. 3816 6411. 20.5.–31.8. Preisniveau Camping: 3. Hütten und Appartements für 6–8 Personen ab 500 NOK. Diesmal an der Küste westlich von Kristiansand, bei Søgne; Anfahrt über E 18 und Str. 456. Hoher Standard. Baden, Ruderboote, Angeln. Feste Unterkünfte ganzjährig zu mieten.

Essen und Trinken

■ **Nobelrestaurants:** *Camille's* im »Reso Hotel Caledonien«. – *Restaurant Rosenkrantz* im »Hotel Christian Quart«. – *Brasserie La Mére* im »Ernst Park Hotel«.

■ **Teuer bis erträglich:** *Restaurant Sjøhuset,* Østre Strandgate 12 a. Toll die Terrasse am Yachthafen. Heute Fisch zu empfehlen, und die Einrichtung mit massiven Holzbalken bestätigt das Milieu. – *Restaurant Luihn,* Rådhusgaten 15. Auf historisch gemacht. – *Palle Rosenkrantz Kro,* »Hotel Christian Quart«, Markensgate 39. Scheint die Sonne, wird draußen serviert. – *Parken Café,* Gyldenløvesgate 14. Einfache Kafeteria.

■ **Frischfisch:** *Reinhartsen & Co.,* Fiskebrygga, Tel. 3802 5884. 22.6.–31.8. Mo–Fr 6.30–16 Uhr, Sa 6.30–13.30 Uhr, sonst Mo–Fr 6.30–15 Uhr, Sa 6.30–13.30 Uhr.

Stadtrundgang

Nehmen Sie sich einen Stadtplan des Touristenbüros mit; starten werden wir im Südosten der Quadratur, zum Meer hin.

■ Als Auftakt für den Stadtrundgang sei der **Bootshafen** empfohlen, wo das Schaukeln der festgemachte Boote und der Ausblick auf die offene Bucht mehr zum Bleiben als zum Weitergehen anregen. An der Strandpromenade, auf dem kurzen Weg zum Gästehafen, passieren Sie eine Hinterlassenschaft aus kriegerischen Zeiten:

■ Die der Strandpromenade vorgelagerte **Christiansholm Festning**, aus dem Jahr 1672, dient nun friedlichen Zwecken. Sie beherbergt (wechselnde) Kunst- und Kunsthandwerksausstellungen; bis zu 5 m sind die Mauern dieses kleinen Forts dick. 15.6.–15.8. täglich Führung um 13 Uhr. Teilnahme gratis. Geöffnet 17.5.–31.8. täglich 9–21 Uhr.

■ Vom Bootshafen aus überqueren wir die Strandpromenade und gehen entweder die Holbergsgate oder die Kronprinsensgate entlang, bis wir die *Rådhusgate* überqueren. Nun befinden wir uns im besterhaltenen **Holzhausviertel** der Stadt, das außer dem Stadtbrand im Jahr 1892 sogar die Sanierungsprogramme der Neuzeit weitgehend unbeschadet überstanden hat. Das Viereck wird neben der Rådhusgt. von der *Tordenskjoldsgate* gegenüber sowie, von West nach Ost, von *Festningsgata* und *Elvegata* begrenzt.

■ Einen Abstecher zum **Dom** kann einlegen, wer sich auf Rådhusgaten oder Gyldenløvesgate links hält; siehe »Verschiedenes, Kirchen«.

■ Von der Tordenskjoldsgate aus nehmen wir entweder die St. Hans gate, schon nahe am Otra-Fluß, oder die Fritz Jensens gate, um auf die andere Seite der wie unüberwindlich scheinenden Trasse der E 18 zu gelangen.

Plötzlich befinden wir uns im Naherholungsgebiet **Baneheia**, das von ein verzweigtes Wegenetz durchzieht – ein Paradies der Jogger, und im Sommer der Badefreunde, die den größten der fünf Seen von Baneheia frequentieren. Daß Soldaten auch nützliche Taten vollbringen, bewiesen General *Oscar Wergeland* und seine Mannen, die den ursprünglichen Wildwuchs zwischen 1870 und 1880 in eine gepflegte, parkähnliche Landschaft verwandelten. Von mehreren Stellen haben Sie eine weite Aussicht auf die Schärenwelt.

■ Im Nordosten schließt sich der Naturpark **Ravnedalen** an, der von dem fast 100 m steil aufragenden Fels *Ravneheia* gekrönt wird. Wer die mehr als 200 Treppenstufen hinauf in Kauf nimmt, belohnt eine prächtige Aussicht auf Quadratur, Schären und Meer: Von nirgendwo sieht Kristiansand passabler aus als von Ravneheia; die störenden Details werden im Kopf großzügig wegretuschiert.

Auch Ravnedalen ist ein Werk jenes Oscar Wergeland, übrigens ein Bruder des nationalromantischen Dichters

Henrik Wergeland und selbst ebenfalls Künstler gewesen. Die Vielfalt der Pflanzen und Tiere, vor allem Vögel, ist hier größer als in der benachbarten Baneheia. Erst 1991 erhielt der Naturpark eine Auszeichnung der norwegischen Gartenbauinnung.

Ausflüge

■ **Zoo: Kristiansand Dyrepark**, Tel. 3804 9700. Eintritt 150/130 NOK (teuer, aber im Park keine Kosten außer Verpflegung). An der E 18, 12 km östlich von Kristiansand.

Norwegens größter Zoo ist auch ein halber Freizeitpark. Unter den Tieren finden sich sowohl Vertreter der exotischen (Giraffen, Kamele, Känguruhs, Panda-Bären u. a.) als auch der nordischen Fauna (Wölfe, Luchse, Vielfraße, Füchse u. a.). Auf einer kleinen Alm streunen Ziegen, Hausschweine, Hühner und anderes Kleingetier frei herum. In tropischem Milieu leben Schimpansen, Gibbons und Lemuren.

Mehr Freizeitpark sind das Kleinstädtchen *Kardemomme by*, das Wellenbad, das Goldwäschercountry, die Paddel- und Ruderboote, die »Bobbahn«, die Trampoline usw. Das allabendliche Programm umfaßt Musik, Artistik, Varieté u. a.

■ Die museale **Setesdalsbahn** führt über 5 Kilometer von Grovane, nördlich von Kristiansand, nach Beihølen; das letzte verbliebene Teilstück der Schmalspurbahn, die von 1896 bis 1962 ins Setesdal führte. Alljährlich von Juni bis September zieht eine originale Setesdalsbahn-Dampflokomotive ebenso originale, guterhaltene Setesdalsbahn-Waggons durch die grüne Landschaft, abseits aller Wege. Etwa 10.6. bis 5.9. So um 11.30, 13.30 und 15.30, im Juli zudem Mo – Fr um 18 Uhr, ab 10.6. und bis 10.8. Mo – Fr um 13.30 Uhr. Dauer 1 Stunde. Billett 50/25 NOK. Erfragen Sie den aktuellen Fahrplan besser beim Touristenbüro oder unter Tel. 3815 5508 bzw. 3815 5455. Lokalbus oder Str. 405 nach Vennesla/Grovane.

Aus der Geschichte: Über 78 Kilometer führte die Setesdalsbahn einst von Kristiansand an den Byglandsfjord. Zum einen beendete sie die Isolation der Talbewohner, die nur unter beschwerlichen Umständen an die Südküste reisen konnten. Es waren jedoch auch handfeste wirtschaftliche Interessen im Spiel, denn mit der Bahn konnte nun das Holz, das im Setesdal selbst geflößt wurde, nahezu mühelos zum Exporthafen Kristiansand transportiert werden. 1938 stellte man die Strecke von Grovane nach Kristiansand, die ebenso ein Teilstück der Sørlandsbahn (Oslo-Stavanger) war, auf die übliche Normalspurweite um: 1435 mm statt 1067 mm. Damit mußten nun alle Frachten aus dem Setesdal in Grovane umgeladen werden; je mehr sich der Slogan »Zeit ist Geld« in Norwegen verbreitete, desto heftiger stritt man darüber, die »antiquierte« Bahnstrecke zu erhalten. Anstatt die Gleise auf Normalspurweite umzurüsten, entschied sich das Parlament 1960 für Stillegung der Strecke; die neuen Straßen waren schließlich teuer und gut genug. Wie immer in solchen Situationen, ist es der Initiative eines privaten Vereins zu verdanken, daß wir heute für ein Stündchen, im Schlepptau der ächzenden Dampflok, über historische Gleise zuckeln dürfen.

■ **Kristiansand Kanonmuseum Møvik**, Møvik, Tel. 3802 6065. Juli und August täglich 11–18 Uhr, Mai, Juni und September Do–So 11–18 Uhr. Eintritt 30/10 NOK.

Ganz im Trend, wurde auch hier ein altes Bunkersystem, das sich die deutschen Besatzer im Zweiten Weltkrieg von Zwangsarbeitern bauen ließen, als »Touristenattraktion« hergerichtet. Ein Teil der Bunker ist mit Originalgegenständen und Ausstellungsmaterial »aufgerüstet« worden.

Optisch im Mittelpunkt steht eine überdimensionale Kanone aus dem Hause »Krupp«, mit der die Deutschen von hier aus die halbe Breite des Skagerraks kontrollieren wollten. Gleich vier Pendants standen drüben im dänischen Hanstholm. Bei einem Probeschuß dort, 1941, platzten mehreren der anwesenden Soldaten die Trommelfelle, schwankte der Bunker und gingen Scheiben entzwei.

Die Bunkerfestung Møvik finden Sie vor der Einfahrt in den Tunnel zur Insel Flekkerøy, 9 km südlich ab Zentrum (Str. 456 und 457).

■ Alle Schiffe folgen ihren Signalen, draußen an der Einfahrt in die Bucht: Die **Leuchttürme Grønningen Fyr** und **Oksøy Fyr** weisen den Weg.

Inzwischen sind beide Leuchttürme automatisiert. Die winzigen Felsinseln, auf denen sie thronen, sind Vogelschutzgebiete, doch unter bestimmten Bedingungen können sie besucht werden: Die Insel Oksøy bleibt vom 15.4. bis zum 15.7. den Vögeln vorbehalten; nur Kai und Leuchtturm dürfen betreten werden. Besichtigung nur nach Absprache mit Tel. 3802 1269. – Auf Grønningen können Besucher sogar übernachten: Wasser, Strom und Kochgelegenheit vorhanden, Essen, Trinken und Schlafsack sind mitzubringen, 80/20 NOK, nur Mitte Juni bis Mitte August, für Anspruchslose. Auch Grønningen ist vom 15.4. bis zum 15.7. teilweise gesperrt, um den Vögeln ihre Ruhe zu lassen. Kontakt: Tel. 3808 6290.

Über die Anfahrt (kein regelmäßiger Bootsverkehr) informiert das Touristenbüro, das, ein freundlich-naives Gesicht vorausgesetzt, auch dabei hilft, den Kontakt herzustellen.

■ Sehr beliebt sind Bootsausflüge durch den **Schärengarten**, etwa der Ausflug zum Sørlandstädtchen Lillesand, der durch ein wahres Gewimmel von Inseln, Schären und Holmen führt, **Blindleia** genannt. Die Blindleia finden Sie im Kapitel zur Sørlandküste (Lillesand) ausführlich vorgestellt. Mehr über Bootstouren sogleich unter »Verschiedenes, Küsten-Sightseeing«.

Verschiedenes

- **Stadtrundfahrt:** mit dem »CityTrain« 1.6.–20.8. Mo–Sa von 10 Uhr an, solange Bedarf, ab Marktplatz. 20/10 NOK.
- **Küsten-Sightseeing:** mit »M/S Silius« und »M/S Maarten«, Abfahrt von Kai 6, Tollbodgaten, nahe Touristenbüro. Touren auf die Insel *Bragdøya* (20.6.–15.8. um 11 Uhr, zurück um 15.15 Uhr, 40/20 NOK retour), in die Schären nach *Skippergada* (20.6.–20.8. um 13.30 Uhr, bis Mitte August auch 11 Uhr, Dauer 2 Stunden, 80/40 NOK), Hafenrundfahrt und die Küste westwärts nach *Ny-Hellesund* (20.6.–20.8. um 16 Uhr, Dauer 3,5 Stunden, 100/70 NOK), die Küste ostwärts nach *Lillesand* (1.7.–31.7. um 11 Uhr, Dauer 2,5 Stunden, 80/40 NOK einfacher Weg, Rückfahrt eventuell mit dem Bus, Zeiten vorher erfragen). – Weitere Bootstouren ab *Søgne* und *Åros*, an der Küste westlich von Kristiansand; bei Bedarf Infos in den dortigen Unterkünften oder im Touristenbüro von Kristiansand.
- **Elchsafari:** nur Beobachtung, keine Jagd. 1.6.–31.8. Mo, Mi, Fr 21–24 Uhr ab »Reso Hotel Caledonien«. Teilnahme 180/90 NOK. Auch verlängerte Touren möglich.
- **Angeln:** Für Lachs und Meerforellen müssen auch Küstenangler die staatliche Angellizenz einholen. – Im Touristenbüro bekommen Sie eine Übersichtskarte mit den besten Angelgewässern im fylke Vest Agder. – Lachsfischen im Fluß *Otra*, 1.6.–30.9. Angelscheine für drei Zonen bei »Grønberg Sport«, Vestre Strandgate 24. – Ausflüge mit dem Fischkutter »M/Y Victoria Regina«: 25.5.–1.9. Di, Do, So 20–23 Uhr. Teilnahme 120/80 NOK. Anmeldung im Touristenbüro.
- **Baden:** *Hamresanden*, am Ostufer des Topdalsfjords, landeinwärts (Str. 41). – *Kirkebukta* und *Bertesbukta* (Roligheden Camping), im Ostteil der Stadt. – *Dvergsnesstranden*, Felsküste an den Schären südöstlich der Stadt. – Süßwasser in den Seen von *Baneheia*.
- **Bootsvermietung:** Ruderboote (15–30 NOK je Stunde) bei *Bragdøya Kystkultursenter*, Tel. 3808 7234 (Holzboote, Anfahrt siehe unter »Küsten-Sightseeing«), *Åros Motell Camp*, Tel. 3816 6411 (an der Küste bei Søgne, westlich von Kristiansand, Anfahrt E 18 und Str. 456), *Hamresanden Båtutleie* am Topdalsfjord; siehe Kajak.
- **Fahrradvermietung:** *Kristiansand Sykkelsenter*, Grim Torv 3, Tel. 3802 6835. Mo–Fr 11–19 Uhr, Sa 11–14 Uhr. Mountain bikes, aber auch Sporträder. Pro Tag 75 NOK, 1000 NOK Depositum. – Gratis im Touristenbüro, 200 NOK Depositum. Fahrradkarte 5 NOK.
- **Golf:** *Kristiansand Golfklub*, Korsvik/Randesund. 9-Loch-Platz, geöffnet Mai bis Oktober. 150/75 NOK.
- **Kajakvermietung:** *Hamresanden Båtutleie*, Tel. 9461 8664 und 3804 3706. 30 NOK je Stunde. Am Ostufer des Topdalsfjords.

■ **Reiten:** *Åros Ridesenter,* Søgne, Tel. 3816 6550 (Stall), 3816 7177 (Büro). Von Ende Juni bis Mitte August können Pferde von 10 bis 17 Uhr zum Ausritt gesattelt werden. Auch Wochentouren im Angebot. Åros liegt westlich von Kristiansand, an der Küste (E 18 und Str. 456).

■ **Surfen:** Surfbretter bei *Dvergsnestangen Senter,* Randesund, Tel. 3804 7155 (50 NOK für 2 h) und *Åros Motell Camp,* bei Søgne, Tel. 3816 6411 (siehe unter »Bootsvermietung«).

■ **Tauchen:** *Dykkeren,* Gyldenløvesgate 34/40, Tel. 3802 0217. Kurse, Service und Vermietung von Ausrüstung. Touren in Juni und Juli, täglich um 11 Uhr – *Anker Dykkersenter,* Randesundgt. 2, Kuholmen, Tel. 3809 7909. Kurse, Service und Vermietung von Ausrüstung.

■ **Wandern:** *Baneheia* und *Ravnedalen,* als Ziele die Aussichtspunkte gen Schärengarten möglich.

■ **Galerien:** *Christiansands Billedgalleri,* Rådhusgt. 11, Tel. 3802 5853. Gemälde. – *Galleri Bi-Z,* Dronningsgt. 39, Tel. 3802 5350. – *Galleri 101,* Skippergaten 101, Tel. 3802 1630. Kunsthandwerk, Gemälde, Skulpturen. – *Sørlandets Kunstnersenter,* Gyldenløvesgate 9 (Eingang Kirkegata), Tel. 3802 9312. Kunsthandwerk, Gemälde. – *Myren Grafikk,* Myren Gård, Vågsbygd, Tel. 3801 2688. Grafik, auch Verkauf.

■ **Kirchen:** *Oddernes Kirke,* Oddernesveien (E 18). Die erste Kirche hier, gebaut um 1040. Barocke Kanzel und Altartafel, Runenstein. 1.5.–1.9. So–Fr 9–14 Uhr, sonst nach Absprache: Tel. 3809 0187. – *Kristiansand Domkirke,* Kirkegata. Der neugotische Dom wurde 1885 eingeweiht. Mit 1800 Sitzplätzen eine der größeren Kathedralen; der 70 Meter aufragende Kirchturm ist ohnehin kaum zu übersehen. 1.6.–31.8. Mo–Sa 9–14 Uhr, sonst nach Absprache: Tel. 3802 1188.

■ **Weitere Museen:** *Vest-Agder Fylkemuseum,* Kongsgård, Vigeveien 22 b, Tel. 3809 0228. 20.6.–20.8. So–Fr 10–18 Uhr, ab 20.5. und bis 20.9. So 12–18 Uhr, sonst So 12–17 Uhr. Eintritt 20/10 NOK. Nicht unbedingt aufregendes Freilichtmuseum mit Hofgebäuden aus Agder und Setesdal, einer städtischen Straßenzeile aus dem 19. Jh. (mit Läden und Werkstätten) sowie einem Wagenschuppen. Im Hauptgebäude Sammlungen von Trachten, Kirchenkunst, Spielzeug, eben ländlicher und kleinstädtischer Kultur. Anfahrt: E 18 Richtung Osten, 4 km ab Zentrum. – *Monte Carlo Motormuseum,* nahe Zoo, Tel. 3804 7620. 25.6.–15.8. täglich 11–18 Uhr. Eintritt 50/20 NOK, etwas happig. Automobile und Motorräder seit 1905. Private Sammlung. – *Gimle Gård,* Gimleveien 23, Tel. 3809 0228. 1.7.–15.8. Di–So 12–16 Uhr, 1.5.–30.6. und 16.8.–31.10. So 12–18 Uhr. Führungen zu jeder vollen Stunde. Eintritt 10/5 NOK. Hübscher Herrenhof aus dem 19. Jh. inmitten eines englischen Landschaftsparks. Die Räume sind mit wertvollen Möbeln, Gemälden, Zierrat, Kunsthandwerk u. a. eingerichtet. Im Ostteil der Stadt, gleich nördlich der E 18, am besten Abfahrt Tordalsveien. – Auf dem Gelände des Gimle Gård ist auch das *Agdermuseum* samt Botanischem Garten beheimatet. Die interessante Anlage umfaßt neben der botanischen eine geologische und eine zoologische Abteilung. Zudem wechselnde Ausstellungen. 20.6.–20.8. Di–Fr 10–18 Uhr, Sa–Mo 12–18 Uhr, sonst Di–Fr 10–15 Uhr, So 12–17 Uhr. Eintritt 25/5 NOK. Tel. 3809 2388.

- **Hauptpostamt:** Markensgate 19.
- **Notarzt:** Tel. 3802 5220.
- **Taxi:** Tel. 3803 2700.
- **Parken:** in der Quadratur mehrere Parkhäuser, gut beschildert, Tageskarten ab 30 NOK. – Auf Parkplätzen 4–8 NOK pro Stunde, teils Tagesparken möglich (20–25 NOK), teils maximale Parkdauer 2 Std. – Alles prima ausgeschildert, aber trotzdem wird es tagsüber eng in der Quadratur.

Weiterreise

- **Flug:** *Kristiansand Lufthavn,* nordöstlich der Stadt, Tel. 3800 8000. Flughafenbus ab Vestre Strandgate, hält an den gewöhnlichen Haltestellen (30 NOK).

Direktverbindungen nach Stavanger, Bergen, Trondheim und Oslo.

Ins Ausland nach Kopenhagen mit »Maersk Air«; Tel. wie oben.

- **Eisenbahn:** *Kristiansand Jernbanestasjon,* ein Kopfbahnhof mit einem stattlichen Hauptgebäude (1910), Tel. 3807 7530.

Sørlandsbanen (Linie 51): westwärts nach Stavanger über Sira, Moi, Egersund, Bryne, Sandnes – ostwärts nach Oslo über Nelaug (umsteigen nach Arendal), Bø, Kongsberg, Hokksund, Drammen sowie Lysaker/Fornebu (Flughafen Oslo).

- **Bus:** *Kristiansand Rutebilstasjon,* Vestre Strandgate, Tel. 3802 4380. Neben dem Hauptbahnhof.

Nach Stavanger (250 NOK) über Mandal, Lngdal, Flekkefjord (130 NOK), Moi, Ålgård, Sandnes, Sola (Flughafen). – Mit verschiedenen Linien durch das Setesdal, bis hinauf nach Haukeligrend, ab dort Weiterfahrt ins Fjordland nach Haugesund, Odda am Sørfjord, Voss oder Bergen (494 NOK) möglich. – Nach Sarpsborg an die Ostküste (335 NOK) über Lillesand, Arendal (75 NOK), Tvedestrand, auf derWeiterfahrt jeweils Anschluß nach Risør und Kragerø, dann weiter über Porsgrunn, Larvik, Sandefjord, Horten (Autofähre nach Moss) und Fredrikstad (335 NOK). – Nach Oslo (330 NOK) über Lillesand, Grimstad und weiter die Sørlandküste (Zubringer) entlang.

Ins Ausland nach Hamburg mit Autofähre nach Hirtshals, weiter über Flensburg.

- **Auto: Nach Mandal** kurz und schmerzlos auf der E 18, unterwegs jederzeit Abstecher zur Küste möglich, zum Beispiel in Søgne nach *Åros;* siehe unter »Unterkunft« und »Verschiedenes, Aktivitäten«.

Ins Setesdal auf der Str. 39, streckenweise am Lachsfluß Otra entlang. Spannend wird es, nach gut 60 Kilometern, ab Evje; siehe unter »Setesdal«.

Nach Lillesand, Auftakt des schönsten Streifens Sørlandküste, flott auf der E 18, unterwegs jederzeit Abstecher zur Küste möglich, zum Beispiel auf der Str. 401 und weiter nach *Dvergsnes*; siehe unter »Unterkunft« und »Verschiedenes, Baden, Surfen«. Kurz vor Lillesand zweigt rechter Hand die Straße nach *Brekkestø* auf der Insel *Justøy* ab; die Straße endet am Kai. Kurz hinter der Abzweigung von der Europastraße überquert man eine einspurige Bogenbrücke, von der Sie eine herrliche Sicht auf den inneren Schärengarten haben. Aber parken Sie Ihr Fahrzeug bitte nicht auf der Brücke. Mehr über Brekkestø und die Brücke im Sørlandküsten-Kapitel unter »Lillesand, Ausflüge«.

Setesdal

Mineralien und Silberschmieden

Das Setesdal erstreckt sich (gut 60 km nördlich von Kristiansand) über 140 Kilometer von Süden nach Norden, von *Evje* nach *Hovden*, das über eine Hochlandstraße mit Haukeligrend (Str. 11, Ost-West-Achse) verbunden ist. Hovden liegt am See *Hartevatnet*, aus dem der Fluß *Otra* das ganze Setesdal durchfließt, mal zu schiffbaren Seen verbreitert, seltener zu Stromschnellen verengt.

Das Setesdal wechselt sein Profil nämlich mehrmals von breiten, landwirtschaftlich genutzten Talzügen zu engen Schluchten, die für die Talbewohner bis ins 19. Jahrhundert nur über waghalsige Gebirgspfade zu überwinden waren. Das Gebirge *Setesdalsheiene* im Norden bildet eine natürliche Barriere; Hovden war praktisch ein Grenzort. Die Saumpfade ermöglichten wenigstens den Marsch an die Südküste, der mehrere Tage in Anspruch nahm. Kein Wunder, daß die Menschen jahrhundertelang sehr abgeschieden lebten und sich ihre eigene Kultur bewahrten.

Diese Eigenheiten beschränken sich eher auf die private Sphäre, auf den eigentümlichen Dialekt, auf die vererbten Trachten oder den Silberschmuck. Und doch sind sie allerorts sichtbar, weil die Tourismusindustrie schon frühzeitig die Gelegenheit ergriff, das Setesdal als Hort traditionsverhafteter Kultur anzupreisen. Dies soll hier nicht schlechtgemacht werden, zumal der Fremdenverkehr eine zukunftssichernde Branche in dieser strukturschwachen Region darstellt. Branchenführer sind die Silberschmieden, die sich vor allem im mittleren Setesdal, um *Valle* und *Rysstad*, konzentrieren. (Im Tal selbst wurde niemals Silber gefördert; es geht die Kunde, die Einstiegsmenge sei über illegale Kanäle aus Kongsberg ins Tal gelangt.) Silberschmuck ist ein wichtiger Bestandteil der lokalen Trachten: für die Frauen knielange schwarze Röcke, für die Männer schwarze Westen und Hosen, mit verstärktem Hinterteil aus Leder; verziert mit Säumen und Bändern in Rot, Grün, Weiß, und eben mit Silberschmuck. Heutzutage werden Trachten nur noch zu Hochzeiten oder gelegentlich zum Kirchgang aus der Truhe geholt: Wie viele überlieferte Bräuche sind sie aus dem Alltag verschwunden; dies als Hinweis, daß die Damen und Herren im Heimatmuseum und hinter den Tresen der Kunstgewerbeläden sich weder aus Tradition noch spontan in Schale geworfen haben.

Ob sich die Talbewohner in die alte Zeit zurückwünschen, wenn an einem beliebigen Julitag die Karawane der Wohnmobile nordwärts zieht? Wahrscheinlich nicht, denn ihre Vorfahren lebten in Armut, als sie von der Außenwelt isoliert waren. Die schnelle Verbindung zwischen Kristiansand und Haukeligrend (Straße 39) veranlaßt eben viele Touristen, zunächst einen Sprung gen Norden zu unternehmen; bestärkt durch die Aufmerksamkeit, die die Literatur dem Setesdal entgegenbringt. Daß dies nicht zu Unrecht geschieht, wird dieses Kapitel zeigen. Neben den kulturhistorischen Höhepunkten erwartet Sie eine typisch norwegische, eine vielfältige Natur, obwohl die allgegenwärtige Wasserkraftnutzung ein weitgehend fügsames Flüßchen aus der Otra gemacht hat. Beginnen Sie mit einem Trip zu den Gruben rund um Evje, dem größten Mineralien-Gebiet des Landes – und mit einer baldigen Rast an der Otra. Haben Sie Glück, entdecken Sie am Himmel eine Schar Wildgänse im Formationsflug.

Information
■ **Nedre Setesdal Turistinformasjon**, N-4660 Evje, Tel. 3793 1400, Fax 3793 1455. 15.6.–15.8. Mo–Fr 8–18 Uhr, Mo–Fr 8.30–15.30 Uhr.
■ **Valle/Rysstad Turistinformasjon**, N-4690 Valle, Tel. 3793 7312, Fax 3793 7405. Öffnungszeiten ähnlich wie in Evje.
■ **Hovden/Bykle Turistinformasjon**, N-4695 Hovden, Tel. 3793 9630, Fax 3793 9733. Öffnungszeiten ähnlich wie in Evje.
■ Die **Erlebniskarte Setesdal** können Sie in den Touristenbüros erstehen (39 NOK). Auf der sehr gut dargestell-

ten Karte (Maßstab 1:200.000) finden Sie Symbole zu Unterkünften und Sehenswertem, Bade- und Rastplätzen, Tankstellen und Entsorgungsstationen für Wohnmobile u. v. a. Die Kurzbeschreibungen auf der Rückseite machen die ohnehin große Karte unhandlich – Abhilfe schafft die richtige Falttechnik.

Verschiedenes

■ **Unterkunft:** Die Campingplätze haben mindestens von Juni bis August offen, einige ganzjährig. Haben Sie Verständnis, daß in solch einem Regionalkapitel nicht alle Unterkünfte bis ins Detail vorgestellt werden; ich schreibe ein Reisebuch, keinen »Übernachtungsführer«. So werden die Campingplätze im nördlichen Setesdal wegen ihrer unwirtlichen Höhenlage etwas vernachlässigt.

■ **Ferien aktiv:** Die Tips, zu organisierten Touren ebenso wie zu Individual-Erlebnissen, sind in den Fließtext eingearbeitet; Ausrüstungsvermieter finden Sie unter der Rubrik »Unterkunft«.

Angler fragen im Touristenbüro nach dem »Fiskeguide for Otra«; außerdem bekommen Sie Informationen über die Seen im angrenzenden Hochland.

■ **Transport:** Die Lokalbusse von Hovden nach Kristiansand wie auch Arendal halten in Bykle, Valle, Rysstad, Ose, Bygland, Byglandsfjord und Evje, der nach Kristiansand auch in Hornnes.

Evje

Ein großes Dorf, in seinem Zentrum mit Supermärkten, Läden, Souvenirshops und Behörden dermaßen reich gesegnet, daß es überfrachtet und überfordert wirkt. Evje ist die Versorgungsbasis für ein ausgedehntes Einzugsgebiet, weil irgendein Fleck diese Rolle übernehmen mußte und Evje als Verkehrsknotenpunkt eben dafür prädestiniert war: Es liegt an der Kreuzung zwischen den Achsen Kristiansand und Setesdal (Süd-Nord) sowie der Str. 42 (Ost-West).

Ganz ereignislos liest sich die Geschichte des Ortes allerdings nicht: Evje ist nämlich die Mineralien-Hochburg Norwegens. 1844 ging die erste Nickelgrube in der Umgebung in Betrieb. Der Abbau des Schwermetalls förderte nach und nach die unterschiedlichsten Mineralien zutage: Quarze, Feldspate, selbst seltene Arten. Die Mineraliengruben, die ab 1880 rund um Evje entstanden, waren in ihrer Anfangszeit kommerziell ausgerichtet: Das abgebaute Gestein exportierte man zum Teil nach England und Deutschland, wo es für die Porzellanherstellung Verwendung fand. Je bekannter die Gruben von Evje wurden, desto mehr Geologen aus allen möglichen Ländern fanden sich ein, um ihren Forscherdrang auszuleben. Auch wenn der systematische Grubenbetrieb eingestellt ist, kann man trotzdem auf ihren Spuren wandeln.

■ Südlich von Evje liegt, bei *Horn-*

nes, der **Setesdal Mineral Park**. Den Mittelpunkt bilden in den Bergfels gesprengte »Grubengänge«, in denen eine ansehnliche Sammlung an Mineralien (wie in einem Aquarium) ausgestellt ist. Daß nicht nur rohes, sondern auch von Künstlern bearbeitetes Gestein gezeigt wird, lockert die Ausstellung wesentlich auf; was es da zu sehen gibt, können sich Mineralien-Laien im voraus nicht vorstellen. Auch Gerätschaften aus der Grubengeschichte gehören zur Sammlung.

Zudem können Sie die »Mineralkort« erstehen, mit der Sie selbst zur Schatzsuche in umliegenden Gruben (= Steinbrüchen) aufbrechen dürfen; siehe unten.

Die Anlage wird zur Sommerzeit als Freizeit- und Ausflugsziel hochgepusht, indem man eine parkähnliche Landschaft herrichtete, die ein paar Bildhauern Lohn und Brot gab, wo gebadet, geangelt werden kann sowie Kanus und Ruderboote bereit liegen.

■ In den **Gruben** des Umlands können Sie also selbst dem Gestein zu Leibe rücken. Die **Flåt**-Gruben, östlich von Evje, waren im 19. Jh. das größte Nickelgruben-Gebiet in Europa: im Schlepptau folgten Mineralabbau und die Geologen. Wer hier den Hammer schwingen mag, muß sich erst eine »Mineralkort« im Evje-Touristenbüro zulegen, bevor es, an der Kirche vorbei und der Beschilderung folgend, ins Grubengebiet geht. Der Pfad *Mineralsti* erschließt insgesamt vier Gruben, darunter den *Citrin*-Bruch, der unverändert wunderbare Bergkristalle preisgibt. Wer weiß, vielleicht stoßen Sie ja auf einen Edelstein. 15.5.–15.9. tägl. 9–17 Uhr.

Südöstlich von Evje, und damit auch südlich vom Setesdal, liegt ein weiteres Grubengebiet bei **Iveland**; für die Steinbrüche **Knipan** und **Håland** bekommen Sie die Zugangskarten im »Setesdal Mineral Park«. Im Dorfgemeinschaftshaus von Iveland ist eine Mineraliensammlung zu besichtigen. Auf der erwähnten »Setesdal-Erlebniskarte« wird eine Rundschleife vorgestellt, die von Evje und Flåt nach Iveland und zurückführt.

■ Wieder in Evje, und damit endet das Mineralien-Kapitel, bleibt noch das Heimatmuseum **Fennefoss Museum**, das die dritte größere Mineraliensammlung in dieser Region präsentiert und auch von der lokalen Bergbaugeschichte zu berichten weiß. Keine Geringere als die Physikerin und Nobelpreisträgerin *Marie Curie* bestellte für ihr Laboratorium radioaktiv strahlende Mineralien aus den Gruben bei Evje. Von Mitte Juni bis Mitte August täglich 13–18 Uhr.

■ **Wildwasser-Rafting** auf dem Fluß Otra, flußaufwärts im Setesdal, organisiert »Troll Mountain«, Kirkebygda in Evje. Während der Saison kommen täglich Touren zustande, die in Schwierigkeitsgrad und Dauer variieren: von der anstrengenden Tagestour, kombiniert mit einer Free-climbing-Einlage, bis zum Familienausflug, von 3 bis 6 Stunden. Information unter Tel. 3793 1334, 3809 3160, 9456 2901. Ein zweiter Anbieter in Evje ist

»Viking Adventures«, Tel. 3793 1303, Fax 3793 1563.

»Troll Mountain« hat außerdem Bibersafaris, Kanutouren, Free-climbing-Kurse und im Winter Tourenskilauf im Programm, »Viking« zudem Wasserskilauf, Paragliding, Mountain-bike-Touren, Kurse für Kajakanfänger sowie kombinierte Ausflüge.

Unterkunft
■ **Dølen Hotel**, Tel. und Fax 3793 0200. 1.6.–31.8. mit Fjord Pass (B) EZ 480 NOK, DZ 660 NOK, sonst EZ ab 525 NOK, DZ ab 625 NOK. Am Fluß Otra gelegen, ein gutes Angelgewässer. Spielplatz.
■ **Grenaderen Motell**, Tel. 3793 0400, Fax 3793 1370. EZ 445 NOK, DZ 495 NOK. Swimmingpool im Freien, Angeltips.
■ Jugendherberge **Evje Vandrerhjem**, Hornnes, Tel. 3793 0422, Fax 3793 0423. Nur 25.6.–12.8. Mitglieder im EZ 125 NOK, im DZ 200 NOK. 12 EZ, 48 DZ. Frühstück 50 NOK. Keine weiteren Mahlzeiten.
■ **Hornnes Camping**, Hornnes, Tel. 3793 0305. Preisniveau Camping: 2. Unweit des Mineralienparks, an der Otra. Eigener Badestrand, Kanu- und Bootsvermietung, Angeln. W. Spielplatz. Kiosk.
■ **Evje Camping og Hytteutleie**, Hornnes, Tel. 3793 3919. 1.5.–1.10. Preisniveau Camping: 2. 14 Hütten für 2–4 Personen ab 200 NOK. Relativ schlichter Platz. Kiosk.
■ **Odden Camping**, Evje, Tel. 3793 0603. Ganzjährig geöffnet. Preisniveau Camping: 2. 8 geräumige Hütten um 275 NOK. Hübsche Anlage mit Wiese und Bäumen, Nebenstraße am Otra-Westufer. Baden, Kanu- und Bootsvermietung, Angeln. Spielplatz. W & T. Kiosk und Kafeteria.

Von Evje nach Valle

Die Eiligen halten sich auf ihrem Weg gen Norden strikt an die Str. 39. Bis Valle besteht aber fast durchgehend die Möglichkeit, nicht auf der 39, sondern auf der jeweils anderen Seite der Otra – und der Seen, zu denen diese sich streckenweise verbreitert – auf schmalen, löchrigen, unbefestigten Wegen zu fahren. Es sei betont, daß sich diese Sträßchen wirklich nur für diejenigen eignen, die viel Zeit und ein überschaubares Fahrzeug mitbringen.
■ Einer der schönsten dieser Abschnitte beginnt gleich in Evje und führt für ein paar Kilometer nahe am **Otra-Westufer** entlang. Die holprige, enge Piste windet sich durch den Wald – sofern die Baumkiller nicht wieder Schneisen geschlagen haben –, so daß dem Lenkradhalter kaum eine Sekunde bleibt, der Schönheit der Natur zu frönen. Es ist – und mit dieser Bezeichnung gehe ich sparsam um – eine traumhafte Landschaft, mit der Otra in ihrer Mitte, einmal ruhig fließend, dann als Wasserfällchen über blanken Felsabwärts rauschend. Fortlaufend wagen sich kleine Landzungen in den Fluß hinein, bilden idyl-

lische Plätzchen für das Zelt und immer wieder eigen geformte Badestellen, mal Fels, mal auf Kies. Pfade schlängeln sich zu diesen Halbinseln, durch Beerensträucher und lichte Wälder. Wer ein Picknick in Erwägung zieht, muß einen geeigneten Parkplatz, eine Nische zwischen den Bäumen suchen, um die Straße nicht zu blockieren. Und es bleibt immer ein Fußweg, so daß die Ausrüstung keine allzu üppige Formen annimmt.

■ In der **Ortschaft Byglandsfjord** endete einst die Setesdalsbahn, die von 1896 bis 1962 in die Südmetropole Kristiansand verkehrte. Das Bahnhofsgebäude, im damals populären Schweizer Stil erbaut, ist als Wohnhaus erhalten. Zu den ortsansässigen Betrieben gehört eine (neuere) Sägemühle, deshalb die Lichtungen unterwegs. Heute wird das verarbeitete Holz, ebenso umweltfeindlich wie die maschinelle Rodung, mit Lastkraftwagen zu seinen Bestimmungsorten gebracht. Westlich der 300-Seelen-Gemeinde führt ein Sessellift hinauf, der im Sommer zeitweise nur in Betrieb ist; die aktuellen Zeiten erfragen Sie besser im Touristenbüro. Oben verlaufen ein paar Pfade über das Fjell.

■ Byglandsfjord markiert das Südende des gleichnamigen Binnensees – die Bezeichnung »Fjord« mag für einen See mißverständlich sein, ist aber geläufig in Norwegen. Der Byglandsfjord fungierte lange als Verkehrsweg. Wer mit der Eisenbahn gekommen war und weiter Richtung Norden wollte, stieg auf das Boot »**D/S Bjoren**« um, das bereits seit 1867 auf dem See verkehrte. Nachdem das Straßennetz durch das Setesdal verbessert worden war, mußte die Dampfschiffahrtslinie in den 50er Jahren eingestellt werden. Doch was in den 50ern zum Alteisen geriet, erlebt in den 90ern seine Renaissance: Inzwischen restauriert, begann das Dampfschiff 1994 wieder auf der alten Route zwischen Byglandsfjord, Bygland und Ose pendeln. Erfragen Sie den aktuellen Fahrplan bei einem der Touristenbüros.

■ Der **See Byglandsfjord** ist für Sonnenanbeter und Wassersportler wie geschaffen: Angeln, Baden, Kanu, Kajak, Rudern, Surfen, alles möglich. Die Campingplätze entlang seinem Ufer haben sich auf die (auch neuzeitlichen) Bedürfnisse eingestellt und können für ihre Gäste regelrechte Aktivferien organisieren: Wer den individuellen Badeplatz vorzieht, mag sogar eine winzige Sandbank aufspüren. Am Westufer setzt sich die oben beschriebene Holperpiste fort. Am Ostufer gibt es nun aber etwas zu versäumen, dort wo das Gebirge direkt ans Seeufer rückt und die Str. 39 für 600 Meter im Tunnel verschwindet (Info-Tafel vor der Einfahrt in den Tunnel).

■ **Wanderung:** Der Weg über das **Fånefjell** war eine jener kniffligen Strecken, die die Setesdals-Bewohner von der Außenwelt isolierte. Die erste Landverbindung zwischen Nord und Süd war wohl ein alter Reitpfad, der sich östlich der Bergspitze (745 m) durchmogelte. Ab 1855 führte ein waghalsiger Fahrweg mit bis zu 25prozentiger Steigung hinauf, auf dem fortan Kutschen ihren Dienst versahen; im Winter eine beschwerliche Angelegenheit für die verpflichteten Bauern, die auf solchen Routen eingesetzt waren; siehe auch unter »Sognefjord, Lærdal, Maristova«.

Dem Zeitalter der Automobile und, mehr noch, der Sprengtechnik ist der erste Tunnel zu verdanken, der ab 1923 das Vorwärtskommen erleichterte. Der heutige, 600 m lange Fånefjell-Tunnel wurde 1962 freigegeben.

Wer auf den Spuren der Talbewohner wandeln und den Fahrweg über das Gebirge bezwingen möchte, kann vom Parkplatz an der südlichen Tunneleinfahrt aus aufbrechen. Zu veranschlagen sind 1,5 Stunden; eine gute Kondition erleichtert den steilen Anstieg.

■ **Lauvland**, nördlich des Tunnels, ist der Ort im Setesdal, an dem sich die Frühjahrsboten der Natur zuerst einstellen sollen.

■ Wer rasch dem Charme von Heimatmuseen erliegt, wird in **Bygland**, der nächsten Ortschaft, das Freilichtmuseum *Bygland Tun* besuchen: Neben bäuerlichen Hofgebäuden (aus dem 17. und 18. Jh., darunter eine Räucherkammer, um 1650 gebaut) sei der 314 kg schwere Stein hervorgehoben, den ein einheimischer Kraftprotz im Rahmen eines Dorffestes gestemmt haben soll.

In Bygland ist auch die Lokalzeitung beheimatet: *Setesdølen* – der Setesdøler, wie sich die Talbewohner nennen – erzielt eine Auflage von immerhin mehr als 4000 Exemplaren.

■ Kurz hinter Bygland überquert die Str. 39 den Byglandsfjord und setzt sich an seinem Westufer fort. An dieser Stelle verengt sich der See zu einem (künstlichen) Kanal, wo seit 1869 die **Schleuse Storstraumen** den Höhenunterschied zwischen dem Nord- und Südteil des Byglandsfjords ausgleicht. An der Schleuse ist ein Rastplatz eingerichtet.

■ Am nördlichen Ende des rund 35 km langen Byglandsfjords stürzt sich, westlich des Ufers, der Wasserfall **Reiårsfossen** über mehr als 200 Meter bergab, wenn auch nicht im freien Fall und freilich zur Schneeschmelze wesentlich eindrucksvoller als im Spätsommer; das tollste Wasserfall-Erlebnis im Setesdal. Eine mautpflichtige Nebenstraße führt hinauf an den See *Reiårsvatnet*: schöne Aussicht und Wanderpfade.

■ Wandern können Sie auch im **Rysstad Turpark**, der westlich der kleinen Siedlung Rysstad hergerichtet wurde, zwischen Otra, Wald und Bergen, an Nebenfluß der Otra entlang. Wandern auf Pfaden und Forstwegen, an halb verfallener Wassermühle vorbei, schöner Blick unterwegs, auf dem höchsten Punkt; auch Rundwanderungen möglich.

■ Kulturhistorisches **Setesdalsmuseet** in **Rysstad**, Tel. 3793 6303. 15.6.–31.8. Mo–Sa 10–18 Uhr, So 11–18 Uhr, ab 15.5. und bis 15.9.

Mo–Sa 10–15 Uhr, So 13–17 Uhr, sonst Mo–Sa 10–15 Uhr.

»Nur« die Zentrale des Heimatmuseums; permanente und wechselnde Ausstellungen, zum Beispiel über die Trachten im Setesdal, sowie eine Schuhmacherwerkstatt. Die Freilicht-»Filialen« kommen noch, in *Tveit* und *Rygnestad,* wobei letztere die interessantere ist.

In Rysstad stand früher einmal eine Stabkirche. Ihr verziertes Portal zog in den Osloer Museenpark um. Die Kopie können Sie sich in Sylvartun anschauen; siehe unten.

■ Bei **Nomeland** zweigt links die Hochlandstraße nach Suleskar ab, die im Sommerhalbjahr eine flotte Verbindung in den Südwesten um Stavanger ermöglicht; Wintersperre von November bis Mai.

■ Hinter der Abzweigung folgt **Sylvartun**, das Vermarktungszentrum für Setesdals Kultur und Kunsthandwerk schlechthin. Sie können einen Blick in die Werkstatt von Silberschmied *Torleiv H. Bjørgum* werfen und bei der filigranen Arbeit zuschauen. Ob Sie eine Kopie aus der landesweit größten Silberschmucksammlung erwerben, hängt allein von Ihrem Geldbeutel ab.

Im Konzertsaal werden Folklore und Volkstanz dargeboten, ebenso wie klassische Konzerte. Etwas Besonderes ist die Sammlung von Hardangerfideln. Wechselnde Kunstausstellungen werden arrangiert. Die Geschichte des Bauernhofs Sylvartun reicht bis 1673 zurück.

20.5.–1.10. Mo–Sa 10–18 Uhr, So 11–18 Uhr. Ausstellungen (und Kafeteria) nur 15.6.–20.8. Volkstanz und -musik 25.6.–10.8. Mo, Do 14.30–15 Uhr, Konzerte verschiedener Art 1.7.–31.7. Mo–Sa 13–13.30 Uhr. Tel. 3793 6306.

■ Das in den Felsen gesprengte **Wasserkraftwerk Brokke** kann zwar besichtigt werden, doch allzu viel geben solche Rundgänge nicht her. Führungen 15.6.–15.8. Mo, Mi, Fr um 13 Uhr; Anmeldung im Touristenbüro Valldal.

■ Kurz vor Valle liegt das Gehöft **Tveitetunet**, einst Wohnsitz des Bauern *Olav Knutsson Tveiten,* der das Setesdal 1814 in Eidsvoll vertrat, als die Nationalversammlung die norwegische Verfassung verabschiedete. Bis 1955 war der Hof bewohnt; 1969 faßte man den Entschluß, ihn als Freilichtmuseum zu bewahren. Die ältesten Holzbalken des Wohnhauses, das zwischenzeitlich erweitert wurde, stammen immerhin aus dem Jahr 1596, der Loft daneben aus 1645. Die anderen Gebäude wurden nach Tveiten versetzt, nachdem das Setesdalsmuseum das Anwesen übernommen hatte. Und wieder Verkauf von Kunsthandwerk. 25.6.–12.8. Führungen täglich 11–17 Uhr, Ausstellung über Valle 10–19 Uhr. Alljährlich große Mittsommer-Feier in Tveiten.

Unterkunft
■ **Revsnes Hotell**, Byglandsfjord, Tel. 3793 4300, Fax 3793 4127. 1.6.–31.8. mit Fjord Pass (C) EZ 530

NOK, DZ 780 NOK, sonst EZ 620 NOK, DZ 800 NOK. Boots- und Fahrradvermietung, Angeltips.

■ **Neset Camping**, Byglandsfjord, Tel. 3793 4255 und 3793 4050. Ganzjährig geöffnet. Preisniveau Camping: 3. 20 Hütten ab 250 NOK. Gleich nördlich von Byglandsfjord, nett auf einer Landzunge im Årdalsfjord gelegen, trotzdem die Str. 39 hörbar. Viel Platz, viel Betrieb, zumindest in der Hauptsaison. Vom Standard her die beste Anlage weit und breit, alles vorhanden. Vermietung von Fahrrädern, Kanus und Ruderbooten, Surfbrettern. Angeln möglich, Arrangements für Aktivferien im Zeitgeist, Wasserski, Rafting und Paragliding etwa.

■ In **Longerak**, am Ostufer des Byglandsfjords, zwei Campingplätze: *Longerak Hyttesenter og Camping*, Tel. 3793 4950. Ganzjährig geöffnet. Preisniveau Camping: 2. Hütten ab 200 NOK. Auch Zimmer. Der besser ausgestattete und teurere Platz. W & T. Baden, Kanus, Boote. Kiosk. – *Søbø Camping*, Tel. 3793 4930. Für Anspruchslose oder Preisbewußte. Baden und Ruderboote. Kiosk.

■ **Bygland Camping**, Bygland, Tel. 3793 5281. Auf historischem Terrain, einem Gräberfeld aus der Wikingerzeit, und im 18. Jh. befand sich hier eine Station auf dem Kutschenweg durch das Tal. Nun gelten Wasserfreuden: Baden, Ruderboote, Surfbretter. W & T.

■ Unweit vom Wasserfall **Reiårsfossen** zwei weitere, nett am Wasser gelegene Campingplätze: *Reiårsfossen Camping,* der etwas ruhigere, und *Støyleholmen Camping,* der etwas komfortablere. Rund 15 Kilometer Åraksfjord sind in Richtung Süden zu erobern. Nr. 1: Tel. 3793 5891 und 3793 5894. Nr. 2: Tel. 3793 5874.

■ **Ose Turistheim**, Ose, Tel. 3793 5885. 15.6.–15.8. EZ 300 NOK, DZ 450 NOK. Ose liegt nur einen Sprung nördlich von Reiårsfossen.

■ **Rysstad Feriesenter**, Rysstad, Tel. 3793 6130. Ganzjährig geöffnet. Preisniveau Camping: 2. Campinghütten ab 175 NOK, Ferienhütten ab 350 NOK. W & T. Baden, Angeln, Vermietung von Ruderbooten und Fahrrädern. Spielplatz. Kiosk, Snacks.

Valle

Mit rund 1400 Einwohnern ist Valle die zweitgrößte Ortschaft im Setesdal (nach Evje) und dessen Verkehrsknotenpunkt. Nahe Valles zweigen die einzigen beiden Überlandstraßen ab, die das Setesdal mit den im Westen (Sirdal, Hunnedal, Stavanger) und den im Osten (Telemark) angrenzenden Landesteilen verbinden.

Daß Valle bereits zur Wikingerzeit ein Zentrum war, lassen die Grabstätten vermuten, die (vor allem nahe der Kirche) aufgespürt wurden. Die Grabfunde legen nahe, daß sich hier ein Handelsplatz befunden haben dürfte; angesichts der topographischen Lage leicht verständlich: Um Valle weitet sich das Setesdal aus, zwar begrenzt von steilen, Eiszeit-gezeichneten Bergwänden, aber doch breit genug für landwirtschaftliche Zonen, die sich ein Stück den Hang hinaufziehen, wo Klima und Boden ohnehin günstiger sind. Ackerbau, Vieh- und Forstwirtschaft sind die traditionellen Erwerbszweige; das Korn soll von besonderer Qualität sein. Der größte Arbeitgeber ist der Kraftwerksbetreiber »I/S Øvre Otra«, wie so häufig in ländlichen Regionen des Wasserkraft-Staates Norwegen. Eher ungewöhnlich, wenn auch typisch für das Setesdal, ist die hohe Zahl an Arbeitsplätzen im Kunstgewerbe.

Denn Valle ist auch ein Zentrum der Kunsthandwerks, wie mehrere Silberschmieden, Töpfereien und Kunstgewerbeläden dokumentieren. Manche Schmieden und Läden produzieren bzw. führen nur historisch angehauchten Silberschmuck, wie er seit Generationen die Trachten der Setesdøler ziert; es gibt auch unkonventionelle, modernere Formen in den Auslagen. Doch mit Silberwaren allein ist es nicht getan:

■ **Setesdal Husflidsentral** ist der größte Laden weit und breit, der im Setesdal gefertigte Handarbeiten und Kunstgewerbe führt – das als Information, nicht als Wertung. Unter der Kleidung, die sich in finanzierbarem Rahmen hält, seien besonders Strickwaren genannt: Jacken und Pullover, auf Wunsch Kragen, Blende und/oder Bündchen in Setesdals-eigenen Mustern verziert. Trachten sind ebenso zu erstehen wie Silberschmuck, Web- und Holzarbeiten. In der Ferienzeit sind diverse Aktivitäten angesagt, wenn Sie zum Beispiel dem Backen von Fladenbrot und Waffeln beiwohnen können. Mit dem Überfall von Bustouristen muß jederzeit gerechnet werden. Ganzjährig Mo–Sa geöffnet. Tel. 3793 7308.

■ Ansonsten ist Valle ein zwar schöner, aber ereignisarmer Fleck. Nett anzusehen die **Hängebrücke** (1930) unweit der Kirche, die die Otra-Stromschnellen *Prestefossen* überquert. Auf der Westseite des Flusses erhebt sich ein großer Grabhügel.

Unterkunft
■ **Valle Motell & Camp,** Tel. 3793 7127, Fax 3793 7437. 1.6.–31.8. EZ 450–525 NOK, DZ 560–600 NOK, sonst EZ 425 NOK, DZ 530 NOK. Originelles Motel in urig-gemütlich alter Holzbauweise. Tips zum Forellenangeln.

■ **Bergtun Hotell,** Tel. 3793 7270. EZ 370 NOK, DZ 500 NOK. Tips zum Forellenangeln. Fahrradvermietung.

■ **Vallarheim Turistheim,** Tel. 3793 7118. EZ 250–300 NOK, DZ 425 NOK. Früher eine Station auf dem Nord-Süd-Kutschenweg (1846).

■ In und um Valle gleich vier **Campingplätze**. Wählen Sie nach Lust und Augenmaß.

Von Valle nach Hovden

Die Str. 39 erreicht, 9 km hinter Valle, *Rotemo* und *Flateland,* wo die Str. 45 nach Dalen in der Telemark abzweigt. In Flateland erstreckt sich ein großes Gräberfeld, dessen Erforschung viel zur Setesdal-Geschichtsschreibung beitrug. Ein Fahrweg bringt Sie zu einem jüngeren Ort der Lokalhistorie:

■ Das Gehöft **Rygnestadtunet** ist die zweite Freilichtabteilung des Setesdalsmuseums. Die meisten Gebäude stammen aus dem 19. Jh. Das Schmuckstück aber ist der Loft, der um 1580 errichtet worden sein dürfte. Jünger, aber genauso beeindruckend der dreigeschossige Speicher neben dem Wohnhaus. Wegen der Vielfalt der Gebäude und der erhaltenen Einrichtung ist Rygnestadtunet das interessanteste Freilichtmuseum im Setesdal. Der Hof soll übrigens auf den ersten Sagenhelden des Tals zurückgehen, *Vonde-Åsmund Rygnestad,* der von zirka 1540 bis 1610 gelebt haben soll und über den phantastische Versionen kursieren. Vielleicht erfahren Sie während der Führung mehr über ihn. Seine Nachfahren jedenfalls lebten bis 1917 auf Rygnestadtunet; das ist erwiesen. Führungen im Juli täglich 10–18 Uhr, ab 15.6. und bis 15.8. 11–17 Uhr.

■ Ein berüchtigtes Verkehrshindernis vergangener Zeiten steht nun bevor, wenn sich das Setesdal zu einer Schlucht verengt: Bis 1878 gab es nur eine einzige Verbindung zwischen Norden und Süden, den abenteuerlichen Pfad **Byklestigen** über das Gebirge. Abenteuerlich nicht nur, weil der Steig am Abgrund entlangführte, sondern auch, weil sich Wegelagerer an dem Nadelöhr postierten, um auf rüde Art am mittelalterlichen Handelsaustausch teilzuhaben. 1878 war die Sprengtechnik reif, um eine Trasse am Otraufer zu schaffen. Inzwischen hat auch dieser schmale Weg ausgedient, indem die Setesdalsstraße zwei Tunnel durchquert.

Der Byklestig kann heute gefahrlos begangen werden: Treppen und Geländer haben den Weg entschärft, und da nur etwa 1 km des alten Pfads verblieb, gerät der Byklestig rasch zur Kurzetappe eines Sonntagsausflugs.

■ Die Str. 39 knickt nach Nordosten ab und trifft in der Ortschaft Bykle ein. Die **Bykle Kirke** ist eine der kleinsten des Landes, zum zweiten die älteste im Tal (1619) und zum dritten mit farbenfrohen ornamentalen Wandmalereien (1826) geschmückt, die zum Teil vom Rosenmaler *Aslak Vasshus* stammen. 15.6.–15.8. Mo–Fr 10–18 Uhr, Sa, So 12–18 Uhr, sonst nach Absprache: Tel. 3793 8101. Eintritt 10 NOK.

■ Das Freilichtmuseum **Huldreheimen** müssen Sie, nach Rygnestad, nun wirklich nicht besichtigen. Der Abstecher lohnt trotzdem der schönen Aussicht auf das Tal wegen.

■ Vom größten Arbeitgeber der Region, der Kraftwerksgesellschaft »I/S Øvre Otra«, war bereits die Rede.

Ihre eindrucksvollste Hinterlassenschaft ist der **Staudamm** des Sees **Vatndalsvatnet**, ab der Kreuzung *Berdals bru* über eine Nebenstraße zu erreichen. Wer mag, kann auf dem 125 m hohen Damm lustwandeln und über den See nach Westen blicken: Fast die gesamte Gebirgsregion bis hinüber ins Fjordland durchziehen aufgestaute Seen, unterirdische Kanäle und Kraftwerksstationen, die von der staatlichen Gesellschaft »Statkraft« betrieben werden. Allein der 82 km² große Blåsjø, aufgestaut durch neun Dämme, hat eine Kapazität von drei Million Kubikmetern, die in trockenen Monaten Engpässe in ganz Norwegen ausgleichen helfen. Das Wasserkraftwerk Kvilldal, drüben in Rogaland, liefert die landesweit größte Energiemenge aus Wasserkraft, ist darauf ausgerichtet, auch Ballungszentren entfernter Regionen zu versorgen. Inzwischen regt sich allerdings Widerstand gegen die Pläne, weitere Anlagen in dieses Gebirge zu setzen. »Statkraft« will seine Kapazität für den Stromexport erhöhen; die Gegner sehen, und auf einer Landkarte ist das leicht nachzuvollziehen, die letzten unberührten Areale im Südwesten des Landes bedroht.

Unterkunft

■ **Bykle Gjestegård**, Bykle, Tel. 3793 8300. 1.5.–30.9. EZ 545 NOK, DZ 790 NOK. Preisnachlaß je nach Saison.
■ **Byklestøylane Camping**, Byklestøylane, Tel. 3793 9124. 1.6.–31.8. Preisniveau Camping: 2. Hütten ab 180 NOK. Rund 5 km nördlich von Bykle.

Hovden

In Hovden befindet man sich auf 850 m ü. d. M. Eine Höhenlage, die Zeltschläfer auch in Sommernächten zu spüren bekommen können. Der sanfte Liebreiz des südlichen Setesdals ist dahin, die Vegetation merklich karger. Die Berge machen's möglich, daß Hovden in erster Linie als Wintersportort bekannt ist. Um Hotelbetten und Hütten im Sommer ordentlicher auszulasten, hat man die ein oder andere Attraktion ersonnen, so das »Badeland« mit seinen 30 garantierten Wärmegraden, mit Wasserrutsche und Whirlpool u. v. a.

■ Der **Sessellift** westlich von Hovden ist in den Sommermonaten in Betrieb. Oben angekommen (1160 m), haben Sie eine prima **Aussicht** auf Fjell und Tal. Im Sommer 20.6.–20.8. Di, Do 12–14 Uhr, So 11–13 Uhr. Preis 40/30 NOK.

■ Seitdem man am Ufer des nahen Sees Hartevatnet die Überreste von rund 300 Holzkohlenmeilern und zudem einige Hausfundamente entdeckte, gehen Experten davon aus, daß hier etwa zwischen 850 und 1350 Sumpferz gefördert und zu Eisen verarbeitet wurde. Diese Entdeckung lieferte die Idee für das **Hovden Jernvinnemuseum**, das die Techniken jener abgehärteten Vorfahren anschaulich erläutern will. 15.6.–15.8. täglich 11–18 Uhr, sonst nach Absprache: Tel. 3793 8101. Eintritt 10 NOK.

Unterkunft

■ **Hovdestøylen Hotell & Hyttetun**, Tel. 3793 9552, Fax 3793 9655. 1.6.–31.8. mit Fjord Pass (C) EZ 530 NOK, DZ 760 NOK, sonst EZ 690 NOK, DZ 980 NOK. Auch Hütten: 350 NOK. Best-Western-Hotel mit fast allen Schikanen, Restaurants und Salons. Swimmingpool. Kanu- und Bootsvermietung, Angeltips.

■ **Hovden Højfjellshotell**, Tel. 3793 9600, Fax 3793 9611. Sommer-Preise mit Scandinavian Bonus Pass EZ 530 NOK, DZ 750 NOK, sonst EZ 680 NOK, DZ 860 NOK, noch höher von Februar bis nach Ostern, zur Skifahrerzeit. Swimmingpool. Bootsvermietung, Angeltips.

■ **Hovden Appartements & Hotell**, Tel. 3793 9606, Fax 3793 9788. Nur 1.1.–31.10. geöffnet. EZ 320–430 NOK, DZ 400–590 NOK, Appartements für 2 Personen 350–440 NOK, 4 Personen ab 630 NOK. Die höheren Preise im Juli. Swimmingpool. Angeltips.

■ Jugendherberge **Hovden Vandrerhjem**, DNT-Hovdehytta, Tel. 3793 9522. Nur 1.6.–10.10. Für Mitglieder Preis pro Bett 125 NOK. DZ bis 4-Bett-Zimmer, insgesamt 54 Betten. Frühstück 50 NOK, Lunchpaket 35 NOK, Abendessen 80 NOK.

■ Zum Kampieren ist den meisten Gästen ein wenig frisch. Dafür gibt es eine Menge Anbieter von **Hütten**. Sie brauchen eigentlich nur den Symbolen am Straßenrand zu folgen. Für eine Campinghütte dürfen Sie mit 250–300 NOK und für eine Ferienhütte mit 350–400 NOK rechnen, im Juli eventuell mehr. Hovden ist fürwahr ein teures Pflaster.

Weiterreise

■ **Bus:** Mit Lokalbussen und Überlandverbindungen nordwärts nach Haukeligrend, ab dort Weiterfahrt ins Fjordland nach Haugesund, Odda am Sørfjord, Voss oder Bergen (494 NOK) möglich. – Südwärts nach Kristiansand oder Arendal; siehe oben unter »Transport«.

■ **Auto: Ins Fjordland.** Von Hovden nach Haukeligrend, ab dort auf der Straße 11 gen Westen über eine rauhe Gebirgslandschaft; nach kurzer Zeit ist die Baumgrenze erreicht. Die Ost-West-Verbindung war aufgrund ihrer extremen Gefällstrecken mit engen Kehren und hartnäckigen Schneefeldern stets gefürchtet, bis ein Tunnelband in den 70er Jahren ersten üblen Passagen entschärfte. Hinter *Haukeliseter* beginnt der 5688 m lange Haukeli-Tunnel, der, streng genommen, aus zwei Tunneln besteht. Dieser zweite Abschnitt spart die **Dyrskar**-Paßstraße aus, die mit 1148 den höchstgelegenen Punkt der früheren Verbindung markierte. Im Sommer kann die alte Straße befahren werden, oft genug ein Abenteuer in Nebel und Kälte, Fels und zwischen Schneefeldern, die in dieser unwirtlichen Landschaft beste Chancen haben, die »warme Jahreszeit« zu überstehen. Und es geht weiter, Schlag auf Schlag: Nur unscheinbare 800 m mißt der Austmannlia-Tunnel, der dabei allerdings eine Kehre verbirgt. Die historische **Austmannlia**-Piste, um 1880 angelegt, brauchte dagegen 3,4 Kilometer, um in 7 scharfen Kehren und mit einem Gefälle bzw. einer Steigung von 1 zu 12 den Höhenunterschied zu überwinden. 5, manchmal nur 3,5 Meter breit ist diese waghalsige Strecke, über die sich bis in die 80er Jahre sogar der Lkw-Verkehr quälte. Im Sommer dürfen zumindest Pkw-Piloten in Nostalgie schwelgen. Gegen die Austmannlia-Piste war der Dyrskar-Paß ein harmloser Auftakt. Zur Erholung strapazierter Nerven geht es nun erst einmal hinab ins *Røldal* und in den gleichnamigen Ort, wo eine Stabkirche die Herzen der kunsthistorisch Interessierten in Wallung versetzt. Die **Røldal Stavkirke** dürfte im 13. Jh. erbaut worden sein, wobei der Innenraum im 17. Jh. mit Inventar im Renaissancestil versehen wurde, hervorzuheben Altartafel und Kanzel (1627). Dem Kruzifix, einem Relikt aus dem Mittelalter, wurde bis weit in protestantische Zeiten hinein heilbringende Wirkung zugeschrieben, so daß sogar (geheime) Messen mit Schwerkranken stattfanden. Und pünktlich zu jenen Messen entflossen dem Kruzifix seltsame Wasserperlen, die die Leiden der Bedürftigen lindern sollten. Daß es sich dabei um Kondenswasser gehandelt haben dürfte, das sich durch die Hitze in der überfüllten Kirche bildete, hätte kaum jemanden gestört. Der Glaube versetzt bekanntlich Berge. Jedoch nicht das *Røldalsfjell,* das die Straße 11 westlich von Røldal meistern muß. Von 380 m im Tal klettert sie bis auf 876 m. Zum dritten Mal können Sie auf den Schutz der abgasgeschwängerten Tunnel verzichten und sich dem Genuß einer altertümlichen Serpentinenstraße hingeben, diesmal die Passage zur Schlucht **Seljestadjuvet**. Wieder dürfen Motor und Bremsen im Sommer ihre Funktionstüchtigkeit beweisen, dürfen bei Gegenverkehr die Ausweichbuchten aufgesucht werden. Bei klarem Wetter hebt sich im Westen die Eiskappe des Folgefonn-Gletschers am Horizont ab, der auch während der folgenden Kilometer ab und zu ins Blickfeld gerät. An der Kreuzung *Steinaberg bru* müssen Sie sich entscheiden, ob Sie die Fahrt nach Südwesten oder ins innere Fjordland, zunächst nach Norden, fortsetzen; die meisten Urlauber nehmen die zweite Route, auf der, nach nur wenigen Kilometern, plötzlich Gischt über die Fahrbahn sprüht: **Låtefossen**, einer der spektakulärsten Wasserfälle Norwegens, stürzt direkt neben der Straße 13 zweiarmig vom Gebirge herab (164 m). Vorsicht bei der Anfahrt, denn vor lauter Begeisterung wählen die Amateurfilmer die unmöglichsten Positionen, um das tosende Naß im heimischen

Wohnzimmer präsentieren zu können. Rechts vom Wasserfall führt ein verborgener, kurzer Serpentinenpfad hinauf, wo man abwärts in die Wasserkessel blicken kann und nicht selten ein Regenbögelchen erwischt. Auf dem kleinen Wiesenplateau dort oben stand noch vor wenigen Jahrzehnten ein Haus. Die Straße 13 führt nach Odda; kurz zuvor ergibt sich linker Hand ein Blick auf die Gletscherzunge **Buarbre**. In Odda, einem Industriestandort mit prägnanten Gerüchen (Karbid), beginnt der schöne **Sørfjord**. An seinem Westufer setzt sich die Straße 550 fort, die über die Fährdörfchen in Utne und Jondal die Weiterreise nach Bergen ermöglicht. Die Straße 13 hält sich an das Ostufer des Fjords, durchquert mehrere Tunnel, um den »Obstgarten Eden« Norwegens zu passieren. Die Hänge oberhalb der Straße zieren Zehntausende von Obstbäumen, zur Blütezeit ab Ende Mai bis Juni ein Verwöhnen der Sinne. Nun ist es nicht mehr weit nach Eidfjord, an der innersten Verzweigung des Hardangerfjords; siehe dort. – Die Fahrt nach Südwesten ab Steinaberg bru finden Sie unter »Eidfjord, Weiterreise, Nach Stavanger« beschrieben.

Nach Stavanger. Ab Nomeland westwärts über Hochlandstraße von *Brokke* nach *Suleskar* (von November bis Mai Wintersperre). Weiter ab Suleskar entweder nach Lysebotn am gleichnamigen Fjord und ab dort im Sommer Autofähre nach Stavanger, oder durch Hunnedal und Øvstebødal; beides siehe unter »Stavanger, Ausflüge, Lysefjord«.

Nach Flekkefjord. Zunächst wie nach Stavanger, ab Suleskar nach Süden, ab *Svartevatn* auf Straße 468 durch das *Sirdal* südwärts bis nach *Tonstad,* ab dort auf Straße 467 am schmalen, langgestreckten See *Sirdalsvatn* entlang nach *Sira;* vor der Reststrecke erst unter »Flekkefjord, Ausflüge, Tronåsen« nachlesen, bevor Ihnen etwas entgeht. – Oder ab Evje auf Straße 42 westwärts und dann eine der Talstraßen Richtung Süden nehmen, nach Kvinesdal etwa oder direkt nach Flekkefjord, eventuelle Reststrecke auf der E 18.

Nach Kristiansand. Ab Evje südwärts auf Str. 39; die Landschaft weniger reizvoll als das Setesdal; unterwegs möglicher Besuch des »Setesdal Mineral Park« und der Mineralien-»Gruben« bei Iveland; siehe oben unter »Evje«.

In die Telemark. Auf Str. 45 über Hochland (830 m) und durch Wälder nach *Dalen,* Endstation des Telemarkkanals. – Nach Rjukan nordwärts auf den Straßen 38 (bis Åmot) und 37. Letztere berührt zweimal den See Møsvatn (900 m), herrliche Rastmöglichkeiten mit Seeblick. Die Straße erreicht mit 1000 m ü.d.M. ihren höchsten Punkt. Während der Abfahrt nach Rjukan gute Aussicht auf dieses langgezogene, schmale Tal unterhalb der Hardangervidda. Rechts am Hang das Wasserkraftwerk Vemork mitsamt den Rohrleitungen auf dem Hang; siehe unter »Rjukan«. – Oder, bei schönem Wetter eine Idee, nach Süden an die schönen Badeseen *Nisser* und *Fyresvatn*. — Oder: eine Traumstraße in die Telemark entdecken und als »Tip« für die nächste Ausgabe dieses Buches an den Verlag senden.

Mandal

Stranden in Sjøsanden

Norwegens bekanntesten Sandstrand findet man in Mandal: Der 800 m lange Sjøsanden erstreckt sich wenige hundert Meter südlich der City. Während der kurzen Badesaison von Juli bis Anfang August herrschen hier beinahe italienische Zustände. Doch außerhalb der Ferienzeit sind die Spaziergänger unter sich — abgesehen von ein paar Vertretern nordischer Widerstandskraft, die im kalten Wasser positiven Einfluß auf ihre Lebenserwartung nehmen. Sjøsanden grenzt an den Kiefernwald *Furulunden,* hinter dem sich der lokale Campingplatz erstreckt. Furulunden und der Park *Risøbank,* einst die Sommerresidenz vermögender Unternehmer, sind zu einem großen Erholungsgebiet zusammengefaßt, das die gesamte Halbinsel bedeckt und von Wanderwegen durchzogen ist. Wer auf den kleinen Felshügel südlich von Sjøsanden steigt, blickt auf die Schärenwelt und eben Mandal. Das Städtchen, das heute ca. 12.500 Einwohner zählt, wird vom Fluß *Mandalselva* in zwei Teile getrennt: Während auf der Westseite der hübsche Altstadtkern mit den typisch weißen Häusern thront, hat sich am Ostufer die Industrie niedergelassen. Direkt unterhalb dieses Ortskerns macht der Fluß einen Bogen und mündet in das Schärenmeer – genau an dieser Stelle beginnt Sjøsanden.

Einst gehörte Risøbank zu den ersten Siedlungen in der Region. Doch im 16. Jh. verlagerte sich das Ortszentrum nach Norden zum Fluß hin, der für das Flößen wie geschaffen war. Holz war damals neben dem Fischfang *die* Einnahmequelle: Die Transportschiffe segelten hauptsächlich nach Holland, denn die aufstrebende, aber waldarme Macht nahm alles, was sie bekommen konnte, um Schiffe, Deiche und Fundamente für neue Siedlungen bauen zu können. Den Rohstoff lieferten die ausgedehnten Eichenwälder Südnorwegens; Ortschaften wie Mandal und Flekkefjord stiegen zu Drehscheiben im Holzhandel auf.

Die Gründung der Stadt Kristiansand 1641 bedeutete einen herben Rückschlag für Mandal, weil die Handelstätigkeit in dem königlich protegierten Emporkömmling zentralisiert werden sollte. Da Mandal trotzdem wuchs, verfügte der dänische Beamtenapparat 1688, daß alle nach 1672 errichteten Häuser abzutragen und in Kristiansand wieder aufzubauen seien. Zu eliminieren jedoch war die gewachsene Ortschaft nicht. Es folgten die üblichen Höhen und Tiefen, bis Mandal 1779 endlich eigene Handelsrechte zugestanden bekam. Ende des 19. Jhs. ermöglichten Handel, Werften und Sägewerke, eine Paraffinfabrik und andere Handwerksbetriebe einen bescheidenen Wohlstand in der Stadt, den das Ende der Segelschiffahrt wiederum unterbrach. Der Bau eines Elektrizitätswerks 1909 schuf endlich die Grundlage, um Industriebetriebe in großem Stil anzusiedeln. Mandal bekam einen Stadtbebauungsplan verpaßt, dem die heutige Mischung aus ansehnlicher, bewahrter und funktionaler Bebauung zuzuschreiben ist.

Gleich vier bekannte Künstler wurden im 19. Jh. in der Region Mandal geboren: die Maler *Adolph Tidemand* (1814–1876), *Amaldus Nielsen* (1838–1932), *Olaf Isaachsen* (1835–1893) und der Bildhauer *Gustav Vigeland* (1869–1943). Vigelands Vater war Möbelschreiner, so daß Klein-Gustav frühzeitig mit dem Schnitzmesser umzugehen verstand. Sein berühmtestes Werk sind die Skulpturen im Osloer Frognerpark (die allerdings aus Stein und Bronze gefertigt sind). In seinen späten Jahren kehrte Gustav Vigeland regelmäßig an die Sørlandküste zurück, wo er ein Sommerhaus zwischen Mandal und Kap Lindesnes bezog.

In den 20er Jahren folgten mehr und mehr Norweger dem Beispiel Vigelands und bauten sich Sommer- und Wochenendhäuser auf den Schären und Holmen rund um Norwegens Südspitze. Die Halbinsel von Furulunden wurde als Naturpark ausgewiesen, Sjøsanden als Badestrand populär, und der Campingplatz entstand. Der Tourismus hatte Mandal entdeckt.

Information
■ **Turistkontoret for Region Mandal**, Adolph Tidemandsgate 2, N-4500 Mandal, Tel. 3826 0820, Fax 3826 3066. 15.6.–15.8. Mo–Fr 9–19 Uhr, Sa 10–15 Uhr, So 13–17 Uhr, sonst Mo–Sa 10–17 Uhr. Organisiert Stadtwanderungen (siehe unten), vermittelt Teilnahme an Ausflugsfahrten in die Umgebung.

Unterkunft

■ **Inter Nor Solborg Hotel**, Neseveien 1, Tel. 3826 6666, Fax 3826 4822. Etwa 25.6. bis 10.8. EZ 565 NOK, DZ 830 NOK, sonst EZ ab 795 NOK, DZ ab 850 NOK, weekend EZ ab 445 NOK, DZ ab 815 NOK.

Zimmer mit gemütlichem Mobiliar, teils etwas altbackene Farben, vorher anschauen. Das einzige Hotel mit Normalstandard in Mandal, unansehnliches Betonviereck. Feines Restaurant »Stuene«, wohl das beste im Ort.

■ Jugendherberge **Kjøbmannsgaarden Vandrerhjem**, Store Elvegate 57, Tel. 3826 1276, Fax 3826 3302. 3.1.–22.12. Mitglieder im DZ 175 NOK, im Mehrbett-Zimmer 125 NOK. 15 Zimmer mit 50 Betten, davon 7 DZ. Frühstück 45 NOK, Lunch-Paket 35 NOK.

Liegt zentral an der Stadtbrücke. Restauriertes Holzhaus aus dem Jahr 1863, urige Atmosphäre, behaglicher Aufenthaltsraum.

■ **Sjøsanden Ferietun**, Fridtjof Nansens vei 6–8, Tel. 3826 6037, Fax 3826 0922. Appartements für 6–7 Personen, im Juli 1100 NOK, sonst 790 NOK.

Hübsche Ferienwohnungen in Speicherbauweise, zwei Schlafzimmer, mit Balkon und großer Fensterfläche. Neu, hell, strandnah und im Grünen, Nachteile: Vermietung bevorzugt wochenweise, Hörweite zur städtischen Industrie.

■ **Sjøsanden Feriesenter**, Sjøsandveien 1, Tel. 3826 1419. Camping von Ostern bis 30.9. Preisniveau Camping: 3. 16.6.–14.8. Motel-DZ 490 NOK, sonst 390 NOK, Appartements für 4-6 Personen 650–850 NOK im Sommerhalbjahr, sonst 550 NOK.

Erstreckt sich gleich hinter dem gleichnamigen Sandstrand, nur durch einen Kieferngürtel voneinander getrennt. In dem Wäldchen Zelten möglich, doch in warmen Nächten sind lärmige Alkoholpartys am Strand nicht ausgeschlossen. Weiter Platz, gute Sanitäranlage, W & T. Kiosk. Spielplatz. In der Saison öffnet der strandnahe »Sjøstjerna Kro« mit Diskothek. Sjøsanden ist eine schöne Ecke, aber kein Refugium von Ruhe und Einsamkeit.

Essen und Trinken

■ **Stuene**, Solborg Hotel, Neseveien 1, Tel. 3826 6666. Originell die Aufteilung in acht historisch angehauchte Stuben mit Sørland-Flair. Auch kleine Speisen und smørbrød im Angebot, doch vor allem die erste Adresse für feines Dinieren zu noblen Preisen. Chaîne des Rotîsseurs.
■ **Lodsen**, Store Elvegate 43–45, Tel. 3826 3376. Restaurant mit Weinstube in einem restaurierten Speicher aus dem 18. Jh. Mit den üblichen mächtigen Balken. Der Schwerpunkt liegt auf Frischem aus dem Meer, aber auch Pizza und Snacks möglich. Häufig Live-Musik, »Liedermacher« wie Bands. Hohes Preisniveau.
■ **Jonas B. Gundersen**, Store Elvegate 25, Tel. 3826 4600. Paßt mit seiner altmodischen Einrichtung in die Altstadtzeile. Bei schönem Wetter werden draußen flugs die Stühle aufgestellt. Bekannt wegen der saftigen Riesen-Pizza nach Hausmannsart, aber auch als Kneipe und Treff akzeptiert.

Ausflüge

■ Wer in Mandal ist, den/die zieht es in den **Schärengarten**, um eine Bootsfahrt, eine Angeltour mitzumachen oder sich einfach am Meer sattzusehen; mehr über solche Aktivitäten in der nächsten Rubrik, »Verschiedenes«. Ein besonders schönes Ausflugsziel in den Schären vor Mandal ist die Insel *Skjernøy* im Osten, einfach über eine Brücke zu erreichen, von wo aus die Rundfahrt auf der küstennahen Straße über *Tregde* beliebig fortgesetzt werden kann.
■ Wer, aus Kristiansand kommend, die Reise von Mandal aus nach Norden fortsetzen möchte, sollte zuvor noch das nächste Kapitel lesen, das **Kap Lindesnes** vorstellt, der südlichste Festlandspunkt von Norwegen.

Verschiedenes

■ **Stadtwanderung:** 20.6.–20.8. Abmarsch um 18 Uhr am Touristenbüro. Preis 30/0 NOK.
■ **Angeln:** Lachs und Meerforellen im Fluß *Mandalselva,* im letzten Jahrhundert das Ziel der ersten noblen englischen Angeltouristen, inzwischen durch saures Regenwasser aus den zufließenden Seen arg heimgesucht, 1.7.–15.9. 50 NOK pro Tag. Angelschein und Infos im Touristenbüro. – Hochseeangeln u. a. beim *Tregde Feriesenter,* rund 7 km östlich von Mandal an der Küste, Tel. 3826 8800.
■ **Baden:** Sandstrand *Sjøsanden,* wo sonst? – *Lillebanken,* auch für Körperbehinderte geeignet. – Budokka, Badeplatz mit Sprungturm am Skogsfjord.
■ **Bootsvermietung:** *Tregde Feriesenter,* rund 7 km östlich Mandals an der Küste, Tel. 3826 8800.
■ **Fahrradvermietung:** *Solborg Ho-*

tel, siehe oben. Dort auch Vorschläge für Ausflugsziele. – *Sykkelstallen,* Tel. 3826 5385.

■ **Tauchen:** *Mandal Dykkerservice,* Tel. 3826 3707. Service, Touren und Kurse. – *Sjøsanden Marina,* Tel. 3826 1545.

■ **Wandern:** Spaziergänge im Naturpark *Furulunden/Risøbank,* auf teils markierten Wegen. – Die Insel *Skernøy* liegt ungefähr 10 Kilometer östlich von Mandal im Schärengarten, Straßenverbindung. Infos über den lokalen Wanderweg beim Touristenbüro.

■ **Galerien:** Stadtmuseum *Andorsengåarden,* siehe oben. – Wechselnde Kunstausstellungen im Sommerhaus auf *Risøbank,* Juni bis August.

■ Stadtkirche **Mandal Kirke**, Halseveien. Täglich 11–14 Uhr, im Juli Mo geschlossen. Angeblich »Norwegens größte Holzkirche im Empirestil«; so kreiert man Superlative. Platz für 1800 Menschen.

■ **Stadtmuseum** Andorsengården, Store Elvegate, Tel. 3826 2011. Nur 1.7.–15.8. Mo–Fr 11–17 Uhr, So 14–17 Uhr. Eintritt 10 NOK.

Im Mittelpunkt stehen verbliebene Werke u. a. der Künstler, die wir in der Einleitung kennenlernten. So hinterließ ein Enkel des Landschaftsmalers *Nielsen* dem Stadtmuseum 50 Gemälde seines Opas. Einige Zimmer sind mit Originalmöbeln in Empire- und Biedermeier-Stil eingerichtet. Eigene Abteilungen befassen sich mit Seefahrt und Fischerei; zu sehen sind die üblichen Exponate wie Gemälde von Schiffen, Anker, Galionsfiguren usw. Die Industriegeschichte der Stadt wird durch Werkzeug und einzelne Gegenstände u. a. von Werften und der Paraffinfabrik wiederbelebt. Das Stadtmuseum ist in einem prächtigen Kaufmannshof (1801–05) untergebracht.

■ **Veranstaltungen:** *Skalledyrfestival,* das Schalentierfestival, meist am zweiten Augustwochenende. Krabben und Garnelen satt. Festmahl auf unendlichem Präsentationstisch. – Zwei *Musikfestivals,* Ende Juni und Mitte September.

■ **Postamt:** Marnaveien 33.
■ **Notarzt:** Tel. 3826 1555.
■ **Taxi:** Tel. 3826 2500.

Weiterreise

■ **Bus:** Nach Flekkefjord (95 NOK) über Lyngdal, Kvinesdal. – Nach Kristiansand (55 NOK). – Lokalbusse nach Tregde, nach Lindesnes über Vigeland u.a.

■ **Auto: Nach Flekkefjord** flott auf der E 18. Vor **Kvinesdal** eine wunderbare Aussicht hinaus auf das gleichnamige Tal, durch das sich fotogen ein Flüßchen in Richtung Meer windet; aber nicht die Kurve übersehen! Mögliche Abstecher, zunächst nach Lindesnes (siehe im nächsten Kapitel), oder ab Lyngdal auf den Straßen 43 und 465 nach **Farsund** und zum Leuchtturm **Lista fyr**, durch die exponierte Lage draußen an der Küste ein windiger, manchmal sogar rüder Kontrast zum gewohnt lieblichen Sørland in den geschützten Buchten.

Nach Kristiansand über die E 18, bei Schönwetter Abstecher zur Küste zu empfehlen.

Kap Lindesnes

2518 km zum Nordkap

Kap Lindesnes ist der südlichste Festlandpunkt Norwegens, also das Pendant zum mehr als 2500 Kilometer entfernten Nordkap. Es bildet den Zipfel einer rund 10 km langen Landzunge, die in die Nordsee ragt. Hier begegnen sich die Strömungen von Skagerrak (Ostsee) und Nordsee, vor der Dampfschiffära ein gefürchteter Abschnitt auf dem Seeweg zwischen Osten und Westen, auf dem man sich bei stürmischem Wetter nicht im Schutz der Schären vorwärtstasten konnte. Deshalb sichert ein Leuchtturm die heikle Stelle; mehr darüber unten. Im Sommer erwacht Leben an Norwegens Südkap, wenn das Restaurant und der unvermeidliche Souvenir-Kiosk öffnen und im alten Wärter-Wohnhaus Kunstausstellungen arrangiert werden.

Sturm und rauhe Brandung sind wahrlich keine seltenen Gäste an Kap Lindesnes. Wer auf der schmalen Straße hinaus zum Leuchtturm unterwegs ist, bemerkt unwillkürlich den Kontrast zu den gewohnt lieblichen Sørland-Metropolen: Der kaum erlahmende Westwind fegt über den kargen, ungeschützten Felsboden, auf dem nur genügsame Vegetationsformen bestehen. Die wenigen Siedlungen befinden sich folgerichtig auf der Ostseite der Landzunge. In *Lillehavn,* dem südlichsten Fischernest, wird (noch) Klippfisch getrocknet.

Leuchtfeuer im Sturm

Bevor Dynamit für den Wege- und Tunnelbau zur Verfügung stand, bedeutete eine Reise quer durch Südnorwegen eine beschwerliche wie zeitraubende Unternehmung. Mitunter acht bis zehn Täler und die sie trennenden Höhenzüge waren zu meistern, Lasten und Vieh über schmale, brüchige Pfade zu transportieren, häufig durch dünn besiedeltes Gebiet. Der Seeweg war weniger aufwendig, aber dafür gefährlich. Gerade Kap Lindesnes mit seinen aufeinandertreffenden Strömungen lehrte den Seeleuten das Fürchten, und nicht selten mußten sie im Schutz der Schären auf besseres Wetter warten. Zur Wikingerzeit war es sogar Brauch, die Schiffe bei Schlechtwetter über das Land zu ziehen; ein Kanal stand in Planung, wurde aber nie verwirklicht.

Nach zahllosen Unglücksfällen ließen sich 1655 die Behörden im fernen Kopenhagen endlich herab, ein Leuchtfeuer für Lindesnes zu genehmigen – freilich unter privater Verantwortung. Das Geld für den Bau hatten die Schiffe beizusteuern, die das Kap passierten. Es wurde in den Häfen eingezogen und an den Lehnsherrn von Lista weitergeleitet; was nach Abzug der Betriebs- und Lohnkosten übrigblieb, fiel an König Frederik III. Der äußerte sich, kein Wunder, enthusiastisch über das Projekt.

Doch es gab Probleme. Eigentlich hatte das Feuer mit englischer Kohle geheizt werden sollen, doch als der Turm im Oktober 1665 endlich stand, fand sich kein Kapitän, der in den Herbststürmen über die gefürchtete Nordsee segeln wollte. Notgedrungen verfiel man auf das bewährte, aber umständliche Verfahren mit Talg und Garn, einer Kerze ähnlich. 30 Wunderkerzen warteten auf ihren Einsatz, und sie warteten lange, denn nun mußte erst einmal ein Glaser aus Kristiansand kommen, um einen Schutz für das eher schwachbrüstige Licht zu konstruieren. Vom 27. Februar bis zum 10. April 1656 brannte das Feuer 7 Wochen lang zu festgelegten Zeiten. Die zweite 7-Wochen-Periode reichte von August bis Oktober; inzwischen war die englische Kohle eingetroffen. Doch es hagelte Beschwerden: über die Feuerwärter, die es mit den Zeiten angeblich nicht allzu genau nahmen, über die Hafenabgabe, über das Feuer selbst, das zu schwach brannte und mehr verwirrte als leitete, über die Hafenabgabe, über den Umstand, daß manche Skipper das Feuer der dänischen Küste zuordneten und stramm auf die norwegische Küste zuliefen, über die Hafenabgabe. Schließlich war man in Kopenhagen das Gezeter leid und stellte den Betrieb des Leuchtfeuers ein welche Posse.

1725 unternahm man den zweiten Versuch. Um den Skippern bei der Unterscheidung zwischen norwegi-

---

Norwegens südlichster Festlandspunkt: Kap Lindesnes mit Leuchtturm (oben); die Spitzkehren von Tronåsen waren einst Etappe der Rallye Monte Carlo (s. S. 220) ▶

schem und dänischem Festland behilflich zu sein, plazierte man auf der nahen Inseln *Markøy* ein zweites Leuchtfeuer – drüben im dänischen Skagen stand nur eines. Die Finanzierung orientierte sich an dem alten System; nur waren die Abgaben diesmal etwas moderater gestaltet.

1782 wurde das Leuchtfeuer »verstaatlicht«, 1799 ein neuer, 6 m hoher Steinturm gebaut, darauf der Feuerkessel plaziert, 1842 das Feuer auf Markøy stillgelegt, 1854 die erste Blinklicht-Apparatur installiert. 1915 war der alte Turm dermaßen baufällig, so daß man den (heutigen) gußeisernen Leuchtturm auf den Fels setzte, der 1920 mit einem Nebelhorn ausgestattet wurde. Neue Wohngebäude kamen hinzu, und 1954 ersetzte eine elektrische 1000-Watt-Lampe (Reichweite 19,5 Seemeilen) die mehrmals überholte Anlage.

Der Leuchtturm ist inzwischen automatisiert, das Wohngebäude in der Saison zur Kunstgalerie umfunktioniert. 1970 war die Straße zum Leuchtturm fertig, über die Jahr für Jahr annähernd 60.000 Besucher Kap Lindesnes ihre Aufwartung machen.

Information

■ **Turistkontoret for Region Mandal**, Adolph Tidemandsgate 2, N-4500 Mandal, Tel. 3826 0820, Fax 3826 3066. 15.6.–15.8. Mo–Fr 9–19 Uhr, Sa 10–15 Uhr, So 13–17 Uhr, sonst Mo–Sa 10–17 Uhr. Vermittelt Teilnahme an Ausflugsfahrten rund um Lindesnes und Mandal sowie landeinwärts.

■ **Turistkontor Vigeland:** 15.6.–20. 8. Mo–Fr 10–16 Uhr, Sa 10–16 Uhr, So 13–17 Uhr.

Unterkunft, Verpflegung

■ **Lindesnes Gjestehus**, Spangereid (12 km zum Kap, Busverbindung), Tel. 3825 9700. Ganzjährig geöffnet. DZ 450 NOK. Auch 4-Bett-Zimmer. Aufenthaltsraum, Gemeinschaftsküche, Waschmaschine.

■ Die **Campingplätze** liegen relativ windgeschützt an der Ostseite der Halbinsel und weiter landeinwärts, allesamt an der Straße 460 (Vigeland-Kap). Geöffnet etwa von Mitte Juni bis Mitte August, je nach Saison: *Furuholmen Camping,* Tel. 3825 6598. Der kompletteste (und teuerste) Platz, mit eigenem Bootsanleger, Bootsvermietung, Baden, Surfen, Angeln möglich. Aber keine Hütten. – *Njervesanden Ferie & Fritid,* Tel. 3825 9866. Hütten, kleine Mahlzeiten. Angeln und Baden möglich, siehe unten.

■ **Restaurant Havfruen**, Kap Lindesnes, Tel. 3825 8840. Gelungenes, da flaches, helles Gebäude mit Terrasse und großer Fensterfront; der weiß gekachelte Fußboden wirkt zwar etwas steril, ist wegen der häufigen Wetterwechsel eben funktional. Aparte Einrichtung mit Küsten-Flair, sowohl komplette Mahlzeiten als auch Lunch-Buffet und kleinere Gerichte. In der Saison täglich geöffnet, Frühjahr und Herbst nur an den Wochenenden.

Verschiedenes

■ **Leuchtturm** *Lindesnes fyr:* geöffnet solange Tageslicht. Mit dem Obolus soll ein Leuchtturmmuseum finanziert werden.

■ **Angeln:** Lachs und Meerforellen im Fluß *Audnaelva.* 1.6.–15.9. 30–200 NOK pro Tag. Angelschein und Infos im Touristenbüro von Mandal.

■ **Baden:** Als Nummer Eins gilt der Sandstrand *Njervesanden,* nahe Spangereid am Njervefjord (ausgeschildert).

■ **Galerien:** *Galleri Fyrmesterboligen,* im alten Leuchtturmwärter-Wohnhaus. 25.6.–20.8. Mo–Sa 10–16 Uhr, So 13–17 Uhr. Ausstellung mit Werken lokaler Künstler. – *Galleri Lindesnes,* an der Straße zum Kap, Tel. 3825 9680. Maler *Rolf Dybvik* ist wie kein anderer für Landschaftsmalerei in diesem Milieu prädestiniert: Als Sohn eines Leuchtturmwärters verbrachte er seine jungen Jahre auf verschiedenen Leuchttürmen entlang der norwegischen Küste. Seit 1974 schaut er auf Kap Lindesnes nach dem Rechten. – *Galleri Gustav Vigeland,* Vigeland-Zentrum, Tel. 3825 6700. 25.6.–20.8. Mo–Sa 10–16 Uhr, So 13–17 Uhr. Alles dreht sich um Gustav Vigeland, den wir aus den Kapiteln über Oslo und Mandal kennen.

■ **Heimatmuseum:** *Lindesnes Bygdemuseum,* Vigeland-Zentrum, Kombi mit Vigeland-Galerie, Tel. 3825 6700. Mo–Sa 10–16 Uhr, So 13–17 Uhr. Eintritt 20/10 NOK. Übliche Auswahl an heimatbezogenen Gegenständen, immer interessant die historischen Fotos, zudem eine Textilausstellung.

■ **Veranstaltungen:** *Olsokfeiring på Lindesnes fyr,* Fest auf dem Leuchtturmgelände, mit Unterhaltungsprogramm. Ende Juli.

■ **Transport:** Lokalbus von Mandal über Vigeland, Åvik, Spangereid, Lillehavn, Våge nach Lindesnes.

■ **Weiterreise:** siehe unter »Mandal«.

Flekkefjord

Klein-Holland mit acht Ecken

Eine zerklüftete Küste mit sanften, bewaldeten Höhenzügen, Inseln und Schären, mit zahlreichen schmalen Fjordarmen, die sich ins Landesinnere vorwagen – an einem dieser Fjorde liegt Flekkefjord, eine weitere (für uns die letzte) Perle an Norwegens Südküste.

Die hübsche Altstadt zwängt sich auf den Landstreifen zwischen dem Stadthügel *Lilleheia* und dem *Grisefjord,* der sich an dieser Stelle einem Fluß ähnlich verengt. Weiß gestrichene Holzhäuschen und schmale, pittoreske Gassen – das vertraute Sørland-Bild, und doch ist so einiges anders in Flekkefjord. Der Name der Altstadt, *Hollenderbyen* (Holländerviertel), reicht bis ins 16. Jh. zurück, als zwischen Flekkefjord und Holland ein reger Handel einsetzte. Lachs und Hummer, aber vor allem Stein und Holz als Baumaterial wurden tonnenweise Richtung Kontinent verschifft. Angeblich soll Amsterdam auf Holzpfählen norwegischer Herkunft errichtet worden sein, und auch der Schiff- und Deichbau verschlangen Unmengen des in den Niederlanden so raren Rohstoffs. Die Handelsverbindung sorgte dafür, daß holländische Kaufleute in Flekkefjord siedelten und daß Südnorweger sich als Matrosen, Handwerker, Knechte und Mägde in Holland verdingten; die Lebensbedingungen waren dort einfacher als in der Heimat, wo der karge Boden nur wenig abwarf und wo Fischfang und Handwerk nicht alle satt machten. Sowohl die holländischen Kaufleute als auch die heimgekehrten norwegischen Gastarbeiter hinterließen in Flekkefjord Spuren, die, selbst als der Austausch nachließ, seitdem bewußt gepflegt wurden und werden. Der niedlichen Zugbrücke nach »Grachten-Vorbild«, die ab 1856 die schmale Grisefjordenge überwand, nutzte alle Pflege nichts, als sie im Zweiten Weltkrieg übergewichtigen Militärfahrzeugen zum Opfer fiel.

Neben holländischen Möbeln erinnern vor allem die »acht Ecken« an die Vergangenheit: Zur Zeit des Barock auf dem Kontinent als architektonische Besonderheit populär geworden, fanden achteckige Bauwerke auch in Flekkefjord rege Würdigung. Obwohl nach mehreren Stadtbränden kaum noch Gebäude aus dieser Epoche stehen, hielten sich die acht Ecken im Stadtbild, wurden vielmehr bewußt bewahrt bis in die jüngste Vergangenheit: Die Kirche (1833) steht ebenso in der Tradition wie das »Grand Hotell« (1897) und weitere Wohn- und Geschäftsgebäude aus der Jahrhundertwende, der Musik-Pavillon an der Brogate (1929), daneben der Sommerkiosk des Touristenbüros und sogar die Blumenbeete, beides jüngeren Datums. Gegenüber, auf der anderen Straßenseite hinter der »Flekkefjord Sparebank«, steht im kleinen *Nedre Park* eine, natürlich, achteckige Fontäne. Und so findet Flekkefjord sich in unregelmäßigen Abständen in den Wochenendausgaben der Tageszeitungen wieder – als »die Stadt mit den acht Kanten«, wie es auf norwegisch heißt.

1835 war Flekkefjord Norwegens größter Exporthafen für Hering: 135.000 Tonnen bedeuteten einen Anteil von mehr als 30 % der Gesamtausfuhr. Doch als die Heringsschwärme ab 1839 ausblieben, war den Fischern und Handwerkern der Zulieferbetriebe, wie Böttcher und Netzknüpfer, die wirtschaftliche Grundlage entzogen. Aus der Folgezeit, als man sich um alternative Einkommensquellen bemühte, ist der findige Kaufmann *Anders Beer* hervorzuheben, der eine Marktlücke ausnutzte, indem er Gerberbetriebe in Flekkefjord etablieren konnte. 1875 lieferten die Gerbereien der Stadt mehr als die Hälfte der Landesproduktion an Sohlenleder. Die Häute bezog man aus Südamerika.

Die Handelsverbindungen mit dem Ausland etablierten zudem den Schiffbau in Flekkefjord, der allerdings mit dem Aufkommen der Dampfschiffe seine Bedeutung verlor. Im Gegenzug, gerade mit den ersten Dampfschiffrouten, fanden die ersten englischen Touristen den Weg an die norwegische Küste. Der einsetzende Fremdenverkehr führte 1897 zum Bau des bereits zitierten »Grand Hotell«, damals noch unter dem Namen »Moys Hotell«. Die Häuser wurde in frischem Weiß gehalten, die Architekten besannen sich auf verspielte Details und erinnerten sich vermehrt der acht Ecken. Flekkefjord putzte sich heraus, ebenso wie die anderen schmucken Städtchen an der Sørlandküste.

Als der Hering 1909 an die Küste bei Flekkefjord zurückkehrte, war der wirtschaftliche Engpaß endgültig überwunden. Zusammen mit dem wiederaufgenommenen Böttcherhandwerk kamen zwei neue (alte) ökonomische Pfeiler hinzu. Die 1904 freigegebene Bahnstrecke nach Sira, der den Anschluß an die Sørlandsbahn herstellte, wurde 1990 stillgelegt, dürfte jedoch eines Tages als Museumseisenbahn fortleben.

Von den klassischen Industriezweigen blieb ein wenig übrig: eine Lederfabrik, die sogar für den Export produziert, noch die meisten Arbeitsplätze in Fischfang und Aquakultur, gemessen an anderen Orten an der Sørlandküste. Wie in vielen vergleichbaren Kleinstädten verdienen die Menschen ihren Lebensunterhalt jedoch überwiegend in Verwaltung, Dienstleistung – als größter Ort zwischen Kristiansand und Stavanger versorgt die Stadt ein großes Umland – und in diversen kleinen Sparten. Nicht wenige Einwohner pendeln täglich zwischen Flekkefjord und dem Großraum Stavanger. Das Tourismusgeschäft trägt seinen Teil bei, aber das Gros der norwegischen Sonnenanbe-

218 Südnorwegen

ter bevorzugt den Küstenabschnitt zwischen Mandal und Kragerø, weiter im Osten, vielleicht auch wegen der Randlage Flekkefjords: Denn hier, nahe der Fylkegrenze zwischen Vest-Agder und Rogaland, ist das Ende der Sørlandküste erreicht. Mit Rogaland beginnt der spürbar rauhere Westen des Landes.

Information
■ **Flekkefjord Turistinformasjon**, Brogate, N-4400 Flekkefjord, Tel. 3832 4254, Fax 3832 1233. 15.6.–15.8. Mo – Fr 10 – 18 Uhr, Sa 10 – 15 Uhr, So 12 – 17 Uhr, sonst Mo – Fr 9 – 15 Uhr. Unübersehbar an der Durchgangsstraße. Organisiert Stadtwanderungen.

Unterkunft, Verpflegung

■ **Grand Hotell**, Anders Beersgt. 9, Tel. 3832 2355, Fax 3832 1167. 20.6.–15.8. EZ 430 NOK, DZ 760 NOK, sonst EZ 620 NOK, DZ 790 NOK.

Traumhaftes Holzgebäude aus dem Jahr 1897, natürlich in Weiß, mit achteckigen Erkertürmchen. Im unteren Teil der Altstadt, zentral und doch ruhig gelegen. Vor wenigen Jahren renoviert: gemütliche Zimmer, vorwiegend in Violett und warmen Brauntönen. Auch einfache Mahlzeiten für den weniger prallen Geldbeutel.

■ **Maritim Hotell**, Sundegate, Tel. 3832 3333, Fax 3832 4312. 15.6.–15.8. EZ 450 – 500 NOK, DZ 760 NOK, sonst EZ 810 NOK, DZ 910 NOK.

Nicht gerade ansehnliches Betonviereck am östlichen Flußufer. Zimmer von der Einrichtung her in Ordnung, nur teils etwas schmal geschnitten. Nette Restaurantterrasse, angeblich das beste Essen im Ort, hat aber seinen Preis. Eigener Kai, Bootsvermietung.

■ **Bondeheimen**, Elvegt. 9, Tel. 3832 2144. EZ 395 NOK, DZ 690 NOK.

Die einfachste und billigste Unterkunft, die Kulisse allerdings lauter als bei der Konkurrenz.

■ **Skipperhuset**, Rasvåg auf Hidra, siehe unter »Ausflüge«, Tel. 3837 2272. DZ mit Vollpension 1000 NOK.

Typisch weiß gestrichenes Holzhaus am Wasser gelegen: Baden und Angeln am Kai, Boote liegen bereit. Ein Ort zum Ausspannen.

■ **Egenes Camping**, Tel. 3832 0148. Feste Unterkünfte ganzjährig geöffnet, Camping etwa von Ostern bis 1.10. Preisniveau Camping: 3. 10 Campinghütten 150 – 400 NOK. 8 Appartements 1.5.–1.9. 500 – 600 NOK, sonst 400 – 500 NOK.

Egenes liegt an der E 18, östlich von Flekkefjord, der Komfort-Campingplatz jedoch etwas abseits am See *Selura*. W & T. Kiosk. Spielplatz. Baden, Angeln, Bootsvermietung. Gut genug für ein paar Tage bei schönem Wetter.

Sehenswertes

■ Die interessanteste Unternehmung ist zweifellos ein Rundgang durch das Stadtviertel **Hollenderbyen** mit seinen vorwiegend weiß gestrichenen, schlichten Häuschen. Ein guter Wegbegleiter ist das Faltblatt »Stadtwanderung in Flekkefjord«, das im Touristenbüro zu bekommen ist. Vor dem Haus Nr. 4 in der Fjellgate stehend, das so wie vor 150 Jahren angestrichen ist, erfährt man, daß sich die typische weiße Farbe erst in unserem Jahrhundert durchsetzte. Weitere Stationen des Rundgangs sind die alte Packhäuserzeile am Grisefjord, wo einst die holländischen Segelschiffe anlegten, das Grand Hotell, altes und neues Rathaus, letzteres eine umgebaute Möbelfabrik, das Stadtmuseum ebenso wie die ungewöhnliche Kirche u.a. Dabei führt der Rundgang auch in den Stadtteil südlich der Hauptstraße Brogate.

■ Traumhaft die **Aussicht** vom Stadthügel **Lilleheia** auf die Stadt, den Fjord und das Umland. Es gibt einen Aussichtspunkt, der wegen der verzweigten Straßen dort oben allerdings von Ortsfremden kaum aufzuspüren ist; laut Touristenbüro soll demnächst ein Weg hinauf zum Lilleheia ausgeschildert werden. Bis es soweit ist, fragen Sie sich am besten bei den Anwohnern durch.

■ **Flekkefjord Kirke**, Kirkegate. 20.6.–10.8. Mo–Fr 11–13 Uhr, sonst telefonische Nachfrage beim Touristenbüro.

Wirklich eine ungewöhnliche Kirche (1833): Hofarchitekt Linstow schloß sich der städtischen Tradition an und schuf einen achteckigen Kirchensaal mit gleich zwei Galerien, die tragenden Säulen ebenso achteckig wie das Taufbecken. Nur den angebauten Kirchturm zog er viereckig vor – mit achteckiger Turmspitze allerdings.

Während einige Berufsheilige die Theorie ausgeben, die acht Ecken symbolisierten den achten Schöpfungstag, also den von Christi Auferstehung, glauben Architekten und Archivare eher an die erwähnten Verbindungen mit dem Kontinent, wo die achteckige Bauweise mit dem Barock populär wurde.

■ **Flekkefjord Museum**, Dr. Kraftsgate 15, Tel. 3832 2659. 18.5.–23.6. Mo–Fr 10.30–16 Uhr, 24.6.–31.8. Mo–Fr 10.30–17 Uhr, Sa 10.30–15 Uhr, So 12–15 Uhr, 14.8.–31.8. So zu, sonst nach Absprache mit Touristenbüro. Eintritt 10 NOK.

Flekkefjords ältestes Haus (um 1720) bewahrt das Andenken an die »gute alte Zeit«. Das Inventar, gut bürgerlich, belebt die Zeit von Anfang des 18. Jhs. bis um 1915 wieder.

Ausflüge

Von den Inseln Hidra und Andabeløy abgesehen, können die anderen Ausflugziele im Rahmen der Weiterreise in den Westen besichtigt werden. Leider muß man sich vorher entscheiden, ob man die Fahrt auf der E 18 über Sira oder auf der Straße 44 fortsetzt.

■ Draußen vor der Küste liegen die beiden Inseln **Hidra** (Fähre von Kvellandstrand nach Launes) und **Andabeløy** (Fähre ab Abelnes), beliebte Ziele unter den Sommerfrischlern. Auf beiden Inseln findet der Besucher die ersehnte Sørland-Atmosphäre mit fotogenen Häuserzeilen im Fischereimilieu, durchqueren markierte Pfade eine typisch skandinavische Schären-Landschaft. Treffpunkte auf Hidra sind der Hauptort Kirkehamn und Rasvåg, wo im alten Schulhaus das Heimatmuseum *Fedrenes Minne* eingerichtet wurde (10.6.–10.8. Mi,Fr und So 14–16 Uhr, Sa 12–14 Uhr, sonst nach Absprache, Tel. 3837 2231). Vom Parkplatz aus führt ein markierter Weg zum Sandstrand *Sandviga*. Die Infrastruktur auf der kleineren Andabeløy hält sich glücklicherweise in Grenzen.

■ Nördlich von Flekkefjord klebt die E 18 zunächst am Hang, bevor sie einen phantastischen Ausblick auf den See *Lundevatn* freigibt (Parkplatz). Hinter der Abzweigung nach Sira (Straße 467) zwängt sich die Europastraße an das östliche Seeufer. Dieser um einige Tunnel bereicherte Abschnitt wurde erst 1945 eröffnet. Doch die Historie der Straßenverbindung Ost-West ist hundert Jahre älter:

1844 wurde ein abenteuerlicher Weg vom nördlichen Seeufer über den Berg **Tronåsen** nach Sira freigegeben. Mit einer Steigung von stellenweise 25 % und mehr schraubt sich die Piste in teils arg spitzen Kehren nach oben. Wehe den bemitleidenswerten Pferden und Menschen, die hier einst Lasten über den Berg zogen und trugen. Doch den Insassen der Automobile bereitete der Streckenabschnitt später auch nicht mehr Freude, denn anstatt das herrliche Umland vom Berggipfel aus zu genießen, galt alle Konzentration Motoren und Bremsen als den Garanten der eigenen Gesundheit. Dramatische Szenen müssen sich damals abgespielt haben, vor allem wenn Busse sprichwörtlich die Kurve nicht bekamen und zurücksetzen mußten. Dann hieß es »Aussteigen und Keile unterlegen«. Ein bißchen von dieser (guten?) alten Zeit kann man nacherleben, denn die Strecke von Tronåsen ist in den Sommermonaten als Einbahnstraße vom See aus landeinwärts befahrbar, zumindest für kleinere Fahrzeuge bis zu 2 t. Übrigens: In den 1930er Jahren war die Tronåsen-Passage spannend genug, um als Etappe in den Fahrplan der »Rallye Monte Carlo« integriert zu werden.

Östlich des Berges überspannt die 52 m lange Hängebrücke *Bakke Bro* einen Fluß – ein Relikt aus einer kurzen Periode, als solche Brücken in Norwegen gebaut wurden. Die Technologie – Ketten aus geschmiedetem Stahl, zusammengehalten von Gelenkbolzen – kam aus England. Doch sie war relativ bald überholt, da nur begrenzt belastungsfähig. Erst Kabel anstelle von Ketten sowie weitere technische Verbesserungen ermöglichten den Fortbestand dieser schön anzusehenden Hängebrücken. Bakke Bro wurde als Teil der Tronåsen-Piste 1844 eingeweiht und war bis 1943 für den Durchgangsverkehr in Gebrauch. 1945 löste sie besagte Straße am Ufer des Lundevatn ab. Die Renaissance der Tronåsen-Strecke rückt das Schmuckstück, 1982 und 93 umfassend restauriert, nun wieder ins Geschehen. Die maximale Fahrzeugbreite beträgt 1,9 m, die Achsenlast 2 t.

■ Nicht weniger spektakulär befährt sich die küstennahe **Straße 44** von Flekkefjord nach Egersund. Die Route überquert eine schroffe Hochfläche aus blankem, rötlich schimmerndem Fels, wenig Wald und mehreren Seen, die zum Teil das Umland mit Trinkwasser versorgen: eine stille Landschaft wie eine Puppenstube, die bei Sonnenschein automatisch zu einem Picknick am Seeufer lädt, über die sich bei Regen und tiefhängenden Wolken aber rasch der Nebel legt und die dann abweisend und beklemmend wirkt.

Einen weiteren Höhepunkt bildet die Fahrt bei **Jøssingfjord**, wo die Trasse in den senkrecht abfallenden Berg gesprengt wurde. Der schöne, schmale Fjord allerdings ist durch das Titanwerk oben in den Bergen verseucht, der erste Umweltskandal Norwegens, weil das Ausmaß der Verschmutzung über Jahre von den Behörden ignoriert, vertuscht und geleugnet wurde. Tragisch auch der der Februartag im Jahr 1940, als das englische Schlachtschiff »Cossack« den deutschen Truppentransporter »Altmark« im Jøssingfjord versenkte. Ein Gedenkstein am Fjordufer erinnert an die vielen Toten.

Verschiedenes

■ **Angeln:** an der Küste (Seeforellen und Lachs), im See *Selura* (Aal, Forelle) bei Egenes, östlich von Flekkefjord, und in den Seen der Umgebung. Infos unter Tel. 3832 4254.
■ **Baden:** *Grønnes Sjøbad,* Freibad am östlichen Låfjordufer. – *Torsøyene,* südlich von Grønnes. – Im See *Selura,* zum Beispiel bei »Egenes Camping«. – Sandstrand *Sandviga* auf Hidra, siehe oben.
■ **Bootsverleih:** *Grønnes Marina,* Tel. 3832 1850. 15.5.–15.8. täglich 9–20 Uhr, sonst 10–17 Uhr. – Von Juni bis August über das »Maritim Hotell«, siehe unter »Kanu«. – Auf Andabeløy bei Frank Syvertsen, Tel. 3837 3810.
■ **Kanu:** *Flekkefjord Kajakk-Klubb,* Tel. 3832 2522. Kontakt über das »Maritim Hotell«, wo von Juni bis August Kanus, Kajaks, aber auch Boote mit Außenborder vermietet werden. Gutes Paddelrevier im Grisefjord.
■ **Wandern:** Der lokale Wanderverein, *Flekkefjord og Opland Turistforening,* organisiert von Mitte April bis Ende Juni sowie von Mitte August bis Anfang Oktober Touren in der Umgebung. Infosund Kontakt unter Tel. 3832 4686 oder über das Touristenbüro.

Südnorwegen

■ **Kunstausstellungen:** im Rathaus, Tel. 3832 4300.

■ **Veranstaltungen:** Das *Utvandrer-Festival* (1995 zum zweiten Mal nach 1989) zieht sich über die letzte Juniwoche bis Anfang Juli hin, die Mittsommernacht also inbegriffen. In Flekkefjord sowie den östlich angrenzenden Gemeinden, die allesamt stark von der Auswanderungswelle im letzten Jahrhundert betroffen waren, werden Ausflugsfahrten, Wanderungen und kulturelle Treffs organisiert. Das Fest ist auch für Amerikaner norwegischer Abstammung gedacht, die ihre Heimat besuchen wollen. – Im Sommer »Lachsfestival« oder »Schalentier-Essen«, ein Aufmacher für Jubel, Trubel, Heiterkeit. – Am ersten Augustsamstag steigt das Rockmusik-*Fjellparkfestival.*

■ **Hauptpostamt:** Parkgate 4–6.

■ **Taxi:** Tel. 3832 2780.

■ **Parken:** östlich der Stadtbrücke, am Fjordufer kein Problem.

Weiterreise

■ **Eisenbahn:** *Sira Jernbanestasjon,* Tel. 3837 5210. Buszubringer.

Sørlandsbanen (Linie 51): Stavanger, Sandnes, Bryne, Egersund, Moi, Sira, Kristiansand, Nelaug (umsteigen nach Arendal), Bø, Kongsberg, Hokksund, Drammen, Lysaker/Fornebu, Oslo Sentrum.

■ **Bus:** Nach Stavanger (140 NOK) über Moi, Ålgård, Sandnes, Sola. – Nach Kristiansand (130 NOK) über Kvinesdal, Lyngdal, Mandal. – Lokalbus nach Sira.

Ins Ausland nach Hamburg (HS 700, NS 600 NOK) über Kristiansand (wie oben), Fähre nach Hirtshals, über Flensburg (HS 600 NOK, NS 500 NOK).

■ **Auto: Nach Jæren,** Richtung Westen, auf E 18 oder Straße 44; siehe unter »Ausflüge«.

Ins Setesdal. Entweder nordwärts auf E 18 (siehe oben), dann Straße 467 über Sira am schmalen, langgestreckten See *Sirdalsvatn* entlang nach *Tonstad,* weiter nordwärts auf Straße 468 durch das *Sirdal* ins Hochland, ab *Svartevatn* weiter nordwärts nach *Suleskar* und von dort aus mautpflichtige Gebirgsstraße nach *Brokke* in das mittlere Setesdal (Wintersperre von November bis Mai). – Oder über Kvinesdal durch *Austerdal* oder *Vesterdal* (Straße 465) nach Norden zur Straße 42 und auf dieser ostwärts nach Evje im unteren Setesdal.

Nach Mandal. Beschrieben, wenn auch in umgekehrter Richtung, unter »Mandal, Weiterreise«.

Jæren

Klein-Dänemark

Vor den Toren Stavangers, etwa am Schnittpunkt von Südküste und westnorwegischem Fjordland, liegt Jæren, ein besonderer, weil für Norwegen »untypischer« Landstrich: eine fast ebene Fläche, die auffallend große Landwirtschaftszonen erlaubt und an der Küste in harmlosen, runden Felsen, aber auch in langgezogenen Sandstränden und Dünen ausläuft. Streng genommen, beginnt Jæren nordwestlich von Egersund und erstreckt sich bis zur nördlichen Spitze der Landzunge, auf der Stavanger liegt. Das Hinterland gehört zu den fruchtbarsten Regionen Norwegens, so daß das fylke Rogaland benachbarte fylker mit Gemüse und Obst versorgt. An den Straßen bieten Landwirte ihr Gemüse feil, und südlich von Orre rentiert sich sogar ein »Tomaten- und Gurkenpark«.

In den letzten Jahren hat sich der Schwerpunkt in Jærens Landwirtschaft vom Ackerbau auf die Milchwirtschaft verlagert, so daß grüne Wiesen neben Gewächshäusern das Bild bestimmen. Die langgezogenen Steinwälle zwischen den Parzellen, so typisch für Norwegens Agrarzonen, weisen darauf hin, daß jeder Quadratmeter bestelltes Land mühsam dem steinigen Boden abgerungen werden mußte. Verständlich, daß gerade einmal 3 % des nordischen Staates landwirtschaftlich genutzt werden, denn das flache Jæren ist, wie geschildert, keineswegs repräsentativ.

Diese klassische Kulturlandschaft ist trotz ihrer Eigenart in gewissem Sinn sogar bedroht, weil sich das Ballungsgebiet mit den Städten Stavanger und Sandnes unaufhaltsam ausdehnt. Von 1990 bis 1995 erhöhte sich allein die Einwohnerzahl der Ölmetropole, der durch die Lage an Meer und Fjord natürliche Grenzen gegeben sind, um 5000 auf über 100.000. Aber auch die Ortschaften entlang der Sørlandsbahnlinie (von Stavanger nach Oslo) wachsen, so daß neue Wohngebiete und industrielle Ansiedlungen in die traditionellen Landwirtschaftszonen vorrücken.

Wer nun gerne am Strand schlendert und tief durchatmet, ist in Jæren immer noch recht am Ort. Die Badesaison ist nur kurz, doch Sie werden die Strände selten menschenleer vorfinden. Die einen führen sich und ihren Hund spazieren, andere drehen eine Runde im Sulky oder versuchen sich auf dem Surfbrett. Von den Szenen an Jærens Stränden geht eine Lässigkeit aus, die man sich im Landesinneren nur schwer vorstellen kann. Draußen auf dem Meer verläuft die Schiffahrtsstraße, und vereinzelt erinnern Bunker an die Schatten der Vergangenheit.

Information

■ **Sola Turist- og Informasjonskontor**, Rådhuset (Rathaus), N-4050 Sola, Tel. 5165 1575, Fax 5165 3478. Mo–Fr 11–15 Uhr.

■ **Hå Turistinformasjon**, Biblioteket, N-4350 Nærbø, Tel. 5143 4011, Fax 5143 4009. Etwa 20.6.–10.8. Mo und Do 12–18 Uhr, Mo, Mi und Fr 12–15 Uhr, sonst Mo–Fr 12–19.30 Uhr.

Unterkunft

Die folgenden Unterkünfte sind ausnahmslos von den küstennahen Straßen aus zu erreichen. Die Aufstellung führt von Süden nach Norden. Hinweis: Im »Ølberg Ferjehjem«, schräg gegenüber von »Ølberg Camping«, wohnen ausschließlich Werftarbeiter.

■ **Ognatun Ungdomssenter**, Ognatun, Tel. 5143 8233. 1.7.–15.8. EZ 140 NOK, DZ 280 NOK. Frühstück möglich. Primär auf Kindergruppen in der Ferienzeit ausgerichtet, steht aber auch Durchreisenden offen. Preiswerte Alternative. Die älteren Zimmer sind nüchtern und spartanisch, die neueren etwas hübscher und mit Bad.

■ **Ogna Camping**, zwischen Brusand und Sirevåg, Tel. 5143 8242. 1.5.–30.9. Preisniveau Camping: 2. Hütten für 2–6 Personen 80–525 NOK, die billigen ohne Strom, die teuren mit eigenem Bad. Netter Platz in den Dünen, nahe kilometerlangem Sandstrand. Den größten Part belegen die Wohnwagen der Dauercamper, so daß sich die Zelte zur Hochsaison drängen. Bei starkem Wind werden sie mit Sand zugedeckt; Heringe also fest verankern. Gute Sanitäranlage, W. Kiosk.

■ **Sjøbua**, Brusand, Tel. 5143 9267. EZ 250 NOK, DZ 450 NOK, teilweise mit Bad. Frühstück inklusive. Middag 60–95 NOK, Snacks in der Kafeteria. Kleine, aber persönlich eingerichtete Zimmer. Gemeinsamer Aufenthaltsraum.

■ Leuchtturm **Obrestad fyr**, bei Hå, westlich von Nærbø, Tel. 5143 6000. Ganzjährig geöffnet. Wohnung 190 NOK (Woche 1000 NOK), Haus 300 NOK (Woche 2000 NOK).

■ **Ølberg Camping**, Ræge, Tel. 5165 4375. 1.6.–31.8. Preisniveau Camping: 2. Standardhütten für 4 Personen 230 NOK. Weitläufiges Gelände im Dünengebiet, wegen der Hanglange nur wenige gerade Plätze, und die sind von Dauercampern belegt. Neue Sanitäranlage, W & T.

■ **Ølbergstranden Apartment- og Hytteutleie**, Ræge, Tel. 5165 4900. Ganzjährig geöffnet. Appartements für 4–6 Personen 450–700 NOK, Ein-Zimmer-Appartements ohne Dusche 200–350 NOK, Hütten für 4 Personen 350–500 NOK. Die höheren Preise gelten von Ende Juni bis August. Erstklassige Wohnungen mit einer gelungenen Mischung aus gemütlichem Holz und moderner Einrichtung. Grünpflanzen, Veranda und Meerblick. Genauso top und sauber

die Hütten, die allerdings nicht direkt am Wasser liegen. Kiosk.
- **Sola's Motel og Camping**, Tel. 5165 4328. EZ 440 NOK, DZ 740 NOK. Preisniveau Camping: 2. 20 Hütten für 4 Personen 300 NOK.

Wald und Wiese, idyllische Nischen für die Zelte. Dunkle Standardhütten, zu teuer. Sanitäranlage ausreichend, W & T. Kiosk. Gemütlicher Aufenthaltsraum.
- **Sola Strand Hotel**, Sola, Axel Lundsveien 27, Tel. 5165 0222, Fax 5165 1299. 15.6.–15.8. EZ 475 NOK, DZ 630 NOK, sonst EZ 750–850 NOK, DZ 995 NOK, auch preiswerte Zimmer im Annex. Dagens rett um 150 NOK.

Die Inneneinrichtung von Salons und Speisesälen stammt teilweise aus havarierten Schiffen, ebenso die Galionsfigur in der Empfangshalle. Einfache Zimmer ohne Bad im Annex, komfortable Räume im modernen Haupttrakt.
- **Stavanger Airport Hotel**, Sømmeveien 1, Flughafen Sola, Tel. 5165 6600, Fax 5165 6215. 15.6.–15.8. und an Wochenenden EZ 550 NOK, DZ 650 NOK, sonst EZ ab 895 NOK, DZ ab 1095 NOK, mit SC ganzjährig EZ 600 NOK, DZ 940 NOK. Fahrradvermietung.
- **Viste Strandhotel**, Randaberg, Tel. 5141 7022, Fax 5141 9690. 15.6.–15.8. EZ 400 NOK, DZ 500 NOK, sonst EZ 590 NOK, DZ 780 NOK.

Sehenswertes

Je weiter man in den Norden Jærens vorstößt, um so interessanter werden die Sehenswürdigkeiten.
- Das Freilichtmuseum **Grødaland**, auch Hå Bygdemuseum, umfaßt fünf alte Gebäude: zwei Wohnhäuser, zwei Scheunen und einen Kuhstall. Die ältesten Teile von *Gamlehuset* stammen aus dem Jahr 1715. Nach mehreren Umbauten steht das Wohnhaus seit 1791 unverändert da, abgesehen von der Restauration 1983. Die Scheunen sind, von innen betrachtet, wie Schiffe konstruiert. Grødaland liegt südwestlich von Nærbø, nahe der Küste. 1.6.–15.8. Di–Sa 12–17 Uhr, Mai und bis Ende September So 12–17 Uhr. Eintritt 10 NOK. Tel. 5143 6000.
- **Hå Gamle Prestegård**, an der Küste bei Nærbø: restaurierter Pfarrhof aus der Zeit um 1630, heute als Kulturzentrum betrieben. Die wechselnden Ausstellungen zeigen bildende Kunst oder widmen sich der regionalen Geschichte. Gelegentlich finden Konzerte und Vorlesungen statt. 15.5.–15.9. Mo–Fr 11–19 Uhr, Sa 12–17 Uhr, So 12–19 Uhr, sonst Sa 12–17 Uhr, So 12–19 Uhr. Eintritt 15 NOK. Tel. 5143 3061.
- **Nærbø** verdankt seinem Bürger *Randolf Aadnesen* einen schmucken Park, in dem Pfauen, Eichhörnchen, Enten und viele andere Tiere zu Hause sind. Die Randzonen bildet ein hochgewachsener Mischwald, den Mittelpunkt ein Teich mit üppig grünen Ufern und Inseln sowie einem Bach-

lauf, den Holzbrücken überqueren. Nærbøparken ist der Treffpunkt für kinderwagenschiebende Eltern, Jogger und diejenigen, die ganz einfach ein Päuschen einlegen wollen. Anfahrt mit dem Nahverkehrszug Stavanger-Egersund, mit Bus oder eigenem Fahrzeug, Abzweigung von der Straße 44.

■ Leuchtturm **Obrestad fyr**, südlich von Hå. Im Juli täglich 12–17 Uhr, sonst So 12–17 Uhr. Übernachtung möglich, siehe oben.

■ **Flyhistorisk Museum**, das flughistorische Museum, erzählt in Bildern und Dokumenten, mit Hilfe von Modellen, Waffen, Flugzeugen und Zubehör die Geschichte des Flughafens. Das Museum befindet sich auf dem Flughafengelände in Sola. 1.5.–31.10. So 12–16 Uhr, zwischen Ende Juni und Anfang August täglich 12–16 Uhr.

■ **Tananger** liegt westlich von Stavanger, auf der anderen Seite des Hafrsfjords. Anfahrt mit Bus oder eigenem Fahrzeug. Wer an dem kleinen Naturhafen steht, kann am ehesten nachvollziehen, wie die Region zur großen Zeit des Heringsfischfangs ausgesehen haben muß und wie die Spuren der Gegenwart auf die der Vergangenheit prallen. Im Hintergrund heben sich die Vorratstanks der Ölindustrie von den Felsen ab – Tananger ist die größte Versorgungsbasis für die Ölplattformen draußen in der Nordsee.

Zurück zum alten Hafen: Im *Båtmuseum,* Meling, liegen rund 20 Boote aus dem letzten Jahrhundert sozusagen auf dem Trockendock. Kontakt: Kjell Kristiansen, Tel. 5169 9729, und Kristian Kristiansen, Tel. 5169 9461.

■ **Tungenes fyr** ist der Leuchtturm an der nördlichen Spitze von Jæren. Das erste Leuchtfeuer an dieser Stelle brannte 1830. Der Leuchtturm wurde 1984 stillgelegt und anschließend zu einem kleinen Kulturzentrum umgebaut, in dem wechselnde Ausstellungen gezeigt werden. Einen festen Platz fanden hier 36 Gemälde des Jærener Malers *Oskar Sørreime.* Etwa 20.6.–20.8. Mo–Sa 12–16 Uhr, So (ganzjährig) 12–17 Uhr.

Tungenes fyr liegt nördlich von Randaberg. Es wird darum gebeten, nicht bis zum Leuchtturm zu fahren, sondern am Bootshafen zu parken. Die Küste rund um Tungenes fyr eignet sich ebenfalls gut für Spaziergänge.

Verschiedenes

Ferien aktiv

■ **Sandstrände** (von Süd nach Nord): *Ogna, in Brusand, Orresanden, in Bore, in Vigdel, Ølbergstranden, Ræegestranden, Solastrand.*

■ **Angeln:** Besorgen Sie sich bei einem der Touristenbüros die Broschüre über die Nordseestraße, *Nordsjøvegen;* darin enthalten eine Aufstellung der Fischgewässer, teilweise auch Adressen, wo Sie die Angelscheine kaufen können.

*Jærens Strände vor den Toren Stavangers (oben);
vor den Ölfässern kamen die Sardinenbüchsen (s. S. 235)* ▶

Weiterreise

■ **Flug:** *Stavanger Lufthavn,* Sola, südwestlich von Stavanger, Tel. 8100 3300.

Direktverbindungen mit Bergen, Geilo, Kristiansand, Sandefjord, Oslo und Trondheim.

Ins Ausland nach Kopenhagen.

■ **Eisenbahn:** Sørlandsbanen (Linie 51): Stavanger, Sandnes, Bryne, Egersund, Moi, Sira, Kristiansand, Nelaug (umsteigen nach Arendal), Bø, Kongsberg, Hokksund, Drammen, Lysaker/Fornebu, Oslo Sentrum.

■ **Bus:** Überlandverbindungen siehe unter »Stavanger, Weiterreise«.

■ **Auto: Nach Stavanger**. Rasch auf der Straße 44 oder, besser, auf den küstennahen Straßen 510 und 509, mitten durch Jæren.

Ins Setesdal. Auf einer der nordöstlich verlaufenden Straßen zur Straße 45 durch *Øvstebødal* und *Hunnedal,* ab Svartevatn nach *Suleskar,* wie unter »Stavanger, Ausflüge, Lysefjord« beschrieben. Ab Suleskar neue mautpflichtige Gebirgsstraße nach *Brokke* im Setesdal (Wintersperre von November bis Mai).

Nach Flekkefjord. Auf der küstennahen Straße 44 nach Egersund, zwischen Egersund und Flekkefjord plötzlich ein imposanter Wechsel der Natur: Die 44 überquert eine schroffe Hochfläche, die blanker Fels und Wasser bestimmen und bei Sonnenschein zu einem Picknick an einem der zahlreichen Seen überredet (Trinkwasser-Reservoir), über die sich bei Regen und tiefhängenden Wolken aber schnell der Nebel legt und die dann abweisend und beklemmend wirkt. Einen weiteren Höhepunkt bildet die Fahrt bei **Jøssingfjord**, wo die Trasse in den senkrecht abfallenden Berg gesprengt wurde. Der Fjord allerdings ist durch das örtliche Titanwerk langfristig verseucht, der erste Umweltskandal Norwegens, weil das Ausmaß der Verschmutzung über Jahre von den Behörden ignoriert, vertuscht, geleugnet wurde. Tragisch auch der Februartag im Jahr 1940, als das deutsche Truppentransportschiff »Altmark« vom englischen Schlachtschiff im Jøssingfjord »Cossack« versenkt wurde. Ein Gedenkstein am Fjordufer erinnert an die vielen Toten.

Stavanger

Wiege nordischer Petrodollars

Stavanger, 1125 durch König *Sigurd Jorsalfar* als Stadt und Bischofssitz gegründet, fristete jahrhundertelang ein ziemlich unscheinbares Dasein. Obwohl die Lage an der Südwestküste Norwegens die Stadt zu einem Handelshafen prädestinierte, blieb Bergens Monopolstellung lange Zeit unangetastet. Erst im letzten Jahrhundert, als neue Schiffe und verbesserte Fangtechnik es erlaubten, den Fischschwärmen in großem Stil nachzustellen, entwickelte sich Stavanger zu einer richtigen Stadt. Um das schmale Hafenbecken *Vågen* gruppierten sich nach und nach Lagerhäuser und Werkshallen, in denen der Fisch, vorzugsweise Hering, verarbeitet, gelagert und verpackt wurde. Etwa 200.000 Fässer mit gesalzenem Hering verließen um 1840 jährlich den Hafen, meist nach Schweden, mit dem Norwegen in einer Union verbunden war, oder zu den anderen Anrainern der Ostsee. Die Expansion im Fischfang bedingte die Entwicklung weiterer Erwerbssparten. Man brauchte neue Schiffe, Zubehör und Fässer für den Heringstransport. Die Menschen zogen in die Stadt, wo nun Arbeit und Brot winkten. Lebten um 1800 erst 2000 Einwohner in Stavanger, waren es 1860 annähernd 15.000.

Plötzlich lag Stavanger nicht mehr an der Peripherie. Als der Hering 1869 für Jahre ausblieb, war die Wirtschaft stark genug, um nicht aus der Balance zu geraten. Zum ersten stellte die Fischerei auf Dorsch um, wofür lediglich andere Netze notwendig waren, zum zweiten waren mittlerweile fast 700 Handelsschiffe registriert, die zu allen Kontinenten segelten und mit Gold aus Australien, Reis aus Indien und Getreide aus Nordamerika heimkehrten. 1880 besaß Norwegen nach Großbritannien und den USA die drittgrößte Handelsflotte. Zum selben Zeitpunkt setzte in Stavanger die Industrialisierung ein; die meisten Arbeitsplätze stellten die Fabriken, in denen der *brisling,* in Deutschland unter dem Begriff »Kieler Sprotte« bekannt, in selbstgefertigten Blechdosen für den Export konserviert wurde. Die Schiffbauindustrie florierte um 1890, als das Zeitalter der Dampfschiffe hereinbrach. Die Werften bauten Handels- und speziell konstruierte Transportschiffe, die den Inlandverkehr über die Fjorde hinweg verbesserten. Nach 1900 begann der großflächige Umbau des Hafens, um angemessene Kaianlagen für Frachter und Fähren zu schaffen. Die Zahl der Einwohner betrug inzwischen 28.000.

Die internationale Wirtschaftskrise zu Beginn der 30er Jahre hinterließ auch in Stavanger ihre Spuren. 1931 mußte der einst größte Arbeitgeber schließen, die Werft *Stavanger Støberi & Dok*. Die Schiffbauindustrie ist aber die einzige traditionelle Sparte, die heute noch im nennenswerten Umfang betrieben wird. Nach dem Zweiten Weltkrieg, den Stavanger relativ glimpflich überstand, baute man Fähren und Gleitboote. Der Markt für Öl- und Gastanker war schnell gesättigt. Seit 1982 das letzte Schiff *Rosenborgs Verft* verließ, werden hier die Stützkonstruktionen und andere massive Teile für die Ölbohrinseln gebaut. Im *Gandsfjord* und in der Bucht *Hinnavågen* werden die Plattformen schließlich zusammengesetzt. Dort reicht das Wasser tief genug, um die kapitalen Türme in Bewegung zu bringen und in die Nordsee zu schleppen. Direkt stellt die Ölbranche mittlerweile 15 % der Arbeitsplätze.

Stavanger verkörpert wie keine andere norwegische Stadt den Übergang vom Land der Fischer und Bauern zur Ölmetropole. Die Innenstadt prägt das Miteinander von alten Holzhäusern – angeblich sind in keiner anderen Stadt Norwegens so viele Holzbauten erhalten – und den viereckigen Statussymbolen aus Glas und Beton, die Ölfirmen, Banken, Hotels und andere plazierten. An manchen Stellen harmonieren Alt und Neu, an anderen nicht. Doch die Öffnung Stavangers nach außen beschränkt sich nicht auf die Architektur. Von den 102.000 Einwohnern sind beinahe 9 % Ausländer. Das Preisniveau ist hoch, und die moneymaker-Mentalität soll hier verbreiteter sein als anderswo.

Wegen ihrer Lage ganz im Südwesten gilt die Stadt als ein Einfallstor für Westnorwegen, obwohl die Flug- und Fährverbindungen zum europäischen Festland eher bescheiden sind. Viele Urlauber fahren die Südküste entlang, bevor sie in Stavanger eintreffen. Trotz des Großstadtcharakters findet der Besucher die meisten Sehenswürdigkeiten und Fähranleger rund um das Hafenbecken Vågen, maximal 30 Gehminuten voneinander entfernt.

Stavanger Card

Die Stavanger Card, im folgenden »SC« abgekürzt, gewährt freien Eintritt zu allen Museen, Rabatte für Sightseeing, kulturelle Veranstaltungen und den Vergnügungspark Kongeparken, ferner freie Fahrt mit den kommunalen Bussen, darunter auch der Flughafenbus, sowie kostenloses Parken im Stadtgebiet. Übernachten Sie in einem Hotel oder in einer Pension, gelten mit der SC gesonderte Tarife. Preise SC für Erwachsene bzw. Kinder: 110/55 NOK (1 Tag), 190/80 NOK (2 Tage), 240/110 NOK (3 Tage).

Information

■ **Stavanger Information Centre**, Stavanger Kulturhus, Sølvberget, N-4001 Stavanger, Tel. 5189 6600, Fax 5189 6602. Ganzjährig Mo–Fr 9–17 Uhr, Sa 9–14 Uhr. – Info-Kiosk Vågen, Tel. 5189 6200. 1.6.–31.8. täglich 10–20 Uhr. Winziger Raum, ständig viel Betrieb, Geduld erforderlich. Wer Zeit mitbringt, sollte das Hauptbüro aufsuchen.

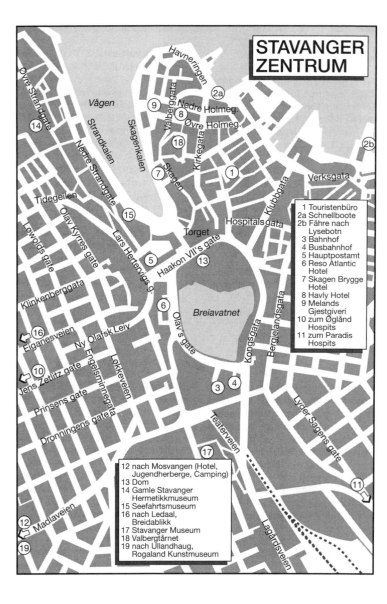

Unterkunft

Noch billiger als mit der SC sind die Tarife von Mitte Juni bis Mitte August sowie ganzjährig an den Wochenenden (von Freitag bis Montag).

■ **Stavanger Airport Hotel**, Sømmeveien 1, Flughafen Sola, Tel. 5165 6600, Fax 5165 6215. 15.6.–15.8. und an Wochenenden EZ 550 NOK, DZ 650 NOK, sonst EZ ab 895 NOK, DZ ab 1095 NOK, mit SC ganzjährig EZ 600 NOK, DZ 940 NOK. Fahrradvermietung.

■ **Reso Atlantic Hotel**, Olav V's gate 3, Tel. 5152 7520, Fax 5156 4869. 15.6.–15.8. und an Wochenenden EZ 515–625 NOK, DZ 750 NOK, sonst EZ ab 1245 NOK, DZ ab 1550 NOK, mit SC ganzjährig EZ 625 NOK, DZ 990 NOK. Restaurant »Antique« für den großen Geldbeutel, »Café Ajax« für den kleineren.

Schmuckloser Betonklotz an verkehrsreicher Straße, unweit vom Bahnhof. An der Vorderfront bemüht sich eine verzagt emporstrebende Kletterpflanze, den optischen Eindruck zu lindern. Im Inneren auf nobel getrimmt: schwere Sessel und Kronleuchter im Salon, entspannende Musik im Lift, feine Einrichtung der Zimmer. Nette Aussicht von den oberen Stockwerken.

■ **Skagen Brygge Hotel**, Skagenkaien 30, Tel. 5189 4100, Fax 5189 5883. 15.6.–15.8. und an Wochenenden EZ 500 NOK, DZ 720 NOK, mit Fjord Pass (C) EZ 530 NOK, DZ 760 NOK, sonst EZ 995 NOK, DZ 1090 NOK, mit SC ganzjährig EZ 570 NOK, DZ 940 NOK. Nur Frühstück.

Für alle, die ungern zu Fuß gehen; zentraler geht's nicht mehr. Hotel mit Speicherfassade, schöner Blick auf den Kai. Große Zimmer mit originellen, zum Teil geweißten Backsteinwänden und unverkleideten Holzbalken, schweren Gardinen sowie dunklen Teppichböden und Möbeln. Wenig Holz, trotzdem viel Atmosphäre.

■ **Havly Hotel**, Valberggt. 1, Tel. 5189 6700, Fax 5189 5025. 15.6.–15.8. und an Wochenenden EZ 410 NOK, DZ 520 NOK, sonst EZ ab 590 NOK, DZ ab 690 NOK, mit SC ganzjährig EZ 525 NOK, DZ 690 NOK. Nur Frühstück.

Auf der Landzunge östlich von Skagenkaien, ausdrucksloses Viertel mit alter wie moderner Bebauung. Durchschnittliche Zimmer, vorwiegend mit Holzmöbeln, teilweise etwas duster, vom Preis her im internen Stavanger-Hotel-Vergleich o.k.

■ **Mosvangen Park Hotel**, Henrik Ibsens gate 21, Tel. 5187 0977, Fax 5187 0630. EZ 540 NOK, DZ 790 NOK. Dagens rett um 75 NOK. Kein Rabatt mit SC. Liegt am See Mosvatnet, 25 Gehminuten vom Zentrum entfernt (siehe auch Jugendherberge und Campingplatz).

■ **Melands Gjestgiveri**, Nedre Holmegata 2, Tel. 5189 5585, Fax 5189 5586. 15.6.–15.8. und an Wochenenden EZ 330 NOK, DZ 450 NOK, sonst EZ 390 NOK, DZ 530 NOK, mit SC ganzjährig EZ 470 NOK, DZ 670 NOK. Bad auf dem Flur. Frühstück inklusive. Kleine Mahlzeiten wie smørbrød.

Kleine Pension in einer Nebenstraße von Skagenkaien, zentral gelegen. Einfache Zimmer ohne Ausstrahlung, teils renoviert, für das Gebotene zu teuer. Aufenthaltsraum.

■ **Øglænd Hospits**, Jens Zetlitz gate 25, Tel. 5152 9655. EZ 250 NOK, DZ 400 NOK. Ermäßigung bei längerem Aufenthalt. Bad auf dem Flur. Keine Mahlzeiten. Knapp 10 Minuten Fußweg zum Kai.

Kleine Villa in »gut bürgerlicher« Wohngegend. Ruhige Nebenstraße. Ordentliche Zimmer, trotz etwas zusammengewürfelter Möbel wohnlicher als in den meisten anderen Pensionen, weil nicht auf das Notwendigste beschränkt.

■ **Paradis Hospits**, Lyder Sagens gate 26, Tel. 5152 9655. EZ 250 NOK, DZ 400 NOK.

Dank Verkehrslärm gar nicht so paradiesisch. 15 Minuten Fußweg zum Kai. Schrullige Gastgeberin, lieber im voraus anklingeln.

■ Jugendherberge **Stavanger Vandrerhjem**, Mosvangen, Henrik Ibsens gate 21, Tel. 5187 0977, Fax 5187 0630. Etwa 5.1.–20.12. Mitglieder im EZ 250 NOK, im DZ 150 NOK, Mehrbett-Zimmer 110 NOK. 57 Zimmer mit 130 Betten, nur wenige mit Bad. Frühstück und Mahlzeiten nach Anmeldung. Einrichtung behindertengerecht.

Liegt hübsch im Naherholungsgebiet am See Mosvatnet. Zimmer über dem Durchschnitt.

■ **Mosvangen Camping**, am See Mosvatnet, Tel. 5153 2971, Fax 5187 2055. 1.6.–1.9. Preisniveau Camping: 3. 19 Hütten für 2–4 Personen 255–485 NOK. 25 Minuten Fußweg zum Zentrum.

Wer sich in Mosvang wohle fühlt, der hat zu Haus im Dreck gewühlt. Die Lage ist nicht übel: leicht wellige Wiese mit Bäumen, direkter Anschluß an das Naherholungsgebiet rund um den See Mosvatnet sowie an einen Fuß- und Fahrradweg zur City. Die erste Kritik gilt den Hütten: gemessen am Preis zu nüchtern und simpel ausgestattet, die kleinen duster. Im Sanitärtrakt wurde die einstige Stockflecken-Republik überpinselt, doch von Hygiene zu sprechen, wäre Hohn. Winzige Camperküche, langes Anstehen zum Abwasch. Kiosk. Alles in allem eine Zumutung.

Essen und Trinken

In der städtischen Gastronomie herrscht immense Konkurrenz, was mehrere Hotels dazu veranlaßte, auf Restaurantbetrieb zu verzichten. Häufige Schließungen und Neueröffnungen. Besonders dicht ist das Gedränge am Skagenkai, wo mehr als ein halbes Dutzend Restaurants, Kneipen und Pizza-Buden in die historischen Speicher und Wohnhäuser eingezogen sind. Die Innenarchitektur mit mächtigen Holzbalken wurde teilweise bewußt erhalten. Die breite Palette spiegelt sich in Farben und Namen wider, von »Skagen« über »China Town« bis »Dickens«. Samstags nachmittags entwickelt sich die Kneipenszene rund um Vågen zum lebhaften Treffpunkt, dabei auch mit lauten Begleiterscheinungen; es ist »Abfülltag«.

Der gewöhnliche Stavanger-Guide des Touristenbüros enthält eine fast vollständige Auflistung, inklusive einer sinnvollen Einteilung in Kategorien.

■ **Straen Fiskerestaurant**, Nedre Strandgate 15, natürlich gleich neben dem Seefahrtsmuseum. Eingerichtet wie der noblen Großeltern Wohnzimmer. Fisch in erlauchten Kompositionen zu gesalzenen Preisen. Mindesteinsatz 500 NOK für zwei Personen.

■ Edles für Gourmets und pralle Portemonnaies: Restaurant **Antique** im »Reso Atlantic Hotel«, Olav V's gate 3. Chaîne des Rotisseurs. – **Jans Mat & Vinhus**, Breitorget. Chaîne des Rotisseurs.

■ **Hansen Hjørnet**, Skagenkai. Beliebter Treff mit großflächiger Terrasse, geöffnet von Mai bis Mitte September. Bei gutem Wetter stets lebhaft frequentiert, lebhaft auch die Straße direkt davor. Das Essen ist zweitrangig, geplaudert wird zum Bierchen.

■ **Sjøhuset Skagen**, Skagenkai. Restaurant in einem restaurierten Lagerhaus; gemütliche Einrichtung mit Motiven aus Fischerei und Seefahrt. Schwerpunkt Fisch und Fleisch ab 95 NOK, aber auch Vegetarier-Teller, Sandwiches ab 50 NOK sowie eine große Auswahl an Salaten und Desserts.

■ **Dickens**, Skagenkai. Uriges Ambiente im Skagenkai-Speicherstil, massive Balken, mehr Kneipe als Restaurant. Durchschnittliche Preise. Stets gut besucht. Ein Tip für den Abend.

■ **Café Sting**, Valberggata 3. Snacks und relaxte Atmosphäre in diesem jugendlichen Café am Aussichtsturm Valbergtårnet, angenehm weit genug entfernt von der eher hektischen City.

■ **Skagen Bageri**, Skagen 18. So mancher norwegische Bürgermeister würde in einem Ruderboot das Skagerrak überqueren, um einen dänischen Bäcker dazu zu bewegen, einen Laden in seiner Ortschaft zu eröffnen und Entwicklungshilfe zu leisten. In Stavanger ist der Notstand behoben.

Sehenswertes

Altstadt und Dom

■ Die Altstadt **Gamle Stavanger** ist mit ihren fast durchweg weiß gestrichenen Holzhäusern eine Kostbarkeit. An der Westseite des Hafenbeckens Vågen zieht sich von der Nedre Strandgate bis zur Øvre Strandgate ein zusammenhängendes Viertel hinauf, in dem die einheitliche Bebauung bewahrt wurde. In den ehemaligen Lagerhäusern am Kai befinden sich Museen, Restaurants und Geschäfte oder residieren Ölfirmen. Weiter oben am Hang überwiegen Wohnhäuser und Kunsthandwerksläden, vervollständigen Kopfsteinpflaster und Terrassengärten das malerische Flair. Das älteste Haus ist 250 Jahre alt; die meisten der rund 130 Häuser wurden Ende des vorletzten und im letzten Jahrhundert gebaut oder hierher versetzt, eine bei Holzhäusern nicht unübliche Methode. Mit Beginn der 30er Jahre, als die Wirtschaftskrise auch Norwegen erfaßte, verfiel Gamle Stavanger. Erst die Steuern der Ölfirmen ermöglichten die Restauration der Häuser, die sowohl in öffentlichem als auch in privatem Besitz sind. Mittlerweile gilt die Altstadt als begehrter Wohnsitz. Während die Außenarchitektur bewahrt bleibt, darf das Innere mit allen Segnungen der Moderne ausgestattet werden. Die Bewohner leben gerne in ihrem »Dorf mitten in der Stadt«.

■ Der **Dom** gehört zu den wenigen mittelalterlichen Bauwerken Norwegens, deren Architektur nicht durch Umbauten oder Erweiterungen verändert wurde. Nachdem König Sigurd Jorsalfar Stavanger 1125 zum Bischofssitz ernannt hatte, verfügte der englische Bischof Reinald aus Winchester noch im selben Jahr den Bau eines Doms. Der ursprünglich anglo-normannische Stil der Kirche läßt vermuten, daß bei Architektur und Ausführung ebenfalls Engländer beteiligt waren. 1272 brannte der Dom, den Bischof Reinald dem Heiligen St. Svithun geweiht hatte. Der Chor wurde im gotischen Stil wiederaufgebaut, und seit ungefähr 1300 steht Stavangers Dom nun unverändert da. Die letzte Restauration fand 1942 statt.

Das Interieur erklärt eine spezielle Broschüre, die im Eingangsbereich ausliegt. 15.5.–15.9. Mo–Sa 9–18 Uhr, So 13–18 Uhr, sonst Mo–Sa 9–14 Uhr. Glockenspiel Mo–Sa 11 Uhr. Orgelkonzerte Do 11.15–11.30 Uhr, Gottesdienst So 11 Uhr.

Stavanger Museum

■ Das bereits 1877 gegründete Stavanger Museum gliedert sich in fünf einzelne Museen, die über die Innenstadt verstreut liegen. Verwaltung und Hauptgebäude: Muségata 16, Tel. 5152 6035. 15.6.–15.8. täglich 11–16 Uhr, So 11–16 Uhr, sonst nur So 11–16 Uhr (Konservenmuseum und Seefahrtsmuseum auch 1.6.–14.6. und 16.8.–31.8. Di–Fr 11–15 Uhr). Eintritt mit SC frei, sonst 30/10 NOK, gilt am selben Tag für alle fünf Einzelmuseen. Besuch eines Einzelmuseums 20/0 NOK. Gleiche Öffnungszeiten, vor den Gebäuden keine Parkmöglichkeiten.

■ Konservenmuseum **Hermetikkmuseum**, Øvre Strandgate 88 a. In dem unscheinbar flachen Gebäude, das Bäume und Sträucher ein wenig verbergen, war von 1880 bis etwa 1960 eine Fabrik untergebracht, in der Sardinen in Konserven verpackt wurden – zu jener Zeit einer der bedeutendsten Wirtschaftszweige in Stavanger. Die eingemachten Fische gingen als Sardinen nach Frankreich und Italien, als »Kieler Sprotten« nach Deutschland, unter anderen Namen in viele weitere Länder; in Norwegen hießen sie »brislinge«. Beim Gang durch die Hallen lernt der Besucher kennen, wie den Fischen maschinell die Köpfe abgezogen, wie sie gewaschen, gesalzen, geräuchert und eingemacht, wie die Dosen sterilisiert, etikettiert und verpackt wurden. Im Obergeschoß finden Sie eine Ausstellung von Etiketten, die jedoch nur einen unwesentlichen Teil dessen umfaßt, was die kleinen ovalen Dosen einst zierte. Die Etiketten zeigen Motive aus der Wikingergeschichte und international bekannter Literatur, aber auch Profile von Fischfabrikanten und Mitgliedern des Königshauses. Es gibt sogar einen Verein in Stavanger, der sich dem Sammeln und Ausstellen solcher Etiketten verschrieben hat. Groß war das Hallo, als in den 80er Jahren in einem Garten ein sensationeller Fund gemacht wurde: gleich 200 Litho-Platten für die Herstellung von Etiketten. Dienstags und donnerstags während der Hochsaison sowie an den ersten Sonntagen im Monat werden hier Sprotten geräuchert.

■ **Sjøfartsmuseet**, das Seefahrtsmuseum, teilt sich mit dem Handelsmuseum zwei alte Kaufmannshäuser in der Altstadt. Nedre Strandgate 17–19 entstanden zwischen 1770 und 1840; 1985 wurden die Holzhäuser für den Museumsbetrieb restauriert. Der Besucher erfährt viel über die große Zeit der Heringsfischerei im letzten Jahrhundert, über die Entwicklung von Hafen, Schiffsbau und Schiffahrt. Ein Modell zeigt Stavanger im Jahr 1870; Fotografien dokumentieren die Zeit des Wiederaufbaus nach 1945. Das Kontor einer Reederei, Kaufmannswohnung und Kolonialwarenladen, die Arbeitsutensilien von Schiffszimmermann und Segelmacher, Schiffsmodelle und weitere Einzelgegenstände sorgen dafür, daß die Belehrungen nicht zu trocken ausfallen. Hier hängt eine Galionsfigur, da ein Steurrad, dort ein Taucheranzug, der gut in die Verfilmung eines Jules-Vernes-Romans passen würde. Die Übergänge wirken manchmal sprunghaft, doch alles in allem lernen Sie hier viel von Stavanger kennen. Das Seefahrtsmuseum ist, außerhalb der allgemeinen Öffnungszeiten, in der ersten Juni- und der zweiten Augusthälfte auch Di–Fr 11–15 Uhr zugänglich.

■ Villa **Breidablikk**, Eiganesveien 40 (im Dezember und im Januar geschlossen). Die pompöse Holzvilla im Schweizer Stil, 1880–82 gebaut, leistete sich der Kaufmann und Reeder *Lars Berentsen,* dessen Vater im Seefahrtsmuseum als Galionsfigur verewigt ist. Im Hauptgebäude originale Einrichtung, in der Scheune Kutschen, Wagen, Schlitten und Arbeitsgerät.

■ **Ledaal**, Eiganesveien 75 (Dezember und Januar geschlossen). Das Herrenhaus entstand 1799–1803 im Auftrag der wohlhabenden Familie Kielland, aus der auch der bekannte Schriftsteller *Alexander Kielland* (1849–1906) hervorging. Heute residiert die königliche Familie in Ledaal, wenn sie in Stavanger zu Besuch ist.

■ Das Hauptgebäude **Stavanger Museum**, Muségata 16, setzt zwei Schwerpunkte, den einen zu Kulturgeschichte und Kunsthandwerk, den anderen zur Fauna im fylke Rogaland. Die neu aufbereitete zoologische Sammlung widmet sich drei Themen; das größte Interesse gilt der ornithologischen Abteilung. Außerdem werden Ausstellungen zur Stadtgeschichte arrangiert.

Tips für die Stadtwanderung

■ **Mosvannsparken** ist ein Tip für zwischendurch, eine grüne Lunge in Stavanger, die etwa 20 Fußminuten vom Hafen entfernt liegt und direkt an die Museumszeilen Eiganesveien und Madlaveien grenzt. Der See Mosvatnet mußte in den letzten hundert Jahren einige Eingriffe durchstehen, war zwischen 1894 und 1932 als Trinkwasser-Reservoir aufgestaut und wurde 1971 durch den Straßenbau kräftig gestutzt. Der See ist das Herz von Mosvannsparken, in dem Ornithologen 140 Vogelarten zählten. Der Wassersport muß zugunsten der Vögel zurücktreten, doch das Angeln ist an ausgewiesenen Stellen erlaubt. Buchen und Weiden bringen Abwechslung in das übliche Gemisch aus Birken, Tannen und Kiefern, und auf der anderen Seite der E 18, im Osten, erhebt sich der bewaldete Hügel *Vålandshaugen,* einer der drei besten Aussichtspunkte im Stadtgebiet. Der dortige Turm wurde 1895 im Zusammenhang mit der Gewässer-Regulierung gebaut; er wird unverändert genutzt, ist aber nicht zugänglich.

■ **Rogaland Kunstmuseum**, Tjensvoll 6, Tel. 5153 0900. Di–Do 10–14 und 18–21 Uhr, Fr 10–14 Uhr, Sa 11–15 Uhr, So 11–17 Uhr. Eintritt 30/0 NOK, mit SC frei.

Das neue Kunstmuseum liegt recht idyllisch im Mosvannspark. Die Sammlung konzentriert sich auf die norwegische Malerei der letzten beiden Jahrhunderte. Sie umfaßt u. a. mehrere Werke von *Lars Hertervig* (geb. 1830), der als Wegbereiter des Surrealismus in Norwegen gilt. Er gehört zu den Malern, denen erst nach ihrem Tod Anerkennung zuteil wurde. Verarmt und angeblich in geistiger Umnachtung, starb Hertervig 1902 in seiner Heimatstadt Stavanger.

■ Auf dem Hügel **Ullandhaug** steht ein Fernsehturm, von dessen Plattformen der beste Rundblick auf Stavanger, das Meer und die Gebirge im Inland möglich ist. Ebenfalls auf Ullandhaug befinden sich *Botanisk Hage,* ein Botanischer Garten mit angeblich 2000 verschiedenen Pflanzen, und *Jernaldergarden,* was »Hof aus der Eisenzeit« bedeutet. Die winzige Siedlung stammt aus der Zeit der Völkerwanderung, ist etwa 1500 Jahre alt – so weit reicht kein anderes Freilichtmuseum in Westnorwegen zurück. 15.6.–15.8. täglich 12–17 Uhr, etwa 7.5.–14.6. und 16.8.–15.9. So 12–17 Uhr, sonst nach Absprache, Tel. 5153 4140. Eintritt 20 NOK.

■ Der klassische Aussichtspunkt auf die Innenstadt ist der alte Feuermeldeturm **Valbergtårnet**, östlich von Vågen in der Valberggata. Der Turm beherbergt einen Kunsthandwerksladen, Tel. 5189 5501. Geöffnet 10–16 Uhr.

Ausflüge

Der *Lysefjord* und die prägnante Felskanzel *Preikestolen,* 600 m hoch über dem Fjord, gehören zu den bekanntesten Reisezielen im Fjordland. Wen eine Sightseeing-Tour mit dem Ausflugsboot interessiert, findet alle Daten unter der Rubrik »Verschiedenes«.

■ Der schmale **Lysefjord** verläuft östlich von Stavanger. Obwohl *Victor Hugo* nie in Norwegen war, soll er diesen Fjord beschrieben haben. Dabei besitzt der 41 km lange Seitenarm des Høgsfjords nicht die Dimensionen eines Geiranger- oder Nærøyfjords; wer aber in seinem Urlaub nicht nur Superlative sammeln muß, wird an der Fjordfahrt mit Autofähre oder Ausflugsboot trotzdem seinen Spaß haben. Die Kapitäne richten sich nach den Vorlieben der Touristen, indem sie nahe am Ufer entlang- und in enge Schluchten hineinsteuern. Man passiert Wasserfälle, die 600 m hohe Felskanzel Preikestolen, die von unten putzig klein ausschaut, sowie mehrere kleine Siedlungen, die nur auf dem Wasserweg mit der Außenwelt verbunden sind. Gemsen und Schafe mustern neugierig das seltsame Etwas, das sich da auf dem Wasser bewegt.

Am Ende des Fjords legt das Schiff in *Lysebotn* an, ein kleines Nest (80 Einwohner), das von der Stromgewinnung im Gebirge lebt. Bereits zu Zeiten der Wikinger war Lysebotn der Punkt, der die Täler Setesdal und Sirdal im Inland mit der Wasserstraße Fjord verband.

Man kehrt entweder per Schiff oder mit dem Auto über das Gebirge zum Ausgangspunkt zurück. Seit den 80er Jahren führt eine abenteuerliche Straße von Lysebotn auf das Gebirge südlich des Fjords, kraxelt in 27 Kurven und einem 1,1 km langen Wendetunnel den Berghang hinauf und erreicht ihren höchsten Punkt bei 932 m ü.d.M. Oben erwartet den Reisenden eine kühle Landschaft, die runde, zaghaft begrünte Felsen und dunkle Seen prägen. Viele kurze Stichstraßen, die für die Fahrzeuge der Stromindustrie angelegt wurden, erlauben Abstecher in absolute Stille. Bei Sonnenschein rate ich zu einem Picknick an windgeschützter Stelle.

Hinter *Sirekrok* besteht die Möglichkeit, das Fjordland zu verlassen und über eine neue Gebirgsstraße in das vielbesungene Setesdal abzuzweigen. Wer Westnorwegen treu bleiben möchte, hält sich südwärts (Übernachtungsmöglichkeiten) und stößt schließlich auf die Straße 45 (an der Kreuzung Tankstelle und Lebensmittel), die gen Südosten *Hunnedal* und *Øvstebødal* durchquert. Karge Vegetation, Schafweiden und jede Menge Ferienhäuser bestimmen das Bild im Hunnedal, dessen Berghänge sanft bis auf rund 1000 m ansteigen. Am Straßenrand erinnern meterhohe Findlinge an die Kräfte, die dem Tal einst seine Form gaben. Im Øvstebødal beginnt die Abfahrt auf Meereshöhe, zurück nach Stavanger.

■ Wer auf dem Felsplateau **Preikestolen** (Prekestolen) stehen und die Sicht auf Lysefjord und Gebirge genießen will, muß dafür eine Wanderung in Kauf nehmen, die Ungeübten einiges abverlangt: Der markierte, mittelschwere Pfad erfordert etwa 75–130 Minuten für eine Wegstrecke, je nach Konstitution.

Der Pfad führt zunächst über Stock und Stein durch ein nadliges Wäldchen. Diese Etappe wurde in den letzten Jahren entschärft und mit Steinen ausgelegt. Später erleichtern Holzbohlen die Durchquerung eines ausgedehnten Sumpfgebietes. Nach dem nächsten Waldstück klettert man über mannshohe Steinbrocken einen Hang hinauf – die anstrengendste Etappe, weil hier der größte Höhenunterschied überwunden wird. Aussicht auf Stavanger im Westen. Oben angekommen, ist das Schnaufen und Stöhnen der uneingeweihten Halbschuh-Spezialisten zu vernehmen, die sich gar nicht damit abfinden wollen, daß sie nicht am Ziel ihrer Wünsche angelangt sind; tatsächlich haben sie ungefähr die Hälfte der Wegstrecke noch vor sich. Fortan mehr Auf als Ab über felsiges Gelände; die Vegetation wird niedriger. Der Lysefjord kommt in Sicht, und zusammen mit dem Blick auf das Gebirge im Norden stellt sich die erste Zufriedenheit über das bisher Geleistete ein. Der Weg teilt sich: Die bessere Alternative ist, wie sonst auch im Leben, die linke. Der Pfad führt mehrmals knapp am Abhang entlang; die mulmigsten Stellen sichern Holzbrücken. Dann ist das Ziel erreicht: vom »Predigtstuhl« haben Sie einen faszinierenden Blick auf den Lysefjord, die Bergformationen von Forsand sowie kleine grüne Parzellen auf der anderen Seite des Fjords. Wer sich an den Felsvorsprung schiebt, schaut etwa 600 m in die Tiefe, doch die Aussicht wirkt beinahe abstrakt. Über eine senkrechte Leiter kann man weiter aufwärts kraxeln und Preikestolen von oben bewundern.

Tragen Sie feuchtigkeitsbeständige Kleidung und Schuhe, bloß keine Slipper oder Holzpantoffel, wie nicht selten zu bestaunen. Rasche Wetterwechsel. Wer früh kommt, entgeht dem Picknickrummel, vor allem an Wochenenden. 50.000 Wanderer sollen jedes Jahr die »Wallfahrt« zur Kanzel antreten. Am ersten Julisonntag findet sogar ein Gottesdienst auf Preikestolen statt. Und nun wird diskutiert, einen Aufzug durch den Fels zu ziehen, um auch noch die Fahrgäste der Ausflugsboote auf die Kanzel zu schleusen. Die spinnen, die Norweger...

In den Sommermonaten kann man sich auch auf dem Pferderücken zur Felskanzel bringen lassen. Der Trip dauert, Wander-Passagen inklusive, vier Stunden. Anmeldung an der Pferdekoppel, nahe dem Startpunkt der Wanderung. Preis rund 300 NOK.

Anfahrt: Die schnellste Verbindung ist die Autofähre nach Tau. Die langwierige Fahrt durch Sandnes und zum Fähranleger Lauvvik (nach Oanes) ist somit überflüssig. Ab Tau auf Straße 13 vorbei an den Felszeichnungen von Solbakk (siehe unten) über Jørpeland nach Jøssang, ausgeschilderte schmale Straße zur Preikestolhytta, Parkplatz am Startpunkt des Wanderwegs, 20 NOK Gebühr. Von Mitte Juni bis Ende August fährt dreimal am Tag ein Bus von Tau zur Preikestolhytta und zurück.

■ Die **Felszeichnungen** bei Solbakk, zwischen Jørpeland und Tau, sind 2500–4000 Jahre alt. Die rund 40 Figuren stellen Boote und Symbole dar, sollten wahrscheinlich Götter gnädig stimmen, damit die Ernte günstig ausfalle.

Anfahrt: siehe Preikestolen, Tafel »Helleristninger«, Parkbucht neben der Straße 13, dann kurzer Fußweg zur felsigen Küste.

■ **Utstein**, auf der Insel Mosterøy, ist das bestbewahrte Kloster Norwegens, doch seine frommen Tage sind schon lange gezählt. Heute dient der einstige Sakralbau als Konferenzort, kann aber besichtigt werden. 1.5.–15.9. Di–Sa 10–16 Uhr, So 12–17 Uhr, ab Anfang März bis Ende Oktober nur So 12–17 Uhr. Eintritt 25/10 NOK, mit SC frei. Führungen auch auf englisch.

Anfahrt besser mit dem Bus: Mo–Fr ab Stavanger in der Woche mehrmals täglich ab 9.15 Uhr, So um 12.15 Uhr, Sa nur schlechte Verbindung. Abfahrt Busbahnhof, nahe Bahnhof. Im Bus geringere Gebühr für Mautstraße, außerdem nur wenige Parkplätze am Kloster.

■ **Kongeparken** ist ein Vergnügungspark von gewaltiger Ausdehnung. Im Mittelpunkt liegt der Riese Gulliver, der den Besuchern mit mancher Überraschung buchstäblich offensteht. Sonst die üblichen Attraktionen wie Achterbahn, Mountain-bike-Parcours, Kino mit großer Leinwand, Mini-Zoo, Ponyreiten, Go-Kart-Bahn etc.

Kongeparken liegt an der E 18, zwischen Sandnes und Ålgård. Anfahrt mit Bus oder eigenem Fahrzeug. Geöffnet Ende Juni bis Anfang August täglich 11–17 Uhr, sonst von Mai bis Ende August an Sonn- und Feiertagen. Info-Tel. 5161 7111. Eintritt 110/90 NOK, mit SC 40 % Rabatt. Extra-Preise für einzelne Attraktionen wie Fahrgeschäfte und Vermietungen (Mountain-bikes).

■ Die Tourismusstrategen haben sich etwas einfallen lassen und die Küstenstraße zwischen Haugesund im Norden und Kristiansand im Süden zum **Nordsjøveg**, der Nordseestraße, erklärt. Die Behauptung, daß sich entlang von Nordsjøvegen Süd- und Westnorwegen treffen, ist geographisch halbwegs richtig, aber trotzdem mehr Reklame-Geschwätz, weil die Landschaftformen weder für die Südküste noch für das Fjordland typisch sind.

Gerade die Landschaft südöstlich von Stavanger, Jæren, ist nicht reprä-

Felszeichnungen bei Solbakk (oben); luftige Kanzel Preikestolen ▶

sentativ, sondern geradezu einzigartig in Norwegen; siehe dort.

Verschiedenes

■ **Stadtrundfahrt mit dem Bus:** 1.6.–31.8. Abfahrt um 13.30 Uhr beim Info-Kiosk Vågen. Die Rundfahrt dauert zwei Stunden. Anmeldung bis 12 Uhr in einem der beiden Touristenbüros. Preis 110/70 NOK, mit SC 50 % Rabatt.

■ **Stadtwanderung:** 15.6.–15.8. Abmarsch um 11 Uhr beim Info-Kiosk Vågen. Dauer zwei Stunden. Anmeldung bis 10 Uhr in einem der beiden Touristenbüros. Preis 80/50 NOK, mit SC 50 % Rabatt.

■ **Fjord-Sightseeing** von März bis Oktober. Programm: Lysefjord-Preikestolen, Dauer 3 Stunden, Preis 180/90 NOK. – Lysefjord-Preikestolen-Lysebotn, Besichtigung eines Elektrizitätswerks und Busfahrt in die Berge, Dauer 6 Stunden, Preis 260/130 NOK. – Zur Insel Kvitsøy samt Leuchtturm. Dauer 3 Stunden, Preis 180/90 NOK. – Hochseeangeln vor Kvitsøy. Dauer 3 Stunden, Preis 180/90 NOK. – Ferner Thementouren, zum Beispiel Piratenfahrten für Kinder oder Schunkelausflüge mit gemeinsamem Grillen.

Anmeldung in den Touristenbüros, bei *Clipper Fjord Sightseeing*, Skagenkaien 18, Tel. 5189 5270, oder bis kurz vor Abfahrt direkt am Skagenkai. Mit SC 40 % Rabatt auf die Fahrpreise.

■ **Fahrradvermietung:** *Sykkelhuset*, Løkkeveien 33, Tel. 5153 9910.

■ **Fallschirmspringen:** *Stavanger Fallskjermklubb*, Flughafen Sola, Tel. 5165 6411.

■ **Golf:** *Stavanger Golfklubb*, Longebakken 45, Tel. 5155 5431. 18-Loch-Platz am See Store Stokkavann. Verleih von Ausrüstung.

■ **Reiten:** *Rogaland Rideklubb*, Grannesveien 81, Hinna, Tel. 5158 9136 und 5188 1454. – *Sola Ridesenter*, Tananger, Tel. 5169 6553.

■ **Wandern:** *Stavanger Turistforening*, Olav V's gate 18, Tel. 5152 7566. Beabsichtigen Sie (mehrtägige) Gebirgswanderungen, wenden Sie sich am besten an diese Organisation; sie unterhält in Ryfylke, vielleicht Ihr nächstes Etappenziel, mehr als 30 Hütten, die Nicht-Mitgliedern jedoch nicht generell zur Verfügung stehen.

■ **Galerien:** *Galleri Sølvberget*, Stavanger Kulturhus, Tel. 5150 7090. Im selben Gebäude wie das Touristenbüro. Norwegische wie internationale Kunst. Mo–Sa 10–16 Uhr, Do 12–19 Uhr, So 13–16 Uhr. – *Stavanger Kunstverein*, Madlaveien 33, Tel. 5152 7819. Di–Fr 10–14 Uhr, Mi und Do auch 18–20 Uhr, Sa,So 12–17 Uhr. – *Galleri Brandstrup*, Solagt. 18, Tel. 5152 7220. Zeitgenössische Kunst. – *Internasjonalt Kultursenter*, Sandvigå 27, Tel. 5150 8845. An den Sonntagen ist auch das Graphische Museum geöffnet.

■ **Weitere Museen:** *Archäologisches Museum*, Peder Klowsgt. 30 A, Tel. 5153 4140. Di 11–20 Uhr, Mi–Sa

11–15 Uhr, So 11–16 Uhr. Eintritt 10/5 NOK. – *Graphisches Museum,* Sandvigå 27, Tel. 5152 8886. So 11–16 Uhr. – *Feuerwehrmuseum,* Lagårdsveien 32, Tel. 5150 8860. Besichtigung nach Absprache. – *Missionsmuseum,* Misjonsveien 34, Tel. 5151 6210. Besichtigung nach Absprache. – Schulmuseum *De Vestlandske Skolemuseum,* in der alten Kvaleberg-Schule, Stadtteil Hillevåg, Tel. 5158 5372. Mo und Di 9–15 Uhr, zudem 15.6.–15.8. nach Absprache.

■ **Hauptpostamt:** Kreuzung Haakon VII's gate/Lars Hertervigs gate, zwischen Vågen und Breiavatnet. Im Stadtplan verzeichnet.

■ **Notarzt:** Tel. 5153 3333.

■ **Transport:** Das Netz der rund 30 Lokalbusrouten deckt das Gebiet zwischen Randaberg, Tungenes und Rennesøy im Norden, Orre, Nærbø und Ålgård im Süden sowie Lauvvik und Forsand im Osten ab. Wollen Sie mehrere Tage in Stavanger und Umgebung verbringen, fragen Sie im Touristenbüro nach dem Fahrplan; ansonsten können Sie sich dort auch Einzelauskünfte geben lassen, oder unter Tel. 5156 7171, der zentralen Verkehrsauskunft. – Die Jærenbahn verkehrt maximal 15–20 mal am Tag über Sandnes und Bryne nach Egersund und zurück; mit der SC 50 % Rabatt.

■ **Taxi:** Tel. 5188 4100.

■ Die ausgeschilderten **Parkhäuser** sind zu empfehlen, denn in den vermeintlich ruhigen Wohnbezirken im Innenstadtbereich gelten Parkausweise für Anwohner. Auch vor den Museen finden Sie keine Abstellmöglichkeiten für Ihr Fahrzeug.

Weiterreise

■ **Flug:** *Stavanger Lufthavn,* Sola, südwestlich von Stavanger, Tel. 8100 3300. Der Flughafenbus fährt von 6 bis 23 Uhr zweimal die Stunde vor Hauptbahnhof und Atlantic-Hotel ab. Fahrpreis 35 NOK.

Direktverbindungen innerhalb Westnorwegens mit Bergen, darüber hinaus mit Geilo, Kristiansand, Sandefjord, Oslo und Trondheim.

Ins Ausland nach Kopenhagen.

■ **Eisenbahn:** *Stavanger Jernbanestasjon,* Jernbaneveien, liegt am Stadtsee Breiavatnet, Tel. 5156 9600.

Sørlandsbanen (Linie 51): Stavanger, Sandnes, Bryne, Egersund, Moi, Sira, Kristiansand, Nelaug (umsteigen nach Arendal), Bø, Kongsberg, Hokksund, Drammen, Lysaker/Fornebu, Oslo Sentrum.

■ **Personenfähre:** Schnellbootterminal (Stadtplan), Tel. 5189 5090.

Schnellboot Stavanger, Føresvik, Kopervik, Haugesund (170 NOK), Mosterhavn, Leirvik, Flesland, Bergen (470 NOK), Dauer rund 4 Stunden, mit SC 25 % Rabatt. – Schnellboot Stavanger, Tau, Jørpeland (Ryfylke), mit SC 50 % Rabatt. – Schnellboot Stavanger, Sand, Sauda (Ryfylke), mit SC 50 % Rabatt.

■ **Autofähre:** Fährkai *Fiskepiren*

(Stadtplan), ausgeschildert durch das Schiffsymbol, Tel. 5189 3212.

Nach Tau. – Nach Lysebotn über Lauvvik, Oanes, Forsand.

Ab Fährkai *Randaberg,* nordwestlich von Stavanger, nach Kvitsøy oder nach Skudeneshavn auf Karmøy (nach Haugesund und Bergen).

■ **Bus:** Busterminal am Hauptbahnhof, Jernbaneveien.

Nach Kristiansand über Sandnes, Ålgård, Moi, Flekkefjord, Lyngdal, Mandal. – Nach Oslo (461 NOK) über Sandnes, Ålgård, Brokke, Valle, Dalen, Åmot, Seljord, Bø, Notodden, Kongsberg, Drammen, Flughafen Oslo/Fornebu. – Nach Bergen (320 NOK) über Mortevika (Fähre), Haugesund, Valevåg (Fähre), Sandvikvåg (Fähre), Os, Nesttun.

Ins Ausland nach Hamburg (HS 800/NS 700 NOK) über Kristiansand (wie oben), Fähre nach Hirtshals, Flensburg (HS 700/NS 600 NOK).

■ **Auto: Nach Bergen.** Auf Straße 1 über neue, mautpflichtige Tunnel- und Brückenverbindung zum Fährkai Mortevika auf Rennesøy, Fähre nach Arsvågen. Weiter auf Straße 1 direkt nach Bergen, unterwegs zwei weitere Fährfahrten, zuvor möglicher Abstecher nach Haugesund (siehe unten). – Oder Autofähre Randaberg-Skudeneshavn, bei schwerer See fröhliches Wellenreiten. Schade ums Frühstück.

Skudeneshavn ist ein malerisches Fischernest an der Südspitze der Insel **Karmøy.** Auf der Straße 47 an der Westküste von Karmøy entlang, lange **Sandstrände** *in Sandvesanden, Fer-kingstad/Stavasanden* und *Åkrasanden.* Durch die Inselhauptstadt Kopervik und über die Karmsund-Bogenbrücke (nicht zu schnell an die Kuppe heranfahren) durch dichter besiedeltes Gebiet in die freundliche Küstenstadt **Haugesund;** dort mögliche Besichtigung des kulturhistorischen *Karmsund Folkemuseums* und von *Haraldshaugen,* ein Grabhügel samt Obelisk zu Ehren von Harald Schönhaar, der 872 Norwegen erstmals zu einem Königreich vereinte; ab Haugesund auch Bootsausflüge zu den Leuchtturm-Inseln *Rovær* oder *Utsira* (mehr über Karmøy und Haugesund in »Westnorwegen selbst entdecken«, bei Regenbogen). Weiter auf Straße 11 oder der küstennahen Straße 47 zur Küstenstraße 1 nach Bergen; siehe oben.

Ins Setesdal. Zunächst ostwärts nach *Suleskar,* entweder mit der Fähre über Lysebotn oder durch Øvstebødal und Hunnedal, beides unter »Ausflüge, Lysefjord« oben beschrieben. Ab Suleskar neue mautpflichtige Fjellstraße nach *Brokke* im Setesdal (von November bis Mai Wintersperre).

Nach Flekkefjord. Auf den küstennahen Straßen 510 und 44 durch die (für norwegische Verhältnisse) einzigartige Kulturlandschaft Jæren; siehe unter »Jæren, Weiterreise, Nach Flekkefjord«.

Bergen

Fjordland-Metropole mit Flair

Bergen ist Norwegens zweitgrößte Stadt. 220.000 Menschen leben in der Gemeinde, 123.000 davon im Stadtgebiet. Gegründet wurde Bergen 1070 von König *Olav Kyrre*. Genauso wichtig aber ist das Jahr 1250, als König *Håkon IV.* der Lübecker Hanse Handelsbegünstigungen in Bergen einräumte.

Bereits zuvor hatte sich Bergen aufgrund seines günstig gelegenen, geschützten Hafenbeckens zu einer Drehscheibe des Handels entwickelt. Die ausländischen Skipper, vor allem aus England und deutschen Landen, brachten Getreide, Salz, Wein und Malz, die sie gegen Fisch tauschten. Besagte Vereinbarung ermöglichte es der Hanse fortan, den Handel zu bestimmen. Ihre Kaufleute zahlten den Fischern Vorschüsse auf den nächsten Fang aus und banden sie dadurch für die Zukunft. Außerdem waren die Norweger von dem Getreide, das sie zum Leben, und dem Salz, das sie zum Konservieren von Dorsch und Hering brauchten, abhängiger als umgekehrt. Spurten sie nicht, verringerten die Hansekaufleute die Lieferungen der wichtigen Waren. Es war die gleiche Taktik, die später die Dänen in Island oder auch norwegische Kaufleute im eigenen Land anwenden sollten und die betroffenen Fischer jahrhundertelang in Abhängigkeit hielt.

Zwangsläufig fiel auch Grundbesitz an die neuen Herrscher von Bergen. Mit Vorliebe etablierten sie sich an der nördlichen, der privilegierten Seite des Hafenbeckens, deren Kai bald den Namen *Tyskebryggen* trug, die Deutsche Brücke. Hier führten sie ihre Lagerhäuser und Büroräume, wickelten ihre Geschäfte ab. Die Bandbreite der umgeschlagenen Waren vergrößerte sich: Zu den neuen Exportartikeln gehörten Holz und Schafwolle; importiert wurden Gewürze, Metalle und Gebrauchsgegenstände aus Keramik und Glas. Als das Zeitalter der Hanse sich 1536 dem Ende zuneigte, traten holländische, englische und norwegische Kaufleute an ihre Stelle. Die Konkurrenz sorgte für eine größere Umverteilung des Wohlstands in der Stadt. Im 17. Jahrhundert überflügelte Bergen Kopenhagen als Handelsplatz.

Die Stadtchronik berichtet von mehreren Bränden, die Bergen im Lauf der Zeit heimsuchten – der verheerendste im Jahr 1702. Obwohl das Feuer viel Unheil anrichtete, bauten die Bergenser ihre Häuserzeilen unbeirrt wieder auf. Nach der nächsten Katastrophe 1916 zog man jedoch Konsequenzen, indem man sich für mehr Steinbauten und breitere Straßen entschied. 1944 flog im Hafen ein deutsches Munitionsschiff in die Luft und zerstörte Teile von Bryggen; 1955 und 1958 brannte es noch zweimal am inzwischen stillgelegten Kai, über den sie mehr unter der Rubrik »Sehenswertes« erfahren.

Bereits 1284 hatte König Håkon Magnusson Oslo zur Reichshauptstadt erklärt. Doch erst im letzten Jahrhundert, als die Industrialisierung einsetzte, zählte Kristiania, wie Oslo zwischenzeitlich hieß, mehr Einwohner als Bergen. Die politischen Ereignisse während der unfreiwilligen Union mit Schweden stärkten schließlich seine Stellung gegenüber der traditionsreichen Handelsstadt an der Westküste. Daran änderte sich auch nichts mehr, als 1909 die Eisenbahnlinie zwischen beiden Städten eröffnet wurde und Bergen erstmals über eine Landverbindung verfügte, die schneller war als die mehrtägige Schiffsreise entlang der Südküste.

Die Karten sind verteilt, wobei es Bergen gar nicht nötig hat, mit Oslo zu konkurrieren. In der ungekrönten Hauptstadt Westnorwegens haben sich jede Menge Firmen niedergelassen, zuletzt auch potente Ölkonzerne, die Bergen eine solide wirtschaftliche Grundlage versprechen. Das gilt ebenso für den Dienstleistungssektor und die Ausbildungsstätten wie Universität, Handelshochschule, Wirtschaftshochschule etc. In Sachen Kultur ist Bergens führende Rolle unbestritten. Bereits 1765 wurde das Philharmonische Orchester aus der Taufe gehoben, und Norwegens erstes Theater, *Den Nationale Scene,* nahm 1850 seinen Betrieb auf. Alljährlich beginnen Ende Mai die *Internationalen Bergenser Festspiele.* Im Sommer ist ständig etwas los in Bergen: Jazzwoche, Anglerwoche, Sportwoche, internationale Wochen in Restaurants und Hotels.

Gemeinsam mit vielen Norwegen-Liebhabern bin ich der Meinung, daß Bergen unter Norwegens Großstädten am meisten Flair besitzt. Die Menschen zeigen sich redseliger als im Landesinneren. Die schönen Wohnlagen beschränken sich nicht nur auf die Altstadt und die Villen oberhalb von Bryggen, sondern ziehen sich ausgiebig an den Fjorden entlang. Die Innenstadt wirkt durch ihre Parks, Promenaden und Seen trotz manch architektonischer Fehlleistung eher angenehm. Die Touristen zieht es unwiderstehlich zum lebhaften Fischmarkt, der sich am Kopfende des Hafenbeckens Vågen befindet. Die übertriebenen Preise sowie Schilder, die an den Ständen »Wir sprechen deutsch« oder »Se habla espanol« verkünden, zeigen allerdings, daß der Gast auch in Bergen zwischen echter und gekünstelter Attraktion unterscheiden muß. Wenn Sie Glück haben, liegt *Statsraad Lehmkuhl* im Hafen vor Anker, der größte Dreimaster überhaupt, der noch über die Meere segelt.

Wer schon einmal etwas über Bergen gelesen hat, wird jetzt vielleicht fragen: »Und das Wetter? Was ist mit dem Regen?« Korrekt, in Bergen fällt jedes Jahr durchschnittlich 2100 mm Niederschlag pro Quadratmeter – dreieinhalbmal soviel wie im nicht gerade ausgedörrten Frankfurter Raum. Die exponierte Lage an der Küste macht's möglich. Die Anekdoten, daß die Bergenser mit Regenschirm oder Schwimmhäuten auf die Welt kommen, kursieren seit Generationen. Die Bergenser selbst läßt das ziemlich ungerührt. In den Sommerferien mag es sie in den Süden ziehen, doch fast alle sind froh, danach wieder zu Hause zu sein. Ein Tip zum Abschluß, wenn Sie bei »gutem« Wetter in Bergen eintreffen: Nehmen Sie die Kabelbahn hinauf zum Erholungsgebiet *Fløyen* oder die Schwebebahn auf den Aussichtsberg *Ulriken* und genießen Sie die Aussicht auf Bergen, die Schären und das Meer, bevor die Wolken zurückkehren, wenn überhaupt.

Bergen Card

Die Bergen Card (BC) gewährt freien oder ermäßigten Eintritt für die meisten Museen, Rabatt auf Sightseeing-Touren und diverse kulturelle Veranstaltungen, zum Beispiel Kino oder Konzerte des Bergenser Philharmonischen Orchesters, sowie freien Zutritt zu Frei- und Hallenbad. Kostenlos ist auch der Transport mit den Bussen im erweiterten Stadtgebiet, und auf Bahnfahrten von und nach Bergen (!) gibt es 30 % Rabatt. Schließlich beinhaltet sie eine Parkkarte, mit der Sie Ihr Fahrzeug ohne Gebühren abstellen können, wobei die jeweilige Parkhöchstdauer zu beachten ist.

Viele Bergenser Museen haben montags geschlossen, weshalb sich die BC an diesem Tag nicht unbedingt rentiert.

Sie bekommen die Bergen Card im Touristenbüro, in Hotels und auf Campingplätzen, in Hauptbahnhof, Busbahnhof sowie, zumindest theoretisch, in allen Bahnhöfen des Landes. Dazu gehört eine Broschüre, die die Leistungen präziser auflistet. Preise 1995: 110/55 NOK (24 Stunden), 170/80 NOK (48 Stunden).

Information
■ **Bergen Turistinformasjon**, Bryggen, Tel. 5532 1480, Fax 5532 1464. 1.6.–31.8. täglich 8.30–21 Uhr, Mai und September Mo–Sa 8.30–21 Uhr, So 10–19 Uhr, sonst Mo–Sa 9–16 Uhr.

Bergen Card. Vermittlung von Unterkünften, auch Privatzimmern. Geldwechsel. Gepäckaufbewahrung. An Infomaterial vor allem der »Bergen Guide«, jährlich neu. Die Übersichtskarte »Bergen Kart«, samt Auflistung von Sehenswürdigkeiten und Freizeittips, ist für 40 NOK, gemessen am Gebotenen, zu teuer, enthält allerdings die Wanderwege auf Fløyen.

Das Info-Zentrum ist stets gut frequentiert, so daß Sie mit längeren Wartezeiten und gestreßtem Personal rechnen müssen. Wer einen Bergen-Aufenthalt fest einplant, sollte bereits zu Hause unter der Postadresse den kostenlosen »Bergen Guide« bestellen, und zwar bei:

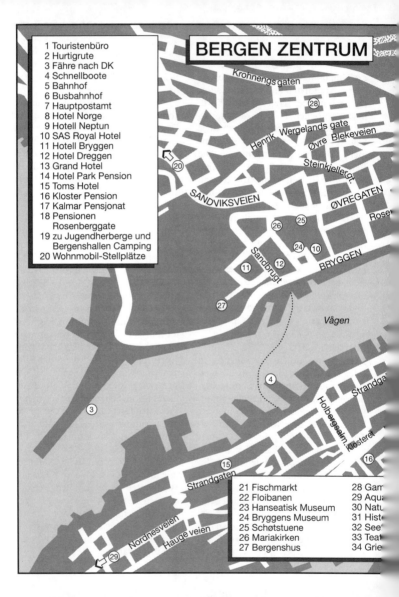

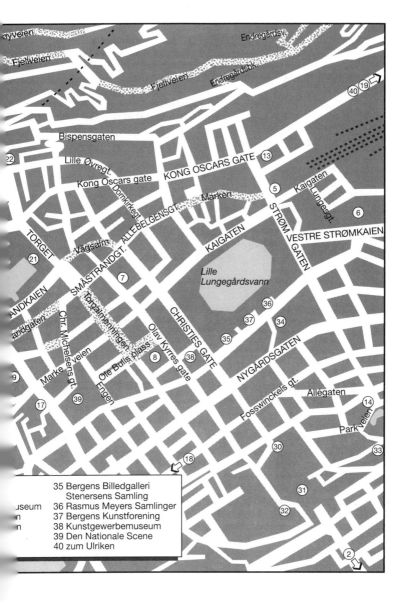

■ **Bergen Reiselivslag**, Postboks 4055 Dreggen, N-5023 Bergen, Tel. 5531 3860, Fax 5531 5682. Für schriftliche Anfragen.

Unterkunft

Hotels und Pensionen

Die Hotels der oberen und mittleren Kategorie ähneln sich in der Einrichtung der Zimmer: skandinavisches Design, nicht zu viel Holz, dezente Farben.

Die stolzen Preise schaffen die entsprechende Nachfrage nach preiswerten Pensionen, doch das Angebot ist knapp. Bestellen Sie Ihr Pensionszimmer vorsichtshalber eine Woche im voraus.

■ **Hotel Norge**, Ole Bulls plass 4, Tel. 5521 0100, Fax 5521 0299. 15.6.–15.8. EZ 725 NOK, DZ 950 NOK, sonst EZ 1095 NOK, DZ 1295 NOK.

Liegt zentral, südlich von Lille Lungegårdsvann. Noble Herberge mit allen Schikanen, Hallenbad inklusive. Das Preisniveau verrät einen großen Anteil an Geschäftsleuten. Alle Zimmer mit hübscher Ausstattung in zarten Farben, Sitzecke mit Sofa obligatorisch. Die »preiswerten« Zimmer sind teilweise etwas klein geraten.

■ **Hotell Neptun**, Walckendorffsgt. 8, Tel. 5590 1000, Fax 5523 3202. 25.6.–10.8. EZ 680 NOK, DZ 910 NOK, sonst EZ ab 1150 NOK, DZ ab 1390 NOK. Erstklassige Küche, Restaurant »Lucullus« siehe unter der Rubrik »Essen und Trinken«.

Zentrale Lage, Straßenverkehr. Zimmer im typischen Bergen-Stil: Skandi-Design, ohne daß das Holz dominiert; die Größe variiert. Vorsicht vor den Räumen mit Fenster zum Innenhof. Am besten telefonisch vorbestellen.

■ **Grand Hotel Terminus**, Kong Oscars gate 71, Tel. 5531 1655, Fax 5531 8576. 1.5.–30.9. mit Fjord Pass (C) EZ ab 515 NOK, DZ ab 730 NOK, sonst EZ 760 NOK, DZ 1000 NOK. Direkt am Hauptbahnhof.

■ **Hotel Park Pension**, Harald Hårfagres gate 35, Tel. 5532 096 Fax 5531 0334. 1.6.–31.8. EZ 590 NOK, DZ 720 NOK, sonst EZ 570 NOK, DZ 700 NOK. 20 Minuten Fußweg zur City, schöne Lage am Park.

■ **Hotell Bryggen**, Bradbenken 3, Tel. 5531 8080, Fax 5532 9414. 15.6.-15.8. EZ 500 NOK, DZ 710 NOK, sonst EZ 690 NOK, DZ 990 NOK.

Hochgezogener Kasten mit neuem und altem Flügel. Im alten Trakt zwar ansehnliche Zimmer, vorwiegend in Blau und Rosa, aber nicht so akkurat gepflegt wie üblich.

■ **Rosenborg Gjestehus**, Rosenberggate 13, Tel. 5590 1660, Fax 5590 1665. 15.6.-15.8. EZ 490 NOK, DZ 640 NOK, sonst EZ ab 390 NOK, DZ ab 490. Alle Zimmer mit Bad. Frühstück inklusive. Kaffee und Tee gratis. Relativ ruhige Lage, 10 Minuten Fußweg zur City.

■ **Bergen Gjestehus**, Vestre Torggt. 20 a, Tel. 5531 9666, Fax 5523 3146.

15.6.-15.8. EZ 450 NOK, DZ 600 NOK, sonst EZ 350 NOK, DZ 450 NOK, Rabatt je nach Nachfrage. Alle Zimmer mit Bad.

■ **Kloster Pension**, Klosteret 12, Nordnes, Tel. 5590 2158, Fax 5523 3022. EZ ab 300 NOK, DZ ab 450 NOK, EZ teils ohne Bad. Auch 3- und 4-Bett-Zimmer verfügbar. Frühstück inklusive, sonst keine Bewirtung.

Auf Nordnes hält sich der Verkehrslärm in Grenzen. Die Pension wurde in den letzten Jahren schrittweise modernisiert. Geräumige, gefällige Zimmer mit viel Holz. Kaminstube und Aufenthaltsraum.

■ **Kalmar Pensjonat**, Jon Smørs gate 11, Tel. 5523 1860. EZ ohne Bad 300 NOK, mit Bad 420 NOK, DZ ohne Bad 450 NOK, mit Bad 600 NOK. Extra-Bett 125 NOK Aufschlag. Zimmer ohne Bad mit fließend Wasser. Frühstück 45 NOK. Mikrowelle für Selbstversorger.

Unglückliche Lage an verkehrsreicher Kreuzung, wenn auch citynah. Typische Pensionszimmer, guter Durchschnitt. Nettes Appartement, aber den Gästen vorbehalten, die mindestens eine Woche bleiben.

■ **Sandviken Gjestehus**, Sandviksveien 94, Tel. 5595 1850, Fax 5595 3477. EZ 390 NOK, DZ 535 NOK. Alle Zimmer mit Bad, Kinder gratis im Zimmer der Eltern. Frühstück inklusive. Citynah gelegen.

■ **Myklebust Pensjonat**, Rosenberggaten 19, Tel. 5590 1670. EZ ohne Bad 350 NOK, DZ ohne Bad 400, DZ mit Bad 450 NOK. Kein Frühstück. Familiärer Betrieb mit 8 Betten.

Jugendherberge, Privatzimmer

■ **Bergen Vandrerhjem Montana**, Johan Blytts vei 20, Tel. 5529 2900, Fax 5529 0475. 6.5.–10.10. DZ 350 NOK, 4/5-Bett-Zimmer für Mitglieder 95 NOK, für Nicht-Mitglieder 125 NOK. Zimmer mit Waschbecken, Bad auf dem Flur. 50 Zimmer mit 200 Betten. Frühstück auf Bestellung 45 NOK, Luchpaket 25 NOK, Fertiggerichte um 50 NOK. Bushaltestelle 200 m (Bus 4).

Liegt abseits im ruhigen Stadtteil Landås, dank Busanbindung kein Problem. Durch hohe Bettenkapazität viel Rummel, manchmal ungewohnt rauher Ton am Empfang. Spartanische Zimmer mit dem Notwendigsten, Waschbecken nicht abgeteilt. Billig, aber kein Ort zum Wohlfühlen. Aufenthaltsraum.

■ **Privatzimmer** vermittelt das Touristenbüro. Preise ab 155 NOK für EZ und ab 260 für DZ, meist ohne Bad. Extra-Bett ab 80 NOK. Kein Frühstück.

Camping

Campingplätze in Bergen – ein leidiges Thema. Es gibt keinen zentral gelegenen Platz. Gereizt reagieren viele Bergenser auf jene Touristen, die mit ihren Wohnmobilen die Parkplätze der Innenstadt belegen. Daß einzelne Kretins ihre chemischen Toiletten im See Lille Lungegårdsvann ausleeren, ist zwar die Ausnahme, gibt aber wirksame Negativ-Schlagzeilen ab. Nur einen Kilometer vom Zentrum entfernt hat man in Sandviken einen Wohnmobil-Stellplatz eingerichtet. Sonst heißt die Alternative Campingplatz.

■ **Lone Camping**, Espeland, Tel. 5524 0820. Ganzjährig geöffnet. Preisniveau Camping: 2. Appartements und Hütten 250–500 NOK.

20 km außerhalb an der Straße 580, nette Lage am See. Weitläufige, begrünte Terrassen, doch die besseren, weil abgelegenen Plätze bedingen einen langen Anmarsch zum Servicegebäude. Wohnliche Reihenhaus-Appartements mit nur einem Schlafraum. Passable Sanitäranlage, W & T. Kiosk.

■ **Bratland Camping**, Haukeland, Tel. 5510 1338. 20.5.–10.9. Preisniveau Camping: 2. 22 Hütten für 2–4 Personen 290–590 NOK, teils als Ferienhütten. DZ 190 NOK.

Zwar nah der Straße 580, doch durch Bachlauf und Bäume mit etwas Atmosphäre. Teure Standardhütten, komfortable, aber etwas dunkle Ferienhütten. Doppelzimmer schlicht, aber relativ billig. W & T. Kiosk.

■ **Grimen Camping**, Grimen, Tel. 5510 0615. Ostern bis 31.10. Preisniveau Camping: 1. 18 Hütten für 2–4 Personen 150–325 NOK. 4 DZ 200–300 NOK.

Liegt zwar idyllisch am See, doch die angrenzende Straße geht dem Gast schnell auf die Nerven. Standardhütten, Preisunterschied durch fließend Wasser. Nicht gerade die erste Adresse für Frau Saubermann. W & T. Die Rezeption befindet sich in dem Lebensmittelladen an der Einfahrt.

■ **Midttun Motell og Camping**, Nesttun, Tel. 5510 3900. Ganzjährig geöffnet. Preisniveau Camping: 2. 6 Hütten für 4 Personen 230 NOK. 32 Motelräume für 2–4 Personen 250–450 NOK.

Noch 11 km bis zur City, kurze Abzweigung von der Straße 580. Enge umzäunte Anlage zwischen Wohnhäusern und Industriebetrieben, kaum Platz für Zelte und Wohnmobile. Muffige Standardhütten, an den Motelräumen ist nichts auszusetzen. Aufenthaltsraum für alle. Neuere Sanitäranlage, die allerdings arg beansprucht wird, W & T. Kiosk.

■ **Bergenshallen Camping**, Vilhelm Bjerknesvei 29, Landås, Tel. 5527 0180. Ende Juni bis etwa 10.8. Preisniveau Camping: 1, für WM 2. Mit Bus 3 fünfzehn Minuten zur City.

■ **Bergen Camping Park**, Breistein, Tel. 5524 8808. Preisniveau Camping: 1, für WM 2. Motelzimmer 295 NOK, mit Bad 495 NOK. 15 km nördlich von Bergen, an der Straße 1. Riesiges Gelände.

■ **Stellplätze für Wohnmobile:** *Bergen Bobilsenter,* Sandviken, Tel. 5531 3840. Nördlich von Vågen an der Straße 1. Zwischen Industriehallen, dafür aber mit allen Serviceeinrichtungen. Besser, als auf den Parkplätzen der Stadt zu stehen und die Geduld der Bergenser zu strapazieren. Kostenpunkt 65 NOK pro Tag oder 10 NOK stundenweise, plus 20 NOK für Elektrizität. Mit Bus 1 nur fünf Minuten zur City, zu Fuß eine Viertelstunde.

Essen und Trinken

■ **Lucullus**, Hotell Neptun, Walkkendorffsgt. 8, Tel. 5590 1000. Erste Adresse für Gourmets. Einrichtung »standesgemäß«, wenn auch nicht sonderlich originell. Fischspezialitäten wie flambierter Steinbutt, aber auch Rentier- oder Lammfilet, Preise um 170–250 NOK. Wofür der Gast anderswo ein Hauptgericht bekommt, das zahlt er hier für das Dessert: um 75 NOK. Wohlsortierter Weinkeller mit mehr als 300 Sorten, Chaîne des Rôtisseurs.

■ **Enhjørningen**, Bryggen, Tel. 5532 7919. Eine Holztreppe mit schrägen Stufen führt zu Bergens bekanntestem Fischrestaurant. Leider hat sich das herumgesprochen. Vor allem zwischen 12 bis 16 Uhr, wenn das Buffet »Havets Bord« aufgebaut ist, fallen wahre Legionen organisierter Reiseteilnehmer ein, um dem »Tisch des Meeres« lautstark seine Gaben zu entreißen. Wer genießen und nicht um einen Stehplatz am Buffet kämpfen will, komme möglichst zeitig. Buffet und à la carte ab 150 NOK. Die Einrichtung dominieren Holzplanken in sattem Blau, altertümliche Stühle und viele Bilder mit Motiven aus den guten alten Seefahrertagen.

■ **Fløien Folkerestaurant**, Fløifjellet 2, Tel. 5531 0240. Der traditionsreiche Treff auf Fløien, 1925 erstmals eröffnet, 1992 wiederbelebt. Sowohl Restaurant mit erlesenen Speisen als auch Kafeteria mit Snacks, Salaten und smørbrød. Verspricht die Sonne angenehme Stunden, wird auch draußen serviert. Dann jedoch viel Betrieb, der Säulensaal gleicht mitunter einer Bahnhofshalle. Als Restaurant-Hauptgerichte u. a. lokale Spezialitäten mit Fisch und Fleisch (ab 135 NOK aufwärts) ebenso wie Bergenser Fischsuppe (45 NOK).

■ **Munkestuen**, Klostergaten 12, Nordnes, Tel. 5590 2149. Aparte, keineswegs nüchterne »Mönchsstube« mit nur fünf Tischen, telefonische Vorbestellung deshalb ratsam. Die Gastgeberin liest ihren Besuchern die Wünsche von den Augen ab. Probieren Sie Elchbraten oder Rentierfilet, garniert mit Gemüse, Kartoffeln und Preiselbeeren. Die Delikatessen haben natürlich ihren Preis: 150 NOK müssen Sie für Speis und Trank mindestens veranschlagen.

■ **Holbergstuen**, Torgalmenning 6, Tel. 5531 8015. Schräg gegenüber vom Touristenbüro. Zwar Holzbalken und historisch angehauchtes Mobiliar, durch die einförmige Einteilung fehlt aber der letzte Tick. »Ukens meny«, das Menü der Woche, ab 75 NOK, kleinere Mahlzeiten wie smørbrød um 60 NOK, Hauptgerichte ab 100 NOK.

■ **Peppe's Pizza**, Finnegården 2a, Bryggen, Tel. 5532 5960. Hinweis links vom Hanseatischen Museum. Speisen bei Kerzenschein, weil nur wenig Licht in die verwinkelten Ecken fällt; stimmungsvoll auch durch Holzbalken und Steingewölbe. Originell das Pizza-Buffet bis 18 Uhr, auch mit Salat. Internationale Kompositionen, mexikanisch bis indisch. Preisspanne 75–175 NOK. Eine preiswerte Alternative, wenn's denn Pizza sein soll.

■ **Café Royal**, SAS Royal Hotel, Bryggen, Tel. 5554 3000. Ideenreiche Innenarchitektur mit Glasdach, Backsteinwänden und vielen Grünpflanzen, die allerdings etwas kühl wirkt – man möchte unwillkürlich nach einem Schal greifen. Große Auswahl zu Preisen von 50 bis 250 NOK, auch preiswerter Vegetarier-Teller.

■ **Bryggestuen** und **Bryggeloftet**, Bryggen 11, Tel. 5531 0630. Mit Aussicht auf Vågen. Umfangreiche Speisekarte, reiche Auswahl an Fischgerichten und Salaten, der Fisch angeblich nach Bergenser Rezepten zubereitet. Preise ab 75 NOK. Mittags Durchgangsverkehr.

■ **Café Opera**, Engen 24, Tel. 5523 0315. Viele haben sich nur ein, zwei Jahre gehalten, doch das Café Opera gibt es schon lange – der Treffpunkt für junge Leute, die weder Frisur noch Klamotten spazieren tragen müssen, um auf sich aufmerksam zu machen, sondern einfach quatschen, lesen oder einen »halben Liter« trinken wollen. Entspannte, lässige Atmosphäre. Erdgeschoß im Bistro-Stil: quadratisch, schwarz-weiß gefliester Fußboden, schlichte Möbel. Im ersten Stock räkeln sich die Gäste auf Sofas und Sesseln. Außer Bier gibt es u.a. Milch, Kuchen, kleinere Gerichte oder einfach Erdnüsse aus Gläsern.

Sehenswertes

Nördlich von Vågen

■ Dunkle Holzbauten, die meternah aneinander rücken, schmale Fußwege und Hinterhöfe – das historische Stadtviertel **Bryggen** ist der touristische Magnet in Bergen. Früher trug es den Namen Tyskebryggen, die deutsche Brücke, was dem lang währenden Einfluß der Hanse entsprach. Am Ufer lagen damals Hunderte von Booten, um Waren aus- oder einzuladen. Ende des letzten Jahrhunderts rationalisierten die größeren Dampfschiffe den Handelsverkehr, dann rückte die Eisenbahn auf den Kai vor, später auch die Straßenbahn. Mittlerweile sind die Gleise wieder verschwunden, legen hier nur noch Fähren und Ausflugsboote an, und in den alten Speichern und Kontoren haben sich Kunsthandwerker wie profane Geschäfte, Restaurants und Kneipen, Werkstätten und Büros etabliert.

Was die ältere Geschichte von Bryggen betraf, waren die Historiker lange auf lückenhafte Informationen angewiesen. Nach dem Großbrand 1955 schalteten sie blitzschnell und begannen mit Ausgrabungen, die sich wegen vieler (überraschender) Funde bis 1979 hinzogen. Reste von Kaianlagen und Schiffen, Fundamente, Gefäße, Werkzeug und Kleidung dokumen-

Blick von Ulriken auf Bergen und Küste (oben);
Bryggen mit dem Dreimaster Statsraad Lehmkuhl ▶

Westnorwegen

tierten die Entwicklung der letzten Jahrhunderte. Daß Teile Bryggens auf Erdreich standen, mit dem einst der Hafen zugeschüttet und verkleinert worden war, stand vorher fest. Daß die ursprüngliche Uferlinie aber 150 m weiter landeinwärts verlief und daß sich Bryggen Schritt für Schritt auf das Wasser hinausgeschoben hatte, bedeutete eine Sensation. Anhand verkohlter Holzbalken konnten die Archäologen genauestens die Brände nachvollziehen, die die Stadtchronik überliefert.

Daß Bryggen mit dem Ende der Ausgrabungen sein heutiges adrettes Aussehen erhielt, ist einer Stiftung und einem Freundeskreis zu verdanken, die sich 1962 formierten. In Kooperation mit der Stadt Bergen führte die Stiftung seitdem Restauration und Wiederaufbau durch, kaufte Gebäude auf und achtete bei Neuvermietungen darauf, eine gemischtes Milieu und keine feuergefährdeten Werkstätten ins Viertel zu holen. Inzwischen wurden großflächig Sprinkleranlagen installiert. Die Stiftung besitzt mehr als die Hälfte der 58 Gebäude, und die UNESCO hat Bryggen in die Liste der erhaltenswürdigen Baudenkmäler aufgenommen. Doch Zeit zum Ausruhen gestattet das nicht. Ist eine Restaurationsarbeit fertig, stehen zwei neue an. Um die Gebäude instand zu halten, muß so lange an Bryggen gearbeitet werden, wie das Viertel existiert, lautet die treffende Formulierung eines Kenners.

■ **Hanseatisk Museum**, Hanseatisches Museum, Bryggen, Tel. 5531 4189. 1.6.–31.8. täglich 9–17 Uhr, Mai und September täglich 11–14 Uhr, sonst Mo,Mi,Fr,So 11–14 Uhr. Eintritt 35/20 NOK. Führung nach Anmeldung.

Geschichte zum Anfassen: Im Kaufmannshof *Finnegården,* nach dem Großbrand 1702 gebaut, stehen keine Regale und Vitrinen mit akkurat geordneten Ausstellungsstücken – das Holzhaus selbst ist Museum. Hier lebten und arbeiteten die Kaufleute und ihre Angestellten – zumindest so lange, bis die Kaufleute imstande waren, standesgemäße Unterkünfte am Hang zu beziehen. Kein Wunder, wenn man die muffigen Schlafplätze sieht, die wie ein Schrank zugeklappt werden konnten. Neben den Wohnräumen integrierte das Haus Lager, Werkstätten und Büros; die letzten Eintragungen im Buch des Prokuristen stammen aus dem Jahr 1850. Alles ist anschaulich erhalten, und Karten erläutern, wo sich die Hanse niederließ und wo die Waren produziert und verkauft wurden. Manches Cleverle wird bemerkt haben, daß Finnegården erst gebaut wurde, als die Hanse bedeutungslos war. Doch die Einrichtung solcher Gebäude ähnelte sich über Jahrhunderte hinweg.

Tag für Tag schieben Massen von Touristen sich über die steilen, ausgelatschten Treppen und durch die engen, finsteren und schlecht belüfteten Räume. Kommen Sie deshalb so früh wie möglich, bevor die Luft dünner und der Tonfall der Fremdenführerinnen gereizter wird.

■ **Bryggens Museum**, Dregsalmenning, Bryggen, Tel. 5531 6710. 1.5.–31.8. täglich 10–17 Uhr, sonst Mo–Fr 11–15 Uhr, Sa 12–15 Uhr, So 12–16 Uhr. Eintritt 15/0 NOK, mit BC frei. Begleitheft auf deutsch 5 NOK. Führung nach Absprache.

Das Museum beschäftigt sich mit mehreren Themen, zum Beispiel den Handelsverbindungen Bergens im Mittelalter, die eine Skizze und ein Heft erläutern, das an einer Zwischenwand hängt. Lohnt sich zum genauen Einlesen, auch auf deutsch. Den Hauptteil aber bildet ein Querschnitt jener Ausgrabungsfunde, die nach dem Brand 1955 ans Tageslicht befördert wurden. Die Halle des Museums wurde über freigelegten Fundamenten errichtet.

Bryggens Museum eignet sich eher für diejenigen, die an Zusammenhängen interessiert sind. In den oberen Etagen werden wechselnde Ausstellungen durchgeführt, die sich nicht generell auf Bryggen beziehen.

■ **Schøtstuene**, Øvregaten 50, Tel. 5531 6020. 1.6.–31.8. täglich 10–16 Uhr, Mai und September täglich 11–14 Uhr, sonst Di,Do,Sa,So 11–14 Uhr. Eintritt 35/20 NOK.

Die Schøtstuben dienten Bryggens Kaufleuten als Festsaal und Gesellschaftsräume und wurden bis Mitte des letzten Jahrhunderts genutzt. Das Wort Gesellschaftsräume mag nach gutbürgerlicher Freizeitgestaltung klingen. In Wirklichkeit wurde hier gesoffen und manch derbes Spiel getrieben.

■ **Mariakirken**, Dreggen, Tel. 5531 5960. 1.5.–31.8. Mo–Fr 11–16 Uhr, sonst Di–Fr 12–13.30 Uhr. Eintritt (nur Mai bis September) 10/0 NOK. Juli und August Di und Do um 19.30 Uhr Orgelkonzerte, Eintritt 50 NOK.

Die Marienkirche ist mehr als 800 Jahre alt und damit Bergens ältestes Bauwerk. Im Gegensatz zum Dom von Stavanger verrät die Architektur keinen englischen, sondern deutschen Einfluß. Die Kaufleute der Hanse, die hier zum Gottesdienst zusammentrafen, statteten die romanische Steinkirche mit prunkvollem Interieur aus, zum Beispiel der barocken Kanzel und dem Marienaltar, die beide Lübecker Künstlern zugeschrieben werden.

■ Die Festung **Bergenhus**, wie Bryggen auf der Nordseite von Vågen, flog bei der Explosion 1944 mit in die Luft. Wegen der historischen Bedeutung wurden zwei Bauwerke auf dem Gelände restauriert. Wer sich ein dicht gedrängtes Programm auferlegt, kann Bergenhus aussparen. Eintritt jeweils 15/5 NOK, mit BC frei. Führung zu jeder vollen Stunde, beginnend in der Håkonshalle. Busse 1 und 9.

Håkonshallen wurde zwischen 1247 und 1261 im Auftrag von König Håkon Håkonsson errichtet. Sie war das größte Gebäude, das zur Residenz der norwegischen Könige gehörte, bevor das Land dänische Provinz wurde. Das obere Geschoß bildete ein riesiger Festsaal, während die Kellerräume offensichtlich als Lager fungierten. Die Explosion 1944 überstanden nur die Außenmauern. Die Restauration 1957–61 orientierte sich an dem ursprünglichen Aussehen. Der Saal dient heute wieder Repräsentationszwecken sowie Konzerten im Rahmen der Festspiele, kann aber für ein stattliches Sümmchen auch von Privatpersonen gemietet werden. 15.5.–14.9. täglich 10–16 Uhr, sonst So–Fr 12–15 Uhr, Sa 15–18 Uhr. Tel. 5531 6067.

Den Turm **Rosenkrantztårnet** ließ um 1560 Bergens damaliger Lehensherr, Erik Rosenkrantz, bauen, wobei Teile älterer Wehranlagen in die Konstruktion miteinbezogen wurden. Über enge Treppen und durch niedrige Gänge gelangt der Besucher in Verlies und Lager, Wach- und Schreibstube, Schlafräume und Kammern, Säle und Kapelle. Die Kanonen, die Rosenkrantz im oberen Geschoß postieren ließ, waren bis auf eine Ausnahme nie im Einsatz. Hier befindet sich heute eine bescheidene Ausstellung zum Thema »Bergen und militärische Auseinandersetzungen«, die von den Exponaten bestimmt wird anstatt umgekehrt. Die Explosion 1944 fegte nur das Dach des solide gebauten Turms hinweg; 1965 feierte man den Abschluß der Restauration. 15.5.–14.9. täglich 10–16 Uhr, sonst So 12–15 Uhr. Tel. 5531 4380.

■ Freilichtmuseum **Gamle Bergen**, Elseso, Sandviken, Tel. 5525 7850. Mitte Mai bis Anfang September täglich 11–18 Uhr. Eintritt 30/15 NOK, Familien 60 NOK, mit BC frei. Führung zu jeder vollen Stunde. Busse 1 und 9.

Knapp 40 Häuser (ab 17. Jahrhundert), die aus ganz Bergen hierher versetzt wurden, bilden ein kleines Dorf am Meer. Die Zusammenstellung geht über die üblichen Bauernhöfe hinaus, weil auch Gebäude aus den letzten 100 Jahren vertreten sind, zum Beispiel eine Buchbinderei, ein Fotoatelier oder eine Zahnarztpraxis aus der Reihe »Nostalgie für Dentisten«. Interessant auch für Kinder.

Nordnes

Die Halbinsel Nordnes bildet die südliche Kailinie von Vågen, den werktags eine Pendelfähre zwischen Bryggen und Munkebryggen überquert.

■ **Aquarium:** Akvariet i Bergen, Nordnesparken 2, Tel. 5523 8553. 1.5.–30.9. täglich 9–20 Uhr (Fütterung um 11, 14 und 18 Uhr), sonst 10–18 Uhr (Fütterung um 12 und 16 Uhr). Eintritt 45/20 NOK, mit BC 20 % Rabatt. Bus 4.

Draußen geht es noch relativ hektisch zu, wenn sich die Pinguine während der Fütterung um jeden Happen zanken und ihre blutbespritzten Felle zarten Seelen Schauer über den Rücken jagen. Drinnen herrscht dagegen durch gedämpftes Licht und großzügige Anordnung der Becken eine entspannte Atmosphäre, die den Besucher sanft in die Unterwasserwelt entführt. Die Vielfalt ist beeindruckend. Zu den Protagonisten gehört der mächtige Stör, den einst Nikita Chrustschow als Präsent mit nach Norwegen brachte. Die einst öffentliche Fütterung der Piranhas wurde wohl wegen pädagogischer Bedenken eingestellt. Unbedenklich das Freilandbecken mit den drolligen Robben und See-Elefanten. Das Wasser für die Aquarien wird aus 140 m Tiefe nach oben gepumpt – 3 Millionen Liter Meerwasser täglich. Die Anlage ist übrigens mit dem Meeresforschungs-Institut verbunden.

Auf dem Uni-Hügel

1825 wurde *Bergens Museum* gegründet. Die Bezeichnung Museum ist irreführend, denn die Mitarbeiter betrieben vorwiegend wissenschaftliche Studien in den Sparten Naturwissenschaft und Kulturgeschichte und konnten auch akademische Titel erwerben. 1949 ging die Universität aus Bergens Museum hervor, ein wohl einmaliger Vorgang. Das Universitätsviertel erstreckt sich auf dem Hügel *Sydneshaugen,* ein paar hundert Meter südlich von Lille Lungegårdsvann. Hier verteilen sich mehrere Museen, deren Kern die einstigen Sammlungen von Bergens Museum bilden. Die knappen Öffnungszeiten erfordern, sich rechtzeitig zu entscheiden.

■ **Naturhistorisk Museum**, Sydneshaugen, Muséplass 3, Tel. 5521 3050. 15.5.–31.8. Fr–Mi 11–16 Uhr, sonst 11–14 Uhr, So 11–15 Uhr. Eintritt frei. Eignet sich bestens für Familien mit Kindern. Bus 5.

Masse und Klasse im Naturgeschichtlichen Museum, das im ältesten Trakt der Universität untergebracht ist (1865). Beginnen wir den Rundgang im ersten und zweiten Stockwerk, wo sich eine unvorstellbare Sammlung ausgestopfter und präparierter Tiere befindet. Manche stammen aus dem letzten Jahrhundert, so daß sie nicht mehr ganz frisch und eher künstlich wirken, doch fast alle sind echt. Vielleicht wurden manche Exponate vom Polarforscher *Fridtjof Nansen* konserviert, der 1882–89 in der zoologischen Abteilung von Bergens Museum angestellt war und seinen Doktortitel machte. Die Tiere entstammen nur teilweise der nordischen Fauna: Eisbär, Elch, Bär, Luchs oder das ausgestorbene Lofotpferd sind ebenso vertreten wie wie Jak, Dromedar, Nashorn, Wasserbüffel und Krokodil. An der Decke hängt ein mehr als 20 m langes Blauwalskelett. Der nordischen Vogelwelt ist eine eigene Abteilung gewidmet.

Das gleiche Prinzip gilt für die Sammlungen zur Flora im Erdgeschoß. Schauen Sie sich den »größten Tannenzapfen der Welt« an. Die Themen zur Geologie befassen sich auch mit Astronomie, Vulkanismus und Ölgewinnung. Toll die Fotos von Vulkanen und die Mineraliensammlung. Daß Themen und Exponate nur in norwegischer und lateinischer Sprache vorgestellt werden, schmälert das Erlebnis nicht, denn Tiere, Pflanzen, Mineralien und Fotografien kommen meist ohne Text aus.

Wer noch nicht genug davon hat, Namen von Schildchen abzulesen, schaue sich den *Botanischen Garten* hinter dem Universitätsgebäude an, wo auch Pflanzen gedeihen, die in südlicheren Gefilden beheimatet sind. Geöffnet im Sommerhalbjahr 7–21 Uhr.

■ **Historisk Museum**, Sydneshaugen, Tel. 5521 3116. 15.5.–31.8. Sa–Do 11–16 Uhr, sonst 11–14 Uhr, So 11–15 Uhr. Eintritt frei. Busse 5 und 11.

Das Historische Museum entsprang der kulturgeschichtlichen Sammlung von Bergens Museum, die 1925 wegen Platzmangel ausgelagert werden mußte und ein eigenes Gebäude hinter dem Botanischen Garten bezog. Zu den Ausgrabungsfunden zählen wertvolle Stücke mittelalterlicher Kirchenkunst, u. a. Portale verfallener Stabkirchen. Zudem Abteilungen für Textilien, Städtebau und Ethnologie.

■ **Seefahrtsmuseum**, Sydneshaugen, Tel. 5532 7980. So–Fr 11–14 Uhr. Eintritt 10/0 NOK, mit BC frei. Bus 5.

Bergens Sjøfartsmuseum, gleich neben dem Historischen Museum, vollzieht die Entwicklung der Seefahrt von frühester Zeit bis heute nach, anhand von Modellen, Skizzen, Gemälden, Karten, Fotografien, Navigationsinstrumenten und anderen Gerätschaften von Bord.

■ **Bergens Teatermuseum**, Sydneshaugen, Villavei 5, Tel. 5521 2963. So 12–15 Uhr, sonst nur für Gruppen nach Anmeldung. Eintritt 5/2 NOK.

Kunst am See

Standesgemäß plaziert wurden die bedeutendsten Galerien der Stadt. Deren Ursprung liegt im bereits erwähnten Bergens Museum. Als Triebfeder zur Pflege und Erweiterung der Kunstsammlung *Bergens Billedgalleri* entwickelte sich die 1838 gegründete *Bergens Kunstforening,* in der sich Künstler und Kunstfreunde der vermögenden Oberschicht zusammentaten. Ihr bekanntestes Mitglied war der Maler *Johan Christian Dahl,* der in Dresden eine Professur ausübte und viel in Europa herumkam. Die finanziellen Überschüsse wurden nach bewährter Manier in die Anschaffung neuer Kunstwerke gesteckt; die Auktionen in Kopenhagen galten als Drehscheibe in Nordeuropa. Wegen Platzmangels bezogen Billedgalleri und Kunstforening 1896 das Museumsgebäude *Permanenten,* an der Christies gate westlich von Lille Lungegårdsvann. Bergens Billedgalleri erreichte einen solchen Bekanntheitsgrad, daß sich hochgestellte Persönlichkeiten wie Konsuln und Professoren gerne veranlaßt sahen, die Sammlung durch Geschenke aufzuwerten. Im Zweiten Weltkrieg wurden viele Stücke vorsichtshalber evakuiert. 1950 unterstellte die Stadt Bergen die Billedgalleri und die Privatsammlung des Kaufmanns Meyer, die seit 1924 in ihrem Besitz war, einer Verwaltung. Heute reihen sich die Gebäude, in denen Bergens Kunstforening und die städtisch verwalteten Galerien untergebracht sind, am Lille Lungegårdsvann auf, der sich trefflich zum Flanieren eignet und den passenden Rahmen für die würdevollen Sammlungen abgibt.

Am Südufer, unweit der Galerien, steht die wie ein Flügel gebaute *Grieg-*

halle (1978), in der Bergens Philharmonisches Orchester zu Hause ist und Veranstaltungen der Bergenser Festspiele, Bankette, Konferenzen und Ausstellungen stattfinden.

■ Das **Bergen Filharmoniske Orkester** gibt von September bis Mai jeden Donnerstagabend um 19.30 Uhr ein Konzert in der Grieghalle. Dort auch Vorverkauf, Kartenbestellung unter Tel. 5521 6150. Preis 140 NOK, mit BC 110 NOK.

■ Städtisches Kunstmuseum **Bergens Billedgalleri**, Rasmus Meyers Allé 3, Tel. 5556 8000. 15.5.–15.9. Mo–Sa 11–16 Uhr, So 12–15 Uhr, sonst Di–So 12–15 Uhr. Eintritt 35/0 NOK, mit BC frei.

Die Galerie kann selbstverständlich nur einen Bruchteil ihrer Sammlung ausstellen. Die Kartothek verzeichnet über 6500 Gemälde, Grafiken, Zeichnungen, Aquarelle und Skulpturen, vorwiegend skandinavischer, französischer, deutscher und spanischer Künstler. Norwegens bekanntester Bildhauer, *Ingebrigt Vik,* ist neunmal vertreten.

■ **Stenersens Samling**, Rasmus Meyers Allé 3, Tel. 5556 8000. 15.5.–15.9. Mo–Sa 11–16 Uhr, So 12–15 Uhr, sonst Di–So 12–15 Uhr. Eintritt 35/0 NOK, mit BC frei.

Rolf Stenersen (1899–1978) war Geschäftsmann und Autor, schrieb u.a. eine Biographie über *Edvard Munch,* den er gut gekannt haben soll. Stenersen interessierte sich mehr für moderne Malerei; seine Sammlung umfaßt Werke von Max Ernst, Lars Hertervig, Friedensreich Hundertwasser, Wassily Kandinsky, Paul Klee, Käthe Kollwitz, Joan Miró, Piet Mondrian, Edvard Munch, Pablo Picasso, Jacob Weidemann u.a.

■ **Rasmus Meyers Samlinger**, Rasmus Meyers Allé 7, Tel. 5556 8000. 15.5.–15.9. Mo–Sa 11–16 Uhr, So 12–15 Uhr, sonst Di–So 12–15 Uhr. Eintritt 35/0 NOK, mit BC frei.

Der Kaufmann *Rasmus Meyer* (1858–1916) verschrieb sich der norwegischen Malerei, so daß die Gemälde von *Edvard Munch, Johan Christian Dahl, Christian Krohg* und *Nicolai Astrup* den Mittelpunkt der Galerie bilden. Nebenbei sammelte Meyer Möbel aus Patrizierhäusern, die ebenfalls zu begutachten sind.

■ **Bergens Kunstforening**, Rasmus Meyers Allé 5, Tel. 5532 1460. Di–So 12–16 Uhr, Do auch 18–20 Uhr. Eintritt 20/0 NOK, Studenten und Senioren 10 NOK, Künstler und Kunststudenten frei. Wechselnde Ausstellungen.

■ **Kunstgewerbemuseum** Vestlandske Kunstindustrimuseum, Nordahl Brunsgt. 9, Tel. 5532 5108. 16.5.–15.9. Di–So 11–16 Uhr, sonst 12–15 Uhr, Do bis 19 Uhr. Eintritt 20/0 NOK, Studenten/Senioren 10 NOK.

Dieses außergewöhnliche Museum ist in dem klassizistischen Bau Permanenten untergebracht, westlich von Lille Lungegårdsvann. Die »China«-Sammlung beinhaltet Kunsthandwerk aus der Ming-Dynastie, buddhistische Tempelstatuen u.a. Ferner umfassen die Schätze des Museums wertvolle Münzen, Singer-Nähmaschinen und die kostbarste Geige des Violinvirtuosen *Ole Bull* (siehe unter »Ausflüge«). Es werden wechselnde Ausstellungen in Kunsthandwerk und Design arrangiert.

Ausflüge

■ Die **Stabkirche** von **Fantoft** fiel im Sommer 1992 einem Brand zum Opfer. Keine Frage, daß der Wiederaufbau des kulturhistorischen Denkmals beschlossen wurde. 1995/96 soll nun die originalgetreue Rekonstruktion fertig sein. Von Mitte Mai bis Mitte September 1995 können sich Besucher die Arbeiten vor Ort anschauen.

Die Stabkirche stand bis 1883 in *Fortun,* das in einem Tal zwischen Lustrafjord und Sognefjell, weit drinnen im Fjordland, liegt. Sie wurde um 1150 gebaut, im Lauf der Jahrhunderte jedoch mehrfach verändert. Die Versetzung nach Fantoft rettete sie vermutlich vor dem Verfall, ermöglichte eine umfassende Restaurierung, bevor sie ihren neuen Platz auf dem bewaldeten Hügel erhielt. Die Steinplatten, die als Fundament fungierten, entsprachen allerdings ebensowenig dem Original wie die Drachenköpfe an den Firstenden, die nach dem fotogenen Vorbild der Stabkirche von Borgund angebracht worden waren.

■ Das fröhliche »Hochzeitstag auf **Troldhaugen**« gehört zu den bekanntesten Kompositionen Edvard Griegs. Troldhaugen gibt es wirklich, liegt in Bergens Vorort Hop und war von 1895 bis zu seinem Tod 1907 das Zuhause von Grieg und seiner Frau Nina. Das malerische Holzhaus im viktorianischen Stil und die Gartenhütte, in die sich der Maestro zum Komponieren zurückzog, liegen am See *Nordåsvannet.* Die hübsche Umgebung soll Grieg zu vielen Werken inspiriert haben. Neben dem Wohnhaus steht seit den 80er Jahren der *Troldsal,* wo im Rahmen der Festspiele Kammerkonzerte stattfinden. Am Seeufer fanden Grieg und Gemahlin ihre letzte Ruhe, wenn man einmal von den Touristenscharen absieht, die Jahr für Jahr über das friedliche Anwesen trampeln.

Ganz neu ist das Grieg-Museum am Eingang, das Leben und Werk des Künstlers zu würdigen weiß.

Von Ende Juni bis Ende August finden zwei- bis dreimal in der Woche Konzerte auf Troldhaugen statt. Karten im Touristenbüro, wo auch ein Bus, jeweils eine Stunde vor Konzertbeginn, abfährt.

2.5.–1.10. täglich 9.30–17.30 Uhr, während der Festspiele geänderte Öffnungszeiten (Tel. 5591 1791 oder im Touristenbüro). Eintritt 40/25 NOK. Bus nach Fana bis Hopsbroen, gut 20 Minuten Fußweg, oder mit dem eigenem Fahrzeug bis Hop, Abzweigung von der Straße 1. Organisierte Busfahrt nach Troldhaugen und zum Freilichtmuseum Gamle Bergen: 25.4.–30.9. täglich um 10.00 Uhr, 1.6.–31.8.

zudem um 15.30 Uhr. Treff Touristenbüro, 3 Stunden, Preis 175 NOK.

■ **Ole Bulls Villa** war das Zuhause eines anderen norwegischen Musikers von Rang. *Ole Bull* (1810–1880) lernte die Kunst des Geigenspiels mit fünf Jahren. Arm und unbekannt, versuchte er sich später als Schauspieler, bevor ihm dann doch der Durchbruch als Violinist gelang. Nach einem Gastspiel in Paris, wo er als Solist mit dem Opernorchester auftrat, begann für Bull eine große Karriere, die ihn in fast alle Kontinente führte. 1850 initiierte er die Gründung des ersten norwegischen Theaters in Bergen, und sein nationalromantisch geprägter Stil soll auch Grieg beeinflußt haben.

War Bull zu Hause in Norwegen, lebte er in Balestrand oder auf der Insel *Lysøen,* wo er sich 1872–73 ein eigenwilliges Sommerhaus bauen ließ. Die Architektur vereint Stilelemente aus verschiedenen Kontinenten, ist maurisch, arabisch, ostindisch, aber auch europäisch inspiriert. Auffallend der Zwiebelturm und die Schnörkel an der hölzernen Fassade. Bull galt zeit seines Lebens als schillernde Persönlichkeit. Wenn ihm danach war, bestieg er in einer hellen Sommernacht das nahe *Lysehorn* und spielte für die Bewohner der umliegenden Dörfer. Seine finanzielle Lage blieb stets undurchsichtig, doch wen störte das in Anbetracht eines weitgereisten Künstlers, der Norwegen in vielen Ländern erstmals bekannt machte? So paßte auch sein aufwendiges Begräbnis ins Bild, für das extra ein Komitee gebildet wurde. 14 Dampfer begleiteten das Totenschiff auf seinem Weg nach Bergen, wo Tausende Abschied von Ole Bull nahmen.

Die Villa auf Lysøen, Bull selbst nannte sie »mein kleines Alhambra«, ist allemal einen Besuch wert, wenn auch die kurz geratenen Führungen ein wenig enttäuschen. Die meiste Zeit bestaunt der Gast das riesige Musikzimmer, dessen kunstvoll geschnitzte Säulen maurischen Einfluß verraten. Die Einrichtung bestimmen Mitbringsel aus aller Herren Länder, Wandteppiche aus Ägypten, eine USA-Flagge, die Bull von der »Philharmonic Society« in Pennsylvania geschenkt bekam, und und und. Das ausgefallenste Stück aber ist der Flügel, den der Meister in Bergen anfertigen ließ, der aber nicht funktionierte und deshalb zum Schreibtisch umgebaut wurde.

Bull ließ ein Wanderwegenetz von angeblich 30 km Länge auf Lysøen anlegen. Der Besucher kann über hügeliges Terrain durch Kiefernwald und vorbei an Seen lustwandeln und von einem kleinen Aussichtsturm gen Küste blicken. Ein Boot verbindet die Insel mit dem Festland.

Die Villa ist geöffnet: 20.5.–1.9. Mo–Sa 12–16 Uhr, So (bis 30.9.) 11–17 Uhr. Eintritt 20/5 NOK, mit BC frei, nur im Rahmen der Führung. Das Boot pendelt stündlich zwischen dem Kai *Buena* und Lysøen, werktags ab 12 Uhr, sonntags ab 11 Uhr; die letzte Rückfahrt ab Lysøen beginnt werktags um 16.10 Uhr, sonntags um 17.10 Uhr. Preis hin und zurück 30/15 NOK. Die

Führungen durch die Villa beginnen 15 Minuten nach der Ankunft des Bootes.

Anfahrt mit dem Bus »Lysefjordruta«, Busbahnhof Steig 20, Infos zum Fahrplan unter Tel. 5532 6780 (Verkehrsauskunft) oder unter Tel. 5630 9077 (Ole Bulls Villa). – Oder mit dem eigenen Fahrzeug auf den Straßen 1, 580 und 553 bis Fana, dann Richtung Osøyro, unterwegs ausgeschildert. Mögliche Kombination mit der Wanderung zum Lysehorn, siehe unten.

■ Wer sich für Ruinen interessiert und ohnehin Ole Bulls Villa besuchen möchte, kann sich die Reste des **Lyseklosters** anschauen, das 1146 als erstes Zisterzienser-Kloster auf norwegischem Boden erbaut wurde. Die Mauern bedecken üppige Grasteppiche, auf denen einzelne Blümchen wachsen. Die Anlage wird penibel gepflegt, und eine Schautafel erläutert (auf norwegisch) den einstigen Aufbau des Klosters.

Anfahrt wie zu Ole Bulls Villa, an der Kreuzung ausgeschildert. Bei den Ruinen beginnt übrigens die Wanderung zum Lysehorn, die unter der Rubrik »Wanderungen« empfohlen wird.

■ **Det Norske Arboret** in Milde umfaßt sowohl ein Arboreum als auch einen Botanischen Garten. Unterhalten von der Universität in Bergen, wird hier der Zusammenhang von Wachstum und Klima erforscht. Auf dem leicht hügeligen Gelände finden sich mehr als 1000 verschiedene Bäume, Sträucher und Blumen. Von Ende April bis Juni blühen die Rododendren, von Mai bis Oktober die Rosen. Det Norske Arboret verteilt sich fotogen am zerfurchten *Fanafjord* und eignet sich prima für ein paar stille Stunden (Badeplätze).

Ganzjährig geöffnet. Eintritt frei. Anfahrt mit dem Bus nach Milde oder mit dem eigenen Fahrzeug auf den Straßen 1 und 580 bis Flesland, dann weiter auf Straße 556 nach Milde.

■ **Damsgård Hovedgård**, Laksevåg, Kringsjåveien, Tel. 5532 5108 und 5534 3210. 20.5.–31.8. Di–So 11–16 Uhr, Führungen zu jeder vollen Stunde. Eintritt 20/5 NOK, mit BC frei. Anfahrt mit den Bussen 16, 19. Laksevåg/Damsgård liegt an der Straße 555, südlich von City und Puddefjord. Organisierte Stadtrundfahrt mit Ausflug nach Damsgård: 15.5.–15.9. täglich um 14.30 Uhr. Treff Touristenbüro, 2 Stunden, Preis 100 NOK.

Rokoko-Lustschlößchen aus den 1770er Jahren, schöner Garten mit großer Artenvielfalt an Bäumen, Blumen ebenso wie Kräutern und Gemüsesorten. Fontäne und Skulpturen unterstreichen die einstige Funktion des Anwesens. Das restaurierte Schlößchen wurde dank seiner originalen Einrichtung als Museum hergerichtet.

Wanderungen

■ Ein gut markiertes Wanderwegenetz erstreckt sich auf **Fløyen**, an den Wochenenden beliebtes Ausflugsziel der Bergenser. Die Wege setzen sich auf den Höhenzügen oberhalb Bergens wie ins Hinterland fort. Die (gesperrte) Straße von Fløyen hinab in die Stadt ist wegen der Asphaltdecke nur bedingt zu empfehlen, ermöglicht aber Neugierigen Abstecher in die feinen Wohngebiete am Hang. Dauer: 30 Minuten.

■ Auf **Ulriken**, an der Bergstation der Seilbahn, beginnt ein leidlich markierter, aber abwechslungsreicher Pfad hinunter zur Stadt, der an der Jugendherberge Montana endet (Bus 4). Unterwegs passiert man einen nostalgisch anmutenden Skilift, der wegen des milden Klimas nur alle Schaltjahre angeworfen werden kann. Dauer: rund eine Stunde.

■ Der Pfad auf das 404 m hohe **Lysehorn** beginnt an den Ruinen des Lyseklosters. Schilder markieren den Verlauf, zunächst auf ebenen Traktorwegen. Dann geht es schräg eine Böschung hinauf und in den Wald hinein. Um den fortan unmarkierten Pfad nicht zu verlieren, halte man sich an dem großen Findling rechts und klettere 20 m steil den Hang nach oben. Man trifft automatisch wieder auf den Pfad, der mit Steinen ausgelegt ist, mehrere Bäche überquert (nicht folgen) und manch steile Passage bewältigt. Weiter oben sind vom Regen durchweichte Stellen auf umgelegten Baumstämmen zu meistern, dann wieder Felsbrocken zu übersteigen, was jedoch keine Bergsteigererfahrung verlangt. Sofern das liebe Wetter mitspielt, erlaubt der Gipfel einen unbeeinträchtigten Rundblick: im Westen das Meer und die faltige Schärenküste, im Süden hinter der Landzunge der breite Bjørnefjord, im Osten und Norden die zahmen Gebirgszüge des Bergenser Hinterlands.

Die Wanderung ist gut mit dem Besuch von Ole Bulls Villa und den Ruinen des Lyseklosters zu kombinieren. Anfahrt siehe oben. Verschieben Sie die Tour nicht auf Ihre nächste Reise, denn die umstehenden Bäume wachsen allmählich in das Sichtfeld hinein.

Transport

■ **Bus:** Mit der Bergen Card fahren Sie kostenlos mit den gelben Stadtbussen ebenso wie mit den roten Bussen, die das Umland von Bergen versorgen. Eine genaue Auflistung enthält das Begleitheft zur Bergen Card. Die Gültigkeitsdauer der separaten *Bus Card,* die Sie zusammen mit der Bergen Card erstehen, beginnt mit der ersten Benutzung, die durch einen Entwertungsautomat im Bus festgehalten wird. Die Bus Card umfaßt auch Fahrten mit der Floiban.

■ **Personenfähre:** Montags bis freitags, von 7.15 bis 16.15 Uhr, pendelt eine Fähre zwischen Süd- und Nordkai von Vågen, zwischen Munkebryggen auf der Südseite und Slottsgate auf der Nordseite. Preis 8/4 NOK.

■ **Fløibanen:** Mo – Fr 7.30 – 23 Uhr, Sa ab 8 Uhr, So ab 9 Uhr, von etwa 12.5. bis 10.9. bis 24 Uhr. Preis 15/7 NOK, retour 30/14 NOK, mit BC frei. Hübsch begrünte Talstation Fløibanen, 150 m oberhalb vom Fischmarkt. Bergstation 320 m ü.d.M. Abfahrt zu jeder halben Stunde, bei Hochbetrieb häufiger.

■ **Ulriksbanen:** 15.5.–15.9. 9 – 21 Uhr, sonst 10 – 17 Uhr. Preis 50/25 retour NOK. Talstation beim Krankenhaus »Haukeland Sykehus« (Busse 2 und 4). Bergstation 607 m ü.d.M. Anfahrt 15.5.–15.9. auch per Bus ab Touristenbüro möglich, zu jeder halben Stunde, Preis 20/10 NOK.

■ **Taxi:** Tel. 5599 7000 und 5599 7010 (Vorbestellungen).

Verschiedenes

■ **Stadtrundfahrt mit dem Bus:** 1.6.–31.8. Abfahrt um 17.00 Uhr, nach dem Feierabendverkehr, am Touristenbüro. Die Rundfahrt dauert 2 Stunden und umfaßt einen Ausflug zur Stabkirche Fantoft. Anmeldung im Touristenbüro. Preis 50 NOK. Weitere Rundfahrten siehe unter »Troldhaugen« und »Damsgård Hovedgård«.

■ **Stadtwanderung Bryggen:** 1.6.–31.8. Abmarsch um 10 und 13 Uhr am Bryggens Museum. Dauer 1,5 Stunden. Preis 50 NOK, mit BC 40 NOK.

■ **Fjord-Sightseeing** mit der »White Lady«. 25.4.–30.9. täglich 10 Uhr am Fischmarkt, 25.6.–31.8. auch um 15.30 Uhr. 4 Stunden, Preis 230/100 NOK, mit BC 200/90 NOK. – Oder die Hafenrundfahrt, 1.5.–31.8. täglich 14.30 Uhr am Fischmarkt, 1.7.–25.8. auch um 20 Uhr. 1 Stunde, Preis 60/30 NOK, mit BC 55/25 NOK. Jeweils 25 % Rabatt für Studenten und Interrailer. Fahrscheine vor Abfahrt am Kai oder im Touristenbüro.

■ **Angeln:** Informationen und Angelkarten für die Binnenseen bei *Bergen Sportsfiskere,* Fosswinckelsgate 37, Tel. 5532 1164. Mo – Fr 9 – 13 Uhr.

■ **Fahrradvermietung:** *Sandviken Bobilsenter,* siehe »Unterkunft«.

■ **Golf:** *Bergen Golfklubb,* Tel. 5518 2077. 9-Loch-Platz in Åstveit, nördlich von Bergen. Straße 1 oder Bus nach Åsane.

■ **Weitere Galerien:** *Galleri Bryggen,* Svensgården, Tel. 5596 0812. 15.5.–14.9. täglich 10 – 20 Uhr, sonst Di – So 11 – 17 Uhr. – *Arent Meyers Kjeller,* Buegården 4 auf Bryggen. 15.5.–15.9. – *Galleri Parken,* Kaigaten 12, Tel. 5531 7548.

■ **Weitere Kirchen:** *Domkirke,* King Oscars gate. 1.5.–30.9. Mo – Fr 11 – 14 Uhr, sonst Tel. 5531 0470. Mischung verschiedener Baustile seit der zweiten Hälfte des 12. Jahrhunderts. – *Nykirke,* Strandgaten auf Nordnes, 1.5.–30.9. Mo – Fr 10 – 14 Uhr, sonst Tel. 5532 7928. Orgelkonzerte von Mitte Juni bis Mitte August Mi ab 12 Uhr. 1944 durch die Explosion im Hafen zerstört, im ursprünglichen Stil des frühen 18. Jahrhunderts wiederaufgebaut. – *Johanneskirke,* Sydneshaugen. 1.6.–31.8. Mo–Fr 10–14 Uhr, sonst Di–Fr 10–14 Uhr. 1894 im neugotischen Stil gebaut. – *St. Jørgens Kirke,* beim St. Jørgens Hospital, Tverrgate. Mitte Mai bis Ende August täglich 11–15 Uhr. Zweimal im Monat Gottesdienste auf englisch. Holzkirche im traditionellen Stil, 1702 abgebrannt, originalgetreu wiederaufgebaut.

■ **Weitere Museen:** *Lepramuseet,* das Lepramuseum, St. Jørgens Hospital, Kong Oscars gate 59. Mitte Mai bis Ende August täglich 11–15 Uhr. Eintritt 15/4 NOK. Das Museum ist dem Arzt *Armauer Hansen* zu verdanken, der 1873 die Lepra auslösenden Bakterien entdeckte. – *Bergens Tekniske Museum,* Thormøhlensgate, Møhlenpris, Tel. 5596 1160. Mo–Fr 11–15 Uhr, So 12–16 Uhr. Eintritt 20/10 NOK, Familien 50 NOK. Historische Fahrzeuge zur Brandbekämpfung, Oldtimer, Motorräder, Modelleisenbahnen, Dampfmaschinen etc. Bus 5. – *Theta Museum,* Enhjørningsgård, Bryggen. 20.5.–15.9. Di,Sa,So 14–4 Uhr. Eintritt 15/5 NOK. Beschäftigt sich mit dem Widerstand in der Besatzungszeit 1940–45. Busse 1 und 9. – Volkskundemuseum *Hordamuseet* in Stend, Tel. 5591 5130. Di–Fr und So 12–15 Uhr. Eintritt 20/10 NOK, mit BC frei. Über Landwirtschaft und Fischerei in Westnorwegen. Bus nach Fana bis Stend, südlich von Bergen, Straßen 1 und 553. – *Norges Fiskerimuseum,* Bontelabo, Tel. 5532 1249. Mo–Fr 10–16 Uhr, Sa,So 12–16 Uhr. Eintritt 20/10 NOK, mit BC frei. Fischereimuseum an der Nordseite von Vågen.

■ **Veranstaltungen:** *Internationale Bergenser Festspiele,* 11 Tage lang von Ende Mai bis Anfang Juni. Theater, Ballett, Volkstanz, Konzert, Film etc. Kartenverkauf: Lars Hilles gate 3 a, Tel. 5521 6100, Fax 5531 5531. – *Jazzwoche,* Kulturhuset, Verftsgaten auf Nordnes, Tel. 5532 0976. Meist um 25.5.–2./3.6. – Volkstanz in *Bryggens Museum,* etwa 10.6. bis 20.8. Di und Do. – Orgelkonzerte in der Mariakirke, Juli/August Di und Do um 19.30 Uhr, Eintritt 50 NOK. – Konzerte auf *Troldhaugen,* siehe oben. Weitere Termine im jährlich erscheinenden »Bergen Guide«.

■ **Hauptpostamt:** Ecke Småstrandgaten/Christies gate.

■ **Notarzt:** Poliklinikk in der Lars Hilles gate 30, Tel. 5532 1120. – Zahnarzt nur Mo–Fr 10–11 und 16–21 Uhr, Sa,So 15–21 Uhr.

■ **Parken:** ein teures Vergnügen, das Kurzzeitparkplatz-System mit maximal 2 Stunden Dauer. 24 Stunden ist nur By-Garasjen geöffnet, Vestre Strømkai am Busbahnhof, mit BC 50 % Rabatt. Wer jedenfalls eine City-Unterkunft ohne Parkplatz hat, ist »arm« dran. Auch Bergen-Kenner wissen keine Patentlösung. Besser ist ein Parkplatz außerhalb der City, und Sie benutzen BC inklusive Bus Card.

Weiterreise

■ **Flug:** *Bergen Lufthavn* in Flesland, südwestlich von Bergen. Flughafenbus entweder ab »SAS Royal Hotel« und »Hotel Norge« (38 NOK) oder ab Bergens Busstasjon, Strømgaten 8. Abfahrt je nach Abflugzeit.

Direktverbindungen innerhalb Westnorwegens mit Florø, Førde, Haugesund, Kristiansund, Molde, Sogndal, Stavanger und Ålesund, darüber hinaus mit Fagernes, Kristiansand, Oslo, Sandefjord und Trondheim.

■ **Hurtigrute:** Anlegestelle *Frieleneskaien*, siehe Stadtplan. Die Preise unten (1995) gelten für Juni bis September; ansonsten sind die Tickets 25-45 % billiger.

Nordwärts nach Florø (374 NOK), Måløy (481 NOK), Ålesund (655 NOK), Molde (758 NOK), Kristiansund (841 NOK) und Trondheim (1093 NOK). Dazu noch Zimmeraufschlag, plus Verpflegung an Bord.

■ **Personenfähre:** Anlegestellen *Strandkaiterminalen* und, seltener, *Munkebryggen,* beide an der Südseite von Vågen.

Direktverbindungen mit Stavanger (470 NOK), Balestrand (weiter nach Fjærland), Aurland, Flåm, Revsnes (Lærdal), Årdalstangen, u. a.

■ **Eisenbahn:** *Bergens Jernbanestasjon,* Strømgaten, nordöstlich von Lille Lungegårdsvann. Tel. 5596 6900.

Bergensbanen (Linie 41): Bergen, Arna, Voss, Myrdal, Finse, Geilo, Ål, Gol, Nesbyen, Hønefoss, Hokksund, Drammen, Lysaker mit Fornebu, Oslo Sentrum.

■ **Bus:** *Bergens Busstasjon,* Strømgaten 8, nahe Hauptbahnhof, Tel. 5532 6780 (Mo–Fr 8–18 Uhr, Sa 8–13 Uhr).

Nach Stavanger (320 NOK) über Nesttun, Os, Halhjem (Fähre), Leirvik, Skjersholmane (Fähre), Haugesund, Arsvågen (Fähre). – Nach Oslo entweder (522 NOK) über Norheimsund, Kvanndal (Fähre), Odda, Røldal, Haukeligrend, Seljord, Bø, Notodden, Kongsberg, Hokksund, Drammen, Fornebu. Oder (471 NOK) über Dale, Voss, Gudvangen, Flåm, Aurland, Ål, Gol, Nesbyen, Åmot, Drammen. – Nach Lillehammer (472 NOK) über Dale, Voss, Vik, Vangsnes (Fähre), Sogndal, Lærdal, Dokka, Fagernes. – Nach Ålesund entweder (438 NOK) über Førde, Nordfjordeid, Volda. Oder (456 NOK) über Førde, Stryn, Stranda. Jeweils knapp 11 Stunden unterwegs! – Nach Trondheim (695 NOK) über Førde, Stryn, Lom, Otta, Dombås, Oppdal.

■ **Auto: Nach Ålesund**. Auf der Küstenstraße 1 nordwärts nach *Steinestø,* wo eine Brücke den *Osterfjord* überquert. Sie löste 1993 Norwegens meistfrequentierte Fährverbindung ab, die jährlich mehr als 1,5 Millionen Fahrzeuge über den Fjord gebracht hatte. Weiter auf Straße 1 zum Fähranleger *Ytre Oppedal,* wo wegen der günstigen Lage am Auftakt des Sognefjords herrliche Sonnenuntergänge zu beobachten sind. Mit der Autofähre nach *Lavik,* ab dort weiter auf Straße

Bergen 269

1. Bei *Breivik* passieren Sie die tiefste Stelle des Sognefjords (1308 m). Landeinwärts in *Førde,* einem faden Dienstleistungszentrum, ergeben sich zwei Möglichkeiten der Weiterreise: Entweder fortgesetzt auf der Straße 1, die bald den 30 km langen See Jølstravatnet begleitet; die Nebenstraße am Südufer erlaubt den Besuch von **Astruptunet**, dem Wohnsitz des bekannten Landschaftsmalers *Nicolai Astrup* (1880-1928), der auf seinem Anwesen ein kleines Freilichtmuseum hinterließ. In *Skei* knickt die Straße 1 nach Norden ab; bei *Klakegg* ergibt sich, gutes Wetter vorausgesetzt, ein schöner Blick ostwärts in das *Stardal* und auf das Eis des Jostedalsbre. Für die Reststrecke ab *Byrkjelo* lesen Sie bitte weiter unter »Sognefjord, Fjærland, Weiterreise nach Ålesund«.
– Oder Sie entscheiden sich in Førde für die weniger befahrene, gemütliche küstennahe Route. Auf Straße 5 bis kurz vor Florø, dann nordwärts auf Straße 614, durch das schöne *Myklebustdal* nach *Isane*, ab dort Autofähre nach *Stårheim.* Ostwärts ist es nicht weit zur Straße 1 bei Nordfjordeid; besser aber ist weiterhin die Küstenroute. Die Strecke bis Ålesund bewältigen zu wollen wäre töricht: Anstatt in Maurstad von der Straße 15 auf die 61 abzubiegen, empfiehlt sich die Übernachtung im Städtchen **Måløy**, das durch einen Höhenzug vor den rauhen Nordseewinden geschützt liegt. Draußen an der Küste trotzen die beiden Leuchttürme **Hendanes fyr** und **Kråkenes fyr** den Stürmen, über schmale Straßen (mit dem Auto) bequem zu erreichen; nach Hendanes fyr kurzer Fußweg oberhalb der Brandung. Die niedrig bewachsene, grüne Felsenlandschaft erinnert an die Färöer-Inseln und, obwohl die Höhenunterschiede geringer sind, ein wenig an die Lofoten. Wer Sonnenschein bei Måløy erwischt, sollte dem Wettergott huldigen: Gerade mal 15 reine Sonnentage zählt die Statistik für die Kante um Måløy. Weiter nach Ålesund auf der Straße 61 nach Åheim, dort möglicher Abstecher auf Straße 620 zu Norwegens **Vestkapp**, eine rauhe Küstenlandschaft ähnlich der bei Måløy; famoser, windiger Aussichtspunkt auf dem Vestkapp-Felsen. Ab Åheim weiter auf Straße 61 weiter nach Koparnes, dort Autofähre nach Årvik, weiter auf Straße 61 vorbei an Ulsteinvik (markantes Hotel oben auf dem Berg) nach Hareid. Unterwegs möglicher Abstecher zur Vogelinsel **Runde**, ausführlich beschrieben unter »Ålesund, Ausflüge«, ebenso wie das Eismeermuseum **Brandal**, nahe Hareid. Ab *Hareid* Autofähre nach *Sulesund.* Bald ist der Großraum Ålesund erreicht. Wer sich näher für die Küstenstriche von Florø, Måløy, Vestkapp/Selje und Runde interessiert, ist mit meinem Spezialisten-Reiseführer »Westnorwegen selbst entdecken« (nach Meinung der Leserbriefschreiber) bestens bedient.

Nach Stryn. Wie nach Ålesund, die erste Alternative oben auf der Straße 1 bis Byrkjelo, ab dort Straße 60 über das *Utvikfjell,* Paßhöhe 630 m ü.d.M.

Anschließend hinunter an den *Innvikfjord,* Uferstraße um den Fjord herum in das Gemeindezentrum Stryn; unterwegs, in Olden, erster Abstecher zur Gletscherwelt möglich, zum Briksdalsbre; siehe unter »Stryn«.

Zum Sognefjord. Siehe unter »Am Sognefjord, Weiterreise« sowie »Aurland – Flåm – Gudvangen, Weiterreise«, jeweils in umgekehrter Richtung.

Nach Eidfjord. Siehe unter »Eidfjord, Weiterreise« in umgekehrter Richtung.

Nach Stavanger. Siehe unter »Stavanger, Weiterreise« in umgekehrter Richtung.

Eidfjord

Wasserfall auf Zeit

Wer auf der Straße 7 ab Fähranleger *Brimnes* landeinwärts fährt, erlebt zunächst den Übergang vom freundlichen, breiten *Hardangerfjord* in den engeren *Eidfjord,* seine östlichste Verzweigung, die 1500 m hohe, glattgehobelte Berge begrenzen. Die Gemeinde Eidfjord verteilt sich auf ein paar Täler und Uferrandzonen, die die Eiszeiten zwischen Gebirge und Fjord hinterlassen haben. Im Winterhalbjahr geht die Sonne hier spät auf und zeitig wieder unter. Schon im August verschwindet sie viel zu früh hinter den Bergen.

Noch abrupter gestaltet sich der Wechsel von den grünen Fjordzonen auf die karge Hochfläche *Hardangervidda,* wo neun Monate im Jahr Kälte und Schnee regieren. Die Straße steigt durch das enge *Måbødal* an und verschwindet mehrmals im Berg, um in Spiralen nach oben zu gelangen. (Bis 1980 lief der Verkehr über die 1920 freigegebene alte Trasse, die in die senkrecht abfallenden Felsen hineingesprengt worden war, in den 70er Jahren aber den Verkehr nicht mehr bewältigen konnte.) Hinter dem letzten Tunnel beginnt ein ausgedehntes Gebiet mit privaten Ferienhütten, Pensionen und Hotels, bevor die letzten Bäume und höher gewachsenen Sträucher weichen und den Blick auf die weite Landschaft in den Farben Grün, Gelb und Braun freigeben. Südlich der Straße stehen weite Teile der Hardangervidda unter Naturschutz, während sich im Norden der Mensch breitgemacht hat, indem er Seen und Flüsse zur Gewinnung von Wasserkraft anzapfte. Anschaulichstes Beispiel ist die 1,6 km lange Staudammauer des *Sysenvatn,* für die 640.000 Kubikmeter Geröll bewegt wurden. (Das Kraftwerk *Sima,* das diese typisch norwegische Art der Energiegewinnung umsetzt, wird unter der Rubrik »Sehenswertes« vorgestellt.) Von der Hardangervidda stürzt übrigens Norwegens schönster zugänglicher Wasserfall, der *Vøringsfossen.* Wegen der Wasserkraftnutzung darf er seine Pracht allerdings nur in einem festgelegten Zeitraum während des Sommers entfalten!

Das Wasserkraftwerk hat den Gemeindesäckel gut gefüllt. Ansonsten leben knapp 1100 Einwohner von Tourismus, Dienstleistungssektor sowie Bau- und Landwirtschaft. *Nedre Eidfjord,* das Zentrum der Kommune, liegt auf der Landzunge am Ende des Fjords, die einst Moränenschutt und Ablagerungen bildeten. Am anderen Ende der Landzunge beginnt der 6 km lange See *Eidfjordvatnet,* der beinahe den gesamten Talboden ausfüllt, so daß die Straße vorübergehend in zwei Tunnel ausweicht. Das südliche Ufer des Sees bildet ein breiter grüner Streifen mit dem Dorf *Øvre Eidfjord,* dem früheren Sæbo.

Information

■ **Eidfjord Turistkontor,** Nedre Eidfjord, N-5783 Eidfjord, Tel. 5366 5177, Fax 5366 5297. Juli bis Mitte August Mo–Fr 9–20 Uhr, Sa 9–18 Uhr, So 12–20 Uhr, Juni sowie Mitte bis Ende August Mo–Sa 9–18 Uhr, Oktober bis Mai Mo–Fr 8–15.30 Uhr.

Unterkunft

■ **Vøringfoss Hotell,** Zentrum Nedre Eidfjord, Tel. 5366 5500, Fax 5366 5505. Geöffnet 15.3.–31.10. EZ 375–420 NOK, DZ 500–575 NOK, je nach Saison.

Eine der alten Prachtvillen im Hotelbaustil des 19. Jh. Den Zimmern fehlt trotz einiger Anstrengung die persönliche Note, im Gegenzug manierliche Preise, die unter dem Durchschnitt liegen. Den Wasserfall, dessen Namen das Hotel trägt, wird der Gast im Tal vergebens suchen.

■ **Ingrids Appartement,** Nedre Eidfjord, Ortsende Richtung West, Tel. 5366 5485. EZ 300 NOK, DZ 400 NOK, 4-Bett-Zimmer 600 NOK. Hütte für 4 Personen 400 NOK. Dagens rett um 60 NOK.

Geräumige Appartements, denen auch Platz für Sofa und Sessel gegönnt wird. Solide Kücheneinrichtung, Bad tiptop. Aufenthaltsraum.

Leider verläuft zwischen Gasthaus und Fjord die Straße, deshalb Zimmer zur Seite nehmen.

■ **Vik Pensjonat og Hytter**, Zentrum Nedre Eidfjord, Tel. 5366 5162. Hütten ganzjährig zu haben, Zimmer 1.5.–31.8. EZ 100–210 NOK, DZ 200–420 NOK, auch 3- und 4-Bett-Zimmer. 2 Ferienhütten für 6 Personen 400–500 NOK, je nach Saison.

■ **Bergslien Turistheim**, Nedre Eidfjord, Elvavegen, Tel. 5366 5126. DZ mit Waschbecken 200 NOK. 13 Hütten für 2–6 Personen 100–200 NOK. Dusche im »Campinghaus«. Kein Frühstück.

Frau Saubermann war schon lange nicht mehr vor Ort: einfach, schmuddlig, billig. Große Hütten, immerhin mit kleinem Backofen. Verkauf von Angelkarten.

■ **Kvamsdal Pensjonat**, Nedre Eidfjord, Ortsende Richtung Øvre Eidfjord, Tel. 5366 5243. EZ 250 NOK, DZ 350 NOK. Teilweise mit Bad. Frühstück um 50 NOK. Zimmer mit viel Platz, Sofa und hellem Teppichboden.

■ **Eidfjord Gjestgiveri**, Øvre Eidfjord, Tel. 5366 5934. EZ 200 NOK, DZ 350 NOK. 6 Zwerg-Hütten für spartanisches Volk 100 NOK. Frühstück 50 NOK. Dagens rett um 50 NOK.

■ **Bruheim Camping**, Nedre Eidfjord, Tel. 5366 5290. 15.6.–15.9. Preisniveau Camping: 2. DZ 190 NOK, Caravan 170 NOK.

Kleiner Garten mit wenigen Stellplätzen, deshalb auch die Preisvariationen. Grill oder Kochplatte für alle. Einfache, ordentliche Doppelzimmer zu fairem Preis.

■ **Kjærtveit Camping**, Nedre Eidfjord, Straße ins Simadal, Tel. 5366 5131. 15.5.–15.9. Preisniveau Camping: 2. Zimmer mit Bad für 2–4 Personen um 350 NOK.

Wiese direkt am Fjord, doch in der ersten Reihe nur 10–15 Stellplätze. Nebenstraßenverkehr. Sanitäranlage mittelmäßig, Ww.

■ **Myklatun Camping**, Øvre Eidfjord, Tel. 5366 5915. 15.4.–30.9. Preisniveau Camping: 2. 10 Hütten für 4 Personen 170 NOK.

Offene Wiese am Eidfjord-See. Ordentliche Hütten mit Standard-Ausstattung plus Geschirr. Die Sanitäranlage könnte eine Renovierung vertragen, Ww. Spielplatz. Bootsvermietung.

■ **Sæbø Camping**, Øvre Eidfjord, Tel. 5366 5927. Preisniveau Camping: 2. 7 Hütten für 4 Personen 160–210 NOK, 2 alte Häuser 300–350 NOK.

Der beste Campingplatz in Eidfjord. Riesige Wiese, die sowohl an den Eidfjord-See als auch an den Fluß aus dem Hjølmodal grenzt (Steinmauer für Anlehnungsbedürftige); mehr Platz als bei der Konkurrenz und trotzdem einladender. Bäume am Ufer sowie rund um die meisten Hütten und das Servicegebäude. Adrette Hütten, die einen Schimmer mehr Licht vertragen könnten, mit Sofa und Regal aufwendiger eingerichtet als der Durchschnitt. Gutes Sanitärhaus, WC behindertengerecht, W & T. Kiosk. Spielplatz. Bootsvermietung.

■ Unterkünfte oben auf dem **Fjell:** weitab vom Fjord, rauhes Klima, nur denen anzuraten, die unbedingt ein paar Tagestouren auf der Hardangervidda einlegen oder ins Måbødal hinuntersteigen möchten; siehe unter »Wanderungen«: *Fossli Hotel,* Tel. 5366 5777. Geöffnet Mai bis September. Zimmer mit und ohne Bad, EZ 480–1080 NOK, DZ 580–1080 NOK. Frühstück um 70 NOK. Dagens rett um 95 NOK. Die Speisekarte enthält 100 Gerichte, darunter auch so verräterische Namen wie »Wiener Schnitzel«, »Sauerkraut« und »Kaviar«. Rummel-verwöhntes Abstauberhotel mit üblichem Souvenirramsch. Schöne Aussicht auf das Måbødal, nicht aber auf den Wasserfall, wie der Name vermuten läßt. Gleichgültige Gastgeber – das Geschäft läuft auch ohne Freundlichkeit. – *Liseth Pensjonat & Hyttetun,* Tel. 5366 5714. EZ 300 NOK, DZ 460 NOK, 9 Hütten für 4 Personen 275-400 NOK. – *Maursæth Turistsenter,* Tel. 5366 5780. 25 Hütten für 4 Personen 175–375 NOK. – *Garen Camping,* Tel. 5366 5725. 21 Hütten für 4–6 Personen, Campinghütten 150–250 und Ferienhütten 400–550 NOK. – *Dyranut Turisthytte,* Tel. 5366 5715. EZ 205 NOK, DZ 310 NOK. Schon mitten in der Hardangervidda; siehe »Wanderungen«.

Essen und Trinken

Einheimische empfehlen das *Vøringfoss Hotel* (wechselnde Fischgerichte um 150 NOK), das Gasthaus *Ingrids Appartement* (Dagens rett unter 100 NOK), das *Liseth Pensjonat* sowie die *Vøringfoss Kafeteria* (35–90 NOK), an der Serpentinenstrecke hinauf zur Hardangervidda.

Sehenswertes

■ **Vøringsfossen** ist unangefochten der prächtigste der bekannten, leicht zugänglichen Wasserfälle Norwegens. 182 m stürzt er in freiem Fall von einer Felskante hinab ins Måbødal – ein grandioses Erlebnis von des Staates Gnaden, denn einzig und allein ein offizieller Erlaß schützt den Wasserfall vom 1.6. bis zum 15.9. vor der Ausbeutung durch das Sima Kraftwerk. Demnach sollen es mindestens 12.000 Liter pro Sekunde sein, die über die Kante abwärts rauschen.

Es gibt drei Aussichtspunkte unterschiedlicher »Qualität«. Bei der »Vøringfoss Kafeteria« an der Straße 7, auf Höhe der Felskante, wird das Spektakel robust vermarktet, obwohl kaum mehr als das Schäumen des niederdonnernden Wassers zu sehen ist. Den besseren Blick von oben ermöglicht ein kurzer Pfad, der am »Fossli Hotel« beginnt. Der Fahrweg zum Hotel ist teilweise in einem erbärmlichen Zustand, was das gewiefte Hotel-

Management nicht daran hindert, in der Hochsaison eine Benutzungsgebühr zu erheben.

Viel eindrucksvoller aber ist der Blick von unten, für den man einen 25minütigen Fußweg auf sich nehmen muß. Parkplatz an der Straße 7, kurzer Fußweg über die alte Paßstraße, danach Wanderpfad, der sich durch Gestrüpp und Bäume ins Måbødal hinunterschlängelt, über Geröllawinen und an einem Wildbach entlang führt, den er auf einer Hängebrücke überquert. Endlich steht man schräg vor dem breiten, kräftigen Wasserfall, ganz klein in Anbetracht eines solchen Naturschauspiels, während die Gischt Gesicht und Haare benäßt. Die senkrechten Felswände stehen so eng beieinander, daß die Feuchtigkeit nicht weicht. Fällt Sonne in den Spalt, verschönert ein Regenbogen die Szenerie.

■ Das **Naturcenter Hardangervidda** in Øvre Eidfjord öffnet seine Pforten im Mai 1995, also mit Erscheinen dieses Buches. Geplant sind Aquarien und Ausstellungen, vor allem jedoch ein Kinosaal, in dem Naturfilme auf einer Riesen-Leinwand zu sehen sind, ganz nach dem Vorbild der »Gletscherzentrums« in Fjærland. Ein neuer Markt im Tourismus-Geschäft scheint erschlossen... Eintritt 65/35 NOK, Familien 150 NOK.

■ **Sima Kraftstasjon**, Simadalen, Tel. 5366 5200. 10.6.–18.8. Führungen um 10, 12 und 14 Uhr, in der Hochsaison auch um 15.30 Uhr sowie zusätzlich nach Bedarf. Eintritt 25/15 NOK.

Das Kraftwerk ist eines jener gigantischen Projekte, die die Norweger für den Ausbau der Wasserkraft umsetzten. Die Führung umfaßt einen Ausflug in die Maschinenhalle und eine Filmvorführung. Die Maschinenhalle liegt 700 m tief im Berg und erinnert in Aussehen und ihren Maßen (20 m hoch, 200 m lang) an die Kulisse in Fritz Langs *Metropolis*. Zu sehen sind handgefertigte Turbinenlaufräder und die Zipfel zweier Generatoren – Norwegens größte, die Oslo an einem kalten Wintertag mit Strom versorgen könnten. Trotz dieses anschaulichen Beispiels bleibt der Rundgang ziemlich abstrakt, da er optisch ausspart, wie es in den Turbinen zur Sache geht. Daran ändert auch die Besichtigung des Kontrollraums nichts, zumal sich die Leitzentrale im 100 km entfernten *Sauda* befindet.

Besuche von Wasserkraftwerken sind selten spannender als Festreden, doch Sima hat ja noch den Film parat, der während der achtjährigen Bauzeit 1973–81 einfing, unter welch enormen Anstrengungen das Projekt durchgezogen wurde. Der Film, der in verschiedenen Sprachen vorliegt, zeigt die Sprengungen, wie Helikopter Wohnbaracken und Arbeitsmaterial auf das Gebirge schafften, wie Staudämme, Wassertunnel (43 km), Straßen (50 km) und das Leitungsnetz entstanden. 1300 Personen waren im Einsatz; im Winter mußte die Arbeit wegen der unbezwingbaren Schneemengen ruhen.

Sima Kraftstasjon nutzt im wesentlichen das Schmelzwasser, das vom

Gletscher *Hardangerjøkulen* abfließt. Die regulierten Flüsse und Bäche fließen in vier Staudämme, die durch Tunnel mit zwei Durchlaufstationen in 905 und 1040 m Höhe verbunden sind. Durch zwei Druckschächte im Berg saust das Wasser in die Tiefe und dreht die gewaltigen Turbinenlaufräder dreihundertmal in der Minute. Das Kühlwasser, das die Generatoren vor Überhitzung bewahrt, wird übrigens in einer Fischzucht-Station wiederverwendet. In dem angewärmten Wasser wachsen Lachse und Forellen doppelt so schnell wie unter »normalen« Bedingungen.

Wer sich für Daten interessiert, sollte die Broschüren studieren, die in der Eingangshalle des Kraftwerks ausliegen.

■ Der Einsiedlerhof **Kjeåsen** liegt in 600 m Höhe am Nordhang des Simadals, genau an jenem Berg, in dem sich das Kraftwerk befindet. Faszinierende Aussicht auf Tal und Eidfjord. Seit besagten Bauarbeiten ist Kjeåsen mit dem Auto zu erreichen, wobei ein kilometerlanger, enger und unbeleuchteter Tunnel durchquert werden muß. Knifflige Situationen bei Gegenverkehr. Bevor die Ära der Wasserkraft ins Simadal einrückte, war Kjeåsen nur auf einem Pfad mit der Außenwelt verbunden. Der mittelschwere Steig beginnt am Parkplatz des Kraftwerks. Wanderzeit hinauf: 80–100 Minuten. Besichtigung von Kjeåsen 15 NOK. Informationen über die aktuellen Ausflugsfahrten nach Kjeåsen im Touristenbüro. Tel. (Kjeåsen) 5366 5433.

Ausflüge

■ Ab 1995 verkehrt ein »Expressboot« auf den innersten Armen des **Hardangerfjords**. Zwischen dem 15.6. und 20.8. wird es zweimal am Tag ab Eidfjord u.a. nach Kinsarvik, Utne und Ulvik aufbrechen; der Fahrplan stand bei Redaktionsschluß noch nicht fest. Achtung: keine Fahrzeug-, nur Personenbeförderung.

■ Die **Hardangervidda** ist mit 7500 km^2 Fläche Europas größte Hochfläche, von der 3400 km^2 seit 1981 als Nationalpark ausgewiesen sind. Die Höhe der meisten Gipfel schwankt zwischen 1250 und 1550 m; nur wenige ragen darüber hinaus, wie etwa der Gletscher Hardangerjøkulen. Das rauhe Klima sorgt für einen langen Winter und einen kurzen, nur drei Monate währenden Sommer. Die Baumgrenze verläuft etwa bei 1050 m; oberhalb lassen die lang anhaltende Kälte und der Wind nur niedere Vegetationsformen zu, zum Beispiel Flechten, von denen sich die umherziehenden Rentierherden ernähren. Gut 15.000 freilebende Tiere wandern über die Hochebene. Die Rentierzucht wurde schon in den 50er Jahren aufgegeben, und auch die Almwirtschaft befindet sich auf dem Rückzug. Mehr als 30.000 Schafe sollen es noch sein, die im Sommer hier oben weiden.

Der Tourismus kam in den 70er Jahren. Ein akkurat geflochtenes Wanderwegenetz mit Übernachtungshütten umspannt die Hochebene – ideal für Wanderer, die Weite und Einsamkeit suchen. Botaniker interessieren sich für die unterschiedlichen Klimazonen und die daraus resultierende Vielfalt der Vegetation. Zwei Wanderungen werden gleich im Anschluß vorgestellt.

Wanderungen

■ 1500 steinerne Treppenstufen sollen es sein, mit denen der Steig **Måbødal-Vøringsfossen** auf den Rand der Hardangervidda klettert. In 125 Kehren schlängelt sich dieser historische, mittelschwere Pfad über die verwitterten Stufen den birkenbewachsenen Berghang hinauf. Dem Wanderer sei der umgekehrte Weg von oben aus empfohlen. Startpunkt oben: Vøringfoss Kafeteria, Schild »Måbødalen« auf der anderen Straßenseite. Startpunkt unten: der erste Parkplatz oberhalb von Øvre Eidfjord, (mit WC, rechts der Straße 7). Dem Schild »Vøringsfossen« folgen, nach 200 m ein Gehöft durchqueren, am Bach entlang, nach 15 Minuten nicht den Verlauf der Straße nach links folgen, sondern über den Holzsteg geradeaus auf die Bergwand im Osten zu, die in einem Halbkreis das Seitental abschließt.

Durch den »Trollzug« (siehe unter »Verschiedenes, Sightseeing«) hat man jetzt die Möglichkeit, den Pfad abwärts zu steigen und mit diesem Gefährt wieder an den Ausgangspunkt zurückzugondeln.

■ Die anstrengende Wanderung von Sima zum Hof **Kjeåsen** finden Sie unter der Rubrik »Sehenswertes« vorgestellt. Dauer einfacher Weg: 80–100 Minuten.

Auf der Hardangervidda

Eidfjord liegt am Rand der Hardangervidda und eignet sich damit als Ausgangspunkt für Tageswanderungen. Zwei besonders reizvolle Touren möchte ich hier vorstellen.

■ **Hjølmo – Valurfossen – Viveli – Hjølmo.** Leichter, gut markierter Pfad, auch durch Sumpfgebiete. Wanderzeit: 4–4,5 Stunden. Wanderzeit Hjølmo-Valurfossen: 45–55 Minuten. Wasserdichte Schuhe von Vorteil.

Anfahrt ab Øvre Årdal durch das *Hjølmodal* (kein Bus), Wasserfall *Vedalsfossen* am Westhang. Unbefestigte Serpentinenstraße steigt auf gut 700 m, verwegener als der gern zitierte Trollstig (nix mit Wohnmobil). Parkplatz. Aussicht auf das schmale Tal und den Zipfel des Eidfjord-Sees im Hintergrund. Durch leicht ansteigende, gerundete Landschaft, unterwegs die Abzweigung zum Wasserfall Valurfossen, ständig sumpfige Stellen umgehen, selten sind Holzbohlen ausgelegt. Über mannshohe Felsbrocken waagerecht zum Aussichtspunkt klettern: Valurfossen (272 m) liegt tief unten in einem unzugänglichen Tal, wirkt durch die Vogelperspektive gar nicht so dramatisch. Falls der Wasserfall unter einem Nebelschleier verborgen ist, ruhig etwas warten, denn der Nebel kann sich innerhalb von Minuten verziehen (oder kommen). Zurück zum Pfad nach Viveli, noch unterhalb der Grenze zur Tundravegetation: spärlicher Nadelwald, meterhohe Sträucher und viel Sumpf. An dem Fluß entlang, der Valurfossen speist, Brücke über einen Wildbach. Viveli ist eine verschlossene Selbstbedienungshütte für DNT-Mitglieder. Rückweg direkt nach Hjølmo möglich.

■ **Dyranut – Nybu – Bjoreidalshytta (– Tråastølen) – Dyranut.** Kinderleichter, allerdings schlecht markierter Pfad. Wanderzeit: 3–4 Stunden. Gummistiefel von Vorteil, Fernglas wegen der Rentiere nicht vergessen.

Anfahrt zur »Dyranut Turisthytte« (1250 m) mit Bus oder Auto. Unterwegs bei klarer Sicht tolle Aussicht auf den Gletscher Hardangerjøkulen, nördlich der Straße 7. Parkplatz Dyranut. Links der Hütte beginnt der Pfad nach Süden, hinaus auf die offene Hardangervidda; kein Baum ist zu sehen. Es geht einen leichten Hügel hinauf, dann abwärts. Im Süden tauchen einige Gebäude (Nybu) am Horizont auf. Immer wieder müssen kleine Wasserläufe überquert werden, wodurch der Pfad verloren gehen kann. Die Orientierung fällt dank der rot gestrichenen Wohnhäuser von Nybu nicht schwer. An der Hängebrücke nach Nybu knickt der Pfad nach Osten ab und folgt dem Bach bis zur Bjoreidalshytta (1147 m), an dessen Ufer vereinzelt Wollgrasfelder und niedere Sträucher gedeihen. Unterwegs passiert man eine verfallene Steinhütte, deren moosgedecktes Dach teilweise heruntergebrochen ist. Ab Bjoreidal kann man auf einem Schotterweg 5 km zur Straße 7 zurücklaufen, dann noch einmal 1,7 km von Tråastølen nach Dyranut. Doch der harte Untergrund schmerzt die Gelenke, erschließt auch keine neuen Landschaftsformen, so daß ich den bereits bekannten Weg über Nybu empfehle.

Verschiedenes

■ **Sightseeing:** Hardangerfjord-*Expressbåt* nach Utne, 15.6.–20.8. zweimal täglich ab Eidfjord. Siehe oben unter »Ausflüge«. – Der »Trollzug«, *Trolltoget,* befährt die alte Serpentinenstrecke der Straße 7, ein tolles Erlebnis am Hang entlang und durch Tunnel; ständig gibt es etwas zu sehen. Von Mitte Juni bis Mitte August. Fahrpreis 60/30 NOK retour, 45/20 NOK einfach (Kombination mit Wanderung durch das Måbødal möglich; siehe oben).

■ **Angeln:** Forellen in einer Vielzahl von Gebirgsseen, auch auf der Hardangervidda. Angelkarten im Touristenbüro und bei einigen Unterkünften, Tageskarten ab 30 NOK.

■ **Fahrradtouren:** Die alte Serpentinenstrecke beginnt 5,5 km oberhalb von Øvre Eidfjord. Sie ist gut in Schuß, abgesehen von den Gesteinsbrocken, die sich gelegentlich vom Fels absprengen. Die Tunnel sind kurz, doch Vorsicht in den Kurven. Fahrzeit

Øvre Eidfjord hinauf nach Fossli (13,5 km): 70–80 Minuten. Wer schiebt, braucht entsprechend mehr. – Nicht schieben muß man bei der Tour am Eidfjord entlang ins Simadal.

Fahrradvermietung im Touristenbüro: 80 NOK ganzer Tag, 40 NOK halber Tag.

■ **Reiten:** Das Touristenbüro arrangiert Reitausflüge verschiedener Länge und Anforderung.

■ **Skilauf:** Im *Sysendal Skisenter,* dort oben an der Pforte zur Hardangervidda, 60 km markierte und präparierte Loipen sowie drei Abfahrten. Als bester Ausgangspunkt für Langlauftouren gilt das *Maursæth Turistsenter,* Tel. 5366 5780. Saison von Dezember bis April.

■ **Hauptpostamt:** Nedre Eidfjord.

■ **Transport:** Lokalbusse (Odda), Brimnes, Nedre Eidfjord, Øvre Eidfjord, Fossli, Maursæth, Dyranut, (Geilo). Nedre Eidfjord, Simadal.

Weiterreise

■ **Bus:** keine Überlandverbindungen. Regionalroute Odda (Sørfjord, x), Tyssedal, Hovland, Lofthus (x), Kinsarvik (x), Brimnes (x), Nedre Eidfjord, Øvre Eidfjord, Fossli, Maursæth, Halne, Haugastøl (Anschluß an die Bergenbahn), Geilo. (x = Anschluß an den Bus von Voss über Haukeligrend, Kongsberg und Drammen nach Oslo.)

■ **Auto: Zum Sognefjord.** Straße 7 am Eidfjord entlang bis zum Fähranleger *Brimnes,* Autofähre nach *Bruravik* (verkehrt ständig), auf Straßen 7 und 13 durch den 7,5 km langen Vallavik-Tunnel nach *Granvin,* ab dort auf Straße 13 am malerischen See **Granvinvatnet** und am Wasserfall *Skjervefossen* vorbei nach *Voss,* ein (im Sommer eher fades) Wintersportzentrum. Ab Voss nordwärts und entweder auf Straße 13 und E 16 bis *Vinje,* ab dort zwei Möglichkeiten der Weiterreise. Entweder auf E 16 durch das *Nærøydal* nach Gudvangen und durch zwei Tunnel weiter nach Flåm und Aurland. Oder auf Straße 13 über das karge **Vikafjell,** direkt nach der Auf- und vor der Abfahrt tolle Ausblicke hinunter auf Tal und Fjord; abwärts nach *Viksøyri,* dort möglicher Besuch der **Stabkirche Hopperstad** (15.6.–15.8. täglich 9–18 Uhr, ab 15.6. und bis 15.9. 10–17 Uhr, Eintritt 25/10 NOK); ab Viksøyri weiter zum Fähranler *Vangsnes,* Autofähren nach Hella (gen Sogndal und Luster) und Balestrand und Fjærland.

Nach Bergen. Straße 7 am Eidfjord entlang bis zum Fähranleger *Brimnes,* Autofähre nach *Bruravik* (verkehrt ständig), auf Straßen 7 und 13 durch den 7,5 km langen Vallavik-Tunnel nach *Granvin,* zwei Möglichkeiten der Weiterreise. Entweder auf Straße 13 und E 16 flott nach Bergen: Die erste Teilstrecke, bis Voss, wird oben unter »Zum Sognefjord« beschrieben; ab Voss weiter auf E 16 über *Dale* nach Bergen. Oder, langsamer und spannender, die ehemalige

Europastraße 68, heute Straße 7, am Hardangerfjord entlang, eine enge Trasse an schroff abfallenden Felswänden entlang, früher ein berüchtigtes Nadelöhr, als die Lkw sich wegen der schmalen Trasse packende Positionskämpfe lieferten; allein die Bremsspuren ließen einem den Atem stocken; in **Øystese** möglicher Besuch des **Ingebrigt Vik Museums**, in dem viele Arbeiten von Norwegens bedeutendstem Bildhauer ausgestellt sind; in **Norheimsund** möglicher Besuch des **Hardanger Fartøyvernsenter**, eine Werft, wo alte Schiffe restauriert werden; ab Norheimsund weiter auf Straße 7 vorbei am Wasserfall **Steindalsfossen**, unter dem man hindurchgehen kann, und durch vier Tunnel, die die enge Straße durch die verwegene Schlucht *Tokagjelet* ablösten, hinauf zur Hochebene *Kvamskogen,* ein Ausflugsgebiet der Bergenser; nun ist es nicht mehr weit in die Westküsten-Metropole; der Verkehr wird dichter.

Nach Stavanger. Straßen 7 und 13 am Eidfjord entlang nach *Kinsarvik,* ab dort weiter auf Straße 13 über *Lofthus* und *Odda* zum prächtigen Wasserfall **Låtefossen,** der in zwei Armen direkt neben der Straße vom Gebirge herunterstürzt (164 m); ein Naturspektakel ohnesgleichen, zumal ein feiner Wasserschleier über die Straße weht – Vorsicht, denn vor lauter Begeisterung suchen sich die Amateurfilmer die unmöglichsten Positionen, um Norwegens Natur im heimischen Wohnzimmer präsentieren zu können. Ab der Kreuzung bei *Steinaberg bru* auf Straße 11 südostwärts: neue und tunnelreiche, mautpflichtige Straße 11 bis kurz vor Haugesund, am reizvollsten der erste Teil durch felsiges Tal mit rauschendem Bach, am engen *Åkrafjord* entlang und vorbei am Wasserfall **Langfossen**; die ganze Fallhöhe von 612 m ist von der Straße aus nicht zu übersehen. Kurz vor Haugesund trifft die 11 auf die Straße 1, die südwärts rasch zur Ölmetropole Stavanger führt; präzise beschrieben unter »Stavanger, Weiterreise, Nach Bergen«, in umgekehrter Richtung.

Landeinwärts über die Hardangervidda nach Geilo, ab dort auf Straße 40 Richtung Rjukan/Telemark, Kongsberg, Oslo. Die Straße 40 durch *Uvdal* und *Numedal* wird ausführlich im Kongsberg-Kapitel unter »Weiterreise« vorgestellt. In *Bjørkeflåta* Abzweigung nach Rjukan in die Telemark, holprige Gebirgsstraße (Paßhöhe 1175 m), später durch das *Tessungdal* abwärts zum See *Tinnsjø,* dort teurer, aber toll gelegener Campingplatz *Sandviken,* auf Straße 364 noch rund 35 km bis Rjukan. Zurück zur Straße 40, die direkt bis nach Kongsberg führt; ab dort weiter auf Straße 11 nach Oslo oder, auf Straße 40 fortsetzend, zum Fährhafen Larvik an der Südküste.

Mehr über Voss, Øystese, Norheimsund und Sørfjord (Kinsarvik, Lofthus, Odda) in meinem Spezialisten-Reiseführer »Westnorwegen selbst entdecken«, bei Regenbogen.

Aurland – Flåm – Gudvangen

Per Bahn vom Fjord aufs Fjell

Die Gemeinde Aurland (1890 Einwohner) lebt wie kaum eine andere in Norwegen vom Tourismus. Die bekanntesten Ortschaften, Gudvangen, Flåm und Aurland, liegen an inneren Verzweigungen des Sognefjords – sind aber als Ferienregion wegen ihrer Eigenheiten »autark« und bekommen deshalb ein eigenes Kapitel hier – und sind von markanten Gebirgszügen umgeben. Das *Nærøydal,* in das der gleichnamige Fjord bei Gudvangen übergeht, ist so schmal, daß die Sonne im Winterhalbjahr monatelang hinter den steil aufragenden Bergen verborgen bleibt. Im August schafft sie erst gegen 12 Uhr mittags den Sprung über die Felskante.

Die Natur kommt Urlaubern mit den unterschiedlichsten Neigungen entgegen. Wer Bequemlichkeit vorzieht oder körperliche Anstrengungen nicht auf sich nehmen kann, stehen Ausflüge mit Schiff, Eisenbahn oder Bus offen. Zum Wandern empfiehlt sich (nicht nur) das *Aurlandsdal,* zum Radfahren der *Rallarveg,* ein alter Transportweg über die Hardangervidda. In der Hochsaison muß in Geschäften, Verkehrsmitteln, auf Campingplätzen und in den Ortschaften selbst mit einem Gedränge gerechnet werden, das eingefleischte Norwegen-Liebhaber gelegentlich das Weite suchen läßt.

Die Gemeinde zählt in den Programmen der Reiseveranstalter zum festen Bestandteil, gerade auch wegen der *Flåmsbahn,* die sich über 20 Kilometer vom Fjord auf die Hardangervidda windet. Das winzige Fjorddorf Flåm mit seinem Bahnhof ist das Einfallstor für die vielen organisierten wie Individualtouristen, die vor allem wegen dieser einzigartigen Verkehrsverbindung zwischen Fjord und Gebirge kommen. Wissend, was man Devisenbringern schuldig ist, wurde der Fjorduferstreifen bei Flåm Anfang der 90er Jahre neu strukturiert und bebaut, wurde die Servicestation des Bahnhofs in einen großen, aber ansehnlichen Neubau mit Geschäften, Postkontor und Touristenbüro integriert. Das »neue« Flåm schaut keinesfalls häßlich aus, aber in einer ruhigen Minute, wenn die weiten Plätze leer sind und die Betriebsamen vom Bahnsteig verschwunden, spürt man die Diskrepanz zwischen einer gewachsenen Ortschaft und einem vom Saisontourismus dominierten Fleck. Dann wirkt hier alles zwei Nummern zu groß. Immerhin hat man den Autoverkehr von der engen Dorfstraße genommen; die Straße 50, von Aurland nach Gudvangen, führt jetzt, in einen Tunnel verbannt, an Flåm vorbei, freilich um den Preis zweier Autobahnkreuz-ähnlicher Auffahrtsschleifen.

Unter den Touristen sind Nationen vertreten, die in Norwegen nur »schwerpunktartig« auftreten. Das nimmt erheiternde Züge an, wenn gewöhnliche Kühe (»uuuuh, there's a cow« – nicht zu fassen, eine Kuh in Norwegen) oder gar Tunnelwände von innen fotografiert werden. Und so scheint es nur eine Frage der Zeit, wann panierte Hähnchenkugeln und Sushi in die Kafeterien einziehen.

Mein Tip: tief durchatmen und sich mit der ungewohnt lebhaften Kulisse arrangieren – denn überall auf nordische Zurückhaltung oder deutsche Disziplin und Ordnungsliebe zu treffen, wäre wohl fade, wenn nicht erschreckend. Da wir gerade bei Nationen sind ...

Die alten Schweden!
Seit 1991 verbinden zwei Straßentunnel Gudvangen im Westen und Aurland/Flåm im Osten der Gemeinde. Der eine, von Flåm nach *Langhuso* (5,1 km), konnte bereits 1988 durchfahren werden, als der andere, von Langhuso nach Gudvangen (11,4 km), sich noch im Bau befand. Dazu gibt es eine kuriose Geschichte zu erzählen: 1989 ignorierte ein älteres schwedisches Ehepaar die Hinweistafel in Langhuso und fuhr in den unfertigen Tunnel ein. Der Wagen blieb nach einigen Kilometern stecken, und da das ausgerechnet am Wochenende passierte, verbrachten die Schweden den Sonntag unfreiwillig tief im dunklen Inneren des Bergs. Die Arbeiter staunten nicht schlecht, als sie montags anrückten. Für die Norweger war das ein Heidenspaß, konnten sie doch herzlich über die Schweden lachen, denen sie häufig Überheblichkeit vorwerfen.

Information
■ **Aurland Turistkontor**, N-5745 Aurland, Tel. 5763 3313, Fax 5763 3280. 1.6.–31.8. Mo–Fr 8–19 Uhr, Sa, So 10–17 Uhr, sonst Mo–Fr 8–15 Uhr.
■ **Flåm Turistkontor**, N-5743 Flåm, Tel. 57633 2106. 15.4.–15.10. geöffnet. 1.6.–30.9. täglich 8.30–20.30 Uhr, ab 15.4. und bis 15.10. täglich 8.30–15 Uhr. Neues Büro im Bahnhofsgebäude. Gute Übersicht über Wanderungen in der Region.
■ **Gudvangen Turistkontor**, N-5717 Gudvangen, Tel. 5763 3916. 20.6.–20.8. Mo–Fr 8–15 Uhr.

Unterkunft

In Aurland
■ **Aurland Fjordhotell**, Tel. 5763 3505, Fax 5763 3622. 1.5.–1.11. EZ 720 NOK, DZ 980 NOK, 1.1.–30.4. EZ 550 NOK, DZ 700 NOK. Lunch um 120 NOK, middag um 180 NOK.

Neues, modernes Hotel, wie in Terrassen gebaut, Fjordblick vor dem Einschlummern. Hat die Architekten-Zunft aus den Fehlern der Vergangenheit (siehe nächstes Hotel) gelernt? Tadellose Zimmer.

■ **Ryggjatun Hotel**, Tel. 5763 3500, Fax 5763 3606. EZ ab 675 NOK, DZ 820–970 NOK. Middag um 220 NOK.

Einfallsloser Betonkasten, dafür mit schöner Lage am Hang und entsprechender Aussicht. Sonnenterrasse. Helle Zimmer in angenehm warmen Farben; die Einzelzimmer fallen etwas mickrig aus.

■ **Vangen Motell og Rorbuer**, Tel. 5763 3580. EZ 340 NOK, DZ 530 NOK. Hütten ab 325 NOK. Zentral, nahe Fähranleger: kurze Wege, intensive Geräuschkulisse.

■ **Østerbø Turisthytte**, Aurlandsdal, Tel. 5763 1141 und 5763 1118. 15.5.–30.9. EZ 240 NOK, DZ 480 NOK für DNT-Mitglieder. Bad auf dem Flur. Hütte 375 NOK. Für die Aspiranten der ersten in diesem Kapitel beschriebenen Wanderung.

■ **Stundalen Turisthytte**, Aurlandsdal, Tel. 5763 1145. 25.6.–20.8. Zimmerpreise ähnlich wie in der »Østerbø Turisthytte«. Für die Aspiranten der zweiten hier beschriebenen Wanderung.

■ **Lunde Camping**, Aurlandsdal, Tel. 5763 3412. 1.5.–30.9. Preisniveau Camping: 2. 16 Hütten für 4 Personen ab 250 NOK.

Große Wiese zwischen Straße und Fluß, etwas zu offen gelegen. Standardhütten zu saftigen Preisen. Mittelmäßige Sanitäranlage, W & T. Kiosk. Spielplatz.

In Flåm

■ **Fretheim Hotell**, Tel. 5763 2200, Fax 5763 2303. 15.4.–20.10. geöffnet. 15.6.–15.8. mit Fjord Pass (D) EZ 605 NOK, DZ 910 NOK, sonst EZ 675 NOK, DZ 980 NOK. »Kurkonzerte« im Garten.

Mit weißen Holzplanken verkleidetes Gebäude, nett anzuschauen. Die Zimmer präsentieren eine gelungene Kombination aus modernem und konventionellem Stil: weniger Holz, originelle Möbel in seltenen Farben, ohne kalt zu wirken.

■ **Heimly Pensjonat**, Tel. 5763 2300, Fax 5763 2340. Ganzjährig geöffnet. 1.5.–30.9. mit Fjord Pass (C) EZ 450 NOK, DZ 760 NOK, sonst EZ ab 450 NOK, DZ ab 820 NOK, auch 3-Bett-Zimmer. Nur 5 Zimmer mit Bad.

Zimmer nach hinten wesentlich ruhiger, dafür ohne Fjordblick, teilweise mit Pflanzen. Bescheidenes Ambiente. Bootsvermietung.

■ **Flåm Vandrerhjem**, Flåm Camping, Tel. 5763 2121, Fax 5763 2380. Geöffnet 20.4.–15.10. Für Mitglieder EZ und DZ 250 NOK, im 4-Bett-Zimmer 80 NOK, Familien 300 NOK. 6 Zimmer mit 20 Betten. Maximal 6 Personen teilen sich eine Küche. Fähranleger, Bahnhof und Bushaltestelle 200 m entfernt.

Großzügige Appartements mit 3 Doppelzimmern und vorbildlich ausgestatteter Küche. Ansonsten Hütten für 4 Personen mit Kochgelegenheit. Eine der besseren Jugendherbergen, wenn der Campingplatz auf demselben Grundstück auch für viel Rummel sorgt. Wegen der geringen Bettenkapazität zeitig bestellen.

■ **Flåm Camping**, Tel. 5763 2121. Hütten ganzjährig zu vermieten, Camping 20.4.–15.10. Preisniveau Camping: 2. 14 Hütten für 4 Personen 275–550 NOK, die Ferienhütten mit zwei Schlafräumen.

Weitläufige Anlage am Waldrand, auf der es in der Hochsaison trotzdem verdammt eng werden kann. Deshalb auch die ungewohnte, unerfreuliche Zuweisung von Terrassen, die nach Zelten und Wohnmobilen getrennt sind. Zusätzlich baumbestandene Wiese für weitere Zelte. Die Hütten sind in Ordnung, ziemlich teuer und doch ständig ausgebucht. Die Betreiber, das Ehepaar Håland, kümmern sich beispielhaft um den Platz. In der Hochsaison sind die morgendlichen Massensitzungen auf den Toilettenschüsseln und das Anstehen mit der Spülschüssel in der Hand allerdings gewöhnungsbedürftig. Blitzsauberes, hygienisches Sanitärgebäude, W & T. Kiosk mit Lebensmitteln. Spielplatz. Fahrradvermietung.

■ **Vatnahalsen Høyfjellshotell**, Myrdal, Gebirgshotel oberhalb des Flåmsdals, Tel. 5763 3722. EZ ab 475 NOK, DZ ab 680 NOK. Lunch 125 NOK, Middag 195 NOK.

Die Geschäftsführung glaubt, die abgeschiedene Lage in der schneelosen Zeit mit diversen Kurzweil-Förderern kompensieren zu müssen – der Gipfel ist das unpassende Planschbecken im Freien. Sehr unterschiedliche Zimmer, die neueren mit eleganten Möbeln. Souvenirverkauf. Fahrradvermietung. Der Radweg Rallarveg über die Hardangervidda führt über das Hotelgrundstück. Im Sommer treffen sich hier die Radler, um bei Erfrischungen die Sonne zu feiern.

In Gudvangen

■ **Gudvangen Fjordtell**, Tel. 5763 3929, Fax 5763 3980. 15.3.–20.10. geöffnet. 1.5.–30.9. mit Fjord Pass (D) EZ 615 NOK, DZ 890 NOK, ohne EZ 715 NOK, DZ 980 NOK, sonst EZ 470–570, DZ 600–880 NOK. Dagens rett um 75 NOK.

Schmucke Pavillons mit ungewohnter Raumaufteilung. Originelle Einrichtung nach Motiven aus der Wikingerzeit: Schild und Schwert aus Holz zieren das Kopfende des Betts. Auf dem Grasdach ersetzen Kaninchen den Rasenmäher. Flotte Ideen, die Respekt verdienen. Fahrrad- und Bootsvermietung.

■ **Vang Camping**, Tel. 5763 3926. 15.5.–10.9. Preisniveau Camping: 2. 10 Hütten für 2–5 Personen um 150–300 NOK.

Offene Wiese, nach Regenfällen tiefer Boden. Wohnliche Hütten mit Kochnische, Sofa und Schrank, persönlicher als die Meterware, aber ohne abgetrennte Schlafplätze. Gute Sanitäreinrichtung, W & T. Kiosk. Spielplatz.

■ **Gudvangen Camping**, Tel. 5763 3934. 10.5.–15.10. Preisniveau Camping: 1. 9 Hütten für 4 Personen um 175–200 NOK. EZ bis 4-Bett-Zimmer 75–150 NOK pro Person.

Einer der ältesten Campingplätze, was zu dem ganzen Anwesen paßt. Anglertradition. Für die Zeltwiese gilt das gleiche wie für die Konkurrenz von Vang. Große Hütten mit Sofa und Besteck; die Möbel stehen ein wenig einsam herum, lassen sich durch Umstellen aber besser komponieren. Einfache Sanitäranlage, W & T.

Essen und Trinken

■ **Aurland:** *Kafé Troll,* typisch norwegischer Durchschnitt; sommers wird auch draußen serviert. – Kafeteria und Christofferstova-Pub im *Aurland Fjordhotell.*
■ **Flåm:** *Heimly Kafeteria,* gewöhnliches Menüangebot, besser als der Kafeteria-Durchschnitt, und die Küche ist durch den leichten Fettgeruch auch im Speisesaal präsent. – *Furukroa,* zentral an Kai und Bahnhof. Restaurant und Kafeteria, Kioskverkauf. – *Stationen,* originell in ausrangiertem Eisenbahnwaggon, nicht zu übersehen. Selbstbedienung, keine Ansprüche. Nur Mitte April bis September, je nach Saison.
■ **Undredal:** *Nedberge Kafe,* Kaffee und Kuchen, Abendessen, typisch norwegisch.
■ **Gudvangen Fjordtell,** Kai Gudvangen. Der Speisesaal mit Namen *Kongshallen,* die Königshalle, steht Hotelgästen wie Touristen auf der Durchreise offen. Originelle Holzmöbel mit handgearbeiteten Verzierungen, Motiven der Stabkirche Urnes nachempfunden. Auch Außenterrasse. Restaurant à la carte um 150–225 NOK, Dagens rett um 75 NOK, Kafeteria-Gerichte um 40–100 NOK.

Sehenswertes

■ Die **Flåmsbahn** (1940) verbindet den Fjord mit der Eisenbahnlinie Oslo-Bergen. Auf 20 km durchquert sie 20 Tunnel mit einer Gesamtlänge von 6 km und überwindet 865 m Höhenunterschied – angeblich das größte Gefälle auf einer Normalspurstrecke überhaupt, weswegen jeder Waggon mit einem eigenen Bremssystem versehen ist und den Zug zum Stehen bringen kann.

Die Statistiker seien befriedigt, doch interessanter als die Daten ist der Blick durch die Waggonfenster. Die Fahrt durch das dünnbesiedelte Flåmsdal gewinnt mit zunehmender Höhe an Reiz. Plötzlich hält der Zugführer zwischen zwei Tunneln an und gibt den Passagieren die kurze Gelegenheit, auszusteigen und den Wasserfall *Kjosfossen* zu fotografieren. Dann klebt die Bahn an einer nahezu senkrecht abfallenden Felswand, bevor sie in mehreren Kehrtunneln aufs Gebirge steigt. Durch Wellblechröhren gegen Schneeverwehungen abgesichert, trifft sie nach 45–50 Minuten auf dem Bahnhof *Myrdal* ein, wo stets ein frisches Lüftchen weht.

Aurland – Flåm – Gudvangen

Etwa 29.5.–17.9. 9–12 Abfahrten täglich, sonst 4–7 Abfahrten, davon je drei zur Nachtzeit. Preis 55 NOK, 110 NOK retour.

■ Die **Fjordfahrt** von Aurland nach Gudvangen (oder umgekehrt) vereint die gängigen norwegischen Fjordprofile: zuerst der breite, erhabene Aurlandsfjord, an dessen Ufer das Dorf *Undredal* sowie einzelne Gehöfte auf knappen grünen Parzellen verteilt liegen, nur zu Fuß oder mit dem Boot zu erreichen; danach der wilde Nærøyfjord, von schroffen, steilen Gneis- und Granitwänden eng eingerahmt und mit Wasserfällen als naturgegebener Zierde. Dieses würdige Finale spricht dafür, den Trip in Aurland zu beginnen.

Die Straßentunnel zwischen Flåm und Gudvangen machten die Autofähre Aurland-Gudvangen überflüssig. So verkehren nur noch Ausflugsboote während der Saison: *Sognefjordcruise* auf Aurlandsund Nærøyfjord. 1.6.–31.8. mindestens je zweimal täglich ab Flåm und Gudvangen, ab 15.4. und bis 15.10 je einmal. Preis 145/73 NOK retour, 120/60 NOK einfacher Weg. Tel. 5765 4245.

Ausflüge

■ **Stalheim** liegt am südlichen Ende des Nærøydals und gehört bereits zur Gemeinde Voss im fylke Hordaland. Der Ort besteht nur aus einem großen Hotel, einem halben Dutzend Wohnhäuser, einem Postamt und einem Freilichtmuseum, das dem Hotel angeschlossen ist. Warum hierher kommen?

Erstens wegen des famosen Ausblicks auf das enge Nærøydal und seine mehr als 1000 m hohen Berge. Markant der rundgeschliffene Gipfel von **Jordalsknuten**, der in jedem zweiten Bildband über Norwegen erscheint. Das eigene Foto schießt man am besten von der Terrasse des Stalheim Hotels. Keine Scheu – das Personal hört die Bitte um Erlaubnis gut hundertmal am Tag und ist trotzdem ausgesprochen freundlich.

Zweitens wegen der alten Straße **Stalheimskleiva**, die auf 1,5 km Länge in 13 kurz aufeinanderfolgenden Serpentinen steil nach oben führt (Steigung bis 20 %). Das bautechnische Meisterstück entstand 1840, um das Nærøydal besser mit dem angrenzenden Hochland zu verbinden und die Postbeförderung zu erleichtern. Erst 1980 ersetzte ein Bogentunnel die knifflige Route, die in gutem Zustand ist und im Sommer bis zu einer gewissen Fahrzeuglänge benutzt werden kann. Am unteren Kleiva-Ende vereinigen sich die von den Wasserfällen *Sivlefossen* und *Stalheimsfossen* gespeisten Bäche zu dem Fluß, der bei Gudvangen in den Nærøyfjord mündet. Sivlefossen stürzt direkt neben der Serpentinenstraße herab, während Stalheimsfossen am besten vom Parkplatz am oberen Kleiva-Ende beobachtet werden kann. Die Gemeinde ließ eigens dafür einige Bäume abholzen, welch Service.

286 Westnorwegen

■ Das Dorf **Undredal** am Aurlandsfjord war bis 1988 nur über Fjord oder Gebirgspfade zu erreichen. Die Häuser stehen eng gedrängt bis an den Kai, von dem aus sich der Aurlandsfjord in friedlicher Stille präsentiert. Die Kirche (18. Jahrhundert) gilt mit 40 Sitzplätzen als die kleinste Norwegens. Die Stabkirche, die 1147 an dieser Stelle errichtet worden war, zerstörte ein Unwetter. Die Kirche ist von Juni bis August geöffnet. Eintritt 10/5 NOK. Tel. 5763 3313.

Bekannter als durch die Kirche ist Undredal wegen des **geitost**, dem berühmten Ziegenkäse mit leichtem Karamellgeschmack, der hier hergestellt und (zu stolzem Preis) verkauft wird. Für Ausländer eröffnet der Genuß des geitost neue kulinarische Horizonte, doch die Begeisterung hält sich ob des Fremdartigen meist in Grenzen.

Unterkunft
■ **Stalheim Hotel**, Tel. 5652 0122, Fax 5652 0056. Nur 10.5.–25.9. EZ 700 NOK, DZ 800–1100 NOK. Kaltes Buffet um 175 NOK, à la carte um 200 NOK.

Das heutige Hotel ist das dritte an dieser Stelle seit 1885 – kein aufwendiger Holzpalast wie die Vorgänger, paßt sich durch die langgestreckte Architektur einigermaßen der Landschaft an. Schöne, große Zimmer zum Wohlfühlen, in lindgrünen, roten und cremefarbenen Tönen. Klaviermusik und Souvenirstände in der Empfangshalle, immer viel Trubel, Station der Bustouristen.

■ **Nedberge Pensjonat**, Undredal, Tel. 5763 1745 und 5763 1740, 16.9.–30.4. Tel. 3287 3530. Zimmer mit Bad. In der Gaststube Abendessen ebenso wie Kaffee und Kuchen. Zudem werden Wanderungen zur Alm Nedberge organisiert, 526 m ü.d.M. Im Sommer zweimal die Woche.

Rallarvegen

Radwandern über die Hardangervidda

»Rallarvegen« heißt der Transportweg, der zur Jahrhundertwende dem Felsboden abgerungen wurde, damit die Arbeiter, die die Eisenbahnstrecke Oslo-Bergen über die Hardangervidda bauten, samt Material und Verpflegung auf die Hochebene transportiert werden konnten. »Rallar« war der Wanderarbeiter, der sich mit solchen Projekten, wie dem Bau von Verkehrswegen, seinen Lebensunterhalt verdiente.

Anfang der 70er Jahre erneuerte ein Interessenverein den Weg, um daraus einen Radwanderweg zu machen. Die Mountain-bike-Mode verhalf Rallarvegen zum Durchbruch. Dabei reicht ein stabiles Rad herkömmlicher Bauart aus; zehn oder zwölf Gänge sollten es schon sein, um die Anstiege zu meistern.

Die restaurierte Strecke verbindet Myrdal/Vatnahalsen (780 m ü.d.M.) über die Stationen *Hallingskeid* (1110 m) und *Finse* (1222 m) mit *Haugastøl*

Rallarvegen: In der Kleiva-Schlucht (oben) und am See Taugevatn, dessen Eisdecke nicht vor Ende Juli bricht ▶

(990 m), kann aber durch den Fahrweg Myrdal-Flåm zusätzlich verlängert werden. Die Entfernung zwischen Flåm und Haugastøl, am östlichen Rand der Hardangervidda, beträgt 80 km. Von Ende Juni bis Anfang September, je nach Saison, verkehrt ein Fahrradzug zwischen Myrdal und Ål, das noch hinter Haugastøl liegt. Auf diese Wiese können der Rücktransport oder einzelne Streckenabschnitte bewältigt werden. Die anderen Züge befördern nur zum Teil Fahrräder, sind zudem nur auf eine begrenzte Anzahl eingerichtet.

Verschiedene Gründe sprechen dafür, die Tour in Haugastøl zu beginnen. Westnorwegen-Urlauber, die in Aurland/Flåm Station machen, können den Zug zur Hinfahrt einsetzen. Wer von Flåm aus aufbrechen will, sollte bis Myrdal die Bahn nehmen. Wer nur eine kurze Etappe fahren will, sollte den Zug bis Hallingskeid nehmen und von dort aus über Myrdal nach Flåm zurückradeln. Wer ganz auf die Bahn verzichten will, kann in Finse umkehren.

■ Die Etappe **Flåm-Myrdal** beschreibt die Wanderung durch das Flåmsdal. Wer nicht den Zug nimmt, muß sein Rad am Talende fast 17 Kurven extrem steil hinauf schieben. Der Fahrweg, für den öffentlichen Verkehr gesperrt, ist in katastrophalem Zustand: Loses Gestein und tiefe Spurrillen in den Kurven machen zusammen mit dem Gefälle selbst das Schieben zur Qual. Aufpassen, an der Weggabelung − dort beginnt der eigentliche Rallarveg − nicht zum Bahnhof Myrdal hinauf, sondern links am Abhang entlang zum Hotel Vatnahalsen. Flåm-Wegkreuzung 17 km, Flåm-Myrdal 19 km.

■ Die Etappe **Vatnahalsen-Hallingskeid** ist die attraktivste, weil der Radler wechselnde Landschaften durchfährt: hinter Vatnahalsen an den beiden Seen *Reinungavatn* und *Seltuftvatn* entlang, die Ufer in lichten Wäldern, dann durch die Schlucht *Kleiva*, in die sich ein tosender Wildbach eingegraben hat, der zwei Holzbrücken für Radler und Wanderer erzwang, an Stromschnellen und Wasserfällchen vorbei, die Eisenbahnschienen unterquerend, und plötzlich mitten in vegetationsarmen Gebirge − bisher hatten Schlucht und Wildbach von diesem Übergang abgelenkt. Der Rallarveg begleitet fortan See für See, doch das eisige Wasser überredet bestenfalls Asketen und Abhärtungskünstler zum Bade. Wegkreuzung Vatnahalsen-Hallingskeid 15 km, Myrdal-Hallingskeid 17 km, Flåm-Hallingskeid 32 km.

■ Die Etappe **Hallingskeid-Finse** ist die Problemstrecke, weil bis in den August hinein Schneeverwehungen den Weg bedecken, über die das Rad geschoben und gezogen werden muß. In manchem Jahr tauen einige Schneefelder überhaupt nicht auf. Deswegen ist es ratsam, sich zeitig über den Zustand dieses Abschnitts zu erkundigen. Die Bergenbahn verschwindet am See *Låghellervatn* in dem neuen, 10 km langen Tunnel nach Finse. Die

Gleise der alten Strecke, die unser Rallarveg begleitet, bleiben wegen der winterlichen Schneemassen meist in Blechtunneln verborgen; nach einem Anstieg werden die Schienen in solch einem Tunnel überquert. An dieser Stelle steht die verfallende *Grjotrust Vakterbustad,* in der bis 1969, als die Bergenbahn elektrifiziert wurde, das Streckenpersonal gewohnt hatte. Einige dieser Holzhäuser sind zu Ferienhütten umgebaut; andere stehen unter Denkmalschutz und bleiben erhalten, teils als Museum oder als Kafeteria. Der Rallarveg trifft auf den eiskalten See *Taugevatn,* der auch im Sommer nicht vollständig auftaut, und passiert bei *Fagernut* (1343 m) den höchsten Punkt des Rallarveg. Nachdem die alte Bahnstrecke ein zweites Mal unterquert ist, sind es nur noch wenige Kilometer bis Finse. Hinter dem See *Finsevatn* erhebt sich majestätisch der Gletscher *Hardangerjøkulen*. In Finse ist auch die Ausfahrt des neuen Tunnels zu sehen. Hallingskeid-Finse 21 km, Wegkreuzung Vatnahalsen-Finse 36 km, Myrdal-Finse 38 km, Flåm-Finse 53 km.

■ Die Etappe **Finse-Haugastøl** wirkt auf diejenigen, die in Myrdal oder in Flåm aufgebrochen sind, ein wenig fad: Die Landschaft ist runder, zahmer als zuvor. Dafür bereichern Schlaglöcher in gar stattlicher Zahl den Rallarveg. Es geht überwiegend flott bergab. Mehr als 90 % der Radwanderer befahren den Rallarveg in umgekehrter Richtung, und dafür ist diese Etappe ein günstiger Einstieg.

Finse-Haugastøl 27 km, Hallingskeid-Haugastøl 48 km, Wegkreuzung Vatnahalsen-Haugastøl 63 km, Myrdal-Haugastøl 65 km, Flåm-Haugastøl 80 km.

■ In Finse können Sie das **Rallarmuseet** besuchen, gleich neben dem Bahnhof. Fotografien, Ausrüstungsgegenstände und eine Unterkunft, wie es in den Baracken seinerzeit aussah, dokumentieren den Alltag der Arbeiter. Eintritt 15/5 NOK.

■ Es wird daran gedacht, die baufälligen Schutztunnel auf der stillgelegten Strecke ab Finse abzureißen und dort im Sommer eine Dampflokomotive als **Museumseisenbahn** einzusetzen. Wie weit diese Pläne gediehen sind – es bleibt die Frage, wie diese Strecke aus dem Griff des Winters befreit und gewartet werden soll –, fragen Sie im Touristenbüro nach.

■ **Unterkunft:** Die geringsten Probleme mit der Übernachtung haben die, die ein **Zelt** mitnehmen; es kann allerdings frisch werden. Die besten Zeltplätze finden sich auf dem Abschnitt zwischen der Kleiva-Schlucht und Hallingskeid, an den Seeufern. Achtung: keinen Müll zurücklassen!

Unterkünfte mit festem Dach: *Hotel Finse 1222,* Tel. 5652 6711, Fax 5652 6717. Geöffnet 1.1.–10.10. Preise nach Absprache. – *DNT-Hütte Finse,* Tel. 5652 6732. Geöffnet 25.6.–15.9. Preise zu den aktuellen DNT-Konditionen. – Die *DNT-Hütte Hallingskeid* ist nur DNT-Mitgliedern vorbehalten, ansonsten verschlossen.

Westnorwegen

■ **Informationen** zum aktuellen Zustand des Rallarveg entweder in den Touristenbüros, in den Unterkünften oder in den Bahnhöfen an der Strecke: Flåm, Tel. 5763 2100. – Myrdal, Tel. 5763 3717. – Finse, Tel. 5652 6730. – Haugastøl, Tel. 3208 7530. Hallingskeid ist nur noch von Streckenpersonal besetzt; kein Bahnhofsbetrieb.

Wanderungen

Das ansteigende Aurlandsdal und seine Seitentäler sind das Wandergebiet mit den meisten Variationsmöglichkeiten, viel unberührter Natur und der Chance, Rentierherden zu beobachten. Karten beim Touristenbüro in Aurland, darunter eine kostenlose Übersichtskarte.

Das Touristenbüro hat eine Vielzahl weiterer Tourenvorschläge in Bild und Wort recht ansprechend aufbereitet.

■ **Østerbø-Vassbygdi**, der Klassiker unter den Wanderungen im Aurlandsdal (von 817 auf 50 m). Der Pfad passiert einige verlassene Höfe, ist zweimal in den Fels gesprengt, wo die Wanderer früher mit Hilfe von Leitern Schluchten überqueren oder an beinahe senkrechten Felsen hinaufklettern mußten. Am See *Svartjødnvatn* zweigt links ein kurzer Weg zur *Vetlahelvete* ab, eine höhlenähnliche, überdimensionale Spalte im Felsgestein, in die von oben Licht fällt, die nach unten aber mit Wasser gefüllt ist. Die Wände sind so glatt, als seien sie mit Schmirgelpapier bearbeitet – ein Kunstwerk der Natur.

Mittelschwere Tour. Markierter Pfad. Wanderzeit: 6–7 Stunden. Die Tour kann durch die Etappen Geiterygghytta-Steinbergdalshytta und Steinbergdalshytta-Østerbø Fjellstove zu einer mehrtägigen Wanderung verlängert werden.

Anfahrt mit Taxi, Bus oder eigenem Fahrzeug. Der Bus nach Hol hält sowohl in Vassbygdi als auch in Østerbø, verkehrt nur von Mitte Juni bis Anfang September. Eine Alternative ist der Expreßbus Oslo-Bergen, der ebenfalls an beiden Stationen hält: Dieser Bus verkehrt mindestens von Anfang Mai bis Anfang Oktober; den aktuellen Fahrplan erfragen Sie im Touristenbüro.

■ **Stundalen-Vassbygdi**. Leichte Wanderung durch das Stundal, zwischen abschüssigen Felswänden entlang. Ausgangspunkt *Stundalen Gard,* an der Gebirgsstraße 50 von Aurland nach Hol, 20 km nördlich von Aurland direkt hinter einem Tunnel. Anfahrt wie oben. Wanderzeit: 2–2,5 Stunden.

■ Das **Flåmsdal** drängt sich durch die Kombination mit der Bahnfahrt nach Myrdal geradezu auf. Mit der Bahn rauf und zu Fuß wieder runter. Nette Aussicht auf das Myrdal bei Vatnahalsen, kurz bevor sich der holprige, steile Fahrweg in Serpentinen nach unten schlängelt. Kinderleichte Wanderung durch das Tal, Flåmsbahn, Wasserfälle und Stromschnellen des Flusses *Flåmselva* als ständige Begleiter. Allerdings geht die harte Fahrbahndecke gegen Ende der 18 km auf die Knochen; deswegen in *Håreina*, wo die Besiedlung dichter wird und der Fahrweg in eine Asphaltstraße übergeht, für die Reststrecke eventuell den Zug nehmen. Gehzeit: 3–4 Stunden.

■ Der Radwanderweg **Rallarvegen** eignet sich gut für Wanderungen, sowohl als längere Tour mit Zelt wie auch als Tagesetappe, wenn man für Hin- oder Rückfahrt den Zug in Anspruch nimmt. Als wohl abwechslungsreichste Strecke empfiehlt sich die Etappe zwischen Vatnahalsen, zu erreichen mit der Flåmsbahn, und Hallingskeid, wo allerdings momentan nur noch ein Zug am Tag je Richtung Station macht. Die Streckenprofile finden Sie oben unter »Rallarvegen« beschrieben. Wenn Sie den Juli und ansonsten die Wochenenden auslassen, werden Ihnen nur wenige klingelnde Radfahrer begegnen. Der Belag ist etwas härter, als vom Orthopäden empfohlen, der Wegverlauf an sich aber leicht.

■ Gletscher **Blåskalven**. Mittelschwere Wanderung, da mit kräftigen Steigungen, ab *Nalfarhøgdi*, an der Gebirgsstraße von Aurland nach Lærdal. Unterwegs eindrucksvolle Aussicht auf den Aurlandsfjord und die umliegenden Berge. Wanderzeit: 2–2,5 Stunden.

■ Eine organisierte Wanderung führt vom Aurlandsfjord aus hinauf zur **Alm Nedberge** (526 m). Kontakt: siehe oben unter »Ausflüge, Undredal«.

Verschiedenes

■ **Sightseeing:** mit der *Pferdekutsche,* Stunden- wie Tagestouren. Mitte Juni bis Mitte August. Aurland, Tel. 5763 3541. – Mit dem *Helikopter,* Information unter Tel. 5763 1300 und 9454 8924. – Die Ausflugsfahrten Marke »Norwegen in einer Nußschale« mag ich nicht empfehlen, weil der Kilometerstreß die Augenweiden überdeckt: mit dem Ausflugsboot ab Flåm und Aurland nach Gudvangen, per Busfahrt über Stalheim nach Voss, mit der Bergenbahn nach Myrdal, mit der Flåmsbahn zurück nach Flåm. Dauer 8,5 Stunden. Mitte April bis Mitte Oktober 1–2 x täglich. Ticket 245/123 NOK. – Die aktuellen Angebote, die es sonst noch gibt, erfragen Sie im Touristenbüro.

■ **Angeln:** Meerforellen in den Flüssen *Aurlandselva, Flåmselva* und *Nærøyelva,* ab 100 NOK pro Tag. – Die Lachse stehen derzeit unter Schutz. – Forellen in den Gebirgsseen um Aurland: Tageskarten ab 25–30 NOK.

■ **Fahrradvermietung:** im Touristenbüro Flåm (20 NOK je Stunde), im »Hotel Finse 1222« oder bei »Flåm Camping«.

■ **Galerie:** *Galleri Vinjum,* Aurland-Zentrum. 1.5.–31.8. Eintritt 10 NOK. Der Nachlaß des Aurland-Malers *Johannes Vinjum.*

■ **Freilichtmuseum Otternestunet**, zwischen Aurland und Flåm, die ältesten Gebäude aus dem 17. Jahrhundert. 15.6.–15.8. 11–18 Uhr, Führungen zu jeder vollen Stunde. Eintritt 20/10 NOK.

■ **Besichtigung des Wasserkraftwerks Vassbygdi** (an Straße 50), 1.7.–15.8. Mo – Fr um 12 Uhr. Eintritt frei. Tel. 5763 1150. An warme Kleidung denken; das Kraftwerk liegt im Berg.

■ **Veranstaltungen:** An Wochenenden »Kurkonzerte« im Garten des »Fretheim Hotel« in Flåm. Internationale Blasmusik, Marke »What shall we do with the drunken sailor?« – Ende Juli Kulturtage in Aurland, mit wechselndem Programm.

■ **Postämter:** in Aurland (kurz nach der Kreuzung, an der Straße 50 zum Aurlandsdal links) und Flåm (im Bahnhofsgebäude).

■ **Notarzt:** Tel. 5763 3351.

■ **Transport:** Lokalbusse Aurland, Flåm, Gudvangen (und weiter nach Voss). – Flåm, Aurland, Vassbygdi, Stundalen, Østerbø (weiter nach Hol, verkehrt nur zwischen Mitte Juni und Anfang September).

■ **Taxi:** Aurland und Flåm, Tel. 9450 4931. – Gudvangen, Tel. 5763 3931.

Weiterreise

■ **Eisenbahn:** mit der Flåmsbahn nach Myrdal, dort Anschluß an die Bergenbahn (Linie 41): Bergen, Dale, Voss, Myrdal, Hallingskeid, Finse, Haugastøl, Ustaoset, Geilo, Ål, Gol, Nesbyen, Hønefoss, Drammen, Asker, Lysaker/Fornebu (Flughafen Oslo), Oslo Sentrum.

■ **Personenfähre:** Expreßboote Flåm, Aurland, Kaupanger sowie Flåm, Aurland, Balestrand (und eine Verbindung weiter nach Fjærland).

■ **Autofähre:** von Gudvangen nach Revsnes (E 16 nach Lærdal, dort neue Fjorduferstraße nach Årdal) und Kaupanger.

■ **Bus:** Die Gemeinde ist Station des Geiteryggekspress-Busses, der Oslo (328 NOK) über Åmot, Nesbyen, Gol (138 NOK), Ål, Aurland, Flåm, Gudvangen, Stalheim, Voss (81 NOK) und Dale mit Bergen (174 NOK) verbindet (Preise ab Aurland). – Zwei- bis viermal am Tag fährt ein weiterer Bus ab Aurland, Flåm, Gudvangen über Voss nach Bergen. – Flåm, Aurland, Lærdal (nur Anfang Juni bis Anfang September).

■ **Auto: Nach Bergen.** Auf E 16 ab Gudvangen durch das Nærøydal und über Voss. Rund 12 km vor Voss hübscher Wasserfall **Tvindefossen**.

Zum Sognefjord. Nach Lærdal über die Gebirgsstraße **Erdalsvegen**: ab Aurland, während des steilen Anstiegs tolle Aussicht auf den Aurlandsfjord. Auf dem höchsten Punkt, 1306 m über dem Meer, weht auch im Sommer stets ein kühler Wind, so daß die Eisdecke auf den umliegenden Seen kaum schmilzt. Bei gutem Wetter Aussicht auf die Gipfel nördlich des Sognefjords. An Almen vorbei und hinunter ins *Hørnadal,* ab *Erdal* weiter auf E 16 bis Lærdalsøyri. (Wintersperre Erdalsvegen: Die Straßenplaner

Am Sognefjord

erwägen, daß diese Paßstraße zur E 16 ausgebaut wird, um die Fähre Revsnes-Gudvangen einzusparen und damit die Fahrzeit auf der Europastraße zwischen Oslo und Bergen zu verkürzen.)

Landeinwärts über die Straße 50, zunächst durch das Aurlandsdal und hinauf ins Gebirge, unterwegs mehrere Tunnel, einer davon mit einer Abzweigung im Berg (Wasserkraftwerk), und auch eine schöne Aussicht zurück auf den Aurlandsfjord – spannende Straße 50 durch eine herbe Gebirgslandschaft. Nach 96 km in *Hol* gleich mehrere Möglichkeiten der Weiterreise: nach Ostnorwegen, mit Lillehammer, zunächst auf Straße 7 über *Gol*. Nach Oslo weiter auf Straße 7 bis *Hønefoss,* dort weiter auf E 16 in die Landeshauptstadt. Und nach Kongsberg auf Straße 7 nach *Geilo,* ab dort südostwärts auf Straße 40, beschrieben unter »Kongsberg, Weiterreise«.

Nach Eidfjord, ins südlich gelegene Fjordland. Auf der E 16 ab Gudvangen durchs Nærøydal (siehe oben unter »Ausflüge, Stalheim«) und weiter nach Voss. Die Reststrecke finden Sie unter »Eidfjord, Weiterreise« in umgekehrter Richtung beschrieben.

Zwischen Fjord und Gletscher

Der Sognefjord ist der König der norwegischen Fjorde. Keiner reicht so weit ins Land hinein: bis ins *Lærdal*, ins *Årdal* oder nach *Skjolden* am Ende des *Lustrafjords* mehr als 200 Kilometer. Entstanden sind die Fjorde während der letzten Eiszeit, als die Gletscher Täler bis zu einer Tiefe von mehr als einem Kilometer aushobelten; mit 1308 Metern bei *Breivik* ist der Sognefjord auch der tiefste der Meeresarme. Nach dem Schmelzen des Eises füllten sich die Täler, die in die Nordsee ausliefen, mit Meerwasser. An den Schwellen zum Meer, wo die Eisdecke weniger dick und kraftvoll war, sind die Fjorde häufig nur wenige Dutzend Meter tief. Der Wasseraustausch ist aus diesem Grund begrenzt, das Fjordwasser wegen der einmündenden Flüsse nicht so salzhaltig wie das Meerwasser. Die Gezeiten sind freilich selbst an den innersten Fjordufern zu beobachten.

Aurland, Flåm und Gudvangen liegen an den südlichen Ausläufern des Sognefjords. Dieses Kapitel nun stellt fünf Täler und Orte an den innersten Verzweigungen sowie an den nördlichen Ausläufern vor. Von all diesen

Punkten ist es nicht weit bis ins Gebirge. In *Luster* und bei *Fjærland* reichen die Gletscherzungen von Europas größtem Festlandgletscher, dem *Jostedalsbre,* nahe an den Fjord.

Lærdal

Wo die Bauern auf Regen warten

Mehr als 200 km von der Küste entfernt, geht eine der innersten Verzweigungen des Sognefjords in das Lærdal über, ein Tal, das einiges über die Geschichte Norwegens zu erzählen weiß.

Jahrhundertelang verlief die klassische Reiseroute zwischen Oslo und Bergen durch das Lærdal. Die erhaltenen Pfade und Wege tragen teilweise die Namen der Könige, die sie auf ihren Reisen zwischen beiden Zentren benutzten. Als die regelmäßige Postbeförderung mit den Routen Oslo-Trondheim und Oslo-Bergen 1647 ihren Anfang nahm, führte die Ost-West-Verbindung ebenfalls durch das Lærdal. Die Beförderung erledigten Bauern, die zwar keine Bezahlung erhielten, dafür aber weniger Steuern zahlen mußten und vom Militärdienst freigestellt wurden. Zunächst ein-, später zweimal pro Woche ging die Post auf Reise. Am Ende einer Etappe übernahm der nächste Bote mit frischem Pferd die Post. Die ersten Transportkutschen glichen den wendigen römischen Kampfwagen, boten nur Platz für Bote und Postsack, waren aber in der Lage, auch steile Passagen zu überwinden. Für die Route Oslo-Bergen benötigte man anfangs acht bis neun Tage. Die schwierigste Teilstrecke war das rauhe *Filefjell,* das die Landschaften *Valdres* und Lærdal miteinander verbindet. Im Winter erschwerten ergiebige Schneefälle den Transport. Der Weg wurde mehrfach verlegt und ausgebessert.

1909 löste die Eröffnung der Eisenbahnlinie Oslo-Bergen die alte Postroute endgültig ab, die mit der Kombination aus Eisenbahn, Schiff und Pferdekutschen die Beförderungsdauer auf zwei Tage hatte verkürzen können. Die neue Eisenbahn brauchte nur noch 14 Stunden.

Das Lærdal profitierte von der guten Verkehrsanbindung, die den Landstrich bekannt machte. Bereits um 1830 kamen die ersten britischen Adligen, um Lachse im Fluß *Lærdalselva* zu angeln. Die hohe Zahl an Stammgästen wie neuen Besuchern bescherte den Talbewohnern neue Einnahmequellen: Hotels und Pensionen öffneten, und mit Hilfe von künstlichen Treppen konnten die Lachse bald 16 km weiter flußaufwärts schwimmen und geangelt werden. Die aufwendigste Lachstreppe, am Wasserfall *Sjurhaugfossen,* wurde als Tunnel 140 m lang durch den Berg getrieben. 1901 sorgte der Niederländer *Beduin* für ein großes Hallo im Tal, als er, aus Oslo kommend, mit seinem knatternden Automobil eintraf. Beim altehrwürdigen *Husum Hotell* erinnert ein Gedenkstein an diesen Tag.

Der älteste Übernachtungsbetrieb der Region steht übrigens nicht im Tal, sondern an der Straße hinauf zum Filefjell. Die bewegte Geschichte von *Maristuen,* mindestens seit dem 14. Jahrhundert als Gasthof und Postkutschstation geführt, können Sie unter der Rubrik »Sehenswertes« nachlesen.

Die Touristen kamen und kommen allerdings nicht nur zum Angeln nach Lærdal, zumal die Fangsaisons unterschiedlich ausfallen und Krankheiten den Fischen zusetzen. 1500 m hohe Berge begrenzen das fruchtbare Tal, das sich zwischen *Bjørkum* und Husum schluchtartig verschmälert. Einige jener alten Wege verlaufen dort an Wasserfällen vorbei, an den Berghängen sowie an den Stromschnellen des Flusses entlang. In den breiten Talabschnitten prägen Felder und Wiesen das Bild, begünstigt durch das milde Klima. Das Lærdal gehört zu den trockensten Gebieten in Norwegen. 410 mm Niederschlag im Jahresdurchschnitt (Bergen 2108 mm, Oslo 740 mm) sorgen dafür, daß die landwirtschaftlich genutzten Flächen im Sommer künstlich bewässert werden müssen. Von Mitte Juni bis August sind mehr als 25°C keine Seltenheit.

In *Borgund* steht eine ausgezeichnet erhaltene Stabkirche. Und die Fahrt hinauf zum Filefjell führt noch einmal durch eine dramatisch enge Schlucht, die eigentlich nur dem Fluß Platz gewährt, so daß die Trasse für die Europastraße 16 in den Fels gesprengt werden mußte. Die E 16 setzt die Tradition der Ost-West-Verbindungen über Valdres und Lærdal fort. Bisher endet sie am Fährkai *Revsnes,* von wo aus die Autofähre nach Gudvangen ablegt. Da die Verkehrsstrategen in Wirtschaft und Behörden die Fahrzeit zwischen Oslo und Bergen weiter verkürzen wollen, werden derzeit Alternativen auf dem Landweg geprüft. Seit 1994 fertig ist die tunnelreiche Fjorduferstraße ins benachbarte Årdal, das bisher nur über den Fjord oder auf einer mehr als 100 km langen Paßstraße zu erreichen gewesen war. Unterwegs passieren Sie den neuen Fähranleger *Fodnes,* der zusammen mit Revsnes und *Kaupanger* ein Dreieck bildet. Die Fjordgemeinden rücken einander näher.

Zentrum der Gemeinde Lærdal (2200 Einwohner) ist *Lærdalsøyri.* Das Dorf am Fjord konfrontiert den Besucher mit einer einmaligen Mischung aus einheitlicher Holzbebauung im Ortskern, die schon mehrere Preise eingefahren hat, und den Zweckbauten an der Peripherie. An sonnigen Sommertagen schwirren die Touristen wie die Bienen durch den Ort, und der Druck auf den Auslöser der Kamera ist die meist ausgeführte Bewegung. Durch die Lage an der E 16 übernachten hier viele Bustouristen aus den USA und aus fernöstlichen Staaten, die in Norwegen dank ihrer unzureichenden Mobilität und Literatur nur auf bestimmten Reisewegen anzutreffen sind.

Information
■ **Lærdal og Borgund Turistkontor**, Øyragata 15, N-5890 Lærdal, Tel. 5766 6509, Fax 5766 6793. 1.6.–1.9. Mo–Fr 10–20 Uhr, Sa 10–14 Uhr, So 14–19 Uhr, sonst Mo–Fr etwa 10–15 Uhr. Organisiert Ausflüge zum Kätnerhof Galdane und anderen Almhöfen.

Unterkunft
Zuerst sind Hotels und Pensionen von West nach Ost bis zur Gemeindegrenze auf dem Filefjell aufgelistet, danach Hüttenvermieter und Campingplätze in der gleichen Reihenfolge.

■ **Lærdal Turisthotel**, Lærdalsøyri, Tel. 5766 6507, Fax 5766 6510. 15.5.–15.9. geöffnet. 1.6.–31.8. mit Fjord Pass (C) EZ 530 NOK, DZ 760 NOK, sonst EZ 550–750 NOK, DZ 760–975 NOK. Umfangreiche Speisekarte um 95–175 NOK, Kafeteria um 40–75 NOK.

Nicht gerade umwerfender Betonquader, in dem meist europäische Bustouristen einquartiert werden. Liegt etwas außerhalb. Die eine Hälfte der Zimmer zeigt zum Fjord, die andere zur Straße. Schicke und geräumige Zimmer, teils in zartem Rosa und mit flauschigem Teppichboden. Speisesaal mit Panoramafenster gen Fjord.

■ **Lindstrøm Hotel**, Lærdalsøyri, Tel. 5766 6202, Fax 5766 6681. 1.5.–30.9. mit Fjord Pass (C) EZ 530 NOK, DZ 760 NOK, ohne EZ 550 NOK, DZ 830 NOK.

Das Hotel, früher Poststation und seit 1845 in Familienbesitz, umfaßt sowohl einen neuen, modernen Trakt als auch ein altes Haus, in dem die Zimmer nicht weniger komfortabel, wegen des Fußwegs zum Hauptgebäude aber preiswerter zu haben sind. Die Backsteinwände im Speisesaal geben Atmosphäre. Viele Bustouristen mit starken Kontigenten von Japanern und US-Amerikanern. Fahrradvermietung.

■ **Offerdal Hotel**, Lærdalsøyri, Tel. 5766 6101, Fax 5766 6225. Ganzjährig geöffnet. EZ 525 NOK, DZ 625 NOK.

Ohne die garantierte Übernachtung von Bustouristen wäre der häßliche, von zwei Straßen eingeklemmte Betonklotz wohl kaum konkurrenzfähig. Kleine Zimmer wie vom Fließband, ohne jeden Anspruch auf Gemütlichkeit. Fahrradvermietung.

■ **Husum Hotell**, Husum, Tel. 5766 8148. 15.5.–15.9. Nur DZ, etwa 350–500 NOK (je nach Saison), mit fließend Wasser. Bad auf dem Flur. Frühstück 50 NOK, middag um 60–175 NOK (1–3 Gänge). Wegen der geringen Bettenzahl zeitig anklingeln.

Nostalgie ist angesagt im Husum Hotell (1826), einer schmucken Holzvilla im Schweizer Stil. *Edvard Grieg* höchstpersönlich spielte auf dem Klavier, das da im Salon steht, während Literaturnobelpreisträger *Bjørnstjerne Bjørnson* eine Widmung schrieb. Im Speisesaal, dem ehemaligen Herrschaftszimmer, lösen sich allmählich die Tapeten von den Wänden, aber das paßt zu dem Anwesen und stört weniger als die Käselaibe, die beim Frühstücksbuffet direkt aus der Alufolie

Am Sognefjord: Lærdal

serviert werden. Nostalgie ersetzt den Komfort, und die Zimmer passen sich dem urigen Ambiente an. Viele Gäste kommen regelmäßig zur Angelsaison.

■ Jugendherberge **Borlaug Turistheim og Ungdomsherberge**, an der Kreuzung der Straßen 52 und E 16, Tel. 5766 8750. 5.1.–20.12. Mitglieder im EZ 140 NOK, DZ 190 NOK, Mehrbett-Zimmer 80 NOK. 14 Zimmer mit 45 Betten. Die gute Küche ist weithin bekannt. Im Winter auch Vollpension auf Bestellung.

■ **Maristuen Apartementhotel**, Maristuen, Tel. 5766 8712. Ostern und 15.6.–15.9. 20 Appartements für 4–6 Personen um 450 NOK, je nach Saison, Wochenpreis ab 1575 NOK. Dagens middag um 100 NOK, Kafeteria um 30 NOK.

Jüngeres Gebäude, das an die Stelle des 1976 abgebrannten Traditionshotels getreten ist. Gemütliche Wohnungen mit Schlafzimmer im Obergeschoß, aber nahe an der Straße. Hallenbad. Auch Hütten und Camping; siehe weiter unten.

■ **Vindedalen Camping**, Vindedal, Tel. 5766 6528. 25.5.–31.8. Preisniveau Camping: 1. 14 Hütten für 2–4 Personen um 150 NOK.

Einladender, einfacher Platz mit vielen Bäumen, liegt auf einem Plateau über der E 16 zwischen Lærdalsøyri und Revsnes, Aussicht auf den Sognefjord. Hütten, Wohnwagen und Zelte verteilen sich in erträglicher, fast symphatischer Unordnung auf dem Gelände.

■ **Lærdal Ferie- og Fritidspark**, Lærdalsøyri, Tel. 5766 6695. 1.6.–31.8. Preisniveau Camping: 2. Keine Hütten.

Neuere, weitflächige Anlage mit asphaltierten Fahrwegen und englischem Rasen, dermaßen adrett, daß zur Vollendung nur noch die Gartenzwerge fehlen. Liegt attraktiv am Fjord, mit nur wenigen Bäumen allerdings etwas zu offen. Sanitärgebäude auf dem neuesten Stand. Spielplatz. Kiosk. Boots- und Fahrradvermietung.

■ **Borgund Hyttesenter**, Lærdal, Tel. 5766 8171. 15.5.–15.10. Preisniveau Camping: 2. 10 Hütten für 4–5 Personen um 200–250 NOK.

Offene Wiese am Fuße eines Berghanges, doch der Sichtkontakt zur Straße stört. Wohnlich eingerichtete Hütten mit Sofa und abgetrenntem Schlafraum. An der Sanitäranlage gibt es nichts auszusetzen, Ww vorhanden. Kiosk. Spielplatz. Fahrradvermietung.

■ **Steinklepp Camping**, Lærdal, Tel. 5766 8159. 15.5.–15.9. Preisniveau Camping: 2. 10 Hütten für 4 Personen um 200 NOK.

Kein herausragender, aber noch der beste Zeltplatz im Lærdal: Wiese mit Baum und Sitzbank, auf einer Seite vom Fluß begrenzt, auf zweien von den Hütten, auf der vierten, mit etwas Abstand, von der Straße. Die dunklen, unpersönlichen Standardhütten eignen sich nur für Durchreisende. Neues, vorbildliches Sanitärgebäude, W. Kiosk. Spielplatz.

■ **Maristuen Hytter og Camping**,

Maristuen, Tel. 5766 8711. Ganzjährig geöffnet. Preisniveau Camping: 2. 6 Ferienhütten für 4–6 Personen, je nach Saison Wochenpreise 1575–6300 NOK.

Hecken und Bäume trennen die Straße von dem schön gelegenen Platz mit Waldboden. Die Hütten stehen hinter den beiden Hauptgebäuden und sind den Appartements im Motel deswegen vorzuziehen. Nobelhütten mit zwei bis drei Schlafräumen. Gute Sanitäranlage, W. Kiosk im Motel. Maristuen ist der ideale Ausgangspunkt für Wanderer, die auf den alten Postweg über das Filefjell wollen. Bootsvermietung.

Sehenswertes

■ **Stabkirche Borgund**, Borgund im Lærdal. Geöffnet 1.6.–31.8. 8–19 Uhr, Mai und September 10–17 Uhr. Eintritt 30/10 NOK.

Um 1150 soll sie entstanden sein, die am besten bewahrte und meistbesuchte Stabkirche überhaupt. Mit ihren dunklen Holzbalken und Schindeln sowie der verschachtelten, weit heruntergezogenen Dachkonstruktion schaut sie gleichermaßen fremdartig wie beeindruckend aus. Die kunstfertig geschnitzten Drachenköpfe, die die Firstenden zieren, sollten ebenso wie die hohe Schwelle am Eingang böse Geister von dem Gotteshaus fernhalten. Die Erbauer verließen sich nicht allein auf den neuen Glauben. Am Westportal befinden sich mehrere Runen. In dem charakteristischen dusteren Innenraum gibt es keine Sitzbänke – ob die Gemeinde während des Gottesdienstes stehen mußte?

Der happige Eintrittspreis erklärt sich dadurch, daß die Kirche von einem privaten Verein gepflegt wird, der sich der Bewahrung norwegischer Baudenkmäler verschrieben hat. Doch der Preis schreckt die Scharen nicht ab, die jeden Tag Schlange stehen und den Vorplatz mit ungewohntem Trubel bestimmen. Das Warten erfordert Geduld, kann aber auch ganz unterhaltsam sein, denn hier versammeln sich Touristen, die man nur an wenigen Punkten Norwegens trifft. Wer denen entgehen will, sollte früh oder spät kommen.

■ **Margretestova** ist ein Privatmuseum, das zum Gasthaus **Maristuen** gehört. Falls verschlossen, Anmeldung an der Motelrezeption.

Die älteste Quelle, die von einem Gebirgsgasthof Maristuen spricht, stammt aus dem Jahr 1358. Es handelt sich um einen Brief des damaligen Königs, Håkon VI. Das Hauptgebäude blieb den Adligen vorbehalten, während das gemeine Volk in primitiven Holzhütten nächtigte. Die Bauern aus Lærdal, Borgund und Årdal zimmerten jeweils eine solche Hütte für die Angehörigen ihrer Dörfer.

Nachdem 1790 der Postweg über das Filefjell fertiggestellt worden war, öffnete ein Jahr später ein neues Gasthaus auf Maristuen. Die Trennung nach Ständen galt unverändert. 1847 ging das Anwesen in den Besitz der Familie über, die Maristuen noch heute betreibt. Um 1860 wurde der Postweg aufgegeben und hinab ins *Smedal* verlegt, weil immer mehr Passagiere zwischen Valdres und Lærdal unterwegs waren und der alte Weg sich für Personentransporte nicht eignete. Auf dem neuen Weg durch das Smedal erfüllten nun zwölf vierrädrige Kutschen diese Funktion. Der Gasthof entwickelte sich profitabel, so daß Familie Maristuen 1884 Stück für Stück mit dem Neubau eines modernen Hotels begann. Die aufwendige Einrichtung – Wiener Stühle für den Speisesaal – mußte mit dem Boot von Bergen nach Lærdal und dann auf Pferden hinauf nach Maristuen transportiert werden. 1894 stand der prächtigste Holzpalast des Landes, neben Kvikne's Hotel in Balestrand, ausgerechnet im abgelegenen norwegischen Mittelgebirge. Zu Maristuen gehörten eine Bäckerei, eine Mühle und eine Schmiede; immerhin bestand die Postkutschenstation fort. Das Hotel (90 Betten) avancierte zum Urlaubstip unter den reichen Bürgern Bergens, die bis zu vier Wochen am Fuße des Filefjells verbrachten. *Edvard Grieg,* Schriftsteller, Professoren und hochgestellte Politiker kamen ebenso wie die königliche Familie, die sich 1913 – 21 gleich dreimal ins Gästebuch eintrug.

Der Hotelbetrieb blieb so lange auf die Sommersaison beschränkt, bis der Kutschenweg 1933 erstmals regelmäßig vom Schnee geräumt wurde. In der Folgezeit sorgte der technische Fortschritt für ständige Modernisierungen. Die Zimmer erhielten fließend Wasser oder sogar Bäder, und elektrisches Licht löste die Paraffinlampen ab.

Als die Deutschen 1940 einrückten, durfte ein Teil des Hotels für den gewöhnlichen Reiseverkehr weiterbetrieben werden. Die abgeschiedene Lage bewahrte Maristuen vor Zerstörungen.

1956 leitete die Einweihung einer Skipiste das vorläufig letzte Kapitel ein, unterbrochen vom 4.5.1976, als ein Brand den Prunkbau vernichtete – lediglich zwei verrußte Tresore überstanden die Flammen.

Ebenso wie das alte Gasthaus von 1791, das sich heute eine Wohnung und das von der Familie betriebene Museum teilen. Die Sammlung in Margretestova zeigt, wie das Gasthaus vor 200 Jahren eingerichtet war.

Wandern auf dem Königsweg

Aufgelistet sind die erhaltenen längeren Etappen der alten Post- und Fußwege, mit dem dekorativen Namen *Kongevegen,* der Königsweg, versehen. Die Abschnitte, die taleinwärts ab Lærdalsøyri am Fuß der Berge zu erkennen und nicht durchweg miteinander verbunden sind, befinden sich überwiegend auf bewirtschaftetem Privatgrund und sind nicht zugänglich.

■ Ein unvergeßliches Erlebnis ist die rund 12 km lange Wanderung auf dem alten Postweg über das **Filefjell**. Bis in den Juli hinein liegen hier Schneefelder, und die Chancen stehen gut, eine

Rentierherde zumindest aus der Ferne zu verfolgen; die Tiere sind sehr scheu. Bei gutem Wetter reicht die Aussicht auf die umliegenden Gebirgszüge sowie die Seen *Øvre* und *Nedre Smedalsvatn*, unten im gleichnamigen Tal. Der steile Abschnitt oberhalb von Maristuen ist durch Erosion dermaßen verwittert, daß man sich nur schwer vorstellen kann, wie die Postkutschen hier hinauf und hinunter gelangten.

Das südliche Ende des Weges liegt bei Maristuen, das nördliche zwischen *Kyrkjestølane* und *Nystuen*. Der Bus Lærdal-Tyinkrysset-Fagernes hält in Maristuen und Nystuen.

■ Der 800 m lange Postweg **Vindhella** (1793 angelegt, 1843 verbessert) verschwindet oberhalb der Stabkirche Borgund im Wald. In geradezu kunstvoll geschwungenen Kurven – die gußeisernen Begrenzungspfähle sind teilweise erhalten – durchquert er eine Schlucht und bewältigt dabei einen kräftigen Höhenunterschied, bevor er wieder auf die E 16 trifft.

Mögliche Kombination mit dem Pfad *Sverrestien*. Parkplatz an der Stabkirche oder am Beduin-Gedenkstein. Bus bis Husum oder Borgund.

■ Der 2,5 km lange Steig **Sverrestien** beginnt wie Vindhella oberhalb der Stabkirche. Über Stock und Stein führt der schmale Pfad durch den Wald zunächst leicht nach oben, dann aber steil hinunter ins Tal. König *Sverre* soll 1177 an dieser Stelle einer Falle aufsässiger Bauern entgangen sein.

Mögliche Kombination mit dem Postweg Vindhella. Parkplatz an der Stabkirche oder am Beduin-Gedenkstein. Bus bis Husum oder Borgund.

■ **Galdane** heißt der berüchtigte Pfad, der 5 km lang an der Nordseite der Schlucht zwischen Husum und Bjørkum verläuft. Olav der Heilige soll hier 1023 durchgeritten sein. Es geht fortgesetzt über feuchtes, schlüpfriges Gestein, Felsspalten und schmale Passagen an steilen Abhängen entlang. Neben dem Wasserfall Sjurhaugfossen passiert der Pfad Richtung Bjørkum einen 1947 verlassenen Kätnerhof, auf dem im letzten Jahrhundert noch eine vierzehnköpfige Familie lebte, bevor 1880 die Auswanderungswelle nach Nordamerika einsetzte. Ab dem Kätnerhof folgt ein Pfad vorübergehend dem Flußufer; der ältere Teil von Galdane aber klettert hinauf und klebt mitunter an abschüssigen Felswänden; Erd- und Geröllawinen schufen halsbrecherische Passagen.

Der einzige Ausgangspunkt liegt an der E 16 zwischen Husum und Sjurhaugfossen, dort wo den Rest einer Steinbrücke den Punkt markieren, an dem der Postweg von 1843 den Fluß überquerte. Kaum Parkmöglichkeiten. Wegen des unwegsamen Terrains sollten sich Ungeübte mit der Wanderung bis zum Kätnerhof begnügen.

■ Leichter zu bewältigen ist der gegenüberliegende **Postweg** (1843), der an besagter Steinbrücke auf der Südseite des Flusses kräftig nach oben führt, dann aber mehrere Kilometer

Kunstvoller Straßenbau: Vindhella (oben); die Schafe bevorzugen bei Sonnenschein den wärmenden Asphalt ▶

auf ebener Erde dem Hang folgt, bevor er wieder zur Straße hinabsteigt. Der guterhaltene, grasbewachsene Weg ist größtenteils von Baumwipfeln überwachsen und passiert die Fundamente eines verfallenen Hauses. Toller Ausblick durch die Zweige auf Sjurhaugfossen und Kätnerhof Galdane.

Verschiedenes

■ **Kreuzfahrten auf dem Sognefjord:** Solvorn, Lærdal, Årdalstangen, Offerdal und zurück. Anfang Juni bis Mitte August. 160/70 NOK. Information und Anmeldung: »Sognefjorden A/S«, Årdalstangen, Tel. 5766 0055, Fax 5766 0135. Mit Buffet und Stimmung.

■ **Angeln:** Die Grundeigentümer verpachten die Fangrechte in genau markierten Flußabschnitte normalerweise auf mehrere Jahre, so daß dem Durchreisenden nur vage Chancen bleiben. Mindesteinsatz 350–1000 NOK pro Tag. – 54 Gebirgsseen in Gemeindebesitz. Tageskarten ab 100 NOK. Fragen Sie im Touristenbüro nach.

■ **Notarzt:** Tel. 6766 6100.

■ **Transport:** Lokalbusse (Sogndal, Kaupanger -) Revsnes, Lærdalsøyri, Bjørkum, Husum, Borgund, Borlaug. Lærdalsøyri, Borlaug, Maristuen, Nystuen, Tyinkrysset. Lærdalsøyri, Erdal.

■ **Taxi:** Lærdalsøyri, Tel. 5766 6245 oder 5766 6522. – Steinklepp, Tel. 5766 8731.

Weitereise

■ **Autofähre:** Fodnes-Kaupanger. Revsnes-Kaupanger. Revsnes-Gudvangen.

■ **Bus:** Nach Balestrand über Revsnes. – Nach Sogndal (50 NOK) über Revsnes. – Nach Årdalstangen Lokalbus über Fodnes. – Nach Oslo (290 NOK) durch Lærdal und Valdres über Fagernes (125 NOK), Hønefoss und Fornebu (Flughafen Oslo). – Nach Aurland sowie Flåm (nur Anfang Juni bis Anfang September).

■ **Auto: Nach Årdal.** Entweder rasch über Tunnel-Fjorduferstraße. – Oder auf E 16 durch das Lærdal auf das Filefjell, an der Kreuzung Tyinkrysset auf die Straße 53 abbiegen, nach 5 km am Westufer des *Tyin-Sees* entlang, dort Pause in frischer Luft einlegen, weiter durch die ausdrucksstarke Gebirgslandschaft des *Moadals* und auf verwegen angelegter Serpentinenstrecke, die Kurven teilweise in Tunneln verborgen, hinab nach Øvre Årdal – bei wolkenarmem Wetter eine garantiert unvergeßliche Fahrt.

Nach Sogndal. E 16 bis zum Fähranleger Revsnes oder Straße 53 auf Tunnel-Fjorduferstraße nach zum Fähranleger Fodnes, jeweils Fähre nach Kaupanger, noch 11 km bis Sogndal, ab dort Weiterfahrt nach Luster oder Fjærland möglich.

Nach Jotunheimen. Auf E 16 landeinwärts ins Valdres, am See *Vangsmjøsa*, über die mautpflichtige Paßstraße *Slettefjellveien* (Wintersperre von Mitte November bis Anfang Juni) nach *Beitostølen,* ab

Am Sognefjord: Årdal

dort weiter auf Straße 51 zum Bygdin-See und zum Gjende-See; siehe unter »Jotunheimen«. – Oder auf E 16 weiter bis *Fagernes* und ab dort auf Straße 51 hinauf ins Hochland (Wintersperre nur bis Mitte Mai).

Landeinwärts auf E 16 durch Valdres und *Ådal* über Hønefoss nach Oslo. Oder unterwegs, hinter *Aurdal,* auf die Straße 33 nach *Dokka* und nach Gjøvik am Mjøsa-See abbiegen. – Alternative nach Oslo: ab *Borlaug* auf Straße 52 durch das *Hemsedal,* vor allem im Herbst ein Genuß, wenn die Farbsinfonie aufspielt, ab *Gol* weiter auf Straße 7 nach *Hønefoss,* ab dort auf E 16 nach Oslo. Oder unterwegs, ab *Nesbyen,* Hochlandstraße durch *Rukkedal* und am See *Tunhovdfjord* vorbei nach *Rødberg* im *Numedal,* ab dort »Silberstraße« 40 nach Kongsberg; das Numedal ist im Kongsberg-Kapitel unter »Weiterreise« vorgestellt.

Nach Aurland/Flåm. E 16 Richtung Revsnes, ab Erdal über die Gebirgsstraße *Erdalsvegen* nach Aurland. Auf dem höchstem Punkt, 1306 m über dem Meer, weht auch im Sommer stets ein kühler Wind, so daß die umliegenden Seen nicht ganz auftauen. Während der Abfahrt fotogene Aussicht auf den Aurlandsfjord. (Wintersperre Erdalsvegen)

Årdal

Egal, mit welchem Verkehrsmittel man Årdal ansteuert – das Auge wird verwöhnt. Ob mit der Fähre durch den langgezogenen, immer enger werdenden *Årdalsfjord,* ob über die neue Fjorduferstraße aus Lærdal, ob mit Bus oder Auto über die schmale, gebührenpflichtige Gebirgsstraße, die ab *Turtagrø* vom *Sognefjell* herunterführt, oder über die Straße 53, die sich als verwegene Serpentinenpiste ins Tal windet, wobei die Kehren teilweise im Berg versteckt liegen.

Die Gemeinde Årdal (sprich: oordal) gliedert sich in mehrere kleinere Siedlungen sowie zwei dicht besiedelte Ortschaften: *Årdalstangen,* auf einer Landzunge am Fjord, und *Øvre Årdal,* 11 km weiter landeinwärts; beide voneinander getrennt durch den See *Årdalsvatn,* an dessen östlichem Ufer die Straße 53 verläuft, die sich später in Richtung Lærdal fortsetzt. Auf halbem Weg zwischen Øvre Årdal und Årdalstangen stürzt der Wasserfall *Eldegardsfossen* in die Tiefe. Das Seeufer ist wegen Lawinengefahr kaum bewohnt.

In Årdal angekommen, stellt sich beim Touristen nach der ersten Begeisterung ein wenig Ernüchterung ein. In Øvre Årdal beherrscht eine riesige Industriefläche den hinteren Talabschnitt: Das Schmelzwerk *Hydro Aluminium* produziert mehr als 150.000 t Aluminium jährlich. Bei entsprechendem Wind belästigt das Werk Nase und Gemüt. Auch Årdalstangen bekommt seinen Teil ab, denn dort werden die Endprodukte auf Schiffe verladen. Die 6.200 Einwohner haben sich mit der Präsenz der Großindustrie arrangiert – das Aluminiumwerk ist *der* Arbeitgeber der Kommune. Die notwendige Modernisierung des Werks zieht sich allerdings seit Jahren dahin. Øvre Årdal war übrigens 1700–68 Standort eines Kupferbergwerks. *Koparverkshuset*, ehemals das Verwaltungsgebäude, steht mitten in Årdalstangen, hergerichtet für Ausstellungen.

In den Seitentälern des Årdals wird der Besucher die Industrie vergessen. Die Kombination aus Bergen, rauschenden Flüssen und Wasserfällen ist eine dieser typischen Szenerien, die dafür verantwortlich sind, daß so viele Norwegen-Urlauber wiederkommen. Die leichte Wanderung zum Wasserfall Vettisfossen führt durch eine solche Szenerie; sie wird unter der Rubrik »Sehenswertes« geschildert.

Die Geschichte des Aluminiumwerks

Die Zusammenarbeit der Firmen *Norsk Hydro* und *Badische Anilin- und Sodafabrik* stand am Anfang, doch bereits 1911 übernahm Norsk Hydro die Planung in alleiniger Regie. Erst 1940 war der schwierige Bau von Gebirgsstraßen, Dämmen und Wassertunneln (mit einer Gesamtlänge von 25 km) endgültig abgeschlossen. Die Hilfe durch Maschinen war bescheiden gewesen, das Wetter oft genug strapaziös. Doch Norsk Hydro kam vorläufig nicht dazu, die Wasserenergie einzusetzen. Im selben Jahr meldeten sich die Deutschen auf bekannte, unrühmliche Weise zurück. Sie begannen den Bau einer Fabrik, die Aluminium für Kriegsflugzeuge produzieren sollte. Die Besatzer zwangen bis zu 5000 Menschen gleichzeitig zur Arbeit, darunter viele russische und französische Kriegsgefangene. Für Zwangsarbeiter wie Einheimische bedeuteten die Jahre bis 1945 eine leidvolle Zeit. Die Bombardierung der Baustelle durch die Alliierten soll nur wegen eines Irrtums unterblieben sein. Immerhin reichte die Zeit nicht aus, das Werk bis Kriegsende fertigzustellen.

Information

■ **Årdal Turistkontor**, Årdal Syningssenter, N-5870 Øvre Årdal, Tel. 5766 3010, Fax 5766 1653. 15.6.–15.8. täglich 10–17 Uhr. In der alten Schule (1918), in der auch Kunstgewerbe verkauft wird. Ab 1.5. und bis 30.9. übernimmt »Utladalen Camping« die Aufgaben des Touristenbüros.

■ **Klingenberg Fjordhotell**, Årdalstangen, Tel. 5766 1122, Fax 5766 0135. Täglich 7–23 Uhr. Auch Anmeldung zu Sognefjord-Bootstouren.

■ **Årdal Reiselivslaget**, N-5875 Årdalstangen, Tel. 5766 1177, Fax 5766 1653. Ganzjährig geöffnet. Mo–Fr 8–15.30 Uhr. Beantwortet schriftliche Anfragen, dienstbereit auch außerhalb der Saison.

Am Sognefjord: Årdal

Unterkunft

■ **Klingenberg Fjordhotell**, Årdalstangen, Tel. 5766 1122, Fax 5766 0135. 15.6.–15.8. mit Fjord Pass (C) EZ 530 NOK, DZ 760 NOK, sonst EZ 710–935 NOK, DZ 915–1035 NOK.

Verhältnismäßig schöne Lage am Wasser, schicke Zimmer mit modernen Möbeln. Das Hotel arrangiert Kreuzfahrten auf dem Sognefjord, Ausritte usw.

■ **Sitla Hotell**, Øvre Årdal, Tel. 5766 3344. 15.6.–15.8. DZ 500 NOK, sonst DZ 730 NOK.

■ **Vetti Gard og Turiststasjon**, Øvre Årdal, Tel. 5766 3024. Nahe des Wasserfalls Vettisfossen, umgebauter Hof am südlichen Rand des Sognefjells. Geöffnet 1.6.–15.9. DNT-Standardpreise für die Mitglieder, für Nicht-Mitglieder EZ 190 NOK, DZ 380 NOK, Bett im Mehrbett-Zimmer 120 NOK, im Schlafsaal 100 NOK. Alle Mahlzeiten.

■ **Årdalstangen Camping**, Årdalstangen, Tel. 5766 1560. Ganzjährig geöffnet. Preisniveau Camping: 2, für WM 3. Extra-Stellplätze für Wohnmobile. 20 Hütten für 2–6 Personen um 200–300 NOK, dabei auch Ferienhütten mit Bad und zwei Schlafräumen um 600 NOK.

Komfortloser Platz mit hübscher, wenn auch nicht geräuschloser Lage zwischen Berg und Wasser. Ww. Kiosk. Spielplatz. Angeltips, Bootsvermietung, Swimmingpool.

■ **Utladalen Camping**, Øvre Årdal, Tel. 5766 3444. 1.5.–30.9. Preisniveau Camping: 2, für WM 3. 14 Hütten für 4 Personen um 200–250 NOK.

Ordentlicher Platz am Weg zum Vettisfoss. Das Aluminiumwerk liegt gelegentlich in der Luft. Wiese am Fluß, von Hecken und Sträuchern in einen offenen und einen ruhigen Abschnitt geteilt; die Mücken fühlen sich auf beiden wohl. W & T. Kiosk. Spielplatz. Bootsvermietung.

Sehenswertes

■ **Vettisfossen** ist nicht so kräftig wie die anderen bekannten Wasserfälle in Westnorwegen, beeindruckt dafür durch seine freie Fallhöhe von 273 m. Seit 1924 steht er per königlicher Resolution unter Schutz. Gehzeit: 1,5 Stunden, für Familien mit Kindern geeignet.

Der Weg beginnt in *Hjelle,* 8 km nördlich von Øvre Årdal. Für Privatfahrzeuge ist hier Endstation. Vor dem Wanderer liegen nun eine knappe Stunde Gehzeit auf einem sanft ansteigenden Fahrweg, der an der DNT-Station *Vetti Gård* in einen Pfad übergeht, für den noch einmal 20–30 Minuten bis zum Wasserfall zu veranschlagen sind. Der Fahrweg wurde 1973–77 als eine Art Volkswanderweg angelegt, nachdem die Gemeinde, Firmen und Privatpersonen die Finanzierung ermöglicht hatten. *Vettisvegen,* oder auch *Folkevegen til Vetti,* führt bis Vetti durch das *Utladal,* in dem er viermal ein schäumendes Flüßchen, das an mehreren Stellen Strudeltöpfe und ausgewaschenes Felsgestein hinterlassen hat, auf Brücken überquert.

Pfeiler und verfallende Hängebrücken markieren den Verlauf des früheren Weges. Von den Bergwänden stürzen immer wieder Wasserfälle hinab und leiten das noch entfernte Finale ein. Wer ab Ende August hierher kommt, kann sich den Bauch mit Himbeeren vollschlagen, die entlang des Weges wachsen.

Die DNT-Station Vetti Gard liegt offen an einem Hang. In dem Wald rechts hinter dem Hof beginnt der Pfad, der zwischendurch etwas steiler nach unten führt, bevor er stur am rechten Ufer eines anderen, breiteren Flusses und hauptsächlich über blankes Gestein auf Vettisfossen zusteuert. Nicht links über die Hängebrücke gehen; dieser Steig klettert aufs Sognefjell Richtung Turtagrø.

Von Mitte Juni bis Mitte August verkürzen Pferdekutschen den Weg zwischen Hjelle und Vetti. Preis 450 NOK je Kutsche (Platz für 3–4 Personen). Abfahrt um 11.45 Uhr in Hjelle. Anmeldung am Tag zuvor bei »Utladalen Camping«, Tel. 5766 3444.

Wanderungen

Neben dem oben beschriebenen Trip zum Wasserfall Vettisfossen gibt es eine Reihe weiterer Touren, die zum Teil steil die Berghänge hinaufsteigen und eine famose Aussicht auf das Årdal ermöglichen, leider aber nicht zu Rundwanderungen zu kombinieren sind.

■ **Heirsnosvegen** heißt der alte Fahrweg, der von Øvre Årdal aus, oberhalb der Straße 53, Richtung Tyin führt und im Zusammenhang mit der Wasserkraftnutzung entstand.

Heirsnosvegen, zwischen 1910 und 1920 angelegt, schraubt sich in 42 engen Kurven bis auf 1000 m. Wanderarbeiter, also Menschen, die ihrer Arbeit hinterherzogen, setzten dieses kühne Bauwerk in die Realität um. Ihnen ist das Denkmal *Rallarmonumentet* gewidmet, das in Øvre Årdal steht.

■ Der Weg zum Gehöft **Eldegard** beginnt am Wasserfall Eldegardsfossen, etwa auf halbem Weg zwischen Øvre Årdal und Årdalstangen, an der Straße 53. Neben dem Wasserfall steigt der schmale Pfad aufwärts, Schweißperlen garantiert.

■ Der günstigste Startpunkt für mehrtägige Wanderungen auf das **Sognefjell** ist die DNT-Hütte Vetti Gard; siehe »Unterkunft«.

■ **Organisierte Wanderungen:** *Årdal Turlag*, Tel. 5766 1231. Der emsige Verein organisiert von Mai bis Oktober spannende Touren in der erweiterten Umgebung; eventueller Transport erfolgt per Bus. Die Teilnahme kostet 70 NOK, plus Übernachtungszuschlag im Falle von Mehrtagestouren.

Verschiedenes

■ **Kreuzfahrten auf dem Sognefjord**: Solvorn, Lærdal, Årdalstangen, Offerdal und zurück. Anfang Juni bis Mitte August. 160/70 NOK. Information und Anmeldung: »Sognefjorden A/S«, Årdalstangen, Tel. 5766 0055, Fax 5766 0135. Mit Buffet und Stimmung.

- **Angeln:** in den Flüssen *Utla* und *Hæreid*. – Im See *Årdalsvatnet*. – In den Seen und Flüssen von *Fardalsfjell, Sletterustfjell* und des *Moadals,* oben im Gebirge bei Tyin (Straße 53). Angelscheine und nähere Informationen im Touristenbüro.
- **Reiten:** *Sogn Hest- og Helsesportsenter,* Årdalstangen, Tel. 5766 1477. Kontakt auch über das »Klingenberg Fjordhotell«, Tel. 5766 1122. Ausritte und Kutschfahrten – *Årdal Rideklubb,* Øvre Årdal, Tel. 5766 2056. Reittouren durch das Utladal um 120 NOK.
- **Aluminiumwerk-Besichtigung:** Mitte Juni bis Mitte August Führung Mo – Fr um 10 und 13 Uhr. Teilnahme kostenlos. Anmeldung bis am Tag zuvor beim Touristenbüro.
- **Postämter:** sowohl in Årdalstangen als auch in Øvre Årdal.
- **Notarzt:** Årdalstangen, Tel. 5766 1388 oder 5766 5282. – Øvre Årdal, Tel. 5766 3533 oder 5766 5383.
- **Transport:** Lokalbusse Øvre Årdal, Årdalstangen, Seim. Årdalstangen, Naddvik. Øvre Årdal, Hjelle. Øvre Årdal, Turtagrø (nur Sommerfahrplan).

Weiterreise

- **Personenfähre:** Årdalstangen, Kaupanger, Revsnes, Solsnes, Leikanger, Balestrand, Lavik, Bergen (425 NOK).
- **Autofähre:** Fodnes-Kaupanger. Fodnes liegt an der neuen Straße nach Lærdal.
- **Bus:** Nach Oslo (290 NOK) durch Lærdal und Valdres über Fagernes (125 NOK), Hønefoss und Fornebu (Flughafen Oslo). – Lokalbusse nach Sogndal und Lærdal.
- **Auto: Nach Sogndal.** Flott mit der Autofähre ab Fodnes hinüber nach Kaupanger, noch 11 km auf Straße 5 nach Sogndal.

Nach Luster. Entweder wie nach Sogndal und ab dort auf Straße 55 nach Gaupne und zum Lustrafjord. – Oder ab Øvre Årdal über die mautpflichtige Paßstraße (40 NOK, Wintersperre von Dezember bis Ende Mai) hinauf nach *Turtagrø,* über die Sognefjell-Straße 55 (Wintersperre von Anfang Dezember bis Mitte Mai) wieder hinunter nach *Skjolden* am Lustrafjord, dort herrliche Aussicht über das Fjord; siehe dort.

Nach Jotunheimen. Ab Øvre Årdal über die mautpflichtige Serpentinenpiste (40 NOK, Wintersperre von Dezember bis Ende Mai) hinauf nach *Turtagrø,* ab dort über das *Sognefjell* nach Lom. Unterwegs zweigen mehrere Nebenstraßen rechts ab, die zu Ausgangspunkten (Hütten) für Wanderungen in Jotunheimen führen; siehe unter »Jotunheimen«.

Nach Lærdal. Kurz und schmerzlos über die neue Fjorduferstraße, vom Fjord nicht viel zu sehen, da meist im Tunnel.

Luster

Luster ist mit 2702 km² die größte Gemeinde im fylke Sogn og Fjordane. 89 % der Fläche bedecken Gebirge, Seen und Gletscher, darunter der Großteil des *Jostedalsbre,* Europas größter Festlandgletscher (490 km²), der vor 2000–3000 Jahren entstand. An mehreren Stellen schieben sich Arme dieses Riesen hinab, fast alle in Seitentäler des *Jostedals.* Das Alter der Granit- und Gneiswände im Jostedal schätzen Forscher auf weit mehr als 400 Millionen Jahre. Die frühesten Spuren menschlicher Besiedlung reichen in die Steinzeit zurück, sind 7500 Jahre alt.

Der bekannteste unter den Gletscherarmen in Luster ist der *Nigardsbre,* der um 1750 seine weiteste Ausdehnung erreichte und zu dieser Zeit mehrere Familien zur Aufgabe ihrer Höfe zwang. Noch im gleichen Jahrhundert begann jedoch der rasche Rückzug, den Endmoränen und Vegetationsgrenzen deutlich markieren. Das Gebiet steht heute unter Naturschutz und ist Ziel nicht nur einheimischer Forscher. Seinen Bekanntheitsgrad verdankt der Nigardsbre dem Umstand, daß er ohne großen Aufwand besichtigt werden kann. Die anderen Gletscherzungen sind dagegen Ziele von mehrstündigen Wanderungen durch einsame Natur.

Doch die friedliche Stille trügt, denn das Eis ist in Bewegung, und niemand kann vorhersagen, wann die nächste Lawine herabbricht. Warntafeln und Absperrungen stehen nicht zur Dekoration da. Vor wenigen Jahren begrub der Gletscher *Bergsetbre* eine Familie, die sich in eine Eishöhle gewagt hatte.

Wer in *Skjolden,* im nördlichen Gemeindegebiet, eintrifft, tut gut daran, sich Zeit zu nehmen und die Sicht auf den grünlich schimmernden, von Bergen eingerahmten *Lustrafjord* zu genießen. Es ist Salzwasser, das hier gegen die Steine schwappt, wenn auch in geringerer Konzentration als draußen im Meer. Der Lustrafjord ist einer der innersten Arme des mächtigen Sognefjords, und die Entfernung zur Küste beträgt mehr als 200 Kilometer. Diese abgeschiedene Lage bringt aber auch Probleme. War der Kai von Solvorn vor 200 Jahren noch ein betriebsamer Platz, wo Waren verladen wurden und Händler aus Bergen an Land gingen, läuft die wirtschaftliche Entwicklung heute an Luster vorbei. Ein bißchen Land- und Forstwirtschaft, Industrie und Fremdenverkehr reichen nicht aus, junge Menschen in ausreichender Zahl in ihrer Heimat zu halten. So sinkt die Einwohnerzahl der Gemeinde von Jahr zu Jahr. Der Ausbau des Wasserkraftnetzes sorgt immerhin dafür, daß Luster nicht gerade arm ist. Das Zentrum der Kommune ist *Gaupne,* am Westufer des Fjords.

Information
■ **Turistinformasjon Gaupne Pyramiden,** N-5820 Gaupne, Tel. 5768 1588, Fax 5768 1222. 1.7.–16.8.

Mo–Fr 10–18 Uhr, Sa 10–14 Uhr, So 14–18 Uhr, 1.6.–28.6. und 19.8.–31.8. Mo–Fr 10–17 Uhr. Pyramiden ist der unübersehbare Gebäudekomplex mit Läden etc.

■ **Breheimsenter Jostedalen**, N-5827 Jostedal, Tel. 5768 3250, Fax 5768 3240. 1.6.–31.8. 9–20 Uhr, Mai und September 10–17 Uhr.

■ **Turistinformasjon Skjolden**, Tel. 5768 6750, Fax 5768 1211. 10.6.–20.8. Mo–Fr 9–17 Uhr, Sa 9–13 Uhr, So (nur im Juli) 14–17 Uhr.

Unterkunft

Guter Service: Das Touristenbüro stellt alljährlich Broschüren mit Hotels und Pensionen, mit Hüttenanlagen und Campingplätzen samt allen Preisen zusammen. Besorgen Sie sich die Heftchen und Sie sind auf dem neuesten Stand.

■ **Walaker Hotell**, Fähranleger Solvorn, Tel. 5768 4207, Fax 5768 4544. 15.4.–15.10. geöffnet. 1.5.–30.9. mit Fjord Pass (B) EZ 480 NOK, DZ 660 NOK, sonst EZ mit Bad 540 NOK, ohne 440 NOK, DZ mit Bad 780–880 NOK, ohne 550 NOK. 11 Motel-Appartements wöchentlich Juni–August um 2350 NOK, sonst um 1650 NOK. Dagens middag um 200 NOK (feste Menüs), kleinere Gerichte, smørbrød und Kuchen. Wegen der geringen Bettenzahl im voraus anklingeln.

Ein historisches Hotel, die ältesten Teile 370 Jahre alt, letzter Umbau 1935. Seit neun Generationen im Besitz der Familie Nitter, die 1690 nach Solvorn kam und das bereits bestehende Gasthaus kaufte, in dem vor allem Handelsreisende übernachteten. Ende des letzten Jahrhunderts setzte dann der Touristenboom ein. Das Haus ist größer, als es von außen scheint. Die Zimmer sind geräumig, an manchen Wänden kleben museumsreife Tapeten. Teils alte Möbel, mitunter durch Rosenmalereien verziert. Kunstgalerie im ehemaligen Stall, mehr dazu unter der Rubrik »Sehenswertes«.

■ **Eikum Hotel**, Hafslo, Tel. 5768 4109, Fax 5768 4490. 1.5.–30.9. mit Fjord Pass (C) EZ 530 NOK, DZ 760 NOK, sonst EZ 550–650 NOK, DZ 750–850 NOK. Dagens rett um 100 NOK.

Passable Zimmer mit hellem Holz, leider etwas knapp bemessen, so daß das Bett zum alleinigen Blickfang wird. Schlappe Aussicht.

■ **Hafslo Gjestehus**, Hafslo, Tel. 5768 4401, Fax 5768 4490. Nur 20.6.–15.8. EZ 250 NOK, DZ 400 NOK. Bad auf dem Flur.

■ **Skjolden Hotell**, Skjolden, Tel. 5768 6606, Fax 5768 6720. 15.5.–15.9. geöffnet. Mit Fjord Pass (B) EZ 480 NOK, DZ 660 NOK, ohne EZ 490 NOK, DZ 700 NOK. Middag um 175 NOK (3 Gänge), kaltes Buffet um 175 NOK.

Zimmer mit nüchternen Möbeln der Nachkriegszeit, die eigentlich auf den Dachboden gehören. Einzelzimmer zur Straße, Doppelzimmer zum Fjord.

■ **Solvang Kafe og Pensjonat**, Gjerde, Tel. 5768 3119. EZ mit Bad 280

NOK, ohne Bad ab 155 NOK, DZ mit Bad 390–550 NOK, ohne Bad ab 270 NOK. Dagens rett um 70 NOK, Kafeteria um 80 NOK.

Zumindest die Doppelzimmer mit Bad sind besser als das, was einem die Hotels in Skjolden und Haflso andrehen wollen. Viel Platz, harmonische Farben, Einrichtung o. k. Aufenthaltsraum.

■ **Nigardsbreen Pensjonat**, Gjerde, Tel. 5768 3207. EZ 170 NOK, DZ 340 NOK. Frühstück 55 NOK. Außerhalb der Ortschaft, aber an der Durchgangsstraße. Nur für eine Nacht geeignet.

■ Jugendherberge **Skjolden Vandrerhjem**, Skjolden, Tel. 5768 6615 und 5768 6676. 15.5.–15.9. Mitglieder EZ 125 NOK, DZ 180 NOK, im Mehrbett-Zimmer 75 NOK, Familienraum für 4 Personen 225 NOK. 11 Zimmer mit 1–6 Betten. Keine Mahlzeiten. Vermietung von Booten und Angelausrüstung; Angeln im Fjord kostenlos.

Die gemütliche Herberge ist in einem »ganz normalen« Wohnhaus untergebracht. Geräumige Zimmer, teilweise mit Waschbecken. Wer sein Essen selbst zubereitet, muß eine etwas dustere Küche in Kauf nehmen, kann aber im Garten speisen, gleich neben einem rauschenden Fluß, der 100 m weiter unten in den Fjord mündet. Kaffeeklatsch im Aufenthaltsraum an der Rezeption. So können die »Neuen« gleich begutachtet werden.

■ **Luster Fjordhytter**, Høyheimsvik, Tel. 5768 6500. Ganzjährig geöffnet. 12 Appartements für 5 Personen: 8 ältere, Juni bis August 420–470 NOK, sonst 280 NOK; 5 neuere, Juni bis August 550–630 NOK, sonst 380 NOK.

Bei den »Fjordhütten« handelt es sich um Appartements in Speicherbauweise; sie stehen direkt am Lustrafjord. Auflockerndes Rot und gemütlich helles Holz, Panoramafenster, praktische Kochecke, und für Freeclimber auch Schlafplätze auf dem Speicher, nur über eine Leiter zu erklimmen. Dazu fünf neue Appartements im »Rorbu«-Stil. Der Tip in Luster, relativ preiswert. Ruderboote frei.

■ **Hafslotun Kro og Hyttesenter**, Hafslo, am Ortsausgang Richtung Gaupne, Tel. 5768 4178. 11 Ferienhütten für 2–6 Personen 15.5.–1.9. 450–875 NOK, sonst 350–675 NOK. Restaurant 20.6.–10.8. Hauptgerichte 70–150 NOK.

Die wohnlich eingerichteten Hütten verteilen sich mit ausreichendem Abstand auf einem bewaldeten Hügel. Doch die Lage abseits vom Fjord nimmt Hafslo generell Attraktivität. Preise an der oberen Grenze.

■ **Nes Camping**, Høyheimsvik, Tel. 5768 6424. 1.5.–30.9. Preisniveau Camping: 1. 8 Hütten für 4 Personen 190–250 NOK.

Schön gelegener Platz über Str. 55 und dem Ufer, mit prächtiger Aussicht auf Fjord und Feigumfossen, der auf der gegenüber liegenden Fjordseite in die Tiefe stürzt. Zum Zelten vermutlich der beste Platz am Lustrafjord.

Neueres Sanitärgebäude, W & T. Kiosk. Spielplatz. Bootsvermietung.

■ **Viki Fjordcamping**, Høyheimsvik, Tel. 5768 6420. Etwa 1.5.–30.9. Preisniveau Camping: 2. 10 Hütten für 2–4 Personen 170 NOK, dazu 1 Ferienhütte für 4 Personen 500 NOK.

Kleine Zeltwiese mit Apfelbäumen zwischen Fjord und Straße. Die Hütten stehen idyllisch direkt am Wasser, und bei offenem Fenster ist das Donnern des Wasserfalls Feigumfossen drüben zu hören. Preiswerte Standardhütten, wirken allerdings einen Tick zu spärlich. Sanitäranlage klein, aber akzeptabel, Ww. Fahrrad- und Bootsvermietung.

■ **Nymoen Leirplass**, Skjolden, am Ortsausgang Richtung Sognefjell, Tel. 5768 6603. 1.5.–15.9. Preisniveau Camping: 2. 11 Hütten für 4–6 Personen 250–520 NOK.

Wiese mit Bäumen am Ende Skjoldens, dort wo sich der See, der die Niederschläge und das Schmelzwasser aus dem Gebirge sammelt, zum Fluß verschmälert, um wenige hundert Meter weiter in den Fjord zu münden. Die Lage wird mitbezahlt, trotz Tankstelle und Straße in unmittelbarer Nachbarschaft. Einladende Hütten, die kleinen sogar mit Kücheneinrichtung. Sanitäranlage in Ordnung, W & T. Lebensmittel in der Tankstelle.

■ **Gjerde Camping**, Gjerde im Jostedal, Tel. 5768 3154. 20.5.–30.9. Preisniveau Camping: 2. 10 Hütten für 4 Personen 130–160 NOK, mit 2 Räumen 200–230 NOK.

Leicht wellige Wiese mit einzelnen Bäumen und Sitzbänken, grenzt an einen rauschenden Fluß – prima zum Zelten. Die Einrichtung der großen Hütten (mit Mini-Veranda) steht etwas verlassen herum, die kleinen reichen aus. Saubere, gute Sanitäranlage, ungewöhnliche Kombination von Camperküche, Wäschewaschbecken und Trockenraum.

■ **Nigardsbreen Camping**, im Jostedal, Tel. 5768 3135. Preisniveau Camping: 2. 8 Hütten für 4 Personen 200–230 NOK.

Das Zelten macht keinen Spaß auf dem zu offen daliegenden, buckligen Viereck, auf dem die letzten Grashalme um ihre Existenz kämpfen. An einer Seite stehen brav nebeneinander die Hütten, kaum besser ausgestattet als bei Gjerde Camping. Sanitärgebäude gepflegt, Ww.

Sehenswertes

■ Der Gletscher **Nigardsbre**, ein weiterer Arm des mächtigen Jostedals-Gletschers, ist seit rund 245 Jahren auf dem Rückzug. Vier Kilometer Moränenlandschaft hat er seitdem zurückgelassen – das in Norwegen anschaulichste Beispiel für die Bewegung der Gletscher.

Von der Straße 604 (Bus) durch das Jostedal zweigt 34 km nördlich von Gaupne links eine Straße zum Nigardsbre ab, die bald in eine mautpflichtige Privatstraße übergeht (15 NOK für PKW). Im Hintergrund zeichnet sich bereits der Gletscher ab, wie er sich geradezu elegant in Kurven vom Gebirge in das Tal hineinschiebt.

Nach 3 km Fahrt endet die Privatstraße an einem See, dessen milchig grüne Farbe vom Schmelzwasser kommt. Zu Fuß sind es noch 40 Minuten bis zum Eis, immer am See entlang. Etwa vom 10.6. bis zum 10.9. verkürzt das Boot *Jostedalsrypa* den Weg, indem es zwischen Parkplatz und Gletscher pendelt: 10–18 Uhr, Preis 15/8 NOK retour, 10/5 einfache Strecke.

Der Nigardsbre hat den See inzwischen verlassen und schiebt sich jährlich einige Meter den Hang hinauf. Da der Fels nicht so steil wie andernorts abfällt, kann man dicht an die blaue Wand heran. Trotzdem sind eventuelle Warnschilder zu beachten. Wer auf das Eis will, wende sich an die Gletscherführer vor Ort; weitere Informationen siehe unten unter »Gletscherwandern«.

■ **Breheimsenter Jostedalen**, Jostedal, Tel. 5768 3250. 1.6.–31.8. 9–20 Uhr, Mai und September 10–17 Uhr. Eintritt 60/30 NOK.

Die Idee für das Gletschermuseum in Fjærland sprach sich rasch herum; und so beschlossen die Gemeinden, die dem Jostedalsbre zu Füßen liegen, nachzuziehen. Erster Akt dieses Bemühens ist diese ansehnliche Gletscherkathedrale, die den Auftakt des Nigard-Tals markiert, dort wo die Mautstraße zum Gletscher beginnt.

Herzstück des Breheimsenters ist eine Diashow, die Norwegens Natur präsentiert – risikolos, Zuspruch garantiert, aber auch gut gemacht. Die Ausstellungen drumherum erklären die Gletscherwelt, erzählen von Moränen- und Sedimentbildungen, vom Vorschreiten wie vom Rückgang des Eises. Breiter Raum wird dem Leben am Gletscher gewidmet, von archäologischen Funden über die Besiedlungshistorie und die Verkehrswege über das Eis zu den Auswanderungswellen im 19. Jh. und Aspekten der Gegenwart. Berücksichtigt werden aktuelle Themen, wie Wasserkraftnutzung oder Klimaveränderung; was nicht bedeutet, daß die Sage vom Jostedals-Schneehuhn ausgespart wird. Die Schautafeln sind vorwiegend dreisprachig abgefaßt. Der Besuch lohnt sich, sofern man die Konkurrenz in Fjærland oder Oppstryn noch nicht gesehen hat; eine dieser Veranstaltungen reicht aus.

■ **Stabkirche Urnes**. Geöffnet 25.5.–31.8. 10.30–17.30 Uhr, sonst telefonische Absprache mit Marit Bøen, Tel. 5768 3495. Eintritt 25/0 NOK.

Sie wirkt nicht ganz so spektakulär wie andere Vertreter ihres Typs, die Stabkirche Urnes: nicht so vehement verschachtelt und ohne geschnitzte Drachenköpfe auf dem Dach, wie das in Borgund oder Lom der Fall ist. Und doch ist sie etwas Besonderes, nämlich die älteste bewahrte Stabkirche des Landes. Sie paßt gut zu dem verschlafenen Nest *Ornes,* zwischen Fjord und Gebirge, wo weder ein Einkauszentrum noch eine stark befahrene Straße einen schwer verträglichen Kontrast provozieren.

In ihrer heutigen Form entstand sie

wahrscheinlich zwischen 1130 und 1150, die Fachleute sind auf Indizien angewiesen. Sicher ist, daß beim Bau Teile einer noch älteren Kirche verwendet wurden: neben einzelnen Planken das kunstvoll verzierte Nordportal, dessen Ornamentik eher den Sagas als dem Christentum zuzuordnen ist. Der gewohnt dustere Innenraum überrascht durch eine nachträglich eingebaute, primitive Stützkonstruktion: Als eine einflußreiche Familie einen geschlossenen Betstuhl für sich beanspruchte, mußten zwei der ursprünglichen Träger weichen. Das noch vorhandene Inventar – einzelne Stücke befinden sich mittlerweile in Museen – stammt sowohl aus dem Mittelalter als auch aus der Nachreformationszeit.

Die Stabkirche von Urnes findet sich mittlerweile auf der »World Heritage List« wieder, einer Liste der UNESCO, die erhaltungswürdige Bauten umfaßt. In Norwegen gehören zum Beispiel die Brygge in Bergen und die Altstadt von Røros zu diesem exklusiven Club der Baudenkmäler.

Anreise: Bus ab Skjolden, Fähre Solvorn-Ornes oder mit dem Auto ab Skjolden am Ostufer des Lustrafjords entlang, vorbei am 218 m hohen Wasserfall *Feigumfossen*.

■ Wer sich generell für **Kirchen** interessiert, kann außer der Stabkirche von Urnes besuchen: die mittelalterliche Steinkirche von *Dale* in gotischem Stil (1.6.–1.9. 9–20 Uhr, Eintritt frei) oder die Holzkirche von *Gaupne* (1647), deren Westportal bereits eine ältere Stabkirche zierte (1.7.–10.8. 10.30–15.30 Uhr, Eintritt 25/0 NOK).

■ Die **Galleri Walaker 300** entstand 1990, zum 300. Geburtstag des Walaker Hotels in Solvorn. Die Besitzer ließen den alten Viehstall umbauen; dabei fanden auch Teile einer alten Kirche Verwendung, die ein Vorfahre auf einer Auktion ersteigert hatte. Rundbögen und Reste der alten Holzdekorationen verzieren so manche Innenwand, andere sind geweißt, dritte mit Kiefernholz verkleidet.

Die Galerie zeigt in wechselnden Ausstellungen norwegische Gegenwartskunst, bevorzugt Malerei und Keramik. In der Regel steht je einem Künstler ein Stockwerk zur Verfügung. Als private Einrichtung kann Familie Walaker ihre Galerie nicht ständig geöffnet halten. Zwischen 12 und 19 Uhr können sich Interessenten an der Rezeption des Hotels melden; wenn nicht gerade Hochbetrieb herrscht, wird Sie sofort jemand begleiten.

Wanderungen

Emsige Wanderer können ihr Zelt ohne weiteres eine Woche lang im Jostedal aufschlagen, um Aussichtspunkte und Gletscherzungen zu erwandern. Topografische Karten im Landhandel von Thor Bakken, Gjerde. Die Tourenvorschläge sind teilweise dem Heft eines lokalen Wandervereins entnommen, das auch auf englisch vorliegt (Gjerde Camping).

■ **Vangsen** (1757 m). Schwere Tour mit 712 m Höhenunterschied, aber die tollste Aussicht auf das Jostedal überhaupt. Wanderzeit zum Gipfel: 3–4 Stunden. Kompaß und Karte.

4 km südlich von Gjerde zweigt an der Brücke *Høge bru* links eine Straße ins *Vanndal* ab, die nach 10 km am See *Vanndalsvatnet* endet. Hier beginnen gleich mehrere Routen auf den Gipfel. Die kürzeste, nicht markierte hält sich strikt südwärts, ist aber so steil, daß sie nur Geübten ohne Schwindelprobleme empfohlen werden kann.

Der »normale« Weg führt ab dem See nordostwärts auf einen Bergrücken zu, auf dem deutlich ein Wartturm auszumachen ist. Zunächst durch leicht hügeliges Terrain mit Heidekraut und Moosen, weiter oben über Geröll und an geschützt stehendem Gebüsch vorbei. Ab der Warte (1240 m) weiter über den Bergrücken, in östlicher Richtung durch eine karge Hochgebirgslandschaft bis zu einem Plateau mit kleiner Schutzhütte (1550 m). Direkt auf den Punkt 1612 zu, mit kleiner Kurve nach rechts in südlicher Richtung. Steil hinunter zum kleinen See am Rande des Gletschers *Spørteggbreen,* am See entlang in südwestlicher Richtung zu einem kleinen Plateau (1620 m). Über kahles Gestein zum Schneefeld am Fuß des Vangsen-Gipfels, der nach kurzem Anstieg, auch über Schnee, erreicht ist.

■ **Bergsetbre**. Kinderleichte Tour zu einer der steilsten Gletscherzungen des Jostedalsbre, ohne nennenswerten Höhenunterschied. Wanderzeit retour: rund 2 Stunden. Wanderschuhe wegen steinigem Boden von Vorteil.

In Gjerde zweigt die Straße Richtung *Bergset* ab; sie durchquert das *Krundal* und endet am Bauernhof Bergset auf einem kleinen Parkplatz. Vorbei an den drei Häusern zum Gatter am Bach (wieder schließen). Der Weg am Wasser entlang ist nicht zu verfehlen. Die Route kreuzt eine Moräne des *Tuftebre,* der im 17. Jahrhundert in das Tal hineinreichte, sich dann aber wie der Nigardsbre rasch zurückzog. Das Tal ist fast eben, ein paar Bäche und Sumpfgebiete werden auf ausgelegten Holzbohlen überquert, und man bleibe bis zum Schluß auf der rechten Seite des Flusses, der vom Gletscher abfließt. Die Vegetation wird spärlicher: Die Birken weichen, je näher man dem Eis kommt. Auf dem letzten Abschnitt verliert sich der Pfad auf dem Gestein. Die Tour endet an den Warnschildern in relativ weitem Abstand. Doch der steil abfallende Gletscher ist gefährlich: Eislawinen haben mehrere Menschenleben gekostet.

■ **Austerdalsbre**. Leichte Wanderung. Wanderzeit retour: rund 4 Stunden.

Anfahrt: In Hafslo zweigt die Straße nach Veitastrond ab, die zunächst in westlicher, dann in nördlicher Richtung an den Seen *Hafslovatn* und *Veitastrond* entlangführt, bevor sie an der Hütte *Tungastølen* endet. Für die letzten 6 km ist Maut zu löhnen (20 NOK für PKW).

Der Pfad zum Gletscher birgt keine Probleme und ist nicht zu verfehlen. Er beginnt links des Gletscherflusses;

Leicht ist die Wanderung durch das Austerdal zur Gletscherzunge Austerdalsbre ▶

die Aussicht auf die dahinterliegenden Berge ist prächtig. Gleich am Anfang ist der erste von nur zwei kurzen Anstiegen zu bewältigen, worauf es am Hang des Hügels entlang hinab in das Tal geht, aus dem sich das Eis in den letzten Jahrhunderten zurückgezogen hat. Entsprechend karg ist die Vegetation, frei nach dem Motto: »kein Baum, kein Strauch«. Ganz so schlimm ist es dann doch nicht, befindet man sich erst einmal auf dem Marsch durch die Talsohle, wo Flüßchen und eventuell (alte oder frische) Schneefelder zu queren sind. In feuchten Zeiten können vermeintliche Rinnsale rasch anschwellen. Am Ende der Wanderung geht's noch einmal aufwärts, und plötzlich hat man den langgezogenen Gletscher vor, aber auch unter sich, eine tolle Perspektive. Unter der erhabenen Eisdecke läßt sich das abfließende Schmelzwasser vernehmen, auch als Warnung, sich, ohne Erfahrung und Ausrüstung, nicht auf das Eis zu begeben. Das können Sie allerdings im Rahmen einer geführten Wanderung tun:

Gletscherwandern

Besorgen Sie sich im Touristenbüro die aktuelle Broschüre des lokalen Gletscherführervereins, *Jostedalen Breførerlag*. Dessen Programm umfaßt leichte Wanderungen, auch für Familien, ebenso wie anspruchsvolle Kletterpartien mit Übernachtung. Die Preise für Gletscherwanderungen gelten inklusive Ausrüstung, sofern dies notwendig ist; gutes Schuhwerk sollten Sie in jedem Fall tragen und bei längeren Touren Verpflegung mitnehmen. Eine Auswahl:

■ **Information:** Jostedalen Breførerlag, Gjerde, N-5827 Jostedal, Tel. 5768 3273 und 5768 3204, Fax 5768 3296.

■ **Einfache Tour:** Nigardsbre, 25.6.–20.8. Dauer 1,5 Stunden, Teilnahme 60/30 NOK.

■ **Mittelschwere Touren:** Nigardsbre, 1.6.–20.8. Dauer 3–4 Stunden, Teilnahme 240 NOK. Dauer 2 Stunden, Teilnahme 120 NOK. – Zum und auf dem Austerdalsbre, 1.7.–20.8. Dauer 6 Stunden, Teilnahme 150/100 NOK.

■ **Schwere Touren:** Fåbergstølsbre, 10.7.–15.8. Dauer 6 Stunden, Teilnahme 310 NOK. – Skagastølstindane (Sognefjell), 1.6.–31.8. nur bei gutem Wetter, Dauer 12 Stunden, Teilnahme 1500 NOK für die erste Person, 500 NOK für jede weitere Person.

Verschiedenes

■ **Helikopter-Sightseeing:** Wegen der unmittelbaren Nähe zu Fjord, Sognefjell und Jostedals-Gletscher die Erfüllung eines Traums. Ab Gaupne, Anmeldung im Touristenbüro. Minimum 5 Personen. Preis um 350 NOK pro Person.

■ **Sightseeing auf dem Lustrafjord** mit dem Boot »M/S Ornes«: Entweder 3-Stunden-Tour Solvorn, Feigumfossen, Urnes Stabkirche, Solvorn; 20.6.–20.8. Mo und Fr 13.15 Uhr, Preis 90/40 NOK. Sie können sich im Touristenbüro anmelden; dort auch Informationen über alternative Fjordfahrten; oder Tel. 5768 3912.

■ **Angeln:** Forellen in den Flüssen *Jostedalselva, Mørkridselva* und *Fortunelva*, ferner in den Seen *Hafslovatn* und *Åsetvatn* sowie rund 20 weiteren Gebirgsseen. Verkauf von Angelkarten im Touristenbüro Gaupne. Das Angeln im Fjord kostet nichts.

■ **Baden:** steiniger Badeplatz mit Umkleidekabine, Steg und vorgelagerter Insel zwischen Høyheimsvik und Skjolden.

■ **Bergsteigen:** Kurse arrangiert das »Turtagrø Hotell« auf dem Sognefjell, Tel. 5768 6116. Juli und August.

■ **Werksbesichtigung:** Wasserkraftwerk *Jostedal Kraftverk,* Myklemyr im Jostedal, 15 km nördlich von Gaupne an der Str. 604. Führung und, deswegen zu empfehlen, Diavorführung über den Kraftwerksbau. Das Kraftwerk reicht 1,2 km tief in den Berg hinein. Der größte Staudamm im Umland ist der 60 m hohe, 850 m lange und 200 m breite *Styggevassdammen,* ganz im Norden des Jostedals. Knapp 900 Millionen Kilowattstunden liefert »Jostedal Kraftverk« im Jahr; das Gros geht in andere Landesteile. 20.6.–20.8. Mo–Fr um 10, 12, 14 Uhr, abhängig von der Nachfrage. Anmeldung im »Breheimsenter«.

■ **Notarzt:** Tel. 5768 1300 (8–15 Uhr), sonst Tel. 5768 1555.

■ **Taxi:** Tel. 5768 1620 (Gaupne).

■ **Transport:** Autofähre Solvorn-Ornes (zur Stabkirche Urnes). 20.6.–20.8. Ab Solvorn fünfmal, ab Ornes sechsmal täglich. – Per Bus (Sogndal -) Solvorn, Hafslo, Marifjøra, Gaupne, Høyheimsvik, Luster, Skjolden, Fortun (- Turtagrø), zweimal täglich. Gaupne, Gjerde, Elvekrok, Nigardsbreen, einmal täglich. Skjolden, Kroken, Ornes.

Weiterreise

■ **Bus:** (Sogndal -) Solvorn, Hafslo, Gaupne, Høyheimsvik, Luster, Skjolden, Fortun, Turtagrø, Sognefjellshytta, Krossbu, Bøvertun, Jotunheimen Fjellstue, Elveseter, Lom; zusätzlicher Bus ab Fortun nach Sogndal. Interregionale Verbindungen ansonsten über Sogndal.

■ **Auto:** Zu den anderen Zielen am **Sognefjord** über Sogndal, Straße 55; siehe dort. – Alternativroute nach Årdal: Straße 55 auf das Sognefjell bis *Turtagrø*, ab dort aus mautpflichtige Gebirgsstraße hinunter nach Årdal (40 NOK; memo Wintersperre Sognefjell-Straße 55, von Anfang Dezember bis Mitte Mai).

Nach Jotunheimen. Über **Sognefjell**-Straße 55 nach Lom, auf einer der spannendsten Straßen Norwegens, mit 1440 Metern Paßhöhe auf jeden Fall die am höchsten reichende: Sie wollen nicht enden, die engen Kurven ab Fortun hinauf ins Gebirge. Und wenn am Lustrafjord noch die Sonne scheint, können Sie oben durchaus in Nebel und Regen, vielleicht auch Schnee, eintauchen. Ganz schmilzt der Schnee hier nicht, tauen die eisigen Seen nicht auf. Eine gespenstische Reise kann es werden auf der schmalen, sich windenden Straße, manchmal am Abhang entlang. Der Fahrer hat leider wenig von der Szenerie; seine Aufmerksamkeit wird vollauf benötigt. Noch vor dem Verkehrsknotenpunkt Lom mehrere Nebenstraßen rechts ab zu Ausgangspunkten (Hütten) für Wanderungen in Jotunheimen; siehe dort.

Nach Geiranger/Stryn. Über Sognefjell-Straße 55 (siehe oben) nach Lom, ab dort westwärts auf Straße 15 durch das *Ottadal: Skjåk* ist mit weniger als 500 mm Niederschlag im Jahr einer der trockensten Orte in Norwegen. Nach Geiranger auf Straße 15 bis zum See *Langevatn,* ab dort über Paßstraße Geirangerveien (1038 m, Wintersperre von November bis Mitte Mai) hinunter an den Fjord. – Nach Stryn durchweg auf Straße 15; bei *Grotli* Alternativroute auf Straße 258 durch *Måradal* und *Videdal* möglich; nicht für größere Wohnmobile geeignet, Wintersperre von Oktober bis Mitte Juni, unterwegs toller Blick hinab ins **Videdal**, gleich einem Fjord ohne Wasser. Am Ende der Straße 258 trifft man wieder auf die 15.

Sogndal

Die Dörfer der heutigen Gemeinde Sogndal lagen Jahrhunderte hindurch relativ abgeschnitten von der Außenwelt: weit im Inneren des Sognefjords, von den Gebirgsmassiven des Jostedals-Gletschers und des Sognefjells umgeben. Die Menschen lebten von der Natur und tauschten ihre Produkte gegen Dinge, die sie selbst nicht herstellen konnten. Bis der Straßenverkehr aufkam, war das Boot das einzige Verkehrsmittel, mit dem sie ihre Heimat verlassen konnten, um Handel zu treiben, die Kirche oder Freunde zu besuchen. Bevor 1842 die Handelsrechte der Städte abgeschafft wurden, waren die Bauern abgelegener Land- und Fjordstriche darauf angewiesen, ihre Waren auf den großen Handelsplätzen feilzubieten. Eine Bootsreise nach Bergen nahm normalerweise nur wenige Tage in Anspruch – spielten Wind und Wetter jedoch nicht mit, konnte sich die Reisezeit ohne weiteres verdreifachen. Das Bootsmuseum von *Kaupanger* dokumentiert, wie erfinderisch die Bootsbautechnik den Anforderungen gerecht wurde. Boote für längere Fahrten besaßen Segel sowie Schutzplanen gegen den Regen, und wenn in strengen Wintern der Fjord zufror, setzte man »Eissegler« mit Kufen ein.

Es sind jenes Bootsmuseum und die Stabkirche in Kaupanger, die einen kurzen Aufenthalt in der Gemeinde Sogndal (knapp 6000 Einwohner) am ehesten rechtfertigen. Denn trotz der Lage zwischen Fjord und Gebirge fehlt die landschaftliche Attraktivität der Nachbarkommunen. Die beeindruckenden Gletscher gibt es in Fjærland und Luster, die markanteren Fjorde in Gudvangen, Aurland, Årdal und Luster, die wilderen Gebirgsformationen in Gudvangen, Flåm, Lærdal und

Årdal. Immerhin sind die Nachbarn näher gerückt, seit 1994 der Straßentunnel nach Fjærland sowie die Fährverbindung von Kaupanger nach Fodnes (zwischen Årdal und Lærdal) freigegeben wurden.

Nur Einkaufen kann man in Sogndal besser. Das fade Verwaltungs- und Dienstleistungszentrum ist zudem Standort mehrerer Ausbildungsstätten und Industriebetriebe.

Information
■ **Sogndal Turistinformasjon**, Kulturhuset, Postboks 222, N-5850 Sogndal, Tel. 5767 3083, Fax 5767 3178. 1.6.–31.8. Mo–Fr 9–20 Uhr, Sa 10–13 Uhr, So 13–18 Uhr, sonst Mo–Fr 11–16 Uhr. Es werden Betriebsbesichtigungen (Wasserkraftwerk Årøy oder Konservenfabrik Lerum) vermittelt. Fahrradvermietung.

Unterkunft
Die Touristeninformation gibt eine Reihe von Telefonnummern aus, unter denen Anbieter von Privathütten zu erreichen sind.

■ **Sogndal Hotell**, westliches Stadtzentrum, Tel. 5767 2311, Fax 5767 2665. EZ 790–970 NOK, DZ 890–1070 NOK. Kaltes Buffet oder middag um 200 NOK.

Unglückliche Lage an der Hauptstraße, zwischen Stadtzentrum und Industriegebiet. Den überwiegenden Teil der Gäste stellen Bus-Touristen aus Japan und Deutschland. Top-Zimmer mit gepflegten Holzmöbeln, zarte Farben, meist Grün und Lila. Hallenbad.

■ **Hofslund Fjord Hotel**, östliches Stadtzentrum, Tel. 5767 1022, Fax 5767 1630. 1.6.–31.8. mit Fjord Pass (B) EZ 480 NOK, DZ 660 NOK, sonst EZ 550 NOK, DZ mit Fjordblick 770 NOK, ohne 700 NOK. Lunch um 130 NOK, middag um 140 NOK.

Teils schöne, große Kombizimmer mit drei Betten, Textiltapeten, Einrichtung vorwiegend in Blau und Braun.

■ **Loftenes Pensjonat**, Fjørevegen 17, Tel. 5767 1577. EZ mit Bad 400 NOK, ohne Bad 350 NOK, DZ mit Bad 550 NOK, ohne Bad 500 NOK. Kleinere Gerichte um 50 NOK.

Ebenfalls viele Busreisende. Ordentliche, geräumige Zimmer mit lilafarbenen Möbeln und blauem Teppichboden.

■ Jugendherberge **Sogndal Vandrerhjem**, nahe der Brücke Richtung Kaupanger, Tel. 5767 2033, Fax 5767 3145. 15.6.–20.8. Mitglieder EZ 150 NOK, DZ 200 NOK, im 3-Bett-Zimmer. 34 Zimmer mit 1–3 Betten. Frühstück 50 NOK, Lunchpaket 35 NOK, Abendessen 65 NOK. Vermietung von Fahrrädern und Booten.

■ **Vesterland Feriepark**, zwischen Sogndal und Kaupanger an der Straße 5, Tel. 5767 3110 und 5767 8330. Ganzjährig geöffnet. Ferienhütten für 2 Personen ab 455 NOK, für 3–4 Personen ab 555 NOK. Zuschlag für Halbpension um 150 NOK, nur Frühstück 55 NOK.

Das Gelände verteilt sich auf einem Hügel; die Straße ist zu hören. Luxuriös eingerichtete Hütten mit viel

Holz, großem Wohnraum, perfekter Küche, Bad, Ofen, Vorraum, Waschmaschine etc. – und doch alles in allem etwas lieblos, genau wie die Minigolfanlage, die hastig in die Gegend geklatscht wurde. Der Tennisplatz wirkt wie ein Fremdkörper, der Spielplatz hingegen kommt gut an.

■ **Kjørnes Camping**, Abzweigung von Straße 5 (Richtung Kaupanger), Tel. 5767 4580. 1.6.–1.9. Preisniveau Camping: 2. 9 Hütten für 2–4 Personen um 180–200 NOK, mit Bad um 400 NOK.

Weitläufige, abfallende Wiese am Fjord, angenehm abgelegen weit unterhalb der Straße nach Kaupanger. Die meisten Hütten liegen außerhalb der Camperwiese, auf einem ruhigen Grundstück mit Obst- und Nadelbäumen, Heidekraut und feiner Aussicht auf den Fjord. Die kleinen Hütten standardgemäß, die großen etwas aufwendiger, zum Teil mit Korbstühlen. Sanitärgebäude ausreichend, W. Kiosk. Spielplatz. Surfen.

■ **Stedje Camping**, Ortsausgang Richtung Hella, Tel. 5767 1012. 15.5.–15.9. Preisniveau Camping: 2. Eine Hütte für 2 Personen um 200 NOK, 8 Hütten für 4 Personen um 220 NOK.

Typischer Durchgangsplatz in leidlicher Umgebung am Stadtrand. Immerhin Aufenthaltsraum. Neuere Sanitäranlage, W & T. Kiosk. Spielplatz. Vermietung von Fahrrädern und Ruderbooten.

Sehenswertes
■ **Sognefjord Båtmuseum**, Kaupanger, Tel. 5767 8206. 1.6.–31.8. Mo–Fr 10–17 Uhr, Sa,So 12–18 Uhr, Mai und September Mo–Fr 9–15 Uhr, Sa,So 12–18 Uhr. Eintritt 30/15 NOK, Familien 75 NOK. Das Billett berechtigt zum ermäßigten Eintritt im Sogn Folkemuseum.

Das neue, fein hergerichtete Gebäude ist bis unter das Dach mit historischen Booten vollgepropft. Die Palette der Exponate umfaßt einfache Fischerboote, Transportboote, mit denen die Bauern ihr Vieh zu den Weiden brachten, regelrechte Lastkähne, die die Händler für den Warentransport nach Bergen einsetzten, Kirchenboote und solche, die sich für gewöhnliche Reisen oder Besuche innerhalb des Fjordlands eigneten. Unter diesen Exemplaren gab es große Unterschiede, denn das Boot galt besonders im 19. Jahrhundert als Statussymbol. Reiche Familien gaben farbigere, stabiler konstruierte Modelle in Auftrag als die weniger vermögenden Mitbürger.

Der Arbeitsplatz eines Bootsbauers, der solche Aufträge entgegennahm, ist ebenfalls zu sehen. Normalerweise reisten diese Handwerker umher und bauten die gewünschten Modelle an Ort und Stelle. Der Auftraggeber stellte Material, Kost und Logis, der Bootsbauer brachte seinen Werkzeugkasten mit. Das Museumsexemplar aus dem Jahr 1880 belegt anschaulich, mit wie wenigen Hilfsmitteln die Handwerker auskamen.

Fotografien, Skizzen von Bootsbautechniken und einzelne Stücke wie Kompasse oder eine Dokumentenröhre komplettieren das interessante Museum. Die meisten Texte sind auf norwegisch abgefaßt, leider nur wenige auf englisch.

■ **Stabkirche Kaupanger.** 1.6.–31.8. 10.30–18.30 Uhr, sonst nach Absprache mit dem Touristenbüro. Eintritt 25/0 NOK.

Die Stabkirche wurde 1184 errichtet, nachdem König Sverre Sigurdsson die alte Kirche hatte niederbrennen lassen, 1862 mit einem stilbrechenden weißen Anstrich versehen, 1965 jedoch nach dem Vorbild des Originals restauriert.

■ **Sogn Folkemuseum / De Heibergske Samlinger,** an der Straße 5 zwischen Sogndal und Kaupanger, Tel. 5767 8206. 1.6.–31.8. Mo–Fr 9–18 Uhr, Sa,So 12–18 Uhr, Mai und September Mo–Fr 9–15 Uhr, Sa,So 12–18 Uhr. Eintritt 30/15 NOK, Familien 75 NOK. Das Billet berechtigt zum ermäßigten Eintritt im Sognefjord Båtmuseum.

In der Hochsaison grasen auf dem hügeligen, bewaldeten Areal Tiere, werden die Wiesen gemäht und Heringe zum Trocknen aufgehängt; an bestimmten Abenden stehen Folklorevorführungen auf dem Programm – ein typisches Freilichtmuseum. Weniger typisch, dafür praktisch die Feuerlöscher, die an den Eingängen der zusammengetragenen Hofgebäude plaziert sind. Bitte auf dem gesamten Gelände nicht rauchen.

Interessanter jedoch als Wohnhäuser, Ställe und Gerätschaften sind die Sammlungen der Gebrüder Heiberg, zwei mittlerweile verstorbene Gutsbesitzer aus der Region. Die umfangreichen Sammlungen sollen den Alltag der Bewohner von Sogn verdeutlichen, erwecken aber manchmal den Eindruck, daß sich dieser Anspruch mehr an den Ausstellungsstücken orientiert als umgekehrt. Zu sehen gibt es Trachten, Schmuck, sakrale Gegenstände, Wohnungseinrichtungen, Werkstätten und Werkzeug, einen Kolonialwarenladen und ein ganzes Schulhaus. Die Wohnzimmer wohlhabender Familien werden u. a. durch ein Spinett und ein automatisches Klavier repräsentiert.

Die neueste Errungenschaft ist ein Einfamilienhaus aus dem Jahr 1992, damit unsere Nachfahren allzeit wissen, wie es uns mit uns erging.

Verschiedenes

■ **Sightseeing mit dem Wasserflugzeug:** 10.5.–10.9. Startpunkt Loftesnes-Brücke, am östlichen Ortsende, Richtung Luster und Kaupanger. Preis 340 NOK. Informationen unter Tel. 5767 1725, Billetts auch beim Touristenbüro. Norwegen von oben, ein einmalig schönes Erlebnis, gerade hier, wo Fjord, Gletscher und Berge so nahe aneinderrücken. Relativ preiswert.

■ **Angeln:** *Haukåsen Fiskepark,* Abzweigung von der Straße 5 zum Flughafen. Liegt in 500 m Höhe in einem Waldgebiet. Fang von Regenbogenforellen und Lachsen, die an Ort und Stelle zubereitet und gegessen werden können. 1.6.–31.8. nach Vereinbarung mit Tel. 5767 8812. Preis 300 NOK pro Person. Anfahrt mit Bus oder PKW.

■ **Reiten:** *Sogndal Køyre og Rideklubb,* Vestreim, Kaupanger, Tel. 5767 8562.

■ **Vestreim Gard** liegt fast auf dem höchsten Punkt der Straße 5 zwischen Sogndal und Kaupanger. In einem 200 Jahre alten Gebäude ist *Kaupang Design* zu Hause. Die kleine Firma produziert und verkauft hier Kopien traditionellen Schmucks, dessen Originale unter den Heibergschen Sammlungen zu besichtigen sind. 1.5.–31.8. Mo,Mi 9–15 Uhr, Di,Do,So 18–22 Uhr. Tel. 5767 8176 und 5767 8390. Eintritt 70 NOK, inklusive Führung, Volksmusik, Kostproben.

■ **Notarzt:** Tel. 5767 1216.

■ **Parkautomaten** in Sogndal: 2 NOK pro Viertelstunde.

Weiterreise

■ **Flug:** Der Flughafen liegt auf der Haukås-Halbinsel, südlich von Sognefjord. Information, ebenso zum Flughafenbus, unter Tel. 5767 2042.

Sogndal liegt an der Ost-West-Achse. Direktverbindungen mit Oslo, Bergen, Florø, Førde und Sandane.

■ **Personenfähre:** Expreßbootlinie Leikanger, Fresvik, Kaupanger, Revsnes, Fresvik, Undredal, Aurland, Flåm.

■ **Autofähre:** Kaupanger, Revsnes (verkehrt ständig). Kaupanger, Revsnes, Gudvangen (drei- bis viermal täglich), bei gutem Wetter ein garantierter Höhepunkt Ihrer Fjordland-Reise. Kaupanger, Fodnes (mehrmals täglich).

■ **Bus:** Nach Oslo (326 NOK) entweder über Lærdal und Fagernes (175 NOK), Hønefoss sowie Fornebu (Oslo Flughafen). Oder über Lærdal, Hemsedal (136 NOK), Gol, Nesbyen, Krøderen, Hokksund, Drammen und Fornebu. – Nach Lillehammer (286 NOK) über Lærdal und Fagernes. – Nach Bergen (221 NOK) über Leikanger, Hella, Vik, Vinje, Voss und Dale. – Nach Balestrand über Hella-Dragsvik, weiter gen Florø. – Lokalbusse nach Fjærland, Luster, Årdal.

■ **Auto: Nach Bergen.** Entweder Straße 5/55 bis zum Fähranleger *Hella,* unterwegs, rund um **Leikanger,** blühen Ende Mai rund 60.000 Obstbäume. Ab Hella Autofähre nach **Balestrand:** Schauen Sie sich dort *Kvikne's Hotel* an, ein famoser Holzpalast direkt am Fjord; die Tradition wird auf fast ulkige Weise gepflegt: Im Prunksaal steht ein Stuhl, auf dem nachzulesen ist, wann Kaiser *Wilhelm II.* wie lange seinen Ehrenwertesten darauf plazierte; als Mann großer Gesten schenkte er 1913 Balestrand und Vangsnes, das, gegenüber, auf der südlichen Seite des Sognefjords liegt, zwei Statuen, die Motive der Fridtjov-Saga entnommen; mehr unter »Vangsnes«, unten. Ab Balestrand weiter auf Straße 55 westwärts. Entweder Autofähre *Nordeide-Svortemyr* und darauf am Südufer des Sognefjords entlang bis Ytre Opperdal; oder Autofähre *Lavik-Ytre Opperdal*. Ab dort auf Straße 1 nach Bergen. – Oder in Hella auf die Autofähre nach **Vangsnes**, dort nach der Ankunft nicht in die Schlange einreihen, sondern am Fährkai links abbiegen und rechts den Hügel hinauf: Zur Linken erhebt sich über den Bäumen die monumentale Fridtjov-Statue, die den Helden der gleichnamigen Saga darstellt; sich auf sein Schwert stützend, blickt er gestreng ins Land hinein – als Wilhelm II. 1913 die Statue stiftete, gehörte das Säbelrasseln in Europa zum traurigen Alltag; bedenkt man aber, daß von Norwegen seit Jahrhunderten kein Krieg mehr ausgegangen ist, wirkt diese martialische Pose heute doch reichlich deplaziert. Ab Vangsnes weiter auf Straße 13 nach *Viksøyri,* dort möglicher Besuch der Stabkirche **Hopperstad** (15.5.-15.9. Eintritt 25/10 NOK), Straße 13 weiter über das rauhe **Vikafjell**, auf dem so manches Schneefeld selbst im Sommer nicht schmilzt, ab *Vinje* auf E 16 über Voss und Dale nach Bergen. – Oder Autofähre Kaupanger-Revsnes-Gudvangen, ab dort auf E 16 nach Bergen.

Nach Fjærland. Ruckzuck über die neue Tunnelstraße (110 NOK Maut für Pkw).

Nach Luster. Straße 55 nach Skjolden, ab *Joranger* schöne Fahrt am Lustrafjord entlang. Beachten Sie auf der Höhe von Nes/Viki den Wasserfall **Feigumfossen**, auf der anderen Seite des Fjords.

Nach Årdal und Lærdal. Autofähre Kaupanger-Fodnes.

Nach Gudvangen (mit Flåm und Aurland). Autofähre Kaupanger, Revsnes, Gudvangen; bei gutem Wetter ein garantierter Höhepunkt Ihrer Fjordland-Reise.

Fjærland

Das Dorf Fjærland war für Touristen bis in die 80er Jahre nur zu erreichen, indem sie mit der Fähre über den gleichnamigen Fjord kamen. 1986 endete der vermeintliche Dornröschenschlaf, als die Straße 625 nach Skei freigegeben wurde. Diese neue Verbindung geriet in die Schlagzeilen, weil sie die südliche Spitze des *Jostedalsbre* in einem 6,4 km langen Tunnel unterquert. 1994 dann stellte ein 6,7 km langer Tunnel Richtung Osten den Anschluß an Sogndal her. Das noch 1985 abgeschiedene Fjærland findet sich nun an einer starkbefahrenen Ost-West-Achse wieder, die die Reisezeit zwischen Sognefjord und *Nordfjord* um anderthalb Stunden verkürzt hat.

Die Besiedlung in den Tälern zwischen *Fjærlandsfjord* und Gebirge beschränkt sich (bis jetzt) auf Fjærland und ein gutes Dutzend Bauernhöfe, die teilweise weit auseinanderliegen. Die 750 Einwohner leben traditionell von der Landwirtschaft (Milchproduktion), heute auch vom Dienstleistungssektor. Die Natur von

Fjærland sah vor einigen hundert Jahren etwas anders aus, als der Fjord weit in das Tal hineinreichte. Doch der Fluß, der in den Fjord mündet und den das geschmolzene Gletschereis speist, führt Kies und Sand mit sich, hauptsächlich im Sommerhalbjahr. Diese Partikel lagern sich im Flußbett und an der Mündung ab, füllen den Fjord allmählich auf und drängen ihn nach hinten. 1860 mußte deswegen der lokale Bootshafen verlegt werden. Um 4 mm jährlich heben die Sedimente heute den Fjordgrund vor Fjærland. Das neu entstandene Land, manchmal 2,5 m im Jahr, kann nicht wirtschaftlich genutzt werden, denn die Erde ist instabil, und die Flußläufe im Delta wechseln durch die frischen Ablagerungen von Jahr zu Jahr – Grundlage für ein reiches Vogelleben.

Der Gletscher hat die Natur geprägt, und die Menschen haben sich mit ihm arrangiert. Der Gang über das Eis war vor 300 Jahren ebenso notwendig wie selbstverständlich: Bauern von der Südostseite des Jostedalsbre kauften Vieh am Nordfjord und trieben manchmal 200 Tiere über *Erdalsbre* und *Lodalsbre* nach *Fåberg*. Teilnehmer regelrechter Handelskarawanen transportierten ihre Waren auf dem Rücken, und bei Hochzeiten oder anderen Festen besuchte man die Freunde auf der anderen Seite, das entsprechende Wetter immer vorausgesetzt. Die gletscherkundigen Führer aus jener Zeit genießen in der lokalen Geschichtsschreibung den Ruf von Helden.

Im 19. Jahrhundert machte die verbesserte Infrastruktur diese beschwerlichen Reisen allmählich überflüssig. Dafür setzte ein neuer Strom zum und auf den Gletscher ein: Um 1880 entdeckten die ersten Touristen, meist aus Großbritannien und Deutschland, das ewige Eis für sich. Besonders rasant entwickelte sich der Fremdenverkehr auf der nördlichen Seite des Jostedalsbre, in Briksdal und Kjenndal (siehe dazu das Kapitel über Stryn). Mit dem Export von Gletschereis nahm die Vermarktung beinahe kuriose Züge an. 1883 fanden die ersten organisierten Wanderungen auf dem Gletscher statt. Der überregionale Wanderverein DNT autorisierte ortskundige Führer, indem er Patente an sie vergab. Diese Fremdenführer stammten aus den Tälern rund um den Jostedalsbre; obwohl Saisongeschäft, konnten sie mit den organisierten Wanderungen mehr verdienen als in der Landwirtschaft.

Die Touristen, die Fjærland besuchten, kamen in der Regel mit dem Schiff aus *Balestrand,* das durch seine hübsche Lage am Sognefjord und das milde Klima schon um die Jahrhundertwende als Hochburg des Fremdenverkehrs galt. Der prominenteste Gast war Norwegen-Freund Kaiser *Wilhelm II.,* der beinahe jeden Sommer hierher kam. Seine Majestät wohnte im altehrwürdigen *Kvikne's Hotel,* noch heute der wohl prächtigste Hotelpalast im ganzen Land. (Mehr über Balestrand und Wilhelm II. im Sogndal-Kapitel, unter der Rubrik »Weiterreise«.)

Am Sognefjord: Fjærland

Die heutige Gemeinde Balestrand (1600 Einwohner) besteht aus Fjærland und eben Balestrand, das dank seiner verkehrsgünstigen Lage unverändert hohe Übernachtungszahlen schreibt. Doch die hübsche Lage, das Arboretum im Pfarrhof und einige schmucke Villen sind eine eher bescheidene Rechtfertigung für den alljährlich großen Auflauf. Spätestens seit 1991 *Norsk Bremuseum,* das Norwegische Gletschermuseum, in Fjærland öffnete, scheint mir das Dorf am Rande des ewigen Eises um einiges attraktiver zu sein als der rummelverwöhnte Nachbarort. Und nirgendwo sonst ist der Weg zu den Gletscherzungen des Jostedalsbre kürzer als hier. Wie sich die steigenden Besucherzahlen auf den bisher stillen Winkel auswirken, was die 750 Einwohner davon haben, ob und wie ein schonender Tourismus umgesetzt werden kann, das muß sich in den nächsten Jahren einpegeln.

Information
■ **Balestrand og Fjærland Reiselivslag**, Kai, Postboks 53, N-5850 Balestrand, Tel. 5769 1255, Fax 5769 1613. 15.6.–15.8. Mo–Sa 8–18 Uhr, So 11–15 Uhr. Ab 1.6. und bis 31.8. Mo–Fr 8.30–16.30 Uhr, Sa 8.30–14.30 Uhr, So 11–14 Uhr, Mai und September Mo–Fr 9–16 Uhr.

Unterkunft
Ein Campingplatz ist seit Jahren geplant...
■ **Hotel Mundal**, Tel. 5769 3101, Fax 5769 3179. Geöffnet 1.4.–1.11. EZ 695 NOK, DZ, je nach Aussicht und Größe, 860–1350 NOK. Alle Mahlzeiten teuer; in der Kafeteria bis um 100 NOK.

1891 gebautes Holzhaus im Schweizer Stil mit Jugendstil-Elementen. Zimmer fast durchweg mit alten Möbeln eingerichtet, ob Bett, (viktorianisches) Sofa, Korbsessel, Truhen, Ofen und Türen. Teils Verkleidung mit Holzplanken, teils weiße Wände, letzteres etwas kühl. Einzelzimmer recht klein. Suite im Turm. Verkauf von Norweger-Pullis an der Rezeption.
■ **Fjærland Fjordstue**, Tel. 5769 3200, Fax 5769 3161. EZ 450–550 NOK, DZ ohne und mit Bad 580–850 NOK, Rabatt für Halbpension. Menü oder Tellergerichte nach Absprache, 100–170 NOK.

Große Zimmer, teilweise in zartem Rosa. Helles Holz, nüchterne Möbel im Stil der 60er Jahre. Gemütlicher Aufenthaltsraum, Veranda mit Aussicht. Fahrradvermietung.
■ Hütten unterschiedlicher Kategorien bei den Familien **Distad** und bei **Anders Mundal**. Zentrales Anlauf-Tel. 5523 2080, oder einfach der Beschilderung mit dem Hüttensymbol folgen.

Sehenswertes
■ Gletschermuseum **Norsk Bremuseum**, Tel. 5769 3288. 1.6.–31.8. täglich 9–19 Uhr, 1.4.–31.5. und 1.9.–31.10. 10–16 Uhr. Eintritt 60/40 NOK, Familien 130 NOK.

Als Herzstück fungiert ein Film,

den fünf Projektoren auf eben fünf Leinwände werfen. Das Kunstwerk zeigt Helikopterflüge über die einheimische Gletschwerwelt und die Exkursionen zwei Wandergruppen, die zu einer leichten und einer schweren Tour über das Eis aufbrechen (ab 9.15 bzw. 10.15 Uhr alle 30 Minuten).

Der Besucher erfährt, daß der Jostedalsbre, entgegen früherer Annahme, keineswegs ein Überbleibsel der letzten Eiszeit ist, warum der Gletscher blau und das von ihm gespeiste Fjord- und Seewasser grün ist – vermeintlich simple Fragen mit teils komplizierten Antworten. Wie schuf der Gletscher das Tal von Fjærland und wie lebten die Menschen am Rande des Eises? Klima, Flora und Fauna sind weitere Themen. Leider sind nicht alle Schautafeln ins Englische und Deutsche übersetzt. Man kann durch einen künstlichen Miniatur-Gletscher laufen, in dem Wasser von der Decke tropft und akustische Effekte die Bewegungen des Eises simulieren. Schließlich werden noch Wanderrouten in der Umgebung von Fjærland vorgestellt.

Das Museum, das seine Pforten 1991 öffnete, ist der Prototyp einer neuen »Erlebnis-Museums-Generation«, die nun alljährlich um ein neues Familienmitglied wächst (Jostedal, Stryn, Eidfjord...), in der aufwendige Modelle und Ausstellungen den Informationsdrang und Filme oder Diashows die Sinne ansprechen. Zu finanzieren sind diese Erlebniswelten nicht nur über die happigen Eintrittspreise: 22 Millionen NOK hatte das Gletschermuseum gekostet, woran sich die Universitäten Oslo und Bergen, die Norwegische Polarstiftung, der Wanderverein DNT u. a. beteiligten und dadurch mit eigenen Projekten an der Museumsausstattung vertreten sind. So stellt das Energieunternehmen »Norsk Vassdragsenergie« vor, wie es Strom aus dem unter dem Eis abfließenden Wasser gewinnt.

■ Die steile Gletscherzunge **Bøyabre** schiebt sich fotogen über einen steilen Berghang bis an einen kleinen See, in den das geschmolzene Eis abläuft. Der Bøyabre ist sehr aktiv, so daß auch im Sommer die Chancen nicht schlecht stehen, eine Eislawine mitzuerleben. Das Krachen des herabdonnernden Eises wird durch die Bergwände, die Tal begrenzen, eindrucksvoll verstärkt.

Anfahrt: Straße 625 Richtung Skei, Abzweigung direkt vor dem Tunnel unter dem Jostedalsbre. Parkplatz an der Kafeteria, kurzer Fußweg bis zum See.

■ Der Gletscherarm **Suphellebre** ist nicht ganz so spektakulär wie sein Nachbar Bøyabre, weil der Rand des Gletschers viel weiter oben verläuft. An die Bergwand gelehnt, türmt sich das herabgestürzte Eis hundert Meter über dem Talboden. In Zeiten geringerer Aktivität überziehen Gesteinsablagerungen und vom Regen transportierte Schmutzpartikel diesen unteren Teil mit einem grauen Schleier. Das ablaufende Wasser sammelt sich hier nicht in einem See, sondern speist ein mehrarmiges Flüßchen.

Am Sognefjord: Fjærland

Anfahrt: 4 km vor Fjærland zweigt die Straße ins Suphelledal ab. Fahren Sie besonders vorsichtig, denn unterwegs fahren Sie mitten durch einen Bauernhof, in dem auch Kinder wohnen. Nach 5 km Parkplatz und Kiosk in unmittelbarer Nähe des Gletschers.

Wanderungen

Im Gletschermuseum steht ein Monitor, auf dem Wanderungen verschiedener Schwierigkeitsgrade abgerufen werden können, Angaben zu Höhen und Gehzeit, Karten und Fotos inbegriffen.

■ Die klassische Bergwanderung führt hinauf zu den beiden Hütten der **Flatbrehytta** (994 m), direkt am gleichnamigen Gletscher, unterwegs tolle Aussicht auf den Fjord. Die eine Hütte ist dem Wanderverein DNT für die Durchführung seiner Gletscherexkursionen vorbehalten, in der anderen sind einfache Übernachtungen möglich. Dauer 2–3 Stunden.

■ **Gletscherwanderungen:** ab Flatbrehytta, Juli und August Di und Fr um 9 Uhr, Teilnahme 250 NOK. Anmeldung, auch für organisierte Wanderungen ohne Eistanz, bei *Jostein Øygard,* Tel. 5769 3292. – Der Wanderverein DNT veranstaltet Wanderungen wie auch Kurse auf Flatbre und Suphellebre; variieren in Länge, Schwierigkeitsgrad, Dauer, von der Tageswanderung bis zum Wochenkurs mit zweitägiger Skitour auf dem Eis. Startpunkt an der Flatbrehytta.

Verschiedenes

■ **Sightseeing:** mit dem Bus; aktuellen Fahrplan im Touristenbüro erfragen, wird sich durch die Eröffnung der Straße nach Sogndal erst einpegeln, je nach Nachfrage. Achten Sie aber darauf, daß Gletschermuseum, Bøyabre und Suphellebre nicht im Schnellzugtempo durchgehechelt werden.

■ **Angeln:** Angelausflüge im Fjord, rund 200 NOK pro Person. Informationen beim Kiosk am Fähranleger.

■ **Wandern:** Organisierte Touren bietet *Jostein Øygard* an, Tel. 5769 3292. Sehr zu empfehlen.

■ **Postämter:** in Balestrand übliche Öffnungszeiten, in Fjærland nur Mo–Do 12–13.30 und 14.15–16 Uhr, Fr 10–10.30 und 12.30–16 Uhr, Sa 10–10.30 und 11.30–13 Uhr.

■ **Notarzt:** Tel. 5782 2822.

Weiterreise

■ **Personenfähre:** Schnellboot Fjærland, Balestrand, Vangsnes (100 NOK). Nur 15.5.–15.9.

■ **Bus:** Linie Sogndal, Fjærland, Lunde, Skei, Byrkjelo, Utvik, Innvik, Olden, Loen, Stryn. In Sogndal Anschluß an gleich mehrere Expreßbusverbindungen; siehe dort.

■ **Auto: Nach Stryn.** Go west durch den »Gletscher-Tunnel« nach *Kjøsnes,* ab dort weiter nordwärts auf Straße 1 bis nach Byrkjelo, unterwegs, bei *Klakegg,* schöner Blick ostwärts in das Stardal und auf das Eis des Jostedalsbre. Ab *Byrkjelo* weiter auf Straße 60, über das *Utvikfjell,* Paßhöhe 630 m ü.d.M., anschließend die Fahrt hinunter an den *Innvikfjord,* Uferstraße um den Fjord herum in das Gemeindezentrum Stryn; unterwegs, in Olden, erster Abstecher zur Gletscherwelt möglich, zum Briksdalsbre; siehe unter »Stryn«.

Nach Ålesund. Zunächst wie Richtung Stryn; ab Byrkjelo dann auf der Küstenstraße 1 über *Sandane, Nordfjordeid* (Rast einlegen, im Zentrum eine dänische Bäckerei mit exquisiten Leckereien), Volda, Ørsta, unterwegs 3 Fähren. **Volda** liegt hübsch am gleichnamigen Fjord, zieht sich einen sanften Hang hinauf. Die Stadt selbst hat keinen Architekturpreis verdient, aber die Steinkirche (1932) ist eine der schönsten neuzeitlichen im Land (Furtwänglerorgel mit 31 Registern). Die Medienfakultät der Universität ist »Hoflieferant« für Jungredakteure in Rundfunk und Fernsehen an den Norwegischen Rundfunk, NRK. Das benachbarte **Ørsta** liegt nicht weniger reizvoll zwischen Fjord und Fjell. Am Hauptkreisel, nahe dem pittoresken Kleinboothafen, finden Sie die Statue *Ivar Aasens,* dem Norwegen die Existenz zweier gleichberechtigter Sprachen zu verdanken hat; siehe »Eine Nation, zwei Sprachen«. Ab Ørsta immer am Fjord entlang, letzte Autofähre von *Festøy* nach *Sunde.*

Alle anderen Straßenrouten über Sogndal; siehe dort.

Stryn

Tor zum ewigen Eis

Europas größter Festlandgletscher, der *Jostedalsbre,* streckt an seiner Nordwestseite an mehreren Stellen die Zunge aus. Diese Gletscher, die liebliche Fjordlandschaft und einige malerische Seen machen aus der an sich farblosen Gemeinde Stryn ein Reiseziel. Die Vielzahl an Wanderungen aller Schwierigkeitsgrade und ein großes Übernachtungsangebot ermöglichen einen abwechslungsreichen Aufenthalt von mehreren Tagen.

Die größeren Ortschaften der Gemeinde, *Stryn, Loen, Olden, Innvik* und *Utvik,* liegen durchweg am Ufer des verzweigten *Nordfjords.* Gut 100 Kilometer von der Küste entfernt, reicht dieser Fjord bis an die größte norwegische Gebirgsregion südlich von Trondheim. Gut 2.200 der 6.750 Einwohner leben im Verwaltungs- und Dienstleistungszentrum Stryn, das aus touristischer Sicht nicht mehr als zum Einkaufen taugt. Die restlichen Einwohner verteilen sich auf viele kleine Ortschaften und Siedlungen, von denen keine mehr als 200 Menschen zählt.

Jahrhundertelang lebten die Ansässigen von Forst- und Landwirtschaft (Vieh und Obstanbau). Noch in den

40er Jahren trieb man das Vieh kurz nach der Schneeschmelze auf die Almen. Während diese traditionellen Erwerbszweige teilweise industrialisiert wurden (Schlachterei Loen), kamen mit Verwaltung und Dienstleistung (Fremdenverkehr), Baugewerbe, Pelztierzucht und einigen wenigen Industriebetrieben (Zementfabrik Loen) neue Sparten hinzu.

1880 setzte allmählich der Fremdenverkehr ein. Die Gäste kamen mit großen Ausflugsdampfern, die im Fjord vor Anker gingen. 1895 wurde die Straße über das Hochland nach Grotli und Richtung Oslo freigegeben und schloß den zuvor abgelegenen Winkel damit einer Ost-West-Verbindung an. Nicht anders als heute zog es die Reisenden zu den Gletscherzungen, zum *Kjenndalsbre* im *Lodal,* das bei Loen beginnt, und zum *Briksdalsbre* im *Oldendal.*

Beispiel Lodalen: 1890 löste ein Dampfschiff das Ruderboot ab, mit dem die Touristen bisher an das südliche Ende des Sees Lovatn gebracht worden waren. An der Anlegestelle erwartete sie ein Restaurant, und dann ging es zu Pferd hinauf zum Kjenndalsbre. Später wurde mit privaten Mitteln ein Fahrweg finanziert, damit die Gäste in Kutschen zum Gletscher gebracht werden konnten. 1906, als die Eröffnung des Hotels Alexandra in Loen durch das norwegische Königspaar der starken Nachfrage Rechnung trug, konnten bereits 800 Touristen an einem Tag den Ausflug zum Kjenndalsbre unternehmen.

Naturkatastrophen gehören allerdings ebenso zum Lodal wie der Liebreiz der Landschaft. Südöstlich von *Sande* gibt es keinen Hof und keine Siedlung, die nicht in tragische Ereignisse verwickelt war. Der Lovatn, der das Schmelzwasser aus dem Gebirge zum Fjord transportiert, nimmt den größten Raum des Talgrunds ein, so daß nur wenig Platz für die Höfe an seinen Ufern bleibt. Aus dem 18. Jahrhundert ist überliefert, daß der See immer wieder fruchtbaren Boden und Wiesen mit sich riß und daß die Betroffenen in schwer zugänglichen Hanglagen Alternativen schaffen mußten. Eine ständige Bedrohung waren die Schnee- und Steinlawinen, die mehrere Gehöfte unter sich begruben oder die Menschen zur Verlegung ihrer Wohnstätten zwangen. Der Hof Helset befindet sich mittlerweile an seinem dritten Standort.

Das bis dahin größte Unglück ereignete sich am Abend des 15.1.1905, als vom *Ramnefjell* ein ganzes Stück Berg absprang. Mehr als 300.000 Kubikmeter Gestein und mitgerissenes Geröll stürzten aus 500 m Höhe in den See und verursachten eine meterhohe Flutwelle, die die Siedlungen *Ytre Nesdal* und *Bødal* völlig zerstörte und 61 Menschen das Leben kostete – das war die Hälfte aller Talbewohner. Der Ausflugsdampfer *Lodalen* wurde von seiner Anlegestelle 15 m hoch und 300 m weit aufs Festland geworfen. Nach einem erneuten Felsrutsch wurden die Höfe weiter oberhalb der Uferlinie wiederaufgebaut.

Am 13.9.1936 wiederholte sich die Katastrophe, als diesmal gleich eine Million Kubikmeter Felsgestein aus 800 m in den See hinabdonnerten. Die Flutwelle soll stellenweise bis zu 70 m hoch gewesen sein und zog selbst bei *Lovassenden,* am anderen Ende des Sees, zwei Menschen in den Tod; 74 starben im ganzen Tal. Die Wassermassen zertrümmerten Gebäude, die 1905 noch verschont geblieben waren, und warfen das Wrack der »Lodalen« noch einmal 200 m landeinwärts, wo es gut 40 m über der Seeoberfläche seine vorläufig letzte Ruhe fand. Die meisten Gehöfte wurden hartnäckig wiederaufgebaut, doch nur ein einziger in Bødal wird heute noch bewirtschaftet. Niemand kann beantworten, ob noch einmal solches Unheil droht.

An der Straße zwischen Bødal und Kjenndal steht ein Gedenkstein, der an diese schrecklichen Ereignisse erinnert. Von diesem Punkt ist das Wrack des Ausflugsdampfers, das unten im Wald vor sich hinrostet, ebenso zu sehen wie die Stelle im Ramnefjell, wo einst die Felsmassen losbrachen.

Information

■ **Reisemål Nordfjord**, Reiselivshuset, N-6880 Stryn, Tel. 5787 2333, Fax 5787 2371. Mo–Fr 10–16 Uhr.
■ **Turistinformasjon Olden**, N-6870 Olden, Tel. 5787 3126. Geöffnet Anfang Juni bis Ende August.

Unterkunft

In Loen

■ **Hotel Alexandra**, Str. 60 bei Loen, Tel. 5787 7660, Fax 5787 7720. 1.6.–31.8. mit Fjord Pass (D) EZ 605 NOK, DZ 910 NOK, sonst EZ 775 NOK, DZ 1090 NOK. Lunch ab 110 NOK, Abendbuffet 285 NOK.

Das große, weiße Viereck mit Springbrunnen und englischem Rasen ist bekannt und von Ostern bis Oktober gut gefüllt. Auffallend das ständige Kontingent betont lässiger Yuppies. Wohnliche, geräumige Zimmer in verschiedenen Stilrichtungen, deshalb vorher anschauen. Großes Dienstleistungsangebot über Hallenbad und Radl – sogar Babysitter werden gestellt.

■ **Loen Pensjonat**, gleich neben der Kirche von Loen, auf einem Hügel, Tel. 5787 7624. Geöffnet 15.5.–15.9. EZ ohne Bad 190 NOK, DZ ohne Bad 300 NOK, DZ mit Bad 340 NOK. Frühstück 50 NOK. Smørbrød nach Absprache.

Nettes Quartier in abgelegener Umgebung. Schöne Zimmer mit Sofas und modischen Betten, mit mehr als dem Notwendigen.

■ **Lo-Vik Camping**, Straße 60 bei Loen, Tel. 5787 7619. Ostern bis 1.10. Preisniveau Camping: 1. 22 Hütten für 4 Personen 250–575 NOK.

Riesiger Platz an der Fjordbucht bei Loen. Legionen von Dauercampern und die schematisch aufgestellten Hütten warten auf Massenbetrieb in der Hochsaison. Trotzdem viel Platz für Zelte. Die »billigen« Hütten sind muffig, düster und deshalb gar nicht billig. Sanitäranlage so lala, W & T. Kiosk. Spielplatz. Baden, Ruderboote.

Im Lodal

Die vorgestellten Campingplätze befinden sich in der aufgeführten Reihenfolge am idyllischen Lovatn.

■ **Tjugen Camping**, Tel. 5787 7617. Preisniveau Camping: 2. 4 Hütten für 4 Personen 200–250 NOK, 2 Ferienhütten für 6 Personen 400–600 NOK, je nach Saison.

Einladendes Wiesenplateau mit Sitzbänken, ideal für Zelte und Wohnmobile. Große, gemütlich eingerichtete Ferienhütten mit überdurchschnittlicher Küche. Aufenthaltsraum wie Camperküche zum Verweilen geeignet. Neue Sanitäranlage, W & T. Kiosk. Spielplatz.

■ **Loenvatn Feriesenter**, Tel. 5787 7655, Fax 5787 7710. Ganzjährig geöffnet. Preisniveau Camping: 1–2. 28 Hütten und Zimmer für 4–6 Personen 1.6.–15.8. 230–650 NOK, sonst 130–550 NOK, alle mit Bad. Kafeteria, middag um 70 NOK.

Wenig Platz (an der Straße) für Zeltschläfer. Die meisten Hütten mit Bad, aber ohne jeden Pfiff, mit nackten Wänden. Sanitäreinrichtung ausreichend, W & T. Surfbretter zu vermieten.

■ **Sande Camping**, Tel. 5787 7659, Fax 5787 7859. Ganzjährig geöffnet. Preisniveau Camping: 2. 9 Campinghütten HS 225–350 NOK, ZS 190–300 NOK, NS 160–245 NOK. 6 Ferienhütten HS 450–750 NOK, ZS 380–630 NOK, NS 320–525 NOK. 4 Appartements für 2–3 Personen HS 365–625 NOK, ZS 315–535 NOK, NS 255–440 NOK. HS 15.6.–15.8.

Vorbildlich geführte Anlage mit Kafeteria und kleinem Laden. Nette Gastgeber, gemütliche Stellplätze auf leicht buckligen Terrassen am See, famose Aussicht auf die gegenüberliegenden Berge. Wer wenig Geld hat, sollte zelten, wer viel Geld hat, kann guten Gewissens ein Appartement mieten. Die preiswerten Hütten sind etwas unpersönlich eingerichtet. Gute Sanitäranlage, Sauna, W & T. Vermietung von Kanus, Ruderbooten, Fahrrädern.

■ **Helset Camping**, Tel. 5787 7631. 1.6.–31.8. Preisniveau Camping: 1. Hütten ab 250 NOK.

Klassisches Beispiel für Camping als Nebenerwerb. Auf der steil abfallenden Wiese beim Hof des Eigentümers steht kein Zelt, kein Wohnmobil gerade. Simple, aber saubere Sanitäranlage in der Scheune.

In Olden

■ **Olden Fjordhotel**, Ortsausgang Richtung Loen, Tel. 5787 3400, Fax 5787 3381. Geöffnet 1.5.–30.9. EZ 800 NOK, DZ 820–1050 NOK. Buffet um 230 NOK, à la carte um 250 NOK.

Akzeptable Zimmer mit Balkon, Textiltapeten und teilweise originellen Möbeln, für den Preis einen Tick zu klein. Gewagt: Nackte, abstrahierte Tatsachen an den Flurwänden. Fahrradvermietung.

■ **Yris Hotell Olden**, Tel. 5787 3240, Fax 5787 3490. 1.5.–30.9. geöffnet. 1.6.–31.8. mit Fjord Pass (C) EZ 630 NOK, DZ 760 NOK, sonst EZ 550–630 NOK, DZ 740–900 NOK. Buffet um 175 NOK, Dagens lunch um 170 NOK.

Der ausgestopfte Uhu an der Rezeption begrüßt vor allem Bustouristen. Die garantierte Übernachtungszahl beschert dem Individualreisenden bei hohen Preisen unterdurchschnittliche Zimmer, in denen seit Jahrzehnten bestenfalls die Matratzen ausgetauscht worden sein dürften.

■ **Olden Krotell**, Tel. 5787 3455. Ganzjährig geöffnet. EZ 335 NOK, DZ 450 NOK.

■ **Næsset Camping**, Ortsausgang Richtung Innvik, Tel. 5787 3346. 1.5.–30.9. Preisniveau Camping: 2. 13 Hütten für 2–4 Personen um 140–180 NOK.

Die preiswerten Standardhütten stehen, ähnlich den rorbuern, direkt am Wasser, mit feiner Aussicht auf den Fjord. Ideal für eine Nacht. Nur wenige Stellplätze für Zelt und Wohnmobile. Neuere Sanitäranlage, W & T. Spielplatz. Ruderboote. Die Besitzer kommen abends zum Kassieren.

Im Oldendal

■ **Løken Camping**, Tel. 5787 3153. 1.5.–30.9. Preisniveau Camping: 2. 7 Hütten für 2–4 Personen um 250 NOK. Ein Platz der Marke »schnell und billig«, um auch etwas vom Kuchen abzubekommen. Fahren Sie weiter.

■ **Solberg Hytter**, Tel. 5787 3150. Ganzjährig geöffnet. 5 Ferienhütten für 2–6 Personen, je nach Saison, 400–500 NOK. 2 Wohnungen in altem Haus für je 400 NOK.

Die Nobelhütten liegen abgeschieden auf einem bewaldeten Hügel verteilt. Mehrere Schlafzimmer, großes Bad, wohnliche Möbel, Mikrowelle – fast zuviel für Urlaub in der Natur.

■ **Agnes Sunde**, Tel. 5787 5921. Zimmer, Hütten, Wohnungen für 1–4 Personen, teilweise mit Küche. DZ 250 NOK, Hütten, Wohnungen 300–350 NOK.

Nicht wie bei Frau Saubermann, aber akzeptabel. Abzweigung 100 m vor »Oldevatn Camping«, Schild »husrom m. kjøkken«.

■ **Oldevatn Camping**, Tel. 5787 5915. 15.5.–1.9. Preisniveau Camping: 2. 6 Standardhütten für 4 Personen 200–250 NOK. Besser als »Løken Camping«, aber die guten Plätze kommen noch.

■ **Gytri Camping**, Tel. 5787 5950. Anmeldung schwierig, Besitzer kommt abends zum Kassieren. Preisniveau Camping: 2. 3 Hütten für 4 Personen 200–250 NOK.

Liegt hübsch auf Terrassen verteilt am See Oldevatn, durch Bäume und Sitzbänke etwas aufgelockert, ideal für Zelte und Wohnmobile. Sanitärhäuschen für die Hochsaison knapp bemessen, Ww. Spielplatz. Bootsvermietung.

■ **Melkevoll Camping**, Tel. 5787 3864. Preisniveau Camping: 1. Hütten für 2–4 Personen um 200 NOK.

Liegt dem Briksdalsbre am nächsten. Hier, am Ende des Tals, kündigt sich die rauhe Natur an: näherrückende Berge, ein rauschender Wildbach, der sich für ein Stück in einen Wasserfall verwandelt. In den Hütten ist es wegen der Berge eher düster, aber sie sind annehmbar eingerichtet. Mini-Sanitäranlage, keine weiteren Einrichtungen für Campinggäste.

■ **Briksdalsbre Fjellstove**, Tel. 5787 3811, Fax 5787 3861. EZ 250 NOK, DZ 500 NOK, jeweils ohne Bad. Frühstück inklusive. Hütte 350 NOK. Viel Rummel rund um die Fjellstation, komfortlose Zimmer, zu teuer. Mahlzeiten um 100–160 NOK.

In Hjelle
■ **Hjelle Hotel**, Hjelledalen, Tel. 5787 5250, Fax 5787 5350. Geöffnet ungefähr 1.5.–30.9. EZ 390–495 NOK, DZ 600–790 NOK.

Das Hotel liegt ganz im Osten der Gemeinde, dort wo die Touristen, aus Geiranger oder Ostnorwegen kommend, vom Gebirge herunterfahren. Hjelle ist eines dieser verschlafenen Nester von Stryn. Das Hotel liegt zwar direkt an der Hauptstraße (Kurve kriegen!), aber auch am Ostende des Sees Strynsvatn; der zauberhafte Hotelpark schiebt sich auf einer Landzunge in den See hinein.

Seit 1895 derselben Familie gehörend, wird das alte Holzhaus im englischen Stil gehegt und gepflegt. Wenn auch manche Zwischenwände wegen Brandgefahr ausgetauscht werden mußten, blieben die meisten Originalbalken erhalten. Die Zimmer sind in Ordnung. Toller alter Salon mit Klavier, verziertem Spiegel, Eisenofen und handgefertigten Sofabezügen.

In Stryn
■ **King Oscars Hall**, Tel. 5787 1953, Fax 5787 1953. 1.4.–30.9. EZ 400 NOK, DZ 700 NOK. Zimmer wegen geringer Bettenkapazität lieber telefonisch vorbestellen.

■ **Stryn Hotel**, Visnesveg 1, Tel. 5787 1166, Fax 5787 1802. 1.6.–31.8. mit Fjord Pass (C) EZ 530 NOK, DZ 760 NOK, sonst EZ 595–750 NOK, DZ 795–950 NOK. Bootsvermietung.

■ **Vesla Pensjonat**, Myrane 20, Tel. 5787 1006, Fax 5787 1938. EZ um 400 NOK, DZ um 600 NOK. Preisnachlaß je nach Saison.

■ Jugendherberge **Stryn Vandrerhjem**, Kreklingen, Tel. 5787 1106, Fax gleiche Nr. 20.5.–10.9. Für Mitglieder EZ 200 NOK, DZ 250 NOK, im Mehrbett-Zimmer 85 NOK. 13 Zimmer mit 2–8 Betten. Frühstück 55 NOK, Lunchpaket 40 NOK, Abendessen 70 NOK.

■ **Stryn Camping**, Tel. 5787 1136. Ganzjährig geöffnet. Preisniveau Camping: 2. 24 Hütten für 4–8 Personen 250–880 NOK. Kleine Hütten Standard, Ferienhütten mit zwei Schlafzimmern. W & T. Kiosk. Spielplatz.

Sehenswertes

■ **Briksdalsbre im Oldendal:** Zum Briksdals-Gletscher, sein Alter wird auf 2500 Jahre geschätzt, strömen mehr Touristen als zu jedem anderen Reiseziel in der Gemeinde. Die Landschaft wirkt runder, freundlicher, das Klima ist milder, die Vegetation nicht so spärlich, wie das am benachbarten Kjenndals-Gletscher der Fall ist.

Die Anfahrt erfolgt entweder mit Bus oder Auto. Der Bus fährt ab Stryn über Olden zur Fjellstation Briksdalsbre. Außer dem Pendlerbus – morgens raus aus dem Tal, nachmittags wieder zurück – verkehrt zwischen Mitte Juni und Mitte August ein Zusatzbus, der aber nur drei Stunden Aufenthalt ermöglicht.

Ab Olden führt eine ausgebaute Straße 24 km durch das Oldendal, das breiter ist und der Landwirtschaft mehr fruchtbaren Boden als im benachbarten Lodal läßt. Gegen Talende fahren Sie auf eine Gletscherwand zu, den *Melkevollbre*. Die Straße endet am großen Parkplatz der professionell geführten Fjellstation Briksdalsbre (Bewirtung, Übernachtung, Souvenire). Selbst in asiatischen Schriftzeichen wird hier für Norweger-Pullis geworben. Und in diesem Winkel des Landes auf einen Parkautomaten zu treffen, mag überraschen und zugleich enttäuschen – vorbei ist es mit den Briefkästen, in die der Benutzer seine Gebühr auf Vertrauensbasis einwirft.

Zum Gletscher sind es noch 2,5 km, davon 2 km auf einem Schotterweg, der 1927/28 auf Privatinitiative entstand, um mehr Touristen anzulocken. Ab der Fjellstation verkehren zwischen Mai und September Kutschen, die von Pferden aus der Region gezogen werden. Mitfahrpreis: 165 NOK. Die restlichen 500 m zu Fuß ersparen sie allerdings nicht.

In 346 m Höhe speist der Gletscherarm einen direkt angrenzenden See, auf dem ohne Eile Eisschollen treiben. Schilder und Absperrungsbänder warnen davor, dem Eis zu nahe zu kommen. Denn wann der nächste Brocken abbricht, weiß niemand.

■ **Kjenndalsbre im Lodal:** Bis zu 1.850 m hoch sind die steil aufragenden Berge, die das schmale Lodal einrahmen. Der 11 km lange See Lovatn, durch den das grünliche Schmelzwasser der Gletscher und Eiskappen Richtung Fjord fließt, ist mit seinen üppig bewachsenen, aber schmalen Ufern und den Bergen im Hintergrund für eine Fotosafari prädestiniert. Wanderwege gibt es zuhauf.

Wer die Gletscherzunge Kjenndalsbre aus der Nähe erleben will, kann entweder das Ausflugsboot, den Bus oder das eigene Fahrzeug benutzen; das letzte Teilstück muß jeweils zu Fuß zurückgelegt werden. Der Bus von Stryn nach Lodal verkehrt allerdings nur außerhalb der Schulferien, von Ende August bis Mitte Mai.

Das Ausflugsboot *M/B Kjendal* verkehrt ab 10.6. um 10 Uhr ab Sande, Rückfahrt 13 Uhr ab Kjenndalen, Weiterfahrt zum Gletschermit dem Bus. In der Hochsaison zusätzliche Abfahrt 14.30 Uhr, Rückfahrt 17.15 Uhr. Stops in Bødal nach Absprache. Preis: 100 NOK inklusive Bustransport, 60 NOK ohne, Kinder zwischen 10 und 15 Jahren 35 bzw. 20 NOK. Die knapp bemessene Zeit erzwingt die Inanspruchnahme des Busses.

Die Autostraße führt zunächst bis Kjenndalen, wo die Ausflugsboote aus Sande anlegen. Das letzte, 2,7 km lange Teilstück kostet dann Maut: 20 NOK für PKW, 30 NOK für Wohnmobile und 10 NOK für Motorräder. Die holprige Piste, an der in den letzten Jahren trotz Maut nichts geschehen ist, endet an einem nicht minder buckligen Parkplatz, wo der Gletscher in der Ferne schon auszumachen ist.

Der Kjenndal-Gletscher ist einer wildesten seiner Art, und die Chancen, eine kleine Lawine auf dem zerklüfteten Eisfeld mitzuerleben, stehen nicht schlecht. Zu dem rauhen Eindruck tragen auch der eisige Wind und die dunklen, steilen Berge zu beiden Seiten des Tals bei. Das Kjenndal war nie bewohnt, weil sich an bestimmten Stellen regelmäßig Schnee ansammelt, um im Frühjahr in gewaltigen Lawinen hinabzustürzen. Die daraus resultierenden Windturbulenzen entwickeln enorme Kräfte und sollen sogar massive Felsbrocken bewegen.

Vom Parkplatz aus sind es 25–30 Minuten zu Fuß, zuerst auf der Verlängerung des Fahrwegs, dann auf einem Pfad durch ein Lawinenfeld. Auf dem steinigen Boden behaupten sich bis zu 2 m hohe Sträucher, die sich im Wind biegen. Direkt am Gletscherfluß angekommen, kann man noch fünf Minuten dem Pfad am rechten Ufer folgen, bis man den besten Aussichtspunkt erreicht.

■ **Bødalsbre im Lodal:** Die Straße von Loen nach Kjenndalen teilt sich in Bødal, wo ein mautpflichtiger Fahrweg links hinauf zur Alm *Bødalsseter* abzweigt. Diejenigen, die gern quer auf der Motorhaube liegen, um jedem Staubkorn nachzustellen, sollten ihr Heiligtum auf vier Rädern lieber stehenlassen, denn was auf 3 km Länge hinter dem Gatter folgt, ist die kräftigste Buckelpiste, die ich während meiner Recherchen kennenlernte. Maut: 20 NOK. Ab Bødalsseter (500 m) geht es noch einmal gut eine Stunde über eine Hochebene bis zum Gletscher. Unter der Rubrik »Verschiedenes« finden Sie geführte Wanderungen ans und auf dem Eis.

■ **Jostedalsbreen Nasjonalparksenter**, Oppstryn, Tel. 5787 7200. Juli täglich 9–20 Uhr, Juni und August 9–18 Uhr, Mai und September 9–16 Uhr, April und Oktober 12–16 Uhr. Eintritt 50/25 NOK, Familien 120 NOK.

Das »Zentrum Nationalpark Jostedals-Gletscher« liegt am Südufer des Sees *Strynsvatnet,* zwischen Stryn und Hjelle (Str. 15). Der langegezogene Bau stellt ein Gebäude aus der Eisenzeit dar. In seinem Inneren bildet der Kinosaal den Mittelpunkt, wo Filme mit Naturmotiven gezeigt werden. Die Ausstellungen befassen sich mit Geschichte, Geologie, Botanik (Botanischer Garten) und Zoologie. Von Juni bis August werden hier Wanderungen an und über das Eis organisiert; benötigte Ausrüstungsgegenstände liegen bereit. Auch Besuche von nahegelegenen Bauernhöfen sind möglich.

Der zweite Akt in dem Versuch, an der Idee des Gletschermuseums in Fjærland zu partizipieren. Damit gibt es nun drei ähnliche Einrichtungen rund um den Gletscher, aufwendig gestaltete museale Erlebniszentren mit Media-Spektakeln und Ausstellungen. Die 14 Millionen NOK Startkapital schossen vor allem der Staat und das fylke Sogn og Fjordane bei, immerhin ein Drittel billiger als der Prototyp dieser neuen Generation, das besagte Gletschermuseum in Fjærland. Zur Eröffnung 1993 kam eigens Ministerpräsidentin Gro Harlem Brundtland aus Oslo.

■ **Landwirtschaft in Westnorwegen** heißt das Motto auf dem Bauernhof *Kyrkjeeide,* nahe der Nedstryn-Kirche, 5 km östlich von Stryn. Fotografien, Geräte und Schautafeln sollen über die Veränderungen bei Arbeitsbedingungen und Lebensformen in der Landwirtschaft sowie die Rolle der Bauernfamilien in der Gesellschaft berichten. Geöffnet 1.5.–31.8. 10–17 Uhr. Eintritt: 30 NOK, Kinder bis 14 Jahre frei.

Wanderungen

In den Touristenbüros, manchen Hotels und Campingrezeptionen gibt es einen schriftlichen Reisebegleiter für die Gemeinde Stryn, der mehr als 40 Spaziergänge und Wanderungen verschiedener Schwierigkeitsgrade vorschlägt. Im Lodal stehen an vielen Startpunkten entsprechende Wegweiser. Trotzdem ist es von Vorteil, vor dem Losgehen einen Einheimischen nach dem Weg zu fragen, denn nicht alle der (zu knapp) beschriebenen Routen sind markiert oder so leicht zu finden, wie das der Reisebegleiter zu vermitteln versucht. Wenig Kombinationsmöglichkeiten.

Ab Lodalen

■ Am Südufer des Lovatn verläuft ein leichter Wanderpfad durch stille, fast unbesiedelte Natur, der auf der Höhe von **Helset** endet. Beginn: Brücke in *Sæten*.

■ Die anspruchsvollste Tour führt auf den Gipfel des **Skåla** (1.848 m), wo ein Steinturm Unterschlupf gewährt. Den runden Turm errichteten 1891 Bauern aus der Umgebung. Kondition und wettererprobte Kleidung sind Voraussetzung. Beginn: Hinweisschild zwischen *Tjugen* und *Haugen*. Gehzeit: 7–8 Stunden.

Die Tour kann auch bei der Alm *Tjugenseter* (2 Stunden) oder beim Skåla-See (5–6 Stunden) beendet werden.

Ab Oldendalen

Vier längere, unterschiedlich schwere Routen schlägt eine Schautafel vor, die auf dem Campingplatz Melkevoll im Oldendal steht.

■ Ein unbeschwerlicher Traktorweg führt zum Gletscher **Brenndalsbre**. Beginn: *Åberg*. Gehzeit 1,5 – 2,5 Stunden.

■ **Kattnakken**, der Katzennacken, ist eine Gletscherzunge in 1.500 m Höhe, von deren Rand Gletscher und Gebirge toll zu übersehen sind. Beginn des Pfads: *Briksdalsbre Fjellstove*, Dauer: 4 – 5 Stunden.

■ **Oldeskaret** (etwa 1.100 m) ist der höchste Punkt eines Wegs, auf dem die Bauern früher Vieh über das vergletscherte Gebirge nach Jølster trieben. Beginn: *Melkevoll Camping*. Gehzeit 4 – 5 Stunden.

Gletscherwanderungen

■ **Stryn Glacier Guide Association**, Postboks 72, N-6880 Stryn, Tel. 5787 1200 und 5787 2333, Fax 5787 2222. Juni bis September täglich kurze (4 – 5 Stunden) wie lange (6 – 10 Stunden) Wanderungen auf den Bødalsbre. Anmeldung erforderlich; Verpflegung, wasserdichte, warme Kleidung und Sonnenbrille sind mitzubringen.

■ **Jostedalen Nasjonalparksenter**, Oppstryn, Tel. 5787 7200. Juni bis August. Siehe oben unter »Sehenswertes«.

Verschiedenes

■ **Rafting:** *Jølster Rafting*, Kontakt über das Touristenbüro Stryn.

■ **Sommerski:** *Strynefjellet Sommarski*, Tel. 5787 2333. Alte Straße 258 Richtung Grotli durch das *Videdal*. Saison: Mitte Mai bis Mitte September. Skizentrum für Langlauf und Alpinski mit Skischule, Ausrüstungsverleih etc.

■ **Notarzt:** Stryn, Tel. 5787 1256.

■ **Taxi:** Stryn, Tel. 5787 1423. – Loen, Tel. 5787 7660. – Olden, Tel. 5787 3115 und 5787 3817. – Innvik, Tel. 5787 4140. – Utvik, Tel. 5787 6546.

■ **Transport:** Lokalbusse Stryn, Mindresunde, Oppstryn, Hjelle, Tangen, Skåra (im Osten der Gemeinde). – Stryn, Flo (auf der Nordseite des Strynsvatn). – Stryn, Kjøs, Grodås (weiter nach Hellesylt). – Stryn, Vegtun, Blakset, Bergseterelv, Bakkesvadet, Ytre Hopland (auf der Nordseite des Innviksfjords). – Stryn, Lodalen (nicht Mitte Juni bis Ende August). – Stryn, Olden, Oldendalen/Briksdalsbre. – Stryn, Loen, Olden, Innvik, Utvik (im Südwesten der Gemeinde).

Weiterreise

■ **Bus:** Nach Ålesund (153 NOK) über Grodås, Hellesylt, Stranda, Sykkylven, Aursnes (Fähre nach Magerholm), Spjelkavik. – Nach Bergen (317 NOK) über Byrkjelo, Skei, Førde,

Sande, Vadheim, Lavik (Fähre nach Oppedal), Matre, Vikanes, Knarvik. – Nach Sogndal über Fjærland. – Nach Oslo (461 NOK) über Lom, Otta, Vinstra, Ringebu, Lillehammer, Hamar, Eidsvoll.

■ **Auto: Nach Geiranger.** Entweder auf Straße 15 ostwärts auf das Hochland, ab *Langevatn* auf Straße 63 nach Geiranger (gesperrt Anfang Dezember bis Ende April). – Oder auf den Straßen 15 und 60 nach Hellesylt, unterwegs, vor *Grodås,* Museum mit 400 Arbeiten des norwegischen Bildhauers *Anders Svor,* ab *Hellesylt* Autofähre über den Geirangerfjord nach Geiranger, ein traumhaftes Erlebnis.

Nach Ålesund. Entweder auf Straßen 15 und 60 nach *Hellesylt,* ab dort auf tunnelreicher Straße 60, unterwegs famoser Blick in den Geirangerfjord, über *Stranda,* dort schön gelegener Campingplatz *Osen* als Basis für Touren in die nähere Umgebung, nach *Sykkylven,* Autofähre nach *Magerholm,* kurz vor Ålesund. – Oder auf der Straße 15 westwärts nach Nordfjordeid, unterwegs an Norwegens tiefstem Binnensee vorbei: *Hornindalsvatn* (514 m). In **Nordfjordeid** Rast einlegen: Im Zentrum wartet eine dänische Bäckerei mit exquisiten Leckereien. Nun, bis Ålesund, weiter auf Straße 1 durch das *Stigedal* zum Fähranleger *Folkestad,* Autofähre nach **Volda**. Das kleine Städtchen liegt hübsch am gleichnamigen Fjord, zieht sich einen sanften Hang hinauf. Es selbst hat keinen Architekturpreis verdient, aber die Steinkirche (1932) ist eine der schönsten neuzeitlichen im Land (Furtwänglerorgel mit 31 Registern). Die Medienfakultät der hiesigen Universität ist »Hoflieferant« für Jungredakteure in Rundfunk und Fernsehen an den Norwegischen Rundfunk, NRK. Das benachbarte **Ørsta** liegt nicht weniger reizvoll zwischen Fjord und Fjell. Am Hauptkreisel, nahe dem pittoresken Kleinboothafen, finden Sie die Statue Ivar Aasens, dem Norwegen die Existenz zweier gleichberechtigter Sprachen zu verdanken hat; siehe »Eine Nation, zwei Sprachen«. Ab Ørsta stets am Fjord entlang zum Fähranleger Festøy, Autofähre nach Sunde, kurz vor Ålesund.

Zum Sognefjord. In umgekehrter Richtung unter »Sognefjord, Fjærland, Weiterreise« beschrieben.

Nach Bergen. In umgekehrter Richtung beschrieben unter »Bergen, Weiterreise«.

Geiranger

Der Bilderbuch-Fjord

Der Geirangerfjord ist das bekannteste Fotomotiv Norwegens. Hohe Berge rahmen das türkisfarbene Wasser des engen Fjords, Wasserfälle schmücken die steilen dunklen Gneisfelsen – eine Landschaft, die sogar gefilmten Heimatschnulzen der Adenauer-Ära als Kulisse diente.

Adenauer war noch nicht geboren, als die ersten Ausländer nach Geiranger kamen; das Dorf hieß damals noch *Maråk,* so wie die größte einheimische Familie. 1869 lief schließlich der erste Kreuzfahrtdampfer aus England ein, und im darauffolgenden Jahr waren es schon sechs. Die Reisenden waren vom Fjord ebenso angetan wie von dem verschlafenen Nest mit seinem krachenden Wasserfall, der mitten durch den Ort rauscht, den Kirsch- und Apfelbäumen, den Stachel- und Johannisbeersträuchern, die sie in dieser rauhen Bergwelt nicht erwartet hatten.

Von 1880–1889 wurde ein Weg über das Gebirge angelegt, der den Bauern von *Oppland* im Landesinnern eine Verbindung zur Wasserstraße Geirangerfjord ermöglichte. 300 Männer waren im Einsatz, konnten wegen der gewaltigen Schneefälle nur im Sommer arbeiten. Noch heute sind sieben der neun Steinbrücken mit PKW befahrbar, zum Beispiel *Knuten,* der Knoten, (1882), der sowohl unter- als auch überquert wird. Trotzdem war *Geirangerveien,* der mit 29 Serpentinen von 0 auf 1.038 m ansteigt, anfangs kaum mit Pferden zu meistern und mußte ständig ausgebessert werden. Später kam die zunächst aus wirtschaftlichen Überlegungen entstandene Verkehrsverbindung auch dem Tourismusgeschäft zugute: Die Gemeinde ließ in den 30er Jahren einen Weg von Geirangerveien auf den 1476 m hohen *Dalsnibba* anlegen und kaufte 31 Automobile, um die Touristen auf den Aussichtspunkt zu kutschieren.

Heute steht den rund 260 ständigen Einwohnern Geirangers eine Kapazität von mehr als 3000 Übernachtungen gegenüber. Da viele Touristen »nur« im Rahmen einer Schiffs- oder Busreise Station in Geiranger machen, summiert sich die Zahl der jährlichen Besucher mittlerweile auf 500.000 bis 600.000! Neben dem Fremdenverkehr wird noch ein wenig Landwirtschaft betrieben. Der Wasserfall ist zwischen Beton eingezwängt, fällt noch auf, aber dominiert nicht mehr das Erscheinungsbild. Kein anderer Ort Norwegens steht so konsequent im Zeichen des Tourismus. 1995 sagten sich mehr als 100 Kreuzfahrtschiffe an – nur in Bergen gehen mehr der weißen Riesen vor Anker. An sonnigen Tagen in der Hochsaison machen schlendernde Touristen und Autos, die entweder nach einem Parkplatz suchen oder in der Warteschlange am Fährkai stehen, den unteren Ortsbereich zum geduldsfordernden Nadelöhr (das demnächst umgebaut werden soll). Die Souvenirbuden und das Touristenbüro sind brechend voll. Früh sollte kommen, wer sich im Touristenbüro beraten lassen oder mit dem Auto auf die Fähre nach *Hellesylt* will, das wahre Objekt der Begierde, die unvergeßliche Reise durch den Geirangerfjord.

Die Saison ist kurz und heftig. Wer im September Geirangerveien befährt, kann in 1000 m Höhe möglicherweise schon einen Schneemann bauen. Ab Oktober wird es zügig dunkler, kälter und niederschlagsfreudiger. Die Autofähre verkehrt nicht mehr, und Anfang Dezember wird Geirangerveien gesperrt. Vier bis sieben Meter hoch liegt dort im Winter der Schnee. Die einzige Verkehrsverbindung zur Außenwelt bis Ende April ist dann die Straße 63 nach *Eidsdal,* die sich am Nordufer des Fjords in Serpentinen auf 625 m windet und deshalb *Ørneveien* heißt, der Adlerweg.

Information
■ **Geiranger Turistinformasjon**, N-6216 Geiranger, Tel. 7026 3099. Geöffnet 1.6.– 31.8. 9 –19 Uhr, Anfang Juni und Ende August nur 10 –17.30 Uhr. Großer Andrang, Wartezeiten nicht auszuschließen, deshalb zeitig kommen.
■ **Hellesylt Turistinformasjon**, am Fährkai, Tel. 7026 5052. Mitte Juni bis Mitte August.

■ **Geiranger og Stranda Reiselivslag**, N-6200 Stranda, Tel. 7026 0044, Fax 7026 0714. Antwortet auf schriftlichen Anfragen und Prospektwünsche außerhalb der Saison.

Unterkunft

Wie in einem Basar den Preis aushandeln, wenn die Saison nicht läuft, teils unfreundliche Gastgeber, wenn die Saison gut läuft und die Gäste ohnehin kommen – die Spuren des Tourismus. Deshalb können die angegebenen Preise, vor allem der Hütten, bestenfalls als Anhaltspunkte herhalten.

Vorsicht, wenn mehrere Übernachtungsbetriebe direkt hintereinander liegen, denn in der Regel ist der erste nicht der beste; zum Beispiel am Südufer des Fjords, wo die Straße 2 km außerhalb des Ortskerns endet. Wer zelten will, kann sich den Weg dorthin übrigens sparen. Wegen der Hanglage sind keine Zeltplätze vorhanden.

Außer Hotels und Campingplätzen gibt es einige Privatquartiere, in denen Doppelzimmer um 250 NOK zu haben sind. Beachten Sie die Hinweise »rom« oder »husrom«.
■ **Union Turisthotel**, Tel. 7026 3000, Fax 7026 3161. 1.3.– 20.12. geöffnet, 1.5.– 30.9. mit Fjord Pass (D) EZ 560 – 605 NOK, DZ 880 – 910 NOK, sonst EZ ab 810 NOK, DZ ab 1100 NOK.

Liegt am Geirangerveien, schon ein ganzes Stück oberhalb des Fjords. Mit

Giebeln, viel Glas und einer schönen Balkonfront der gelungenste Hotelbau im Ort. Gleiches gilt für die großen Zimmer in angenehmen, zarten Farbtönen. Hübscher Garten. Hallenbad und Swimmingpool im Freien.

■ **Hotel Utsikten Bellevue**, Tel. 7026 3003, Fax 7026 3018.15.5.–15.9. geöffnet. EZ 540–590 NOK, DZ 760–860 NOK. Mahlzeiten nach Bedarf.

Liegt in einer Kurve oben am Ortsausgang und bietet demgemäß, der Namen sagt es schon, eine nette Aussicht. Im Hotel herrscht eine bedächtige Atmosphäre: klassische Musik im »Foyer«, Flügel im Salon, Gemälde namhafter norwegischer Maler, eine liebevoll aufbereitete geologische Sammlung, Rauchen und »Rauschmittel« verboten. Komfortlose Zimmer, in denen die Zeit seit 30 Jahren stehengeblieben zu sein scheint. Der Clou: zwei Toiletten mit Aussicht auf den Fjord.

■ **Hotel Geiranger**, Tel. 7026 3005, Fax 7026 3170. 1.5.–30.9. geöffnet. Mit Fjord Pass (D) EZ 605 NOK, DZ 910 NOK, sonst 650–770 NOK, DZ 840–1080 NOK. Zimmer nach hinten etwas preiswerter.

Das plumpe Viereck liegt zentral, aber eingezwängt in der Nähe des Fährkais. Top die Zimmer mit Fenster zum Fjord: Veranda, Aussicht, gefällige Möbel im Skandi-Design und jede Menge Zartgrün. Die Zimmer nach hinten sind ohne Veranda und erschreckten zuletzt mit der Farbkomposition Braun, Orange und Rostrot.

Die Möbel verraten Anhänglichkeit an die 60er Jahre. Der geringe Preisunterschied ist ein Witz.

■ **Meroks Fjord Hotel**, Tel. 7026 3002, Fax 7026 3170. 1.5.–30.9. geöffnet. Mit Fjord Pass (C) EZ 530 NOK, DZ 760 NOK, sonst EZ 660–710 NOK, DZ 900–1000 NOK. Verwaltet vom »Hotel Geiranger«, nur bei Bedarf geöffnet. Unten am Kai.

■ **Grande Fjord Hotell**, Tel. 7026 3090, Fax 7026 3177. 1.5.–30.9. geöffnet. Mit Fjord Pass (B) EZ 480 NOK, DZ 660 NOK, ohne in der Hochsaison EZ 550–605 NOK, DZ 620–810 NOK, sonst EZ 500–605 NOK, DZ 575–810 NOK. Frühstück 70 NOK. Bootsvermietung.

Das Gelände (mit Campingplatz, siehe unten) liegt abseits des rummelgeplagten Ortskerns am Nordufer des Fjords, wo sich die Serpentinenstraße Ørneveien nach oben schraubt. Die Zimmer verteilen sich auf eine motelartige Baracke. Durch den Reihenhauscharakter fehlt die persönliche Note, aber die Räume sind groß und relativ preiswert. Zum Betrieb gehört auch:

■ **Grande Fjordhytter og Camping**, Tel. 7026 3090. 1.5.–30.9. Preisniveau Camping: 2–3. 19 Hütten für 4–6 Personen um 175–600 NOK, in der Hochsaison ab etwa 250 NOK.

Sanft hügeliges Terrain, günstig gelegen, weil außerhalb des Ortskerns. Romantischer, grasbewachsener Uferstreifen den Zelten vorbehalten. Die Hütten stehen dermaßen aneinandergedrängt, daß sie sich gegenseitig die

Aussicht nehmen – egal, sie gehen ja doch weg. Sanitäranlage ausreichend, W & T. Kiosk. Spielplatz. Bootsvermietung. Das Gelände grenzt unmerklich an:

■ **Grande Turisthytter og Camping**, Tel. 7026 3068. 1.5.–30.9. Preisniveau Camping: 2–3. 11 Hütten für 2–6 Personen um 250–650 NOK, die Ferienhütten mit zwei Schlafzimmern. W & T. Kiosk. Spielplatz. Bootsvermietung.

■ **Geiranger Camping**, Tel. 7026 3120. 15.5.–15.9. Preisniveau Camping: 2–3. Keine Hütten.

Einzige Alternative am Fjord, wenn Grande überfüllt ist. Große Wiese zu beiden Seiten einer Bachmündung, zwar im Ortskern, aber auf unbebautem Gelände. Bäume fehlen, Massentourismus vorprogrammiert. Sanitärgebäude akzeptabel, W & T. Kiosk. Spielplatz. Bootsvermietung.

■ **Homlong Camping**, Tel. 7026 3042. 1.5.–30.9. Kein Camping. 10 Campinghütten für 4 Personen um 175–325 NOK, 1 Ferienhütte für 6 Personen um 400 NOK.

Liegt am Südufer, dort wo die Straße endet. Standardhütten teilweise mit großer Veranda. Ruderbootbenutzung gratis. Beim Bau des Sanitärhauses scheint das Abluftrohr vergessen worden zu sein. Trotz gemütlicher Sitzbänke am Fjord ein Platz ohne einladende Atmosphäre, der davon profitiert, daß die potentiellen Gäste hier zuerst vorbeikommen.

■ **Fjordan Camping**, Tel. 7026 3077. 1.6.–15.9. Kein Camping. 11 Hütten für 2–4 Personen um 200–300 NOK. 4 Nobelhütten mit Bad für 2–3 Personen um 450–550 NOK.

Kommt gleich hinter Homlong. Die kleinen Hütten sind Standard, die Ferienhütten aber mit das Feinste, was ich bisher in Norwegen gesehen habe: großes Panoramafenster, überbaute Veranda, wohnliches Holzhausambiente. Benutzung von Ruderbooten im Preis inbegriffen.

■ **Solhaug Camping**, Tel. 7026 3076 und 7026 3125. Geöffnet April bis November. Keine Zelte. 2–3 Stellplätze für Wohnmobile 60 NOK. 8 Hütten für 4 Personen um 275–550 NOK.

Letzter Übernachtungsbetrieb am Südufer. Die kleinen Hütten teilweise mit Waschbecken, gemütlich eingerichtet, mit Aussicht auf den Fjord. Große Ferienhütten mit Veranda und zwei Schlafräumen.

■ **Vinje Camping**, Tel. 7026 3017. 1.6.–10.9. Preisniveau Camping: 2. Keine Hütten.

Liegt in Geiranger an der Paßstraße Richtung Stryn/Odda, leider nicht hoch genug, deshalb schlappe Aussicht. Gepflegte Terrassen mit Bäumen, Wiesen, Steinbegrenzungen und – einem Wasserfall. Passable Sanitäreinrichtungen, W & T. Kiosk. Spielplatz.

■ Über weitere Anbieter von **Hütten** informieren Sie sich am besten in einer der ausliegenden Broschüren.

In Hellesylt

■ **Grand Turisthotel**, Tel. 7026 5100. Von Ostern bis Weihnachten. EZ um 250–450 NOK, DZ um 575 NOK. Selbstgemachter Kuchen. Hat den Namen von »Grand Hotel« in »Grand Turisthotel« geändert, um nicht allzu hohe Erwartungen zu wecken. Die billigen EZ nur mit Bad auf dem Flur.

■ Jugendherberge **Hellesylt Vandrerhjem**, Tel. 65 128 und 63 657. 1.6.–1.9. EZ für Mitglieder 150 NOK, DZ 250 NOK, im Mehrbett-Zimmer 90 NOK. 14 Zimmer mit 2–6 Betten. Frühstück 55 NOK, Lunchpaket 40 NOK, Abendessen 75 NOK. Die Jugendherberge liegt 1,5 km vom Fährkai entfernt. Ruderboote vorhanden.

■ Zwei **Campingplätze:** *Hellesylt Camping,* Tel. 7026 5104. – Und *Stadheimfossen Camping,* Tel. 7026 5079.

Essen und Trinken

■ Nahe des Fähranlegers haben sich zwei Restaurants etabliert: **Oldebuda**, Tel. 7026 1040, eher gehoben. – Und **Naustkroa**, smørbrød und eher einfache Mahlzeiten.

■ Die **Djupvasshytta** liegt 1030 m hoch am glasklaren, türkis bis dunkelblau schimmernden See *Djupvatn,* kurz vor der Kreuzung der Straßen 63 und 15. Zwei bis drei wechselnde Hauptgerichte um 75 NOK, Waffeln, Karamelpudding, smørbrød, rømmegrøt etc.

Sehenswertes

■ Ohne die **Schiffahrt über den Geirangerfjord** wäre der Besuch von Geiranger sinnlos. Mehr als 1.000 m hohe Berge säumen den schmalen Fjord, der sich 16 km lang wie eine Schlange durch die Landschaft windet, bevor er in den *Sunnylvsfjord* übergeht. Die tiefste Stelle mißt 350 m.

Im Frühjahr liegt auf den Bergen noch Schnee, der mehrere Wasserfälle speist, die an den steilen Felswänden in die Tiefe stürzen und die gemäß ihren Formen originelle Namen tragen. Passiert das Schiff die *Sieben Schwestern* oder den *Brautschleier,* werden die Fotoapparate malträtiert. In einem trockenen Sommer kann es allerdings im August passieren, daß einige Schwestern vereist und die anderen magersüchtig sind.

Große Aufmerksamkeit finden auch die verlassenen Bauernhöfe, die sich an halbwegs ebene Terrassen zu krallen scheinen; manche unten am Ufer, andere in 500 m Höhe, manche verfallen, andere als Sommerhäuser renoviert. Gemein ist ihnen, daß sie nur über den Wasserweg zu erreichen sind. Einer mußte wegen Lawinengefahr verlassen werden, die anderen wegen der aussichtslosen wirtschaftlichen Zukunft für solch kleine Parzellen. Der Bauer von *Knivsflå* zog 1899 ins Dorf, aber noch heute weiden dort im Sommer Schafe, Ziegen und Milchkühe. Hans-Magnus Enzensberger erzählt in seinen »Norwegischen Anachronismen« (Ach Europa!) über

Geschichte und Bewohner solcher Einödhöfe.

Die Autofähren Geiranger-Hellesylt, die 70 Minuten unterwegs sind, verkehren zwischen Mai und September viermal (eine Fähre), in der Hochsaison bis zu dreizehnmal täglich (drei Fähren). An sonnenverwöhnten Tagen ist mit Wartezeiten zu kalkulieren, weil die Fähre nicht immer alle Autos mitnehmen kann. Wer das vermeiden will, wer sowieso in Geiranger oder Hellesylt Quartier bezogen hat, kann sein Auto stehenlassen und mit der Fähre hin und zurück zu fahren. Langeweile kommt wegen der doppelten Fahrt bestimmt nicht auf. Ein Tonband begleitet die Reisenden in verschiedenen Sprachen, sogar auf japanisch. Preise: Auto inklusive Fahrer 92 NOK, Erwachsene 29 NOK.

Mehr Service (Restaurant mit Bier und Wein) und mehr Gedränge bietet das Ausflugsboot *M/S Geirangerfjord,* das vier- bis sechsmal täglich zu einer anderthalbstündigen Sightseeing-Tour ausläuft. 1.6.–31.8. Preis 65/30 NOK. Weitere Informationen im Touristenbüro oder unter Tel. 9466 0502.

■ Die **Aussicht vom 1476 m hohen Dalsnibba** ist zwar ein Erlebnis, aber kein Muß und fällt nicht selten wegen tiefhängender Wolken aus. Information: »Geiranger Skysslag«, Tel. 7026 3115. Anfahrt: Straße 63 Richtung Stryn/Odda, Abzweigung bei der Djupvasshytta.

Stolze 40 NOK pro Auto sind fällig, um die einst berüchtigte Serpentinenstrecke zu benutzen. Ihre vermeintliche Gefährlichkeit hat sie eingebüßt, seit die Fahrbahn verbreitert wurde, damit auch Busse den Parkplatz auf dem plateauähnlichen Gipfel erreichen. Einzig dem unsteten Wetter dürfte es zu verdanken sein, daß dort oben noch keine Waffeln gebacken und Rentierfelle verkauft werden. Der Geirangerfjord ist von hier nur ein Detail in der Kulisse, wenn auch das wichtigste; die Kreuzfahrtschiffe gleichen weißen Stecknadelköpfen. Die anderen drei Himmelsrichtungen dominieren Gebirge, doch ein überwältigendes Gefühl stellt sich nicht ein, weil die Gipfel etwa auf demselben Höhenniveau wie Dalsnibba liegen.

Wanderungen

Das Touristenbüro hält ein Blatt parat, auf dem neun Touren vorgeschlagen werden. Die Auflistung erläutert in Kurzform, was es zu sehen gibt, und enthält Angaben zu Gehzeit und Schwierigkeitsgrad. Alle Wege sind traditionell rot markiert, die Startpunkte durch neue Wegweiser aus Holz nicht zu verfehlen. Leider sind die Routen kaum zu kombinieren, so daß Rundtouren entweder gar nicht oder nur durch die Benutzung der Straße möglich sind. Und an einigen Startpunkten ist kein Platz, um ein Fahrzeug zu parken (Touren 4 und 7).

■ Tour 2 zum 30 m hohen Wasserfall **Storseterfossen** ist mittelschwer, wegen teils kräftiger Steigung kein Spaziergang. Die Warnschilder an den rauschenden Bächen unterwegs stehen da nicht umsonst, denn es geht flott abwärts, und die Strudeltöpfe haben so manchen Verunglückten in keiner beneidenswerten Verfassung wieder an die Oberfläche gelassen. Das Besondere an Storseterfossen ist, daß er von einem überhängenden Felsen hinabstürzt, unter dem der Wanderer hindurchgehen kann. Gehzeit: 50–60 Minuten.

Wer seine Ruhe haben möchte, sollte die schwierigeren Touren 3, 5 und 7 probieren. Gehzeit: je zwei Stunden.

■ Eine kürzerer Spaziergang beginnt in einer der oberen Kehren von **Ørneveien**, dort wo eine kleine Haltebucht für etwa drei Autos direkt in der Kurve liegt. Am dahinterliegenden Gatter (wieder schließen!) beginnt ein ebener Schafspfad über Stock und Stein, in dessen Verlauf sich mehrere nette Ausblicke auf den Fjord ergeben. Der Weg passiert die Fundamente eines verfallenen Gehöfts und stößt nach 10–15 Minuten auf einen abwärts rauschenden Bach – Zeit zur Umkehr, denn besser wird die Aussicht nicht mehr.

Verschiedenes

■ **Fjord-Sightseeing:** 1.6.–31.8. mit der »M/S Geirangerfjord«; siehe oben unter »Sehenswertes«. – Fjordfahrten sowie Besuche von Berghöfen organisiert »Geiranger Turistservice«, Tel. 7026 3123. – Rundflüge mit dem Wasserflugzeug: kleine Tour in 15 Minuten über Fjord und Umland, 250 NOK; große Tour in 40 Minuten über die Fjordwelt bis zum Gletscher Jostedalsbre, 500 NOK. Information oder Tel. 5786 5388 oder im Touristenbüro.

■ **Busrundfahrten:** auf der »Golden Route«, eine dieser künstlich auf den Schild gehobenen Routen, die sich die Marketingfritzen ausgedacht haben. Über den Trollstig (siehe unten) und Valldal geht's nach Åndalsnes, nette Lage, nichtssagendes Städtchen. Für 107 NOK einfacher Weg.

■ **Angeln:** In Hellesylt und Umgebung gibt es in drei Flüssen und zehn Seen Forellen zu angeln. Die Flüsse *Bygdaelva, Langedalselva* und *Nibbedalselva* münden alle in Hellesylt in den Fjord und sind leicht zu erreichen. Die Seen liegen in höheren Regionen und müssen erwandert werden. Tageskarte um 30 NOK. Informationen und Angelschein in den Touristenbüros von Hellesylt und Sunnylven oder in der Jugendherberge von Hellesylt.

Ebenfalls Forellen finden sich in mehreren Bergseen im *Djupdal,* unterhalb von Dalsnibba. Tageskarte um 45 NOK. Infos und Angelkarte im Touristenbüro Geiranger.

■ **Fahrradvermietung:** Touristenbüro Hellesylt. Halber Tag 50 NOK, ganzer Tag 100 NOK.

Weiterreise

■ **Bus:** Geiranger ist Station der Busroute von Åndalsnes (88 km) nach Langevatn (50 km, Anschluß an »Nordfjordexpressen« Måløy-Stryn-Otta-Oslo). Alternative Abfahrten durch Kombination derBuslinien Geiranger-Eidsdal und Valldal-Åndalsnes mit der Fährroute Linge-Eidsdal.

Hellesylt ist Station der Busroute von Ålesund (89 km) nach Stryn (53 km).

■ **Auto: Nach Ålesund.** Entweder ab Hellesylt auf tunnelreicher Straße 60 über *Stranda,* dort schön gelegener Campingplatz *Osen* als Basis für Touren nach Ålesund und Geiranger möglich, nach *Sykkylven,* Autofähre nach *Magerholm,* kurz vor Ålesund. – Oder Straße 63 über Ørneveien auf eine Hochebene mit von Gletschern geschliffenen Berghängen und dem malerischem See **Eidsvatnet**, langsamer Abstieg nach *Eidsdal,* Autofähre nach *Linge,* ab dort gen Westen auf Straßen 63, 650 und 1 nach Ålesund. – Oder ab Linge auf der Straße 63 ostwärts nach *Valldal,* dort möglicher Abstecher nach **Tafjord**, das 1934 von einer verheerenden Lawine (7 Millionen Kubikmeter Gestein) heimgesucht wurde, und Besuch des Wasserkraftwerks Tafjord (Tel. 7025 8000). Straße 63 ab Valldal mit langsamem Anstieg durch ein rauhes Hochtal auf 850 m Höhe (Wintersperre Anfang Dezember bis Mitte Mai); oben angekommen, legen Souvenirbuden, die Kafeteria »Trollstigen Fjellstue« (10–18 Uhr, So 10–20 Uhr) und ein paar private Ferienhäuser in dieser an sich trostlosen Gegend den Schluß nahe, daß etwas Ungewöhnliches bevorsteht. Das Ungewöhnliche ist die tollkühne Serpentinenstraße **Trollstigen**, eine der besungenen Touristenrouten (Gefälle 10–12 %), die sich down to the Isterdal windet. Kommen Sie bei nicht allzu tiefhängenden Wolken an, können Sie das Spektakel von oben betrachten: Zwischen den beiden Souvenirhäuschen beginnt ein 200 m langer Weg, der zuletzt über eine Holztreppe auf eine Aussichtsplattform führt. Wer sich seiner Schadenfreude nicht schämt, darf sich freuen, wenn Träger absatzbetonter Schuhwerks ihren Kampf mit den unkonventionellen Treppenstufen austragen. Von der Plattform liegen Isterdal und Trollstigen in ganzer Breite vor dem Betrachter. Die Autos gleichen von hier aus Matchbox-Spielzeug, kriechen respektvoll vorwärts. In vielen Passagen reicht die Breite nur für ein Fahrzeug aus, so daß, je nach Verkehrsaufkommen, in die Ausweichbuchten rangiert werden muß. Mitunter beleben Schafe und Gaffer das ohnehin turbulente Treiben auf der Fahrbahn. Auch der alte Saumpfad ist zu erkennen, seitdem er in den letzten Jahren restauriert worden ist. Und damit sind wir bei der Geschichte: Etwa um 1700 wurde an dieser Bergwand jener steile Saumpfad angelegt, der das Romsdal mit dem Valldal verbinden sollte. Lange Zeit blieb es ein gefährliches

Unterfangen, sich mit Pferden auf den Steig zu wagen, doch gerade der Warentransport war der entscheidende Anlaß für den Pfad gewesen. Als der Weg 1915 nach zehn Jahren mühsamer Handarbeit ein weiteres Mal verbessert worden war, begann auch in Norwegen das Zeitalter der Automobile – womit der neue Weg eigentlich überholt war. 1925 wurde der Bau einer Autostraße beschlossen. Der Bautrupp mußte mit Ideenreichtum, Dynamit, Handarbeit und primitiven Hilfsmitteln auskommen, denn große Maschinen standen damals noch nicht zur Verfügung. Ein Schmiedeofen wurde unter Feuer gehalten, um notwendiges Werkzeug herstellen zu können. Das Dynamit mußte in der Regel vor dem Gebrauch aufgewärmt werden. Loren auf Schienen, die das lose Gestein transportierten, mußten von Menschen und Pferden geschoben und gezogen werden. Ein Transportkran wurde konstruiert wie eine Seilbahn, die beim Bau der Brücke über den Wasserfall Arbeiter und Material auf die andere Seite beförderte. Kein Geringerer als König Håkon VII. war es, der Trollstigen am 31.7.1936 eröffnete. Umgehend band man die Serpentinenstrecke in den Fremdenverkehr ein: Touristen, die mit Ausflugsbooten nach Åndalsnes kamen, wurden mit Autos den Trollstig hinaufkutschiert und aßen oben zu Mittag. Das Restaurant stand nicht weit vom Abgrund, dort wo heute die beiden Souvenirbuden ihren Schnickschnack feilbieten. Anfang der 70er Jahre erhielt Trollstigen seine erste Asphaltdecke, was zu seiner Entschärfung beitrug. Gefahr drohte und droht eigentlich nur noch von Lawinen, denen zum Beispiel das alte Restaurant, ebenfalls in den 70er Jahren, zum Opfer fiel. Besonders in den Monaten Mai und Juni, wenn das ständig abfließende Schmelzwasser die Erosion begünstigt, können Geröll und Schnee in Bewegung geraten – so geschehen im Juni 1991, als die Straße auf 50 m Länge verschüttet wurde. Das **Trollstig-Vegmuseum** vollzieht in vielen Fotografien die oben zusammengefaßte historische Entwicklung nach. Besonders beeindruckend sind die Fotos, die die schwierigen Schneeräumungsarbeiten wiedergeben. Die meisten Exponate stammen aus der Zeit des Straßenbaus: Dynamit-Kisten, Paraffinlampen, Sicherheitsgurte, Transportbehälter, Stahlhufe, die die Pferde im Winter trugen, um Halt zu finden, ein Modell der Seilbahn oder eine Bücherkiste, die von Wohnbaracke zu Wohnbaracke wanderte, um die Arbeiter abends mit Lesestoff zu versorgen. Das Museum, neben Trollstigen-Fjellstue, ist etwa vom 15.6. bis zum 10.8. geöffnet. Nach der Abfahrt über den Trollstig fahren Sie durch das leicht abfallende *Isterdal,* das von bis zu 1.600 m hohen Bergen eingerahmt wird und dessen einzige Bewohner die Kühe zu sein scheinen, die träge auf der Fahrbahn stehen und nur widerwillig Platz machen. In *Sogge bru* trifft die Straße 63 auf die Straße 9, die durch das wildromantische **Romsdal** ins Inland führt; zumindest für 10–15 Kilometer lohnt es sich, in das Romsdal hineinzufahren. Prägnant die Felsnase des 1550 m hohen **Romsdalshorns** (Kraftwerk im Berginneren, keine Besuch von Individualtouristen), grandios die bis zu 1800 m hohen Berge auf beiden Seiten, die bis auf 300 Meter aneinanderrücken. In diesem Talabschnitt bleibt die Sonne während der kalten Jahreszeit monatelang hinter den Granitwänden verborgen. Zurück nach Sogge bru, wo Sie sich westwärts Richtung *Åndalsnes* halten, ab dort weiter auf Straße 9 nach Ålesund.

Nach Sunndalsøra. Zunächst wie die letztgenannte Anreiseroute nach Ålesund, mit allen Höhepunkten wie Tafjord, Trollstigen und Romsdal, ab Åndalsnes aber nordwärts auf den Straßen 64, 660 und 62 ins Sunndal, fast die gesamte Strecke an Fjorden entlang. Unterwegs mögliche Abstecher ins Eikesdal und ins Øksendal; siehe unter »Sunndal«.

Ins Landesinnere oder ins südlich gelegene **Fjordland.** Straße 63 über Geirangerveien auf 1.038 m, mündet am See *Langevatn* in Straße 15 (Otta-Lom-Stryn-Måløy). Wintersperre Geirangerveien von Anfang Dezember bis Ende April.

Ålesund

Kaiser Wilhelms ferne Liebe

Die Stadt Ålesund (sprich: olesünn) wurde 1848 gegründet, als Bergen und Trondheim nicht mehr die alleinigen Handelsprivilegien für Westnorwegen besaßen. 1300 Menschen lebten zu diesem Zeitpunkt in Ålesund.

In der zweiten Hälfte des vorigen Jahrhunderts bescherte der expandierende Fischfang der Stadt bescheidenen Aufschwung: Ålesund war der Hauptumschlagplatz für Dorsch; der Hafen befand sich im *Brosund*, die Speicher lagen rundum verteilt. Zur Jahrhundertwende wurden bereits 11.000 Einwohner gezählt, doch die Menschen lebten beengt, und es herrschte noch viel Armut.

Ein markantes Datum der Stadtgeschichte ist der 23. Januar 1904, als ein Großbrand 850 Gebäude vernichtete und 10.000 Menschen obdachlos machte. Eine der schillerndsten Figuren, die sich bei der Wiedererrichtung hervortaten, war der deutsche Kaiser *Wilhelm II*. Er wurde seinem Ruf als ausgesprochener Freund Norwegens gerecht, indem er mehrere Schiffe mit Versorgungsgütern und Baumaterial schickte. Eine Statue im Stadtpark und eine nach ihm benannte Straße im

Zentrum erinnern an seine Unterstützung.

Drei Jahre dauerte es lediglich, bis Ålesund wiederaufgebaut war. Nach dem Vorbild anderer Städte genehmigten die Behörden fast ausschließlich Steinbauten, um die Wiederholung einer solchen Katastrophe zu vermeiden. Gemäß der damals populären Architektur entstand ein vom Jugendstil geprägtes Stadtzentrum, das ebenso traditionelle norwegische Züge trug. So kam es, daß sich Türmchen, Giebel und Ornamentik mit dem einheimischen Drachenstil vereinten.

Unternehmer aus Ålesund und Umgebung waren es, die der Kohleknappheit im Ersten Weltkrieg begegneten, indem sie den Rohstoff auf *Spitzbergen* abbauen ließen (siehe Eismeermuseum *Brandal* unter Ausflüge). Dank der entsprechenden Veredelungsfabriken entwickelte sich Ålesund zu Norwegens größtem Fischereihafen. Um dem ständigen Zuzug von Menschen gerecht zu werden, veränderte die Stadt an manchen Stellen ihr Erscheinungsbild: felsiges Terrain wurde mittels Sprengungen eingeebnet, der Fischereihafen nach Süden verlegt, der Brosund zugunsten einer Straße teilweise aufgeschüttet und so verschmälert. Zu Beginn der 60er Jahre mußte schließlich der Vogelfelsen weichen, auf dem bis zuletzt, dem städtischen Trubel zum Trotz, Tausende von Möwen gebrütet hatten. Das Rathaus nahm seinen Platz ein. Trotz aller Veränderungen blieb die Jugendstil-Architektur größtenteils bewahrt und gilt als *die* Attraktion Ålesunds, durch den Umzug der meisten Industrieanlagen (Fisch, Werft, Möbel, Textil) in die Randlagen zusätzlich begünstigt.

Mittlerweile sind rund 26.500 Menschen in Ålesund zu Hause, 36.000 im gesamten Gemeindegebiet. Im Osten ist die Stadt mit *Spjelkavik* zusammengewachsen. Wer, wie die meisten, mit dem Auto über die Straße 9 anreist, bemerkt auf der Fahrt zwangsläufig die für norwegische Verhältnisse räumliche Enge: Mietskasernen, Tankstellen und die einfallslosen Betonquader der Einkaufszentren wechseln sich in rascher Folge ab, dazwischen das Landeszentralkrankenhaus. Spätestens beim Rundblick vom Stadtberg *Aksla* aber spürt der Besucher den Reiz, der von Ålesund ausgeht.

Information

■ **Ålesund Turistkontor**, Rådhus (Rathaus), N-6025 Ålesund, Tel. 7012 1202, Fax 7012 6606. Etwa 5.6.–20.8. Mo–Fr 9–18.30 Uhr, Sa 9–15 Uhr, So 12–17 Uhr, sonst Mo–Fr 9–16 Uhr.

Eines der am besten organisierten Touristenbüros: hilfreiche Broschüren, darunter ein kommentierter Stadtspaziergang mit Stadtplan, ein Posterflügel mit allen gastronomischen Betrieben und kundiges, freundliches Personal. Vermittlung einer Unterkunft 25 NOK.

Unterkunft

Hotels und Pensionen

Preiswerte Betten sind besonders rar in Ålesund, telefonische Vorbestellung während der Hochsaison deswegen anzuraten. Das Touristenbüro nimmt für die Vermittlung einer Unterkunft, auch Privatzimmer, 25 NOK Gebühr.

■ **Rica Skansen Hotel**, Kongensgt. 27, Tel. 7012 2938, Fax 7012 6660. 20.6.–15.8. EZ 480–530 NOK, DZ 660–760 NOK, sonst EZ 695 NOK, DZ 995 NOK, weekend EZ 520 NOK, DZ 700 NOK.

Das nahe Meer, die Möwen und der Wind prägen das Ambiente draußen, das drinnen keine Fortsetzung findet. Teilweise geräumige, gute Zimmer in skandinavischem Design: Helles Holz, cremefarbene und blaue Töne dominieren. Aufpassen, damit man kein Zimmer zum Innenhof erhält. Hallenbad.

■ **Brygge Home Hotel**, Apotekergt. 1–3, Tel. 7012 6400, Fax 7012 1180. EZ 480 NOK, DZ 660 NOK, sonst EZ 920 NOK, DZ 1050 NOK, weekend EZ 490 NOK, DZ 670 NOK.

Renovierter Speicherkomplex am früheren Fischereihafen Brosund, mit jeder Menge dicker Holzbalken. Nur Frühstücksrestaurant.

■ **Scandic Hotel**, Molovegen 6, Tel. 7012 8100, Fax 7012 9210. 25.6.–10.8. EZ um 650 NOK, DZ um 650 NOK, sonst EZ ab 895 NOK, DZ 1095 NOK, weekend EZ 555 NOK, DZ 695 NOK.

Direkt am Wasser liegt der langgezogene Komplex mit viel Glas, der von landesweiten Organisationen gerne als Konferenzstätte gewählt wird.

■ **Hotel Atlantica**, R. Rønnebergsgt. 4, Tel. 7012 9100, Fax 7012 6252. 1.6.–31.8. mit Fjord Pass (B) EZ 480 NOK, DZ 660 NOK, sonst EZ 650 NOK, DZ 750 NOK, weekend EZ 480 NOK, DZ 630 NOK.

■ **Centrum Pensjonat**, Storgt. 24, Tel. 7012 1709. Nur 1.7.–31.8. EZ 200–225 NOK, DZ 300–330 NOK. Frühstück 40 NOK.

■ **Hansen Gaarden**, Kongensgt. 14, Tel. 7012 1029. Nur 20.6.–20.8. EZ 110 NOK, DZ 220 NOK. Bettwäsche 40 NOK.

Camping

■ **Prinsen Strandcamping**, Gåseid, Tel. 7012 5204, Fax 7015 4996. Ganzjährig geöffnet. Preisniveau Camping: HS 3, NS 2. 26 Hütten für 2–6 Personen 220–600 NOK, je nach Saison.

Abgelegener, weiträumiger Zeltplatz mit Bäumen, Gras und Holzstegen über einen Kanal. 5 km zum Zentrum. Ist Chefin Kristin Hofseth in ihrem Element, führt sie den Platz im Stile eines Feldwebels. Man nehme es mit Humor, dafür hat sie alles perfekt im Griff. Die einfachen Hütten mit Spüle, die Ferienhütten mit zwei Schlafräumen. Gute Sanitäranlage, W & T. Kiosk. Badestrand, Vermietung von Ruderbooten und Fahrrädern.

■ **Volsdalen Camping**, Tel. 7012 5890. 1.5.–15.9. Preisniveau Camping: 2, WM 3. 16 Hütten für 2–6 Personen 250–400 NOK.

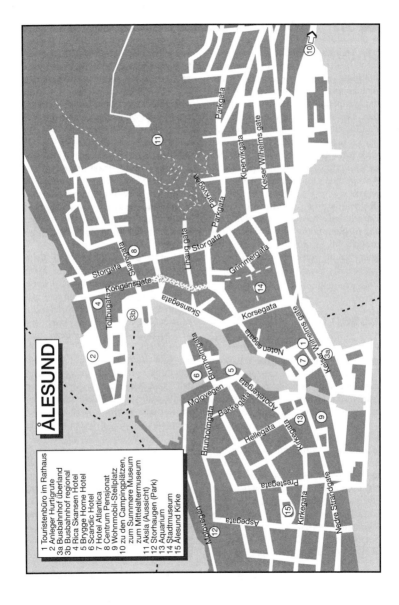

15 Gehminuten vom Zentrum entfernt in der Nähe der Straße 9. Der Zeltplatz liegt ruhig am Ende der Anlage und ist für Autos gesperrt. In der Hauptsaison kann es hier eng werden. Die Hütten sind von Sträuchern und Büschen umgeben, die Ferienhütten verfügen über zwei Schlafräume, wirken etwas spärlich und kühl, aber es ist Platz, die Möbel umzustellen. Akzeptable Sanitäranlage, W & T. Kiosk.

■ Stellplatz für **Wohnmobile** am Gästehafen, Brosund. 50 NOK pro Tag für Benutzung der Serviceeinrichtungen, dies obligatorisch, Parken über Nacht eingeschlossen. Entsorgung.

Essen und Trinken

Praktisch: Im Touristenbüro steht ein Posterflügel, der alle gastronomischen Betriebe samt Preisen vorstellt. Auch der Stadtführer enthält eine komplette Auflistung.

■ **Gullix**, Rådstugt. 5 B, Tel. 7012 0548. Das urgemütliche Kellergewölbe gilt als Tip unter den Einheimischen: leckere Mammut-Portionen zu noch annehmbaren Preisen. Kleine Gerichte ab 40 NOK, Hausmannskost ab 75 NOK, Paella, Fisch ab 95 NOK, auch eine norwegische Ausgabe der Bouillabaise und Vegetarier-Teller, lange Weinkarte. Touristen-Menü mit Fisch oder Fleisch 98 NOK.

■ **Brasserie Normandie**, Rica Parken Hotel, Storgt. 16, Tel. 7012 5050. Gediegene Atmosphäre Marke »dreiarmiger Kerzenhalter«, bekannt für gutes Essen (vor allem Fisch und Meeresfrüchte), zu Hause im (von außen) häßlichsten Hotel der Stadt. Summerlunch von 12–18 Uhr um 100–130 NOK, ansonsten Hauptgerichte um 200 NOK.

■ **Sjøbua Fiskerestaurant**, Brunholmgt. 1, Tel. 7012 7100. Exklusiver Schuppen direkt am Brosund, mit Backstein, dicken Holzbalken und Rundbogenfenstern. Fisch und Fleisch ab 200 NOK. Im Sommer Pub auf einem Kahn im Brosund.

■ **Sjøhuset Brasserie** und **Café News**, Notenesgt. 1, Tel. 7012 2800. Ein Treffpunkt am inneren Brosund, bei schönem Wetter im Sommer große Sitzfläche draußen, zur Straße hin stört der Verkehr ein wenig. Wirbt mit 28 Gerichten für 49 NOK. Abends mitunter Musik.

■ **Kafe Veslékari**, Apotekergt. 2, gegenüber »Bryggen Home Hotel«, Tel. 7012 8404. Eines der besseren Speiselokale für den kleinen Geldbeutel. Täglich zwei bis drei Hauptgerichte um 50 NOK. Ab und zu gibt es Fischspezialitäten, z. B. Klippfisch.

■ **Fjellstua**, Aksla, Tel. 7012 6582. Wer sich auf den Stadtberg Aksla begibt, den besten Aussichtspunkt, wird bei Regenwetter die Aussicht durch das Panoramafenster der Kafeteria vorziehen. Das Gebäude, das vom Kai aus wie ein Bunker mit aufgesetztem Treibhaus aussieht und von außen nicht gerade zur Verschönerung

Aussicht vom Stadtberg Aksla (oben); Wanderarbeiter bauten um 1910 die erste Fernstraße nach Ålesund (unten) ▶

der Umgebung beiträgt, ist hell und gemütlich eingerichtet, mit modernen Bildern an den Wänden. Bei meinem letzten Besuch paßte sich das Essen leider nicht der Umgebung an. Inzwischen soll ein neuer Wirt gutes, preiswertes Essen anbieten.

Sehenswertes

■ **Aussicht vom Aksla** (189 m). Vom Stadtberg Aksla werden die Panorama-Fotos von Ålesund aufgenommen, die in mindestens jedem zweiten Norwegen-Bildband vertreten sind. Der Blick reicht über die Stadt, das Meer mit zahlreichen Inseln und Schären sowie landeinwärts bis zu den *Sunnmøre-Alpen*. Während des Sommers sind farbenprächtige Sonnenuntergänge zu beobachten. Aksla ist der Treffpunkt der Jogger und Spaziergänger, die vielerorts ein Päuschen auf Bänken einlegen können. Die Vegetation überwuchert allmählich die Reste der deutschen Verteidigungsanlagen aus dem letzten Weltkrieg. Der Hügel ist sowohl mit dem Auto (ausgeschildert ab Straße 9) als auch zu Fuß zu erreichen. Vom Stadtpark aus führen angeblich 418 Treppenstufen zwischen Bäumen und Sträuchern hinauf.

■ **Ålesunds Architektur** rechtfertigt einen ausgiebigen Stadtspaziergang. Das hat sich wohl auch der Lokalhistoriker *Harald Grytten* gedacht, als er die Broschüre »Zu Fuß in Ålesund« schrieb, die im Fremdenverkehrsamt ausliegt. Gut zwei Stunden dauert es, die auf dem eingehefteten Stadtplan markierte Route lediglich abzulaufen. Da die Bebauung Ålesunds keineswegs einheitlich ist, ermöglicht die Broschüre das gezielte Finden der architektonisch interessantesten Gebäude.

Der Text beschränkt sich nicht auf das Beschreiben von Jugendstil-Merkmalen, sondern weiß eine ganze Menge zur Stadtgeschichte zu erzählen. Das älteste Haus Ålesunds (1864) steht in der Kirkegata 34, westlich der Kirche, wo etwa die Grenze der Feuersbrunst 1904 verlief. Dem mittlerweile unbewohnten Haus ist sein Alter anzusehen. In diesem Viertel stehen Holz- und Steinbauten bunt gemischt.

Hier bietet sich übrigens die beste Gelegenheit zu einer Pause während des Rundgangs: Zuerst schlendere man die Kirkegata weiter bis zur Bäckerei *Kjersen*, versorge sich dort mit Leckereien und gehe dann die Statsråd Daae-Gata hinauf, um im Park *Storhaugen* bei feiner Aussicht zu rasten. Kommen Sie mittags um 12 Uhr vorbei, können Sie das Eintreffen des nordwärts verkehrenden Hurtigruten-Schiffes beobachten.

■ **Ålesund Akvarium**, *Fiskernes Hus*, Nedre Strandgt. 4, Tel. 7012 4123. Mo–Fr 10–17 Uhr, Sa 10–15 Uhr, So 12–16 Uhr. Eintritt 20/10 NOK.

Fiskernes Hus, »das Haus der Fischer«, ist ein großer, grauer Betonkasten, der Eingang zum Aquarium mit einem Pfeil gekennzeichnet. Die exotischen Korallenfische lenken die

Die originelle Fassade erinnert an vergangene Zeiten ▶

Aufmerksamkeit der Gäste gleich auf sich. Sonst aber bevölkern Nordseebewohner die hübsch hergerichteten Becken. Die »Protagonisten« sind der Hummer mit seinen gewaltigen Zangen, der Seeteufel, der reglungslos in seinen Tarnfarben am Boden verharrt, der Steinbeißer mit seinem fürchterlichen Gebiß und das Seehundbaby, das sich in einer schmalen Wanne vergnügt. Die Namen der Tiere werden auch auf deutsch vorgestellt. Wer zuvor das Aquarium in Bergen besucht hat, könnte vom Ålesunder Pendant ein wenig enttäuscht sein. Die Anlage ist wesentlich kleiner und unruhiger, da sich Becken, Büro und Pflegerraum auf einem Gang befinden.

■ **Ålesunds Museum**, R. Rønnebergsgt. 16, Tel. 7012 3170. 15.6.–15.8. Mo–Fr 11–16 Uhr, Sa 11–15 Uhr, So 12–15 Uhr, sonst Mo–Sa 11–15 Uhr, So 12–15 Uhr. Eintritt 10/5 NOK.

Ein 1919 erbautes, stattliches Kaufmannswohnhaus beherbergt das liebevolle Sammelsurium zur Stadtgeschichte. Ein Begleitheft mit deutschem Text erleichtert den Gang durch die Abteilungen. Die erste zeigt anhand von Fotos und Modellen das Aussehen der Stadt vor und nach dem großen Brand 1904. Das Modell »Ålesund 1898« läßt all die felsigen Hügel erkennen, die zugunsten der Bebauung inzwischen verschwanden. Zum Thema »Architekturgeschichte« sind auch Gebrauchsgegenstände und Schmuck im Jugendstil ausgestellt. Mit Modellen, Gemälden und Fotos von Booten und Schiffen wird die Entwicklung der Seefahrt nachvollzogen. Im Speicher sind mehrere Werkstätten untergebracht, darunter ein vollständiges Fotoatelier mit Dunkelkammer, Chemikalien und zigtausend Negativen. Eine Polarsammlung, Dokumente aus der Besatzungszeit 1940–45 und ein Krämerladen komplettieren das Museum. Draußen steht Uræd 1, die angeblich erste geschlossene Rettungskapsel. 1904 überquerten fünf Männer in einer umgebauten Version plus Segel in fünf Monaten den Atlantik.

■ **Ålesund Kirke**, Kirkegata. Juni-August Di–So 10–14 Uhr.

Die Steinkirche trat an die Stelle der zuvor durch das große Feuer zerstörten Kirche. Auffallend die Fresko- und Glasmalereien (*Enevold Thømt*). Nicht schlecht staunen wird, wer sich die Fenster hinter der Orgel betrachtet: der deutsche Adler einträchtig neben dem heiligen Olav und dem Stadtwappen von Ålesund. Die Glasgemälde sind Geschenke Wilhelms II. zur Einweihung im Jahr 1909. In der schmalen Vorhalle hängen Fotografien, die das Kirchenviertel vor und nach dem Großbrand zeigen. Dort liegen auch DIN-A4-Zettel in mehreren Sprachen aus, die die Ausstattung der Kirche erläutern. Auf dem Vorplatz erinnert ein Stein an die Toten der Besatzung von 1940–45.

■ **Sunnmøre Museum**, Borgundgavlen, 5 km vom Zentrum an der Straße 9, Tel. 7015 4024. 15.5.–20.6. Mo–Fr 11–15 Uhr, Sa, So 12–15 Uhr,

21.6.–20.8. Mo–Fr 10–17 Uhr, Sa, So 12–17 Uhr, 21.8.–1.10. Mo–Fr 11–15 Uhr, So 12–15 Uhr. Eintritt 25/15 NOK, Familien 60 NOK; das Billett gilt auch für das Mittelaltermuseum in Borgundkaupangen.

Dieses volkskundliche Freilichtmuseum umfaßt rund 50 Gebäude aus der Landschaft Sunnmøre, die Baustil und Lebensweise seit dem 16. Jahrhundert dokumentieren. Interessanter aber sind die Bootshallen, in denen mehrere Holzboote ausgestellt sind. Als Prunkstück gilt der Nachbau des *Fjørtoft-Schiffes* aus dem 7. Jh. Am Museumskai liegen *Borgundknarren,* der Nachbau eines Handelsschiffes aus der Zeit um 1000, und der Kutter *Heland,* der im Zweiten Weltkrieg Flüchtlinge auf die Shetland-Inseln brachte, im Sommer zudem die Kopie des 18 m langen Kvalsund-Schiffes, das die Wikinger im 8. Jh. benutzten.

Im Sommer finden in Borgundgavlen Veranstaltungen mit Volkstanz und -musik statt, an denen auch ausländische Gruppen teilnehmen.

■ **Middelaldermuseet**, Borgundkaupangen, Tel. 7012 4029. 21.6.–20.8. Mo–Fr 10–17 Uhr, Sa,So 12–17 Uhr, ab 15.5. und bis 1.10. So 12–15 Uhr. Eintritt 25/15 NOK, Familie 60 NOK; das Billett gilt auch für das Sunnmøre Museum.

Das Mittelaltermuseum steht auf einem Gelände, das viele Jahre Ort archäologischer Ausgrabungen war. Borgund war schon vor der Zeit der Hanse ein wichtiger Handelsplatz, dessen Bewohner sich durch Fischfang, Jagd, Handel und Handwerk ernährten. 5200 m² des auf 45.000 m² geschätzten Areals wurden freigelegt; die ältesten Funde stammen aus der Zeit um 1100. Allein drei Steinkirchen haben hier gestanden. Das Querschiff der einstigen Peterskirche ist Bestandteil der heutigen Borgund-Kirche, die ganz in der Nähe des Museums steht (Juni bis August Di–So 10–14 Uhr).

Ausflüge

Tunnel unterqueren den Fjord

Seit Ende der 80er Jahre führen zwei 3,5 und 4,2 km lange Tunnel teilweise 140 m unter der Meeresoberfläche über *Ellingsøy* nach *Valderøy* und *Vigra,* wo sich der Flughafen von Ålesund befindet. Eine Hängebrücke überquert zudem den Sund zwischen Valderøy und *Giske,* das wiederum durch einen 3,9 km langen Tunnel mit *Godøy* verbunden ist. Seitdem können die 6200 Bewohner der Gemeinde Giske, die alle diese größeren Inseln in der Umgebung umfaßt, Ålesund ohne Inanspruchnnahme von Fähren erreichen.

Nicht ohne Wermutstropfen: Die Kosten von über 700 Millionen NOK sollten sich nach 15–18 Jahren mittels Benutzungsgebühren amortisieren. Doch die Verbindung wird weit weniger genutzt, als veranschlagt, so daß Jahr für Jahr mehrere hunderttausend NOK Unterdeckung entstehen und die

Refinanzierung wohl mehr als 25 Jahre benötigen wird. Das verärgert vor allem jene, die berufsbedingt pendeln müssen, denn trotz Rabatt zahlen sie in Form von happigen Mautgebühren die Zeche, z. B. 13.000 NOK für 500 Fahrten. Touristen zahlen für einen Weg 48 NOK pro Auto inklusive Fahrer sowie 15/8 NOK für jede weitere Person bzw. jedes Kind bis 15 Jahre; diese Personentarife werden in den öffentlichen Bussen zusätzlich zum Fahrpreis erhoben. Wohnmobile kosten um 100 NOK, Motorräder um 35 NOK. Die Mautstation steht auf Ellingsøy. Wer sich mehr als ein paar Stunden Zeit gönnt, sollte den Ausflug machen. Was neben ein paar Grabhügeln sonst noch auf den Inseln zu entdecken ist:

■ **Godøy** ist von der Natur her die spannendste jener Inseln. Beherrscht von einem 497 m hohen Tafelberg, verteilen sich drei Siedlungen auf schmalen Uferstreifen zwischen Berg und Wasser. Mehrere Wanderwege führen auf das Plateau, wo der verborgene See *Alnesvatn* liegt, der die Gemeinde Giske mit Trinkwasser versorgt und als Fischgewässer gefragt ist. Parkplatz an der Straße nach Alnes. Am besten fragt man Einheimische nach dem Beginn weiterer Wege.

Godøy ist dafür prädestiniert, ein paar Tage direkt am Meer auszuspannen. In *Alnes*, der größten Ortschaft, steht übrigens auch ein Leuchtturm. Ferner gibt es einen Lebensmittelladen und, gleich an der Ortseinfahrt, mehrere hübsch eingerichtete rorbuer, jene Hütten, die den Fischern früher gleichermaßen als Wohnhaus und Lagerschuppen dienten:

■ **Unterkünfte auf Godøy:** Die rorbuer sind auf die Bedürfnisse von Anglern ausgerichtet. Eine besonders schöne rorbu mit zwei Schlafräumen à drei Personen vermietet Familie *Westad,* Alnesgard, Tel. 7018 5196. Hauptsaison um 500 NOK, Nebensaison um 375 NOK. – *Alnes Rorbuer,* Alnesgard, Tel. 7018 5192. Ferienhütten für 4–6 Personen 1.6.–1.9. 475 NOK, sonst 375 NOK. – *Godøy Hytter,* Tel. 7018 5026. 3 Ferienhütten für 4–6 Personen 1.6.–1.9. 475 NOK, sonst 375 NOK. – *Godøy Camping,* Tel. 7018 5014. Preisniveau Camping: 1, für WM 2. Auch DZ für 200 NOK.

■ **Giske** wirkt gar nicht norwegisch, weil flach wie Holland oder Schleswig. Immerhin ist die Insel die Heimat berühmter lokaler Persönlichkeiten. Das Giske-Geschlecht bestimmte lange Zeit das Geschehen am Handelsplatz Borgund. *Gange Rolv* aus Giske wird 911 die Gründung des Herzogtums Normandie zugeschrieben, nachdem er zuvor aus Norwegen verbannt worden war. Um 1100 soll Giske Ausgangspunkt von Pilgerfahrten nach Palästina gewesen sein. Um 1200 entstand die kleine Marmorkirche, deren Einrichtung aus dem Jahr 1756 stammt und die von Juni bis August besichtigt werden kann (11–16 Uhr). Schließlich unterstreichen mehrere Grabhügel die geschichtsträchtige Tradition der Insel; die Texttafeln sind zwar auf norwegisch abgefaßt, enthalten jedoch aufschlußreiche Zeichnungen.

■ **Valderøy** ist eigentlich uninteressant, wäre da nicht die Höhle **Skjonghellaren**, in der Geologen in den 80er Jahren sensationelle Funde machten: Knochen, die erstmals bewiesen, daß bereits vor der letzten Eiszeit Tiere im norwegischen Raum gelebt hatten. Die Forscher fanden Überreste von Polarfüchsen, Ottern, Lemmingen, diversen Fischen, Vögeln und anderen Tieren. Mit einem Schlag war die Geschichte der einheimischen Fauna um 20.000 Jahre älter. Die Höhle hatte den Überresten offensichtlich ausreichend Schutz geboten, während die Eispanzer normalerweise Ablagerungen früherer Zeitalter weitgehend zerstörten. Die ältesten in Skjonghellaren gefundenen Ablagerungen waren 80.000-90.000 Jahre alt; sie ermöglichen Erkenntnisse über den Wechsel von warmen und kalten Perioden. Die Forscher wollen ihre Arbeit jetzt auf andere Höhlen in Sunnmøre ausdehnen.

Skjonghellaren liegt an der Westseite von Valderøy. Ein Pfad führt hinauf zum Höhleneingang.

Vogelinsel Runde

Auf der Insel Runde, südwestlich von Ålesund und weit draußen an der rauhen Felsküste, leben die größten Seevogelkolonien südlich des Polarkreises: Bis in unser Jahrhundert hinein dienten die Seevögel den Küstenbewohnern als Nahrungsquelle. Seit 1957 stehen die Tiere unter Naturschutz. Auf 6,4 km² sind im Laufe der Zeit mehr als 245 verschiedene, teils seltene Vogelarten beobachtet worden, 100 davon beim Brüten. Wenn Klima und Nahrungsangebot im Meer stimmen, sorgen im Juli bis zu eine Million Vögel für hektisches Treiben rund um die Uhr. Die Zahl kann jedoch variieren. Wird es ihnen zu warm, verlassen manche Arten vorübergehend die Insel.

Wer Runde nicht als Station seiner Reise einplant (siehe dazu »Westnorwegen selbst entdecken« bei Regenbogen), sondern nur als Ausflug streifen will, muß eine relativ umständliche Anfahrt auf sich nehmen. Eine direkte Bootsverbindung ab Ålesund gibt es nämlich nicht (mehr). Ich empfehle, die Vogelinsel im Rahmen der An- oder Weiterreise zu besuchen.

■ **Die Vögel:** *Krabbentaucher* und *Eismöwen* aus arktischen Gewässern sowie mehrere Entenarten aus dem Süden gehören zu den wenigen Wintergästen auf Runde. Im Februar beginnt sich die Insel zu füllen. Bis Mitte April sind fast alle Kolonien eingetroffen, im April ist Balzzeit, ab Ende April und Anfang Mai schlüpfen die Jungvögel. Die größten Kolonien stellen mit jeweils rund 300.000 Tieren die *Dreizehenmöwen* und *Papageitaucher*. Während sich die Dreizehenmöwen mit kleinen Felsvorsprüngen im unteren Hangbereich begnügen, wo ihre Nester mitunter von hohen Wellen weggerissen werden, graben die Papageitaucher mit ihren markanten orangefarbenen Schnäbeln Bruthöhlen.

Sie siedeln sich weit oben an, wo es nicht zu steil ist, schon etwas Gras wächst und das Erdreich lockerer ist. Die Papageitaucher gehören zur Familie der *Alken*, ebenso wie *Trottellummen*, *Tordalken*, *Gryllteisten* und *Krabbentaucher*, die mit Ausnahme der letztgenannten ebenfalls im Sommer auf Runde brüten. Weitere interessante Stammgäste, anderswo in Norwegen selten anzutreffen, sind *Baßtölpel*, *Krähenscharben* und *Eissturmvögel*, die fabelhafte 90 Jahre alt werden können. Deren nächste Verwandte, die Kormorane, kommen nach Runde, aber nicht mehr zum Brüten. Seit 1980 brütet die *Große Raubmöwe* auf den Hochflächen der Insel, wodurch es immer wieder zu unliebsamen Begegnungen mit Spaziergängern kommt. Die dunkel graubraun gefiederten Raubvögel greifen an, wenn sie ihre Nistplätze bedroht sehen. Weniger glimpflich geht es ab, wenn Raubmöwen und andere Greifer die Felswände heimsuchen und sich an Eiern, Jung- und sogar Altvögeln schadlos halten.

■ **Bootsrundfahrten:** die bequemste und zugleich eindrucksvollste Art, die Vogelinsel kennenzulernen. Die steilen Felshänge können vom Wasser aus am besten eingesehen, die Vögel so auf ihrem Weg zwischen Arbeitsplatz Meer und heimischem Nest beobachtet und fotografiert werden. Die Einfahrt in eine 120 m lange Grotte gehört ebenfalls zum Repertoire der ortskundigen Skipper. Melden Sie sich für solch eine Tour bei »Goksøyr Camping« oder »Runde Camping« an, den Campingplätzen von Runde, wo Sie alles Wissenswerte über Insel und Aktivitäten erfahren.

Wer zur Seekrankheit neigt, sollte nach den vorhergesagten Windstärken fragen und im Zweifelsfall verzichten. Bei starkem Wind schwanken die Kähne, auf denen rund zwei Dutzend Personen Platz finden, doch gehörig. Schade ums Frühstück.

■ Ein Netz mit farbig gekennzeichneten **Wanderpfaden** erschließt das Hochland von Runde, eine Küstenwanderung ist nicht möglich. Der beste Ausgangspunkt ist Goksøyr, wo ein großer Parkplatz zur Verfügung steht. An der Rezeption des Campingplatzes können sich Interessenten informieren und mit kostenlosen Karten versorgen. *Knut Goksøyr* ist ein kundiger Berater und weiß rasch einzuschätzen, welcher Rundweg für seinen Gegenüber überhaupt in Frage kommt.

Denn: Runde ist keine Sommerfrische, wo man leicht federnden Schrittes lustwandelt, sich die Picknickplätze nur so aufdrängen und einem die Vöglein dankbar die Brocken aus der Hand picken. Zum Auftakt geht es minutenlang steil hinauf. Auf der baumlosen Hochebene weht meistens ein frisches Lüftchen, verlieren sich ein paar Seen und Feuchtgebiete. Nach längeren Regenfällen sind die ausgetrampelten Pfade teilweise matschig, die seltener frequentierten von nassem Gras gesäumt. Spätestens jetzt bewähren sich gutes Schuhwerk und regenfeste Kleidung. Wer die farbigen Wegmarkierungen einmal verliert und statt dessen auf einen Schafspfad am Klippenrand gerät – die Orientierung fällt wegen der baumlosen Vegetation ziemlich leicht; eventuell müssen einige zusätzliche Steigungen absolviert werden.

■ **Von Schätzen und Leuchtfeuern:** Wem anstrengende Höhenunterschiede und holprige Wege nichts ausmachen, kann im Nordwesten der Insel zum alten Leuchtturm hinabsteigen und sich den Wind um die Ohren blasen lassen. Draußen verläuft die Schiffahrtsstraße in respektvollem Abstand – mit gutem Grund. Denn die hiesigen Gewässer genießen den Ruf als Schiffsfriedhof. Zuletzt strandete im Dezember 1989 ein Frachter unweit des Leuchtturms, und im Winter 1993 geriet ein Tanker vor Runde in Seenot. Nicht weniger spektakulär liest sich die Geschichte der holländischen *Akerendam*, die 1725 vor Runde sank. 1972 entdeckten Sporttaucher in dem Wrack beinahe sechzigtausend Gold- und Silbermünzen. Heute nährt die *Castillo Negro* die Hoffnungen der schnorchelnden Schatzsucher; das Schiff, das der spanischen Armada angehörte, soll 1588/89 bei Runde Schutz vor den nordischen Winterstürmen gesucht haben und dabei den Schären zu nahe gekommen sein. In Anbetracht solcher Ereignisse wurde 1767 das erste Warnfeuer auf Runde entfacht, zuerst als offenes Feuer, später in einem Steinhaus. Der 1859 fertiggestellte Leuchtturm bedeutete eine große Erleichterung, erwies sich mit 30 m aber als zu hoch: Bei Sturm und Orkan soll er sich bis zu 50 cm geneigt haben. Also wurde er wieder abgebaut. Weiter oben errichtete man den Leuchtturm, der heute noch seine Funktion versieht. Bis nach dem Zweiten Weltkrieg lebten hier drei Familien mit Schafen und Pferden; der Fußpfad über das Hochland sowie ein Ruderboot bei friedlichem Wetter waren die einzigen Verbindungen zur Außenwelt. Der Leuchtturm ist bis heute nicht vollständig automatisiert, so daß die Wärter sich in 14-Tage-Schichten abwechseln.

■ **Runde den Individualtouristen:** Wer weniger als zweieinhalb Stunden Zeit mitbringt, kann sich die Wanderung auf Runde sparen. Deswegen sind die vielen Bustouristen zu bemitleiden, die für ein, zwei Stündchen frei bekommen, um keuchend den steilen Weg auf das Hochland zu erklimmen: unzureichend angezogen, mit falschen Erwartungen und dem drohenden Uhrzeiger im Kopf. Bei solchen Schauspielen sind dann, nicht nur von Pauschaltouristen, lautstarke Forderungen nach einer Serpentinenstraße zu vernehmen, frei nach dem Motto »Bei uns in Deutschland wäre dieser Weg asphaltiert«. Knut Goksøyrs Antwort: Der Massentourismus gehört auf die Schiffe und in die Busse, die Insel sollte den Individualtouristen vorbehalten bleiben, und zwar denen, die einschätzen können, was auf sie zukommt.

■ **Anfahrt** mit Auto: Straßen 1 und 61, Autofähre Sulesund-Hareid, weiter auf Straßen 61 und 654 über Ulsteinvik, Dragsund und Fosnavåg nach Runde. Vor Ulsteinvik steht rechts auf dem Hügel das architektonisch ungewöhnliche »Ulstein Hotell«.

Mit öffentlichen Verkehrsmitteln haben Sie eine langwierige Anfahrt (siehe Einleitung). Außerdem wird der Fahrplan lokaler Busrouten zusehends ausgedünnt. Erfragen Sie deshalb die aktuell günstigste Verbindung beim Fremdenverkehrsamt.

Vom Eismeer und der Hatz zum Fjord

■ **Ishavsmuseet** (Eismeermuseum) in **Brandal**, südwestlich von Ålesund. 1.6.–31.8. 13–18 Uhr. Sonst bei Henrik Landmark anklingeln, Tel. 7009 3007. Eintritt 20/10 NOK.

Anfahrt mit dem Auto: Fähre Sulesund-Hareid, dann drei Kilometer am Fjord entlang. – Anfahrt mit Schiff und Bus: Schnellboot Ålesund-Hareid (*M/S Hjørungavåg*), Bus Hareid-Brandal. Rotes Holzhaus mit grünen Kletterpflanzen am zentralen Platz, nahe Krämerladen.

Das private Museum basiert auf einer Stiftung, der rund 400 Personen angeschlossen sind – meist solche, die selbst Grönland oder Spitzbergen bereist haben. Eismeer-Expeditionen von Bürgern aus der Region besitzen eine lange Tradition. Um 1900 brachen Robbenfänger aus Brandal auf, um an der grönländischen Küste Walrösser, Eisbären, Rentiere und Polarfüchse zu jagen. Dabei brachten sie auch jene Moschuskälber nach Norwegen, deren Nachkommen heute die Moschusochsenpopulation auf dem *Dovrefjell* bilden. Die Expeditionen hatten häufig mit schwieriger See und mit Skorbut zu kämpfen, so daß der wirtschaftliche Erfolg gering blieb. Als die Kohle im Ersten Weltkrieg knapp wurde, gründeten Ålesunder Unternehmer eine Bergbaugesellschaft, die auf Spitzbergen Kohle zu fördern begann (daher auch der Name *Ny Ålesund*, Neu-Ålesund, auf Spitzbergen). Einer dieser Unternehmer war *Petter S. Brandal*, der bereits den ersten Expeditionen im Eismeer angehört hatte. Er gründete nun eine Reederei, erwarb Fangschiffe und baute eine Fabrik, wo Robben und Hering in großem Stil weiterverarbeitet wurden. Damit konnten die Fangexpeditionen im westlichen Eismeer endlich etwas abwerfen. Probleme gab es nur noch mit Dänemark, dem Grönland unterstand. Der Volksgerichtshof in Den Haag entschied für Dänemark und erlaubte Norwegen nur noch den befristeten Fang bis 1952.

Das Eismeermuseum vollzieht diese Entwicklung nach. Mehr als 1000 Fotografien widmen sich jenen Expeditionen. Unter den Ausstellungsstücken befinden sich ein Grönlandboot, Seefernrohre und Modelle von Robbenfangschiffen, die sogar Eis brechen konnten. Neben dem obligatorischen ausgestopften Eisbären steht ein ebenfalls präparierter See-Elefant.

Eine vergleichbare Einrichtung gibt es nur im nordnorwegischen *Tromsø*, so daß ich den Besuch wärmstens empfehlen kann. Während der Saison ist Personal zur Stelle, das englisch und teilweise auch deutsch spricht. Die Erläuterungen zu Fotos und Exponaten sind größtenteils nur auf norwegisch abgefaßt.

■ Rundtour Ålesund – Spjelkavik – Sykkylven – Stranda – Hellesylt – **Geirangerfjord** – Geiranger – Eidsdal – Linge – Sjøholt – Spjelkavik – Ålesund.

Die Tour wird häufig angepriesen und ist an einem Tag schon zu absolvieren. Nur, man hat wenig davon: Die meiste Zeit verbringt man im Auto, und es sind drei Fähren in Anspruch zu nehmen. Wobei die Verbindung über den Geirangerfjord, zweifellos der Höhepunkt der Reise, in den Sommermonaten derart frequentiert wird, daß es zu mehrstündigen Wartezeiten kommen kann. Diese Route ist besser zur Weiterreise geeignet.

Wer trotzdem nicht auf den Kurztrip verzichten will, wende sich an das Fremdenverkehrsamt, das über organisierte Rundfahrten mit Bus und Schiff informiert.

Verschiedenes

■ **Stadtwanderung:** organisiert 15.6.–20.8. Di und Do, Abmarsch um 13 Uhr beim Touristenbüro. Dauer 1,5 Stunden. Preis 45/0 NOK.

■ **Hafenrundfahrt:** 1.7.–15.8. Mo–Fr, Dauer rund 45 Minuten. Die aktuellen Daten beim Touristenbüro erfragen, dort auch Anmeldung.

■ **Helikopter-Sightseeing** ab Flughafen auf Vigra, Tel. 7018 3500. Zwanzigminütiger Flug für 2500 NOK, der nach Absprache verlängert werden kann. Maximal fünf Plätze. Zu teuer.

■ **Angeln:** z. B. im idyllischen See *Alnesvatnet,* auf dem Tafelberg von Godøy. Tageskarte in der Naustbuda in Alnes, 20 NOK. Infos: Tel. 7018 2000. – Bootsfahrten mit Jon Godøy, Tel. 7018 5026.

■ **Reiten:** *Ålesund Ridesenter,* Lerstad, Tel. 7015 4391. Täglich 8–20 Uhr. Lerstad liegt landeinwärts an der Str. 9.

■ **Tauchen:** *Ålesund Dykkersenter,* Brunholmsgt. 2, Tel. 7012 3424. Auch Kurse. – *Aquarius Dykkesenter,* Volsdalsberga, Tel. 7013 2828. Bei beiden Vereinen Verleih von Ausrüstung, Luftfüllung.

■ **Kunstgalerien:** *Aalesund Kunstforening,* Parkgt. 3, Tel. 70122 2237. – *Galleri Flora* im Rica Parken Hotel, Storgt. 16, Tel. 7012 5050. Mo–Sa 10–24 Uhr, So 12–18 Uhr. – *Galleri K 16,* Kirkegt. 16, Tel. 7012 3160. – *Gallerie '83,* Kipervikgt. 30, Tel. 7012 1888. – *Galleri Aalesund,* Prestegt., Tel. 7012 4043.

■ **Hauptpostamt:** Korsegt. 4, am Treppenaufgang Richtung »Aalesund Museum« und Aksla.

■ **Notarzt:** Tel. 7012 8001.

■ **Taxi:** Tel. 7013 2500.

■ **Parkhäuser:** 24 Stunden geöffnet ist das Parkhaus im »Rica Parken Hotel«, Storgt. 16. Parkhaus-Preise: 5 NOK pro Stunde, 45 NOK pro Tag.

Wer 10–15 Minuten Fußweg bis zum Zentrum nicht scheut, kann sein Auto kostenlos in einer der Straßen abstellen, die oberhalb der Straße 9 parallel am Hang des Aksla verlaufen. Man folge ab der Straße 9 zunächst dem Schild Richtung Fjellstua/Aksla, fahre dann aber weiter geradeaus, anstatt rechts den Hang hinauf.

Weiterreise

■ **Flug:** *Flyplass Ålesund* auf Vigra. Zu erreichen mit dem Bus ab *Skateflukaia*, Fahrpreis um 55 NOK (darin enthalten Tunnelmaut). Aktueller Fahrplan im Touristenbüro oder unter Tel. 7012 5800.

Direktverbindungen nur mit Bergen, Oslo und Trondheim.

■ **Hurtigrute:** Anlegestelle *Skansekaia*, im Norden der City. Die Preise unten (1995) gelten für Juni bis September; ansonsten sind die Tickets 25-45 % billiger.

Nordwärts nach Molde (149 NOK), Kristiansund (268 NOK) und Trondheim (603 NOK). Hurtigrute südwärts nach Måløy (230 NOK), Florø (349 NOK) und Bergen (655 NOK). Dazu noch Zimmeraufschlag, plus Verpflegung an Bord.

■ **Bus:** *Busstasjon* Keiser Wilhelms gate am Storneskaia und Busterminal am Skatefluhaia.

Nach Trondheim (377 NOK) über Molde, Sunndalsøra (192 NOK), Surnadal. – Nach Bergen entweder (438 NOK) über Volda, Nordfjordeid, Førde. Oder über Stranda, Stryn, Førde. Beide Routen knapp 11 Stunden.

■ **Auto: Nach Trondheim.** Auf Straße 1 zum Fähranleger *Vestnes,* unterwegs Durchquerung der Hochlandebene **Skorgedal**, umrahmt von geschmirgelten Höhenzügen; lediglich ein paar vorlaute, gezackte Bergspitzen akzentuieren die geradezu liebliche Landschaft, die sich im Herbst in ein Gemälde aus Rot und Gelb verwandelt. Ab Vestnes Autofähre nach **Molde**, genannt die »Stadt der Rosen«, weil dank des milden Klimas die Blumen in den Gärten üppig gedeihen – was die Stadt auch nötig hat, denn die Architektur ist von arger Hauruck-Mentalität gezeichnet, wie sie nach dem Zweiten Weltkrieg üblich war. Die Ursache dafür liegt in deutschen Luftangriffen im Jahr 1940, ein Racheakt, nachdem die Besatzer erfahren hatten, daß sich der flüchtige König Håkon VII. in der Stadt aufhielt. Håkon verfolgte die Bombardements in einem Wald westlich der Stadt. Die sogenannte Königsbirke *(kongebjerka),* an der er gestanden haben soll, ist bis in unsere Tage ein Pilgerziel und gilt als Symbol des Widerstands. Mit ihren eigenen Widerstandskräften hapert es; der Baum ist mittlerweile abgestorben. Zwei Museen hat Molde den Touristen anzubieten: die Freilichtmuseen *Romsdalsmuseet,* am Hang oberhalb der City (Museumsveien/Moldeliveien), und *Fiskerimuseet,* das Fischereimuseum auf der Insel *Hjertøya* im Moldefjord. Beide sind von Juni bis Mitte/Ende August geöffnet, aber nicht zwingend in die Ferienplanung zu integrieren; so etwas haben wir bereits andernorts gesehen. Ein anderer Abstecher lohnt sich dagegen auf jeden Fall, der zum Aussichtspunkt *Varden* (406 m) über der Stadt, von dem Sie bei klarer Sicht ein unvergleichliches Panorama genießen dürfen: Auf der anderen Seite des Moldefjords erheben sich 87 je nach Jahreszeit schneebedeckte Gipfel, unterbrochen nur vom Tresfjord, in den man weit hineinschauen kann. Unten auf dem Moldefjord verteilen sich Schären und Inseln; Autofähren und Ausflugsboote pendeln auf dem Wasser. Das Meer im Westen bleibt hinter Höhenzügen verborgen, denen Molde immerhin sein angenehmes Klima verdankt. Ab Molde geht es flott weiter auf den Straßen 1, 70 und 65 (unterwegs Autofähre von Kanestraum nach Halsa) oder 71 bis an die E 6, nahe der südlichen Stadtgrenze Trondheims. Obwohl die Fahrt einige Stunden in Anspruch nimmt – unterwegs nächtigen kein Problem –, empfiehlt sich kurz hinter Molde der Umweg über die Straße 64 Richtung *Eide*: Unterwegs passieren Sie links einen Parkplatz, von dem aus Sie die Grotte **Trollkyrkja** erobern können, allerdings eine anstrengende Tour, weil auf 2,5 km 415 Höhenmeter über Stock und Stein und Matschfelder zu überwinden sind. Ohne Fackel, Öllampe oder eine kräftige Taschenlampe ist dieser Marsch vergebens, soll das Abenteuer in der dunklen Grotte nicht an der ersten Wendung beendet sein. Der Gang mündet in einen Felskessel, in den sich ein Wasserfall ergießt, von oben durch einfallendes Tageslicht illuminiert. Weiter oben steigt eine steile Leiter in eine zweite Grotte mit Wasserfall hinab. Von hier oben zeichnet sich der Parkplatz mit Ihrem Fahrzeug als winziger Punkt in der Ferne ab. Dorthin zurückgekehrt, geht es über die Straße 64 nach Eide, von wo aus Sie am *Kvernesfjord* entlang zur Straße 1 wieder erreichen.

Nach Sunndalsøra. Auf Straßen 1 und 9 ostwärts bis nach *Åndalsnes,* ab dort weiter auf Straßen 64, 660 und 62 ins Sunndal, fast die gesamte Strecke an Fjorden entlang. Unterwegs mögliche Abstecher ins Eikesdal und ins Øksendal; siehe unter »Sunndal«.

Nach Geiranger. Drei Wege, alle unter »Geiranger, Weiterreise« in umgekehrter Richtung beschrieben. Bei Wahl der Straße 60 über Sykkylven und Stranda müssen Sie in Hellesylt, zumindest während der Hochsaison im Juli, mit Wartezeiten am Fähranleger rechnen.

Nach Stryn. In umgekehrter Richtung beschrieben unter »Stryn, Weiterreise«.

Zum Sognefjord. In umgekehrter Richtung beschrieben unter »Am Sognefjord, Fjærland, Weiterreise«.

Nach Bergen. In umgekehrter Richtung beschrieben unter »Bergen, Weiterreise«.

Sunndal

Täler und Schluchten

Wer aus dem Fjordland kommend in Sunndalsøra (sprich: sünndalsöra) eintrifft, dem Zentrum der Gemeinde Sunndal, wird sicher zwiespältigen Gefühlen ausgesetzt sein. Am Ende des *Sunndalsfjords,* wo sich pittoreske Holzhäuser und ein einsames Kirchlein gut machen würden, begrüßen ein Elektrizitätswerk und die 1200 m lange Blechhalle einer Aluminiumfabrik den Gast. Dahinter verteilen sich großzügig die Gebäude des Ortskerns, kommen für einen Schönheitspreis aber kaum in Frage. Nebeneinander buhlen drei Mißgriffe der Außenarchitektur um die Gunst der Einkäufer. Wenigstens die Wohnviertel zeigen sich halbwegs unbeeindruckt von den Ruckzuck-Bauten aus Beton und Glas.

Doch was für eine Natur! Fast 1900 m recken sich die glatten, abschüssigen Felswände vom Fjord aus nach oben, so hoch wie nirgendwo sonst in Westnorwegen. Blickfang ist das Gipfelpaar *Store Kalken* (1889 m) und *Litle Kalken* (1656 m), das die beiden Täler Sunndal und *Litledal* voneinander trennt. Im Mai, wenn der Schneegrenze ständig nach oben rückt, kann man den Fall des Schmelzwassers über Hunderte von Metern verfolgen.

Das breite Sunndal ist eine wichtige Verbindung zwischen den Fjorden der Landschaft *Nordmøre* und dem Landesinneren. Die Straße 70 erreicht 69 km östlich von Sunndalsøra das Skizentrum Oppdal. Die ältesten Spuren menschlicher Besiedlung im Sunndal reichen mehr als 4000 Jahre zurück. Seit der Bronzezeit (1800–1600 v. Chr.) lebten die Bewohner von Landwirtschaft und Viehhaltung, woran sich bis in unser Jahrhundert nichts änderte. 1913 begann der schwierige Bau eines Wasserkraftwerks, das aber erst vierzig Jahre später den ersten Strom lieferte, als die Aluminiumfabrik kurz vor der Vollendung stand. Die Industrie stellt heute die meisten Arbeitsplätze in dem rund 5000 Einwohner zählenden Sunndalsøra. In der Kommune Sunndal, mit 1712 km² die größte im fylke Møre og Romsdal, leben 7530 Menschen. Weitere reizvolle Täler neben Sunndal und Litledal sind *Innerdal* und *Øksendal*.

Daß die vermeintlich entzückende Landschaft im Sunndal auch ihre Tücken hat, beweisen die Naturkatastrophen, die sich hier in den vergangenen Jahrhunderten ereigneten. Die Ost-West-Richtung des Tals macht es anfällig für Fallwinde, die ihren Ursprung im Dovrefjell haben, ebenso für die Winterstürme aus dem Westen. Schnee- und Geröllawinen sowie der Fluß *Driva,* der sich mehrmals ein neues Flußbett schuf, haben viele Gebäude zerstört oder die Menschen zur Verlegung ihrer Wohnstätten gezwungen. Die Anziehungskraft auf die Urlauber, die vorzugsweise in den hellen Sommermonaten anreisen, hat dadurch nicht gelitten. Zu den ersten Touristen gehörten in der zweiten Hälfte des letzten Jahrhunderts viele Briten, die ins Sunndal kamen, um zu angeln oder zu jagen – der Lachsfluß Driva genießt einen guten Ruf über die Gemeindegrenzen hinaus. Bei mancher Gelegenheit werden Sie den Spuren jener ladies and gentlemen begegnen, werden Sie die Namen *Barbara Arbuthnott* und *Ethelbert Lort Phillip* lesen.

Information
■ **Sunndal Reiselivslag**, Sunndalsøra Samfunnshus, Postboks 62, N-6600 Sunndalsøra, Tel. 7169 2552. 15.6.–25.8. Mo–Sa 10–18 Uhr, So 15–18 Uhr, sonst Mo–Fr 10–16 Uhr.

Unterkunft

Reihenfolge: Sunndalsøra, Sunndal, Innerdal und Øksendal.
■ **Baronen Hotell Sunndal**, Sunndalsøra, Tel. 7169 1655, Fax 7169 2533. 15.6.–15.8. mit Fjord Pass (B) EZ 480–630 NOK, DZ 660–730 NOK, sonst EZ 785–850 NOK, DZ 885–950 NOK.

Unfreundlicher Kastenbau an der Hauptstraße durch Sunndalsøra. Dafür aber schicke Zimmer, der Preislage entsprechend.
■ **Trædal Turistsenter**, Sunndalsøra, Tel. 7169 1301, Fax 7169 0555. Ganzjährig geöffnet. Jugendherberge: Mitglieder 90 NOK, Nicht-Mitglieder 115 NOK. 15 Zimmer mit 56 Betten (DZ und 4-Bett-Zimmer). Preisniveau Camping: 2. 25 Hütten für 2–6 Personen 175–440 NOK. Frühstück 45 NOK, middag 65 NOK. Kochgelegenheit.

Liegt auf einem Hochplateau am Fuß des Bergs Store Kalken, zum Auftakt des Litedals. Tolle Aussicht auf den Fjord. Leicht welliges Terrain mit vielen Bäumen und Sträuchern, Zeltwiesen. Das schmucke Holzhaus, in dem die Jugendherberge untergebracht ist, ließ sich der Engländer Lort Phillip 1892 bauen. Den behaglichen, liebenswert altmodischen Aufenthaltsraum, in dem auch ein Klavier steht, können alle Gäste in Anspruch nehmen – solange er nicht geheizt werden muß. W & T.
■ **Sunndalsøra Camping**. Kleine, schiefe Wiese auf dem Landstreifen zwischen Litledal und Sunndal, keine Bäume, auf drei Seiten von Wohnhäusern umgeben. 4 Hütten, die schon bessere Tage hinter sich haben. Nur als Notlösung geeignet.
■ **Furu Camping**, Furugrenda im Sunndal, Tel. 7169 1361. 1.5.–30.9. Preisniveau Camping: 2. 12 Hütten für 4 Personen 170–300 NOK.

Schlichter Platz neben der Straße 70, auf dem sich sommers die Lachsangler tummeln, für Zelte ziemlich zu offen. Standardhütten in drei Größen, die mittlere reicht völlig aus. Sanitärgebäude leidlich, W & T. Lebensmit-

telladen gleich nebenan. Ruderboote.
- **Heimstad Gjestgiveri**, Grøavegen 47, im Sunndal, Tel. 7169 6135. EZ 300 NOK, DZ 460 NOK. Zimmer mit fließend Wasser, Bad auf dem Flur. Frühstück inklusive. Halbpension 335 NOK, Vollpension 395 NOK. Im Annex, mit Gemeinschaftsküche, EZ 150 NOK, DZ 300 NOK. Frühstück 50 NOK, Dagens rett 60 NOK. Norwegische Küche.

Liegt bereits im Sunndal, gepflegtes Holzhaus aus dem Jahr 1905, mit niedlichem Wintergarten und gemütlicher Kaminstube. Zimmer zum Teil groß und renoviert, das alte Inventar wurde möglichst belassen: Eisenofen, Kommoden, originale Holzplanken.

- **Skogly Camping**, Grøa im Sunndal, Tel. 7169 6174. 1.6.–1.9. Preisniveau Camping: 2. 6 Hütten für 2–4 Personen 170–300 NOK, teilweise mit Kochnische und Bad.

Anheimelnder Platz an kaum befahrener Seitenstraße, mit rauschendem Bachlauf, hochgewachsenen Bäumen als natürlicher Begrenzung und einem mißtrauischen Eigentümer.

- **Vangshaugen Fjellstue** (750 m), Grødal, Tel. 7169 5711. Etwa 25.6.–1.9. bedient. DZ und 4-Bett-Zimmer. DNT-Mitglieder 140 NOK, Nicht-Mitglieder 190 NOK. Bettwäsche 70 NOK. Leinen-Schlafsack 35 NOK. Bad auf dem Flur. Frühstück 60/80 NOK, Lunchpaket 35/40 NOK, middag 120/150 NOK. Im Annex Übernachtung 90/140 NOK.

Das stattliche Holzhaus wurde 1910–11 als Landsitz des Engländers Lort Phillip gebaut. 1934 kaufte die Organisation »Kristiansund Turistforening« das Anwesen, um es als Touristenhütte herzurichten.

- **Innerdal Turisthytte** (400 m), Innerdal, Tel. 7169 7990. DZ um 480 NOK. Bad auf dem Flur. Frühstück inklusive.

Traditionsreiche Unterkunft, 1988 um die grasbewachsene Hütte mit Seeblick erweitert – bei voller Auslastung geht die intime Hüttenatmosphäre verloren. Besser anmelden, sonst muß man eventuell in die alte Innerdalshytta ausweichen, die vom 1.9.–19.6. als Selbstbedienungshütte offensteht.

- **Sætran Camping**, Øksendal, Tel. 7169 5811. Preisniveau Camping: 1, für WM 2. 12 Hütten für 4–6 Personen um 200–220 NOK.

Offene, leicht abfallende Wiese, von Wald und Kornfeld begrenzt. Die Sicht reicht weit ins Tal hinein. Alle Hütten mit Spüle, über dem Durchschnitt; doch der letzte Tick, um eine Woche auszuspannen, fehlt. W & T. Kiosk. Reittouren, Bootsvermietung.

Sehenswertes

Bevor die einzelnen Sehenswürdigkeiten aufgeführt werden, ist es sinnvoll, Barbara Arbuthnott vorzustellen. Die Lady aus Schottland besuchte das Sunndal erstmals 1866, um hier ihre Flitterwochen zu verbringen. Die

Landschaft gefiel ihr dermaßen gut, daß sie sich dort 1869 das Landhaus *Elverhøy* bauen ließ. Nach der Scheidung von ihrem Mann machte sie das Holzhaus im englischen Stil zu ihrem Sommerwohnsitz, lebte aber keineswegs zurückgezogen, sondern lernte den hiesigen Dialekt und beteiligte sich am dörflichen Leben. Die Lady unterstützte notleidende Menschen, wies die Talbewohner in den neuesten Stand der Kinderpflege ein und vollbrachte weitere warmherzige Taten, so daß sie gelegentlich als ungekrönte Königin im Sunndal bezeichnet wurde. Auf Elverhøy tummelten sich die wohlhabenden Freunde und Bekannten aus Großbritannien, um Lachse zu angeln, zu jagen oder Schützenfeste zu feiern. Als 1886 ihre englische Hausbank pleite ging, kam der Besitz der Lady nach und nach unter den Auktionshammer. 1892 mußte sie sogar Elverhøy aufgeben; bis zu ihrem Tod 1904 lebte sie verarmt in Grøa. Elverhøy wird unverändert von Ausflüglern genutzt, befindet sich aber in Privatbesitz und kann nicht besichtigt werden.

■ Noch wilder als das Sunndal präsentiert sich das **Litledal**, das auf der anderen Seite des Store Kalken seinen Anfang nimmt. Zwischendurch ist das Tal nicht breiter als 50 m; die Besiedlung beschränkt sich auf den breiteren Talbeginn. An die abschüssigen Berghängen krallen sich vereinzelt grüne Flecken, kleine Eisfelder schimmern blau zwischen den Gipfeln der Ostseite, Wasserfälle schießen herab und teilen sich unterwegs in mehrere Arme. Die attraktivste Zeit liegt vor der Hauptsaison, wenn noch genügend Schmelzwasser von den Höhen herunterfließt.

Ein schmaler Fahrweg, der einst im Zusammenhang mit dem Kraftwerksbau entstand, durchquert das Litledal Richtung Gebirge. Er ist für Wohnmobile und Wohnwagen sinnvollerweise gesperrt, weil sich der Belag in einem katastrophalen Zustand befindet und die schwerfälligen Fahrzeuge ohnehin nicht die Kurve bekämen, wenn es am Ende des Tals in engen Serpentinen hinaufgeht. Die Aussicht von oben zu beschreiben, gleicht dem Versuch, ein Gemälde von Dahl in Worte zu fassen. Die Stromleitungen und das kleine Kraftwerk am Talende, Osbu, werden in Gedanken einfach wegretuschiert.

■ Das Freilichtmuseum **Leikvin Bygdemuseum** befindet sich 7,5 km östlich von Sunndalsøra, an der Straße 70. Den ersten Hof begrub 1715 eine Schneelawine, woraufhin Leikvin an seine heutige Stelle verlegt wurde. Das Anwesen wechselte mehrfach den Besitzer, gehörte 1880–86 Lady Arbuthnott, deren Elverhøy sich gleich gegenüber befindet. 1935 kaufte der lokale Museumsverein den Hof, der zuletzt »nur« noch als Feriensitz genutzt worden war. Die Vereinsmitglieder trugen mit viel Fleiß landwirtschaftliches Gerät, historische Einrichtungsgegenstände und Antiquitäten zusammen, die teilweise aus den Landsitzen der englischen Gäste stammten. Die restaurierten Gebäude vermitteln die Fürsorglichkeit, mit der das Anwesen gepflegt wird. Geöffnet 1.6.–31.8. täglich 12–17 Uhr.

Neben Elverhøy, gegenüber dem Freilichtmuseum, ließ der Engländer Lort Phillip einen Rhododendrengarten anlegen. Mit Beginn dieses Jahrhunderts verwilderte *Philliphagen,* wurde im letzten Krieg sogar als Lagerplatz verwendet. Der Museumsverein bemüht sich in Absprache mit dem Grundbesitzer um eine naturgetreue Wiederherstellung des Gartens und nimmt in unregelmäßigen Abständen neue Anpflanzungen vor. Ende Mai blühen die Rhododendren, doch auch sonst lockt Philliphagen zu einer Mußestunde inmitten von saftigem Grün. Der kurze Fußpfad beginnt am Zaun von Elverhøy (hohes, feuchtes Gras).

Wer am Ende des Gartens den Pfad benutzt, der durch den Wald und am Flußufer entlangführt, gelangt zum heidnischen Gräberfeld *Løykja,* wo sich in unübersichtlichem Gelände mehr als 200 Gräber und Grabhügel verteilen, die 1000–1500 Jahre alt sind. Ausgrabungen halfen nicht nur bei der Bestimmung des Alters, sondern bewiesen auch, daß viele Gräber in früheren Zeiten geplündert worden waren. *Løykja Gravsted* heißt der Friedhof bei Leikvin und Elverhøy, auf dem auch Lady Arbuthnott begraben liegt – wahrscheinlich der christliche Nachfolger des nahegelegenen Gräberfeldes.

■ **Alfheim** war die Jagdhütte von Lady Arbuthnott, die sie 1876 im schottischen Highland-Stil erbauen ließ. Fotogene Lage am See. Besichtigung nach Absprache mit dem Touristenbüro in Sunndalsøra. Alfheim liegt im *Grødal,* das parallel zum Sunndal verläuft. In Gjøra, an der Ostgrenze der Gemeinde, zweigt eine Nebenstraße von der 70 rechts ab; danach noch einmal rechts halten. Sie passiert das Gehöft *Svisdal* und gabelt sich später, wobei »der rechte Weg« an der bedienten Touristenhütte *Vangshaugen Fjellstue* endet, von dort aus mautpflichtiger Fahrweg (10 NOK) nach Alfheim (4 km).

Wer im September dem Fahrweg durch das Grødal bis an sein Ende folgt, hat einen wunderbaren Blick auf eine in sattes Rot und Gelb getauchte Herbstlandschaft; siehe auch unter »Wanderungen, Grødal«.

Ausflüge

Litledal und Eikesdal

■ **Sunndalsøra-Litledal-Torbudal-Eikesdal-Sunndalsøra:** Wie bereits gesagt, die tollkühne Serpentinenstraße durch das Litledal ist für Wohnmobile und Wohnwagen gesperrt. Wer vom obersten Aussichtspunkt auf das Litledal weiterfährt, erlebt einen schlagartigen Wechsel der Landschaft. Der unbefestigte Weg, der für den Bau und Betrieb von Staudämmen entstand, zieht sich schnurgerade an einem Berghang entlang, bevor er den aufgestauten *Osbuvatn* erreicht. Noch

Wasserfall im Litledal ▶

im Juni bedeckt eine dicke Eisschicht die Oberfläche, und neben den Lagerhütten der Kraftwerksbehörde stehen Schneescooter. Die niedrige, spärliche Vegetation paßt gut zu der rauhen Szenerie. Zwergbirken sind die höchsten Gewächse. Der Fahrweg begleitet den Stausee und durchquert das Torbudal, in dem Dutzende von Ferienhütten unterstreichen, wie gern die Norweger ins Gebirge kommen. Hier liegt mit 900 m der höchste Punkt der Strecke. Nach einem Bogen kommt der Stausee *Aursjø* in Sicht, an dessen Mauer die bediente Touristenhütte *Aursjøhytta* den Schnittpunkt mehrerer Wanderwege markiert. Nun beginnt der wildeste Teil der Strecke; bei heruntergezogener Wolkendecke gleicht die Fahrt einer kleinen Mutprobe. An mehreren Stellen haben kleine Wasserläufe den Fahrbelag weggebrochen, und das ständige Auf und Ab zwingt zu einem Vorwärtstasten von Kurve zu Kurve. Im Juni bestehen gute Chancen, sich auf einem Schneefeld zu erproben. Schließlich geht es wieder abwärts, und nach den ersten Serpentinen blickt man in das Eikesdal hinab, etwas breiter als das Litledal, die Bergwände mit 1700–1800 m aber fast genauso hoch. Obwohl die Sonne schon im August spät erscheint und früh verschwindet, hat sich hier eine üppige Vegetation entwickelt: Farbenfrohe Wiesen, ausgedehnte Mischwälder, meterhohe Findlinge, die mit Bäumen bewachsen sind, sattgrüne Farne und selbst Rhododendren in den Gärten verleihen dem Eikesdal ein beinahe südliches Flair. Der Niederschlagsmenge ist nur halb so groß wie in den umliegenden Tälern. Die 70 Bewohner leben vorwiegend von der Landwirtschaft. *Bjørnstjerne Bjørnson* diente die Kulisse einst als literarische Vorlage.

Am anderen Ende des Tals, wo der 22 km lange Eikesdals-See beginnt, konzentriert sich die Besiedlung; hier gibt es einen Campingplatz, einen Gemischtwarenladen und ein Postamt. Wer Norwegens angeblich höchsten Wasserfall sehen will, den *Mardalsfossen*, zweige hier links ab. Vom Parkplatz führt ein Waldpfad zum Aussichtspunkt. Mardalsfossen steht im Dienst der Wasserkraftindustrie, so daß nur ein bescheidener Schleier herunterstürzt, 297 m in freiem Fall und 655 m insgesamt. Bevor das Projekt 1970 realisiert wurde, hatten die Gegner zu spektakulären Maßnahmen gegriffen, indem sie sich an Felsen ketteten. Doch bei der Wasserkraft kennt man kein Pardon; als Kompromiß wurde vereinbart, daß der Wasserfall im Juli, wenn das Kraftwerkspersonal Ferien macht, möglichst viel von seiner alten Pracht zurückerhält. Hinter dem Postamt beginnt übrigens ein Steig, der in 52 Kehren den steilen Berghang hinaufklettert und oben auf eine Versorgungsstraße für die Fahrzeuge des Kraftwerks trifft, die sich auf der anderen Seite ins Romsdal hinabwindet. Bei gutem Wetter garantieren die Talbewohner eine phantastische Aussicht auf das Eikesdal.

Früher verband eine Fähre das

Eikesdal mit der Außenwelt. 1990 wurde am Ostufer des Sees eine Straße freigegeben – angeblich eine weitere Entschädigung für die Kappung des Mardalsfoss. Auf halber Strecke, bei *Vike,* beginnt rechts ein Wanderpfad, der zu den Stauseen oberhalb des Litledals zurückführt. Doch auch der Autofahrer wird seinen Spaß haben, denn die unverändert 1700 m hohen Berge geben ein unvergeßliches Panorama ab. Die alte Fähre ankert vorläufig in *Øverås,* am nördlichen Ende des Sees. Sie soll zwar für Ausflugsfahrten reaktiviert werden, aber die Aussichten sind vage. Die Fahrt zurück auf den Straßen 660 und 62 rundet einen gelungenen Tagesausflug ab.

Die Paßstraße ist von Oktober bis Anfang Juni gesperrt. Wegen der aufwendigen Ausbesserungsarbeiten wird momentan diskutiert, ob künftig eine Benutzungsgebühr erhoben werden soll.

■ **Unterkunft:** *Aursjøhytta,* Tel. 9477 2769. Etwa 25.6.–31.8. DNT-Mitglieder 140 NOK, Nicht-Mitglieder 190 NOK. Bettwäsche 70 NOK. Leinen-Schlafsack 35 NOK. Bad auf dem Flur. Frühstück 60/80 NOK, Lunchpaket 35/40 NOK, middag 120/150 NOK. In unbedienter Hütte Übernachtung 115/165 NOK.

Sandgrovsletta Camping, 1.6.–1.9. Preisniveau Camping: 1. 10 Hütten für 4 Personen um 180 NOK. Eingezäunte Wiese mit vielen Bäumen; schöne Lage durch Blick auf den See. Leider ist der Platz durch die Wohnwagen der vielen Stammcamper beengt. Gute Standardhütten mit abgeteiltem Schlafraum. Saubere Sanitäranlage, Ww. Der Besitzer spricht deutsch und weiß viel Interessantes über die Geschichte des Tals zu erzählen.

Svinviks Arboret

Svinviks Arboret verzaubert den Besucher mit einer überraschenden Pflanzenvielfalt, die das milde Klima am *Todalsfjord* begünstigt. Das Ehepaar *Anne* und *Halvor Svinvik* begann 1943 damit, auf dem hügeligen Gelände einen einzigartigen Baumgarten anzulegen, den sie durch ein Netz von Pfaden und Treppen zugänglich machten. Eine große Zahl der Bäume und Sträucher entstammt nicht der einheimischen Flora. Nachdem Svinviks ihr Lebenswerk 1971 der Universität Trondheim geschenkt hatten, pflanzten die Botaniker vermehrt Ziersträucher, so daß heute allein 400 Rhododendrenarten die 200 verschiedenen Nadelbäume mit einer überwältigenden Farbenpracht umgeben – Ende Mai/Anfang Juni ist der günstigste Zeitpunkt für einen Besuch. Rhododendren und Nadelbäume stellen aber nur einen Teil der Pflanzen; im Treibhaus ist eine große Schar von Kakteen versammelt. Die Wissenschaftler untersuchen nebenbei die Anpassungsfähigkeit von Pflanzen, die in anderen Klimazonen beheimatet sind.

Geöffnet 20.5.–10.8. Mo–Fr 10–18 Uhr, Sa,So 11–17 Uhr. Wegen der steilen Hänge ist gutes Schuhwerk von Vorteil. Bei starkem Regen rate ich

374 Westnorwegen

aufgrund der eng stehenden Bäume und Sträucher vom Besuch ab. Anfahrt mit Bus oder eigenem Fahrzeug: Kombination der Buslinien Sunndalsøra-Kvanne (-Surnadalsøra) und Kvanne-Todalen. Ab Sunndalsøra Straße 70 nach Norden bis zum Fähranleger Røkkum, Autofähre nach Kvanne (verkehrt ständig), Straße 670 Richtung Surnadal, nach 4 km Abzweigung Richtung Todal.

■ **Unterkunft:** *Kvanne Camping,* Tel. 7166 3510. 1.5.–1.10. Preisniveau Camping: 2. 14 Hütten für 2–4 Personen um 200–250 NOK. Auch preiswerte DZ mit fließend Wasser und Kochplatte, 6 DZ mit gemeinsamer Küche und Aufenthaltsraum.

Ein vorbildlicher Campingplatz, auf dem eine betont entspannte, gemütliche Atmosphäre herrscht. Die ruhige Art des Eigentümers befreit den Besucher von letzter Hektik. Die abseits gelegene Wiese am Fluß *Søya* zieren Blumenkästen und Sitzgruppen. Geräumige Hütten mit großzügiger Ausstattung und Holzstühlen vor der Tür. Die Zimmer sind eher schlicht, dafür aber billig. W & T.

Wanderungen

■ Das **Innerdal** wird von vielen Norwegern als einzigartige Schönheit besungen. Wer mit dieser Erwartungshaltung anreist, wird möglicherweise enttäuscht sein, denn das Tal ist eher breit und die Berghänge an beiden Seiten sind längst nicht so steil wie im Sunndal oder im Litledal. Dafür lugen Gletscherzungen zwischen den Gipfeln hervor, rauschen kleine Wasserfälle von den Hängen herab. Der 4 km lange Fahrweg passiert zwei Seen und erlaubt einen erholsamen Spaziergang durch unbeeinträchtigte Natur, von ein paar Ferienhütten abgesehen. In der bedienten *Renndølssetra* wird typisch norwegische Kost serviert – meine Empfehlung: *rømme*. Die *Innerdalshytta,* nur wenige hundert Meter weiter, ist ebenfalls bewirtschaftet, seit dem Umbau zur Touristenstation aber nicht so urig wie Renndølssetra. Angelmöglichkeiten.

Kinderleichte Wanderung, Dauer gut eine Stunde. Anfahrt mit dem eigenem Fahrzeug: Straße 70 ab Sunndalsøra nach Norden bis Ålvundeid, an der Kirche Abzweigung ins Innerdal, Parkplatz am Hof Nerdal, direkt an einem Wasserfall.

■ **Innerdalstårnet** heißt die Berggruppe südöstlich von Renndølssetra und Innerdalshytta, ab dort 4 Stunden Wanderzeit. Schwerer Steig mit Kletterpassagen, auch über loses Gestein. Nur für Geübte ohne Höhenangst. Beratung in den Touristenhütten.

■ **Sunndal-Innerdal-Todal.** Mittelschwere 2-Tage-Tour. Erste Etappe gut 5 Stunden, Übernachtung entweder Innerdalshytta oder Renndølssetra; zweite Etappe 5–6,5 Stunden, Rückfahrt mit dem Bus, eventuell Übernachtung im Todal, *Todalshytta,* Tel. 7166 3836, oder *Lauvås Sommerpensjonat,* geöffnet Mai bis August, Tel.

7166 3847, um 100 NOK pro Bett. Startpunkt: Fale im Sunndal, Anstieg hinauf ins *Giklingdal*.

■ **Åmotan:** mittelschwerer, da steiler Pfad. Hin und zurück 35–45 Minuten. Verlängerung mit extrem steilen An- und Abstieg (und famoser Aussicht) möglich, dann hin und zurück 90–120 Minuten. Anfahrt nur mit dem eigenen Fahrzeug. In Gjøra, an der Ostgrenze der Gemeinde, zweigt eine Nebenstraße rechts von der Straße 70 ab; an der Gabelung links halten. Parkplatz (links) am Gehöft Jenstad (rechts).

In der Schlucht Åmotan treffen gleich fünf Täler mit ihren Wasserläufen zusammen. Ab Jenstad geht es rechts stramm abwärts, durch Wald und über Wiesen. An der Weggabelung rechts halten, dem Schild »fossene« folgend. Nach rund 15 Minuten stehen Sie vor dem Wasserfall *Syøufallet* (156 m freier Fall); bei Sonnenschein hüpft eventuell ein kleiner Regenbogen über den Wasserschleier. Je nach Jahreszeit fließen hier bis zu fünf Wildbäche über Stromschnellen und Wasserfällchen zusammen. Der Ort heißt folgerichtig Åmotan, das Treffen der Flüsse.

Bei Lust und Laune kann die Wanderung über einen anstrengenden Anstieg zum Gehöft *Svisdal* verlängert werden. Dazu muß man nicht zurück zur Weggabelung, sondern man kann dem Wildbachufer flußaufwärts folgen. Zwei Hängebrücken werden überquert. Und dann folgt der wildeste Anstieg, den ich bisher in Norwegen genießen durfte. Von unten glaubt man einfach nicht, daß dort ein Pfad den Berg hinaufführt. Aber über einen Rücken zwischen den Schluchten geht es durch lichten Wald voran. Zwischendurch muß man sich an gespannten Seilen emporhangeln; Nach der Boden ist teilweise erodiert. Nach einer Kurzetappe durch kniehohe Wiesen steht man vor dem Gehöft Svisdal: Die Scheune mit ihren dunkelbraunen, massiven Holzbalken hat man vom Parkplatz aus schon gesehen; nur daß es einen Pfad hier hinauf gibt, das konnte anfangs niemand vermuten. Die Aussicht auf die Schlucht und die umliegenden Berge lohnt alle Strapazen. Nach einer Brotzeit inmitten der Schafherde geht es denselben Weg zurück – Hals und Beinbruch, nicht wörtlich zu nehmen.

■ Das **Grødal** verläuft parallel zum Sunndal und ist über dieselbe Nebenstraße wie nach Åmotan zu erreichen; an der Weggabelung aber rechts halten und Weiterfahrt, wie unter »Sehenswertes, Alfheim« beschrieben. Parken am Ende des Fahrweges. Es gibt mehrere Pfade, die zurück ins Sunndal führen; das einzige Problem besteht darin, daß sie nicht zu kombinieren sind und damit kein Weg zum Auto am Ausgangspunkt zurückführt. Trotzdem – im September lohnt sich der Ausflug ins Grødal allemal, wenn die Herbstfarben leuchten. Als Paket mit der Åmotan-Wanderung und dem Alfheim-Abstecher ein unvergeßlicher Tag. Wer eine Rückfahrmöglichkeit ab Grøa organisieren kann, braucht bis dorthin 4–5 Stunden; immer dem markierten Pfad durch das Tal folgen.

■ Wer sich zu Höherem berufen fühlt, kann es mit **Store** und **Litle Kalken** probieren, die bei gutem Wetter eine famose Aussicht auf Fjord, Täler und Gebirge garantieren. Die Pfade erfordern Übung und sparen auch Kletterpassagen nicht aus, sollen aber ohne Kletterausrüstung zu bewältigen sein. Das versicherten mir Einheimische, doch die Wandertips von fjellgewandten Norwegern sind erfahrungsgemäß mit Vorsicht zu genießen. Wetterwechsel dort oben können recht unangenehm werden.

Die Wanderung zu Store Kalken dauert 6–7 Stunden, die zu Litle Kalken 3–5 Stunden. Fundierte Auskunft im Touristenbüro oder in den Unterkünften einholen.

■ **Organisierte Wanderungen:** Eventyr i Sunndal, Tel. 7169 7990 (Innerdalshytta). Im Programm leichte Familienwanderungen ebenso wie anspruchsvolle Kletter- und Gletschertouren, »Wildnistage«, Rafting und Ausritte. 125–375 NOK, der »Wildnistag« für 575 NOK je Person.

Verschiedenes

■ **Angeln:** Forellen in den Seen von *Sunndal Statsalmenning,* 480 km² Staatseigentum. Angelscheine an der ESSO-Tankstelle, wo auch Hütten und Boote vermietet werden. – Lachs in den Flüssen *Driva* und *Litledalselva.* Die Angelscheine gibt es im Touristenbüro.

■ **Reiten:** Ausritte im Innerdal (45–120 NOK) organisiert *Eventyr i Sunndal,* Tel. 7169 7990 (Innerdalshytta).

■ Die hübsche **Holzkirche Hov** in Sunndalsøra wurde 1887 im neugotischen Stil errichtet. Etliche Teile des Interieurs spendeten die britischen Gäste, die das Sunndal Jahr für Jahr aufsuchten, u. a. Kronleuchter und Kachelofen. Die alte Kirche war einem Sturm zum Opfer gefallen. Täglich geöffnet 10–18 Uhr.

■ Der Eingang zum Wasserkraftwerk **Auraverkene** liegt oberhalb der Mündung des Litledalselva in den Fjord, Tel. 7169 2333. Führungen 1.6.–20.8. täglich 11–14 Uhr. Anmeldung telefonisch oder direkt beim Pförtner. Das Kraftwerk, 1953 in Betrieb genommen, liegt 300 m tief im Berg; die beiden Maschinenräume messen 18 m Höhe, 70–80 m Länge und 17 m Breite. Das Wasser wird oberhalb des Litledals im *Holbuvatn* gestaut und fließt durch einen 16 km langen Tunnel zur Verteilungskammer.

■ **Weitere Werksbesichtigungen:** *Hydro Aluminium A/S, Sunndal Verk,* Tel. 7169 3000. Besichtigungswunsch einen Tag im voraus telefonisch oder beim Pförtner anmelden. Normalerweise 10–14 Uhr. – Wasserkraftwerk *Driva Kraftverk,* Fale, Tel. 7169 4547. Führung nach Absprache. Auf dem Gelände steht eine restaurierte Mühle.

■ **Notarzt:** Tel. 7169 1933.
■ **Transport:** Bus (Oppdal -) Gjøra, Grøa, Sunndalsøra, Ålvundeid, Ålvundfoss, Røkkum (- Kvanne). – Sunndalsøra, Øksendal.
■ **Taxi:** Tel. 7169 1441.

Weiterreise

■ **Bus:** *Rutebilstasjon* in der Kaptein Dreiersgata.
Nach Trondheim (190 NOK) über Ålvundfoss, Kvanne, Surnadal, Rindal und Orkanger. – Nach Oppland (umsteigen in den Zug nach Oslo). – Nach Ålesund (192 NOK) über Molde und Spjelkavik (dort umsteigen in den Bus nach Stryn).
■ **Auto: Nach Trondheim.** Entweder auf Straße 70 durch das Sunndal, unterwegs in Gjøra möglicher Abstecher nach Åmotan (siehe unter »Wanderungen«), ins fade Wintersportzentrum *Oppdal,* ab dort weiter auf E 6 nach Trondheim. – Oder auf Straße 70 nordwärts zum Fähranleger Røkkum, unterwegs möglicher Abstecher ins Innerdal (siehe unter »Wanderungen«), ab *Røkkum* Autofähre nach *Kvanne,* kurz hinter Kvanne möglicher Abstecher zu Svinviks Arboret (siehe unter »Ausflüge«), sonst weiter auf Straßen 670 und 65 durch **Rindal** und **Orkladal**, zwei Täler mit lachsreichen Flüssen (viele Campingplätze in der Hand der Angler), bis an die E 6, nahe der südlichen Stadtgrenze Trondheims.

Nach Ålesund. In umgekehrter Richtung beschrieben unter »Ålesund, Weiterreise«.

Nach Geiranger. Auf Straßen 62, 660 und 64, fast immer an Fjorden entlang, nach *Åndalsnes,* ab dort Straße 9 zur Kreuzung *Sogge bru,* eventueller Ausflug in das wilde *Romsdal,* sonst Straße 63 rechts ab zur berühmten Serpentinenstrecke *Trollstigen* und weiter Richtung Geiranger. Präzise beschrieben unter »Geiranger, Weiterreise, Sunndalsøra und Ålesund«.

Jotunheimen

Im Reich der Bergriesen

Nirgends im südlichen Norwegen präsentieren sich Gipfel gezackter und wilder als in Jotunheimen. Mit dem *Galdhøpiggen* (2469 m) und dem *Glittertind* (2452 m) recken sich hier Norwegens höchste Berge empor. Da den Glittertind-Gipfel eine permanente Schneedecke bedeckt, erreicht er sogar 2472 m ü.d.M. Rund 200 Gipfel sollen die 2000-Meter-Marke überragen und 50 weitere 1900 m. Der Name Jotunheimen entstammt treffend dem Wort *jotar:* Bergriesen. Das Gebiet bietet Wanderern, Bergsteigern wie auch Tourenskiläufern ein schier unerschöpfliches Betätigungsfeld. Am *Gjende-See,* dessen milchig grüne Farbe geschmolzenes Gletschereis verrät, verläuft der Grat *Besseggen,* über den eine der spekatkulärsten Wanderungen auf nordischen Pfaden führt.

1980 wurde der Nationalpark Jotunheimen ausgewiesen. Er erstreckt sich zwischen den beiden Nord-Süd-Verbindungen der Sognefjell-Straße 55, von Lom im Norden bis zum Lustrafjord, und der Straße 51 vom See Vågåvatnet bis Fagernes im Süden. Lom und Vågåvatnet liegen an der Ost-West-Achse 15, die vom Gudbrandsdal, im Osten, ins Fjordland Richtung Geiranger und Stryn führt. Der Verkehrsknotenpunkt *Lom,* in dem es sommers von Touristen nur so wimmelt, ist die Anlaufstelle für Informationsbedürftige.

Die Vegetation Jotunheimens ist, der alpinen Lage entsprechend, ausgesprochen karg. Zwar liegt die Baumgrenze erst bei 1200 m, doch da sich der Großteil des Nationalparks oberhalb dieser Grenze befindet, trifft man nur in den Osttälern Jotunheimens auf Bäume. Oberhalb der Baumgrenze beschränkt sich die Vegetation auf niedrige Buschformen, ein paar Blumenarten sowie hauptsächlich auf Moose und Flechten, Pilz- und Algenkulturen.

Das Rentier ist nicht so stark vertreten wie etwa auf der Hardangervidda; doch im westlichen Teil trifft man gelegentlich auf wildlebende Herden. Allgemein werden der Artenreichtum und die Populationen der einzelnen Arten durch die eingeschränkte Nahrungsgrundlage gering gehalten. Neben dem Ren kann man auch dem Rotfuchs über den Weg laufen und, seltener, dem Bergfuchs. Vorwiegend aber sind Kleintiere wie die Schneemaus und ähnliche Nager vertreten. Auch Anzahl und Vielfalt der Vogelarten sind beschränkt. Neben dem Schneehuhn lassen sich einige interessante, kleinere Raubvogelarten beobachten.

Das Klima ist innerhalb Jotunheimens recht unterschiedlich. Der Westen zeigt sich, unter dem Einfluß des nahen Fjordlands, noch niederschlagsfreudig, während Mittel- und

JOTUNHEIMEN

1 Touristenbüro, Unterkünfte, Gebirgsmuseum
2 Jugendherberge Bøverdalen Vandrerhjem
3 Storhaugen
4 Juvasshytta
5 Spiterstulen
6 Leirvassbu
7 Gjendebu
8 Memurubu
9 Gjendesheim
10 Maurvangen Hytter & Camping
11 Glitterheim
12 zum Bygdin-See
13 ins Gudbrandsdal
14 nach Stryn (Gletscher) und an den Geirangerfjord
15 Sognefjell-Straße zum Lustrafjord

Ostjotunheimen, durch die westlichen Gipfel abgeschirmt, weniger Niederschlag vermelden. Auch sind die Sommertemperaturen im Osten höher als im Westen. Für die ganze Gebirgsregion gilt, daß sich selbst in Sommernächten Frost einstellen kann.

Information

■ **Jotunheimen Reiseliv**, N-2686 Lom, Tel. 6121 1286, Fax 6121 1235. 20.6.–31.8. Mo–Fr 9–21 Uhr, Sa,So 10–18 Uhr, sonst Mo–Fr 7.30–15.30 Uhr.

Unterkunft

■ **Fossheim Turisthotell**, Lom Tel. 6121 1205, Fax 6121 1510. EZ 565 NOK, DZ 765 NOK. Lunchbuffet 165 NOK, Abendbuffet 200 NOK.

■ **Fossberg Turiststasjon**, Lom, Tel. 6121 1073, Fax 6121 1621. EZ 575 NOK, DZ 730 NOK, Motel-DZ 490–590 NOK. Hütten für 2 Personen 165 NOK, für 4 Personen 195–290 NOK.

■ **Nordal Turistsenter**, Lom, Tel. 6121 1010, Fax 6121 1303. Ganzjährig geöffnet. EZ 420 NOK, DZ 600 NOK. Motel-DZ 450 NOK ohne Frühstück. Frühstück 50 NOK. middag um 100 NOK. Auch Camping, Preisniveau: 3. W & T.

■ **Lom Motell og Camping**, Lom, Tel. 6121 1220, Fax 6121 1223. Ganzjährig geöffnet. DZ 350 NOK, Hochsaison 450 NOK. Appartements/Hütten für 4 Personen 350/250 NOK, Preisniveau Camping: 3. W & T. Fahrradvermietung.

■ Jugendherberge **Bøverdalen Vandrerhjem**, Bøverdalen, Tel. 6121 2064. 25.5.–31.10. Für Mitglieder EZ und DZ 190 NOK, im Mehrbett-Zimmer 75 NOK. Campinghütten 250 NOK, Ferienhütten 550 NOK. Frühstück 50 NOK, Lunchpaket 35 NOK, Abendessen 80 NOK.

■ **Storhaugen**, Bøverdalen, Tel. 6121 2069. Ganzjährig geöffnet. Preise NS/HS (15.6.–15.9.): DZ 250/300 NOK, Ferienhütten ab 350/450 NOK, Appartements ab 450/500 NOK. Keine Mahlzeiten, nur für Selbstverpfleger. Bei Galdesand, nahe Galdhøpiggen.

■ **Juvasshytta**, Bøverdalen, Tel. 6121 1550. Geöffnet Ostern sowie 20.6.–10.9. EZ 245 NOK, DZ 400 NOK, Rabatte möglich. Galdhøpiggen am nächsten, organisiert Gletscherexkursionen. Ausgangspunkt für Wanderungen nach Spiterstulen (3–3,5 Stunden).

■ **Spiterstulen**, Visdalen, Tel. 6121 1480. 1.3.–30.9. DZ mit Bad 400 NOK, EZ und DZ ohne Bad 200–275 NOK, im Mehrbett-Zimmer 125–225 NOK, Zelt 50 NOK. Matratzenlager 60 NOK, Frühstück 90 NOK, middag 180 NOK. 4–5 Stunden zum Galdhøpiggen, 3 zur Juvasshytta.

■ **Leirvassbu**, Leirdalen, Tel. 6121 2932. Geöffnet Osterwoche und von Ende Juni bis Anfang September. Preise DNT/normal: EZ 175/190 NOK, 2- und 3- Bett-Zimmer 140/155

NOK, 4-Bett-Zimmer 110/110 NOK (mit eigenem Leinen-Schlafsack), EZ mit Bad 250 NOK, DZ mit Bad 400 NOK. Frühstück 65/75 NOK, middag 130/145 NOK.

■ **Memurubu Turisthytte**, Gjendesheim, Tel. 6121 1573 und 9414 0621. Geöffnet an Ostern und 15.6.–20.9. DZ 400–700 NOK. Zelten möglich. Tagsüber viel Durchgangsverkehr. Wird interessant, wenn man die Besseggen-Tour mit der Wanderung am Gjende-See entlang kombiniert; beides zusammen ist zuviel an einem Tag.

■ **Maurvangen Hyttegrend & Camping**, Sjodalen, Tel. 6123 8922. Von Juni bis September, je nach Saison. Preisniveau Camping: 3. 25 Hütten, teuer. Schöner Platz, mehrere Zeltflächen durch Büsche und Bäumchen voneinander getrennt. Der beste Ausgangspunkt für die Besseggen-Tour. W & T. Kiosk, Mahlzeiten. Spielplatz.

Sehenswertes

■ **Norsk Fjellmuseum i Lom**, Tel. 6121 1600. 16.7.–15.8. täglich 10–21 Uhr, 10.6.–15.7. und 16.8.–15.9. 10–19 Uhr. Eintritt 50/25 NOK, Familien 120 NOK.

Neues, flott aufgemachtes Erlebniszentrum, das Ausstellungen und Filme über das norwegische Gebirge präsentiert. Pflanzen- und Tierwelt werden nicht allein als niedliche Heile-Welt-Szenerien vorgestellt, sondern auch im Zusammenhang mit dem Umgang, mit den Eingriffen des Menschen in die Natur berücksichtigt. Selbst der Tourismus bleibt nicht ausgespart, erfordert die empfindliche Bergwelt doch besondere Rücksichtnahme. Das flache, ansehnliche Gebäude paßt gut in die traditionelle Hochlandarchitektur.

Im Rahmen der Museumseröffnung hat man einen 7 km langen Natur- und Kulturlehrpfad auf den 1075 m hohen *Soleggen* eingerichtet. Zudem werden Tagestouren auf den Galdhøpiggen und auf den 1289 m hohen *Lomseggen* organisiert.

■ Die Stabkirche **Lom Stavkyrkje** ist weder die älteste noch die schönste, noch die größte, aber trotzdem den Besuch wert. Um 1240 im romanischen Stil gebaut, wurde sie bis zum 17. Jh. mit Querschiff, Apsis und Sakristei zu einer Kreuzkirche erweitert, sehr gut an der unterschiedlichen Holzbautechnik zu erkennen. Der Fenster wegen wurde der typische Säulengang geopfert. Im Inneren fallen besonders die Malereien und die Schnitzereien *(von Jacob Sæterdalen)* an Kanzel und Chorbogen ins Auge (18. Jh.). Von den heidnischen Merkmalen blieben die Runen und Tierschnitzereien am Nordportal sowie die Drachenköpfe an den Firstenden erhalten. Die Stabkirche, zuletzt in den 30er Jahren umfassend restauriert, dient weiterhin als das zentrale Gotteshaus in Lom. 15.6.–15.8. täglich 9–21 Uhr. Eintritt 20/0 NOK.

Wanderungen

Die beiden letzten Touren ermöglichen auch leichte Wanderungen, jeweils an einem See entlang. Die anderen Routen sind, mit Ausnahme der (organisierten) Besteigung des Galdhøpiggen, ohne alpine Ausrüstung zu bewältigen.

■ Die Wanderung auf Norwegens höchsten Berg, den **Galdhøpiggen**, unternehmen auch Individualtouristen sinnvollerweise im Rahmen einer organisierten Tour, weil die Route über den nicht spaltenfreien Gletscher *Styggebre* führt. Stabile Schuhe und wetterfeste Kleidung sind Voraussetzung. Die Tour beginnt an der Juvasshytta, die über das *Bøverdal* (Straße 55) mit dem Auto zu erreichen ist. Die Aussicht vom Gipfel erfüllt alle Erwartungen, aber die hegen anscheinend sämtliche Wander-Touristen aus dem In- und Ausland, die sich in Jotunheimen aufhalten: Unterwegs ist mit reichlich Betrieb sowie »Staus« zu rechnen.

Von Mitte Juni bis Mitte September täglich. Dauer 5 Stunden. Nähere Auskunft im Touristenbüro in Lom oder bei der Juvasshytta, siehe oben.

■ **Juvasshytta-Spiterstulen:** mittelschwer, Dauer rund 3 Stunden. Von 1841 m auf 1106 m ü. d. M. Vorher erkunden, wieviel Wasser der Wildbach *Breagrovi* führt; siehe unten.

Der markierte Pfad führt südwärts am Ostufer des Sees Juvatnet entlang. Nach 700 m zweigt links der Weg zum Galdhøpiggen ab. Es geht nach Südosten, bis jener Wildbach Breagrovi überquert werden muß: Führt er viel Wasser, muß man es bachaufwärts versuchen; von dem Ostausläufer des Styggebre, der den Bach speist, sollte man die Füße lassen (deshalb vorher in der Juvasshytta erkundigen und eventuell Ratschlag einholen). Gegen Ende geht es steiler bergab nach Süden, später nach Südosten; unterwegs zweigt links der Pfad Spiterstulen-Galdhøpiggen ab. Unterhalb Spiterstulens überquert eine Brücke den Fluß Visa.

Wer denselben Weg nicht zurückgehen mag, kann ab Spiterstulen dem Fahrweg nach Norden durch das *Visadal* folgen. Bei *Heimesetra* überquert wieder eine Brücke die Visa, worauf es westwärts auf einem nicht markierten, aber sichtbaren Steig zur Juvasshytta geht. Nun allerdings muß der Höhenunterschied bewältigt werden, diesmal bergauf. Diese Tour ist auch als Ausweichroute ab der Juvasshytta zu empfehlen, wenn besagter Breagrovi zuviel Wasser führt und die Kenner vor Ort von erstgenanntem Pfad abraten. Sie braucht etwas länger, auch wegen des Anstiegs, bis zu 4 Stunden.

■ **Spiterstulen-Leirvassbu**, mittelschwer, Dauer rund 5 Stunden. Markiert. Von 1106 m auf 1400 m ü.d.M. Einziges Problem: Obwohl Leirvassbu an den Straßennetz angebunden ist, fährt doch kein Bus dorthin. So heißt es, auf demselben Pfad zurück zu marschieren, aber er ist erlebnisreich genug, um sich am nächsten Tag nicht zu langweilen.

Man folgt dem Fluß Visa durch das

gleichnamige Tal bergauf. Ständig sind zufließende Wildbäche zu meistern: Bei *Hellstugguåi* hilft eine Brücke über einen besonders kräftigen Vertreter. Die *Urdadalselva* wird auf ausgelegten Steinen überwunden. Gegen Ende hält sich der Pfad westwärts und begleitet mehrere kleine Seen. Nahe der nördlich gelegenen Anhöhe *Kyrkjeglupen* (1499 m) hat man eine tolle Aussicht auf den Gletscher *Visbreen* im Süden, während sich im Norden, etwas später zu erkennen, die *Tverrbotntindane* in die Höhe recken. Zuletzt geht es in einem Bogen um den See *Leirvatnet* herum nach Leirvassbu.

Natürlich ist es verlockend, von Spiterstulen oder Leirvassbu ostwärts an den Gjende-See zu laufen, doch die Pfade queren viel loses Geröll, so daß sie nur geübten Wanderern zu empfehlen sind. Solche Touren seien einem speziellen Wanderführer vorbehalten. Wenn überhaupt, ist die Variante ab Leirvassbu die leichtere und mit mindestens 6 Stunden reiner Laufzeit zu veranschlagen. Lassen Sie sich in den Hütten vor Ort beraten.

■ **Memurubu-Gjendesheim** 1: schwer, Dauer mindestens 6 Stunden. Von 1008 m auf 1743 m, wieder hinab auf 995 m ü.d.M. Markiert und ausgetreten, nicht zu übersehen. Nach Memurubu ab Gjendesheim entweder mit einem Boot, oder am Ufer des Gjende-Sees entlang; siehe nächster Tourenvorschlag.

Der Klassiker in Jotunheimen ist die (anstrengende) Wanderung über den Grat **Besseggen**, den Ibsens Peer Gynt auf einem Rentier gemeistert haben will. (In Anlehnung an die Legende prangt ein Rentier auf den leckeren Gjende-Keksen.) Ob mit oder ohne Rentier – schwindelfrei sollte, muß man aber nicht sein.

Im Rahmen einer Tageswanderung muß man zunächst einmal mit dem Boot von Gjendesheim nach Memurubu tuckern. Die »Gjende III« und »Gjende IV« befahren diese Route (und weiter zur Hütte Gjendebu) von Mitte Juni bis Mitte September; siehe unter »Transport«. An der Memurubu-Hütte angekommen, geht es 400 Höhenmeter stramm hinauf: der steilste Anstieg, vom Besseggen später abgesehen. »Kein Baum, kein Strauch – so etwas Ödes haben wir lange nicht gesehen«, würde die klassische Kreuzfahrer-Klientel hier von sich geben; aber die wird man nicht antreffen. Betrieb herrscht trotzdem fast immer: An einem schönen Sommertag finden sich rasch mehr als 1000 Wanderer auf dem Pfad ein. Der führt in der Folge mal auf-, mal abwärts; unterwegs hat man einen schönen Blick gen Norden, wo der See *Russvatnet* das Tal zwischen der Gletscherkappe *Surtningssua,* im Nordwesten, und dem Gipfel *Besshø* (2258 m) ausfüllt. Der Pfad passiert den See *Bjørnboltjørna* in 1475 m Höhe. Unten, am Gjende-See-Norduffer, setzen die Hütten von *Leirungsbua* einen farbigen Tupfer. Nach inzwischen knapp 3 Stunden steigt man hinunter zum langgezogenen See *Bessvatnet* (1373 m), wo sich im Windschatten eine Brotzeit empfiehlt. Im Osten wartet, seit geraumer Zeit im Blickfeld, der Besseggen auf seine Meister. Schien er von weitem noch unbezwingbar, gewinnt der Grat mit abnehmender Distanz doch an Breite. Der Aufstieg beginnt. Wer, wie der Autor, nicht ganz schwindelfrei ist, wird dankbar für das Bergauf sein, das von der Tiefe ablenkt, die man in umgekehrter Richtung ständig vor Augen hat. Trotzdem gerät der Blick zurück zum Genuß: zur Rechten der Bessvatnet, zur Linken, 389 m tiefer gelegen, der Gjende-See; wäre nicht der Grat zwischen beiden, würde ein tollkühner Wasserfall hinab stürzen. Wohl denen, die ein Weitwinkelobjektiv im Rucksack verstaut haben. Nach all den optischen Freuden wartet während der letzten beiden Stunden harte Arbeit auf den Wanderer. Der Abstieg über den felsigen Untergrund geht im Verlauf der 750 Höhenmeter immens auf die Knochen. Ich kann nur abraten, diese wunderschöne Tour als erste Wanderung im Rahmen des Urlaubs auszuwählen; ein bißchen Gewöhnung auf leichteren Routen werden die Gelenke danken.

■ **Memurubu-Gjendesheim 2:** leicht, Dauer rund 3,5 Stunden. Nach Memurubu ab Gjendesheim mit einem Boot, auch umgekehrte Richtung möglich; Bootsverkehr siehe unter »Transport«.

Wer sich nach der Lektüre der Besseggen-Tour nicht zu Höherem berufen fühlt, kann sich mit der Wanderung am Gjende-See entlang begnügen. Verlorene Stunden sind das ganz gewiß nicht. Da diese Tour, selbst mit Pausen, ohne weiteres in weniger als 5 Stunden absolviert werden kann, ist es eine Idee, von Gjendesheim nach Memurubu zu laufen, denn nachmittags sind die Boote zurück nach Gjendesheim nicht so stark frequentiert, wie früh am Morgen in umgekehrter Richtung (ohne Gewähr). Auf dem Seeuferweg trieben die Bauern einst ihre Schafe zu den wenigen Almen, die sich in dieser kargen Kante verloren.

■ Wer eine leichte Wanderung bevorzugt, kann ebenso am **Bygdin-See** entlangmarschieren, der sich im Süden, wie der Gjende-See, in Ost-West-Richtung erstreckt. Auch hier schippert im Sommer ein Boot über das Wasser, die »M/B Bithihorn«. Für die Wanderung, am nördlichen Seeufer, zur Hütte *Torfinnsbu,* sind rund 3,5 Stunden reine Gehzeit zu veranschlagen. Im Gegensatz zur Route am Gjende-See warten einige Wildbäche auf ihre Überquerung. Die *Breidlaupa* und *Torfinnsdøla* entschärfen jeweils Brücken. Besonders nach der Schneeschmelze kann es unterwegs also recht feucht werden. Der Pfad beginnt am Fähranleger in *Bygdin.* Nach einem milden Winter mit wenig Schnee kann es allerdings vorkommen, daß der Bygdin-See nur wenig Wasser führt und das Boot vorerst auf seinem Trockendock verbleiben muß.

■ **Gletscherwandern:** organisierte Touren, etwa ab Spiterstulen zum *Svellnosbre,* von Mitte Juni bis Ende September, Dauer 6 Stunden, Preis um

80 NOK; oder ab Leirvassbu zum *Smørstabbre,* von Juli bis August, Dauer 6 Stunden, Preis 100–150 NOK, je nachdem, wie weit Sie mit aufs Eis wollen. Mitzubringen sind wetterfeste Kleidung, gute Schuhe und Proviant. Auskünfte im Touristenbüro von Lom und in den beiden Hütten. – Gletscherkurse bietet *Lom Bre og Fjellførarlag* an: jeweils dreieinhalb Tage im Juli, Preis rund 1000 NOK. Mitzubringen sind winterbeständige Bekleidung und feste Wanderschuhe. Auskunft unter Tel. 6121 2578.

Verschiedenes

■ **Sommerski:** *Galdhøpiggen Sommerskisenter,* Bøverdalen, Tel. 6121 2142. 1500 m Abfahrtshang, auch für Snowboarder, Lift. Vermietung von Ausrüstung (180 NOK). Saison von Juni bis Mitte November, wetterbedingt.

■ **Fossheim Steinsenter,** Lom, Tel. 6121 1460. In einer umgebauten Scheunen werden Mineralien und Schmuck präsentiert, vieles davon in Jotunheimen aus der Erde geholt. Touristisch, viele Busse auf der Durchreise. 15.6.–31.8. täglich 9–20 Uhr, sonst 9–16 Uhr. An der Str. 15 Richtung Lillehammer.

■ **Freilichtmuseum:** *Lom Bygdamuseum,* Lom, Tel. 6121 1000. 15.6.–15.8. täglich 11–18 Uhr. Eintritt 15/0 NOK. Mehr als 20 landwirtschaftliche Gebäude aus der Region, als ältestes ein großer *stabbur* (16. Jh.), in dem die Getreideernte einlagerte. Das Museum verteilt sich auf einem mittelalterlichen Tingplatz *Prestehaugen,* auf dem die maßgeblichen Herren ihre Versammlungen abhielten. Das Gelände mit seinem lichten Wäldchen wirkt geradezu malerisch; wer unterwegs schon ländlich geprägte Freilichtmuseen gesehen hat, darf eine Wanderung in Jotunheimen getrost vorziehen.

■ **Transport:** Busse Lom, Galdesand, Raubergstulen, Juvasshytta, nur von Mitte Juni bis Mitte August. – Lom, Røysheim, Galdesand, Leira bru, Elveseter, Liasand, nur von Mitte Juni bis Anfang August. – Lom, Otta. – Otta, Gjendesheim, Bygdin, nur von Mitte Juni bis Mitte September.

Bootsverkehr (Termine und Häufigkeit der Abfahrten können sich von Jahr zu Jahr leicht verändern; bitte vergewissern Sie sich vor Ort): Auf dem Gjende-See etwa 20.6.–20.9. Je nach Saison 1–5 Touren ab Gjendesheim, die um 11 Uhr während der ganzen Zeit; etwa 5.7.–20.8. zwei Abfahrten um 8 und 8.05 Uhr. Zurück immer um 14.35 Uhr ab Memurubu, etwa 27.6.–20.8. auch Fr–So um 17.50 Uhr. Ticket einfach 40 NOK, retour (nur am gleichen Tag) 60 NOK. – Auf dem Bygdin-See etwa 25.6.–3.9. Täglich zweimal ab Bygdin um 9.30 und 14.30 Uhr, zurück ab Torfinnsbu um 13.15 und 17.45 Uhr. Preis ähnlich.

Weiterreise

■ **Bus:** Nach Stryn über Grotli und Hjelle. – Nach Måløy über Stryn und Nordfjordeid. – Nach Volda und Ørsta über Stryn. – Nach Trondheim über Vågåmo, Otta, Dovre, Dombås, Oppdal (umsteigen nach Sunndalsøra) und Støren. – Nach Oslo (358 NOK) über Vågåmo, Otta, Kvam, Vinstra, Ringebu, Lillehammer, Hamar und Eidsvoll.

■ **Auto: Nach Geiranger/Stryn.** Ab Lom westwärts auf Straße 15 durch das *Ottadal: Skjåk* ist mit weniger als 500 mm Niederschlag im Jahr einer der trockensten Orte in Norwegen. Nach Geiranger auf Straße 15 bis zum See *Langevatn,* ab dort über Paßstraße Geirangerveien (1038 m, Wintersperre von November bis Mitte Mai) hinunter an den Fjord. – Nach Stryn durchweg auf Straße 15; bei *Grotli* Alternativroute auf Straße 258 durch *Måråldal* und *Videdal* möglich; nicht für größere Wohnmobile geeignet, Wintersperre von Oktober bis Mitte Juni, unterwegs toller Blick hinab ins **Videdal**, gleich einem Fjord ohne Wasser. Am Ende der Straße 258 trifft man wieder auf die 15.

An den Sognefjord. Mehrere Möglichkeiten in umgekehrter Richtung beschrieben unter »Am Sognefjord, Lærdal, Årdal, Luster, Weiterreise«.

Nach Osten. Zwei Alternativen in umgekehrter Richtung beschrieben unter »Am Mjøsa-See, Lillehammer, Weiterreise«. Dort auch Weiterreise nach Norden ab Otta.

Die Ostküste

Das Ostufer des Oslofjords liegt ein bißchen im touristischen Abseits. Wer nicht gerade die Billig-Fähre von Frederikshavn nach Göteborg oder die nach Moss genommen hat, um auf der E 6 Richtung Oslo zu fahren, muß sich bewußt entscheiden, ob diese Kante in die Reiseroute aufgenommen wird: entweder ab Oslo, im Rahmen einer Schleife zuerst nach Süden und dann an der Grenze entlang wieder zurück, oder, mit einer Fähre, vom westlichen Fjordufer aus übersetzend, so etwa von Horten nach Moss oder von Sandefjord ins schwedische Strömstad, das direkt südlich der Grenze nahe der E 6 liegt.

Von Oslo aus sind es rund 120 Kilometer bis zum *Svinesund,* wo eine imposante 67 m hohe und mehr als 400 m lange Brücke den Grenzfjord zwischen Norwegen und Schweden überquert. Dazwischen erstreckt sich ein, für nordische Verhältnisse, dicht bevölkerter und produktiver, weil stark industrialisierter Landstrich. Zu den traditionellen Industriesparten gehört die Holzverarbeitung, wie die unverändert zahlreichen Sägewerke und Papierfabriken in den Ballungszentren dokumentieren. Die Landwirtschaft wurde infolge der Industrialisierung etwas zurückgedrängt.

Trotzdem blieben in dem von Seen und Flüssen zerfurchten Hinterland viele Wälder erhalten, ein günstiges Betätigungsfeld für Wanderer, Angler und Kanuten, während die Schärenküste des Oslofjords eher für Badefreudige und Müßiggänger geeignet ist. Den Fjord schmücken ein paar hübsche Inseln, die alle Klischees vom Schären-Milieu erfüllen, so die *Hvaler*-Inseln nahe der Grenze oder auch *Jeløy,* der Stadt *Moss* vorgelagert.

Wer sich hingegen für Kultur und Geschichte interessiert, stößt unweigerlich auf die großen Festungen, zum Beispiel in *Halden* und *Fredrikstad.* Seit 1658 die Grenze zwischen Schweden und (damals) Dänemark/Norwegen an den *Iddefjord* bei Halden rückte, stand die Region mehrfach sprichwörtlich im Brennpunkt. Viele dieser alten Anlagen sind erhalten, in Fredrikstad eine ganze Festungsstadt. Außerdem gibt es entlang des Oslofjords einige schöne Herrenhöfe zu bewundern, die an die Nähe der Hauptstadt Oslo erinnern.

Dieses Kapitel konzentriert sich auf das fylke Østfold, das von Norden nach Süden die Städte Moss, Fredrikstad (mit Sarpsborg), Halden sowie ihr Hinterland bis zur Grenze umfaßt. Es soll Ihnen eine Entscheidungshilfe sein, ob der Ostküsten-Abstecher für Sie taugt.

Moss

Weintrauben am Oslofjord

Die Industriestadt Moss, rund 25.000 Einwohner, wäre eigentlich keine Zeile wert – und viele Touristen bevorzugen tatsächlich den Tritt aufs Gaspedal –, gäbe es da nicht die schmucke Insel Jeløy im Oslofjord, die eine Brücke mit dem Stadtzentrum verbindet. Das weitgehend unbebaute Eiland präsentiert sich mit seinen Stränden, Wäldern und Wiesen als ein einladender Naturpark. Das milde Klima und die fruchtbare Vegetation lassen selbst Weintrauben gedeihen. Vor dem Westufer markiert ein Leuchtturm die erste schmale Stelle im Oslofjord. Am gegenüberliegenden Ufer macht sich Horten breit, mit dem Moss durch eine Autofähre verbunden ist. Wer Oslo umgehen möchte, ist mit dieser Passage gut beraten. Moss ist außerdem Zielhafen der Autofähre aus dem dänischen Frederikshavn, die kurz vor Mitternacht den Kai an der Stadtbrücke anläuft.

Moss, 1995 als Stadt 275 Jahre alt geworden, verdankt seine industrielle Geschichte den Stromschnellen des *Mosseelva,* über die das Wasser des Sees *Vansjø* in den Mossesund springt. Ab dem 16. Jh. siedelten sich dort Sägewerke, Mühlen und Spinnereien an; es folgten Holzexport, Schiffbau und die zugehörigen Handwerker. Mit seiner Lage am südlichen Oslofjord wurde Moss eine klassische Seefahrtsstadt. Am Nordufer des Mosseelva stand von 1704 bis 1874 ein Eisenwerk. An seine Stelle ist eine Zellulosefabrik getreten, die die Stadt, je nach Windrichtung, mit einer charakteristischen Duftnote versieht. Zu den mehr als 100 Industriebetrieben in und um Moss gehören auch bei uns bekannte Namen wie »Helly Hansen«, Spezialist für Outdoor-Bekleidung, und der »Kværner«-Konzern, der vor Ort Stahlkonstruktionen und Einzelteile für den Schiffbau fertigt. Wie gesagt, Moss ist von äußerst bescheidener Schönheit; abgesehen von Jeløy und dem verzweigten Stadtsee Vansjø, an dem sich die Einwohner in ihrer Freizeit zum Baden, Bootfahren u. a. einfinden.

Information
■ **Moss Turistinformasjon**, Fleischersgate 17, N-1531 Moss, Tel. 6925 3295, Fax 6025 7107. 12.6.–12.8. Mo–Fr 8–20 Uhr, Sa 9–13 Uhr, sonst Mo–Fr 8–16 Uhr.

Unterkunft
■ **Støttvig Hotell**, Larkollveien 801, Tel. 6926 3068, Fax 6926 3777. 1.5.–30.9. mit/ohne Fjord Pass (B) EZ 495–595 NOK, DZ 590–845 NOK, sonst EZ 595–645 NOK, DZ 645–845 NOK. Schöne Lage 11 km südlich von Moss, in Larkollen am Oslofjord, das Wassersportrevier vor der Haustür. Auf Zimmer mit Meerblick bestehen.

■ **Magnus Gjestegård**, Storebaug, Tel. 6926 8077, Fax 6926 8674. 15.6.–15.8. mit/ohne Fjord Pass (A) EZ 410–550 NOK, DZ ab 520 NOK, sonst EZ 600–700 NOK, DZ 700–800 NOK, weekend 100 NOK Rabatt. 2 km südlich von Moss, an der E 6. Kanu- und Fahrradvermietung.

■ **Mitt Hotell**, Rådhusgate 3, Tel. 6925 7777, Fax 6925 7720. 15.6.–15.8. mit Fjord Pass (B) EZ 490 NOK, DZ 600–660 NOK, sonst EZ 730 NOK, DZ 930 NOK, weekend EZ 490 NOK, DZ 640 NOK. Zentrale Lage.

■ **Moss Hotel**, Dronningensgate 21, Tel. 6925 5080, Fax 6925 1333. 15.6.–15.8. EZ 465 NOK, DZ 600 NOK, sonst EZ 495 NOK, DZ 690 NOK. Zentral in der Fußgängerzone.

■ **Mossesia Kro & Motell**, Strandgata 27, Tel. 6925 3131, Fax 6925 4242. EZ 350 NOK, DZ 450 NOK. Zentral am Bahnhof.

■ Jugendherberge **Moss Vansjøheimen**, Nesparken, Tel. 6925 5334. 1.6.–1.9. Mitglieder im DZ 90 NOK, im Mehrbett-Zimmer 78 NOK. 13 Zimmer mit 67 Betten. Keine Mahlzeiten. Kochgelegenheit für Selbstversorger. Nette Lage im Nespark, am Vansjø.

■ **Nes Camping**, Jeløy, Tel. 6927 0176. 1.5.–30.9. Preisniveau Camping: 2. 12 Hütten. Schöner Platz am Oslofjord, Wiese und Wald, durch die Dauercamper etwas eng. W & T. Spielplatz. Baden, Angeln, Boots- und Kanuvermietung.

■ **Larkollen Camping**, Larkollen, Tel. 6926 3194. 11.5.–30.9. Preisniveau Camping: 2. 11 Hütten 260–360 NOK. W & T. Spielplatz. Baden, Angeln, Bootsvermietung.

■ **FKK-Senter Sjøhaug**, Nordre Jeløy, Tel. 6927 0050. 1.6.–31.8. Hütten nur nach Vorbestellung. Am Ostufer von Jeløy.

Sehenswertes

■ **Galleri F 15**, Alby auf Jeløy, Tel. 6927 1033, Fax 6927 5410. 1.5.–30.9. Di–So 11–19 Uhr, sonst Di–Sa 11–17 Uhr, So 11–19 Uhr. 20 NOK, Di frei.

Im Herrenhof Alby werden das ganze Jahr über Kunstausstellungen norwegischer wie ausländischer Künstler durchgeführt. Alby liegt südlich von Jeløy-Zentrum und ist über eine Allee zu erreichen. Das herrliche Anwesen, auf dem auch ein *stabbur* steht, umgibt ein Naturschutzgebiet, das von Fußwegen durchzogen ist. Am liebsten möchte man stundenlang durch die teils parkähnliche Landschaft spazieren. Ein Weg führt von Alby aus zum nahen Badestrand, mit der beliebteste rund um Moss.

■ Der Herrenhof **Røed gård** steht unweit von »F 15«; Abzweigung von der Allee nach Alby. Hinter dem Hauptgebäude (um 1725), das von prächtigen Laubbäumen umgeben ist, erstreckt sich ein idyllischer Landschaftspark mit Teich. Der Pfad rund um das Gewässer passiert Brücke, Wasserfällchen und Parkhäuschen. Auch ein Wäldchen mit altehrwürdigen Wildkirschbäumen und ein Renaissance-inspirierter Rosengarten, in dem rund 200 verschiedene Arten ab Mittsommer bis in den späten Herbst blühen, sind ein Augenschmaus. Die Zimmer des Hauptgebäudes, im Rahmen einer Führung zu besichtigen,

390 Ostnorwegen

sind in Stilrichtungen von Renaissance bis Empire- und Jugendstil eingerichtet. Informationen zu den aktuellen Öffnungszeiten beim Touristenbüro oder unter Tel. 6927 2142.

■ **Moss Musikkmuseum**, Folke Bernadottesgate 8 auf Jeløy, Tel. 6927 3244. Mo–Fr 9–15 Uhr. Eines der wenigen Musikmuseen Norwegens, durch teils ausgefallene Instrumente bereichert. Eine Fundgrube. Die Folke Bernadottesgate zweigt rechts von Jeløys Hauptstraße, der Helgerødgata, ab. Eintritt frei.

■ Der **Aussichtsturm**, Bytårnet, auf *Skarmyra* erlaubt einen schönen Blick auf Moss, Oslofjord und Umland. Er wurde 1920 anläßlich des 200jährigen Stadtjubiläums eingeweiht. Ab Bahnhof ostwärts über Jernbanegata und deren Verlängerung, die Nyquists gate, zur Høienhaldgata, links zur Byfogd Sandbergs gate, dann rechts. Im Sommer So.

Verschiedenes

■ **Baden:** auf Jeløy *Nes, Refsnesbukta, Tronvikbukta,* alle an der Westseite, sowie an der Ostseite bei *Alby,* nahe der »Galleri F 15« (kurzer Fußweg). – In Moss im *Nedre Vansjø,* Nesparken (nahe Jugendherberge).

■ **Golf:** *Indre Østfold Golfklubb,* Mørk, Tel. 6983 7163, Fax 6983 7175. Etwa 20.4.–20.10. 9-Loch-Platz in Mørk, landeinwärts. Anfahrt über Straße 120, Abzweig in Våler, rund 290 Minuten ab Moss.

■ **Bootsvermietung:** auf den Campingplätzen, siehe oben.

■ **Kanuvermietung:** *Masvo Kanusentral,* Vogtsgate 26, Tel. 6925 0641. 40 NOK pro Stunde, 160 NOK pro Tag, 600 NOK die Woche. – *Speiderhuset,* Myra 1 B, Tel. 6925 5334 und 6925 2897. 50 NOK pro Stunde, 150 NOK pro Tag.

■ **Wandern:** auf Jeløy am besten von *Alby* oder *Røed gård* aus, siehe oben.

■ **Weitere Galerien:** *Moss Kunstgalleri,* Chrystiesgate 3, Tel. 6925 5451. Di–Fr 11–15 Uhr, Sa 11–14 Uhr, So 12–15 Uhr. – *Galleri Brandstrup,* Henrik Gerners gate 7, Tel. 6925 7775. Täglich 11–16 Uhr. – *Galleri Varden,* Stubben 6 c, Tel. 6927 3665. Mi 16–19 Uhr, Sa,So 11–17 Uhr. Auf Jeløy.

■ **Veranstaltungen:** Der engagierte Verein *Musikkens Venner i Moss og omegn,* Freunde der Musik, organisiert Konzerte auf den Bühnen der Stadt ebenso wie in der *Moss kirke,* Ecke Dronningens gate und Kirkegata. Verpflichtet werden bekannte Musiker aus Klassik, aber auch aus Jazz, wie Jan Garbarek. Der Veranstaltungskalender liegt normalerweise im Touristenbüro aus.

■ **Hauptpostamt:** Godesgate 1.

■ **Transport:** Fahrplan-Verzeichnis für Stadt- und Lokalbusse im Touristenbüro.

■ **Taxi:** Tel. 6925 3011.

■ **Weiterreise:** *Bastøfergen* nach Horten. Mo–Fr. mindestens stündlich 6–23 Uhr, am Wochenende alle zwei Stunden 7–23 Uhr.

Ansonsten siehe unter »Fredrikstad, Halden, Weiterreise«.

Fredrikstad

Kunst in der Festung

Fredrikstad ist relativ jung. Die Stadtgründung erfolgte 1567 auf Geheiß des Kopenhagener Monarchen *Frederik II.*, nachdem Dänemarks Erzrivale Schweden sich die Küstenprovinz Bohuslän einverleibt und das benachbarte Sarpsborg zerstört hatte. Frederik brauchte eine wehrhafte Festung an der neuen Grenze, in der die regionale militärische Führung ihren Sitz sowie Landstreitkräfte und Marine ihre Versorgungszentren bekommen sollten. Ausschlaggebend für die Standortwahl waren die günstigen Hafenverhältnisse an der Mündung von Norwegens längstem Fluß, der *Glomma,* in den Oslofjord. Direkt am östlichen Flußufer entstand nun eine kleine Festungsstadt, die durch mehrere außenliegende Forts zusätzlich geschützt wurde. Am Westufer der Glomma, gegenüber der Festung, wuchs die eigentliche Stadt, die ihr wichtigstes Auskommen in Sägewerken und Holzhandel fand. Im Großen Nordischen Krieg (1700–21) fungierte Fredrikstad als Operationsbasis für den Seehelden *Peter Wessel,* der 1716 ob seiner Verdienste unter dem Namen *Tordenskjold* geadelt wurde – der gelockte Herr auf den kleinen gelben Streichholzschachteln.

Trotz allem martialischem Beiwerk blieb Fredrikstad selbst von den leidvollen Erfahrungen kriegerischer Auseinandersetzungen verschont. Allein 1814 sah es vorübergehend heikel aus, als die guten alten Schweden auf der Zwangsunion mit Norwegen beharrten und Fredrikstad als Demonstrationsobjekt ihrer Ansprüche wählten. Der Festungskommandant war ein weiser Mann, der sich Besseres als den vielbesungenen Heldentod vorstellen konnte und kapitulierte; der schwedischen Übermacht wäre Norwegen ohnehin nicht gewachsen gewesen.

Und so ist es jenem Oberstleutnant *Hals* zu verdanken, daß mit Fredrikstad ein architektonisches Schmuckkästchen der besonderen Art in die friedliche nordische Gegenwart hinein überdauerte. Das komplett erhaltene, sternförmig angelegte Festungsviertel namens *Gamlebyen,* die Altstadt, vermittelt mit seinen kopfsteingepflasterten Gassen und den lebhaft bunten Gebäuden aus Backstein und Holz einen Charme, dem auch die gebliebenen Kanonen nichts anhaben können. Zu lange liegt die kriegerische Bestimmung von Gamlebyen zurück; 1903 zog das Militär aus. Nun prägen dafür Galerien sowie Werkstätten von Kunsthandwerkern das historische Viertel, mittendrin die Statue des Stadtgründers Frederik II.

Auf der anderen Flußuferseite zieht sich eine hübsche Promenade (mit Gästehafen) die Glomma entlang. Von Juni bis September pendelt eine Personenfähre zwischen Stadtzentrum, Gamlebyen und *Isegran,* eins der kleinen Forts, das zur Zeit restauriert wird. Die verkehrsreiche, überdimensionierte Stadtbrücke (824 m Länge) ist Spaziergängern nur bedingt zu empfehlen.

27.000 Einwohner zählt heute die Stadt Fredrikstad, umgeben von einem stark industrialisierten Umland.

Information
■ **Fredrikstad Turistkontor**, Østre Brohode, N-1632 Gamle Fredrikstad, Tel. 6932 0330, Fax 6932 3985. Glomma-Ostseite nahe Gamlebyen, am Kreisel am Ende der Stadtbrücke.

Unterkunft
■ **Victoria Hotel**, Turngt. 3, Tel. 6931 1165, Fax 6931 8755. 15.6.–15.8. mit Fjord Pass (C) EZ 560 NOK, DZ 760 NOK, sonst EZ 750–975 NOK, DZ 1175 NOK. Zentrale Lage.
■ **Hotel City**, Nygårdsgt. 44–46, Tel. 6931 7750, Fax 6931 3090. 15.6.–15.8. EZ 550 NOK, DZ 750 NOK, sonst EZ 715–995 NOK, DZ 825–1195 NOK.
■ **Fredrikstad Motel og Camping**, Torsnesveien 16, Tel. 6932 0315, Fax 6931 3666. Ganzjährig geöffnet, Camping nur 1.5.–30.9. EZ ab 295 NOK, DZ ab 380 NOK. Bad auf dem Flur. Preisniveau Camping: 3. 27 Hütten 210–290 NOK. Noch die preiswerteste Unterkunft vor Ort.

Sehenswertes
■ Ohne einen Rundgang durch **Gamlebyen** ist der Besuch Fredrikstads sinnlos; am besten nehmen Sie sich das deutschsprachige Faltblatt des Touristenbüros mit, das auf seinem Stadtplan alle Gebäude und Plätze erklärt. Zu den ältesten Häusern des Viertels zählen das Provianthaus (um 1685), die benachbarte Wache *Slaveriet* (1731), damals Arreststube für die aufmüpfigen Festungssklaven und heute Heimat des Stadtmuseums, der Artilleriehof (1733), einst Zeughaus der Landstreitkräfte – diese Gebäude überstanden, aufgrund ihrer Randlage, den Stadtbrand im Jahr 1764; alle anderen kamen später hinzu. Älter sind nur noch die Tore und die Zugbrücke (1667), die im Osten den Wallgraben überquert. Daneben ist eine Glasbläserei in die alte Wachstube eingezogen. Lassen Sie sich Zeit für Ihren Rundgang; es gibt kein vergleichbares Stadtviertel in Norwegen. In seinen Hochzeiten bevölkerten 2000 Soldaten Gamlebyen, und 200 Kanonen wachten über Stadt und Glomma-Mündung. Folgen Sie auch dem Pfad über den begrünten Wall; in den Wallgraben war übrigens eine tiefe Rinne gezogen, die das Durchwaten verhinderte.

Südöstlich von Gamlebyen steht das *Fort Kongsten,* einst nur der lokale Richtplatz, 1677 aber provisorisch befestigt, um mögliche Angreifer von der Höhe fernzuhalten. Um liebgewonnene Feindbilder zu pflegen, nannte man die Schanze »Schwedenschreck«. Der Schreck ist unter den Außenforts noch am ehesten sehenswert.

Ausflüge
■ **Schiffsfahrt** ins schwedische Strömstad, Mitte Juni bis Mitte August, Preis 90 NOK. Ab Toldbod-

Die Ostküste: Fredrikstad

brygga am Glomma-Westufer. Infos unter Tel. 6931 0611.

■ **Oldtidsveien** lautet der Beiname der Straße 110 nach *Skjeberg*, »Altertumsstraße«: Es geht los mit den Felszeichnungen bei *Begby,* die Menschen, Tiere, Schiffe u. a. darstellen. Die Ritzungen sind vermutlich 3000 Jahre alt. – Nahe der Kirche von *Borge* erheben sich drei Grabhügel, teils mit Steinsetzungen, etwa aus der Zeit um Christi Geburt. – In *Hunn,* 1 km östlich der Kirche von Borge, ist neben ein paar Grabhügeln vor allem das Gräberfeld *Hunnfeltet* (mit Steinsetzungen) interessant. In diesem Gebiet, das zur Wikingerzeit an einem Verkehrsweg zwischen Küste und Inland lag, hat man eine Menge archäologische Funde auch aus früheren Epochen zutage gefördert. Die ältesten Spuren reichen 4000 Jahre zurück. – In *Ullerøy* stößt man auf das nächste Gräberfeld: Grabhügel und Bautasteine mit einem Alter von 1000-2000 Jahren. – In *Hornnes* und *Solberg,* schon nahe der E 6, sind weitere Felszeichnungen aus der Bronzezeit zu entdecken. Siehe auch unter »Halden, Ausflüge« das Stichwort »Jellhaugen«.

Verschiedenes

■ **Angeln:** *Bjørndalen,* Fredrikstad Marka. Forellen, 1.5.–31.10. Angelscheine im Sportgeschäft »Sporten«, Brochsgate, Tel. 6931 2681.

■ **Golf:** *Onsøy Golfklubb,* Elingårdskilen Husebyskoen, Manstad, Tel. 6933 3590 und 6933 3555. Ganzjährig geöffnet. 18-Loch-Platz. Westlich von Fredrikstad, Straße 116.

■ **Kanuvermietung:** *Børtevann Kafeteria,* Skjebergdalen, Ise, Tel. 6916 0173 und 6916 0277. Ise liegt wenige Kilometer östlich von Sarpsborg.

■ **Galerien:** *Østfold Kunstnersenter,* Ferjestedveien 5, Tel. 6931 0995. Zentrum für bildende Kunst und Kunsthandwerk. Ganzjährig geöffnet. – *Galleri Gamlebyen,* Tollbodgt. 38, Tel. 6932 0147. Grafik. – *Galleri Graphique,* Dampskipsbrygga 8, Tel. 6931 2518. dito. – *Galleri Cleo,* Smedjegt. 90, Tel. 6932 3776. In Gamlebyen. – *Galleri 12 B,* J.N. Jakobsensgt. 12 B, Tel. 6931 6255. – *Galleri Stallen,* Voldportgt. 74, Tel. 6932 0991. In Gamlebyen. – *Galleri PLUS,* Kirkegt. 28 A, Tel. 6932 0678. In Gamlebyen.

■ **Stadtmuseum:** *Fredrikstad Museum,* Gamlebyen, Toldbodgaten, Tel. 6930 6875. 1.5.–31.8. Mo–Sa 11–17 Uhr, So 12–17 Uhr, April und September nur an den Wochenenden.

■ **Hauptpostamt:** Brochsgate. In Gamlebyen Færgeportgate.

■ **Taxi:** Tel. 6933 7011.

Weiterreise

■ **Eisenbahn:** *Fredrikstad Jernbanestasjon,* Jernbanegate (Glomma-Westufer), Tel. 6931 2603.

Aus Göteborg (Schweden), Halden, Sarpsborg über Fredrikstad nach Moss, Ski, Oslo; nach Oslo in rund 70 Minuten, flotter als mit dem Bus. Zusätzliche Abfahrten im Rahmen der Lokalbahnlinie Halden-Oslo.

- **Bus:** nach Oslo wegen des Verkehrs schneller mit dem Zug. – An die Sørlandküste nach Kristiansand (335 NOK) über Moss (Fähre nach Horten), Tønsberg, Sandefjord, Larvik, Porsgrunn, Arendal, Tvedestrand, Grimstad, Lillesand; unterwegs Anschlüsse nach Kragerø, Risør. – Lokalbusse nach Sarpsborg, Halden, Moss u. a.
- **Auto: Nach Südnorwegen** oder ins zentrale Hochland am besten mit der Autofähre von Moss nach Horten ans Westufer des Oslofjords, weiter auf der E 18 die Südküste entlang oder, je nach Reiseziel, landeinwärts.

Nach Oslo auf der E 6, eventuell Weiterfahrt Richtung Norden.

Nach Norden (Lillehammer, Hamar, Femund-See) auch möglich über die *Villmarksveien,* die sogenannte Wildnisstraße. Mehr dazu unter »Halden, Weiterreise«.

Halden

Auf den Spuren der Kanalflößer

Seit 1658, als Halden unmittelbar an die Grenze zwischen Schweden und Dänemark/Norwegen gerückt war, oder umgekehrt, mußte die Stadt als Grenzbastion herhalten. Zu diesem Zweck begann man 1661, dem 128 m hohen Stadthügel eine weitläufige Festung namens *Fredriksten* aufzusetzen, von der aus die bösen Nachbarn in Schach gehalten werden sollten. Und tatsächlich versuchten die es gleich fünfmal, sich der steinernen Festung zu bemächtigen. Da es nicht gelang, begnügte man sich damit, die wehrlose Stadt abzufackeln. Aber auch die Norweger setzten Halden zweimal in Brand, um die Belagerer erfolgreich zum Abziehen zu drängen. Die Triumphe über die aggressiven Nachbarn waren für *Bjørnstjerne Bjørnson* allemal Anlaß genug, Halden im Text der Nationalhymne zu verewigen.

Den Schweden bekamen ihre waffenstarrenden Ausflüge über die Grenze also nicht allzu gut. Besonders schlecht bekam es ihrem kriegslüsternen König Karl XII., der sich 1718 vor Halden eine Kugel einfing und Schweden damit in friedlichere Zeiten entließ.

Heute steht Halden mehr im Zeichen des gutnachbarschaftlichen Grenzhandels, der sich nach den unterschiedlichen Entscheidungen pro und kontra EU in beiden Ländern jedoch neu orientieren muß. Wahrscheinlich wird Halden für die Nachbarn nun wegen des höheren Preisniveaus an Interesse verlieren. Bleibt der Stadt noch ihre traditionelle Holzverarbeitungsindustrie, die seit Jahrhunderten das ökonomische Rückgrat der Region darstellt. Die Bedingungen waren gut, weil die Sägewerke das Gefälle des Stadtflusses *Tista* als Energielieferant ausnutzen konnten und die Händler günstige Hafenverhältnisse vorfanden, ähnlich wie in Moss. Als Badeort und klassische Sommerfrische scheidet Halden damit aber aus, denn die Belastung von Gewässern und Luft ist nicht zu unterschätzen. Wer Schären-Feeling sucht, muß hinaus an den Oslofjord nach *Sponvika,* jenseits der Svinesund-Brücke, wo weiß gestrichene Häuschen und adrette Gärten die Sägewerke landeinwärts vergessen lassen. Im Sommer teilen sich nicht wenige Feriengäste das Vergessen. Doch die Musik spielt woanders:

Für Touristen ist Halden in erster Linie aus Startpunkt in das wald- und seenreiche Hinterland interessant, das für Aktivitäten wie Angeln, Baden und Kanuausflüge wie geschaffen ist. Die größte Attraktion ist der 75 km lange *Haldenkanal,* der Mitte des letzten Jahrhunderts angelegt wurde, um die Baumstämme schneller zu den Sägewerken in Halden flößen zu können. Nun wird die Wasserstraße im Sommer von Ausflugsbooten, Kanus u. a. bevölkert, ein Erlebnis für sich.

Information

■ **Halden Turistkontor**, Storgaten 6, N-1751 Halden, Tel. 6917 4840 und 41, Fax 6918 0058. 1.6.–31.8. Mo–Fr 9–16.30 Uhr, Sa 9–14 Uhr, sonst Mo–Fr 9–15.30 Uhr. – Info-Kiosk am Gästehafen: Mai Sa,So 9–14 Uhr, 1.6.–31.8. täglich 8–20 Uhr.

■ **Haldenvassdragets Kanalselskap**, Violgaten 5, N-1750 Halden, Tel. 6918 1075. Informiert über die Bestimmungen zum Verkehr auf dem Haldenkanal.

Unterkunft

■ **Park Hotell**, Marcus Thranesgt. 30, Tel. 6918 4044, Fax 6918 4553. Etwa 20.6.–12.8. EZ 585 NOK, DZ 640 NOK, sonst EZ 770 NOK, DZ 940 NOK. Westlich der City, die ruhigste Hoteladresse, schöner Garten.

■ **Grand Hotell**, Jernbanetorget 1, Tel. 6918 7200, Fax 6918 7959. 20.6.–20.8. EZ 425 NOK, DZ 625 NOK, sonst EZ 720 NOK, DZ 840 NOK. Zentral am Bahnhof.

■ **Fredrikshald Hotell**, Ohmes plass 3, Tel. 6918 8222, Fax 6918 8229. EZ ab 395 NOK, DZ ab 495 NOK. Zentrale Lage am südlichen Ende der Stadtbrücke; viel Straßenverkehr, deshalb Zimmer nach hinten vorziehen.

■ Jugendherberge **Halden Vandrerhjem**, Flintveien, Tel. 6918 0077, Fax 6917 5097. Bauernhof in ruhiger Umgebung. 20.6.–12.8. EZ und DZ für Mitglieder 160 NOK, Übernachtung im Mehrbett-Zimmer 85 NOK. 10 Zimmer mit 21 Betten. Keine Mahlzeiten.

■ **Fredriksten Camping**, Fredriksten Festning, Tel. 6918 4032, außerhalb der Saison 6918 2285. 1.5.–30.9. Preisniveau Camping: 2. 14 Hütten 200–250 NOK. W & T. Spielplatz. Auf dem erweiterten Festungsareal.

Sehenswertes

■ Die Festung **Fredriksten** ist aus zwei Blickwinkeln interessant: zum ersten der Blick *von* der Festung auf Halden und Umland, auf den Iddefjord und natürlich hinüber nach Schweden, zum zweiten der abendliche Blick *auf* die Festung, wenn sie in ihren gelben Lichtmantel gehüllt ist. Bei Tag ist der Anblick von unten eher ernüchternd, heischt der gräßlich bearbeitete Hügel um Mitleid.

Das weitläufige Festungsgelände, das übrigens 1905 vom Militär geräumt wurde, eignet sich für einen ausgedehnten Spaziergang.

Wem unbedingt daran gelegen ist, kann das kriegshistorische Museum *Festningsmuseet* besichtigen: etwa 20.5.–25.9. Mo–Sa 10–17 Uhr, So 10–18 Uhr, im September nur So 10–18 Uhr. Führungen 20.6.–15.8. um 12, 13.30 und 15 Uhr. Eintritt 25/10 NOK. Zu sehen sind die unvermeidlichen Waffen, Uniformen, aber auch der »Regiestuhl«, von dem aus Karl XII. die Belagerung von Halden verfolgte, usw.

■ Wer den Festungsbesuch mit einem **Stadtspaziergang** kombinieren möchte, nehme auf dem Weg hinauf nach Fredriksten am besten die *Festningsgata* mit ihrer hübschen Holzbebauung. Weiter südlich erstreckt sich das maritim geprägte Viertel *Sørhalden,* in dem teils zu Wohnhäusern umgebaute Speicher an die Seefahrtstradition der Stadt erinnern.

Am anderen Flußufer, gleich nordwestlich hinter dem Fischmarkt, hat mit *Banken* das einzige Viertel aus dem 18. Jh. überlebt, weil von den Großbränden 1817 und 1826 verschont geblieben. Historisch bedeutend ist auch das klassische Arbeiterviertel *Damhaugen,* das angeblich größte zusammenhängende seiner Art in Ostnorwegen. Die Häuser wurden in den 1870er und 80er Jahren für die Arbeiter der örtlichen Industriebetriebe errichtet; ab Stadtbrücke und Wiels plass über die Torgny Segerstedts gate an der Tista entlang ein paar hundert Meter flußaufwärts, nach Osten.

Wem nach soviel Schlichtem der Sinn nach Feinem steht, wird im Westen der Stadt fündig:

■ **Rød Herregård**, Herregårdsveien 10, Tel. 6918 5411. 1.5.–30.9. nur So, 20.6.–12.8. So–Fr Führungen um 12, 13, 14 Uhr. Eintritt 25/5 NOK.

Dieser Herrenhof entstand in seinem Kern im frühen 17. Jh. Die jüngsten Gebäudetrakte stammen aus dem Jahr 1860. Einst das Heim einer vermögenden Gutsbesitzerfamilie, wird das Anwesen im Rahmen einer Stiftung in seinem historischen Zustand bewahrt: Zu sehen gibt es Möbel verschiedener Epochen, eine Bibliothek, Waffen und Jagdtrophäen, Kunstgegenstände und einen Fuhrpark aus alter Zeit. Das Prunkstück sind aber die parkähnlichen Gärten, darunter ein Barock- und ein englischer Garten.

Der Haldenkanal

Der Haldenkanal führt über 75 Kilometer von *Tistedal,* im Osten von Halden, parallel zur Grenze nach *Skulerud,* das im Nordosten etwa auf der Höhe von Drøbak liegt. Von etwa 1850 bis 1860 war der Wasserweg über fünf Seen hinweg kanalisiert worden, hatte man drei Schleusen mit insgesamt acht Kammern angelegt, um die 39 Meter Höhenunterschied zwischen beiden

Die Ostküste: Halden

Endpunkten zu überwinden. Seine ursprüngliche Bestimmung, das Flößen der Baumstämme in die holzverarbeitenden Betriebe von Halden zu erleichtern, hat der Kanal mittlerweile verloren. Seit 1982 ist das Flößen in Østfold Geschichte.

Trotzdem erwacht im Sommer ein buntes Leben entlang des Kanals, wenn Ausflugskähne, Jachten und Paddelboote auf der Wasserstraße pendeln. Ungefähr vom 15.5. bis Ende August sind die Schleusen besetzt; siehe unten. Wer sich nicht per Boot auf den Kanal begibt, kann über nahe Straßen die Strecke entlangfahren. Am Ostufer des schönen *Aremark*-Sees verteilen sich gleich mehrere Campingplätze, die zum Teil auch Paddelboote vermieten (zum Beispiel »Kirkeng Camping«). Die unbestritten aufregendste Stelle liegt allerdings nur wenige Kilometer östlich von Halden: Die Schleuse von Brekke überwindet in vier Kammern einen Höhenunterschied von 26,6 Metern. Es ist ein Schauspiel ohnegleichen, den 45minütigen Schleusenvorgang zu verfolgen. Da bleibt viel Platz auf beiden Seiten, wenn die größeren Kähne wie das Ausflugsboot »M/S Turisten« in die Kammern einlaufen. Die beiden anderen Schleusen liegen »kanalaufwärts« in *Strømsfoss,* das die Passage zwischen den beiden Seen *Aremarksjøen* und *Bøensfjorden* markiert, sowie in *Ørje,* wo die Europastraße 18 den Kanal überquert. Dort wurde in einer stillgelegten Werkstatt ein Kanalmuseum eingerichtet; siehe unten.

■ Das **Ausflugsboot** »M/S Turisten« befährt den Haldenkanal von Strømsfoss aus, entweder nach Tistedal bei Halden oder nach Ørje. Die erstgenannte Tour ist wegen der Brekke-Schleuse spannender, die grüne Landschaft jedoch auf beiden Strecken reizvoll. Etwa 20.5. bis 31.8. Preise 100–120/50–60 NOK, je nach Ziel. Man kann an den Schleusen das Boot verlassen und den Vorgang von außen beobachten. Rückfahrt mit dem Bus. Info-Tel. 6919 8021 und 6946 5266.

■ **Haldenvassdragets Kanalmuseum** in Ørje, Tel. 6981 1021. Etwa 25.6.–5.8. täglich 11–17 Uhr, sonst nach Absprache. Über den Bau von Kanal und Schleusen, Forstwirtschaft und Flößerei, Sägewerke und Holzverarbeitung. U. a. die Wohnung eines Schleusenwärters aus den 1860er Jahren.

■ **Schleusen:** *Brekke sluser* besetzt von Mitte Mai bis Ende August Mo–Fr 7.30–15.30 Uhr, ab Juni auch Sa, So 12–15.30 Uhr, sonst nach Anmeldung unter Tel. 6919 2825 und, bei Schleusenwärter Jostein Aasgaard privat, Tel. 6919 8435. – Wegen der Schleusen in *Ørje* und *Strømsfoss* kann man sich ebenfalls in Brekke erkundigen oder direkt bei:

■ **Information:** *Haldenvassdragets Kanalselskap,* Violgaten 5, N-1750 Halden, Tel. 6918 1075.

Ausflüge

Wälder und Seen prägen nicht nur die Landschaft am Haldenkanal.

■ Ein schönes Ausflugsgebiet ist das **Enningdal** im Süden, wo Angeln, Wandern und Paddeln angesagt sind (Boote bei »Camping Svingen«).

■ Sehenswerte Kirchen stehen, ebenfalls südlich von Halden, in **Idd** und in **Prestebakke**, am südlichen Ende des Sees *Orsjøen.*

■ Nördlich von Halden, an der Parallelstraße zur E 6 Richtung Norden, erhebt sich der mächtige Grabhügel **Jellhaugen**, mit einer Höhe von 15 m und einem Durchmesser von 90 m. Fachleute datieren ihn auf das 8. Jh.

Verschiedenes

■ **Angeln:** Forelle, Aal, Barsch, Hecht u. a. in den Flüssen und Seen des Hinterlands. Im Touristenbüro bekommen Sie das Faltblatt »Fritidsfiske«, darin enthalten eine Übersicht der Gewässer und der Fische, Angelzeiten und die Verkaufsstellen für Angelscheine. – Lachsfischen im Fluß *Enningdalselva,* 16.5.–15.8.

■ **Baden:** *Engeviken,* südlich von Halden, am Iddefjord. 1 km Fußweg ab Eskevika, südlich von Fredriksten. – *Svalerødkilen, Grønnbukt* und *Pina,* draußen am Oslofjord, bei Sponvika.

■ **Fahrradvermietung:** Touristenbüro am Gästehafen, nur 1.5.–31.8. – Weitere Vermieter in der Umgebung listet der aktuelle Halden-Guide auf.

■ **Kanuvermietung:** bei *J. E. Bjerkeli,* Brødløsveien 3, Tel. 6918 3162. – *Kirkeng Camping,* am Aremark-See (Haldenkanal), Tel. 6919 9298. 25 NOK pro Stunde, 75 NOK pro Tag. –

Prestebakke Center, Prestebakke nahe Kornsjø, Tel. 6919 7306. 25 NOK pro Stunde, 100–125 NOK pro Tag. Prestebakke liegt südlich von Halden an der Straße 101.

■ **Wandern:** 30 km lang ist der Wanderweg *Olavsleden,* der von Tistedal (Haldenkanal) aus südwärts über Aspedammen ins Enningdal führt und sich ab der Grenze bei Vammen auf schwedischer Seite als Bohusleden fortsetzt. – Der 26 km lange *Bergstien* beginnt wie der Olavsleden in Tistedal, zweigt aber nach einigen Kilometern nach Südosten an die Grenze bei Halleröd ab. Noch mehr Wildnis.

■ **Galerien:** *Galleri Marie,* Borgermestergården, Tel. 6918 7325. Do und Fr 11–16 Uhr, Sa 11–14 Uhr. Wechselnde Ausstellungen, auch Souvenirverkauf.

■ **Hauptpostamt:** Storgata 4.

■ **Transport:** Verzeichnis mit Stadt- und Lokalbussen im Touristenbüro.

■ **Taxi:** Tel. 6918 8000.

Weiterreise

■ **Eisenbahn:** *Halden Jernbanestasjon,* Tel. 6918 1123.

Aus Göteborg (Schweden) über Halden und Sarpsborg, Fredrikstad, Moss, Ski nach Oslo; nach Oslo in rund 105 Minuten, flotter als mit dem Bus. Zusätzliche Abfahrten im Rahmen der Lokalbahnlinie Halden-Oslo.

■ **Bus:** *Halden Rutebilstasjon,* Langbrygga 3, Tel. 6917 2211.

Nach Oslo direkt nur mit dem Zug. – An die Sørlandküste nach Kristiansand (335 NOK) ab Sarpsborg und

Fredrikstad über Moss (Fähre nach Horten), Tønsberg, Sandefjord, Larvik, Porsgrunn, Arendal, Tvedestrand, Grimstad, Lillesand; unterwegs Anschlüsse nach Kragerø, Risør. – Lokalbusse nach Fredrikstad, Sarpsborg, Moss u. a.

■ **Auto: Nach Südnorwegen** oder ins zentrale Hochland am besten mit der Autofähre vom schwedischen Strömstad aus, gleich südlich der Grenze, nach Sandefjord, ab dort weiter auf der E 18 die Südküste entlang oder, je nach Reiseziel, landeinwärts.

Nach Oslo auf der E 6, eventuell Weiterfahrt Richtung Norden.

Nach Norden (Lillehammar, Hamar, Femund-See) auch möglich über **Villmarksveien**, die sogenannte »Wildnisstraße« – ein plakativer Name der Tourismusindustrie, doch an Wildnis gibt es in anderen, weniger dicht besiedelten Landesteilen Norwegens mehr zu erleben. Trotzdem ist diese Straße an der Grenze entlang eine Alternative zur verstopften Europastraße 6. Den größten Teil führt die Route am Haldenkanal entlang, womit sich die Besichtigung der Schleusen geradezu aufdrängt; siehe oben. Man folgt ab Halden der Straße 21, die bei *Jåvall* dann in nordöstlicher Richtung vom Kanal abzweigt. Der nächste Höhepunkt in dem unverändert wald- und seenreichen Gebiet ist der See **Rømsjøen**, wo Angler (Forellen) und Paddler auf ihre Kosten kommen: Kanuvermietung von Mai bis September, Infos bei *Rømskog Kanoutleie* unter Tel. 6385 9334; in Rømskog öffnet im Sommer der Campingplatz *Nord Steinby Camping* seine Pforte; fragen Sie vor Ort nach dem Wanderpfad zum Brandwachtturm, der, westlich des Sees, auf dem 336 m hohen *Haukenesfjell,* dem höchsten Punkt der Umgebung, steht: bei klarer Sicht eine wunderbare Aussicht. Auf der Weiterfahrt bieten sich beidseits der Straße Abstecher in die Natur an; ein Teil der Seitenwege ist jedoch mautpflichtig. In Tangen kann man die Fahrt auf der Straße 21 und später auf der Straße 2 stramm Richtung Norden fortsetzen, oder aber auf die Straße 170 nach Fetsund abbiegen, um von dort über Lillestrøm nach Oslo zu fahren.

Am Mjøsa-See

Olympisches Dreieck

Der Mjøsa ist mit 368 Quadratkilometern Fläche Norwegens größter Binnensee. Archäologische Funde haben ergeben, daß dieses Gebiet bereits frühzeitig besiedelt war. Der fruchtbare Boden und die Nähe zur Landeshauptstadt entlang der Verkehrsachse von Oslo nach Trondheim machten die Region im Mittelalter zu einer Drehscheibe des Handels, auch wenn die Verkehrswege beschwerlich waren.

Mit der Freigabe der Eisenbahnlinie von Oslo nach Eidsvoll 1854 entdeckten die ersten Ausflügler die Reize des Mjøsa. Ab 1856 konnten sie die Reise zum gut 100 km entfernten Nordende des Sees auf dem Schaufelraddampfer *Skibladner* fortsetzen, der noch heute unermüdlich seine Runden dreht. Dadurch war das Gudbrandsdal, das nördlich des Mjøsa ab *Lillehammer* beginnt, nähergerückt. Mit der Verlängerung der Eisenbahn nach Lillehammer 1894 begann ein neuer ökonomischer Aufschwung. Während die Personen- und Frachtboote im Winter nicht auf dem zugefrorenen Mjøsa kreuzen konnten, gab es fortan die ganzjährig zuverlässige Zugverbindung.

Bis heute spielt die Landwirtschaft in der dichtbesiedelten Mjøsa-Region eine wichtige Rolle; sie profitiert von Boden und Klima, das für einen relativ langen, warmen und trockenen Sommer sorgt. Teilweise müssen die Ackerflächen, vorwiegend Kornfelder, sogar künstlich bewässert werden. Die Kombination Landwirtschaft (Gülle), warmer Sommer und dichte Besiedlung (ohne Kläranlagen) bewirkte es in den 70er Jahren, daß ausgerechnet Norwegens größter See biologisch umkippte.

Die dichte Besiedlung ist auch der Grund dafür, daß Freunde von unberührter Natur am Mjøsa selbst eher fehl am Platze sind. Und so kam die Olympiade 1994 gerade recht, um den Fremdenverkehr in der Region anzukurbeln: In den Wintermonaten freilich verwandelt sich das weite Hochland (besonders) auf der Ostseite des Mjøsa in eine prachtvolle Märchenlandschaft. Rund um den See entstand ein olympisches Dreieck in den Städten *Gjøvik, Hamar,* Hauptstadt des fylke Hedmark, und Lillehammer, Hauptstadt des fylke Oppland, in denen die markanten Bauten des Sportspektakels emporwuchsen. Mehr über die Olympiade erfahren Sie im Lillehammer-Kapitel. Die meisten »klassischen« Sehenswürdigkeiten werden Sie allerdings in Hamar vorfinden, während Lillehammer mehr als Tor in das besagte östliche Hochland fungiert, das für sportliche Unternehmungen wie Skifahren, Reiten oder Radeln prädestiniert ist.

Schaufelraddampfer Skibladner

Im Sommer pendelt er auf dem Mjøsa – der angeblich älteste aktive Schaufelraddampfer der Welt, der »weiße Schwan«, wie er liebevoll genannt wird. So elegant wie ein Schwan wirkt er nicht, aber der Respekt vor seinem Alter ist angebracht: 1856 gebaut, feiert der Schwan 1996 seinen 140. Geburtstag. Seine 140. Saison ist es aber nicht – dafür hat er zu viel einstecken müssen: Bereits zweimal, 1937 und 1967, beförderte ihn ein knallharter Winter von seinem Anleger auf den Grund des Sees. Und in der wirtschaftlich schwierigen Periode zwischen den Kriegsjahren 1917 und 1945 fiel so manche Skibladner-Saison aus.

Geldnöte, gerade für die Instandhaltung, setzen auch heute die einzigen ernst zu nehmenden Fragezeichen für des Schwanes Zukunft. Doch mit jedem Jahr, das er mit 25 km/h zwischen Lillehammer und *Eidsvoll* pendelt, wird er unersetzlicher für Bevölkerung und Touristen. Schon die Konkurrenz, die ihm 1894 mit der Eröffnung der Eisenbahnstrecke zwischen Oslo und Lillehammer erwuchs, weil sie die Reisezeit ins Grudbrandsdal und nach Trondheim verkürzte, hatte er gemeistert – von den 40 Booten, die in den 1880er Jahren auf dem Mjøsa verkehrt hatten, blieb er als einziges übrig. Und als er 1967 den zweiten Ausflug in die Unterwasserwelt einlegte, fanden sich in einer beispiellosen, landesweiten Aktion genügend Gönner, um die Inneneinrichtung des Skibladner im Stil der guten alten Zeit zu restaurieren.

Aus dem letzten Jahrhundert stammt auch die Tradition, an Bord des Skibladner Lachs und Erdbeeren mit Schlagsahne zu reichen. »Zwar wird der Lachs ab und zu mal durch eine Forelle aus dem Mjøsa ersetzt, und im Herbst gibt's Multebeeren statt Erdbeeren, aber Ausnahmen bestätigen ja bekanntlich die Regel«, weiß mein Kollege und Norwegen-Kenner Reinhard Ilg zu berichten; siehe im Literatur-Teil unter »Kreutzkamp: Norwegen«.

Die Skibladner-Saison dauert vom 20.5. bis zum 10.9. Zwischen etwa dem 20.6. und 20.8. verkehrt der Schwan nach einem festen Fahrplan; davor und danach bricht er zu bestimmten Rundfahrten auf – beispielsweise zu Abendtouren mit Jazzmusik und Garnelen-Buffet – oder er kann von Gesellschaften gemietet werden.

■ Der **Name** Skibladner ist der nordischen Mythologie entnommen: »Skibladner« hieß das Schiff des Gottes *Frøy*, das sowohl über Wasser als auch über Land segeln konnte.

■ **Information** und Kartenbestellung: *Skibladner-Kontor,* Strandgata 23, Hamar, Tel. 6252 7085, Fax 6253 3923.

Angaben zu Preisen und Abfahrtzeiten, die seit Jahren in etwa gleich sind, finden Sie in den nun folgenden Kapiteln unter der Rubrik »Ausflüge«.

Hamar

Wikingerschiff kieloben

Aufgrund seiner verkehrsgünstigen Lage am Mjøsa entwickelte sich Hamar im Mittelalter zu einem Zentrum des Handels. Die geistliche Macht zog nach, indem sie Hamar 1152 zum Bischofssitz erhob. Mit der Reformation, als Dom, Kloster und Bischofsburg verwaisten, begannen die Probleme: 1567 legte ein schwedisches Heer Teile der Stadt in Trümmer, darunter alle kirchlichen Bauten; 1587 verlor Hamar auf Bestreben der Osloer Händler-Konkurrenz seinen Status als Handelsmetropole. Erst 1848 bekam man die Stadtrechte zurück.

Die knapp 17.000 Einwohner zählende Stadt ist keine Schönheit, trotz ihrer Lage am Mjøsa. Aber in Hamar, der Hauptstadt im fylke Hedmark, konzentrieren sich so viele Sehenswürdigkeiten wie an keinem anderen Ort der Region, auch nicht in Lillehammer. Allen voran das Eisenbahnmuseum und das »Wikingerschiff«, das zur Zeit der Olympischen Spiele 1994 per Fernsehsatellit rund um die Erde segelte. Fast alle der hier vorgestellten Hamar-Highlights liegen dekorativ direkt am Ufer des Mjøsa und sind durch einen strammen Spaziergang miteinander zu verbinden.

Information

■ **Hamar Turistkontor**, Parkgate 2, N-2300 Hamar, Tel. 6251 0225 und 6252 1217, Fax 6251 0570. Mo–Fr 8.30–15.30 Uhr, im Sommer erweiterte Öffnungszeiten. Vermittlung von Privatunterkünften.

Unterkunft

■ **Victoria Hotell**, Strandgt. 21, Tel. 6253 0500, Fax 6253 3223. EZ 550–920 NOK, DZ 700–1100 NOK. Zentral am Bahnhof, die Zimmer unterschiedlich eingerichtet. Nobelrestaurant »Christian Krohg«.

■ **Astoria Hotel**, Torggt. 23, Tel. 6252 1690, Fax 6252 8167. 15.6.–15.8. mit Fjord Pass (B) EZ 480 NOK, DZ 660 NOK, sonst EZ 600–825 NOK, DZ 800–995 NOK. Schmuckloser Kasten in zentraler Lage.

■ **Bellevue Bed and Breakfast**, Aluveien 65, Tel. 6252 6630. Zimmer von 295 bis 595 NOK. 20 Minuten zu Fuß vom Zentrum. Alle Mahlzeiten.

■ **Seiersted Pensjonat**, Holsetgaten 64, Tel. 6252 1244. Zimmer von 295 bis 480 NOK. Frühstück inklusive, Abendessen nach Absprache.

■ Jugendherberge **Hamar Vandrerhjem,** auch »Vikingeskipet Motell & Vandrerhjem«, Åkersvikaveien 10, Tel. 6252 6060. Ganzjährig geöffnet. EZ für Mitglieder 260 NOK, DZ 360 NOK, im 4-Bett-Zimmer 120 NOK pro Bett. 56 3-Bett-Zimmer, alle mit Bad/ WC. Frühstück 45 NOK, Lunch-Paket 40 NOK, Abendessen 75 NOK. Moderne Unterkunft, zur Olympiade fertiggestellt.

■ **Hamar Camping**, Strandveien 156, Tel. 6252 4490. Ganzjährig geöffnet. Preisniveau Camping: 2. Hütten ab 200 NOK. Nette, ruhige Lage am Mjøsa. Baden, Bootsvermietung. W & T.

◀ *Auf dem Skibladner*

Weitere Campingplätze rund um den Mjøsa-See, der nächste südlich von Brumunddal.

Essen und Trinken

■ **Christian Krogh** im Victoria Hotell, Strandgt. 21, Tel. 6253 0500. Nobelrestaurant, Schwerpunkt auf angeblich norwegischen Spezialitäten. Gediegene Atmosphäre, mit altertümlichen Tapeten und den entsprechenden Gemälden. Gutes Essen zu hohen Preisen.

■ **Bykjellern**, Stortorget, Tel. 6252 4175. Früherer Weinkeller, nun umgebaut zu rustikalem Restaurant nach Gutsherrenart, mit Mauerwänden und freiliegenden Holzbalken. Atmosphäre zwar nicht so steif wie beim »Christian Krogh«, das Essen trotzdem teuer.

■ Preiswerter die **Museumskroa** auf Domkirkeodden; bei Schönwetter wird auf der Terrasse serviert. Bekannt für guten Kuchen, ebenso kleine Mahlzeiten und Erfrischungen im Angebot.

Sehenswertes

■ Ausflug zu den Olympischen Spielen 1994: Ein optischer Genuß ist die Sporthalle **Vikingskipet**, die wie ein kieloben liegendes (Wikinger-)Schiff aussieht. Dank der originellen Dachkonstruktion wirkt die Halle trotz ihrer gigantischen Größe nicht zu klobig. Sie ist 250 m lang, 110 m breit und mißt an ihrem höchsten Punkt »lediglich« 36 m. Herzstück ist die 400-Meter-Eislaufbahn, aber auch auf Fußballspiele, Leichtathletik, Rad-, Pferde- und sogar Motorsport ist man eingerichtet. Je nach Veranstaltung faßt die Mehrzweckhalle 10.000 – 20.000 Zuschauer. Mo – Fr 8 – 20 Uhr, Sa,So 10 – 18 Uhr. Eintritt 10 NOK. Von Juni bis August Führungen. Tel. 6251 7500. Stadtbusse 2 und 4.

■ **Jernbanemuseet**, Strandveien 132. Ende Mai bis Mitte September täglich 10 – 16 Uhr, im Juli bis 18 Uhr. Eintritt 25/15 NOK, Fahrt mit der Museumsbahn »Tertitten« 5 NOK. Stadtbus 1.

Eisenbahnfreunde aufgepaßt! In Hamar findet Ihr die Erfüllung Eurer Träume. Norwegens Eisenbahnmuseum vereint wahre Schätze, selbstverständlich viele alte Waggons und Lokomotiven, darunter die Dampfloks »Nr. 16« und »Caroline« aus der englischen Fabrik *Robert Stephensons* (1861). Oder die mächtige »Dovregubben«, die eigens für Strecke Oslo-Trondheim konstruiert worden war, um die steile Passage bei Dombås hinauf aufs Dovrefjell zu bewältigen; sie wurde bei Krupp in Essen in Auftrag gegeben. Zum Fundus des Museums gehören ferner ein Stellwerk, eine Schneefräse – aus den rauhen Zeiten der Bergenbahn, als sich die Züge über die verschneite Hardangervidda kämpfen mußten, ohne daß Schutzwände oder kilometerlange Blechtunnel eine Verschnaufpause vergönnten – und einige ulkige Vertreter aus den Pioniertagen der Eisenbahn. Auch Kløften, der älteste norwegische Bahnhof, einst an der 1854 eröffneten

Strecke von Christiania (Oslo) nach Eidsvoll gelegen, zog nach Hamar um.

Im Museumspark dreht die Museumseisenbahn *Tertitten* ihre Runde, eine Schmalspurbahn mit 750 mm Spurbreite. Wer zum Abschluß des Besuchs eine Erfrischung zu sich nehmen möchte, kann die übliche Plastik-Kafeteria-Atmosphäre gegen den ältesten Speisewagen der Norwegischen Staatsbahnen (NSB) eintauschen, der einst zwischen Oslo und Bergen pendelte.

Nicht weit vom Eisenbahnmuseum entfernt wird man noch weiter in die Vergangenheit zurückgeführt:

■ **Hedmarksmuseum** und **Domkirkeodden**, Strandveien, Tel. 6253 1166. 20.6.–15.8. täglich 10–18 Uhr, 16.8.–15.9. 11–16 Uhr, sonst 10–16 Uhr. Eintritt 30/10 NOK, Familien 70 NOK.

Das Hedmarksmuseum verteilt sich auf einer Landzunge im Mjøsa, auf der früher Dom und Bischofsburg des Bistums Hamar standen. Der Dom, eine dreischiffige gotische Kathedrale, wurde ebenso wie die Burg 1567 im Siebenjährigen Krieg zerstört. Später errichtete man auf den Burgruinen die Scheune des Gutshofes *Storhamar gård,* die in den 80er Jahren zu einem gelungenen Museumstrakt umgebaut wurde. Die Ruinen der Burg wurden restauriert und sind weitgehend zugänglich. Eine Museumsabteilung zeigt archäologische Funde von der Steinzeit bis zur Wikingerepoche, die in Hedmark und gerade auf der Landzunge Domkirkeodden ausgegraben wurden; ebenso werden Arbeit, Alltag und Kultur der jüngeren Vergangenheit in Szene gesetzt. Im Kräutergarten wachsen Pflanzen, die, nach dem Vorbild des mittelalterlichen Klostergartens, zur Behandlung Kranker, zum handwerklichen Gebrauch oder einfach zum Verzehr gezogen wurden. Auf dem Boden der Freilichtabteilung, die 50 Gebäude vorwiegend landwirtschaftlicher Herkunft umfaßt, trotzen die Domruinen dem Verfall. Das Museumsgelände umgibt eine grüne Freizeitoase, die das ganze Jahr über offensteht. Wald, viel Rasen und ein Mjøsa-Freibad bilden bei Schönwetter das Ziel der Picknick-Ausflügler.

Auf Domkirkeodden gibt es aber auch ziemlich Neuzeitliches zu bestaunen:

■ **Interferens Holografi**, Domkirkeodden, Tel. 6252 5050. 20.6.–20.8. Di–So 11–18 Uhr, sonst So 11–16 Uhr. Eintritt 25/15 NOK, Familien 65 NOK.

Seit ein paar Jahren erschließt nun auch Norwegen die dritte Dimension.

■ Wer klassische Sehenswürdigkeiten vorzieht, ist im **Dom** gerade recht. 1866 errichtet und 1954 restauriert, ist besonders die Altartafel des bekannten norwegischen Künstlers *Henrik Sørensen* hervorzuheben. Die Kirchturmspitze reckt sich stolze 48 Meter in die Höhe. Auf der Kirkegata, in gerader Linie vom Skibladner-Kai, stadteinwärts; die weiße, hochaufgeschossene Kirche ist nicht zu übersehen. 1.5.–30.9. Mo–Fr 10–15 Uhr, Sa 10–12 Uhr, sonst Mo–Fr 10–13 Uhr, Sa 10–12 Uhr.

■ **Kirsten Flagstads Minnesamling**, Grønnegata 82, Tel. 6253 3277 und 6251 0530. 1.6.–15.9. täglich 10–16 Uhr, im Juli bis 18 Uhr, sonst nur Gruppen nach Anmeldung. Eintritt 25/15 NOK. Führung obligatorisch, knappes Info-Faltblatt auch auf deutsch.

Kirsten Flagstad (1895–1962) darf als Norwegens berühmteste Opernsängerin bezeichnet werden. Über Göteborg und Bayreuth kam sie 1935 an die *Metropolitan Opera* in New York, wo sie ihre größten Erfolge feierte. 1958 kehrte sie, als Direktorin der neuen Norwegischen Oper in Oslo, in ihr Heimatland zurück.

Der Besuch ihres Geburtshauses *Strandstuen,* dem ältesten Haus in Hamar, gleich neben dem Dom, ist ein Ausflug in die gute alte Zeit: Die Metropolitan Opera ließ sich nicht lumpen und steuerte einige Kostüme aus der aktiven Zeit der Diva bei. Neben weiteren persönlichen Gegenständen und der bewußt historischen Einrichtung des Gebäudes ist die Tonträgersammlung hervorzuheben, auf der so manche musikalische Sternstunde verewigt ist.

Strandstuen liegt nur wenige Fußminuten vom Dom entfernt. Die Grønnegata kreuzt die Kirkegata zwischen Dom und Skibladner-Kai.

Ausflüge

■ Der **Skibladner** verkehrt etwa zwischen dem 20.6. und 20.8. – Di, Do, Sa von Gjøvik nach Lillehammer, Ankunft in Hamar um 10.45 Uhr, Abfahrt um 11.05 Uhr, Wiederankunft um 18.40 Uhr, Abfahrt um 18.45 Uhr. Preise: Gjøvik retour 150 NOK, Lillehammer retour 230 NOK. – Mo, Mi, Fr von Gjøvik nach Eidsvoll, Ankunft in Hamar um 10.50 Uhr, Abfahrt um 11.05 Uhr, Wiederankunft um 17.10 Uhr, Abfahrt um 17.15 Uhr. Preise: Gjøvik retour 150 NOK, Eidsvoll retour 180 NOK.

■ **Klevfoss Industrimuseum**, Ådalsbruk, Tel. 6259 0505. 1.5.–30.9. täglich 11–16 Uhr. Eintritt 25/10 NOK, Familien 50 NOK.

Klevfoss ist ein Ort Industriegeschichte. 1888 ging hier eine Zellulosefabrik in Betrieb, die schon 1890 den Rohstoff zu Papier veredelte. 1909 brannte das Fabrikgelände ab, wurde jedoch wieder aufgebaut. Die Rezessionen in den 30er und 50er Jahren überstand Klevfoss, aber 1976 mußte die mittlerweile veraltete Fabrik der neuen Zeit Tribut zollen. Die teils historische Ausstattung, die vorwiegend aus den Jahren zwischen 1910 und 1920 stammt, ist nun wiederum das größte Kapital für Klevfoss' Erhaltung als Museum, das auch Arbeiterunterkünfte verschiedener Generationen und einen Flößerplatz mit Damm und Kanal umfaßt. Die Baumstämme waren einst über den Fluß *Svartelva* zur Fabrik geflößt worden.

Im Sommer werden in Klevfoss Theaterstücke aufgeführt, Tanz und Musik geboten, Kunstausstellungen arrangiert. Ådalsbruk liegt 10 Kilometer östlich von Hamar.

■ **Norsk Skogbruksmuseum**, Elverum, Tel. 6241 0299. 1.6.–30.9. täglich 10–18 Uhr, sonst 10–16 Uhr. Eintritt 40/20 NOK, Rabatt für Familien.

Das Forstwirtschaftsmuseum wurde in den letzten Jahren immens »aufgerüstet«. Neben der Ausstellung zur Forstwirtschaft, die den Übergang von der Flößerära zur voll technisierten Abholzindustrie dokumentiert, umfaßt das Museum eine Abteilung zur Jagd, die sowohl die Tatwaffen als auch die Opfer (in ausgestopfter Form) präsentiert, eine weitere zur Inlandfischerei und ein Aquarium, in dem sich vorwiegend Protagonisten aus Gebirgsseen, Flüssen und Tümpeln tummeln. Die Außenabteilung bilden ein Arboretum mit 80 Arten von (hauptsächlich ausländischen) Bäumen und Büschen sowie rund 40 Gebäude, die Waldarbeitern, Jägern und Fischern in Arbeit und Leben als Werkstätten und Unterkünfte dienten. Außerhalb der Sommersaison sind diese Hütten leider verschlossen. Der Großteil verteilt sich auf der Glomma-Insel *Prestøya,* mit dem Hauptgebäude durch eine Brücke verbunden.

Das Museum ist einzigartig in Norwegen, doch die Ausstellungen wirken teilweise etwas steril aufbereitet. Vielleicht hat man zu viel gewollt, indem man ein Ganztages-Ausflugsziel mit Restaurant (Fisch- und Wildspezialitäten), Filmsaal, Souvenir-Laden u. a. daraus machte. Im Ergebnis wirkt dieser Freizeitpark überfrachtet und unübersichtlich.

In der hellen Jahreszeit werden Veranstaltungen wie Jagd-, Angler- und Pilztage mit Ausstellungen von Jagdhunden, Geweihen oder etwa Modeschauen mit Elchlederprodukten arrangiert.

Eine zweite Brücke führt von Prestøya an das andere Glommaufer zum:

■ **Glomsdalsmuseet**, Elverum, Tel. 6241 0882. 15.6.–15.8. täglich 10–18 Uhr, sonst So–Fr 10–16 Uhr. Eintritt 40/10 NOK, Rabatt für Familien. Führung zu empfehlen.

Mit seinen inzwischen fast 90 Gebäuden ist das Glomsdalsmuseet eines der größten Freilichtmuseen des Landes. Neben den üblichen Bauernhöfen, darunter einige imposante Wohngebäude vermögender Großbauern, sind eine Apotheke samt Kräutergarten, eine Schule und eine Mühle auf dem Rundgang zu entdecken. Von Mitte Juni bis Mitte August füllt sich das Museum mit Leben, wenn traditionelle Handwerks- und Arbeitsformen zurückkehren, Künstler ihre Arbeiten ausstellen und Haustiere das Gelände bevölkern.

■ **Norsk Motorhistorisk Museum**, Stange (12 km südlich von Hamar, nahe der E 6, Abfahrt Uthus), Tel. 6257 2425. 1.6.–31.8. täglich 10–17 Uhr.

Eine Riesen-Scheune vollgestellt mit Traktoren, Automobilen, Motorrädern und Motoren aller Art.

Verschiedenes

■ **Baden:** *Freibad Domkirkeodden* am Mjøsa, Strandveien.
■ **Bootsvermietung:** *Hamar Camping;* siehe oben.
■ **Golf:** *Mjøsen Golfklubb,* Moelv, Tel. 6236 8581 und 6259 6638. 1.5.–15.10. 9-Loch-Platz bei Moelv, 30 km nordwestlich von Hamar.
■ **Wandern:** *Ottestadstien,* ein 15 km langer, markierter Pfad durch die Kulturlandschaft südlich von Hamar. Möglicher Start in Sandvika oder Atlungstad, am Mjøsa, zwischendurch kurze Etappe entlang der E 6. Blaue Markierungen oder Schilder mit Aufschrift »Ottestadstien«.
■ **Galerie:** *Hedmark Kunstnersenter,* Strandveien 98, Tel. 6253 0777, Fax 6253 0010. Mo–Fr 9–15 Uhr, Sa 12–15 Uhr, So 12–18 Uhr. Auf dem Gutshof Storhamar gård auf Domkirkeodden. – Wechselnde Ausstellungen von Mai bis September in der *Klevfoss*-Papierfabrik bei Ådalsbruk; siehe oben.
■ **Veranstaltungen:** *Grammophonkonzerte* in Strandstuen, dem Kirsten Flagstad Museum, Grønnegata 82. Mitte Juni bis Mitte August. – *Jazzabende* auf dem Skibladner; siehe oben. – Laientheater, Musik und Tanz von Mai bis September im *Klevfoss Industrimuseum;* siehe oben.
■ **Postamt:** Torggata.

Weiterreise

■ **Eisenbahn:** *Hamar Jernbanestasjon,* Tel. 6251 3032.
Von Oslo und Eidsvoll über Hamar nach Trondheim, entweder (mit Linie 21) über Brumunddal, Moelv, Lillehammer, Ringebu, Vinstra, Otta, Dovre, Dombås, Oppdal und Støren, oder (mit Linie 25) über Elverum, Rena, Koppang, Tynset, Os, Røros und Støren.
■ **Bus:** Nach Oslo schneller mit dem Zug. – Nach Stryn über Lillehammer, Vinstra, Otta, Vågåmo, Lom und Grotli. – Außerdem nach Lillehammer, Brumunddal, Gjøvik, Eidsvoll, Stange, Elverum, Kongsvinger, Trysil, Engerdal, Drevsjø, Femund u.a.
■ **Auto:** siehe unter »Lillehammer«.

Gjøvik

Gjøvik liegt am Westufer des Mjøsa, ab Hamar über die E-6-Brücke bei Moelv oder per Skibladner zu erreichen, dessen Heimathafen es auch ist. Zur Geschichte der Region ist genug gesagt. Das Umland ist weniger dicht besiedelt wie das von Hamar, so daß die Wege in die Natur, ähnlich wie in Lillehammer, relativ kurz sind. Daß die Kleinstadt in diesem Kapitel vorgestellt wird, verdankt sie ihrer originellen, aus Anlaß der Olympiade gebauten Mehrzweckhalle, die 120 Meter tief in den Berg *Kallerud* gesprengt wurde.

Information

■ **Gjøvik Turistkontor**, Jernbanegaten 2, N-2800 Gjøvik, Tel. 6117 1688, Fax 6117 8514. 15.6.–10.8. Mo–Fr 9–18 Uhr, Sa 10–14 Uhr, sonst

Mo–Fr 9–15 Uhr. Zentral nahe der Strandgata, wo sich Hauptbahnhof, Busbahnhof, Skibladner-Kai und Rathaus auf kleinem Raum konzentrieren.

Sehenswertes

■ Die **Felsenhalle** war sicher das ungewöhnlichste Bauprojekt der Olympischen Spiele. Hier fand 1994 ein Teil der Eishockeyspiele statt. 5800 Sitzplätze faßt die Mehrzweckhalle (mit Schwimmbad), die bereits durch ihre riesige Eingangshalle Akzente setzt. Dort steht die Nachbildung eines Mammuts, das, ganz Maskottchen, auch auf den Besuchertickets abgebildet ist. Die massive Tür ins Innere des Berges ist als Bunkertor konzipiert, falls »die Russen eines Tages doch noch kommen«. Zur Halle:

Trotz der Deckenkonstruktion blickt man auf genügend nackten Fels, um nicht zu vergessen, wo man ist. Auf den ersten Blick mag die Felsenhalle grau und düster wirken, aber nach etwas Verweilen stellt sich ein imposantes Gefühl ein, so als stehe man in einem Dom. Die Chancen, daß bei Ihrem Besuch Sport in dem Dom getrieben wird, stehen nicht schlecht, weil er als Sommer-Trainingslager in Eishockey-Kreisen gefragt ist.

Wer eher bewegungsarmen Tätigkeiten zugeneigt ist, halte sich an die Ausstellungen zu a) zeitgenössischer Kunst und b), passend zur Umgebung, über Felszeichnungen aus ganz Norwegen. Ein kleiner »Fjellgarten« repräsentiert die nordische Gebirgswelt.

Gjøvik Olympiske Fjellhall: 15.5.–30.9. täglich 10–20 Uhr, sonst Mo–Fr 12–18 Uhr, Sa, So 10–18 Uhr. Eintritt 15 NOK. Führung auf Anfrage, Tel. 6113 2400. Tip: nicht den erstbesten Parkplatz benutzen; meist sind direkt vor der Halle genügend frei.

■ Das Rathaus ziert eine Dauerausstellung mit Exponaten aus der Blütezeit der lokalen Glashütte *Gamle Gjøvik Glasværk,* die von 1807 bis 1843 in Betrieb war: **Glassamlingen**, Mo–Fr 8.30–15 Uhr. Das Rathaus steht an der Strandgata, nahe Touristenbüro und Postamt. – Der Nachfolger, *Gjøvik Glassverk* in der Elvegate 1–3, kann auf Anfrage besichtigt werden: Tel. 6113 2470.

Ausflüge

■ Der **Skibladner** verkehrt etwa zwischen dem 20.6. und 20.8. – Di, Do, Sa von Gjøvik nach Hamar sowie nach Lillehammer, Abfahrt nach Hamar um 9.35 und 17.30 Uhr, Wiederankunft um 12.15 und 20.00 Uhr, Abfahrt nach Lillehammer um 12.30 Uhr, Wiederankunft um 17.25 Uhr. Preise: Hamar retour 150 NOK, Lillehammer retour 180 NOK. – Mo, Mi, Fr von Gjøvik nach Hamar und Eidsvoll, Abfahrt um 9.35 Uhr, Wiederankunft um 18.45 Uhr. Preise: Hamar retour 150 NOK, Eidsvoll retour 230 NOK. Skibladner-Kontor: Tel. 6252 7085.

Verschiedenes

■ **Galerie:** *Mølla Galleri og Kultursenter,* Brenneriveien 1. Mo–Sa 11–16 Uhr, So 12–17 Uhr.

- **Freilichtmuseum Eiktunet Kulturhistorisk Museum**, Øverbyveien, Tel. 6117 2998. 1.6.–15.8. Di–So 11–17 Uhr, regelmäßig Führungen. Eintritt 15/5 NOK. 35 Gebäude aus der Zeit von 1650–1850, auch wechselnde Ausstellungen. Zudem ein guter Aussichtspunkt. 3 km nordwestlich der City.
- **Wandern:** Der 4 km lange Naturlehrpfad *Skogstien* beginnt beim Freilichtmuseum Eiktunet; siehe oben.
- **Postamt:** Strandgata.
- **Notarzt:** Tel. 6117 1050.
- **Taxi:** Tel. 6117 7000.

Weiterreise

- **Bahn:** *Gjøvik Jernbanestasjon,* Tel. 6117 6106.

  Linie 31: Gjøvik-Oslo. – Weitere Verbindungen siehe »Hamar«.
- **Bus:** Nach Oslo schneller mit dem Zug. – Überlandbusse auch nach Fagernes im Valdres, Hønefoss. – Lokalbusse u. a. nach Hamar, Moelv, Lillehammer, Biri.
- **Auto:** siehe unter »Lillehammer«.

Lillehammer

Vor und nach Olympia

Wie eine Olympia-»Stadt« wirkt Lillehammer nicht unbedingt: Trotz der augenfälligen Investitionen in die Infrastruktur hat sich der 23.000 Einwohner zählende Ort seinen kleinstädtischen, ja fast dörflichen Charakter bewahrt. Freilich sind Verkehrswege erneuert worden, eröffneten Geschäfte und Restaurants in stattlicher Zahl, und wer Anfang der 80er Jahre hier durchkam, mag Lillehammer kaum wiedererkennen; das ländlich gemütliche Flair aber ist geblieben.

Die hiesigen Olympia-Anlagen verteilen sich östlich der Stadt in einem zusammenhängenden Areal namens »Olympiapark«. Die kurzen Wege zu den Sportstätten riefen bei Aktiven, Presse und Publikum viel Lob hervor, ebenso die behutsame Architektur, sofern dies im Rahmen einer Massenveranstaltung möglich war. Überhaupt sind die Spiele von Lillehammer als »grüne Spiele« verkauft worden, womit das Bemühen um die Begrenzung ökologischer Schäden gemeint war. Folgt man Experten, ist dies in einem vertretbaren Maß gelungen, wofür es nach dem Betonspektakel in Albertville 1992 auch höchste Zeit war. Die internationalen Reaktionen haben den Organisatoren recht gegeben, und da auch das Wetter weitgehend mitspielte, darf man, selbst ohne rosarote Brille, von einer hinreißenden Werbung für Norwegen sprechen.

Um die Landschaft hatte man sich die wenigsten Gedanken machen müssen – die verwandelt sich zuverlässig in Dezember und Januar in ein Wintermärchen. Im sanften Hochland östlich von Lillehammer und seinen Sportstätten kann man stundenlang langlaufen, ohne die gleiche Loipe benutzen zu müssen. Die Fjellgebiete, ob *Nordseter, Sjusjøen* oder *Øyer,* sind bares Kapital für die Tourismusplaner.

Als die ersten Pläne für die Olympia-Bewerbung Lillehammers publik wurden, hielt sich die Begeisterung der ortsansässigen Bevölkerung übrigens in Grenzen. Erst als die Strategen auf das Nationalgefühl setzten, schwanden die Bedenken wegen gigantischer Kosten. Immerhin sei der Ski eine norwegische Erfindung, Norwegen das Wintersportland schlechthin und die Olympiade das wirksamste Sprachrohr, diese Botschaft der Welt verkünden. Daß angeblich 95 Prozent der Aufträge im Land blieben und Arbeitsplätze schufen, verlagerte den Blickpunkt von den Kosten auf den Nutzen. Die *Lillehamringene,* so heißen die Einwohner Lillehammers, entdeckten ungeahnte Vorteile und vermieteten Zimmer zu olympischen Preisen. Nicht wenige Familien rückten zusammen oder zogen zu Verwandten oder Bekannten, während im eigenen Heim die Kronen klingelten.

Ob die 11 bis 12 Milliarden NOK nun eine gelungene Investition waren, bleibt nach dem positiven Anklang im Ausland und in Zeiten verbesserter Wirtschaftsdaten zweitrangig. Die Sporthallen wurden als Mehrzweckhallen konzipiert, doch wann sich die Auslastung mit Großsportveranstaltungen, Konferenzen und Tagungen rechnen wird, weiß heute niemand zu beantworten. Die Preise, die Besucher für die Besichtigung der Sportstätten entrichten dürfen, wurden teils schon erhöht. Das auffällige Pressezentrum steht in Diensten einer Technischen Hochschule und des Norwegischen Rundfunks, NRK. Viele der Unterkünfte, hergestellt in Fertigbauweise, zogen in andere Landesteile Norwegens um, sicher ein cleveres »Recycling«. Die Verbesserung der Infrastruktur wurde bereits erwähnt. Oslo rückte näher denn je.

Das war nicht immer so, wie die Einleitung zu diesem Kapitel unterstreicht. 1827 hatte man die Stadtrechte erhalten, doch erst mit dem Dampfschiffverkehr auf dem Mjøsa und der Anbindung an das Eisenbahnnetz zeichneten sich Perspektiven ab. »Litl Hamar«, das kleine Hamar, hatte jahrhundertelang im Schatten von »Stor Hamar«, dem großen Hamar im Herzen des Mjøsa-Region, gestanden. Mehr als ein bißchen Handwerk und Handel war nicht drin gewesen. Doch nun lag der Ort am Tor zum Gudbrandsdal nicht mehr an der Peripherie, und die ersten Industriebetriebe siedelten sich an. (Lillehammer ist Standort der führenden Fabrik für Käsehobel, eine norwegische Erfindung.)

Und es kamen die Urlauber, die die liebliche, sanft gerundete Landschaft, das warme, trockene Sommerklima und, sofern Künstler, das angeblich ganz besondere Licht in dieser Kante schätzten. Die Literaturnobelpreisträgerin *Sigrid Undset* verbrachte ihre letzten Lebensjahre in Lillehammer. Wohl der bekannteste zeitgenössische Maler, *Jakob Weidemann,* hat sich auf dem Hof Ringsveen, oberhalb der Stadt, niedergelassen. Heimisch wurde auch *Anders Sandvig,* der Urvater des einmaligen Freilichtmuseums *Maihaugen,* die große Attraktion Lillehammers schon vor der Olympiade, die aus dem Topf der Olympia-Investitionen einen neuen Konzertsaal erhielt. Sport sponsert Kultur ...

Information

■ **Lillehammer Turistkontor,** Lilletorget 1, N-2600 Lillehammer, Tel. 6125 9299, Fax 6126 9655. 1.6.–31.8. Mo–Sa 9–19 Uhr, So 10–19 Uhr, sonst Mo–Fr 9–17 Uhr, Sa 10–14 Uhr.

Unterkunft

Das Touristenbüro gibt jährlich eine Broschüre heraus, in der man sich über alle Unterkunftsmöglichkeiten (mit Preisen) orientieren kann. Interessant sind dabei auch Adressen in der Umgebung.

■ **Mølla Hotell,** Elvegt. 12, Tel. 6126 9294, Fax 6126 9295. 1.6.–31.8. mit Fjord Pass (C) EZ 530 NOK, DZ 760 NOK, sonst EZ 940 NOK, DZ 1100 NOK. Hochaufgeschossener Bau mit Panorama-Bar im 8. Stock. Restaurant in alter Mühle. Fahrradvermietung.

■ **Dølaheimen Breiseth Hotell,** Jernbanegata 1, Tel. 6126 9500, Fax 6126 9505. Etwa 15.6.–15.8. EZ 495 NOK, DZ 595 NOK, sonst EZ 770–1200 NOK, DZ 920–1500 NOK. Zentral an Hauptbahnhof und Busbahnhof.

■ **Oppland Hotell,** Hamarveien 2, Tel. 6125 8500, Fax 6125 5325. 1.6.–31.8. mit Fjord Pass (B) EZ 480 NOK, DZ 660 NOK, ohne Fjord Pass im Sommer EZ 650 NOK, DZ 850 NOK, sonst EZ 925–965 NOK, DZ ab 1050 NOK. Nicht zentral, aber mit Mjøsa-Aussicht. Hallenbad.

■ **Birkebeineren Hotel/Motel & Apartements,** Birkebeinerveien 1 im Olympiapark, Tel. 6126 4700, Fax 6126 4750. Etwa 20.6.–20.8. pro Person im Appartement 175 NOK, Motel-DZ 410 NOK, im Hotel-DZ 630 NOK, sonst pro Person im Appartement 200 NOK, EZ ab 485 NOK DZ ab 660 NOK. 10 Fußminuten ins Zentrum, nette Lage außerhalb im Ex-Olympiadorf.

■ **Gjestehuset Ersgaard,** Nordseterveien 201, Tel. 6125 0684, Fax 6125 3109. EZ 490 NOK, DZ 650 NOK, auch preiswertere Zimmer ohne Bad. Altehrwürdiger umgebauter Hof am Waldrand im Olympiapark, mit Blick auf Mjøsa und Lillehammer. Kurzer Weg zu Reitzentrum.

■ **Langseth Hotell,** Bakkeløkka 13, Tel. 6125 7888, Fax 6125 9401. 15.6.–15.8. EZ 395 NOK, DZ 495 NOK, sonst EZ ab 495 NOK, DZ 695 NOK.

■ **Jugendherberge Lillehammer Vandrerhjem,** Skysstasjonen, Tel. 6126 2566, Fax 6126 2577. Ganzjährig geöffnet. EZ für Mitglieder 320 NOK, DZ 450 NOK, Übernachtung im Mehrbett-Zimmer 160 NOK. 32 4-Bett-Zimmer. Frühstück im Preis enthalten, Lunch-Paket 45 NOK, Abendessen 80 NOK.

■ **Lillehammer Camping,** Dampsagveien 47, Tel. 6125 3333, Fax 6125 3365. Ganzjährig geöffnet. Preisni-

veau Camping: 2, für WM 3. Auch 2-Personen-Appartements: ab 350 NOK. Neuerer Platz am Mjøsa, nahe Skibladner-Kai. Mit modernem Servicegebäude, W & T. Kiosk. Spielplatz. Badesteg und Bootsanleger.

Sehenswertes

■ **Maihaugen – De Sandvigske Samlinger**, Maihaugveien 1, Tel. 6128 8900. 1.6.–31.8. 9–17 Uhr, Mai und September 10–17 Uhr, sonst 11–16 Uhr. Eintritt Sommer 60/25 NOK, Winter 40/20 NOK. Führungen von Mai bis September zu jeder vollen Stunde, sonst nur Gruppen nach Anmeldung.

Lillehammers gewachsene Sehenswürdigkeit, auch ohne Olympiade: Der ungewöhnliche Beiname »Die Sandvigschen Sammlungen« meint den Zahnarzt *Anders Sandvig* (1862–1950), der nach Lillehammer kam, um eine Tuberkulose auszukurieren, und danach gleich dablieb. Seine Praxis reichte weit über die Ortsgrenzen, denn die Patienten aus den verstreut liegenden Siedlungen suchten damals nicht den Arzt auf, sondern er kam zu ihnen. Bei seinen Reisen bemerkte er, daß es die jungen Menschen in die neuen »Ballungszentren« wie Hamar oder auch Lillehammer zog, wie jahrhundertealte Lebenstraditionen durch die Landflucht bedroht und Gebäude dem Verfall preisgegeben waren. Und so kam er auf die Idee, sich sein Honorar teilweise in historischen Gebrauchsgegenständen auszahlen zu lassen. Was mit einem Werkzeug begann, setzte sich schließlich in ganzen Häusern fort. Aus einer Heuboden-Sammlung wurde ein Freilichtmuseum, die Grundversion des heutigen Maihaugen.

Inzwischen ist Maihaugen mit das größte Freilichtmuseum Norwegens – annähernd 150 Gebäude und 4000 einzelne Gegenstände groß. Zu den Prunkstücken gehören die *Stabkirche von Garmo* bei Lom (um 1200), 1885 abgetragen und dann erst 1921 in Maihaugen wiederaufgebaut, der 27 Gebäude umfassende *Bjørnstad-Hof,* weitere Almhöfe aus der Region, historische Werkstätten sowie Sammlungen von Textilien, Glas u. a. Im Juli wird einer der Höfe bewohnt und bewirtschaftet. Teilweise stehen die Gebäude etwas eng, aber alles in allem ist das Museum sehr schön aufgemacht.

■ **Norsk Kjøretøyhistorisk Museum**, Lilletorget, Tel. 15.6.–31.8. täglich 10–18 Uhr, sonst Mo–Fr 11–15 Uhr, Sa und So 11–16 Uhr. Eintritt 25/12 NOK.

Das Fahrzeugmuseum zeigt die angeblich landesweit größte Sammlung an Fortbewegungsmitteln aller Art, vom Schlitten über Kutschen und die Repräsentanten der ersten Automobilgenerationen bis zum neuzeitlichen Statussymbol Auto. Wußten Sie, daß es bis in die 50er Jahre eine norwegische Automobilproduktion gab? Ein Schmuckstück dieser Zeit ist der ungewöhnliche geformte »Troll«; doch die Fiberglas-Konstruktion schaffte nicht den Sprung in die Garagen der Norwe-

Freilichtmuseum Maihaugen, im Hintergrund der Mjøsa-See mit seinen landwirtschaftlich geprägten Uferzonen ▶

ger. Im Sommer ist eine Museumswerkstatt in Betrieb.

Das Museum befindet sich in dem ansehnlichen Einkaufszentrum »Mesna Center«, zu dem auch eine Glasbläserwerkstatt gehört.

■ **Lillehammer Kunstmuseum**, Stortorget, Tel. 6126 9444. Etwa 10.6.–20.8. täglich 11–17 Uhr, Do bis 20 Uhr, sonst Di–So 11–16 Uhr, Do bis 20 Uhr. Eintritt 30/20 NOK. Führungen Sa und So um 12 Uhr, im Juli täglich um 13 Uhr.

Für die Olympiade hat man extra einen neuen Museumstrakt hochgezogen, dessen sicher interessante Architektur eher leidlich in Lillehammers dörfliches Erscheinungsbild paßt. Neben der permanenten Sammlung, eine gute Präsentation norwegischer Kunst seit 1820, werden wechselnde Ausstellungen arrangiert.

Olympia 94

■ **Olympiasenteret:** Im *Lillehammer Olympiske Opplevelsesenter* wird die Olympiade wiederbelebt. Soll bald zu einem Olympischen Museum werden. 15.6.–15.8. Mo–Sa 10–20 Uhr, So 12–20 Uhr, sonst Mo–Sa 10–17 Uhr, So 11–16 Uhr. Eintritt 55/30 NOK, Familien 135 NOK. Elvegt. 19, Tel. 6126 0700.

■ **Håkons Hall**, Olympiaparken, Tel. 6126 3655. 20.6.–20.8. täglich 10–19 Uhr, sonst 11–16 Uhr. Eintritt 15/0 NOK.

In der ansehnlichen Håkons Hall fanden die meisten olympischen Eishockeyspiele statt, verfolgt von maximal 9000 Zuschauern. Seit 1994 kann jedermann zum Squashen oder Kegeln kommen oder sich an der Kletterwand erproben. Oder auch die Weltkugel der olympischen Eröffnungsfeier besichtigen, oder die Galerie mit Fotografien der norwegischen Sport-Heroen, der Goldmedaillen-Gewinner. Messen und Konferenzen sollen dabei helfen, die 228 Millionen NOK Baukosten zu amortisieren. Durch Trennwände läßt sich das Halleninnere in mehrere Sportfelder unterteilen.

Nebenan steht die kleinere *Kristin Hall,* die den Olympioniken als Trainingshalle zur Verfügung stand.

■ **Schanzenturm** der 120-Meter-Schanze, Lysgårdsbakkene Hoppanlegg, Olympiaparken, Tel. 6126 4693. 20.6.–20.8. 10–20 Uhr, sonst 11–16 Uhr; Einschränkungen wegen geschlossener Gesellschaften möglich. Eintritt 15/0 NOK.

Vom Turm der Großschanze haben Sie einen prima Blick auf Lillehammer und Umland. Der Sessellift der Schanze ist von Juni bis September für Besucher in Betrieb, Zeiten siehe oben. Eine Fahrt kostet 20/10 NOK.

■ **Bob- und Rodelbahn**, Hunderfossen, Tel. 9437 4319. Geöffnet täglich 10–20 Uhr. Eintritt 15 NOK. Bob- und Rodelpartien 70–500 NOK, für Kinder nur in Begleitung Erwachsener.

Die einzige Kunsteisbahn in Nordeuropa, 1710 m lang, mit 114 m Höhenunterschied und 16 Kurven. Ein Viererbob erreicht bis zu 130 km/h auf dieser Bahn. Für Touristen stehen nun spezielle Bobs und Rodelschlitten bereit, die immerhin 60–70 km/h schnell werden. Ist das Eis abgetaut, stehen Bobs mit Rädern zur Verfügung, die bis zu 100 km/h erreichen.

Hunderfossen liegt nördlich von Lillehammer, an der E 6; siehe auch »Unterhaltung«.

Ausflüge

■ Der **Skibladner** verkehrt etwa zwischen dem 20.6. und 20.8. Di, Do, Sa über Hamar, Gjøvik und Moelv nach Lillehammer, An- oder Rückfahrt nur mit Bus. Abfahrten in Hamar um 11.05 Uhr, in Gjøvik um 12.30 Uhr und in Moelv um 13.30 Uhr, Ankunft in Lillehammer um 15.00 Uhr, Abfahrt um 15.10 Uhr, Wiederankunft in Moelv um 16.30 Uhr, in Gjøvik um 17.25 Uhr und in Hamar um 18.40 Uhr. Preise: ab/nach Hamar 130 NOK, ab/nach Gjøvik 100 NOK sowie ab/nach Moelv 85 NOK.

■ Der Hof **Aulestad** war das Zuhause des Literaturnobelpreisträgers *Bjørnstjerne Bjørnson* und seiner Frau *Karoline*. Das Haus blieb so erhalten, wie es die beiden hinterließen. Etwa 15.5.–30.9. Juli 10–17.30 Uhr, Juni und August 10–15.30 Uhr, Mai und September 11–14.30 Uhr. Eintritt 30/15 NOK, Familienrabatt. Führungen auch auf deutsch.

Aulestad liegt rund 20 km nordwestlich von Lillehammer. Anfahrt auf E 6 und Str. 255 über Follebu.

■ Die ehemaligen Almgebiete **Nordseter** (800 m ü.d.M.), rund 14 km nordöstlich von Lillehammer, und **Sjusjøen** (850 m ü.d.M.), rund 22 km östlich, sind zwei günstige Ausgangspunkte für sportliche Aktivitäten im Hochland, im Sommer Radtouren, Reitausflüge u.a. Die vielen Unterkünfte – in Sjusjøen ist eine wahre Hüttenstadt entstanden – rechnen sich jedoch erst im Winter, der wunderbare Langlauferlebnisse beschert, wenn sich meterhoher Schnee auf die Landschaft legt.

Weitere Ausflugsziele im Hochland sind **Mesnali** (520 m ü.d.M.), das man auf dem Weg nach Sjusjøen passiert, und **Øyer**, noch einmal nördlich von Nordseter, dessen Gipfel mehr als 1000 m ü.d.M. hoch aufragen. Einzelheiten und Adressen zu möglichen Unternehmungen finden Sie unter »Verschiedenes«.

■ **Elchsafari:** Beobachtung, keine Jagd. Organisator ist das *Øyer Turistkontor,* Tel. 6127 7950, dort auch Treffpunkt. Ende Juni bis 20.8. Mo, Mi, Fr um 20 Uhr. Preis 160/90 NOK.

Unterhaltung für Klein und Groß

■ **Hunderfossen Familiepark**, Hunderfossen, Tel. 6127 7222. Anfang Juni bis Mitte August täglich ab 10 Uhr, etwa zwei, drei Wochen zuvor und danach nur an den Wochenenden, je nachdem ob der Sommer schon oder noch da ist. Eintritt 115/100 NOK. Im Winter Führungen durch Teile des Parks: Sa 14–16 Uhr. Eintritt 65 NOK.

Typischer Freizeitpark, als Markenzeichen ein 14 m hoher Troll, der schon von der E 6 aus zu sehen ist. Weitere Attraktionen sind ein Schwimmbassin mit Wasserrutsche, ein Kino mit Riesen-Leinwand im neuzeitlichen Erschlag-den-Zuschauer-Stil, Goldwasch-Action, ein Klein-Bauernhof, die unvermeidlichen Fahrgeschäfte und eine Abenteuergrotte mit Szenen aus nordischen Märchen und Sagas, die der Troll versteckt. Die Energieindustrie hat kräftig investiert, um Klein und Groß mit viel technischem Aufwand Sinn und Prozedere ihres Tuns zu erläutern. Das »Erlebniszentrum für Öl und Gas« simuliert u. a. das Geschehen auf einer Ölplattform.

Der Park liegt 13 km nördlich von Lillehammer; Abfahrt von der E 6.

■ Nur wenige Kilometer nördlich, bei Øyer, liegt **Lilleputhammer**, eine Art Lillehammer im Miniatur-Format. Insgesamt wirkt das Dorf doch sehr dürftig: Nur ein Teil der Häuschen ist eingerichtet, es fehlt die Liebe zum Detail; ganz im Gegensatz zum obligatorischen Kitschladen, den jeder Eintrittswillige durchlaufen muß.

Für die Kleinen noch halbwegs interessant mögen die Bagger und die Eisenbahn sein, mit denen sie ein paar Runden drehen können.

Verschiedenes

■ **Sightseeing:** *Olympia*-Rundfahrt mit Guide, Dauer 2,5 Stunden, Start am Touristenbüro; dort aktuelle Abfahrtzeiten erfragen, und welche Tour auch auf deutsch und/oder englisch abläuft. Teilnahme 95/65 NOK. – *Elchsafari;* siehe unter »Ausflüge«.

■ **Angeln:** Organisierte Touren mit Guide zu den *Øyerfjell*-Seen, Übernachtung auf einer Alm. Ende Juni bis Anfang September, Preis pro Teilnehmer 350 NOK, Infos und Anmeldung im Øyer Turistkontor, Tel. 6127 7950.

■ **Baden:** Am Westufer des Mjøsa *Vingromdammen, Vingnesvika.* – Im Hochland *Krigsvika* im See Reinsvatnet, bei Nordseter. Allerdings nur nach längerer Wärmeperiode zu empfehlen. – See *Sjusjøvannet.* – Schließlich bei Øyer *Nedre Hundtjønn, Moksadammen, Bådstøtjønn* und *Blombergvika.*

■ **Golf:** *Mjøsen Golfklubb,* Moelv, Tel. 6236 8581 und 6259 6638. 1.5.–15.10. 9-Loch-Platz in Moelv, 25 km südlich von Lillehammer.

■ **Fahrradfahren:** *Nordseter Aktivitetssenter,* Tel. 6126 4037. U. a. organisierte Touren, Dauer 4 Stunden, 80 NOK pro Teilnehmer. Bei Vermietung 50 NOK für einen halben Tag, 80 NOK für einen ganzen Tag. – Eine anspruchsvolle, aber herrliche Tagestour führt nach Sjusjøen, Kanthaugen, Mesnali und am See Nord-Mesna entlang zurück nach Lillehammer.

■ **Kanu:** Das *Øyer Turistkontor* organisiert Touren mit Guide. Juni bis August. Preis 200 NOK pro Teilnehmer. Tel. 6127 7950. – Auch Vermietung bei *Stranda Camping,* Biristrand, Tel. 6118 4672. Der Campingplatz liegt südlich von Lillehammer, am Mjøsa-Westufer. – *Nordseter Aktivitetssenter,* Tel. 6126 4037. Vermietung: Preis 80 NOK für einen halben Tag, 120

NOK für einen ganzen Tag, inklusive Schwimmwesten.

■ **Reiten:** *Mesna Islandhest Senter,* Mesnali, Tel. 6236 5931, Fax 6236 5931. Unter dem Sattel gutmütige Islandpferde; das Angebot reicht von einer Stunde (85 NOK) über Halbtagesausritte (275 NOK) bis zu Wochenend- und 6-Tage-Touren (1500 bzw. 2800 NOK). Auch Kurse und Kinderreiten (im Juli). Mesnali liegt 22 km südöstlich von Lillehammer, zu erreichen über die Str. 216. – *Nordseter Aktivitetssenter,* Tel. 6126 4037. 1 Stunde (85 NOK), 15.6.–15.8. auch organisierte Ausritte: 250 NOK für einen halben Tag, 450 NOK für einen ganzen Tag. Auch Kutschfahrten.

■ **Wandern:** Olympiapark, Kanthaugen Lysgardsbakken-Sprungschanzen, Abbortjern, Mesnasaga. Leichte Tagestour, unterwegs schöner Blick auf Lillehammer und Umland. – Von Nordseter (850 m ü.d.M.) hinauf zum Nevelfjell (1089 m ü.d.M.). Aussicht bis nach Jotunheimen und Rondane. – Tagestour Nevelfjell, Pellestova, Reinsfjell, Hifjell, Kriksfjell, unterwegs mehrfach schöne Aussicht auf die typische, leicht gerundete Hochlandschaft. – Beim Øyer Turistkontor beginnt ein markierter Pfad nach Bergen/Hauge. – Weitere Anregungen sowie Karten bekommen Sie in den Touristenbüros.

■ **Galerie:** *Lillehammer Kunstforening,* Storgt. 48, Tel. 6125 8302. Di–Fr 11–16 Uhr, Sa 10–14 Uhr. Malerei, wechselnde Ausstellungen. Auch Kunsthandwerk. – *Kunstnersenteret i Oppland,* Wiesegt. 3, Tel. 6125 6060. Di–Fr 10–16 Uhr, Sa 10–14 Uhr, So 13–18 Uhr. Wieoben. – *Kulturhuset Banken,* Kirkegt. 41, Tel. 6126 6810. Mo–Fr 10–15 Uhr. Eintritt 10 NOK. Mit Café (erweiterte Öffnungszeiten). Das stattliche Gebäude beherbergte früher eine Bank; daher der Name.

■ **Glasblasen:** *Glassblåserhytta,* Mesna Center, Lilletorget 1, Tel. 6125 7980. Mo–Fr 9–17 Uhr, Do bis 19 Uhr, Sa 9–14 Uhr. Auch Verkauf.

■ **Veranstaltungen:** »Alte« und »junge« Musik, Folklore wie Jazz, Klassik wie auch Rock 'n' Roll und Musical, das ganze Jahr über im *Kulturhuset Banken,* Kirkegt. 41. – Ausstellungen, Musik und Tanz in Maihaugen, das ganze Jahr über.

■ **Postamt:** Storgata 48.
■ **Notarzt:** Tel. 6125 1450.
■ **Taxi:** Tel. 6125 3100.

Weiterreise

■ **Bahn:** *Lillehammer Jernbanestasjon,* Tel. 6125 3046.

Linie 21: Oslo, Eidsvoll, Hamar, Brumunddal, Moelv, Lillehammer, Ringebu, Vinstra, Otta, Dovre, Dombås, Oppdal, Støren, Trondheim. – Alternative nach Trondheim (Linie 25) ab Hamar über Elverum, Rena, Koppang, Tynset, Os, Røros und Støren.

■ **Bus:** Nach Oslo schneller mit dem Zug. – Nach Stryn über Vinstra, Otta, Vågåmo, Lom und Grotli. – Überlandbusse auch nach Fagernes im Valdres, Hønefoss. – Lokalbusse u. a. nach Sjusjøen, Nordseter, Brumunddal, Moelv, Gjøvik, Hamar.

420 Ostnorwegen

■ **Auto: Zum Femund-See** mehrere Möglichkeiten. Ab Hamar auf Str. 3 nach **Elverum**, einer bescheiden schönen Stadt an der Glomma, Norwegens längstem Fluß; siehe unter »Ausflüge«. Nordwärts verläuft das langgestreckte *Østerdal*. Entweder man folgt ab Elverum weiter der Str. 3 bis *Rena,* biegt dort auf die Str. 215 nach Osten ab, nimmt in *Osa bru* die Nebenstraße nach Åkrestrømmen, zunächst am Fluß *Rena,* dann auf einer engen, romantischen Straße am See *Storsjøen* entlang, um dann in *Åkrestrømmen* auf die Str. 217 zum Femund-See abzubiegen, unterwegs schöner Blick auf die Gipfel *Rendalssølens* im Westen. – Oder ab Elverum ostwärts auf Str. 25 zum ruhigen See *Osensjøen,* dann an dessen West- (eher Sonne) oder Ostufer (dünner besiedelt) bis zur Str. 215, rechts ab nordostwärts über stilles Hochland nach *Jordet,* auf Str. 26 nordwärts über Engerdal sowie Drevsjø zum Femund-See. Beide Strecken sind landschaftlich gleich schön.

Nach Trondheim nordwärts auf der E 6 durch das **Gudbrandsdal**: eines der klassischen Bauerntäler, in der Reiseliteratur stets besungen. Wer, als Norwegen-Frischling, direkt aus Oslo kommend, hier eintrifft, mag von dem springenden Talfluß *Losna,* von den bewaldeten Höhenzügen zu beiden Seiten, die streckenweise nahe aneinanderrücken, auch beeindruckt sein. Wer aber, aus anderen Landesteilen kommend, schon einiges von Norwegen gesehen hat, gewinnt dem E-6-geplagten Tal weit weniger ab. Interessanter sind die Nebenstraßen auf das Hochland: So können Sie, schon nördlich von Lillehammer, in Tretten von der E 6 auf die Straße 254 nach Singvoll abbiegen und, statt auf der Europastraße, auf dem **Peer Gynt vei** Richtung Vinstra (wieder im Gudbrandsdal) fahren; Sie durchqueren das hübsche Hochland von *Fron:* Die geringen Höhenunterschiede dort oben lassen eine weite Sicht zu; im Winter verwandelt sich diese Kante in eine traumhafte, endlos weiße Landschaft, die die angemessene Infrastruktur für Wintersportler geradezu herausgefordert hat; unterwegs müssen Sie aufpassen, daß Sie die Abfahrt nach Vinstra nicht verpassen, wenn der Peer Gynt vei nach Westen abknickt. Wer die Europastraße vorzieht, kann in **Ringebu** die dortige **Stabkirche** besichtigen: Um 1200 gebaut, wurde sie um 1630 erweitert und erhielt damit ihre heutige Gestalt. Wie auch viele Gehöfte im Gudbrandsdal, steht sie nicht unten im Tal, sondern am Hang. Die Bauern zogen für ihre Höfe die Hanglage vor, weil die Sonne hier oben länger als auf dem Talgrund scheint, der Boden weniger frostanfällig und fruchtbarer ist. Darum verliefen auch die ersten Verkehrswege zumeist oben an den Hängen. Die E 6 führt weiter nach Kvam und Otta, wo die ersten Sträßchen zum Nationalpark **Rondane** führen: Anders als im alpinen Jotunheimen prägen hier sanft gerundete Berge die Landschaft; Rondane durchzieht ein engmaschiges

Wegenetz, das in der Hochsaison, von Ende Juni bis Mitte August, geradezu überlaufen ist; die schönste Jahreszeit in Rondane beginnt im September, wenn der erste Schnee die Kuppen bedeckt und, zusammen mit dem häufig blauen Himmel, einen phantastischen Kontrast zu den herbstlichen Farben in den Talzügen bildet; wer, 13 km nördlich von Otta, die kurvenreiche Straße hinauf nach **Høvringen** wählt, kann von dort aus Rondane auf dem Pferderücken kennenlernen: »Rondane Fjellridning«, Høvringen, Tel. 9424 5102. 1.7.–1.9. 1 Stunde 100 NOK, Tagestouren 350 NOK und weitere Angebote; Ausritte nur mit Begleitung; Høvringen bietet eine weite Sicht auf Rondane, das viele Maler und Dichter inspiriert hat; 1962 ausgewiesen, war dies der erste Nationalpark Norwegens. Hinter *Dovre,* wo der letzte Fahrweg zum Nationalpark abzweigt, steigt die E 6 an und trifft im Dienstleistungszentrum Dombås ein. Nördlich des Städtchens verschwindet die Eisenbahn nach Trondheim in einem Kehrtunnel, um an Höhe zu gewinnen. Das **Dovrefjell** steht bevor, das zum Teil ebenfalls als Nationalpark (1974) ausgewiesen ist. Die stark befahrene Europastraße führt mitten hindurch. Das Dovrefjell wirkt karger als Rondane, und schon Ende August fegt wieder ein eisiger Wind über das Plateau, leuchten die Herbstfarben in ihrer Pracht: der rechte Fleck für die an rauhes Klima gewohnten **Moschusochsen**, die in den 50er Jahren von Grönland hierher verfrachtet wurden, um sie wieder in Norwegen heimisch zu machen. Die Herde umfaßt inzwischen gut 80 Tiere, so daß einige in die nördliche Femundsmarka abwanderten. Moschusochsen sind mit Vorsicht zu genießen; sie mögen es nicht, wenn man sich ihnen allzusehr nähert. Deshalb sind »Fotosafaris« im Rahmen eines organisierten Ausflugs vorzuziehen, zumal die Guides über den jeweiligen Aufenthaltsort unterrichtet sind. Das »Dovrefjell Aktivitetssenter« in Dombås bietet 4–6stündige Touren an: etwa 5.7.–15.9. Teilnahme um 170 NOK, Tel. 6124 1555. Festes Schuhwerk, Wanderklamotten, Fernglas und Teleobjektiv sind von Vorteil. Das Dovrefjell ist der landschaftliche Höhepunkt der E 6 zwischen Oslo und Trondheim. Die Reststrecke bedarf nun keiner Erwähnung mehr.

Nach Jotunheimen. Entweder auf der E 6 nach Otta (siehe oben) und ab dort westwärts auf der Straße 15 über Vågåmo nach Lom. In **Vågåmo** steht eine frühere Stabkirche aus der Zeit 1130, die von 1625–30 zu einer Kreuzkirche umgebaut wurde. Von der Stabkirche sind geschnitzte Portale erhalten. Zudem bietet »Jutul Stasjon« Tandemflüge mit **Gleitschirm** und **Drachenflieger** an: von Mai bis September, um 500 NOK, Tel. 6123 2166.
– Oder, nördlich von Lillehammer, auf die Straße 255 abzweigen, die, parallel zum Peer Gynt vei, durch das schöne *Espedal* führt. Ab *Skåbu* dann westwärts auf den mautpflichtigen Jotunheimveien (Wintersperre von Dezember bis Anfang Juni) über kar-

ges und sumpfiges Hochland nach Bygdin; siehe unter »Jotunheimen«.

Nach Oslo flott auf der E 6. In **Eidsvoll** möglicher Besuch des alten Reichstagssaals, in dem 1814 die norwegische Verfassung proklamiert wurde, der erste Schritt zur Unabhängigkeit. Seitdem wird das Gebäude Eidsvollbygningen gehegt und gepflegt; der Saal blieb in seinem Originalzustand erhalten. Jedes Jahr im Juni wird vor dem Gebäude das Theaterstück »Spillet om Eidsvold 1814«, das neben der Reichstagsversammlung und den politischen Geschehnissen auch auf die soziale Wirklichkeit im damaligen Norwegen eingeht, aufgeführt. Spannend, romantisch und versöhnlich soll es sein. Eidsvollbygningen, Eidsvoll verk, Carsten Ankers vei, Tel. 6395 1304. 16.6.–15.8. täglich 10–17 Uhr, 2.5.–15.6. und 16.8.–30.9. 10–15 Uhr, sonst 12–14 Uhr. Eintritt 2/1 NOK.

Am Femund-See

Faszination Natur

Der Femund-See, nahe Røros und der Grenze nach Schweden im Osten, ist Norwegens drittgrößter Binnensee, 662 m ü.d.M. Er erstreckt sich über 60 km in Nord-Süd-Richtung, umgeben von einer rauhen, weitgehend unberührten Landschaft, aus der sich sanft gerundete Berge bis auf 1450 m herausheben. Nur wenige Siedlungen und Gehöfte verteilen sich an seinem Ufer, ähnlich unbedeutenden, nur geduldeten Inseln der Zivilisation. Die Femund-Region ist ein Traumland für Wanderer, Kanuten und Angler, für alle, die mit der eigenen Begeisterung für die Natur auskommen und die ein bißchen Tatendrang aufbringen.

Zwei Nationalparks erstrecken sich am Ostufer des Femund-Sees: Die *Femundsmarka* (385 km^2, 1971 ausgewiesen) ist ein Spiegelbild der typischen Femund-Landschaft: nährstoffarmer Boden, auf dem nur ein paar anspruchslose Kiefern, Birken und wenige Pflanzen wachsen, bedeckt von losem Gestein der letzten Eiszeit, teilweise Felder aus wuchtigen Blocksteinen, überzogen mit Flechten. Von einigen Oasen lichter Wälder abgesehen, wirkt die Landschaft kahl und bei Regenwetter geradezu melancholisch.

Belebend dagegen sind die vielen Seen, Flüsse und Bäche, die ein hervorragendes Revier für Angler abgeben.

Mit dem Nationalpark *Gutulia* (19 km², 1916 ausgewiesen) hat man einen einzigartigen Urwald bewahrt, der an der Grenze zu Schweden endet. Auf dem eher fruchtbaren Moränenboden sind Birken, Fichten (über 400 Jahre alt) und Kiefern (über 300 Jahre alt) heimisch, ebenso wie mehr als 230 höhere Pflanzenarten. Das Schutzgebiet umgibt den 948 m hohen Hügel *Gutulivola,* an dessen Hang eine Alm klebt. In den Sommermonaten wird sie bewirtschaftet; siehe unter »Wanderungen«.

Die Tierwelt rund um den Femund-See ist vielfältiger als die Flora: Wohl am häufigsten werden Sie auf zahme Rentiere treffen; die wilden wurden bis 1880 ausgerottet. Die Elche bevorzugen eher die Wälder weiter südlich. Im Norden hat sich eine Moschusochsen-Kolonie eingerichtet, deren Ahnen aus dem Dovrefjell emigrierten, als die dortige Population zu groß wurde. An Raubtieren streifen Fuchs, Marder, Hermelin, Luchs und Vielfraß durch die Lande, während Wolf und Bär nur seltene Gastspiele geben. Der Biber ist wieder im Kommen. Aus der Vogelwelt seien Fischadler, Zwergfalke, Kranich und Fischreiher, Steinschmätzer und Wiesenpieper genannt.

Freilich haben auch die Tourismus-Strategen das Femund-Gebiet entdeckt, indem sie Elchsafaris, Riverrafting u. a. anbieten. Das *Femund Canoe Camp* in Sorken, am Ostufer, gibt es hingegen schon seit Jahren, als kaum jemand mit einer touristischen Vermarktung liebäugelte. Ziemlich neu ist das, gemessen an der Einwohnerzahl, große Angebot an Unterkünften rund um den See. Trotzdem muß uns nicht bange sein, daß der Femund zur Bühne eines Massenspektakels gerät. Dafür ist die Saison schlichtweg zu kurz, hält der lange, strenge Winter das Land fest in seinem Griff. Die Kante um Røros und Femund ist die kälteste im Norwegen südlich des Polarkreises. In *Drevsjø,* unweit des Femund-Südufers, wurden im Januar 1987 eisige -47,4°C gemessen, die tiefste Temperatur im Land seit dem Beginn der Wetteraufzeichnungen vor gut hundert Jahren. Noch im Mai treiben Eisschollen vor *Femundsenden,* dem südlichsten Punkt des Femund. Schon im September melden sich zuverlässig die ersten Schneefelder auf den umliegenden Höhenzügen zurück. Wer jetzt noch den Elan aufbringt, am Femund zu kampieren, mag die Zeltwand nach einer klaren Nacht in steifgefrorenem Zustand vorfinden...

Das rauhe Klima und der karge Boden waren auch der Grund dafür, daß sich erst im 17. Jh. Menschen das ganze Jahr über im Femund-Gebiet niederließen: Es waren schwedische Sami aus dem Norden ihres Landes, die neue Weiden für ihre Rentierherden suchten. Von Nord-Dalarna und Härjedalen wurden sie bis hinüber zum Femund-Ostufer fündig. Die nicht-samischen Einwanderer, die in der Folge kamen, lebten von Jagd, Fischfang, später auch der Erzgewinnung, jedoch kaum von der Landwirtschaft. Der Boden gab einfach zu wenig her, litt unter Frost und Feuchtigkeit, so daß Kartoffeln in der Regel verfaulten, bevor sie geerntet werden konnten. Zwischen den Sami und den anderen Bewohnern der Region kam es zu einigen Konflikten, die 1892 zu der Regelung führten, daß die Rentiere der Sami nur noch in ausgewiesenen Gebieten weiden dürfen. Den Reglements der neuen Zeit ist es auch zuzuschreiben, daß nun ein kilometerlanger Zaun die nahe Grenze ziert, damit sich die Rentiere norwegischer und schwedischer Sami nicht vermischen. Jedenfalls sind Härjedal und Femundsmarka unverändert die südlichsten Siedlungsgebiete der rentierzüchtenden Sami beidseits der Grenze.

Die weitgehend baumlose Vegetation ist weder auf das Klima noch auf den kargen Boden zurückzuführen. Vor gut 350 Jahren breiteten sich hier vielmehr unendliche Wälder aus. Sie fielen den Kupferbergwerken zum Opfer, die ab 1644 rund um Røros entstanden. Die Schmelzhütten benötigten immense Mengen an Brennholz, das über immer größere Distanzen herangeschafft werden mußte. Um sich die langen Transportwege zu ersparen, baute man zusätzliche Schmelzhütten in den Abholzgebieten, so am Westufer des Femund-Sees die *Femundshytte* und später auch eine in Drevsjø; siehe mehr zur Geschichte unter »Wanderungen«.

Der Aufbau des norwegischen Bergbaus in Røros leitete auch die Verbindung mit dem schwedischen Pendant Falun ein. Lehrlinge aus Røros schickte man zur Ausbildung nach Falun. Gleichzeitig entwickelte sich ein lebhafter Grenzhandel, vorwiegend im Winter, wenn zugefrorene Seen und Flüsse das Vorwärtskommen erleichterten. Erst 1960 schloß man die letzte Lücke auf der 420 km langen Straßenverbindung zwischen Røros und Falun, die nun die plakativen Bezeichnung »Kupferstraße« trägt. Sie folgt über weite Strecken der historischen Route, allerdings nicht zwischen Røros und Femund-Südufer (dort als Str. 26). Denn der traditionelle Verkehrsweg führte über den See. Dieser Tradition entstammt auch die Fæmund II, die bis heute unermüdlich über den See schippert.

Ausflugsboot »Fæmund II«

In den 1880er Jahren setzten sich einige einflußreiche Herren zusammen, um darüber zu beratschlagen, wie der Holztransport von den Erzhütten um Røros beschleunigt werden könne. Man beschloß, einen Weg von Røros nach *Sørvika*, am nördlichen Ende des Femund-Sees, anzulegen und einen Kahn anzuschaffen, der die gefällten Baumstämme über den See nach Sørvika ziehen sollte. 1887 nahm die »Fæmund«, 18,24 m lang und 3,80 m breit, den ersten regelmäßigen Fahrplan auf dem Femund auf, der seitdem jeden Sommer versehen wird.

Es erwies sich bald, daß der höl-

Die Fæmund II auf dem Weg von Haugen zur Femundshytte (oben); Rentiere sind häufige, wenn auch scheue Begleiter auf Wanderungen durch die Region ▶

zerne Kahn nicht mit den Lasten fertig wurde, die für ihn an den Ufer-Sammelpunkten bereitlagen. Im Frühjahr 1905 traf eine außergewöhnliche Fracht aus Trondheim in Sørvika ein: Nachdem die Einzelteile zusammengebaut waren, lag sie in ihrer eisernen Pracht am Kai, die »Fæmund II«, 24,93 m lang und 5,17 m breit, mit einem Tiefgang von 1,82 m – das Boot, das noch heute, seit dem 10. Juni 1905, seinen Dienst auf dem Femund versieht.

Die »Fæmund II« schleppte Holz nach Sørvika, transportierte gelegentlich Passagiere und versorgte die Höfe entlang des Ufers. Bis 1946 wurde ihre Dampfmaschine mit Holz gefeuert, bis 1958 mit Holzkohle. Doch der Verbrauch war enorm, so daß man sich für den Einbau eines Dieselmotors entschied.

In den 70er Jahren stellte sich die Frage nach der Zukunft des altgedienten Bootes. Durch Forstwege, Straßen und die Stillegung des Bergbaus in Røros fiel die traditionelle Einkommensquelle weg, und einige der bisher beliefertesten Höfe am Femund-Ufer hatten eine Straßenanbindung erhalten. Inzwischen hatte sich aber auch die Kunde von den Reizen der Femund-Region herumgesprochen, so daß man es wagte, den Lastenkahn in ein Ausflugsboot umzubauen, indem man u. a. auf dem Achterdeck einen Salon herrichtete.

Es hat funktioniert, und die »Fæmund II« scheint gefragter denn je. In Frühjahr und Herbst mit 100 Passagierplätzen jedoch nicht ausgelastet, bekam der Dauerbrenner 1982 die kleinere »Svuku« an seine Seite, die in den ersten Juniwochen sowie ab September, je nachdem, wie lange es der Sommer aushält, den Dienst erfüllt.

Die Saison dauert von Juni bis Oktober. Die Passagiere stellen Ausflügler und Wanderer, die sich vorwiegend am Ostufer absetzen bzw. aufnehmen lassen, wo das Boot gleich drei Ausgangspunkte in den Femundsmarka-Nationalpark ansteuert. Zudem werden abgelegene Höfe, wie der an der Femundshytte, mit Post, Zeitung und Frachten versorgt; siehe unter »Wanderungen«. In der Hauptsaison wird die eigentliche Route, von Sørvika nach Elgå und zurück, zweimal die Woche bis nach Femundsenden verlängert. Heimathafen der beiden Boote ist Sørvika.

Eine Passage selbst mit der »Fæmund II« gleicht dank ihrer überschaubaren Größe einem Familienausflug. Der Fahrplan ist kein Evangelium, und es bleibt immer Zeit für einen Plausch. In *Elgå,* der einzigen Siedlung entlang der Route, warten ein paar (ältere) Herrschaften, um die Leine festzumachen und die Neuigkeiten mit dem Kapitän auszutauschen. Am Kai von Elgå wartet ein spezielles Fisch- und Wildrestaurant auf Sie. Wer an einem der Bootsanleger zwischen Sørvika und Elgå aussteigt und dem davontuckernden Boot hinterherschaut, wird rasch diese erhabene Stille spüren, dieses famose Gefühl, plötzlich allein inmitten unberührter Natur zu sein.

■ **Fahrplan:** Die Abfahrtzeiten gelten seit Jahren, dürften sich, wenn überhaupt, allenfalls um ein Viertelstündchen verschieben. Anfang Juni bis Ende August: Sørvika 9/14.45 h (hin/zurück), Røa 9.30/14.15 h, Femundshytte 10/13.45 h, Haugen 10.15/13.30 h, Jonasvolden 10.45/13 h, Revlingen 11/12.45 h, Elgå 11.45/12.15 h. – Ende Juni bis Ende August Mi und So verlängerte Route von Elgå nach Femundsenden: ab Elgå 12 h, Femundsenden 14.15/14.45 h, Elgå 16.45 h, Revlingen 17.15 h, Jonasvolden 17.30 h, Haugen 18 h, Femundshytte 18.15 h, Røa 18.45 h, Sørvika 19.30 h. – September und Oktober normale Abfahrtzeiten, nur Di und Fr.

■ **Preise** (1995): Elgå-Revlingen 36 NOK, Elgå-Femundshytte 50 NOK, Sørvika-Elgå 72 NOK, retour 128 NOK, Sørvika-Femundsenden 130 NOK, retour 226 NOK, Elgå-Femundsenden 72 NOK, Kinder (4-14) zum halben Preis. Fahrrad 21 NOK. Den aktuellen Fahrplan samt Preisen bekommen Sie im Touristenbüro.

Information

■ **Femund-Engerdal Turistinformasjon**, N-2440 Engerdal, Tel. 6245 8000, Fax 6245 8057. Mo – Fr 8 – 15.30 Uhr. Unübersehbar an der Hauptstraße (Str. 26) in Engerdal. Anmeldung zu diversen Natur-Safaris.

Unterkunft

Das Touristenbüro in Engerdal hält eine aktuelle Liste mit allen Unterkunftsmöglichkeiten in der Region parat. Eine Besonderheit sind die ehemaligen Waldarbeiterhütten, die die Forstverwaltung in Drevsjø vermietet; siehe unter »Statskog Femund«. Auf jeden Fall sollte man sich für eine Unterkunft in unmittelbarer Seenähe entscheiden, um ständiges Hin- und Herfahren zu vermeiden.

■ **Femundtunet AS**, Femundsenden, Femund-Südufer (Str. 26), Tel. 6245 9066. Ganzjährig geöffnet. Preisniveau Camping: 2. Appartements 475 – 575 NOK.

Vom Komfort her die erste Adresse vor Ort. Liegt am Südende des Sees, Sandstrand, Bootsanleger der »Fæmund II« und Bushaltestelle auf dem Areal. Für Zeltschläfer ungeschützte, holprige Wiese nahe am See, guter Sanitärtrakt, jedoch recht lieblose Campingküche. W & T. Vermietung von Kanus und Ruderbooten.

Nicht zu verwechseln mit »Femundsvika Gjestestue & Motell«, gleich nebenan.

■ **Femundshytten**, Femund-Westufer (siehe unter »Wanderungen«), Tel. 6245 9577. 8 Hütten 200 – 250 NOK. Auch Kaffee und Mahlzeiten.

Der Bauernhof an der Femundshytte ist entweder mit der »Fæmund II« oder per mehrstündigem Fußmarsch ab Tufsingdal oder Jonasvolden zu erreichen. Die Hütten werden

in erster Linie von Anglern frequentiert. Bootsvermietung.
- **Johnsgård Turistsenter**, Sømadal, nahe Femund-Westufer (Abzweig von Str. 26), Tel. 6245 9925. 20 Hütten 130–450 NOK. Kiosk. Kanus und Boote zu mieten.
- **Statskog Femund** vermietet Hütten rund um den Femund-See, in denen einst die Forstarbeiter übernachteten. In der Regel ohne Strom, Kochen mit Gas, Kamin und Außenklo, urig eingerichtet, abseits gelegen, ein paar Schritte zur Wasserquelle. Teils nur per Boot oder nach kurzem Fußmarsch zu erreichen. Preise von 150 bis 250 NOK, bei Wochenmietung preiswerter. Die beiden Hütten in Sorken sind nicht zu empfehlen; sie liegen an der (wenn auch kaum befahrenen) Straße.

Anfahrt »Statskog Femund«: von Str. 26 in Drevsjø auf Str. 218 nach Schweden abbiegen, hinter der Kurve gleich rechts, vorbei an Kirche und Kolonialwarenladen; Einfahrt durch ein Holztor, linker Hand.
- **Gløtberget Hytteutleie**, Drevsjø, Tel. 6245 9095. 3 Hütten für 4–6 Personen 350–450 NOK. Bootsvermietung.
- **Drevsjø Camping**, Drevsjø, Tel. 6245 9203. Preisniveau Camping: 2. 12 Hütten 150–600 NOK.
- **Hogstad Camping**, Drevsjø, Tel. 6245 9043. Preisniveau Camping: 1. 7 Hütten für 4 Personen 150 NOK.
- **Femund Canoe Camp**, Sorken, nahe Femund-Ostufer, Tel. 6245 9019. Preisniveau Camping: 1. 2 Hütten 250 NOK. Auch Zimmer. Vermietung von Kanus.
- **Båtstø Hytteutleie**, Elgå, Tel. 6245 9540. 3 Zimmer 100 NOK, 6 Hütten 160 NOK. Zelten gegen geringe Gebühr möglich.
- **Djupsjøvolden Hytteutleie**, Elgå, Tel. 6245 9539. 2 Hütten à 4–5 Personen 150–200 NOK.
- **Slettvold Hytteutleie**, Elgå, Tel. 6245 9557. 2 Hütten à 4 Personen 300–350 NOK.
- **Wanderer** können im Haus des »Bryggeloftet Villmarksrestaurants« duschen; am Kai in Elgå, siehe unter »Essen und Trinken«. – Zudem verteilen sich mehrere DNT-Hütten über den Femund-Nationalpark.

Essen und Trinken

Das Angebot in dieser abgelegenen Kante ist entsprechend dünn. Eine empfehlenswerte Adresse:
- **Bryggeloftet Villmarksrestaurant**, Elgå, Tel. 6245 9564. Im Sommer So–Mi 11–22 Uhr, Do–Sa 11–24 Uhr. Bis 16 Uhr Dagens rett (Tagesgericht) um 75 NOK, danach à la carte: Gerichte ab 95 NOK. Öffnungszeiten in Frühjahr und Herbst je nach Wetterlaune und Nachfrage. Direktverkauf von Fisch täglich 9.30–17 Uhr.

Am Kai in Elgå, von der Innung der Femund-Fischer betrieben. Die Beilagen mögen keine kulinarische Entdeckung sein, aber der Fisch ist frisch und schmeckt immer. Norwegische

Küche pur. Auch Elch, Rentier und andere Wildarten. Gelegentlich singen und spielen lokale Musikgrößen zum Diner.

Sehenswertes

■ **Blokkodden Villmarksmuseum**, Drevsjø, Tel. 6245 8000 und 9414 8183. Ende Juni bis August täglich 11–16 Uhr, Führungen Juli bis Mitte August 11–16 Uhr, sonst nur nach Absprache. Eintritt 30/0 NOK. An der Str. 26 von Drevsjø zum Femund-See.

Dieses »Wildnismuseum« könnte, südlich von Trondheim, an keinem besseren Platz in Norwegen stehen. Es dokumentiert den Alltag der Menschen, die sich in der Femund-Region ansiedelten, als es noch keine Elektrizität, keine Heizung und keine Straßen gab.

Einzigartig ist der traditionelle Winterwohnplatz der Sami, wie er seit dem Einsatz der Schneescooter ausgedient hat. Neben zwei der typischen Erdhütten gibt es einen Speicher auf Stelzen zu sehen, der die eingelagerten Lebensmittel, vor allem das Fleisch, vor den Herdenhunden schützen sollte. Waren die Sami unterwegs, diente der *bur* als Lagerschuppen.

Die anderen zusammengetragenen Gebäude erzählen von Leben und Arbeit als Jäger, Fischer, Köhler, Teerbrenner, Holzfäller, Flößer und Hüttenarbeiter. Auch auf die bescheidenen Formen der Landwirtschaft wird eingegangen. Teilweise mußte man die Bauten rekonstruieren, weil zum Beispiel weit und breit keine erhaltene Köhlerhütte mehr aufzutreiben war. Dem authentischen Eindruck einer Reise durch die Vergangenheit tut das keinen Abbruch. Gerade die Vielfalt der Themen hebt dieses Freilichtmuseum aus dem Fischer-und-Landwirtschafts-Einerlei vieler vergleichbarer Einrichtungen hervor.

Von Juli bis August wird Blokkodden an bestimmten Tagen (bisher donnerstags) lebendig, wenn gezeigt wird, wie das Flößen vor sich ging, wie Erz gewonnen, Schilf geschlagen und getrocknet oder wie nach alten Methoden gefischt wurde. Es werden Ausflüge, etwa zur Femundshytte oder in den Gutulia-Nationalpark, sowie Safaris mit Wilde-Tiere-Beobachtungs-Garantie arrangiert; mehr darüber »unter Verschiedenes«.

Außerhalb der Saison können Sie auf Blokkodden spazieren gehen, angeln (mit Angelschein) und auch baden (Spitzbergen-Feeling).

Wanderungen

■ **Karten:** Scanmaps-Wanderkarten »Nordre Femund« und »Søndre Femund«, also eine über die nördliche und eine über die südliche Femund-Region.

■ **Tufsingdal – Femundshytten (am Femund-See).** Wanderzeit 2–3

Stunden hin, 2,5–3,5 Stunden zurück. Mittelschwerer Pfad, zwei spürbare Anstiege. Nicht markiert, aber ausgetreten und mit Steinmännchen versehen. Anfahrt: Das Tufsingdal liegt parallel zur Str. 26 nach Os; man nehme die zweite Abfahrt hinter Kolonialwarenladen mit Telefonzelle, hinter der Brücke rechts, dann am »Feldwegkreisel« Schild »Femundshytta«, links durch den Wald, holpriger Fahrweg, Parkplatz.

Vom Femund ist nichts zu sehen: Zuerst gilt es, den Höhenrücken Richtung Osten zu meistern. Am Anfang geht es sanft, dann jedoch steil bergauf. Rasch liegt die Baumgrenze unter uns. Wir steigen auf einen weitgezogenen Sattel, rechter Hand die *Buhøgda,* 1112 m ü.d.M., linker Hand die *Buhøgda,* 1058 m ü.d.M. Wir befinden uns in 1018 m Höhe, gut 300 Meter höher als das Tufsingdal.

Nach etwa einer Dreiviertelstunde wird der Blick Richtung Osten frei: Was ausschaut wie eine Hochebene, erweist sich als gemächlicher Abstieg, an mehreren Seen vorbei und zwischen zweien hindurch. Uns empfängt die typische Femund-Vegetation: baumlose, steinübersäte Rundhügel, von Flechten und Moosen überzogen, im Herbst ein Augenschmaus. Bereits im September ist mit den ersten Schneefeldern zu rechnen. Nach anderthalb Stunden taucht der See vor uns auf, links unten ein Hofgebäude. Noch vor dem Seeufer die ersten Bäume. Rechts zweigt der Pfad nach Jonasvolden ab, und wir halten uns links. Die ersten Schlackenhalden kündigen das Ziel unserer Wanderung an. Wer zum Bootsanleger will – um 10 und 13.45 Uhr kommt die »Fæmund II« zu Besuch –, muß über das Grundstück des Hofs, schräg nach unten; es warten keine bissigen Hunde, aber wegen der Schafe sollte man das Gatter wieder schließen. Auf dem Holzsteg stehen Bänke zum Relaxen.

Es ist einer dieser unvergeßlichen Augenblicke von Stille und Erhabenheit, schaut man auf das (häufig) aufgewühlte Wasser, das bei Sonnenschein in tiefem Blau schimmert. Am anderen Ufer lugt der Hof *Haugen* aus dem grünen Gürtel hervor. Von dort aus kommt das Boot herüber, zuerst als weißer Punkt im dunklen Blau, klein und unbedeutend, bedächtig auf dem Wasser schaukelnd.

Außer den Pfaden ab Tufsingdal oder Jonasvolden ist die »Fæmund II« die einzige Verbindung des Femundshytten-Hofes zur Außenwelt. Der Fahrweg, den das ältere Ehepaar vor Jahren beantragte und der sie mit Jonasvolden verbinden sollte, wurde abgelehnt. So bleibt ihnen im Winter der Schneescooter und im Sommer das Motorboot, um nach Elgå zu gelangen. Wenn sich im November die Eisdecke bildet, sind sie allerdings zwei, drei Wochen von der Außenwelt getrennt; das gleiche in April und Mai, wenn das Eis aufbricht. Im Sommer sind die Einsiedler jedoch nicht häufig allein. Sie haben einige Hütten eingerichtet, die vorrangig von Anglern gemietet werden, und wenn es vorbeiziehenden Wanderern nach Kaffee oder auch einer kleinen Almmahlzeit gelüstet, ist dies eine Anfrage allemal wert.

Von der eigentlichen Femundshytte, der Schmelzhütte, ist nicht allzuviel übrig. Selbst von Ruinen zu sprechen, wäre eine Übertreibung. Außer einer (wieder) aufgeschichteten Mauer liegen die spärlichen Reste lose verstreut herum. In der Umgebung sind einige Fundamente von Wohngebäuden aufzuspüren. Zur besten Zeit, Ende des 18. Jahrhunderts, lebten immerhin mehr als 60 Personen auf 11 Höfen direkt oder indirekt von der Schmelzhütte.

Die abgelegene Femundshytte war von 1743 bis 1834 als »Filiale« von Røros Kobberverk in Betrieb. Grund für die Anlage waren die langen Transportwege für Holz. Mit Holz und später Holzkohle wurden die Schmelzöfen in den Hütten gefeuert. Nachdem die Wälder um Røros abgeholzt waren, wich man auch nach Süden in die Femund-Region aus. Während im Winter Pferde und Ochsen das Brennmaterial auf Schlitten nach Røros zogen, pendelten im Sommer Lastenboote zwischen den Holzschlagrevieren und der Bergwerksstadt, sofern das Holz nicht geflößt werden konnte. Der Bau der Femundshytte war eine »Rationalisierungsmaßnahme«, denn es war einfacher, das Erz in die Wälder zu verfrachten, als umgekehrt. Natürlich setzte sich die Wanderbewegung fort, je mehr Bäume rund um die Hütte fielen. Bald schon lagen die Meiler kilometerweit entfernt, und man brauchte wieder Boote, um die Holzkohle zur Femundshytte zu bringen. Nur mit einem Schmelzofen ausgerüstet – in Røros waren zeitweise bis zu 15 in Betrieb –, blieb der Ertrag bescheiden, gemessen auch an dem Aufwand, der in dieser unzugänglichen Gegend notwendig war. Um 1820 mußte das Holz aus Schweden herangeschafft werden, so daß 1822 eine neue Hütte in Drevsjø errichtet wurde. Die Tage der Femundshytte waren damit gezählt.

Die Schlackenhalden widerstehen, aber rundherum hat sich die geschundene Natur erholt. Ein belebend grüner Baumgürtel zieht sich am Seeufer entlang, im Herbst eine Sinfonie der Farben. Von den Halden führt ein Schild mit der Aufschrift »Trollskog« (d. h. Trollwald) in ein lichtes Birkenwäldchen, durch das sich ein Bächlein schlängelt. Das Plätschern des Baches, die zarten, sanft vom Wind bewegten Äste und das satte Grün des Grases vermitteln eine friedliche, idyllische Atmosphäre, die man fast einzuatmen scheint. Wir sind nicht allein. Uns begrüßen verschmitzte Trolle, von einer geschickten Hand aus knorrigem Holz geschaffen. »Fingerman« heißt einer, »Stor-Hans« ein anderer. Der Name Stor-Hans hat einen realen Bezug: Gemeint ist ein Sonderling, der sich nicht in der Zivilisation zurechtfand und mehr als 40 Jahre hier in der Femundsmarka zubrachte. Er lebte in den Hütten der Region, baute selbst noch einige hinzu und verdingte sich als Helfer von Anglern und Jägern oder als »freiberuflicher Mitarbeiter« der Forstverwaltung, indem er deren Bootspark wartete. Stor-Hans starb 1946. Am Femund-Ostufer, nahe der Røvollen-Turiststasjon, steht eine nach ihm benannte Hütte, die »Stor-Hans-bua«.

Trotz allem Entdeckungsgeist müssen wir irgendwann den Rückweg antreten. Der bedächtige, aber endlos scheinende Anstieg macht etwas mürbe; bis zum Sattel können wir sicher eine halbe Stunde mehr als auf dem Hinweg veranschlagen. Doch plötzlich sind sie verschwunden; der Hof, der Trollwald und dann auch der See. Und wenn jetzt die Sonne scheint, entwerfen wir in Gedanken Pläne für die nächste Femund-Wanderung, keine Frage.

■ **Elgå – Svukuriset – Revlingen am Femund-See – Elgå.** Wanderzeit 5,5 – 7 Stunden. Mittelschwerer, markierter Pfad, ab Svukuriset auf Fahrweg und damit Orientierung problemlos. Ab Revlingen auch Rückfahrt mit der »Fæmund II« möglich. Parkplatz für Wanderer in Elgå, gebührenpflichtig.

Die abwechslungsreichste und schönste Tageswanderung am Femund-See: Von der Parkplatzeinfahrt geht es am Zaun entlang auf den Wald zu; ein Fahrweg wird gekreuzt (auf dem wir zurückkommen). Als erster Höhepunkt wartet der breite Bach *Sagbekken* auf uns, der auf umgelegten Baumstämmen zu überqueren ist. Danach geht es leicht, aber beständig bergauf, immer wieder mal über Holzbohlen durch Feuchtgebiete, bis wir die Baumgrenze unter uns lassen. Nun ergibt sich in Richtung Süden allmählich ein prächtiger Blick auf den langgestreckten Femund. Normalerweise fegt ein frischer Wind über den kahlen Sattel, auf dem wir uns nun befinden, zwischen *Gråvola* (912 m, im Westen) und *Sandtjørnvola* (1068 m, im Osten). Mit 880 m ü.d.M. erreichen wir den höchsten Punkt dieser Tour, gut 200 Höhenmeter oberhalb von Elgå (674 m).

Der schwierigste Teil beginnt: Wir laufen über ein mattgrünes Blocksteinfeld, überzogen von den allgegenwärtigen Flechten, bei Feuchtigkeit mit Vorsicht zu genießen. Im Hintergrund heben sich die gerundeten Gipfel des Femundsmarka-Nationalparks vom Horizont ab, allen voran der mächtige *Store Svuku* (1415 m). Davor kommt nach einiger Zeit das Gehöft Svukuriset in Sicht. Doch wir kommen wegen des unebenen, spitzen Bodens nur langsam voran. Ein bißchen Abwechslung präsentiert der Pfad kurz vor Svukuriset, indem er in das Wäldchen am See *Ristjønarne* (808 m) hinabsteigt. Und schon wirkt die Landschaft viel freundlicher. Zwei letzte Bäche bleiben zu queren; die letzten Meter nach Svukuriset führen über einen komfortablen Fahrweg. Knapp 3 Stunden sind seit unserem Aufbruch vergangen.

Der Hof Svukuriset hat seine Ursprünge im 18. Jahrhundert, als die Femundshytte drüben in Funktion war (siehe oben). Die Arbeiter bewirtschafteten kleine Almhöfe rund um den See, die ein bißchen mehr zum Überleben abwarfen. Als die Femundshytte 1822 stillgelegt wurde, zogen manche Familien auf ihre Almen und bauten sie zu Bauernhöfen aus, so geschehen auch auf Svukuriset. Doch das Leben war hart, und das Gehöft ging von Hand zu Hand, bis 1926 die DNT Svukuriset übernahm. Der Kauf war in der Organisation übrigens umstritten: Viele Mitglieder konnten sich nicht vorstellen, daß der Hof in dieser unwirtlichen Gegend die 12.000 Kronen Investition wert sei. Doch die Besucher kamen, und im Laufe der Zeit wurde Svukuriset sogar erweitert; 1985 fand die letzte Restaurierung statt. Der Hof sieht prächtig aus. Die DNT-Hütte steht von Mitte Juni bis Mitte September und an Ostern offen. Svukuriset gilt als bester Ausgangspunkt für Touren in den Nationalpark, auch auf den Store Svuku, einen der höchsten Gipfel hier. Wer sich auf dem Durchmarsch befindet, bekommt allemal einen Kaffee und Waffeln. Wer sich für mehrere Tage in Svukuriset einrichten will, sollte sich anmelden: Tel. 6245 9526. Wanderer können auch ihr Zelt aufschlagen.

Nach einer kleinen Wegzehrung machen wir uns auf den Weg zum Femund-See, zurück über den Fahrweg, nicht zu verfehlen. Es geht von 830 m hinunter auf 662 m. Unterwegs teilt sich der Fahrweg: links zurück nach Elgå, unsere Schlußetappe, rechts hinunter zum Anleger Revlingen, vorbei an einer stillgelegten Sägemühle, die schon bessere Zeiten gesehen hat. Den Uferstreifen ziert wieder mal ein Baumgürtel: Wir schreiten durch ein grünes Tor – und stehen am Ufer, rechter Hand der Bootssteg. Beim Blick auf das tiefblaue, schwappende Wasser und die Landschaft rundum stellt sich das gleiche überwältigende Gefühl ein, wie oben, am Kai der Femundshytte, beschrieben. Allein mit der Natur. Die Schutzhütte, hinten im Wald, wird demnächst wohl zusammenbrechen: Das Dach ist undicht, der Innenraum nicht gerade einladend. Revlingen ist ein verlassener Ort.

Wer die Reststrecke nach Elgå mit dem Boot zurücklegen will, muß früh aufstehen und um 11 Uhr hier sein. Wer die Wanderung in umgekehrter Richtung unternehmen will, hat dagegen mehr Zeit und kommt, an den meisten Tagen, um 13 Uhr in Revlingen an; Fahrplan siehe oben. Von der »Dramaturgie« her ist der Rundkurs allerdings schöner, so wie hier beschrieben.

Der Feldweg nach Elgå verläuft oberhalb des Sees, und nach dem kurzen, steilen Aufstieg bleibt die Strecke ziemlich eben. Nur der harte Untergrund stört ein wenig. Dafür stehen die Chancen recht gut, unterwegs Rentieren zu begegnen. Fernglas oder Teleobjektiv sind insofern empfehlenswerte Ausrüstungsgegenstände auf dieser Wanderung.

■ **Valdalen – Grövelsjön – Salsfjell – Valdalen.** Wanderzeit 4–5,5

Stunden. Leichter, markierter und ausgetretener Pfad, vorwiegend oberhalb der Baumgrenze. Parkplatz in Valdalen, an der Str. 221 von Elgå nach Schweden, kurz vor der Grenze.

Ab Parkplatz auf der Straße noch ein Stückchen ostwärts, bis der Pfad nach Grövelsjön beginnt. Es geht aufwärts, dann wird ein Feuchtgebiet durchquert, die Markierungen sind etwas rar gesät. Die Höhe 990 wird rechts liegengelassen, und der Grenzzaun ist erreicht: Grenzzaun nicht, weil sich Norweger und Schweden nicht riechen könnten, sondern damit sich die Rentierherden beidseits der Grenze nicht vermischen. Ein Treppchen hilft beim Übersteigen des Zauns, und es geht bergab gen Grövelsjön. Zwei weitere Bäche sind zu überqueren; bei hohem Wasserstand muß nach einer Passage zum Überspringen gesucht werden. Der See Grövelsjön ist erreicht, anbei die große STF Turiststasjon, ein klassischer Startpunkt für Wanderungen in die Nationalparks Femundsmarka und *Rogen,* auf der schwedischen Seite; STF ist das schwedische Pendant zu DNT. Wer sich an dem stillen See sattgesehen hat, kehrt um und geht zuerst denselben Weg zurück; er ist in unmittelbarer Nähe des Grövelsjön deutlich ausgetreten, was auf die stattliche Zahl sonntäglicher Kurzstreckenwanderer schließen läßt. An der folgenden Wegteilung halten wir uns rechts, Richtung Sylen, Svukuriset. Es steht der steilste Anstieg dieser Wanderung bevor, bis vor einem Sattel die nächste Kreuzung erreicht ist. Der Blick nach Norden bleibt wegen der behäbig auslaufenden Landschaft bescheiden; vom Nationalpark Femundsmarka ist nicht viel zu sehen. Wir halten uns links zurück nach Valdalen, folgen einem nun schmaleren Pfad am Hang unterhalb von *Salsfjell* und *Lifjell*. Auf und nieder, und wieder wartet ein Feuchtgebiet auf uns. Zuletzt umgibt uns höhere Vegetation, kehrt die Baumgrenze zurück.

■ Aufgepaßt: Auf dem östlichen Höhenzug oberhalb des **Grövelsjön** steigt ein Pfad hinauf zur Höhe **Jakobshöjden**: tolle Aussicht. – Oder Sie gehen ab Grövelsjön den Steig hinauf, wie beschrieben, zum Sattel und dann nordwärts weiter nach **Sylen**; ab dort können Sie, von Juli bis Anfang August, mit einem Boot ans Südende des Sees zurückschippern. Fahrplan-Infos bei STF in Grövelsjön, Tel. 0046 (für Schweden) 253 (die Vorwahl) und 23090 (die Rufnummer). Für den Marsch von Grövelsjön nach Sylen können Sie 3–4 Stunden veranschlagen; ab besagtem Sattel unterhalb des Salsfjells geht es vorwiegend bergab. Anfahrt siehe oben: ab Valdalen noch über die Grenze.

■ Ausflug in den **Gutulia-Nationalpark.** Wanderzeit 45–70 Minuten, einfacher Weg. Leichter, ausgetretener Pfad, nicht zu verfehlen. Anfahrt: Straße von Drevsjø nach Elgå, ausgeschilderte Abzweigung zum Gutulisjøen, dort Parkplatz.

Ab Parkplatz (auch Bootsanleger nach Gutulia) beginnt, markiert durch einen Wegweiser, der ebene Pfad durch lichten Wald, der den See *Gutulisjøen,* 692 m hoch gelegen, in östlicher Richtung begleitet. Sie haben beste Chancen, auf Rentiere zu treffen, die hier relativ zutraulich wirken, vielleicht weil sie ab und zu einen Happen ergattern; diese Unsitte sollten Sie zum Vorteil der Tiere nicht nachahmen. Der Pfad hält sich in Blickweite zum See, führt über Stock und Stein. Holzbohlen und nebeneinandergelegte Birkenstämme überbrücken die meisten feuchten Passagen; manchmal müssen, falls es länger geregnet hat, Matsch und kleine Tümpel umgangen werden; Vorsicht, weil die niedrig wachsenden Sträucher tückische Bodenspalten verdecken. Nach rund 30 Minuten tauchen, lugt man durch die Bäume in Richtung des anderen Seeufers, drüben ein paar Holzhütten auf. Der Pfad beschreibt jetzt einen Bogen, der um das Ende des Sees herumführt. Die Aussicht über den See ist traumhaft, doch häufig regiert hier ein kühles, nicht gerade einladendes Lüftchen. Eine Brücke aus Holzstämmen überquert den Auslauf. Nun steht man vor der Gutulia-Alm und blickt auf mehrere Hütten, die sich einen steilen Hang hinaufziehen.

Das größere Gebäude linker Hand steht von Juli bis Mitte August Besuchern offen: Zeit bleibt zum Ausruhen, zum Plausch und zum Waffelschmaus. Die Frau Wirtin führt Interessenten gerne über die Alm, doch zumindest Englisch sollten Sie schon verstehen. Wer weniger kommunikativ veranlagt ist, kann seine Rast in der Hütte ganz oben einlegen. Sie ist für Wandersleut' gedacht: Ein antikes Bett mit historischen Maßen – als die Menschen noch 20 cm kleiner waren als heute – steht für Übernachtungswillige bereit; Kamin, Tisch und Bänke samt Einrichtung verleihen dem Blockhäuslein ein gemütliches Flair. Auf dem Dach wuchert Grünzeug.

Wer von Gutulia aus eine längere Wanderung unternehmen will, ist allerdings auf Karte und Kompaß angewiesen. Ein Pfad führt nahe am See, bis auf Höhe des Bootsanlegers drüben, in den Urwald hinein, ein anderer begleitet das Bächlein *Gutua* vom Auslauf an. Ein zusammenhängendes Wegenetz gibt es hier im Nationalpark aber nicht, auch nicht zur nahen Schweden-Grenze. So bleibt nur die Umkehr zum Parkplatz.

Verschiedenes

■ **Natur-Sightseeing:** *Blokkodden Safari,* aufgespürt werden Elche, Biber, Vögel und anderes wildes Getier. 15.6.–31.8. Mo–Fr um 11 Uhr ab »Blokkodden Villmarksmuseum«, Anmeldung tags zuvor bis 15 Uhr im Touristenbüro von Engerdal, für Montagstouren am Freitag. Teilnahme 50/25 NOK.

■ **Fischer-Milieu am Femund-See:** Juli und August Mi 10–12 Uhr. Sie können beobachten, wie das Fischerboot am Kai in Elgå anlegt und die Ladung gelöscht wird, begleitet von einem Guide; Kostproben werden gereicht. Teilnahme inklusive Kostproben 75 NOK. Der Trip kann durch die »Fæmund-II«-Fahrt von Elgå nach Femundsenden und zurück verlängert werden. Abfahrt um 12 Uhr, Wiederankunft 16.45 Uhr; bei schönem Wetter allemal zu empfehlen.

■ **Angeln:** *Femund Fiskesafari,* Angeln auf dem Femund-See: als Gast auf Kuttern der Femund-Fischer, entweder 6-Stunden-Ausflüge ab 10 Uhr oder 4-Stunden-Touren ab 18 Uhr, nur Juli und August. So, Mo, Do ab Femundsenden, »Femundtunet«, dort auch Anmeldung: Tel. 6245 9066. Di und Mi ab Elgå, »Bryggeloftet Villmarksrestaurant«, Anmeldung: Tel. 6245 9543. Preise: Tagestouren 300 NOK, inklusive warmer Mahlzeit, Abendtouren 200 NOK, inklusive Snack und Kaffee.

Im Touristenbüro bekommen Sie den *Fiske Guide,* der fast 70 Seen und Flüsse in der Gemeinde Engerdal auflistet, dazu die Fischarten, die es zu angeln gibt, die näheren Bestimmungen und die Verkaufsstellen für Angelscheine. Auch auf deutsch.

■ **Goldwaschen** in der Femundsmarka: ein »Tagesabenteuer« für 150 NOK, für Familien 100 NOK pro Teilnehmer. Infos unter Tel. 62456 9108, Fax 6245 9160.

■ **Kanu:** *Femund Canoe Camp,* Sorken, Tel. 6245 9019. Unterkunft und organisierte Touren, ein breites Angebot, 75 NOK aufwärts. Auch Kanuvermietung. Für Spezialisten Touren bis hinüber nach Schweden möglich, allerdings mit Treideln.

Kanuwandern-Literatur: »Femund-See und Röa«, Norbert Wehrmann. Vom Femund-See bis zur schwedischen Seenplatte Rogen, jenseits der Grenze.

■ **Reiten:** *Femund Hesteutleie,* Sorken, Tel. 6245 9012. Pro Stunde 90 NOK, mit Begleitung 120 NOK, Tagestour (6 Stunden) 290 NOK, mit Begleitung 390 NOK.

■ **Riverrafting:** *Trysil-Engerdal Rafting,* Tel. 6245 9792, Fax 6245 9787. Organisierte Touren auf dem Fluß Femundelva, Tagestour (3–5 Stunden) 490 NOK, 2-Tagestour 1590 NOK, inklusive Verpflegung und Übernachtung, Mindestalter 16 Jahre. Ebenso Extremtour über 2 Tage möglich, 1690 NOK, Mindestalter 18 Jahre. Auch Familientour (2–3 Stunden) 250 NOK, Mindestalter 7 Jahre, inklusive Verpflegung. Trotz qualifizierter Guides sollten die Teilnehmer schwimmen können. Buchung auch beim Touristenbüro in Engerdal.

■ Die **Werkstatt des** (inzwischen verstorbenen) **Holzschnitzers Hans Sorken** kann in Drevsjø besichtigt werden. Die Natur bot ihm seine bevorzugten Motive. Die Kirchen von Engerdal (Leuchter), Drevsjø (Taufbecken) und Sømadal (Altartafel) sind mit seinen Arbeiten geschmückt, weitere Werke im Rathaus Engerdals zu begutachten. Di 10–16 Uhr. Eintritt 15/0 NOK.

Sorken arbeitete in Jugendjahren als Holzfäller und Flößer, und er lebte zeitweise auf der Gutulia-Alm. Nach einer Erkrankung konnte er sich nur noch eingeschränkt bewegen, machte aus der Not eine Tugend und wurde Holzschnitzer. In seinen letzten Jahren war er mit Auftragsarbeiten aus dem In- und Ausland ausgelastet.

■ **Veranstaltungen:** Am letzten Wochenende im Juli findet in Elgå alljährlich das *Femund-Festival* statt, ein kleines Volksfest mit Speis und viel Trank, Surfregatta und diversen Spielen, darunter das traditonelle *Kilkasting,* wobei die Teilnehmer mit Steinen auf Figuren werfen, die unterschiedliche Punktzahlen wert sind. Es geht darum, möglichst auf 24 Punkte zu kommen, ohne diese Zahl aber zu übertreffen, weil man/frau sonst zurückgestuft wird; ein bißchen wie aus dem Regelwerk von »17 und 4«. –

Parallel zum Femund-Festival erklingen in Elgå Hunderte von Ziehharmonikas, weil sich alle Schifferklavier-Spieler Norwegens hier einzufinden scheinen. Der *Trekkspilltreff* hebt die Laune – und vertreibt den Schlaf, von Donnerstag bis Sonntag.

■ **Hauptpostamt:** Engerdal (Hauptstraße) und Drevsjø (am Ortsende gen Femund-See, neben Supermarkt).

■ **Notarzt:** Tel. 6245 9030.

■ **Transport:** Fæmund-Boot siehe oben. – Busse (mit Femund ist Femundsenden gemeint, die Südspitze des Sees): Engerdal, Drevsjø, Femund. Drevsjø, Femund, Elgå, Femund, Drevsjø. Drevsjø, Femund, Sømadal, Femund, Drevsjø. – Per Motorboot oder Schneescooter, von November bis Anfang Juni: Elgå, Haugen, Femundshytten. Anmeldung unter Tel. 6245 9577. – Trotz aller öffentlichen Verbindungen muß man feststellen: Ohne Auto ist der Besucher aufgeschmissen.

Weiterreise

■ **Bahn:** Busanschlüsse zur Linie Oslo-Røros-Trondheim über Rena, Tolga, Os und Røros.
■ **Bus:** Femund, Trysil, Hamar. – Femund, Drevsjø, Osen, Rena (dort Anschluß an die Bahn). – Sømadal, Narbuvoll, Os (dort weiter nach Røros). Drevsjø, Femund, Sømadal, Tolga (dort weiter nach Røros).
■ **Auto: Nach Røros.** Über die »Kupferstraße« 26 durch ein trostlos karges Gebiet, das erst bei Os wieder in eine freundlichere, grüne Landschaft übergeht.

Zum Mjøsa-See mehrere Möglichkeiten. Ab Femundsenden auf der Str. 26 zur Kreuzung *Isterfossen,* ab dort weiter auf Str. 217 nach *Åkrestrømmen,* unterwegs herrlicher Blick auf die Gipfel *Rendalssølens* im Westen. Vor Åkrestrømmen auf die Ostuferstraße am See *Storsjøen* abbiegen, eine enge, romantische Piste, die sich später am Fluß Rena bis zur Kreuzung *Osa bru* fortsetzt. Weiter auf Str. 215 nach Westen bis *Rena,* ab dort weiter auf Str. 3 bis **Elverum**, einer bescheiden schönen Stadt an der Glomma, Norwegens längstem Fluß; siehe unter »Am Mjøsa-See, Hamar, Ausflüge«. Ab Elverum auf Str. 3 und 25 nach Hamar, am Mjøsa-See. – Oder auf Str. 26 über Drevsjø und Engerdal südwärts nach *Jordet,* ab dort auf Str. 215 über stilles Hochland zum ruhigen See *Osensjøen,* dann an dessen West- (eher Sonne) oder Ostufer (dünner besiedelt) bis zur Str. 25 und weiter westwärts nach Elverum; siehe oben. Beide Strecken sind landschaftlich gleich schön.

Røros

Wo Liv Ullmann durch den Schnee stapfte

Ein Spaziergang durch die *Bergstaden,* die Altstadt von Røros, ist wie ein Ausflug in die Vergangenheit. Seit mehr als 300 Jahren von Großfeuern verschont, blieb die zusammenhängende Holzbebauung erhalten. Seitdem die UNESCO den Stadtkern in ihre *World Heritage List* der »bewahrenswerten Baudenkmäler« aufnahm, steht Røros auf einer Stufe mit dem Schloß von Versailles, dem Forum Romanum oder den ägyptischen Pyramiden. Die Auszeichnung beschränkt sich nicht auf eine dekorative Urkunde, sondern stellt, und hier wird es nun interessant, die Finanzierung von Restaurierungsmaßnahmen sicher: Die Besucher geben sich die Klinke in die Hand.

Die Stadt Røros (3350 Einwohner) liegt in Norwegens kältestem Landesteil südlich des Polarkreises. Im Winter sind Minusgrade um -30 bis -40°C möglich, wenn auch nicht die Regel. Den Minusrekord seit Beginn der Wetteraufzeichnungen hält Drevsjø, ein Ort in der südlich angrenzenden Region um den Femund-See; siehe dort. Daß in dieser rauhen, abweisenden Landschaft an der Grenze zu Schweden überhaupt eine Stadt entstehen konnte, mit über 600 m ü. d. M. die einzige Norwegens im Hochland, ist dem Kupfererz zuzuschreiben, das hier Mitte des 17. Jhs. eher zufällig entdeckt wurde. 1644, parallel zur Stadtgründung, wurde die erste Grube in Betrieb genommen. 15 Gruben entstanden in einem nördlichen Halbkreis rund um Røros. 333 Jahre lang waren der Bergbau und Røros untrennbar miteinander verbunden, bis 1977 die letzte Grube, die *Olavsgruva,* ihren Betrieb einstellte. Mit den niedrigen Kupferpreisen auf dem Weltmarkt konnten die Norweger nicht mehr mithalten.

Das historische Zentrum der Erzabbaus ist der Malmplatz *(malm* = Erz), mitten in Røros' Altstadt, auf dem einst die allererste Schmelzhütte stand. Sie nutzte das Gefälle des vorbeirauschenden Flusses aus, der bezeichnenderweise *Hytteelva* heißt (elv = Fluß). Auf dem Malmplass steht mit der *Smelthytta* der weitgehend originalgetreue Nachbau der letzten Hütte aus dem Jahr 1888, die 1975 abbrannte. Die neue Smelthytta beherbergt ein sehenswertes Museum, das von den verschiedenen Erzabbau-Methoden, von der Verhüttung u. a. erzählt. Gegenüber des Museums steht die alte Hüttenglocke, die Generationen von Bergarbeitern zur Schicht rief. Im Hintergrund erhebt sich der Kirchturm mit den Symbolen des Bergbaus: Schlägel und Eisen. Hüttenglocke und Kirchturm sind das klassische Motiv, fragt man nach Fotografien von Røros.

Und als wären die Arbeiten noch im Gang, türmen sich hinter der Hütte die Schlackenhalden, jenes eisenhaltige Abfallprodukt, das während der Schmelzphasen ausgeschieden wurde. Obwohl häufig ein kalter Wind auf den Halden weht, drängt sich das Besteigen dieser »geschichtsträchtigen« Hügel geradezu auf. Die vegetationslosen Schlackenberge, die monotone Präsenz des rötlich-braunen Gesteins und der oft genug eisige Windhauch relativieren jenen drolligen Eindruck, den die niedrigen Holzhauszeilen auf den ersten Blick hinterlassen.

Was sich einst hinter den pittoresken Fassaden der Holzhäuschen verbarg, waren Menschen in Armut, Leibeigenschaft, im täglichen Überlebenskampf. Trotz knochenharter Arbeit in den Gruben kamen viele Familien nur über die Runden, wenn die Frauen eine Parzelle Land bewirtschafteten und die Kinder eine Hilfsarbeit annahmen. Der Schriftsteller *Johan Falkberget* (1879–1967) hat ihren Alltag in mehreren Büchern dokumentiert. Sein Roman »An Magritt« wurde, mit *Liv Ullmann* in der Hauptrolle, in Røros verfilmt. Falkbergets Helden lebten in den ärmlichen Hütten von Bergstaden, die Feinen, Privilegierten in den stattlichen Häusern unterhalb der Altstadt. Dort haben übrigens einige deutsche Namen die Zeit überdauert; es waren neben Schweden vor allem Deutsche, die in der Aufbruchzeit gerufen wurden, um den unerfahrenen Norwegern »Entwicklungshilfe« zu leisten. Auf diese Weise verwandelte sich der Name der ersten großen Grube von Storvola in *Storwartz*. Die Kontakte hinüber nach Schweden repräsentiert *Kopparleden,* die »Kupferstraße«, die Røros über 420 Kilometer mit dem schwedischen Pendant Falun verbindet. Als der norwegische Bergbau noch in seinen Kinderschuhen steckte, schickte man Lehrlinge aus Røros zur Ausbildung nach Falun. Daß die »Kupferstraße« erst 1960 durchgehend zu befahren war, ändert wenig an ihrer symbolischen Bedeutung. Die Straße als Verkehrsweg ist ohnehin ein neuzeitliches Produkt. Früher zogen Pferde und Ochsen im Winter das Holz für die Befeuerung der Schmelzhütten auf Schlitten nach Røros, während im Sommer Lastenboote zwischen den Holzeinschlagrevieren und den Bergwerken pendelten, sofern das Holz nicht geflößt werden konnte.

Heute sind die Straßen Fakt, und die Touristen, die auf ihnen nach Røros kommen, schaffen ein gutes Drittel aller Einnahmen in den Stadtsäckel. Die Stadt selbst ist ihr größtes Kapital.

Rabattkarte Røroskort

Die Røroskort, im folgenden »RK« abgekürzt, gewährt freien Eintritt zu fast allen Sehenswürdigkeiten, Ermäßigungen für die Teilnahme an ausgewählten Aktivtouren sowie Rabatte für die Benutzung öffentlicher Verkehrsmittel, des Ausflugsbootes »Fæmund II« auf dem Femund-See und der Sightseeing-Sportflugzeuge von »Rørosfly«, ebenso in bestimmten Unterkünften und Restaurants und beim Mieten von Fahrrädern und Kanus. Die Røroskort kostet 100/50 NOK und ist drei Tage lang gültig, von der ersten Benutzung an. Das Angebot gilt nur zwischen etwa dem 10.6. und dem 20.8. Sie bekommen die Karte im Touristenbüro.

Information
■ **Røros Turistkontor,** Pede Hiortsgate 2, 7461 Røros, Tel. 7241 0000 und 7241 0310, Fax 7241 0208. Etwa 25.6.–20.8. Mo–Sa 9–20 Uhr, So 10/12–18 Uhr, sonst Mo–Fr 9–16 Uhr, Sa 10–14 Uhr.

Unterkunft

Zeltschläfer sollten sich darüber bewußt sein, daß sie sich hier im kältesten Landesteil südlich des Polarkreises befinden. Selbst im Sommer sind nachts Temperaturen unter 5°C möglich, im Mai und im September darf mit Schneeschauern gerechnet werden. Die Plätze rund um Røros haben alle ihre Nachteile, liegen einträchtig nahe der Hauptstraßen: So lohnt ein kleinerer Platz im weiteren Umland das Selbst-Entdecken, etwa auf der Weiterfahrt nach Norden am See Stugusjøen; siehe unter »Weiterreise«.

Das Touristenbüro hat einen Prospekt für Hüttenübernachtungen; im Angebot, das dank der Wintersportsaison groß ist, finden sich sowohl Neubauten als auch restaurierte Hof-

Hüttenglocke und Kirchturm, das klassische Fotomotiv von Røros ▶

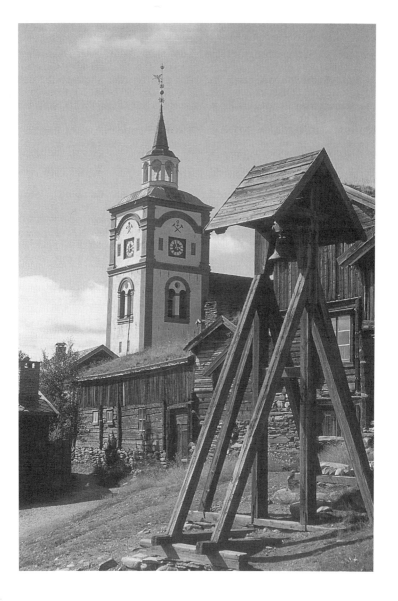

gebäude. Rustikal und behaglich sind sie fast alle.

■ **Hotel Røros**, An Magrittsvei, Tel. 7241 1011, Fax 7241 0022. 1.4.–1.10. mit Scandinavian Bonus Pass EZ ab 590 NOK, DZ ab 750 NOK, sonst EZ 675–950 NOK, DZ 1070–1200 NOK. Etwas außerhalb, an der nördlichen Umgehungsstraße, 7 Minuten Fußweg in die Altstadt. Hallenbad und Fahrradvermietung.

■ **Bergstadens Hotel**, Osloveien 2, Tel. 7241 1111, Fax 7241 0155. 1.6.–31.8. mit Fjord Pass (C) EZ 530 NOK, DZ 760 NOK, sonst EZ ab 865 NOK, DZ ab 945 NOK. Zentrale Lage, an der Einfahrt in die Altstadt. Wenn schon, dann Zimmer nach hinten nehmen. Hallenbad, Fahrrad- und Bootsvermietung.

■ **Erzscheidergården**, Spell Ola veien 6, Tel. 7241 1194, Fax 7241 1960. EZ 290–420 NOK, DZ 540–600 NOK, Familienzimmer 580–700 NOK. Teils Kochnischen in den Zimmern, teils Bad auf dem Flur. Zentral gelegen, oberhalb der Kirche, noch am ehesten Bergbau-Atmosphäre.

■ **Fjellheimen Turiststasjon**, Johan Falkbergetsvei 25, Tel. 7241 1468. EZ 250–320 NOK, DZ 350–495 NOK. Motel für Selbstversorger, auch Hütten (395 NOK) und Wiesen-Camping. Liegt etwas außerhalb, allerdings wenig Atmosphäre. Fahrradvermietung.

■ **Høsøien Pensjonat**, Osloveien 12, Tel. 7241 1196. EZ 150 NOK, DZ 250 NOK.

■ **Idrettsparken Hotell & Vandrerhjem** (also auch Jugendherberge), Øra, Tel. 7241 1089. Ganzjährig geöffnet. Für Mitglieder EZ 200 NOK, DZ 290 NOK, im 4-Bett-Zimmer 125 NOK, sonst EZ 225 NOK, DZ 330 NOK, im 4-Bett-Zimmer 150 NOK. Frühstück inklusive, Lunchpaket 40 NOK, Abendessen 85 NOK. Liegt südlich der Altstadt, im Sportzentrum. Auch Wohnmobile: 100 NOK + 25 für Elektrizität.

■ **Bergstaden Camping**, Johan Falkbergetsvei 34, Tel. 7241 1573. Preisniveau Camping: 2, für WM 3. 7 Campinghütten für 2–4 Personen 150–300 NOK. Nördlich der Stadt, an der Str. 31. Wiese am Waldrand. W. Kiosk. Spielplatz.

■ **Håneset Camping**, Tel. 7241 1372. Preisniveau Camping: 2, für WM 3. 9 Hütten für 2–8 Personen 180–80 NOK. Gut 2,5 km südlich von Røros, an der Str. 30 nach Os. Sicher der kompletteste Platz vor Ort, aber eben auch an der Straße gelegen, kein Wildnis-Feeling wie etwa am Femund-See, trotz Bootsvermietung und Glomma-Lage. W & T. Kiosk. Spielplatz.

■ **Røste Camping**, Os, Tel. 6249 7055. Ganzjährig geöffnet. Preisniveau Camping: 2, NS 1. 10 Hütten für 2–6 Personen 150–600 NOK. Zwar 12 km südlich von Røros, ebenso an der Str. 30 nach Os. Aber gemütlicher Familienplatz mit erstklassigem Servicegebäude und Aufenthaltsraum mit Kamin und Holzverkleidung, zum Wohlfühlen und preiswerter als die Konkurrenz um Røros. Gut für alle, die aus dem Süden kommen und Røros nur als Tagesstation einplanen.

Essen und Trinken

■ Fein dinieren können Sie in den **Hotels** der Stadt.
■ Mahlzeiten, smørbrød, teils auch Kaffee und Kuchen bekommen Sie in rund einem Dutzend weiterer Gaststätten, Kneipen und Cafés, gemessen an norwegischen Verhältnissen ein großes Angebot, das sich wegen der vielen Touristen rechnet. Preisnachlässe auf die Røroskort bekommen Sie bei: **Kaffestuggu**, Bergmannsgata 18, Tel. 7241 1033. Bodenständiger Charme, ganz im Zeichen der Bergbauära, immer gut frequentiert. Hier bekommen Sie anständige Portionen, auch für weniger als 100 Kronen.
■ Unter den Bäckereien möchte ich, nach besten Erfahrungen, **Dahls Conditori** hervorheben: Hans Aasensgate, nach der Einfahrt in die Altstadt links, gegenüber Supermarkt, Parkplätze vor der Haustür. Mo–Fr 7–17 Uhr, Sa 8–14 Uhr.

Sehenswertes

■ **Stadtwanderung durch Bergstaden:** 1.6.–15.9. Führung mit Guide. Abmarsch beim Touristenbüro, abschließend Besichtigung der Røros-Kirche. Dauer 1,25 Stunden. Preis 25/15 NOK, mit RK frei. Etwa 1.6.–24.6. und 21.8.–15.9. Mo–Sa um 11 Uhr, 25.6.–20.8. Mo–Sa um 10, 13, 15 Uhr, So um 13, 15 Uhr. Die Führungen um 13 Uhr auf englisch oder deutsch, je nach Zusammensetzung der Teilnehmer.

Wer nicht an einer Führung teilnehmen kann, sei zumindest auf das unbefestigte Sträßchen **Sleggveien** hingewiesen, das direkt an die Schlackenhalden heranführt. In den niedrigen, so malerisch anzuschauenden Hütten (18. Jh.) wohnten die Ärmsten der Armen: Tagelöhner, unverheiratete Frauen u. a. Die Hütten ganz oben, vor den Schlackenhalden, sind originalgetreu eingerichtet, als kämen die Bewohner jede Minute zurück. Früher konnten sie im Rahmen der Stadtrundgänge besichtigt werden. Um sie zu bewahren, ist das nun nicht mehr möglich; es bleibt nur der Blick durch die verstaubten Fensterscheiben.

Zurück über den Fluß, den Hang hinauf, und wir stehen vor der:
■ **Smelthytta**, Malmplass, Bergstaden, Tel. 7241 0500. 20.6.–14.8. Mo–Fr 10.30–18 Uhr, Sa,So 10.30–16 Uhr, sonst Mo–Fr 11–15.30 Uhr, Sa,So 11–14 Uhr. Eintritt 35/20 NOK, Familien 90 NOK, mit RK frei. Gutes Info-Blatt auf deutsch.

Der Nachbau der letzten Schmelzhütte von Røros beherbergt ein Museum. Im Mittelpunkt stehen Modelle, die den Arbeitsalltag rund um die Kupfergewinnung nachvollziehen: Gruben-Querschnitte sind ebenso zu sehen wie die verschiedenen Methoden des Erzabbaus und die Verhüttung. Die Szenen gehen wirklich ins Detail und erklären auch Zusammenhänge, wofür zum Beispiel das aufwendige System der Wasserzuleitung notwendig war. Das Beiblatt erweist sich als eine hilfreiche Ergänzung.

Es ist ein beeindruckender Rundgang. Nicht grundlos erhielt die Smelthytta für ihre plakativen Darstellungen bereits 1990, kurz nach der Eröffnung, einen internationalen Preis. Das Museum wird laufend erweitert. Im Obergeschoß werden wechselnde Ausstellungen mit (nicht nur) lokalen Künstlern gezeigt, vorwiegend Maler. Die Dielen knarren verheißungsvoll unter den Schritten der Besucher.

■ Die achteckige **Røros Kirke**, im Volksmund auch *Bergstadens Ziir* geheißen, trat 1784 an die Stelle maroden Holzkirche (1650), die noch aus der Zeit kurz nach der Stadtgründung stammte. Der helle, großzügige Innenraum, der mehr als 1600 Gottesdienstteilnehmer aufnimmt und neben Galerien auch eine königliche Loge umfaßt, ist nicht nur mit biblischen Gemälden, sondern auch mit den Portraits von Bergwerksdirektoren versehen. Die altehrwürdigen Fahnen des Bergwerkskorps und weitere Gemälde aus der Bergbauära mögen zwar ebenso kein gewöhnlicher Kirchenschmuck sein, aber sie verleihen der Kirche eine nicht der Realität entrückte Atmosphäre, wie das Gotteshäuser häufiger auszeichnet. Ein Schmuckstück ist auch die Barockorgel aus dem 17. Jh., die 1984, gerade recht zum 200. Geburtstag der Kirche, restauriert wurde. Vielleicht haben Sie ja Glück und erleben das prachtvolle Instrument in Aktion.

Kjerkgata, etwa 25.6.–20.8. Mo–Sa 10–17 Uhr, ab 1.6. und bis 15.9. Mo–Fr 14–16 Uhr, Sa 11–13 Uhr. In der Hauptsaison Führungen um 10.45, 12.30, 13.45, 15, 15.45 und 16.30 Uhr, Änderungen vorbehalten. Teilnahme 15/10 NOK, Familien 40 NOK, mit RK frei.

Ausflüge zu den Gruben

■ **Olavsgruva**, 13 km östlich von Røros (Abzweigung von der Str. 31), Tel. 7241 0500. Nur im Rahmen einer Führung: 20.6.–14.8. täglich um 10.30, 12, 13.30, 15, 16.30 und 18 Uhr, ab 1.6. und bis 25.9. Mo–Sa 13 und 15 Uhr, So um 12 Uhr, sonst Sa um 15 Uhr. Eintritt 35/20 NOK, Familien 90 NOK, mit RK frei. Zubringerbus ab Røros-Hauptbahnhof 25.6.–5.8. So–Fr um 13 Uhr, Sa um 10 Uhr, Ticket 60/30 NOK, mit RK 50/25 NOK. Gutes Info-Blatt auf deutsch.

1935 erschlossen, war die Olavsgruva die letzte Grube im Umland von Røros. Eigentlich hatte man den Erzabbau schon abgeschrieben, als die Olavsgruva seine Geschichte unerwartet um gleich 42 Jahre verlängerte. Mit Schutzhelmen versehen, marschieren die Besucher durch die Stollen, in denen geschickte Licht- und Toneffekte die Arbeitsgänge unter Tage simulieren. Es geht 500 Meter in den Berg hinein, durch zum Teil gewaltige Höhlen mit unterschiedlich hohen Durchbrüchen. In einer Art Bergkapelle unter Tage versammelt, lauschen die Teilnehmer Geschichten und Anekdoten aus der Vergangenheit. Mit 200 Sitzplätzen versehen, finden hier in der Sommersaison Konzerte und andere Veranstaltungen statt.

Die Ausstellungen im Eingangsbereich verschweigt nicht die harten Lebensumstände der Arbeiter. Anfangs mußten sie sogar noch Geld leihen, um ihr Brot zu bezahlen. Die meisten kamen nur über die Runden, indem sie etwas Land bewirtschafteten. Die Arbeit auf den Parzellen übernahmen die Frauen. Bis 1915 war Kinderarbeit keine Seltenheit. Wie sich Väter und Ehemänner organisierten und erste Verbesserungen erkämpften, liest sich wie ein spannender Krimi.

Wer an einem Grubenrundgang teilnimmt, sollte ausreichend warme Kleidung anziehen. Die Temperatur in der Grube beträgt konstante -5°C.

■ Die Grube **Killingdal** war von 1674 bis 1886 in Betrieb. Keine andere der Røros-Gruben führt so tief hinab, nämlich aus einer Höhe von 900 m ü.d.M. bis 500 m unter dem Meeresspiegel. Diese Grube kann nicht besichtigt werden, und trotzdem entführt einen die verlassene Gegend dort oben in die Vergangenheit.

Anfahrt: Str. 30 nach Norden, bei Unsholtet (Ålen) Abzweigung nach rechts zum Bahnhof Reitan, noch vorher rechts zur Grube. Als Station auf der Weiterfahrt nach Trondheim möglich; siehe unter »Weiterreise«.

■ Noch ein paar Kilometer die Str. 30 hinauf, sind bei **Eidet** die Ruinen eines alten Schmelzofens zu besichtigen. Die Schmelzhütte Eidet war von 1834 bis 1887 in Betrieb.

Verschiedenes

■ **Rundflüge:** über Røros, die nähere Umgebung, die Nationalparks Femundsmarka oder Rondane und Dovrefjell. Dauer: 20 Minuten bis anderthalb Stunden. Preis 200–1300 NOK pro Person, Rabatt mit RK. 2 Personen Minimum, 3 Personen Maximum. Kontakt über das Touristenbüro oder direkt bei »Rørosfly«: Tel. 7241 2483 und 9465 4574. Es können auch Routen-Wünsche geäußert werden.

■ **Aktivferien:** *Røros Friluftsliv* veranstaltet neben Fahrrad- und Kanutouren, die unter den entsprechenden Stichworten vorgestellt werden, Bibersafaris (4 Stunden, 240/120 NOK), kombinierte Kanu- und Wandertouren sowie dreitägige »Wildnisferien« im Nationalpark Femundsmarka (2500/ 1700 NOK). Mit RK Rabatt. Anmeldung: Tel. 6249 7141 und 9419 1639. Kontakt auch über das Touristenbüro.

■ **Angeln:** Als beste Angelgewässer gelten die Flüsse *Glomma* und *Gaula* sowie die Seen der Hochlandgebiete

Rørosvidda, Holtåsfjella und *Femundsmarka* (letzteres siehe unter »Am Femund-See«). Weitere Infos und Angelscheine im Touristenbüro.

■ **Fahrradfahren:** Organisierter Ausflug nach *Skåkåsvollen* und *Mølmannsdal,* südöstlich von Røros. Dauer 5 Stunden. 25.6.–15.8. Mo und Fr um 10 Uhr ab Touristenbüro. Preis 210 NOK, Rabatt mit RK.

Vermietung: Touristenbüro, ferner *Røros Sport,* Bergmannsgata, Tel. 7241 1218. Rabatt mit RK.

■ **Kanu:** Organisierte Tour auf der *Glomma* von Orvos nach Røros. Dauer 4 Stunden. 25.6.–15.8. Do und Fr um 13.30 Uhr ab Touristenbüro. Preis 250/125 NOK, Rabatt mit RK.

Vermietung: *Røros Sport,* Bergmannsgata, Tel. 7241 1218. – *Håneset Camping,* an der Str. 30 nach Oslo, rund 2,5 km außerhalb.

■ **Reiten:** *Røros Hestesportsenter,* Kvernengan, Tel. 7241 2983. Vermietung nur an Geübte. Pro Stunde 50 NOK, 3 Stunden 130 NOK, 6 Stunden 430 NOK, Guide 50 NOK pro Person und Stunde. Im Angebot auch Kutschfahrten. Kvernengan liegt 4 km nordwestlich von Røros. – *Stall »M«,* Tydal bei Brekken, Tel. 9476 1455. 1-3-Tages-Touren am Wochenende. 500 NOK pro Person täglich, Übernachtung entweder schlicht (100–150 NOK) oder im Hotel für 400 NOK. 8 Islandpferde. Tydal/Brekken liegt gut 35 km östlich von Røros, nahe der Grenze nach Schweden; Str. 31 (mögliche Weiterreise nach Trondheim).

■ **Wandern:** Sie können eine der Stichstraßen zu den stillgelegten Gruben nehmen und dort herumstreifen; siehe *Killingdal,* oder nach *Storwartz* oder zu *Kongens gruve.* – Bessere Voraussetzungen als im Umland von Røros findet der Wanderer aber rund um den Femund-See vor; siehe dort.

■ **Galerien:** *Norsk Naturfotogalleri,* Kjerkgata 39, Tel. 7241 1166. Eintritt frei, Besuch inklusive Diavortrag und Katalog 30/25 NOK, Familien 60 NOK. Naturfotografien, dabei die Protagonisten der nordischen Fauna, vertonte Diashows, wechselnde Ausstellungen. Mit RK frei. – Wechselnde Gemäldeausstellungen im Obergeschoß der *Smeltehytta.*

■ **Weitere Museen:** *Pressemuseet Fjell-Lom,* Hitterelva. Nur im Juli Mi 17–19 Uhr. Eintritt 15/10 NOK, Familien 40 NOK, mit RK frei. Das Verlagshaus einer eingestellten Zeitung, so wie sie vor dem Durchbruch der Fotosatztechnik üblich war, heute ein historisches Museum, mit den entsprechenden Redaktionsräumen und technischen Apparaturen. – *Ratvolden,* 22 km nördlich von Røros an der Str. 30. 1.7.–7.8. Führungen täglich um 12, 13, 14 Uhr. 8.8.–15.8. um 13 Uhr. Eintritt 30/20 NOK, Familien 80 NOK, mit RK frei. Das Wohnhaus des Schriftstellers *Johan Falkberget.* Sein Arbeitszimmer sieht aus, als befinde er sich mitten in einer wichtigen Arbeit und käme gleich zurück. Eher für Literaturexperten interessant.

Rund um Røros liegen gleich mehrere Bauernhöfe verstreut, die als Heimatmuseen hergerichtet wurden: *Od-

dentunet in Narjordet, an der Str. 26 zum Femund-See hinter Os. Anfang Juli bis Anfang August Mi 12–15 Uhr, So 12–16 Uhr. Eintritt 20/10 NOK, Familien 50 NOK, mit RK frei. Farbenfroh und künstlerisch ausgeschmückt, dieser Hof aus der Zeit um 1820. – *Ålen Bygdemuseum,* am Hang bei Ålen, an der Str. 30 nordwärts, hinter der Abzweigung nach Reitan und Killingdal. Der Bauernhof bekam Gesellschaft, indem die alte Schule von Engan und weitere Gebäude hierher versetzt wurden. Von Anfang Juli bis Anfang August Mi und Sa 12–17 Uhr. Eintritt 20/10 NOK, Familien 50 NOK, mit RK frei.

■ **Veranstaltungen:** Programm im alljährlich erscheinenden »Røros Guide«; das Angebot würde an dieser Stelle den Rahmen sprengen.

■ **Hauptpostamt:** Kjerkgata 15.

■ **Notarzt:** in Røros Tel. 7241 0555, in Os Tel. 6249 1700.

■ **Taxi:** Tel. 7241 1258.

■ **Parken:** Im Stadtzentrum sind die Parkplätze knapp; gute Chancen nach der Einfahrt in die Altstadt links, neben Supermarkt.

Weiterreise

■ **Flug:** *Røros Lufthavn,* westlich der Stadt, Tel. 7241 2050. Buszubringer.

Direktverbindungen mit Oslo und Trondheim.

■ **Eisenbahn:** *Røros Jernbanestasjon,* unterhalb der Altstadt (nicht zu übersehen), Tel. 7241 1027.

Rørosbanen (Linie 25): Oslo, Eidsvoll, Hamar, Elverum, Rena, Koppang, Tynset, Tolga, Os, Røros, Glåmos, Reitan, Støren, Melhus, Trondheim. 6 Stunden bis Oslo, 2,5 Stunden bis Trondheim.

■ **Bus:** *Røros Rutebilstasjon,* neben dem Bahnhof, unterhalb der Altstadt.

Nach Trondheim (140 NOK) durch das Gauladal und über Støren. – Nach Hjerkinn (ein Verkehrsknotenpunkt an der E 6, südlich des Dovrefjells) über Os, Tolga, Tynset, Alvdal und Folldal. – Nach Koppang durch das Østerdal über Os, Tolga, Tynset, Øvre Rendal, Hornset und Åkrestrømmen. – Zum Femund-See ab Os über Narbuvollen nach Sømadal, nach Femundsenden und Drevsjø ab Tolga. – Lokalbus nach Brekken.

■ **Auto: Nach Trondheim** gleich drei Alternativen, alle mit eigenen landschaftlichen Reizen. Am schnellsten auf der Str. 30 durch das **Gauladal** nach *Støren* zur E 6 und weiter nach Trondheim: Spannend der Abschnitt gleich hinter Røros, nach der langen Abfahrt, wenn die Straße durch eine enge Schlucht führt und die Wände näher und näher rücken. Hier mag früher nur Platz für den Fluß und einen schmalen Pfad gewesen sein, mußte die Trasse mit viel Dynamit aus dem Gestein gesprengt werden; die Eisenbahn verzieht sich an den Hang, folgt dem Beispiel der Bauernhöfe dort oben, deren Bewohner das bessere Tageslicht auszunutzen verstanden. Dann, hinter *Ålen,* verbreitert sich das Tal, säumen Wälder den Fluß und ziehen sich satte Futterwiesen die Hänge hinauf. Die Wasserfälle erregen nur im Frühjahr, zum Zeitpunkt der Schneeschmelze, die Aufmerksamkeit. Jedenfalls ist es ein merklicher Sprung, von der kargen Höhe bei Røros hinunter in dieses freundliche, grüne Tal. – Ähnlich eindrucksvoll, noch eine Spur wilder, präsentiert sich die Alternativroute über *Brekken,* unweit der schwedischen Grenze; ab Røros auf direktem Weg über die Str. 31 zu erreichen. In Brekken zweigt man links ab und fährt, nun am nördlichen Ufer des Sees *Aursunden* entlang, für 10 Kilometer nach Westen zurück, bevor in *Myrmoen* rechter Hand eine mautpflichtige Hochlandstraße abzweigt. Die Landschaft ist schön, aber nicht außergewöhnlich; so etwas haben wir irgendwo schon einmal gesehen. (Bei *Fjellheim* leben mehrere samische Familien von der Rentierzucht: Etwa 5000 Tiere weiden rund um den See *Riasten.*) Mit 920 m ü.d.M. ist kurz darauf der höchste Punkt erreicht. Famos allerdings wird es erst mit der Abfahrt hinunter zum Gebirgssee **Stugusjøen** (607 m ü.d.M.), um den sich ein grüner Gürtel zieht, der seinerseits vom Gebirge eingekreist wird; der Blick von oben ist hinreißend: Das malerische *Stugudal* wirkt nicht nur alpin – es wird ebenso alpin vermarktet, wie die überraschenden Campingplätze und das Touristenzentrum »Vækterstua« belegen, Ausgangspunkt für Wanderer und Angler; mehrere Stichstraßen führen hinauf in das umliegende Gebirge, so an den aufgestauten *Nesjøen,* über den im Sommer ein Boot kreuzt, oder nach Schweden an den *Nedalssjøn.* Wer sich nicht auf ein paar angenehme Tage im Stugudal einlassen will, nimmt die Str. 705 nordwestwärts, die einzige ganzjährige Verbindung zur Zivilisation: Die Fahrt durch die anschließenden Täler *Tydal* und *Neadal* gleicht ein wenig der durch das Gauladal, doch die Wälder scheinen größer und dichter zu sein. Die Str. 705 endet in *Stjørdal* am gleichnamigen Fjord, wo sie auf die E 6 stößt; links geht es nach Trondheim, rechts Richtung Nordland. – Die abwechslungsreichste Strecke führt ebenfalls über das Hochland ins **Stugudal**: die Str. 30 nordwärts, dann in *Unsholtet* zunächst rechts, links am Bahnhof *Reitan* vorbei und hinauf ins Fjell. Diese mautpflichtige Strecke (860 m ü.d.M.) passiert gleich mehrere Aussichtspunkte, außerdem ein Sträßchen, das links zur (in den 1920er Jahren stillgelegten) *Kjølifjell*-Grube führt, wie auch jenen See Riasten, in dessen Umgebung die Herden der ortsansässigen Rentierzüchter weiden. Bei *Tya bru* trifft die Hochlandpiste schließlich auf die Str. 705, im Osten der Stugusjøen; die Reststrecke kennen wir bereits. Diese dritte Alternative bietet den Vorteil, daß man den Abstecher zur Grube Killingdal in die Weiterreise integrieren kann; siehe »Ausflüge«.

Trondheim

Nach Westen und ins zentrale Hochland auf Str. 30 nach *Tynset;* dort großes Programm an Wildnisferien. Ab Tynset entweder auf der Str. 3 nordwestwärts nach *Ulsberg,* dort E 6 wieder südwärts nach *Oppdal* und schließlich auf Str. 70 nach Sunndalsøra; unterwegs, bei Gjøra, möglicher Abstecher nach Åmotan, Vangshaugen, Alfheim, Grødal, siehe unter »Sunndalsøra«. – Oder Str. 3 südwärts nach *Alvdal,* dort Str. 29 nach Westen Richtung Rondane (im Süden) und Dovrefjell (im Norden).

Zum Femund-See auf der Kupferstraße 26. Hinter *Os* in Narjordet möglicher Besuch des Heimatmuseums »Oddentunet«; siehe oben unter »Verschiedenes, Weitere Museen«. Durch trostlos karges Gebiet an die Westseite des Femund-Sees, den man jedoch nur einmal in der Ferne zu sehen bekommt. Erst in Femundsenden, an der Südspitze, können Sie erstmals die Weite und stille Erhabenheit des 60 km langen Sees erleben.

An der Schwelle zum Norden

Mit 140.000 Einwohnern ist Trondheim Norwegens drittgrößte Stadt. 1997 feiert sie ihren 1000. Geburtstag. Schon im frühen Mittelalter siedelten Wikinger in der geschützten Fjordbucht, wo der Boden fruchtbar und das Gelände nicht so unwegsam war. Dort, wo der Fluß *Nidelva* in den Fjord mündet, hatte sich eine Siedlung gebildet, die König *Olav Tryggvasson* 997 zu seinem Stammsitz sowie zum Handelsplatz machte. *Nidaros* (os = Mündung) sollte Norwegens erste Hauptstadt werden. Olav I. folgte Olav II. – *Olav Haraldsson* setzte das Christentum im Lande durch, starb aber 1030 in der Schlacht von *Stiklestad,* unweit Trondheims. Nach seinem Tod sollen gar wundersame Dinge rund um die Grabstätte in Trondheim geschehen sein; Anlaß genug, um ihn heiligzusprechen und einen Märtyrer vorzuweisen, mit dem sich der neue Glauben überzeugend festigen ließ. Über Olavs Schrein entstand zunächst eine kleine Kirche, aus der bis 1320 die riesige *Nidaros Domkirke* werden sollte, ein nationales Heiligtum, in der laut Verfassung die norwegischen Könige gekrönt werden.

1152 wurde die Stadt Bischossitz. Pilger aus ganz Nordeuropa strömten zum Schrein des heiligen Olav; Kirchen und Klöster schossen aus dem Boden. 1248, als Oslo die Rolle als Hauptstadt übernahm, verlor Trondheim seine weltliche Dominanz, 1537 mit der Reformation auch seine geistliche. Dank dem vermehrten Holzexport nach England (ab 16. Jh.) blieb wenigstens eine wirtschaftliche Grundlage erhalten, die mit der Ausfuhr von Fisch und Kupfererz aus Røros (ab Mitte des 17. Jhs.) an Vielfalt gewann. Rückschläge bereiteten die ständigen Großfeuer, die in keiner norwegischen Stadt so häufig wie in Trondheim wüteten; der schlimmste vernichtete 1681 fast die komplette Bebauung. Hauptarchitekt beim Wiederaufbau war General *Cicignon* (der auch die Festungsstadt von Fredrikstad, an der Ostküste, im Grundriß entwarf). Im zeitgemäßen Stil der Renaissance entstand ein weitgehend quadratisch angelegtes Straßensystem, das sich bis in unsere Tage gerettet hat. Als Hauptstraße führt die *Munkegate* vom Dom geradewegs hinunter zum Hafen – und als imaginäre Linie über den Fjord zur winzigen Insel *Munkholmen,* die im Rahmen des Wiederaufbaus zur Festung wurde. Zu dieser Zeit sprang die Besiedlung erstmals über das östliche Flußufer, bald behütet von der neuen Festung *Kristiansten* dort oben, die einen tollen Blick auf Stadt und Fjord freigibt: Die Turmspitze des Doms befindet sich bereits unterhalb des Betrachters.

Bis heute vermerken die Chroniken mit Wehmut, daß Trondheim an der Schwelle zum 20. Jh. mehr Einwohner zählte als Oslo. Der Neid auf Oslo und Bergen hat allerdings nicht zu innovativen Taten angespornt. In der jüngsten Historie behielt man brav die Nachzügler-Rolle bei: Während sich in Oslo (erst) Mitte der 80er Jahre eine städtisch anspruchsvolle Kneipen- und Restaurantszene entwickelte, brauchte Trondheim dazu eben ein paar Jährchen länger. Noch 1987 waren die Öltanks entlang der Fjordküste allemal einprägsamer als das Leben in der Innenstadt. Inzwischen hat man sogar die unvermeidlichen Konsumtempel in der City zu kopieren verstanden – ein eigenes Profil ist nicht zu entdecken. Daß Trondheim durchaus seine Reize hat, vermittelt am besten ein Stadtrundgang. Die vielen Skulpturen rücken die architektonischen Mißgriffe ein wenig in den Hintergrund. Wenn eines Tages die Europastraße 6, die momentan die City zerschneidet, um die Stadt herumführt, wird Trondheim etwas hinzugewinnen. (Östlich der Stadt sind die Bauarbeiten bereits abgeschlossen; dort sowie auf dem Weg in die Innenstadt werden Benutzungsgebühren für die Finanzierung der Straßenprojekte erhoben.)

Für Touristen, die nicht extra wegen des Doms herkommen, ist Trondheim vor allem das Tor nach Nordnorwegen. Die Landschaft des fylkes Sør-Trøndelag präsentiert sich rund um den Trondheimsfjord ziemlich eben –

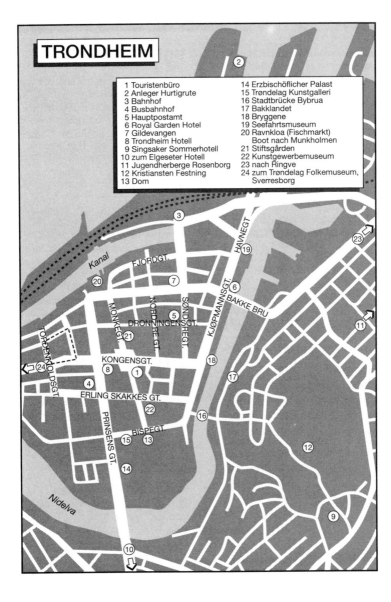

zumindest auf den ersten Blick, denn mancherorts faltet sich das Terrain zu niedlichen Hügelketten mit durchaus steilen Anstiegen. Häufiger aber trifft man auf dichte Besiedlung und verhältnismäßig ausgedehnte Landwirtschaftszonen. Wer direkt von Oslo zum Nordkap stürmt, wird ohnehin nicht verwöhnt sein auf den ersten 500 Kilometern. Wer allerdings die Höhenunterschiede in Westnorwegen, die grandiosen Kompositionen aus Fjord und Gebirge, noch im Kopf hat, wird von Trøndelag enttäuscht sein, das einfach zu wenig spektakulär, ja, ein wenig fad wirkt. Hoch im Kurs steht die Region bei Anglern aus dem In- und Ausland, die sich ab Juni zum Lachsfischen einfinden.

Freilich hat auch Trondheims Umland hübsche Ecken, zum Beispiel die waldreichen Gemarkungen südwestlich und südöstlich der Stadt, die *Bymarka* im Westen und die *Strindamarka* im Osten, wo sich auch der große Trinkwasser-See *Jonsvatnet* erstreckt.

Information
■ **Trondheim Aktivum**, Munkegt. 19, Postboks 2102, N-7001 Trondheim, Tel. 7392 9394, Fax 7351 5300. 16.5.–31.8. Mo–Sa 8.30–20 Uhr, So 10–20 Uhr, sonst Mo–Fr 9–16 Uhr. Vermittlung von Unterkünften.

Unterkunft

Wer in Trondheim nicht nur den Zug wechselt, wird kaum am selben Tag wieder abreisen und sich damit eine Bleibe suchen. Flott und preiswert funktioniert die Zimmervermittlung des Touristenbüros. Hier sind alle momentan freien Zimmer von Hotels, Pensionen und Privatleuten registriert, die sich dem Servicering anschließen.

Sprechen Sie bei der Zimmervermittlung vor, äußern Sie Ihre Wünsche, und Sie werden erfahren, was für wieviel zu haben ist. Je früher Sie in der Hochsaison da sind, desto besser die Chance auf ein preiswertes Zimmer. Achten Sie darauf, daß Ihr Zimmer so zentral wie möglich liegt; fragen Sie nach den Parkmöglichkeiten, sofern notwendig. Haben Sie sich entschieden, bezahlen Sie die Vermittlungsgebühr von 5–10 NOK pro Person plus 30 DKK Depositum, die später vom Rechnungsbetrag abgezogen werden – damit es sich die Gäste unterwegs nicht noch anders überlegen. Deshalb müssen Sie auch spätestens zum verabredeten Zeitpunkt in der Unterkunft sein, sonst verfällt der Anspruch. Die Anbieter wollen nicht auf leeren Zimmern sitzenbleiben.

Hotels und Pensionen
■ **Royal Garden Hotel**, Kjøpmannsgt. 73, Tel. 7352 1100, Fax 7353 1766. 15.6.–15.8. mit Fjord Pass (C) EZ 530 NOK, DZ 760 NOK, sonst EZ ab 1025 NOK, DZ ab 1345 NOK,

weekend EZ 625 NOK, DZ 790 NOK. Nobelherberge mit verglastem Atrium – wenn schon fein, dann hier. Hallenbad. Zentral, nahe Hauptbahnhof und Flußmündung.

■ **Gildevangen**, Søndregt. 22 b, Tel. 7351 0100, Fax 7352 3898. 15.6.–15.8. mit Fjord Pass (A) EZ 410 NOK, DZ 520 NOK, sonst EZ 645 NOK, DZ 795 NOK, weekend EZ 410 NOK, DZ 630 NOK. Zentral.

■ **Lilletorget Hotell**, Cicignons Plass, Tel. 7352 0524, Fax 7353 2143. 1.5.–30.9. mit Fjord Pass (A) EZ 410 NOK, DZ 520 NOK, sonst EZ ab 525 NOK, DZ 775 NOK, weekend EZ ab 395 NOK, DZ ab 525 NOK. Zentral.

■ **Trondheim Hotell**, Kongensgt. 15, Tel. 7350 5050, Fax 7351 6058. 1.5.–30.9. mit Fjord Pass (A) EZ 410 NOK, DZ 520 NOK, sonst EZ 595 NOK, DZ 745 NOK. Zentral, nahe Busbahnhof.

■ **Singsaker Sommerhotell**, Rogertsgt. 1, Tel. 7352 0092, Fax 7352 0635. Nur 1.6.–31.8. EZ 390 NOK, DZ 590 NOK. Wahrer Holzpalast, Studentenwohnheim (!), deshalb nur in den Sommer-Semesterferien geöffnet. Abgelegen an der Festung Kristiansten. Bus 9.

■ **Trondheim Apartment Hotel**, Gardermoensgt. 1 a, Tel. 7352 3969, Fax 7351 8135. 15.6.–15.8. EZ 450 NOK, DZ 550 NOK, Appartements ab 590 NOK, sonst EZ 550 NOK, DZ 650 NOK, App. ab 690 NOK.

■ **Elgeseter Hotell**, Tormods gt. 3, Tel. 7394 2540, Fax 7393 1873. EZ ohne Bad 430 NOK, EZ mit Bad 550 NOK, DZ ohne Bad 550 NOK, DZ mit Bad 690 NOK, weekend EZ 330–430 NOK, DZ 450–550 NOK.

■ **Jarlen Pensjonat**, Kongensgt. 40, Tel. 7351 3218, Fax 7353 5288. EZ 300 NOK, DZ 400 NOK. Kein Frühstück. Im Sommer auch als Jugendherberge geöffnet; siehe unten. Zentral.

Jugendherbergen

■ **Trondheim Vandrerhjem**, Rosenborg, Weidemanns veien 41, 7043 Trondheim, Tel. 7353 0490, Fax 7353 5288. Mitglieder im 4- oder 6-Bett-Zimmer 170 NOK. Frühstück inklusive, Lunchpaket 40 NOK, Abendessen 75 NOK. 200 Betten. Östlich des Zentrums.

■ **Trondheim Vandrerhjem**, Jarlen, Kongensgt. 40, 7012 Trondheim, Tel. 7351 3218, Fax 7353 5288. Nur 1.6.–31.8. Für Mitglieder EZ 250 NOK, DZ 400 NOK, im 3-/4-Zimmer 150 NOK. Keine Mahlzeiten. 72 Betten. Zentrale Lage.

Camping

Einen städtischen Campingplatz gibt es nicht. Ein City-Stellplatz für Wohnmobile (mit Entsorgung) ist in Planung.

■ **Flak Camping**, Flakk, Tel. 7284 3900. 1.5.–31.8. Preisniveau Camping: 2–3. 5 Hütten für 4 Personen ab 250 NOK. 10 km westlich des Zentrums, offene Lage direkt am Trondheimsfjord, am Fähranleger der Route Flakk-Rørvik. Viele Dauercamper. Ww. Kiosk. Spielplatz.

■ **Sandmoen Motell og Camping**,

Sandmoen, Tel. 7284 8222. Ganzjährig geöffnet. Preisniveau Camping: 3. 53 Hütten ab 450 NOK. 11 km südlich des Zentrums, nahe der E 6. Große Anlage, typischer Durchgangsplatz. W & T. Kiosk. Spielplatz.

■ **Storsand Gård & Camping**, Malvik, Tel. 7397 6360. Ganzjährig geöffnet. Preisniveau Camping: 3. 40 Hütten. 15 km östlich der City, der beste Platz am Trondheimsfjord: hügeliges Terrain mit Bäumen. Baden, Ruderboote, Surfen. W & T. Kiosk. Spielplatz.

■ **Vikhammer Hotell & Camping**, Malvik, Tel. 7397 7611. Ganzjährig geöffnet. Preisniveau Camping: 3. 22 Hütten 350–550 NOK. Im Hotel EZ 395 NOK, DZ 695 NOK. 9 km östlich des Zentrums. Swimmingpool.

Sehenswertes

■ **Nidaros Domkirke**, Tel. 7350 1212. 20.6.–20.8. Mo–Fr 9–17.30 Uhr, Sa 9–14 Uhr, So 13–16 Uhr, 1.5.–19.6. und 21.8.–14.9. Mo–Fr 9–15 Uhr, Sa 9–14 Uhr, So 13–16 Uhr, sonst Mo–Fr 12–14.30 Uhr, Sa 11.30–14 Uhr, So 13–15 Uhr. Führungen um 11, 14 und (sofern geöffnet) um 16 Uhr, in der Hauptsaison auch um 13 Uhr. Eintritt 12/6 NOK.

Norwegens Nationalheiligtum ist mit 101 m Länge und 50 m Breite das größte mittelalterlich geprägte Gebäude des Landes. Bis heute findet hier die Krönungszeremonie statt, zuletzt 1991 für Harald V.

Der Dom hat eine wechselhafte Geschichte hinter sich, die mit der zweiten Hälfte des 11. Jhs. begann, als König *Olav Kyrre* eine Kirche über dem Grab Olavs des Heiligen befahl. Von diesem ersten Bauwerk ist nichts mehr übrig. Die ältesten Teile, Querschiff und Sakristei, entstammen dem 1152 begonnenen Neubau, der mit der Ernennung Nidaros' zum Bischofssitz beschlossen worden war. Diese Bauten sind romanischen Ursprungs, während Hauptschiff, Chor, der mittlere Turm und die achteckige Kuppel über dem früheren Schrein im gotischen Stil errichtet wurden. 1320 waren die Bauarbeiten abgeschlossen, doch bereits acht Jahre später brannte der Dom zum ersten Mal. Insgesamt drei Großbrände hatte er in den folgenden 200 Jahre zu überstehen, worauf er nur ungenügend restauriert wurde. Während der Reformation wurden die Reliquien Olavs geraubt und nach Dänemark gebracht, wo sich ihre Spur verliert. Auch die anderen Kirchenschätze fielen überwiegend Plünderungen zum Opfer. Der Dom verfiel und diente zwischenzeitlich sogar als Steinbruch. Erst dank der nationalromantischen Bewegung im 19. Jh. rückte er, als einer wenigen Zeitzeugen urnorwegischer Geschichte, wieder in das öffentliche Interesse. Es wurde fleißig gesammelt, und 1869 begannen die umfangreichen Restaurierungsmaßnahmen, die 61 Jahre dauern sollten und einer Reihe anerkannter Künstler ihr Auskommen sicherten. Ihre auffälligste Hinterlassenschaft ist die westliche Fassade mit dem Hauptportal, die drei Skulpturenreihen mit religiösen und einigen wenigen weltlichen Würdenträgern zieren. 1930, als sich der Olavs Tod zum 900. Mal jährte, feierte die restaurierte Kirche ihre Einweihung. Zuletzt war noch die Orgel aus dem Schwabenland eingepaßt worden. Trotzdem müssen Sie immer damit rechnen, daß Kräne und Gerüste (für Ausbesserungsarbeiten) Ihnen in die Fotogestaltung pfuschen. Für die Westfassade in ihrer gesamten Pracht ist ein Weitwinkelobjektiv notwendig.

Der Turm kann etwa vom 20.6. bis zum 20.8. bestiegen werden: Aufgang nur zu jeder halben Stunde, da über enge Treppen (5 NOK). Orgelkonzerte Sa um 13 Uhr.

Zu bestimmten Zeiten können auch die königlichen Insignien besichtigt werden: 1.6.–20.8. Mo–Sa 9.30–12.30 Uhr, So 13–16 Uhr, ab 1.4. und bis 31.10. Fr 12–14 Uhr.

■ **Stadtwanderung:** Ausgangspunkt ist der Dom. Gleich neben steht Norwegens ältester Profanbau, *Erkebispegården* (1160–1170), in dem bis zur Reformation die Bischöfe residierten, dann die dänischen Lehensherren und militärische Behörden. In der Rüstkammer ist ein Museum über des norwegischen Widerstand im Zweiten Weltkrieg eingerichtet. Im Nordflügel stehen Repräsentationsräume für Staat und Kommune zur Verfügung. 1.6.–20.8. Mo–Fr 9–15 Uhr, Sa 9–14 Uhr, So 12–15 Uhr. Eintritt 12/6 NOK. *Hjemmefrontmuseet* in der Rüstkammer: Mo–Fr 9–15 Uhr, Sa,So 11–16 Uhr. Eintritt 5/2 NOK.

Die *Trøndelag Kunstgalleri,* Bispegate 7 b, bildet ein Dreieck mit Dom und Erzbischöflichem Palast. Die Sammlung konzentriert sich auf die norwegische Kunst seit 1800. 1.6.–31.8. täglich 11–16 Uhr, sonst Di–So 12–16 Uhr. Eintritt 20/10 NOK. Tel. 7352 6671.

Folgt man der Bispegate am Dom vorbei zum Fluß, überquert dort die Stadtbrücke *Bybrua* (1861) die Nidelva; hübsch die verzierten Holzportale. Die erste Zugrücke an dieser Stelle wurde um 1681 gleichzeitig mit der Festung Kristiansten gebaut, damals das einzige Einfallstor in den Stadtkern. (Auf der anderen Uferseite erstreckt sich mit *Bakklandet* eins der typischen alten Arbeiterviertel, vorwiegend schlichte Holzbebauung.)

Gleich neben der Brücke stehen, drüben am Ostufer der Nidelva, malerische Holzhäuser auf Stelzen: ehemalige Lagerhäuser, in die inzwischen Büros, Restaurants und andere Zeugen der Moderne eingezogen sind. Am Westufer vor der Kjøpmannsgate, zwischen Bybrua und Bakke bru flußabwärts, hat die geschlossene Häuserzeile *Bryggene* überlebt, eines der gefragten Fotomotive der Stadt. Die ältesten Gebäude stammen aus dem 18. Jh. Von der Bybrua hat man eine gute Aussicht auf beide Uferseiten.

Wer die Kjøpmannsgate über die Bakke bru hinaus begleitet – unterwegs passiert man den Hotelpalast des »Royal Garden« –, gelangt zum Seefahrtsmuseum, *Sjøfartsmuseum,* das im ehemaligen Zuchthaus untergebracht ist. Die Exponate bestimmen den Aufbau, nicht ein Konzept; trotz Schiffsmodellen, Fotografien und Walharpunen – die Konkurrenz in Stavanger hat mehr zustande gebracht. 1.6.–31.8. Mo–Sa 9–15 Uhr, So 12–15 Uhr, sonst Sa zu. Eintritt 10/5 NOK. Fjordgate 6 a.

An der *Fjordgata* gen Westen stehen die jüngeren Lagerhäuser, dem Kanalufer zugewandt. Auch hier haben die alteingesessenen Mieter, meist Einzelhandelsgeschäfte, Schwierigkeiten, dem Druck der zahlungskräftigen Konkurrenz von Ladenketten, Gastronomie und Bürowesen zu widerstehen.

Am Ende der Fjordgata steht die Fischmarkthalle *Ravnkloa,* die beinahe alle Erwartungen an eine solche Institution erfüllen, vor allem den bestialischen Geruch. Nur die Zahl der Fischhändler mag doch geringer sein, als es die drittgrößte Stadt im klassischen Fischereistaat Norwegen vermuten ließe. Es gibt vakuumverpackten Lachs zu erstehen, sicheres Anzeichen für den Zuspruch der Touristen. Neben der Halle steht ein historisches Uhrtürmchen. Ravnkloa ist übrigens Startpunkt für die Bootsfahrten nach Munkholmen; siehe unter »Ausflüge«.

Die Fjordgata beschreibt einen Bogen und trifft auf die Noch-E-6. Auf der anderen Straßenseite setzt sich die Munkegate fort, die Hauptzeile der Innenstadt, die wieder zurück zum Dom führt. Hinter Dronningens gt. erstreckt sich rechter Hand der mächtige *Stiftsgården,* der zweitgrößte Holzpalast im Land. 1774–78 als Privathaus (im Rokokostil) errichtet, dient er seit 1815 als Wohnsitz der königlichen Familie, wenn sie in Trondheim weilt. 1.6.–19.6. Di–Sa 10–15 Uhr, So 12–17 Uhr, 20.6.–20.8. Di–Sa 10–17 Uhr, So 12–17 Uhr. Eintritt 25/10 NOK, Familien 50 NOK. Munkegate 23, Tel. 7352 2473.

Die Munkegate überquert den zentralen Marktplatz, Torget (mit Touristenbüro). Unübersehbar die 20 m hohe Statue zu Ehren des Stadtgründers, Olav Tryggvasson. Hinter der Erling Skakkes gt. und kurz vor dem Dom trifft man auf die letzte Station des Rundgangs, *Nordenfjeldske Kunstindustrimuseum.* Das Kunstgewerbemuseum zeigt Arbeiten aus Glas und Keramik, aus Silber und Porzellan, Möbel und Textilien, von etwa 1600 bis zur Gegenwart. Hervorzuheben die Bildteppiche von *Hannah Ryggen.* 20.6.–20.8. Mo–Sa 10–17 Uhr, So 12–17 Uhr, sonst Mo–Sa 10–15, Do bis 17 Uhr, So 12–16 Uhr. Eintritt 25/10 NOK, Familien 50 NOK. Munkegate 5, Tel. 7353 5111.

■ **Ringve Museum**, Lade Allé 60, Tel. 7392 2411. Führungen auf deutsch 20.5.–30.6. täglich um 12 Uhr, 1.7.–10.8. um 13 und 15 Uhr, 11.8.–31.8. um 12.30 und 14.30 Uhr, 1.9.–30.9. um 12 Uhr, sonst So um 13.30 Uhr auf englisch (und norwegisch). Eintritt 50/20 NOK, Familien 100 NOK. Busse 3 und 4 ab Zentrum.

Das musikhistorische Museum ist in

Die Westfassade über dem Hauptportal des Doms (oben); Fischmarkthalle Ravnkloa ▶

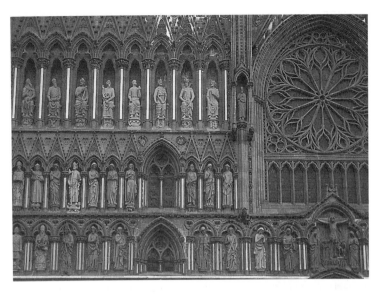

einem Herrenhof aus dem 18. Jh. zu Hause; der Stadtteil Lade liegt östlich des Zentrums. Das Museum umfaßt eine einmalige Sammlung an wertvollen Instrumenten, die nicht lieblos aufgereiht sind, sondern in zeittypischen Sälen und Räumen ihre angemessene Würdigung erfahren. Kostbare Flügel und Hardangerfiedeln gehören ebenso dazu wie Spieluhren und kuriose Instrumente. Mehr als 1000 Exponate umfaßt die Sammlung, die der Initiative der früheren Gutsbesitzerin *Victoria Bachke* zu verdanken ist. Die interessantesten davon lernen Sie im Verlauf der Führung kennen, die auch einige Demonstrationen einschließt. Ringve ist beileibe kein »totes Museum«. Im Konzertsaal und im Festsaal wird des öfteren feierlich aufgespielt. Zudem werden wechselnde Ausstellungen arrangiert.

■ **Trøndelag Folkemuseum,** Sverresborg, Tel. 7353 1490. 20.5.–31.8. täglich 11–18 Uhr, Führungen im Juli um 11.15 und 16.30 Uhr, sonst um 11.15, 13, 15 und 16.30 Uhr, auch auf deutsch. Eintritt 35/15 NOK, Familien 85 NOK. Busse 8 und 9.

Auf den Ruinen der Burg Sverresborg (1180) verteilt sich das zentrale Freilichtmuseum für die fylker Süd- und Nord-Trøndelag. Es ist eines der interessanteren seiner Art, weil es eine große Bandbreite an Wohnkulturen repräsentiert: Fischerhütten ebenso wie landwirtschaftliche Gebäude, Häuser wohlsituierter Bürger ebenso wie die Kate der samischen Bevölkerungsgruppe, die in Sør-Trøndelag ihr südlichstes Siedlungsgebiet gefunden hat. Unter den beiden Kirchen vor Ort befindet sich die einschiffige Stabkirche aus dem nordnorwegischen Holtålen (um 1170). Zum kleinstädtischen Museums-Trondheim gehören eine Druckerei, eine Zahnarztpraxis, verschiedene Werkstätten und das Wirtshaus »Taverne«, das typisch norwegisches Essen serviert. Von dem alten Burgareal haben Sie einen netten Blick auf Fjord und Stadt.

Ausflüge

■ Die ersten Siedler auf der kleinen Insel **Munkholmen**, der Name *(munk = Mönch)* verrät es schon, waren Mönche eines Benediktiner-Klosters (13. Jh.), das mit der Reformation aufgegeben wurde. Ein paar Jahre als Gefängnis und als Zollstation in Gebrauch, wurde die Insel im 17. Jh. zur Festung ausgebaut, die als Bestandteil des Verteidigungsrings gedacht war. Die Mauern sind bewahrt, doch die Ausflügler schätzen Munkholmen ebenso als beliebten Badeplatz. Die Insel liegt im Trondheimsfjord, 2 Kilometer vor dem Zentrum.

Das Boot verkehrt ab Ravnkloa: etwa 20.5.–25.8. stündlich von 10 bis 18 Uhr, bei Bedarf auch häufiger. Ticket 28/16 Uhr. Führungen durch die Festung zu jeder halben Stunde von 10.30 bis 17.30 Uhr. 12/6 NOK.

■ **Stiklestad Nasjonale Kultursenter,** Stiklestad, Tel. 7407 3100.

Täglich 9–20 Uhr. Eintritt 40/20 NOK. (Stiklestad liegt rund 90 Autokilometer nordöstlich von Trondheim, zu erreichen über die E 6 bis Verdalsøra.)

In Stiklestad starb König *Olav Haraldsson,* der als Wegbereiter des Christentums in Norwegen gilt. Olav starb in einer Schlacht gegen die lokalen Kleinfürsten, die sich ihm nicht unterordnen wollten.

Zur Erinnerung an den heiliggesprochenen Olav findet seit 1954, alljährlich Ende Juli an einem verlängertem Wochenende, das Spiel vom heiligen Olav statt: *Spelet om heilag Olav.* Dafür wurde in Stiklestad eine Freilichtbühne geschaffen, die dem feierlichen Schauspiel unter der Begleitung orchestraler Klänge einen authentischen Rahmen verleiht. Bei jeweils vier Vorstellungen pro Saison kommen mehr als 20.000 Zuschauer in das Amphitheater. Nahe der Bühne steht auch die kleine katholische Kirche, in der Olavs Leichnam zunächst aufbewahrt worden sein soll.

Die neueste Errungenschaft in Stiklestad ist das »Nationale Kulturhus«. Die Besucher wandeln durch einen verdunkelten, altertümlich präparierten Mauergang, der wie eine Wappenspitze geformt ist. In Szenen werden die Ereignisse von 1030, wird der Übergang von Heidentum zu christlichem Glauben sehr eindrucksvoll zurückgeholt. Sie begegnen Odins Raben, dem heiligen Olav, dem Dichter Tormod Kolbrunarskald, treffen auf archäologische Funde aus der Wikingerzeit, die Nachbildung eines Stabkirchenportals oder die Olavsquelle, eine von vielen. Die Szenen und Exponate sind überwiegend symbolhaft, so daß es sich lohnt, an der Kasse das ausgezeichnete Begleitheft »Nationales Kulturhaus Stiklestad« zu erstehen.

Verschiedenes

■ **Stadtwanderung:** 1.6.–20.8. Abmarsch um 12 Uhr am Touristenbüro, Torvet. Dauer 1,5 Stunden. Tickets im Touristenbüro oder direkt vor dem Start, keine Anmeldung. Preis 100/50 NOK.

■ **Hafenrundfahrt:** 20.6.–20.8. Di–So sowie bis 10.9. Mi, Fr, So, jeweils um 13 Uhr ab Ravnkloa; von Ende Juni bis Anfang August zusätzliche Abfahrt Mi, Fr, So um 18.30 Uhr. Dauer 2 Stunden, inklusive Landgang auf Munkholmen. Tickets im Touristenbüro oder direkt vor dem Ablegen, keine Anmeldung. Preis 80/40 NOK.

■ **Angeln:** Lachs und Meerforelle im Fluß *Nidelva*. Angelscheine in den Sportgeschäften der Stadt. – Forelle, Hecht, Lake u. a. in den Seen der Umgebung, in sowie rund um den *Jonsvatnet,* im Südosten, das Trinkwasser-Reservoir für Trondheim, oder in der *Bymarka,* im Westen. Das Faltblatt »Sportsfiske i Trondheim« enthält eine gute Karte, auf der die Gewässer verzeichnet und die Verkaufsstellen für Angelscheine (»Salg av fiskekort«)

angegeben sind. Fragen Sie im Touristenbüro nach einzelnen Adressen. – Fjordangeln, ungefähr 25.6.–25.8. Di und Do um 17 Uhr ab Ravnkloa. Die Ausrüstung kann an Bord gemietet werden. Dauer 4 Stunden. Teilnahme 150/80 NOK.

■ **Baden:** Strände auf *Munkholmen,* entlang der *Ringvebukta,* an den Campingplätzen in *Flakk* und *Storsand* (siehe oben). – See *Lianvatnet,* Bymarka-Endhaltestelle der Straßenbahn Gråkallbanen, ab Kongensgate, die kurz vor Lian auch den See *Kyvatnet* passiert.

■ **Fahrradfahren:** Im Touristenbüro erhalten die Sykkelkart, eine gute Grundlage für Touren in und um Trondheim. Sie enthält nicht nur sämtliche Radwege, sondern auch Fahrrad-freundliche, mittel- und weniger-freundliche Straßen und Wege sowie, welch Service, leichte und schwere Steigungen (»stigning« und »bratt stigning«). Ferner sind Symbole für Badeplätze u. a. eingezeichnet. Fahrräder vermietet das Touristenbüro. Momentan wird übrigens der einmalige Fahrradaufzug *(Sykkelheisen)* erprobt, der von der Zugbrücke fast bis nach Kristiansten hinauf führt. Details und die Betriebskarte im Touristenbüro.

■ **Golf:** *Trondheims Golfbane,* Sommerseter auf Byåsen, Tel. 7353 1885. 9-Loch-Platz. Im Juni Mitternachtsgolf (nur für Gruppen).

■ **Reiten:** mehrere Reitställe im hügeligen, grünen Umland. Bei der Auswahl hilft das Touristenbüro. – Kutschfahrten in der Bymarka: Infos unter Tel. 7392 9402.

■ **Galerien:** *Juhls' Sølv Galleri,* Dronningens gt. 48, Tel. 7352 3811. Mo–Fr 9.30–17, Do bis 19 Uhr, Sa 9.30–14 Uhr. Gemälde, auch Kunsthandwerk, so Arbeiten der bekannten Silberschmiede aus dem nordnorwegischen Kautokeino. – *Trøndelag Kunstnersenter,* Sverres gt. 7, Tel. 7352 4910. Mo–Fr 10–15 Uhr, Sa 12–15 Uhr, So 12–16 Uhr. – *Galleri Ismene,* Ilevollen 34–36, Tel. 7353 2284. Sowohl norwegische als auch internationale zeitgenössische Kunst.

■ **Weitere Museen:** *Vitenskapsmuseet,* Erling Skakkes gt. 47, Tel. 7359 2145. 1.6.–31.8. Di–Fr 10–18 Uhr, Sa,So 11–18 Uhr, sonst Di–Sa 10–15 Uhr, So 11–17 Uhr. Eintritt 25/10 NOK, Familien 50 NOK. Das Wissenschaftsmuseum sei für diejenigen gedacht, die sich die vergleichbaren Einrichtungen in Oslo und Bergen nicht angeschaut haben. Das kultur- und naturhistorische Museum widmet sich den Gebieten Archäologie (von der Steinzeit bis zur samischen Kultur in Sør-Trøndelag), Ethnographie (Sami und Eskimos), Geologie und Flora und Fauna (dabei auch Dioramen); die Exponate basieren auf den Sammlungen der Trondheimer Universität. Das *Vitensenter,* im selben Gebäude, versucht mit Hilfe von Experimenten und Modellen, Wissenschaft und Technik auf spielerische Weise zu vermitteln, im Stil der neuen Museumsgeneration. 1.6.–31.8. Di–Fr 10–18 Uhr, Sa,So 11–18 Uhr, sonst Di-Sa 10-15 Uhr, So 11-17 Uhr. Eintritt 25/10 NOK, Familien 50 NOK. – *Sporveismuseet Munkvoll,* Munkvoll stasjon, Tel. 7255 2173. Etwa 20.6.-10.8. Sa 12-15 Uhr. Eintritt 10/5 NOK. Alte Straßenbahnwaggons. Busse 3, 5, 98 ab Kongens gt. oder Straßenbahn Gråkallbanen ab St. Olavs gate; siehe auch unter »Transport«.

■ **Weitere Kirchen:** *Den jødiske synagoge,* religiöses Zentrums der wohl nördlichsten jüdischen Gemeinde, Arkitekt Christies gt. 1 b, Tel. 7352 9434. Gottesdienste August bis Juni, Fr um 17.30 Uhr. – *Vår Frue Kirke,* Kongensgt. 1.6.-31.8. Di-Fr 10-13 Uhr. Ging aus der gotischen Marienkirche (um 1150) hervor, wurde ab dem 17. Jh. mehrfach erweitert und umgebaut. Die Altartafel (1744) zierte für einige Jahre den Nidaros-Dom.

■ **Veranstaltungen:** *Olavsfestdagene,* die Olav-Festtage, Ende Juli. Theateraufführungen, Konzerte, ein historischer Markt sowie ein kurzweiliges Programm für Kinder. – *Trondheim Symfoniorkester,* Konzerte rund um das Jahr. In der Olavshalle, Kjøpmannsgt. 44. Dort auch Vorverkauf, Kartenbestellung unter Tel. 7353 4050.

■ **Hauptpostamt:** Dronningensgt. 10.

■ **Notarzt:** Tel. 7399 8800.

■ **Transport:** Die Straßenbahn Gråkallbanen verbindet das Zentrum mit Lian in der Bymarka. Ansonsten decken Busse den öffentlichen Nahverkehr ab. Die »Rutekart for Trondheim« stellt alle Verbindungen übersichtlich dar, ist wegen ihrer Größe ein bißchen unhandlich (falten); zu bekommen im Touristenbüro oder bei der Verkehrsgesellschaft »Trondheim Trafikkselskap«, dort auch Infos über Fahrpläne oder Rabattkarten: Dronningens gt. 40, Tel. 7254 7173. Mo-Fr 7.45-23.30 Uhr, Sa 9-23.30 Uhr, So 10.30-23.30 Uhr.

■ **Taxi:** Tel. 7350 5073.

■ **Parken:** im Zentrum Parkhäuser und Parkzonen mit Automaten. 8 NOK für 1 h, 18 NOK für 2 h, 33 NOK für 3 h. In roten Parkzonen maximal 30 Minuten (10 NOK), in grünen maximal 4 h (12 NOK). Im Parkahus Torget, Tinghusplassen Mo-Fr 7-21 Uhr, Sa 7-19 Uhr, kein 24-Stunden-Parkhaus.

Weiterreise

■ **Flug:** *Trondheim Lufthavn-Værnes,* 35 km nordöstlich an der E 6, der große Umsteigeflugplatz zwischen Süden und Norden.

Direktverbindungen mit Bergen, Florø, Kristiansund, Molde, Oslo, Røros, Sandefjord, Stavanger, Ålesund.

■ **Hurtigrute:** Kai 16 auf *Brattøra,* hinter dem Bahnhof. Die Preise unten (1995) gelten für Juni bis September; ansonsten sind die Tickets 25-45 % billiger.

Südwärts nach Kristiansund (387 NOK), Molde (557 NOK), Ålesund (603 NOK), Måløy (764 NOK), Florø

(847 NOK) und Bergen (1093 NOK). Dazu noch Zimmeraufschlag, plus Verpflegung an Bord.

■ **Eisenbahn:** *Jernbanestasjon*, Brattøra, Tel. 7358 2000 oder 7353 0010.

Nach Oslo entweder rascher (Linie 21) über Støren, Oppdal, Kongsvoll, Hjerkinn, Dombås (umsteigen nach Åndalsnes), Dovre, Otta, Vinstra, Ringebu, Hunderfossen, Lillehammer, Moelv, Brumunddal, Hamar, Eidsvoll und Lillestrøm. Oder langsamer (Linie 25) ab Støren über Røros, Os, Tynset, Koppang, Rena, Elverum und Hamar, Eidsvoll, Lillestrøm.

■ **Bus:** *Rutebilstasjon*, Erling Skakkes gt. 40, Tel. 7352 4474 und 7352 7322.

Nach Røros (140 NOK) über Heimdal, Melhus, Støren und durch das Gauladal. – Nach Ålesund (377 NOK) über Orkanger, Surnadal, Sunndalsøra (190 NOK) und Molde. – Nach Bergen (695 NOK) über Oppdal, Hjerkinn, Dombås, Otta, Lom, Hjelle, Stryn (400 NOK), Loen, Byrkjelo und Førde.

■ **Auto: Nach Røros.** In umgekehrter Richtung beschrieben unter »Røros, Weiterreise«.

Nach Sunndalsøra. In umgekehrter Richtung beschrieben unter »Sunndalsøra, Weiterreise«.

Nach Ålesund. In umgekehrter Richtung beschrieben unter »Ålesund, Weiterreise«.

Register

Aasen, Ivar 68, 75 f., 328
Akershus 110 f.
Alfheim 370
Amundsen, Roald 70, 102, 104
Andabeløy 220
Angeln 58 f.
Anreise 20 ff.
Archer, Colin 102
Arendal 147 ff.
Asbjørnsen 16, 68
Astrup, Nicolai 269, 261
Astruptunet 269
Aulestad 417
Aurland 280 ff.
Ausrüstung 13 f.
Austerdalsbre 314 ff.
Austmannlia 204
Autoreisen 48 ff.

Balestrand 322
Beer, Anders 217
Bergen 245 ff.
Bergsetbre 314
Besseggen 383 f.
Bjørnson, Bjørnstjerne 70, 75, 109, 296, 372, 394, 417
Blindleia 162 f.
Blåskalven 291
Bomsholmen 150 f.
Borgund 298
Brandal 362 f.
Brekkestø 163
Brevik 119
Briksdalsbre 334
Brokke 198

Brundtland, Gro Harlem 72
Bull, Ole 263 f.
Bygdøy 98 ff.
Bygdin-See 384
Bygland 197
Byglandsfjord 196
Bykle 201
Byklestigen 201
Bødalsbre 335
Bøyabre 326

Christian IV. 85
Curie, Marie 194

Dahl, Johan Christian 68, 261
Dalsnibba 344
Diplomatische Vertretungen
 – im Heimatland 11
 – in Norwegen 45
Dovrefjell 421
Drammen 118 f.
Drevsjø 423 ff.
Drøbak 84
Dybvik, Rolf 215
Dypvåg 142
Dyranut 277, 273
Dyrskar 203 f.

Eidet 445
Eidfjord 270 ff.
Eidsvatnet 346
Eidsvoll 120
Eikesdal 370 f.
Einkaufen 45 f.
Einreisebestimmungen 10
Eintrittspreise 46
Eldegard 306
Elgå 426, 432
Elverum 407, 420
Enningdal 398

Erdalsvegen 292 f.
Erik der Rote 65
Essen und Trinken 40 ff.
Evje 193 ff.
Eyde, Sam 170

Fahrradfahren 59 f.
Falkberget, Johan 439, 446
Fantoft 262
Farsund 210 f.
Feiertage 46
Femund-See 422 ff.
Femundshytte 429 ff.
Feste 46
Filefjell 299 f.
Finse 288 f.
Fjærland 323 ff.
Flagstad, Kirsten 406
Flekkefjord 216 ff.
Flesberg 130
Flåm 280 ff.
Fossesholm Herregård 119
Fredrikstad 391 ff.
Froland Verk 154
Fånefjell 196 f.

Galdane 300
Galdhøpiggen 382
Gauladal 447 f.
Gaustatoppen 175 f.
Geiranger 339 ff.
Geirangerfjord 343 f.
Geld 14 f.
Geschichte 63 ff.
Gesundheit 15
Giske 358 f.
Gjøvik 408 ff.
Gjende-See 378 ff.
Gjendesheim 383 f.
Godøy 258

Golf 60
Granvinvatnet 278
Grieg, Edvard 262, 296, 299
Grimstad 154 ff.
Grövelsjön 433 f.
Grødal 375 f.
Grødaland 225
Grønningen Fyr 187
Gudbrandsdal 420 f.
Gudvangen 280 ff.
Gutulia 434 f.

Halden 394 ff.
Haldenkanal 396 f.
Hallingskeid 288 f.
Hamar 403 ff.
Hamsun, Knut 16, 70, 155
Harald Hårfagre 64
Harald V. 71, 454
Hardangerfjord 275
Hardangervidda 177 f., 275 f., 286 ff.
Haugastøl 289
Haugesund 244
Haustiere 10
Heddal 128 f.
Heirsnosvegen 306
Helset 336
Hendanes fyr 269
Henie, Sonja 115, 106
Hertervig, Lars 237
Heyerdahl, Thor 101
Hidra 220
Hisøy 151 f.
Hjølmo 276
Holmenkollen 103 ff.
Hopperstad 278
Hov 376
Hovden 202 f.
Huldreheimen 201
Hunderfossen 417

Høvringen 421
Høvåg 165
Hå 225
Håkon IV. 65
Håkon V. 66
Håkon VI. 66
Håkon VII. 69, 70, 364

Ibsen, Henrik 17, 75, 109, 116, 120, 156
Idd 398
Information
− zu Hause 9
− vor Ort 28
Innerdal 374 f.
Isaachsen, Olaf 207
Iveland 194

Jedermannsrecht 38 ff.
Jellhaugen 398
Jomfruholmen 134 ff.
Jordalsknuten 285
Jostedal 312
Jostedalsbre 335 f.
Jotunheimen 378 ff.
Justøy 163
Juvasshytta 380, 382 f.
Jæren 223 ff.
Jøssingfjord 221

Kajak 60
Kaldvell 164
Kanu 60
Kap Lindesnes 211 ff.
Karl Johan I. 67
Karmøy 244
Karten 15 f.
Kaupanger 321
Killingdal 445
Kittelsen, Theodor 133
Kjeåsen 275
Kjenndalsbre 334 f.

Kleidung 13 f.
Klevfoss 406
Klima 11 f.
Knudsen, Knud 74 f.
Knutefjell 126
Kongeparken 240
Kongsberg 121 ff.
Körperbehinderte 15
Kragerø 132 ff.
Kristiansand 181 ff.
Krohg, Christian 109, 132, 163, 261
Kråkenes fyr 269
Kvinesdal 210

Langfossen 279
Larsson, Vetle Lid 17
Larvik 120
Leif Eriksson 65, 120
Leikanger 322
Leikvin 369 f.
Leirvassbu 380, 382 f.
Lektüre 16 ff.
Lerestvedt 151
Lillehammer 410 ff.
Lilleputhammer 418
Lillesand 158 ff.
Lista fyr 210 f.
Literatur 16 ff.
Litledal 369 ff.
Lodal 334 f., 336
Lom 381, 385
Luster 308 ff.
Lyngør 144 f.
Lysøen 263
Lysebotn 238 f.
Lysefjord 238 f.
Lysehorn 265
Lysekloster 264
Lærdal 294 ff.
Låtefossen 204 f.

Magnus Olavsson 65
Mandal 206 ff.
Mardalsfossen 372
Margarethe I. 66
Maristuen 298 f.
Memurubu 381, 383 f.
Merdø 151 f.
Mesnali 417 ff.
Milde 264
Mineralogie 60
Mjøsa-See 400 ff.
Moe 16, 68
Mohr, H.L. 110
Molde 364 f.
Moss 388 ff.
Munch, Edvard 109, 111 f., 132, 261, 296
Munkholmen 458
Myrdal 288
Møvik 187
Måløy 269

Nansen, Fridtjof 70, 102, 104, 259
Narestø 147
Nedberge 291
Niederschläge 12
Nielsen, Amaldus 207, 210
Nigardsbre 311 f.
Nomeland 198
Nordfjordeid 338
Nordseter 417 ff.
Norheim, Sondre 104
Norheimsund 279
Norsk Hydro 170 ff., 304
Numedal 128 f.
Nærbø 225
Næs 141 f.
Nørholm 155
Nøtterøy 119

Obrestad fyr 226
Öffnungszeiten 46 f.
Oksøy Fyr 187
Olav Haraldsson 65, 459
Olav Tryggvasson 65, 449, 456
Olav V. 71, 93
Olavsgruva 444 f.
Oldendal 334, 337
Oldtidsveien 393
Orkladal 377
Ornithologie 62
Oscarsborg 84
Oslo 84 ff.
Ostküste 387 ff.

Peer Gynt vei 420
Preikestolen 239 f.
Prestebakke 398

Quisling, Vidkun 70

Radio 47
Rafting 60
Rallarvegen 286 ff.
Reddalskanal 157
Reisezeit 11 ff.
Reiten 60
Reiårsfossen 197
Rindal 377
Ringebu 420
Risør 137 ff.
Rjukan 170 ff.
Rollag 130
Romsdal 347 f.
Rondane 420 f.
Runde 359 ff.
Rygnestadtunet 201
Rysstad 197
Rødberg 130
Røldal 204

Register

Rømsjøen 399
Røros 438 ff.

Saggrenda 124 f.
Sandefjord 119 f.
Schlafsack 14
Scott, Gabriel 163
Selbstverpflegung 44 f.
Seljestadjuvet 204
Setesdal 191 ff.
Setesdalsbahn 186 f.
Sima 274 f.
Sjusjøen 417 ff.
Sjøsanden 206 ff.
Skibladner 401 ff.
Skjonghellaren 359
Skorgedal 364
Skramstad, Ludvig 149
Skudeneshavn 244
Skåla 336
Sogndal 318 ff.
Sognefjell 317 f., 306
Sognefjord 294 ff.
Solbakk 240, 241
Sorken, Hans 436 f.
Spiterstulen 380, 382 f.
Sprache 47
Staalesen, Gunnar 17
Stalheim 285
Stavanger 229 ff.
Steindalsfossen 279
Stenersen, Rolf 261, 115 f.
Stiklestad 458 f.
Storseterfossen 344 f.
Stryn 328 ff.
Stugudal 448
Stugusjøen 448
Stundalen 290
Sunndal 366 ff.
Sunndalsøra 366 ff.

Suphellebre 326
Sverdrup, Otto 102
Sverrestien 300
Svinesund 387
Svinviks Arboret 373 f.
Svukuriset 432 f.
Sylvartun 198
Sørfjord 205
Sørland 131 ff.
Sørreime, Oskar 226

Tafjord 346
Tananger 226
Tauchen 60 f.
Telefon 47 f.
Telemark 166 ff.
Telemarkkanal 166 ff.
Temperaturen 11 f.
Thaulow, Frits 132
Thorseth, Ragnar 101
Tidemand, Adolph 207
Tiersafaris 62
Tinnsjø 128
Tjøme 119
Todal 374 f.
Torbudal 370 f.
Tordenskjold, Peter 391
Transport 28 ff.
– Bus 32
– Eisenbahn 29
– Flugzeug 28 f.
– Schiff 30 ff.
– Trampen 32
Troldhaugen 262
Trollstigen 346 f.
Tromøy 151 f.
Trondheim 449 ff.
Tronstad, Leif 171
Tronåsen 220, 213
Tufsingdal 429 f.

Tungenes fyr 226
Tvedestrand 140 ff.
Tveitetunet 198
Tvindefossen 292
Tønsberg 119

Undredal 286
Undset, Kristin 17, 70, 411
Unterkunft 34 ff.
– Camping 36 ff.
– Ferienhütte 38
– Hotel 34 f.
– Jugendherberge 35 f.
– Pension 35
– Privatquartier 38
Urnes 312 f.
Utstein 240

Valdalen 433 f.
Valderøy 359
Valle 199 ff.
Valurfossen 276
Vassbygdi 290
Vatnahalsen 288
Vatndalsvatnet 202
Verdens Ende 119
Vestkapp 269
Vestlandske Hovedvei 164
Vettisfossen 305 f.
Videdal 318
Vigeland, Emanuel 110
Vigeland, Gustav 106 f., 207
Vik, Ingebrikt 279, 261
Vikafjell 278
Villmarksveien 399
Vindhella 300
Vinoren-Silbergruben 128
Vogelkunde 62
Volda 328

Vøringsfossen 273 f.
Vågåmo 421

Währung 14
Wandern 54 ff.
Wassersport 62
Weidemann, Jakob 411
Werenskiold, Dagfinn 110
Wergeland, Henrik 68, 111
Wergeland, Oscar 109, 185
Wessel, Peter 391
Wilhelm II. 322, 324, 348 ff.
Wohnmobil 52 ff., 38 ff.

Zeit 48
Zeitungen 48
Zelt 14
Zoll 10

Ørneveien 345
Ørsta 328
Østerbø 290
Øyer 417 ff.
Øystese 279

Ålesund 348 ff.
Åmotan 375
Årdal 303 ff.

Bildnachweis

Alexander Geh
Birger Holtermann (43 oben, 61 unten, 105 oben, 129, 143, 169 oben, 402, 425, 441, 457)
Steinar Johansen (61 oben)
Detlef Sundermann (169 unten)
Regenbogen-Archiv/NPP (97 unten, 105 unten)
Sogn og Fjordane Fylkesarkiv (353 unten)
Stavanger Byarkiv (213 unten, 227 unten)

Quellennachweis

Aus dem inzwischen vergriffenen »Stadtführer Oslo« (Rechte bei Regenbogen) bezog ich Textfragmente für die Rubrik »Aus der Stadtgeschichte« sowie einzelne (zeitlose) Ergänzungen zu Sehenswürdigkeiten im Oslo-Kapitel.

Aus dem ebenso inzwischen vergriffenen »Gebirgswandern in Südnorwegen« (Rechte bei Regenbogen) bezog ich die Grundlagen zu Klima, Flora, Fauna für die Einleitung im Jotunheimen-Kapitel.

Lesertips

Schreiben Sie uns, wenn Sie Preiskorrekturen, Adreßänderungen oder Ergänzungsvorschläge haben! Der Autor, Alexander Geh, und der Verlag freuen sich über jede Zuschrift. Wird Ihr »Tip« in der nächsten revidierten Ausgabe veröffentlicht, schenken wir Ihnen ein *Freiexemplar*. Achtung: An uns gesandte Bücher mit persönlichen Notizen können wir nicht retournieren.
Regenbogen-Reiseführer
Stichwort »Norwegen«
Postfach 472
CH-8027 Zürich

Notizen

Karibik: Kleine Antillen 5	24,80
Goa 4	19,80
Mallorca 5	16,80
Südthailand 4	19,80
Norwegen mit Wohnmobil 4	24,80

LIEFERBARE TITEL

STÄDTE

Amsterdam (Schneider) 5	24,80
Barcelona (Igramhan) 1	24,80
Florenz (Sorges) 9	22,80
London (Igramhan) 5	24,80
Madrid (Igramhan) 2	24,80
New York (Igramhan) 5	32,80
Paris (Igramhan) 5	24,80
Prag (Sorges) 2	32,80
Rio de Janeiro (Allemann) 0	22,80
Rom (Sorges) 2	24,80
San Francisco / Los Angeles 5	24,80
St. Petersburg (Sorges) 3	34,80
Venedig (Fossati) 5	22,80

GLOBETROTTER-HANDBÜCHER

Bretagne (Klemm) 4	32,80
Dänemark (Geh) 3	32,80
Equador, Peru, Bolivien (Helmy/Träris) 9	36,80
Finnland (Kreuzenbeck) 1	29,80
Florida (Preuße/Born) 9	26,80
Indien (Schwager) 9	29,80
Indonesien (Möbius) 3	34,80
Kalifornien (Leon) 5	26,80
Kanarische Inseln (Stromer) 5	34,80
Kapverdische Inseln (Matthews) 9	29,80
Malaysia, Singapore (Möbius/Ster) 5	29,80
Malta (Sorges) 3	29,80
Portugal (Möbius) 4	26,80
Südflorida (Igramhan) 4	26,80
Südindien/Goa (Schneider) 4	32,80
Südschweden (Kreuzenbeck) 5	29,80
Südspanien (Möbius) 4	29,80
Südostasien (Möbius/Treichler) 3	36,80
Südwestfrankreich / Midi Pyrenees (Klemm) 4	34,80

Thailand (Möbius) 3	29,80
Westnorwegen/Fjordland (Geh) 2	26,80

INSELN / LANDSCHAFTEN

Antigua (Bossung) 4	16,80
Cornwall (Schmidt) 5	16,80
Dänische Inseln (Geh) 4	22,80
Dominica (Bossung) 4	19,80
Fuerteventura (Stromer) 4	19,80
Gomera/Hierro (Stromer) 4	19,80
Gran Canaria (Stromer) 5	16,80
Guadeloupe (Bossung) 5	19,80
Ibiza, Formentera (Naegele) 1	16,80
Irland / West & Süd (Schmidt) 3	19,80
Jütland (Geh) 4	22,80
Korsika (Naegele) 9	16,80
Kreta (Sperlich/Stromer) 4	19,80
Lanzarote (Stromer) 5	16,80
La Palma (Stromer) 3	19,80
Lofoten (Möbius) 5	32,80
Menorca (Stahel/Last) 5	12,80
Mykonos (Sperlich/Reiser) 9	16,80
Niederlande Wattinseln (Schneider) 3	19,80
Nordmarokko (Machalett) 0	16,80
Peloponnes (Sperlich) 4	19,80
Sizilien (Sorges) 0	22,80
Teneriffa (Stromer) 5	19,80
Toscana (Naegele) 5	19,80
Tunesien (Machalett) 9	16,80
Türkische Ägäis (Tüzün) 9	19,80
Umbrien (Stromer) 5	19,80
Wales (Schmidt) 2	16,80

SKANDINAVIEN / NORDIS

Autoreiseführer Finnland 1	24,80
Autoreiseführer Schweden 1	29,80
Autoreiseführer Skandinavien 1	36,80
Campingführer Skandinavien 1	29,80
Autoreiseführer Norwegen (Stromer) 4	34,80
Auto/Dänemark	22,80
Gebirgswandern/Schweden	26,80
Kanuwandern/Nordfinnland	22,80
Kanuwandern/Südfinnland	22,80
Reisehandbuch/Nordschweden	29,80
Reisehandbuch/Jütland	26,80
Wanderführer/Grönland	26,80